Trade Practice

무역실무

김 종 칠

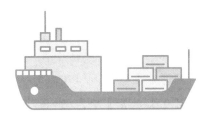

박영사

머리말

우리나라가 1960년대 수출드라이브 정책을 표방한 이래 세계 7위의 무역 강국으로 비약적인 성장할 수 있었던 것은 산-학-관의 '무역입국'에 대한 3위 일체가 잘 어우러진 결과라고 할 수 있다. 산업계에서는 무역전문인력이 부족하여 수출 전담 창구로 종합상사에 의존하는 한계를 보였고, 정부가 수출주도의 산업정책을 추진하면서 대학사회는 급기야 무역학과를 전국적으로 설치하여 무역인력을 양성하려고 불철주야 노력한 결과가 나타난 것이라고 할 수 있다.

대학 교육현장에서 무역실무를 강의하면서 고민하였던 것은 방대하고 심오한 영역의 무역실무를 어떻게 가르칠 것인가? 또한 어느 정도의 수준의 내용을 다룰 것인가?에 대한 것이었다. 이러한 고민은 필자가 첫 강단에 선 이래 30년이 지난 현재에도 해결되지 않고 있다. 아마 이러한 고민은 필자뿐만 아니라 전국 대학에서 무역실무를 강의하는 교수님들이 공통으로 실감하고 있는 난제라고 생각된다.

본서는 전 세계 무역현장에서 땀 흘리고 있는 무역실무가와 졸업 후 곧 산업현장에서 그 역할을 수행하게 될 무역학도에게 효과적인 무역실무 지식을 체계적으로 전달하기 위해 집필되었다. 본서의 내용구성은 지금까지 대학에서 30여 년 동안 강의할 때 작성하였던 강의 노트와 현장의 사례를 중심으로 완성도를 높여가면서 만들었다.

무역은 살아 있는 생물체처럼 변화되기에 시간의 흐름 속에 이 변화내용에 주목해서 반영해야 할 중요한 이슈가 나오기 마련이다. 최근의 무역실무 환경에서 상당한 변화가 있었는데 매매계약에서 널리 채택되고 있는 Incoterms 2020이 개정되어 시행하고 있고, 무역의 디지털 환경에 따른 전자 기록의 구현을 위한 e-Rules의 정비 및 은행의 지급확약, 전 세계 해상운송에서 시행되고 있는 컨테이너 총중량검증 도입, 그리고 자국 내의 무역관계법의 개정 등은 국제상학의 연구 대상이자 새로운 영역으로 진화되고 있다. 특히 본서는 매매계약에서 널리 활용되고 있는 Incoterms 2020의 개정사항을 반영하였다.

이에 따라 본서는 과거의 무역실무가 매매계약, 신용장, 국제운송, 해상보험, 상사중재 등과 같이 각 기능별로 서술된 것에서 지양하여 무역기업의 전체적인 무역관리 측면에서 이론과 실무를 체계적으로 다루려고 접근하였다. 본서의 제1부를 무역관리의 기초, 제2부 무역계약의 관리, 제3부 Incoterms 2020, 제4부 수출입관리, 제5부 대금결제관리, 제6부 국제물류관리, 제7부 해상위험관리, 제8부 무역서류관리, 제9부 무역분쟁관리로 구분하여 무역거래 단계별로 무역관리론 성격에 맞추어 집필한 점이 특징이라고 할 수 있다.

앞에서 언급한 방대한 무역실무 내용을 1학기 동안 어느 정도까지 다룰 것인가는 대학마다 교육과정이 다소 차이가 있을 수 있으므로 전체 23장 중에서 일부 취사선택할 수 있을 것이다. 가령, 심화과정에서 국제물류론, 무역결제론, 무역보험론을 개설하고 있으면 이 부분은 개괄적으로 강의하고 각론에서 심도 있게 다룰 수 있을 것이다.

아무튼 본서가 무역실무를 공부하고 있는 무역학도, 자격증을 준비하는 수험생, 무역업계에서 종사하고 있는 실무자들에게 기초지식을 함양하고 보다 유익한 지침서로 유용하게 활용되길 기대하면서, 독자들의 많은 조언을 기대한다. 본서의 내용 중에 오류나 미흡한 부분은 향후의 개정판에서 계속 보완해 나가도록 하겠다.

또한 애국무역지사로서 바라옵건대 지난 수출입국 50년의 역량을 통하여 이제는 '제2의 무역입국'으로 도약을 위한 2조 달러, 국민소득 5만 달러의 시대의 진입을 기대해 본다.

본서가 출판되기에 다소 촉박한 일정에도 불구하고 출판을 흔쾌히 허락하고 지원해 주신 박영사 대표님과 박세기 부장, 편집업무로 함께 고생한 전채린 과장에게도 감사를 드린다.

2020. 2.
부산 백양산 기슭 캠퍼스 연구실에서
석양을 보면서
저자

PART 01 무역관리의 기초

CHAPTER 01 무역의 개념이해

CHAPTER 02 무역관리

PART 02 무역계약의 관리

CHAPTER 03 무역거래 계약의 체결

CHAPTER 04 무역계약의 이해

CHAPTER 05 무역계약의 거래조건

CONTENTS

PART 03 Incoterms

CHAPTER 06 Incoterms의 개관

CHAPTER 07 Incoterms® 2020의 각론

CONTENTS

CHAPTER 08   비엔나 협약과 계약의 불이행

PART 04 수출입관리

CHAPTER 09 수출 이행절차

CHAPTER **10** 수입 이행절차

PART 05 대금결제관리

CHAPTER 11 신용장

CHAPTER 12   무신용장방식

PART 06 국제물류관리

CHAPTER 13 국제물류관리의 기초개념

CHAPTER 14 국제물류관리 시스템

CHAPTER 15 국제운송 시스템 관리

CHAPTER 16 국제화물운송

PART 07 해상위험관리

CHAPTER 17 해상보험의 개요

CHAPTER 18 해상보험의 기본원칙

CHAPTER 19 　해상위험

CHAPTER 20 해상손해

CHAPTER 21 해상보험증권과 협회적화약관

PART 08 무역서류관리

CHAPTER 22 무역서류의 이해

PART 09 무역분쟁관리

CHAPTER 23   무역클레임과 상사중재

01 무역의 개념이해

SECTION 01 무역의 개념정립

1. 무역의 개념

일반적으로 무역(international trade)은 서로 다른 국가에 존재하는 기업이나 개인 등의 경제주체 간에 재화(goods), 용역(service)의 교환이나 매매를 목적으로 하는 국제 상거래(international commercial transaction)활동을 말한다.

무역은 상이한 법률, 제도, 관습, 언어, 통화, 정책이 다른 국가의 경제주체들 간의 국제상거래이므로 국내 상거래와 다르다는 특징이 있다. 여기서 서로 다른 경제주체라 는 것은 정치적 의미보다는 경제적 의미의 국가 영역으로 국가마다 대외무역법, 관세법, 외국환거래법이 각각 약간씩 차이를 보일 수 있으므로 유의해야 한다.

무역은 그 범위에 따라 협의적 의미와 광의적 의미로 사용될 수 있다. 협의의 무역 은 물품거래만을 뜻하며, 광의의 무역은 유형재(tangible goods)인 물품거래뿐만 아니라 용역거래, 금융 및 자본거래, 지적재산권, 기술거래, 디지털 제품 등의 무형재(intangible goods) 등 경제적 가치가 있는 국제적 거래를 의미한다. 따라서 무역계약이라고 할 때 물품매매가 주류를 이루고 있으므로 물품매매계약(contract of sale of goods)을 의미한다 고 할 것이며, 거래 대상이 기술 등의 광의의 무역을 의미할 때 국제계약(international contract)이라고 할 수 있다.

전통적인 무역거래는 유형재인 물품의 수출입이 주류를 이루고 있으며, 최근에 영 상, 이미지, 음악, 소프트웨어 등의 전자적 형태의 무체물까지 확대되어 거래가 증대되 고 있다.

1. 대외무역법상의 무역의 개념

1) 무역의 정의

"무역"이라 함은 무역거래자에 의한 "물품과 용역 또는 전자적 형태의 무체물의 수출·수입"을 의미한다고 정의하고 있다(대외무역법 제2조). 여기서 "무역거래자"는 수출 또는 수입을 하는 자, 외국의 수입자 또는 수출자의 위임을 받은 자 및 수출·수입을 위임하는 자 등 수출·수입행위의 전부 또는 일부를 위임하거나 행하는 자를 의미한다. 여기서의 "물품"이란 외국환거래법에서 정하는 지급수단·증권 및 채권을 화체한 서류 외의 동산을 말한다.

한편 대외무역법에서는 무역의 개념에 "전자적 형태의 무체물"을 포함하고 있다 (대외무역법 제2조).

> **》 기 본 용 어**
>
> ☑ "전자적 형태의 무체물"이란?
> ① 소프트웨어산업진흥법에 규정한 소프트웨어
> ② 부호, 문자, 음성, 음향, 이미지, 영상 등을 디지털 방식으로 제작하거나 처리한 자료 또는 정보 등으로서 산업통상자원부장관이 정하여 고시하는 것(예, 게임, 애니메이션, 만화, 캐릭터를 포함한 영상물, 음향·음성물, 전자서적, 데이터베이스 등)
> ③ 위의 ① 및 ②의 집합체, 그외 이와 유사한 전자적 형태의 무체물로서 산업통상자원부장관이 정하여 고시하는 것

그러나 이러한 전자적 형태의 컨텐츠가 '물품'인가 '서비스'인가에 대한 국제적 합의는 아직까지 이루어지지 않고 있으나 우리나라는 정보통신산업의 발전 및 전자무역의 촉진을 위해 대외무역법상의 '물품의 개념'에 포함시키고 있다.

2) 수출의 정의

수출은 일반적으로 상품을 외국에 매각하는 행위라고 할 수 있지만 우리나라 대외무역법에서는 다음과 같이 수출을 정의하고 있다(대외무역법시행령 제2조3).

① 매매, 교환, 임대차, 사용대차, 증여 등을 원인으로 국내에서 외국으로의 물품이 이동하는 것(우리나라의 선박으로 외국에서 채취한 광물 또는 포획한 수산물을 외국에 매도하는 것을 포함)

② 보세판매장에서 외국인에게 국내에서 생산된 물품을 매도하는 것

③ 유상으로 외국에서 외국으로 물품을 인도하는 것(중계무역, 외국인도수출, 무환수출)

④ 거주자가 비거주자에게 용역을 제공하는 것

⑤ 거주자가 비거주자에게 정보통신망을 통한 전송과 그 밖에 전자적 형태의 무체물을 인도하는 것

(1) 물품의 인도

대외무역법에서는 수출을 우리나라에서 외국으로 물품이 이동하는 것으로 정의하고 있다. 특히 수출거래가 복잡·다양화되고 특수화됨에 따라 물품의 매매뿐만 아니라 사용대차, 교환, 증여 등도 수출의 범위에 포함시켰다. 또한 우리나라 선박이 공해상이나 외국의 영해에서 채취한 광물 또는 포획한 수산물 등을 현지에서 매각하는 것도 그 물품이 우리나라에 속한 것이고 외국으로 인도되는 것이기 때문에 수출로 간주되고 있다.

그리고 유상으로 외국에서 외국으로 물품을 인도하는 것으로 산업통상자원부장관이 정하여 고시하는 기준에 해당하는 수출거래는 중계무역 형태의 수출과 외국인도수출을 들 수 있다.

≫ 기 본 용 어

☑ 중계무역
수출할 것을 목적으로 물품을 수입하여 자유무역지대에서 약간의 가공 또는 원형 그대로 제3국으로 수출하는 수출입을 말한다. 일반적으로 보세구역, 자유무역지역 등은 관세법상 우리나라의 주권이 미치지 않기 때문에 외국의 범주에 포함될 수 있어 중계무역은 물품이 비록 우리나라를 경유하더라도 외국에서 외국으로 인도하는 것에 해당된다.

☑ 외국인도 수출
수출대금은 국내에서 영수하지만 국내에서 통관되지 아니한 수출물품을 외국으로 인도하는 수출이다. 따라서 해외건설사업에 사용하기 위하여 외국에서 구입한 시설·기자재 등을 현지에서 사용한 후 현지국이나 제3국으로 직접 판매할 수 있게 된다.

☑ 사용대차
당사자의 일방이 무상으로 사용 후 일정 기간 후에 돌려주기로 약속하고 상대방으로부터 물품을 인도받는 계약을 의미하며, 무상이라는 점에서 임대차와 구분된다.

(2) 거주자가 비거주자에게 제공하는 용역

수출은 물품과 같이 유체물의 이동만 의미하는 것이 아니라 거주자가 비거주자에게 서비스, 지적재산권 등 무형의 용역을 제공할 경우에도 수출로 간주된다.

대외무역법에서는 다음과 같이 두 가지 경우를 수출로 간주되는 용역으로 규정하고 있다(대외무역법시행령 제2조의 2).

첫째, 다음에 해당하는 사업을 영위하는 자가 제공하는 용역은 수출로 인정된다. ① 경영상담업, ② 법무관련 서비스업, ③ 회계 및 세무관련 서비스업, ④ 엔지니어링 서비스업, ⑤ 디자인, ⑥ 컴퓨터 시스템 설계 및 자문업, ⑦ 문화산업진흥기본법에 의한 문화산업에 해당하는 업종, ⑧ 운수업, ⑨ 관광진흥법에 의한 관광사업에 해당하는 업종, ⑩ 그 밖에 지식기반용역 등 수출유망산업으로서 산업통상자원부장관이 정하여 고시하는 업종

둘째, 국내의 법령 또는 대한민국이 당사자인 조약에 의하여 보호되는 특허권, 실용신안권, 디자인권, 저작권, 상표권, 저작인접권, 프로그램저작권, 반도체집적회로의 배치설계권의 양도, 전용실시권의 설정 또는 통상실시권의 허락 등도 용역으로 간주된다.

- 디자인권: 상품의 형상, 모양, 색체 등으로 미감을 일으키는 아이디어를 독점적으로 사용할 수 있는 권한을 말한다.
- 저작인접권: 직접적인 저작권은 아니지만 저작물의 실제 공연, 방송물 등에 대하여 저작물에 준하는 권리를 말한다.

(3) 거주자가 비거주자에게 전자적 무체물 전송

정보통신기술의 발달로 소프트웨어, 디지털 방식의 정보 등 전자적 형태의 무체물을 거주자가 비거주자에게 전송하는 것도 수출에 해당된다. 전자적 형태의 무체물은 다음에 해당하는 것을 말한다(대외무역법시행령 제2조의3).

① 소프트웨어산업진흥법에 규정한 소프트웨어
② 부호, 문자, 음성, 음향, 이미지, 영상 등을 디지털 방식으로 제작하거나 처리한 자료 또는 정보 등으로서 산업통상자원부장관이 정하여 고시하는 것(여기에 해당되는 것은 영화, 게임, 애니메이션, 만화, 캐릭터를 포함한 영상물, 음향·음성물, 전자서적, 데이터베이스 등이 해당됨)
③ 위의 ① 및 ②의 집합체 기타 이와 유사한 전자적 형태의 무체물로서 산업통상자원부장관이 정하여 고시하는 것

• 특허, 실용신안, 디자인(의장)의 예

제품포장이나 카탈로그, 신문광고 등을 보면 '의장특허출원 제2004－12345호 출
원 중' 또는 '실용신안특허 등록번호 제2004－814호'라고 인쇄되어 있는 것을 흔
히 볼 수 있다. 언뜻 보면 그럴 듯하지만 정확한 표기는 아니다. 우선 '의장특허'
라는 게 없다. 의장이면 의장이고, 특허면 특허지 '의장특허'라는 것은 없다. 실
용신안특허도 마찬가지이다. 그렇다면 산업재산권 4대 권리인 특허, 실용신안,
의장, 상표의 차이는 무엇일까?

특허(patent)와 실용신안(utility model)은 '기술적 사상'이 보호대상이다. 의장은
'물체의 외관' 즉, 디자인에 관한 것이다. 상표는 '문자나 로고' 같은 것을 보호한
다. 상품에 사용되는 것이면 상표(trademark)라 부르고 서비스에 사용되면 서비
스표(servicemark)라고 부른다. 의장이나 상표에서는 기술은 전혀 관심의 대상
이 아니다.

예를 들어 컴퓨터에 연결하여 사용하는 마우스를 생각해 보자. 바닥에 장착된
동그란 공이 구르면서 포인터의 위치를 움직이는 볼마우스만 있던 시절에 누군
가가 볼을 없앤 광마우스를 개발했다. 이 정도라면 훌륭한 신기술로서 당연히
'특허'감이다.

한편 마우스 버튼의 클릭감각을 좋게 하기 위해 간단한 완충재를 고안했다. 이
것은 바로 '실용신안'감이다. 또한 어린이용 마우스로 미키마우스 얼굴형상을 한
마우스를 생각해 냈다면 이것은 모양에만 관계되므로 '의장'감이다. 마우스 표면
에 인쇄되어 있는 'KJC'와 같은 문자는 상표이다.

》 기 본 용 어

☑ 거주자

대한민국 안에 주소 또는 거소를 둔 개인과 대한민국 안에 주된 사무소를 둔 법인을 의미

☑ 비거주자

거주자 외의 개인 및 법인을 말한다. 다만, 비거주자의 대한민국 안의 지점, 출장소 기타의 사무
소는 법률상 대리권의 유무에 불구하고 거주자로 본다(외국환거래법 제3조 제1항).

3) 수입의 정의

일반적으로 수입은 매매의 목적물인 물품을 외국에서 국내로 이동하는 일련의 사실행위라고 할 수 있다. 대외무역법에서는 다음의 경우를 수입이라고 정의하고 있다(대외무역법시행령 제2조의4).

① 매매, 교환, 임대차, 사용대차, 증여 등을 원인으로 외국에서 국내로 물품이 이동하는 것
② 유상으로 외국에서 외국으로 물품을 인수하는 것(외국인수수입, 중계무역, 무환수입 등)
③ 비거주자가 거주자에게 용역을 제공하는 것
④ 비거주자가 거주자에게 전자적 형태의 무체물을 전송하는 것

(1) 물품 인수의 의미

오늘날 수입의 개념은 과거보다 광의화되어 물품의 매매나 임대차뿐만 아니라 교환, 사용대차, 증여 등도 모두 수입에 해당된다. 그리고 해외건설현장 등에서 사용하기 위해 시설, 원료, 기재 등을 외국에서 구입하여 사업현장으로 직접 송부하는 외국인수수입이나 중계무역에 의한 수입도 대외무역법상의 수입에 포함된다.

(2) 비거주자가 거주자에게 제공하는 용역

비거주자가 거주자에게 서비스, 지적재산권 등을 제공하는 것도 수입으로 간주된다. 수입으로 인정되는 용역은 대외무역법시행령(제2조의 2)에 따라 다음의 두 가지 경우이다.

첫째, 다음에 해당하는 사업을 영위하는 자가 제공하는 용역은 수입으로 인정된다.
① 경영상담업, ② 법무관련 서비스업, ③ 회계 및 세무관련 서비스업, ④ 엔지니어링 서비스업, ⑤ 디자인, ⑥ 컴퓨터 시스템 설계 및 자문업, ⑦ 문화산업진흥기본법에 의한 문화산업에 해당하는 업종, ⑧ 운수업, ⑨ 관광진흥법에 따른 관광사업에 해당하는 업종, ⑩ 그 밖에 지식기반용역 등 수출유망산업으로서 산업통상자원부장관이 정하여 고시하는 업종

둘째, 국내의 법령 또는 대한민국의 당사자인 조약에 의하여 보호되는 특허권·실용신안권·디자인권·상표권·저작권·저작인접권·프로그램저작권·반도체집적회로의 배치설계권의 양도, 전용실시권의 설정 또는 통상실시권의 허락도 용역으로 간주된다.

(3) 비거주자가 거주자에게 전자적 무체물의 전송

정보통신기술의 발달로 소프트웨어, 디지털 방식의 정보 등 전자적 형태의 무체물을 비거주자가 거주자에게 전송하는 것도 수입에 해당된다. 전자적 형태의 무체물은 다음에 해당하는 것을 말한다(대외무역법시행령 제4조).

① 소프트웨어산업진흥법의 규정에 의한 소프트웨어

② 부호·문자·음성·음향·이미지·영상 등을 디지털 방식으로 제작하거나 처리한 자료 또는 정보 등으로서 산업통상자원부장관이 정하여 고시하는 것(여기에는 영화, 게임, 애니메이션, 만화, 캐릭터를 포함한 영상물, 음향·음성물, 전자서적 및 데이터베이스 등이 해당됨)

③ 위의 ① 및 ②의 집합체, 기타 이와 유사한 전자적 형태의 무체물로서 산업통상자원부장관이 정하여 고시하는 것

표 1-1   대외무역법상의 무역의 대상

구분	물품(Goods)	용역(Service)	전자적 형태의 무체물 (Intangibles of Electronic Forms)
개념 및 범위	• 동산 (외국환거래법에서 정하는 지급수단, 증권 및 채권을 화체화한 서류 제외)	• 다음의 사업자가 제공하는 용역 – 경영상담업, 디자인 – 법무관련 서비스업 – 회계 및 세무관련 서비스업 – 엔지니어링 서비스업 – 컴퓨터시스템 설계 및 자문업 – 문화산업에 해당하는 업종 – 관광사업에 해당하는 업종 – 운수업 – 지식기반용역 등 수출유망산업의 업종 • 국내의 법령 또는 한국과의 조약에 따라 보호되는 특허권, 실용신안권, 디자인권, 상표권, 저작권, 저작인접권, 프로그램저작권, 반도체직접회로의 배치설계권의 양도, 전용실시권의 설정 또는 통상실시권의 허락	• 소프트웨어 • 부호, 문자, 음성, 음향, 이미지, 영상 등을 디지털 방식으로 제작하거나 처리한 자료 또는 정보 등의 다음의 것 – 영상물(영화, 게임, 애니메이션, 만화, 캐릭터를 포함) – 음향, 음성물 – 전자서적 – 데이터 베이스 • 위의 집합체, 그 밖에 유사한 전자적 형태의 무체물로서, 장관이 정하여 고시하는 것

2. 관세법상의 무역의 개념

1) 관세법상의 수출의 정의

관세법(법 2조2)에서는 수출을 "내국물품을 외국으로 반출하는 것"으로 정의하고 있다.

> **내국물품이란?**(관세법 제2조 5)
> ① 우리나라에 있는 물품으로서 외국물품이 아닌 것
> ② 우리나라 선박 등에 의해서 공해에서 채집하거나 또는 포획한 수산물 등
> ③ 입항 전 수입신고가 수리된 물품
> ④ 수입신고수리 전 반출승인을 얻어 반출된 물품
> ⑤ 수입신고 전 즉시 반출신고를 하고 반출된 물품

2) 관세법상의 수입의 정의

관세법(제2조 1)에서는 수입을 "외국물품을 우리나라에 반입(보세구역을 경유하는 것은 보세구역으로부터 반입[1]하는 것을 말한다)하거나, 우리나라에서 소비 또는 사용하는 것(우리나라의 운송수단 안에서의 소비 또는 사용을 포함)"으로 정의하고 있다.

> **관세법상의 외국물품이란?**(관세법 제2조 4)
> ① 외국으로부터 우리나라에 도착된 물품(외국의 선박 등에 의하여 공해에서 채집 또는 포획한 수산물 등을 포함)으로서 수입신고가 수리되기 전의 것
> ② 수출의 신고가 수리된 물품

---

1) 이 경우 단지 '보세구역 반입'만으로는 수입이 아니며, 보세구역을 경유하여 국내로 반입될 때 비로소 '수입'으로 간주한다.

02 무역관리

무역관리 일반

---

1. 무역관리의 의의

무역관리(foreign trade control)란 일국의 무역거래에 대하여 규제 또는 지원하기 위한 각종 법규 및 제도적 장치를 말한다. 무역관리는 무역거래에 대한 정부의 인가, 허가, 면허, 승인, 인증, 행정지도 등의 방법으로 이루어진다.

무역관리는 어느 국가나 정도의 차이는 있으나 직·간접적으로 대외거래상품의 품목과 수량을 제한하는 일종의 무역통제 내지 지원을 하는 제도이다. 일반적으로 무역관리는 수출입관리(export & import control), 외국환관리(exchange control) 및 관세(customs tariff)와 함께 3대 무역장벽(trade barriers)을 형성하고 있다.

그러나 오늘날의 무역관리는 무역자유화라는 세계적인 흐름에 따라 무역거래를 제한하는 형태는 점점 줄어들고 있는 경향이 있다. 특히 세계무역기구(WTO)체제로 개편됨에 따라 무역의 효율성을 제고하려는 움직임이 확산되면서 무역관리의 새로운 전기를 맞이하게 되었다.

2. 무역관리의 형태

무역관리의 형태는 정부가 무역을 진흥하기 위한 수단과 무역을 규제하는 수단으로 구분된다.

1) 무역진흥수단

(1) 내국신용장(local credit)

수출신용장을 받은 국내수출상이 국내에서 물품을 조달하고자 할 때 자신의 거래은행에 원신용장 등을 견질로 하여 국내의 물품공급업자 또는 하청업자 앞으로 별도의 신용장을 발행하는 신용장을 의미한다. 이는 은행의 신용을 통하여 물품공급을 받을 수 있어서 수출업자의 자금부담을 덜어주는 제도이다.

(2) 구매승인서

국내에서 생산된 수출물품(완제품 및 원료)을 내국신용장에 의하지 아니하고 구매하는 경우에 외국환은행이 내국신용장에 준하여 발급하는 서류이다. 이는 단순송금방식의 수출, 무역금융부족으로 내국신용장을 발행할 수 없는 경우에 외화획득용 원료 등의 구매를 원활하게 하기 위하여 활용되고 있다.

(3) 무역(수출)금융

수출을 촉진하기 위하여 직수출자, 수출용 완제품 및 수출용 원자재 생산업자를 지원 대상으로 하여 수출상품의 제조, 가공에 필요한 자금을 낮은 금리로 지원하는 정책금융을 말한다.

(4) 관세환급제도

수출물품 제조에 소요된 원재료의 수입시에 납부한 관세 등을 수출 등에 제공한 때에 수출자에게 되돌려 주는 것을 의미한다. 이는 수출지원을 위한 관세환급특례법상의 환급을 의미한다.

(5) 무역보험

수출자나 선적 전후 수출금융을 제공한 금융기관이 수입자의 대금지급지체, 파산 등으로 만기일에 대금을 회수하지 못하게 됨으로써 발생되는 손해를 정부출연금으로 조성된 '수출보험기금'으로 보상하여 수출을 진흥하기 위한 비영리 정책보험제도이다.

(6) 수출보조금 및 장려금

수출업자가 물품을 생산하는데 필요한 일정한 생산 보조금 또는 장려금을 지원함으로써 수출가격을 인하시켜 수출을 확대하는 제도이다. 이는 GATT나 WTO의 불공정무역에 해당되므로 국제사회에서 엄격히 제한되고 있다.

2) 무역규제수단

일반적으로 수입을 규제한 수단이 해당되며, 관세장벽(tariff barrier)과 비관세장벽(non-tariff barrier)의 형태로 분류할 수 있다.

(1) 관세

관세(duties)는 관세선을 넘어오는 외국물품 또는 내국물품에 대하여 부과되는 조세이다. 관세는 수출관세와 수입관세로 구분되나 대부분 관세라고 하면 수입관세를 의미한다. 수입관세는 가장 대표적인 무역규제수단이다.

(2) 수량제한

수출입물품의 수량이나 금액을 제한하기 위하여 국가별 또는 품목별로 일정한 한도를 정하여 그 범위 내에서만 허용하는 제도를 말한다.

(3) 수입과징금

수입물품에 대해서 관세 이외에 추가적으로 부과되는 조세를 부과함으로써 수입을 억제하는 형태를 말한다.

(4) 수입담보금

정부가 수입을 승인하기 전에 일정한 금액의 현금 또는 유가증권을 적립하도록 하여 수입업자의 자금부담을 가중시킴으로써 수입을 규제하는 것이다.

(5) 수출입의 승인

수출입거래의 대상 물품에 따라 관계 당국의 별도의 승인을 받도록 하는 제도이다.

(6) 무역결제관리

수출 또는 수입대금의 결제조건을 외국환거래법에 따라서 외국환은행을 통하여 회수 및 지급하도록 규제하는 제도이다.

SECTION 02 무역관계법규

1. 국내 무역관련 법규

1) 무역의 기본 법규

우리나라의 대외무역을 규율하는 기본 법규는 대외무역법, 관세법과 외국환거래법을 포함하여 3대 기본법이라고 한다. 이들 3대 무역기본법은 우리나라 무역관리의 근간이 되고 있다.

(1) 대외무역법

대외무역법은 1986년 12월 31일 새로이 제정된 무역관리의 기본법으로서, 수출입거래를 관리하는 기본법이다. 대개 민간주도의 자율성과 대외신용의 제고를 위해 규제의 최소화와 세부적인 사항은 하위 법령에 위임하고 있는 위임법적 성격을 갖고 있다. 이 법은 대외무역을 진흥하고 공정한 거래질서를 확립하여 국제수지의 균형과 통상의 확대를 도모함으로써 국민경제의 발전에 이바지함을 목적으로 하고 있다(대외무역법 제1조).

대외무역법은 우리나라의 무역에 관한 기본법, 무역에 관한 일반법이면서 민사법에 대한 특별법, 개별 행정법과 연계된 통합법으로서의 지위를 갖고 있다. 대외무역법은 총 7장과 부칙으로 구성되어 있으며, 하위 법규로 대외무역법의 시행에 필요한 사항을 규정한 대외무역법시행령과 대외무역관리규정을 두고 있다.

표 2-1   대외무역법의 관리체계

관리대상구분	주요 내용	
인적관리	• 무역업 고유번호 부여	• 종합무역상사
행위 및 대상관리	• 수출입공고 • 특정거래형태의 수출입 인정 • 전략물자의 수출입 • 원산지 기준 및 판정	• 수출입 승인 및 면제 • 외화획득용 원료 기재의 수입 • 플랜트 수출
수출입정책관리	• 수출입질서 유지 • 각종 벌칙	• 산업피해조사

(2) 관세법

관세법은 관세의 부과·징수 및 수출입물품의 통관을 적정하게 하고 관세수입을 확보함으로써 국민경제의 발전에 이바지함을 목적으로 하고 있다(관세법 제1조). 관세법은 관세행정의 기본법으로서 관세도 국세의 하나이지만 국세에 관한 국세기본법이나 국세징수법은 관세행정에 관하여는 특별히 준용하는 경우를 제외하고는 적용되지 않는다.

표 2-2   관세법의 관리체계

관리대상구분	주요 내용	
인적관리	• 납세의무자	• 수출·수입신고자
행위 및 대상관리	• 관세의 부과 및 징수 • 수출입통관	• 보세구역 및 보세운송 • 원산지 기준 및 판정
수출입정책관리	• 심사와 심판	• 각종 벌칙

(3) 외국환거래법

외국환거래법은 외국환거래와 그 밖의 대외거래의 자유를 보장하고 시장기능을 활성화하여 대외거래의 원활화 및 국제수지의 균형과 통화가치의 안정을 도모함으로써 국민경제의 건전한 발전에 이바지함을 목적으로 하고 있다(외국환거래법 제1조).

외국환거래법의 적용대상은 외국환거래 및 이와 관련된 행위와 지급 및 영수 등으로 되어 있다. 주요 내용을 보면 거주자와 비거주자의 구분, 환율 및 지정통화, 외국환은행, 외국환수급계획, 외국환의 집중, 결제방법의 제한, 무역외거래 및 자본거래에 대한 제한 등에 관하여 규정하고 있다.

표 2-3   외국환거래법의 관리체계

관리대상구분	주요 내용	
인적관리	• 거주자	• 비거주자
행위 및 대상관리	• 외국환, 환율 등 • 무역외거래 및 자본거래	• 결제통화 • 무역결제방법
수출입정책관리	• 외국환의 수급계획 • 각종벌칙	• 외국환 평형기금

2) 전자무역 및 무역자동화관련 법규

(1) 전자무역촉진에 관한 법률

이 법은 전자무역의 기반을 조성하고 그 활용을 촉진하여 무역절차의 간소화와 무역정보의 신속한 유통을 실현하고 무역업무의 처리시간 및 비용을 절감함으로써 산업의 국제경쟁력을 높이고 국민경제의 발전에 이바지함을 목적으로 한다(전자무역 촉진에 관한 법률 제1조).

이 법은 1991년 12월 31일 법률 제 4479로 제정·공포된 무역업무자동화촉진에 관한 법률이 폐쇄적 성격의 전용망인 EDI방식에 맞게 되어 있어서 개방형인 인터넷환경에 맞도록 2013년 3월 23일 법률 제11690호로 전부 개정하여 오늘에 이르고 있다.

(2) 정보통신망 이용촉진 및 정보보호 등에 관한 법률

이 법은 정보통신망의 이용을 촉진하고 정보통신서비스를 이용하는 자의 개인정보를 보호함과 아울러 정보통신망을 건전하고 안전하게 이용할 수 있는 환경을 조성하여 국민생활의 향상과 공공복리의 증진에 이바지함을 목적으로 한다. 이 법에서 전자문서의 이용을 촉진할 목적으로 전자문서의 정의, 송수신 시기, 전자문서의 내용추정 등의 규정을 마련하였다.

(3) 전자문서 및 전자거래기본법

이 법은 전자문서 및 전자거래의 법률관계를 명확히 하고 전자문서 및 전자거래의 안전성과 신뢰성을 확보하며 그 이용을 촉진할 수 있는 기반을 조성함으로써 국민경제의 발전에 이바지함을 목적으로 하는 것이다.

이 법은 전자문서가 종이문서와 동일한 법률적 효력을 부여하고 전자거래의 신뢰성 확보, 소비자의 보호, 전자문서의 이용 및 전자거래의 촉진을 위한 시책의 추진 등 전자거래에 관한 기본적인 사항을 정함으로써 안전하게 전자거래를 촉진하기 위하여 제정된 법률이다.

(4) 전자서명법

이 법은 전자문서의 안전성과 신뢰성을 확보하고 그 이용을 활성화하기 위하여 전자서명에 관한 기본적인 사항을 정함으로써 국가사회의 정보화를 촉진하고 국민생활의 편익을 증진함을 목적으로 하는 것이다.

이 법에서 '전자문서'를 "정보처리시스템에 의하여 전자적 형태로 작성되어 송신 또는 수신되거나 저장된 정보"로 정의하고 있으며, 그 외에도 전자문서, 인증, 인증서, 공인인증기관, 전자서명의 인증정책, 공인인증기관의 지정 등에 관한 사항을 규정하고 있다.

3) 무역지원 법규

(1) 무역보험법

본 법은 무역이나 그 밖의 대외거래(해외투자, 해외자원 확보, 무역보험·수출신용보증 등을 통하여 수출기반의 조성, 외화획득의 효과나 그 밖의 무역증진이 예상되는 거래)와 관련하여 발생하는 위험을 담보하기 위한 무역보험제도를 효율적으로 운영함으로써 무역과 해외투자를 촉진하여 국가경쟁력을 강화하고 국민경제의 발전에 이바지함을 목적으로 하는 것이다.

(2) 중재법

중재법은 당사자간의 합의로 사법상의 분쟁을 법원의 판결에 의하지 아니하고 중재인의 판정에 의하여 신속하게 해결함을 목적으로 하는 법이다. 우리 나라에서는 민간기관이 대한상사중재원(Korean Commercial Arbitration Board: KCAB)에서 무역분쟁에 관한 중재절차를 담당하고 있다.

(3) 기타

이 외에도 수출용원재료에 대한 관세 등 환급에 대한 특례법, 불공정무역행위조사 및 산업피해구제에 관한 법률, 자유무역지역의 지정 및 운영에 관한 법률, 니자인·포장

진흥법 등과 함께 무역금융규정 등의 수출지원을 위한 규정 등이 있다. 또한 법을 집행하는 과정에서 무역에 간접적으로 관계를 갖는 약사법, 식품위생법, 마약류위반 등에 관한 법률, 식물방역법, 식품위생법, 검역법, 유해화학물질관리법, 양곡관리법, 농약관리법, 가축전염예방법, 축산법, 종자산업법, 수산업법, 담배사업법, 인삼사업법, 품질경영촉진법 등 통합공고 대상인 개별 법규가 있다.

이들 법은 소위 비교역적 부문으로서 국민보건·위생·환경·국방 및 특정의 국내산업을 규제할 목적으로 제정되었지만 그 운용과정에서 관련부문의 무역에 대하여도 수출입 수량의 제한, 수입관세의 부과, 물품품질의 제한 등의 조치를 취한다.

이상에서와 같이 대내외적으로 수출입을 규제하는 법규는 대외무역법, 관세법, 외국환거래법 등 무역기본법 외에도 수출입지원규정, 기타 행정법규 등 많은데 이러한 특별법에 수출입규제에 관한 규정이 있을 경우에는 그 특별법 규정이 무역에 관한 일반법인 대외무역법보다 우선 적용된다.

표 2-4   우리나라의 수출입관련 법령체계

규제법규	대외무역법	외국환거래법	관세법	무역지원법규
기본법령	대외무역법	외국환거래법	관세법	무역보험법, 외자도입법, 농수산물수출진흥법, 중재법 등
부속 및 관련법령	• 대외무역법 시행령, 대외무역관리규정, 산업통상자원부의 수출입관련 법규(수출입공고, 통합공고) 등 • 약사법·마약법 등 통합공고상의 개별법	• 외국환거래법시행령, 외국환거래규정 등 • 외자도입법 등	• 관세법 시행령 및 동법 시행규칙 등 • 수출입 원재료에 대한 관세 환급에 관한 특례법 등	• 각 법률의 시행 및 시행규칙
주요내용	대외무역거래 상황을 관리하는 대외무역에 관한 기본법	수출입거래에 따른 대금결제 등 대외채권, 채무 행위 규제	수출입물품의 이동에 따른 통관절차규제	수출입에 따른 지원
해당분야	수출입자격, 절차, 품목, 거래형태, 질서유지 등	수출입대금 결제방법, 수출입관련, 자본거래 등	운송·통관·관세 등	수출금융, 수출보험, 수출검사 등

2. 무역관리기관

1) 산업통상자원부장관

산업통상자원부는 우리나라의 무역관리에 대한 무역행정의 최고 관리기관이다. 그리고 산업통상자원부장관은 무역행정의 신속화와 효율적인 운영을 위하여 권한의 일부를 대통령령이 정하는 바에 의하여 소속기관의 장, 시·도지사에게 위임하거나, 관계행정기관의 장, 세관장, 한국은행총재, 한국수출입은행장, 외국환은행의 장, 기타 대통령이 정하는 법인 또는 단체에 위탁할 수 있다.

2) 협조 중앙행정기관

정부중앙부처	주무내용
기획재정부장관	외자도입, 외환 등의 대외결제에 관한 사항
외교부장관	통상외교, 조약체결 등의 무역관련 사항
행정안전부장관	총포화약류의 수출입
농림축산식품부장관	양곡, 비료, 농약 등의 수출입
보건복지부장관	의약품, 마약, 독극물의 수출입
국토교통부장관	건설장비 등의 수출입
문화체육관광부장관	영화, 음반, 도서, 문화재 등의 수출입

상기 사항을 관장하고 있는 업무중에서 무역과 관련된 업무를 수행할 때에는 산업통상자원부장관과 협의하여야 하며, 물품의 수출입에 관련된 사항을 산업통상자원부장관에게 제출하여 통합공고할 수 있어야 한다.

3) 무역위원회

무역위원회(Korea Trade Commission: KTC)는 산업통상자원부 산하 위원회로서 외국물품의 수입 증가 및 불공정한 무역으로 인하여 국내 산업이 입는 피해를 구제하기 위한 조사, 판정 및 구제조치 건의 등의 기능과 산업경쟁력 조사사업을 수행하고 있다.

4) 관세청장

다음의 권한은 산업통상자원부장관이 관세청장에게 위탁하고 있다.
  ① 원산지표시의 사전판정 및 이의제기를 처리하는 권한
  ② 세관장에게 위탁한 사무에 대하여 지휘·감독하는 권한
  ③ 산업통상자원부장관이 정하는 원산지 표시방법의 범위 안에서 세부적인 표시방법을 정하는 권한 등

5) 세관장

세관장은 관세법 규정에 의하여 수출입통관을 관장하고 무역거래에 대하여 신고수리하고 무역관리 기능을 수행한다. 그리고 세관장은 산업통상자원부장관으로부터 다음의 권한을 위탁받아 관리하고 있다.
  ① 물품의 수출·수입이행사항의 확인에 관한 권한
  ② 수입물품의 원산지표시 및 원산지의 확인에 대한 검사에 관한 사항
  ③ 수입물품의 원산지증명서의 제출명령에 관한 사항
  ④ 국내의 법령 또는 교역상대국의 법령에 의하여 보호되는 특허권, 실용신안권, 디자인권, 상표권, 저작권 등 지적재산권을 침해하는 물품의 수출입행위 및 원산지표시 위반 물품의 수출입행위에 대한 시정조치명령 또는 과징금을 부과하는 권한 등

6) 관계 행정기관·단체의 장

다음의 권한은 산업통상자원부장관이 지정하는 관계 행정기관·단체의 장에게 위탁하고 있다.
  ① 수출·수입의 승인, 변경승인 및 변경신고수리를 하는 권한
  ② 외화획득용 원료·기재의 수입승인에 관한 권한
  ③ 산업통상자원부장관이 관장하는 품목에 대하여 외화획득용 원료·기재의 사후관리를 하는 권한 등

표 2-5   국내의 무역관리기구

역 할	무역관리기관
최고 중앙행정관청	산업통상자원부장관
협조 중앙행정관청	각 소관 주무부처장관
심의기관	무역위원회
산업통상자원부장관의 권한 위임	기술표준원장, 시장, 도지사, 자유무역지역관리원장 등
산업통상자원부장관의 권한 위탁	관계행정기관의 장, 국방부장관, 국립산림과학원장, 세관장, 한국수출·입은행장, 한국은행 총재, 한국무역협회장, 한국무역대리업협회장, 한국외국기업협회장, 대한상사중재원장, 전략물자관리원장 등
무역행정 유관기관	대한무역투자진흥공사, 수출검사기관 등

7) 기타 무역 유관 기관

대외무역행정의 유관기관으로서는 무역진흥 등을 목적으로 특별법에 의해 설치된 대한무역투자진흥공사, 대한상사중재원 그리고 시·도지사, 기술표준원장, 한국기계공업진흥협회장, 국립산림과학원 및 각종 품목별 수출입관련조합 등이 있다.

SECTION 03   수출입 품목관리

수출입 품목에 대한 관리는 수출, 수입에 대한 직접 규제방식으로서 개별품목의 수출입 물품의 품목, 수량, 금액, 대상지역 등을 제한하게 되는 종합관리체계이다. 이에 따라 수출 또는 수입하고자 하는 자는 해당 품목의 수출입이 규제되는지 사전에 확인한 후 요건에 맞는 수출입을 하여야 한다.

1. 수출입품목 관리체계

1) 수출입 물품의 제한

모든 물품에 대한 수출입은 원칙적으로 자유롭게 이루어지도록 하지만 대부분의 국가는 경제적, 정치적, 사회적 목적에 따라 수출입의 범위를 제한하고 있다.

우리나라의 경우도 헌법에 의하여 체결·공포된 조약과 일반적으로 승인된 국제법규에 의한 의무의 이행, 생물자원의 보호 등을 위하여 필요하다고 인정하는 경우에는 물품 등의 수출 또는 수입을 제한하거나 금지할 수 있다(대외무역법 제14조의 1).

이에 따라 산업통상자원부장관이 헌법에 의하여 체결·공포된 조약과 일반적으로 승인된 국제법규에 의한 의무의 이행, 생물자원의 보호 등을 위하여 지정하는 물품 등을 수출 또는 수입하고자 하는 자는 산업통상자원부장관의 승인을 얻어야 한다.

2) 품목관리를 위한 체계

수출입품목관리체계는 대외무역법에 근거한 수출입공고와 개별법에 의한 제한내용을 취합하여 공고하는 통합공고로 이루어져 있다.

(1) 수출입공고

수출입공고는 어떤 품목을 어떠한 요령과 절차에 따라 수출입할 수 있는지를 국민들에게 알리는 제도이다. 수출입공고는 수출입 품목을 관리하기 위한 기본공고이며, 수출입이 금지되거나 승인을 받아야 수출입을 할 수 있는 품목을 규정한 산업통상자원부장관의 고시이다. 수출입공고 제1조에는 "이 고시는 대외무역법 제11조에 의하여 물품 등의 수출 또는 수입의 제한·금지, 승인, 신고, 한정 및 그 절차 등에 관한 사항을 규정함을 목적으로 한다"고 하고 있다.

대외무역법 제11조에는 "산업통상자원부장관은 필요하다고 인정하는 경우에는 수출입 승인대상 물품 등의 품목별 수량·금액·규격 및 수출 또는 수입지역 등을 한정할수 있다. 또한 장관은 수출입 물품의 수출 및 수입의 제한·금지, 승인, 신고, 한정 및 그절차 등에 관하여 정한 경우에는 이를 공고하여야 한다"고 명시하고 있는데 이를 수출입공고라 한다.

수출입공고에는 수출금지품목(별표1)과 수출제한품목(별표 2), 수입제한품목(별표3)를 게기하는데 이 명기된 품목을 수출입하고자 하는 자는 각 품목별 수출입요령에 따라 수출입 승인기관의 승인을 받아야 한다(대외무역법 제14조). 수출입공고상의 수출제한품목과 수입제한품목으로 게기하지 않는 품목은 원칙적으로 수출입자유화 품목이다.

수출입공고의 예를 보면 다음과 같다.

표 2-6   수출금지품목에 대한 수출입공고의 예(별표1)

HS	품목	수출요령
020840	고래, 돌고래류(고래목의 포유동물) 및 바다소(바다소 목의 포유동물)의 것	다음의 것은 수출할 수 없음 ① 고래고기

표 2-7   수출제한품목에 대한 수출입공고의 예(별표2)

HS	품목	수출요령
0808 10 20	사과 배	다음의 것은 한국농림수산식품수출입조합의 승인을 받아 수출할 수 있음 ① 대만지역으로 수출되는 것

표 2-8   수입제한품목에 대한 수출입공고의 예(별표3)

HS	품목	수출요령
392099 10 00 401130 00 00	• 플라스틱제의 기타 관, 쉬트, 필름, 박 또는 스트립 중 항공기용의 것 • 고무제의 공기타이어(신품) 중 항공기용의 것	한국항공우주산업진흥협회의 승인을 받아 수입할 수 있음

(2) 통합공고

수출입 통합공고는 여러 법률에 산재되어 있는 수출입의 요건 및 절차에 관한 사항을 무역업자가 쉽게 파악할 수 있도록 하나의 공고에 통합하여 놓은 것이다. 산업통상자원부 장관은 정부부처마다 다른 각각의 개별법령에 따라 거래 품목, 수출입의 요건 및 절차 등을 규정하고 있는 경우에 모두 통합하여 일괄적으로 고시하게 되는데 이를 통합공고라고 한다. 대외무역법에서 수출입을 제한하고 있지 않더라도 국민보건 및 안전, 사회질서유지, 문화재 보호, 환경보호 등을 위하여 해당물품을 관장하는 개별법에서 수출입을 제한하고 있는 경우에는 개별법의 수출입요건, 절차 등을 충족하여야 한다.

관계행정기관의 장은 수출·수입요령을 제정 또는 개정하는 경우에는 당해 수출·수입요령이 그 시행일 전에 공고될 수 있도록 이를 산업통상자원부장관에게 제출하여야 하며, 산업통상자원부장관은 제출받은 수출·수입요령을 통합하여 일괄적으로 공고하여야 하는데 이를 통합공고라 한다(대외무역법 제12조).

통합공고는 대외무역법 이외의 화장품법, 약사법, 마약류관리에 관한 법률, 식품위생법, 검역법 등의 개별 법령에 의한 품목별 수출입 요령을 산업통상자원부에서 통합하여 공고하는 것으로서 현재 해당품목은 HS10단위 기준이며 수출입물량 규제보다 형식승인 등 절차상의 요건 확인을 통한 규제가 대부분이다.

통합공고에는 품목별 수출요령(별표1)과 품목별 수입요령(별표2)등이 있다.

표 2-9   통합공고 대상물품의 예 (품목별 수입요령) (별표2)

HS	품 목	수입요령	관계법령
010210 10 00 20 00	젖소 육우	1. 농림축산검역본부장에게 신고하고 검역을 받아야 한다(가축전염병예방법 제32조의 규정에 의한 수입금지지역에서 생산 또는 발송되었거나 그 지역을 경유한 지정검역물은 수입할 수 없음). 2. 한국종축개량협회장에게 신고를 필한 후 수입할 수 있음	가축전염병예방법 축산법

(3) 전략물자 수출입공고

전략물자수출입공고는 국제평화 및 안정유지와 국가안보를 위해 국가간 이동의 규제가 필요하다고 인정되는 품목에 대하여 산업통상자원부장관이 별도로 그 수출입을 관리하기 위하여 이루어지는 공고이다.

전략물자의 품목분류는 일반수출입 물품처럼 HS에 의하지 않고 별도의 코드에 의하여 분류하며, 수출입 요령은 산업통상자원부장관이 관계행정기관의 장과 협의하여 정한 전략물자 수출입공고에 의한다. 따라서 산업통상자원부장관의 전략물자수출입공고에 게기된 물품을 수출하고자 하는 자는 수출하기 전에 관계행정기관의 장의 수출허가를 받아야 하고, 수입의 경우에 산업통상자원부장관이나 관계행정기관의 장으로부터 수입목적확인서를 받아야 한다.

예 상용무기와 이중용도 품목, 대량살상 및 파괴 무기, 원자력관련 비확산품목, 미사일관련 비확산품목, 생화학무기관련 비확산품목, 핵무기 등

2. 수출입공고 표시방법

1) Positive List System

수출입공고, 통합공고 등에 수출 또는 수입이 허용되는 품목만을 표시하고, 여기에 표시되지 아니한 기타의 품목은 원칙적으로 수출 또는 수입이 제한 내지 금지되도록 표시하는 품목방식을 말한다.

2) Negative List System

수출입공고, 통합공고 등에 수출 또는 수입의 금지 또는 제한품목만을 표시하고, 여기에 표시되지 아니한 나머지 품목은 수출 또는 수입이 자유롭게 허용되도록 표시하는 품목방식을 말한다.

우리나라는 GATT에 가입하면서 무역자유화의 추세에 따라 1967년 7월 25일부터 Positive List System에서 Negative List System으로 전환하였다. 따라서 Negative List System으로 변경한 이후는 금지품목과 제한승인품목만을 열거하고 있어 이에 해당되지 않는 품목은 일단 수출·수입자동승인품목으로 간주되어 자유롭게 수출입을 할 수 있다. 그러나 현행 수출입공고에는 수입금지품목은 개별법령에서 규정하고 있으므로 한 품목도 게기되지 않고 있다.

3. 품목분류기준

1) 수출입공고상의 품목구분

수출입공고상 품목은 수출금지품목(export banned items), 수입금지품목(import banned items), 수출제한품목(export restricted items), 수입제한품목(import restricted items), 수출자동승인품목(export automatic approval items), 수입자동승인품목(import automatic approval items)으로 구분할 수 있다.

(1) 수출금지품목(export banned items)

수출입공고상 품목의 수출요령에 의하면 수출할 수 없는 품목을 말하며, 현행 수출입공고상의 수출금지품목은 (별표 1)에 게기하고 있다.

(2) 수출제한품목(export restricted items)

수출입공고 (별표 2)에 게기되어 있는 품목으로 이는 각 품목별 수출요령에 따라 수출승인을 받아야 수출할 수 있다. 가령 수출입공고상에 "○○○조합(협회)의 승인을 받아 수출할 수 있음"과 같이 단서의 승인조건을 충족시켜야만 수출이 가능한 품목이다.

(3) 수출자동승인품목(export automatic approval items: AA items)

수출입공고 '별표'에 게기되지 아니한 품목으로 자동적으로 수출승인이 된 것으로 갈음하여 수출할 수 있다.

(4) 수입금지품목(import banned items)

수출입공고에 의거 수입할 수 없는 품목을 말하며, 현행 수출입공고상에는 WTO의 자유무역의 원칙을 준수한다는 의미에서 수입금지품목을 한 품목도 표시하고 있지 않다. 이는 개별법령에 의해서 규제하고 있다.

(5) 수입제한품목(import restricted items)

수출입공고 (별표 3)에 게기되어 있는 품목으로 이는 각 품목별 수입요령에 따라 수입승인을 받아야 수입할 수 있다. 가령 수출입공고상에 "○○○조합(협회)의 승인을 받아 수입할 수 있음"과 같이 단서의 승인조건을 충족시켜야만 수입이 가능한 품목이다.

그러나 외화획득용 원료·기재의 수입에 해당하는 경우에는 수입제한품목일지라도 별도의 제한 없이 수입승인을 받을 수 있다.

(6) 수입자동승인품목(import automatic approval items)

수출입공고 '별표'에 게기되지 아니한 품목으로 자동적으로 수입승인이 된 것으로 갈음하여 수입할 수 있다.

이상과 같이 수출제한품목과 수입제한품목은 각각 수출입공고에 게기된 품목들이다. 수출입공고의 각 품목별 수출입요령을 보면 수출·수입제한품목들은 대개 주무관서나 관련 업계단체 또는 수출·수입조합 등의 추천으로 수출·수입할 수 있도록 되어 있다.

현행 수출입공고상의 품목분류방법은 HS상품분류에 따르며 분류된 품목의 세분류는 관세, 통계통합품목을 고려하여 시행되고 있다.

표 2-10   수출입 공고상의 품목분류

구분	품목분류기준	비 고
수출	수출금지품목(export banned items)	(별표 1) 게기
	수출제한품목 (export restricted items)	(별표 2) 게기 → 해당 주무협회 또는 조합의 승인 및 추천이 필요
	수출자동승인품목 (export automatic approval items)	AA품목 별표에 게기되지 않음
수입	수입금지품목(import banned items)	개별법으로 규제
	수입제한품목 (import restricted items)	(별표 3) 게기 → 해당 주무협회 또는 조합의 승인 및 추천이 필요
	수입자동승인품목 (export automatic approval items)	(별표)에 게기되지 않음

2) 무역상품의 분류방식

(1) 표준국제무역상품분류(SITC)

SITC방식은 1950년 7월에 UN경제사회이사회에서 '표준국제무역상품분류'(Standard International Trade Classification: SITC)가 선포된 후 1960년에 다시 전면 개정하였다. SITC는 경제분석과 상품별 무역자료의 통계를 내는데 편리하게 구성되어 있으며 10부 (section), 56류(division), 177군(group), 1,312 기본항목(basic item) 등으로 된 총 45,000 여 개의 품목을 구분하고 있다.

(2) 관세협력이사회 품목분류(CCCN)

세계 각국의 관세행정을 개선하고 통일을 도모하고자 1952년에 설립된 관세협력이사회(Customs Cooperation Council: CCC)가 상품분류의 국제적 통일을 기하기 위해 1937년에 제정된 제네바 관세품목분류집(Geneva Tariff Nomenclature)을 기초로 1955년에 작성되어 사용하였다. 그 후 1971년 1월 관세협력이사회에서 발행한 BTN(Brussels Tariff Nomenclature)방식에 따라 품목을 분류하여 오다가 CCC총회에서 특정지역(Brussel)의 명칭을 이용한 BTN을 CCC기구의 명칭에 의거 CCCN(Customs Cooperation Council Nomenclature)방식으로 변경하였다. 우리나라도 1977년 상반기부터 품목분류를 CCCN방식으로 표시하게 되었다.

이 CCCN은 관세를 부과하기 위한 상품의 유형을 구분하였다. ① 재료를 중심으로

한 분류, ② 제조과정을 중심으로 한 분류, ③ 노동과정을 중심으로 한 분류, ④ 용도를 중심으로 한 분류 등을 종합적으로 고려하여 21부(section), 99류(chapter), 1,101품목(heading)으로 총 60,000여 개의 상품을 분류하고 있다.

(3) HS품목분류

종전의 SITC와 CCCN은 이원화 된 상품분류로 인하여 자료상의 오류와 통계상의 신뢰성과 운임의 산정에 불편을 주었고 상품분류를 검증하고 정정하는 데 많은 시간과 경비가 소요되었다. 또한 사용 목적이나 국가에 따라 서로 다르게 운영되어 경제분석에 있어서 국제간의 객관적 비교가 어려웠다. 이에 따라 관세협력이사회(CCC)는 관세, 통계, 운송, 보험 등에 공통으로 사용하기 위하여 '통일상품명 및 부호체계에 관한 국제협약 및 그 부속서'(The International Convention on the Harmonized Commodity Description and Coding System and its Annex)인 일명 HS협약(HS Convention)을 1983년 6월 제정하고, 한국을 비롯한 세계 주요 국가들이 HS품목분류표를 1988년 1월 1일부터 시행하고 있다.

HS는 여러 가지 기준을 통합하고 있지만 근본적으로는 CCCN체계를 따르고 있기 때문에 신 CCCN이라고도 부르기도 한다.

HS는 21부(section), 97류(heading)의 기본 분류를 중심으로 10단위까지 분류가 가능하여 약 10만 종류의 거의 모든 상품을 망라할 수 있도록 되어 있다. 특히 HS에 의하면 CCCN에는 나와 있지 않던 기술개발에 따른 상품뿐만 아니라 주식 등 금융상품·프로그램등 정보재, 지적소유권 등의 무형재도 포괄할 수 있게 되었다.

우리나라는 세계 공통의 HS 6단위 분류에다 국내의 제반 사정을 감안한 자체분류 4단위를 합해 모두 10단위로 품목을 분류해 한국통일상품분류방식(HSK: Harmonized System of Korea)을 사용하고 있다.

표 2-11   국제품목분류기준의 비교

구분	SITC	CCCN	HS
공식명칭	표준국제무역상품분류 (Standard International Trade Classification)	관세협력이사회품목분류 (Customs Cooperation Council Nomenclature)	신국제통일상품분류 (The Harmonized Commodity Description and Coding System)
제정년도	1950년	1950년	1983년
발효 및 채택	1950년.7.21일 발효	• 1955.11.11일 발효 • 1976. 6월 BTN → CCCN 로 명칭변경	1983.6월 CCC채택
제정기관	유엔경제사회이사회	관세협력이사회	관세협력이사회
이용목적	무역통계 이용목적 (무역 및 경제분석 용이)	관세부과 목적 (관세율 적용)	관세와 기타 목적 흡수 (관세 및 국제통계 통합)
용도차이	단일용도(통계)	단일용도(관세)	다용도(관세, 통계, 운송 등)
분류체계	10부 63류 786품목(4단위) 1,924품목(5단위)	21부 99류 1,011개 품목(4단위) 7,916개 품목(8단위)	21부 97류(77류 공백) 1,241개 품목(4단위)=새로운 CCCN 5,019개 품목(6단위)=협약국 10,033개 품목(10단위)=자국자율적용
단위부여	국제공통 5단위	국제공통 4단위 자국용 4단위	국제공통 6단위 자국용 4단위

SECTION 04 원산지관리제도

1. 원산지 제도의 개요

1) 원산지 제도의 의의

　　원산지(origin of goods)는 특정 물품이 성장하거나 생산, 제조 또는 가공된 지역이나 국가 또는 물품의 국적을 의미한다. 원산지는 수입국이 원산지를 판정할 필요가 있을 때 특정 물품의 생산, 제조국을 결정하기 위해 필요하며, 또한 소비자에게 정확한 원산지 정보를 알려줌으로써 소비자가 원하는 상품을 선택할 수 있도록 활용되고 있다.

　　원산지 규정(rules of origin)은 원산지 국가를 결정하기 위한 법령이나 행정 규칙인데 물품의 원산지 판정방법 및 확인 절차에 관한 규정을 다루고 있다. 현재 국제적으로 통일된 원산지 규정이 없기 때문에 개별 국가별로 원산지 규정을 운영하고 있는 실정이다.

2) 원산지 제도의 분류

우리나라의 원산지 규정은 적용목적에 따라 ① 「대외무역법」에 따른 비특혜 원산지 규정과 ② 「관세법」에 따른 특혜 원산지 규정으로 나누고 있다.

특혜 원산지 규정(preferential rules of origin)은 관세동맹, 자유무역협정(FTA) 체결에 따라 역내 국가가 원산지인 물품 또는 일반특혜관세제도(GSP)에 의해 특정 개발도상국이 원산지인 물품에 대해 쌍방 또는 일방적으로 관세상의 특혜를 부여하는 경우에 적용된다. FTA의 원산지 기준이 이에 해당한다.

비특혜 원산지 규정(non-preferential rules of origin)은 특혜 원산지 규정 이외의 원산지 규정을 의미하는 것으로 관세상의 특혜목적이 아닌 관세 행정 또는 무역정책상 원산지를 확인할 필요가 있는 경우에 적용된다. 덤핑방지관세, 상계관세 부과를 위한 원산지 확인, 긴급수입제한 조치를 위한 규제, 소비자 보호를 위한 원산지 표시규정, 환경보전 및 국민보건을 위한 검역목적의 원산지 규정 등이 해당되며, 대표적인 것이 WTO 통일 원산지 규정이다.

3) 원산지관리제도의 유형

물품의 원산지 관리는 크게 원산지 표시제도와 원산지 확인제도로 구분할 수 있다. 원산지 표시제도는 최종 소비자를 보호하기 위하여 수입물품에 원산지를 표시하도록 하는 것이며, 불공정수출입행위를 근절하기 위해서 시행하고 있다. 원산지 확인제도는 통관단계에서 신고한 원산지가 맞는지 확인하여 특정 물품의 수입지역을 제한하거나 원산지 허위표시 등을 방지하기 위해 무역정책적인 측면에서 시행되고 있다. 한편 원산지 판정은 원산지 판정기준에 의해 물품의 원산지가 어디인지를 판정하는 것이다.

2. 원산지 표시제도

1) 대상물품

일반 소비자가 직접 구매 사용하는 수입 물품을 대상으로 원산지 표시를 한다. 원산지 표시는 원칙적으로 당해 수입 물품 및 부장품에 표시하여야 한다.

예 커피, 아이스크림, 방향제, 향수, 비누, 양탄자, 의류, 가전제품 등

2) 원산지표시방법

① 한글·한문 또는 영문으로 표시할 것
② 최종 구매자가 용이하게 판독할 수 있는 활자체로 표시할 것
③ 식별하기 쉬운 위치에 표시할 것
④ 표시된 원산지가 쉽게 지워지지 않거나 떨어지지 아니하는 방법으로 표시할 것

3) 수입물품의 포장·용기 등의 원산지 표시

원산지 표시는 당해 수입물품의 현품에 표시하는 것이 원칙이나 물품자체에 표시하기 곤란한 물품은 당해 물품의 포장, 용기 등에 수입 물품의 원산지 표시를 다음과 같이 할 수 있다.

① 당해 물품에 원산지를 표시하는 것이 불가능한 경우(예 냉동 옥수수, 밀가루 등)
② 원산지 표시로 인하여 당해 물품이 크게 훼손되는 경우(예 당구공, 콘택트렌즈, 포장하지 않은 직접회로 등)
③ 원산지 표시로 인하여 당해 물품의 가치가 실질적으로 저하되는 경우
④ 원산지의 표시 비용이 당해 물품의 수입을 막을 정도로 과도한 경우(물품 값보다 표시비용이 더 많이 드는 경우 등)
⑤ 상거래 관행상 최종 구매자에게 포장·용기에 봉인되어 판매되는 물품 또는 봉인되지는 않았으나 포장·용기를 뜯지 않고 판매되는 물품(예 비누, 칫솔, 건축용 내장제, VIDEO TAPE, 일회용 종이 또는 알루미늄 그릇 등)
⑥ 실질적 변형을 일으키는 제조 공정에 투입되는 부품 및 원재료를 수입 후 실수요자에게 직접 공급하는 경우
⑦ 물품의 외관상 원산지의 오인 가능성이 적은 경우(예 오렌지, 바나나 등의 과일이나 채소 등)
⑧ 관세청장이 산업통상자원부장관과 협의하여 타당하다고 인정하는 물품

3. 원산지 확인제도

1) 대상물품

원산지 확인대상 물품은 ① 통합공고에 의해 특정 지역에서 수입이 제한되는 품목, ② 원산지 허위표시, 오인, 혼동표시 등을 확인하기 위해 세관장이 필요하다고 인정하는 물품, ③ 기타 법령에 의하여 원산지 확인이 필요한 물품이다.

2) 원산지증명서 제출

관세법이나 국제조약, 협정에 따라 원산지 확인이 필요한 물품을 수입하는 자는 해당 물품의 원산지를 증명하는 「원산지증명서」(certificate of origin)를 세관에 제출하여야 한다.

3) 원산지 증명서의 발급

원산지증명서는 물품의 원산지를 증명하는 서류이다. 주로 수입국 세관에 특혜세율을 주장하기 위해 제출하는 증명서이다. 일반적으로 발급 주체에 따라 기관발급(세관, 대한상공회의소) 원산지증명서와 자율발급 원산지증명서로 나눌 수 있는데, 현재 우리나라는 협정별로 상이한 기준을 적용하고 있다.

4) 인증수출자제도

인증수출자제도란 원산지증명의 능력이 있다고 관세당국이 인증한 수출자에게 원산지증명서 발급절차 또는 첨부 서류 간소화 등의 혜택을 부여하는 제도를 말한다.

4. 원산지 결정기준

무역거래에서 물품에 대한 관세는 원산지 규정의 충족 여부에 따라 적용세율이 달라지기 때문에, 원산지 결정이 중요한 요소로 작용된다. 원산지 결정기준이란, 물품의 원산지 결정에 적용되는 판단 기준으로 크게 일반기준(general rules)과 품목별 기준(product specific rules)으로 나눌 수 있으며 양자를 모두 충족해야 원산지 물품으로 인정된다.

1) 일반기준

(1) 완전생산기준

완전생산기준(wholly obtained goods criterion)이란 농수산물, 광물 등과 같이 가공이 필요 없이 모든 생산, 가공, 제조활동이 한 국가에서만 전부 이루어진 물품이라고 할 수 있는 경우 그 국가를 원산지로 간주하는 기준이다. FTA 협정이 체결되면서 협정마다 완전생산기준에 대한 다소의 차이는 있으나 대개 비슷한 실정이다. 대개 당해 물품의 전부가 하나의 국가에서 채취되거나 또는 생산된 물품의 경우에 적용된다고 할 수 있다.

당해 물품의 전부가 한 국가에서 채취 또는 생산된 물품의 경우란?

① 당해국의 영역에서 생산한 광산물, 농산물 및 식물성 생산물

② 당해국의 영역에서 번식, 사육한 산동물과 이들로부터 채취한 물품

③ 당해국의 영역에서 수렵, 어로로 채포한 물품

④ 당해국의 선박에 의하여 채집 또는 포획한 어획물, 기타의 물품

⑤ 당해국에서 제조, 가공의 공정 중에 발생한 잔여물

⑥ 당해국 또는 당해국의 선박에서 ①부터 ⑤까지의 물품을 원재료로 하여 제조, 가공한 물품

그 외 해외 위탁 가공 물품은 원부자재의 공급 여부와 상관없이 당해 물품의 실질적 변형을 일으키는 가공국(제3국)이 원산지가 됨.

(2) 역내가공원칙

비원산지 재료의 사용이 허용되나 당해 물품의 생산 공정이 1개국의 역내에서 중단 없이 수행되어야 하고, 일부라도 역외에서 이루어지면 원산지 물품으로 인정되지 않는 것으로, '영역원칙'이라고 할 수 있다. 다만, FTA협정에 따라서는 역내산 물품을 수출하여 역외 가공 후 다시 역내로 재수입하더라도 일정조건하에서 역내산으로 간주하는 특례가 인정된다.

(3) 직접운송원칙

원산지 결정기준에 따라 원산지로 결정된 경우에도 당해 물품이 수출국에서 수입국으로 직접 이동해야 한다는 것이다. 당해 물품이 생산, 가공 또는 제조된 이후에 원산지가 아닌 국가를 경유하여 운송되거나 원산지가 아닌 국가에서 선적된 경우에는 그 물품의 원산지로 인정하지 않는다. 즉, 직접운송원칙 요건을 충족하지 못하는 경우 특혜세율을 적용 받지 못하고 일반세율이 적용된다. 다만, 운송을 위해 불가피한 환적에 대해서는 예외를 허용하고 있다. 역외국을 거치더라도 세관 당국의 통제하에 당해 물품의 운송 또는 보존에 필요한 작업 이외에 추가적인 가공이 수행되지 않은 경우에는 직접운송으로 인정한다.

2) 품목별 기준

품목별 기준은 제조 과정에서 변형이 일어나 다른 제품이 된 경우를 말한다. 물품이 가령 2개국 이상에 걸쳐 생산된 경우 해당 물품이 실질적으로 변화되는 생산 공정을 최종적

으로 행한 국가를 원산지로 간주하는 것인데 이를 실질적 변형기준(substantial transformation criterion)이라고 한다. 여기에는 세번변경기준(change of tariff classification criterion), 부가가 치기준(value added criterion), 가공공정기준(processing operation criterion) 및 결(조)합기준으로 나누어 볼 수 있다.

(1) 세번변경기준

세번변경기준(change of tariff classification criterion)은 제조, 가공과정에 사용된 원재료(materials)의 세 번(HS 6단위기준)과 상이한 세 번의 완제품(goods)을 생산한 국가를 원산지로 보는 기준이다. 이 기준은 세 번의 실질적 변형을 반영할 수 있는 세 번 분류 체계를 사용할 것을 전제로 하고 있으며, HS 제도는 대부분 물품의 가공도 순서에 따라 배열하고 있으므로 세번의 변경이 실질적인 변형(형태, 성분, 성질, 용도 등)을 반영할 수 있다.

(2) 부가가치기준

부가가치기준(value added criterion)은 당해 물품의 제조, 생산 또는 가공 과정에서 일정 비율 이상의 부가가치를 창출하는 국가를 원산지로 간주하는 방법이다. 이 방법은 세 번 변경이 실질적 변형을 반영하지 못하는 경우 또는 주요부품이나 주요 공정을 특정하기 어려운 경우에 사용된다.

(3) 가공공정기준

가공공정기준(processing operation criterion)[1]은 가장 객관적인 기준으로 제조, 공정 중에 특정 공정을 수행하거나 특정 부품을 사용한 국가를 원산지로 인정하는 기준이다. 즉 각 품목별로 기술적으로 중요한 제조, 가공공정을 열거하여 해당 공정이 수행된 국가를 원산지로 간주하는 기준이다. 가공공정기준은 주로 석유제품, 화학제품, 플라스틱 및 섬유제품 등에 적용되는데 실제로 그 공정을 거쳐 생산을 하였다는 증빙자료가 뒷받침 되어야 하므로 공정을 수행할 수 있는 시설 목록 및 생산일지 등이 뒷받침 되어야 한다.

---

1) 이 기준은 부가가치 적용품목이 35% 이상 생산한 국가가 하나도 없거나 35% 이상을 생산한 국가가 2개국 이상인 경우에 "주요 부품"을 생산한 국가 또는 "주요 공정"이 이루어진 국가를 원산지로 인정하는 기준으로써 부가가치 기준을 보완하는 것이다.

(4) 결합기준

결합기준은 상기 설명한 세번변경기준, 부가가치기준 및 가공공정기준이 함께 사용되는 경우도 있다. 특히 인도와의 자유무역협정의 경우 주요 품목별 원산지 결정기준은 세번변경기준과 부가가치기준을 동시에 충족하여야 원산지 지위를 얻을 수 있다.

SECTION 05 특정거래형태의 수출입관리

1. 특정거래형태의 수출입의 개념

수출입거래는 그 거래의 특성에 따라 일반 거래 형태의 수출입과 특정 거래 형태의 수출입으로 구분할 수 있다. 일반 거래 형태의 수출입은 화환신용장, 추심결제, 송금결제방법 등에 의한 수출입을 의미하며, 특정거래 형태의 수출입은 「대외무역법」에서는 별도로 관리할 필요가 있는 거래 형태만을 수출 또는 수입인정 요건을 규정하여 관리하고 있다.

특정거래형태의 수출입이란 국내외로 물품이 이동되어 세관 등 관련기관에서 물품의 이동을 파악할 수 있는 일반적인 수출입거래의 형태가 아닌 거래를 의미하는데 「대외무역법」에서는 11가지 거래 형태를 규정하고 있다.

이러한 특정거래형태에 대하여 산업통상자원부장관은 물품 등의 수출 또는 수입이 원활히 이루어질 수 있도록 예외적으로 대통령이 정하는 물품의 수출입거래형태를 인정할 수 있다.

> **》 기 본 용 어**
>
> ☑ "대통령령이 정하는 물품 등의 수출입거래형태" (대외무역법 시행령 제20조)
>   ① 수출 또는 수입의 제한을 회피할 우려가 있는 거래
>   ② 산업보호에 지장을 초래할 우려가 있는 거래
>   ③ 외국에서 외국으로 물품 등의 이동이 있고 그 대금의 지급 또는 영수가 국내에서 이루어지는 거래로서 대금결제 상황의 확인이 곤란하다고 인정되는 거래
>   ④ 대금결제 없이 물품 등의 이동만 이루어지는 거래

2. 특정거래형태 수출입의 종류

① **위탁판매수출**(consignment export trade): 물품 등을 무환으로 수출하여 당해 물품이 판매된 범위 안에서 대금을 결제하는 계약에 의한 수출을 말한다. 즉, 물품 등을 무환으로 수출하여 당해 물품이 판매된 범위 내에서 대금을 결제하고 잔매품은 수출국으로 송부하는 방식의 수출을 의미한다.

> **»** **기 본 용 어**
>
> ☑ 무환수출
> 외국환 거래가 수반되지 아니하는 물품의 수출을 의미함
> • 수환수출의 종류
>   ① 무상무환(無償無換): 증여, 상속 등
>   ② 유상무환(有償無換): 수위탁판매무역, 수위탁가공무역을 위한 원자재 수출입, 임대차수출입, 물물교환 등

② **수탁판매수입**(import on indent): 물품 등을 무환으로 수입하여 당해 물품이 판매된 범위 안에서 대금을 결제하는 계약에 의한 수입을 말한다. 즉, 물품 등을 외국에서 무환으로 수입하여 당해 물품이 판매된 범위 내에서 수입대금을 결제하고 잔매품은 수출국으로 재송부하는 방식의 거래를 의미한다.

③ **위탁가공무역**(processing trade on consignment): 가공임을 지급하는 조건으로 외국에서 가공(제조, 조립, 재생, 개조를 포함)할 원료의 전부 또는 일부를 거래 상대방에게 수출하거나 외국에서 조달하여 이를 가공한 후 가공물품 등을 수입하거나 외국으로 인도하는 수출입을 말한다.

④ **수탁가공무역**(processing trade on trust): 가득액을 영수하기 위하여 원자재의 전부 또는 일부를 거래 상대방의 위탁에 의하여 수입하여 이를 가공한 후 위탁자 또는 그가 지정하는 자에게 가공물품 등을 수출하는 수출입을 말한다. 다만, 위탁자가 지정하는 자가 국내에 있음으로써 보세공장 및 수출자유지역에서 가공한 물품 등을 외국으로 수출할 수 없는 경우 관세법에 의한 수탁자의 수출·반출과 위탁자가 지정한 자의 수입·반입·사용은 이를 대외무역법에 의한 수출·수입으로 본다.

⑤ **임대수출**: 임대(사용임대를 포함)계약에 의하여 물품 등을 수출하여 일정기간 후

다시 수입하거나 그 기간의 만료 전 또는 만료 후 당해 물품 등의 소유권을 이전하는 수출을 말한다.

⑥ **임차수입**: 임차(사용임차를 포함)계약에 의하여 물품 등을 수입하여 일정기간 후 다시 수출하거나 그 기간의 만료 전 또는 만료 후 당해 물품의 소유권을 이전받는 수입을 말한다.

⑦ **연계무역(counter trade)**: 물물교환(barter trade), 구상무역(compensation trade), 대응구매(counter purchase), 제품환매(buy back) 등의 형태에 의하여 수출·수입이 연계되어 이루어지는 수출입을 말한다.

⑧ **중계무역(intermediate trade)**: 수출할 것을 목적으로 물품 등을 수입하여 보세구역 및 보세구역 외 장치의 허가를 받은 장소 또는 자유무역지역의 지정 등에 관한 법률의 규정에 의한 자유무역지역 이외의 국내에 반입하지 아니하고 수출하는 수출입을 말한다.

⑨ **외국인수수입**: 수입 대금은 국내에서 지급되지만 수입물품 등은 외국에서 인수하거나 제공받는 수입을 말한다. 이 거래는 해외에서 기자재나 원자재를 수입하여 다시 외국으로 수출하기 위한 절차를 밟을 경우 시간이나 경비의 지출이 예상되므로 소요되는 시간이나 경비를 절감하기 위하여 인정되는 거래형태이다. 해외건설이나 플랜트수출의 경우 기자재나 원자재를 외국에서 수입하고 수입대금은 국내에서 지급하고, 물품은 해외현장으로 직접 송부되는 경우에 이용되는 거래방식이다.

⑩ **외국인도수출**: 수출 대금은 국내에서 영수하지만 국내에서 통관되지 아니한 수출물품 등을 외국으로 인도하는 수출을 말한다. 물품이 외국에서 외국으로 인도되므로 현지인도방식 수출이라고도 한다. 이 방식은 해외에서 사용 후 판매하고자 하는 중고품의 시설, 기계 등의 거래에 이용되는데 일반적인 거래 대상은 다음과 같다.
  • 해외에서 사용한 후 외국에 판매하고자 하는 물품
  • 항해 또는 어로 작업 중에 현지에서 매각하고자 하는 선박
  • 해외에서 각종 사업에 사용한 후 외국에 판매하고자 하는 중고 기자재
  • 외국 수탁자에 의해서 가공된 물품을 국내로 반입하지 않고 외국에 수출하는 물품

⑪ **무환수출입**: 외국환거래가 수반되지 아니하는 물품 등의 수출·수입 또는 대금결제가 수반되지 아니하고 물품의 이동만 이루어지는 거래를 말한다. 여기에는

대가를 지급하지 아니하는 물품 등의 수출, 수입인 무상 수출입도 해당된다. 무환수출입은 증여, 상속 등의 무상무환과, 수위탁판매무역, 수위탁가공무역 시 원자재 수출입, 무환상계결제 등의 유상무환으로 구분된다.

SECTION 06 무역업의 창업

1. 무역업의 창업

무역업은 누구나 할 수 있다. 다만 사업에 대한 세금을 적접 내야하므로 관할 세무서에 사업자 등록을 하여야 한다. 대부분 처음에는 개입사업자로 사업자 등록을 하고, 향후 기업이 성장한 후 법인으로 전환하는 경우가 대부분이다. 무업업을 시작할 때부터 법인등록이 가능하며 사업자 등록상에 특별한 제한이 없다.

1) 사업자 등록 신청

사업자 등록 신청은 사업개시일로부터 20일 이내에 사업을 하고자 하는 장소(사업장)의 관할 세무서장에게 사업자 등록신청서를 제출하여야 한다. 이 경우 직접 세무서에 가서 신청할 수도 있고 온라인으로 신청이 가능하다.

> • 신청서류
>   ① 임대차 계약서 사본(사업장 임차인 경우)
>   ② 사업허가증 또는 신고필증의 사본 등

온라인으로 신청하는 경우 국세청 홈텍스(www.hometax.go.kr)에 접속하여 신청하면 된다. 온라인 신청의 경우 임대차계약서 등 기타 필요한 서류들을 사전에 스캔하여 준비하고 전자 사업자 등록 신청서를 작성한 후 스캔한 서류들을 첨부하여 제출하면 민원이 처리된다.

2) 무역업 고유번호

무역업은 사업자등록증이 있는 자는 누구나 무역을 할 수 있다. 심지어 외국인도세법상의 사업자 등록증만 있으면 무역을 할 수 있다. 다만 무역을 시작하기 위해서는 한국무역협회(www.kita.net)로부터 무역업 고유번호를 부여받아야 한다.

무역업 고유번호를 신청하고자 하는 경우 다음의 서류를 구비하여 한국무역협회 본부 또는 한국무역협회 지부에 신청하면 된다.

• **구비서류**
　① 사업자등록증 사본 1부
　② 무역업고유번호 신청서(소정양식) 1부

• **신청방법**
　우편, 팩시밀리, 전자우편 등의 방법으로 신청이 가능하다.

---

2. 무역업의 형태

우리나라 대외무역법에서는 무역업을 무역업자(trader)와 무역대리업자(agent)를 포괄하여 무역거래자로 표현하고 있다. 무역에서는 수출이나 수입을 하는 무역업자 이외에도 오퍼상, 종합무역상사 등의 명칭이 사용되고 있는데, 대외무역법에서는 이러한 명칭에 대한 정의규정이 삭제되어 사용하지 않고 있다.

그러나 무역을 하는 주체는 무역업자, 오퍼상, 종합무역상사, 전문무역상사 등이 있다. 이들 중 무역업자, 오퍼상에 대한 규정은 없으며, 2009년 종합무역상사 제도도 폐지되었다. 여기서는 무역업자, 무역대리업, 무역대행업의 개념과 역할 중심으로 간략히 설명하기로 한다.

1) 무역업자

무역업자란 자기명의로 자기 책임하에 물품의 수출과 수입을 업으로 영위하는 것을 말한다. 무역업은 수출업과 수입업 그리고 수출과 수입을 동시에 영위하는 수출입업 등의 형태로 운영할 수 있다.

(1) 수출업

수출업(export merchant)은 수출을 전업으로 하는 업자를 말한다. 여기에는 생산설비를 갖추고, 제품을 생산하여 수출하거나 공급업자로부터 물품을 구입하여 해외로 매각하는 것을 말한다.

(2) 수입업

수입업(import merchant)은 해외의 수출상으로부터 직접 또는 자국에 있는 판매대리점을 통하여 계약하고 수입하여 자국의 도매상이나 제조업자에게 판매하여 유통하게 되는 형태이다.

3. 무역대리업

무역대리업(import or export agent)은 외국의 수입상 또는 수출상의 위임을 받은 자가 국내에서 외국업자의 대리인의 자격으로서 판매계약(offer 발행) 또는 구매계약(order 발행)을 체결하고 이에 부대되는 행위를 업으로 영위하는 것을 말한다.

무역대리업자는 수출상 또는 수입상으로부터 수수료를 받고 수출입을 중계·알선·보조하는 자로서 국내 판매대리인 또는 구매 대리인으로서 수출입 본거래에 자기명의를 사용하지 않고 대리권만을 행사한다는 점에서 무역업자와 구별된다.

4. 무역대행업

무역대행업은 무역업자가 대행위탁자와의 수출 또는 수입 대행계약에 따라 약정한 대행수수료를 받고 자신의 명의로 수출입을 수행하는 것을 말한다. 무역대행업자는 자기명의로 자신의 책임하에 거래를 한다는 점에서 무역대리업과 구별된다. 무역대행업은 수출 또는 수입의 대행계약에 따라 일정한 수수료를 받고서 자기명의로 수출입을 수행하는 것으로서 대행자는 자기의 명의로 거래함에 따른 수출입 승인, 사후관리 등의 책임을 지며, 대행자와 위탁자의 관계는 '대행계약'에 의하여 정해진다.

》 기 본 용 어

☑ 무역거래자

수출 또는 수입을 하는 자(무역업자), 외국의 수입자 또는 수출자에게서 위임을 받는 자 및 수입을 위임하는 자(무역대리업) 등의 수출행위와 수입행위의 전부 또는 일부를 위임하거나 행하는 자로 정의(대외무역법 제2조)

02

무역계약의 관리

CHAPTER

03 무역거래 계약의 체결

SECTION 01 무역계약의 체결과정

1. 해외시장조사의 개념

1) 개념

해외시장조사(overseas market research)는 어느 국가의 어느 고객에게 어떠한 상품을 판매할 것인가 또는 어느 국가의 공급업체로부터 필요한 물품을 구매할 것인가를 위해 조사하는 것으로서 수출입거래의 최초 단계이다. 수출입 상사가 해외시장에서 무역거래를 창출하는데 자사가 취급하는 상품이 어느 나라에서 가장 많이 소비되고 있는지 또는 어느 시장을 통하여 유리하게 판매되고 있는지 등을 조사하게 된다. 따라서 해외시장조사는 목적 시장의 제반 환경 및 동향을 조사·분석하는 일련의 과정을 말한다.

2) 조사내용

해외시장조사의 내용은 거래상품에 따라 다소 차이가 있을 수 있으나 일반적으로 목적시장의 일반적인 환경조사 → 고객조사 → 상품조사 → 판매경로조사 등을 실시하게 된다.

(1) 일반적인 환경조사

해외시장조사에서의 일반적 환경조사는 목적시장의 인구통계적 환경, 경제적 환경, 문화적 환경, 징치적·법적 환경, 기술적 환경, 자연적 환경 등을 조사하게 된다.

① **인구통계적 환경**: 목적시장을 구성하고 있는 인구, 인구의 변동, 지리적 구성, 성별구성, 출생률, 사망률 등

    예 제품이 청년시장(youth market)이냐 어린이 시장(kids market)인가? 아니면 실버시장(silver market)인가?

② **경제적 환경**: 고객의 구매력과 소비패턴에 영향을 미치는 요인을 말한다. 국민소득, 노동자의 임금, 고용수준, 물가수준, 산업구조, 주요 부존자원, 산업의 보호정도, 무역장벽, 통신·교통·항만 등의 인프라 등 제반 경제환경 등

③ **문화적 환경**: 특정 시장의 문화요소들이 존재하고 유지하는 구성요소들을 의미한다. 언어, 종교, 미학, 사회제도, 가치관 및 태도, 물질문명, 상관습 등

④ **정치적·법적환경**: 정치체제, 정치적 안정성, 정치풍토, 권력구조, 정치적 위험, 정부시책 등의 정치적 요인 **예** 정경유착, 중국의 관시(關係) 법적 환경은 기업에 대한 정부의 직·간접적인 규제(독점규제, 공정거래 등)와 법을 의미한다.

    예 소비자 보호법, 제조물 책임법(product liability act: PL법)

⑤ **기술적 환경**: 기업의 환경 가운데 가장 동태적 환경인 기술은 사회의 변화를 일으키는 중요한 요인이 된다. 특정 시장에서의 기술적 환경을 파악할 필요가 있다.

⑥ **자연적 환경**: 수출입 활동에 의해 영향을 받거나 수출입 활동에 필요한 자연자원의 변화 등을 말한다. 세계는 경제활동과 인구증가로 말미암아 지구의 환경이 급속도로 파괴되어 가고 있는 가운데 환경문제가 무역에 중요한 이슈로 등장하였다. 1972년 유엔환경계획(UNEP)이 설립된 이후 각종 국제환경협약이 체결되었다. 오존층의 파괴 물질의 사용을 억제하기 위한 몬트리올 의정서, 유해폐기물의 국제적 이동을 제한하는 바젤협약, 지구 온난화 방지를 위한 기후변화방지협약, 생물종과 유전자원을 보호하기 위한 생물다양성보존협약 등은 파급효과가 큰 협약이라고 할 수 있다. 이러한 환경협약이 실시될 경우 기업들의 수출에 큰 영향을 미칠 수 있으며, 환경오염을 시키는 기업은 사회적 지탄을 받을 뿐만 아니라 각종 제재조치나 불매운동으로 기업 활동을 제대로 하기 어렵게 될 것이다. 따라서 기업들은 생태적 마케팅(ecological marketing) 또는 그린마케팅(green marketing)을 고려하게 되었고, 환경친화적인 원재료의 사용 및 생산공정 도입, 재활용, 자연보호 캠페인과 실천운동을 실시하면서 제품의 상표에도 환경보호마크의 부착, 포장 등에서 환경중시의 마케팅 활동으로 전환하고 있다.

(2) 고객조사

고객들의 사회적, 경제적 분류와 연령, 성별, 사회적 지위, 소득계층 등 고객분류에 대한 조사와 함께 소비자의 기호, 취향, 상품에 대한 이미지 등을 조사하여 거래선 발굴을 위한 잠재적 수입업자의 조사를 병행하게 된다.

- 대상국의 인구, 소비자 기호, 생활수준
- 소비자의 년령별, 지역별, 소득별 분포
- 소비자의 구매 동기, 구매 장소, 구매 방법, 구매 시기, 구매량, 구매 능력 등
- 상품에 대한 만족도, 구매자의 향후 변화

(3) 상품조사

상품조사는 상품계획화(merchandising)의 적정화를 위한 것이다. 상품화 계획은 적정한 상품을 적정한 가격에 적정한 시기에 적정한 수량을 소비자에게 제공하기 위한 계획이며, 이를 위해서 시장조사를 기초로 품질 및 디자인의 개발, 판매망 구축 등 유통합리화 등이 요구된다.

가격의 적정성을 위해 목적 시장까지 물류서비스 계획이 요구되며, 현지 경쟁상품과의 경쟁강도, 대체품, 유사품의 현황, 시장점유율 등을 조사한다.

- 경쟁대상국, 경쟁업체, 경쟁제품, 대체품, 시장점유율, 가격동향 등
- 경쟁자의 마케팅 전략
- 경쟁자의 강점과 약점
- 경쟁자의 수출가격, 수출량 및 수출의 우위요소, 유통망 등

(4) 판로경로 조사

판로경로의 조사는 목적시장까지의 판매경로와 소비자에게 이르는 유통경로(channel of distribution)를 파악하는 것이다. 가령 수입업자에게 직접 수출할 것인지, 대리점 또는 판매특약점, 프랜차이징을 할 것인지 파악한다. 유통과정에서도 시장기구, 경쟁상품의 광고, 판촉상황, A/S 등에 대한 사항을 조사한다.

- 해당 상품의 유통구조, 유통형태
- 경쟁 제품의 판촉상황, A/S 등

3) 해외시장 조사 방법

(1) 직접조사

① 해외출장조사, 해외지점이나 출장소에 의한 조사
② 해외사절단 및 전시회 참가(전시회 관련 Web Site 참조)
③ 인터넷(internet)을 통한 조사

(2) 간접조사

① 2차적 자료 이용: 각종 무역통계자료 및 인터넷 웹사이트(web site), 상공인명부(directory), 기타 간행물 등.
② 무역유관기관 이용: 대한무역투자진흥공사(KOTRA), 한국무역협회(KITA), 한국주재 대사관 영사관 (상무관), 대한상공회의소 등
③ 동업자나 해외진출 기업으로부터 정보 취득

2. 거래선 발굴 및 선정방법

해외시장조사를 실시한 후 목표시장이 결정되면 자사 상품이 시장성이 있는 유망한 상사를 발굴 및 선정하여 거래관계를 맺어야 한다.

1) 거래처의 선정방법

① 무역관련 유관기관을 이용: 세계무역센터협회(WTCA), 각국 상공회의소, 한국무역협회, 대한무역투자진흥공사(KOTRA), 한국주재 외국 대사관 자료실 및 상무관실 등
② 국내 발간 해외홍보매체 이용: 상공인 명부 등
③ 각종 사절단 및 전시회 참가
  • 해외전시회 전문 인터넷 웹사이트
    - www.expo-databse.de
    - www.auma-fairs.com
    - www.exhibitions-worlds.com
④ 자체 홍보
⑤ 직접 방문

⑥ 온라인 무역 알선사이트 활용: 거래알선 사이트, 유명 배너광고 등

- www.ec21.com (EC21)
- www.kita.net (한국무역협회)
- www.kotra.or.kr (대한무역투자진흥공사)
- www.ecplaza.co.kr (EC 플라자)
- www.silkroad21.com
- www.alibaba.com
- www.compass.com

3. 신용조사

무역거래는 거래상대방이 멀리 떨어져 있는 격지간의 거래이므로 수출업자와 수입업자가 직접 면담을 하지 않고 서류에 의해 계약이 성립되는 것이 대부분이기 때문에 상대방에 대한 신용상태를 파악하는 것이 매우 중요하다. 해외시장조사를 통하여 거래할 대상업체가 선정되면 상대방에 대한 신용조사(credit inquiry)를 해야 한다. 무역거래를 하다 보면 유령회사를 통하여 물품만을 수입하고 잠적하는 경우와 수출업자가 서류를 위조하여 수출대금을 챙기고 사라지는 경우가 종종 발생한다. 또한 시장 상황이 좋지 않을 경우에는 가격변동으로 인한 손해가 발생할 수 있으며 이러한 경우 대금회수가 어려워져 마켓 클레임(market claim)이 발생할 가능성이 높다. 따라서 이러한 것을 미연에 방지하기 위해서는 엄격한 신용조사가 이루어질 필요가 있다.

1) 조사내용

거래상대방의 신용조사에서의 신뢰도 측정에 중요한 내용으로 다음의 3C's를 들 수 있다. 그 외에도 Condition(거래조건), Collateral(담보능력), Currency(거래통화), Country(국가) 가운데 두 가지를 추가하여 5'C라 불리기도 한다.

(1) Character(상도덕)

거래 기업의 상도덕을 전반적으로 조사한다. 경영자의 책임감(responsibility), 경영자의 인격(personality), 상대방의 성실성, 업계의 평판(reputation), 영업태도, 계약이행에 대한 열의, 채무변제에 대한 열의 등 상대방의 신뢰도에 관한 것이다. 무역거래에 있어서 마켓 클레임이나 대금지급 지연, 인위적인 선적지연 등을 방지하기 위해서는 상대방의 Character에 대한 면밀하고 철저한 조사가 필요하다.

(2) Capacity(능력)

경영자의 경영능력, 연간 매출액(turn-over), 회사의 조직, 경영방침, 기업의 형태 (개인회사, 주식회사, 주식의 공개여부) 등 회사의 전반적인 능력 등을 검토할 필요가 있다. 이는 회사의 손익계산서와 관련되는 사항이다.

(3) Capital(자본)

재무상태(financial status), 자본금, 자산, 부채비율, 자기자본과 타인 자본의 비율, 지불능력(solvency) 등 자산관계 전반에 대하여 조사하는 것이다. 이는 회사의 대차대조표와 관련되는 사항이다.

2) 신용조사방법

(1) 은행조회(bank reference)

상대방이 거래하고 있는 은행을 통하여 신용조사를 수행하는 방법이다.

(2) 동업자 조회(trade reference)

상대국의 거래선이나 상공회의소를 통하여 신용상태를 조회하는 방법이다.

(3) 신용조사 전문기관

신용조사 전문회사에 신용조사를 의뢰하는 방법이다.

- **국내기관**
  - KOTRA(고객상담부)(www.kotra.or.kr)
  - 한국무역보험공사 수출신용정보센터(www.keic.co.kr)
  - 한국신용보증기금 해외업무팀(www.shinbo.co.kr)
  - 한국신용정보(www.nice.co.kr).
  - 기술신용보증기금(www.kibo.kr)
  - 한국신용평가정보(www.kisinfo.com)

• 세계적인 상업흥신소(mercantile credit agency)
  - D&B(Dun & Bradstreet) 등.

(4) 해외지사나 사무소를 통한 조사

자사의 해외 지사나 해외사무소를 통하여 거래하고자 하는 상대방의 신용상태를 조사하는 방법이다.

4. 거래제의

거래 대상업체가 선정되면 유망한 거래선에게 거래를 희망하는 내용의 거래제의장 (business proposal) 또는 거래권유장(circular letter)을 발송하게 된다.

거래제의를 할 경우 대개 다음과 같은 내용을 무역 서한문의 구성요소에 맞춰서 제의한다.

• 권유장의 주요 기재내용
  - 상대방을 알게 된 동기
  - 자사의 영업종목, 취급상품, 업계에서의 위치, 영업상태 등 소개
  - 주문에 응할 수 있는 양, 예상주문량
  - 거래조건(가격, 결제조건 등)
  - 자사에 대한 신용조회처 제시
  - 거래를 하고 싶다는 의사표시

5. 거래조회

해외의 수출업자가 보내준 거래 권유장에 관심이 있거나 광고에 게재된 물품을 구매하고 싶은 업체는 가격, 공급물량, 선적시기, 결제조건, 견본, 가격목록, 가격표 등에 대해서 문의를 하게 된다. 이와 같이 거래제의를 받은 상대방이 그 권유에 대하여 관심이 있거나 내용에 대하여 구체적으로 문의하는 단계를 거래조회(trade inquiry)라고 한다. 조회는 우편, 팩스, 인터넷 등으로 할 수 있는데 가격변동이 심한 물품이나 계절적 상품은 빠른 통신수단을 이용하는 것이 좋다.

6. 청약 및 승낙

1) 청약

수출업자의 거래제의에 대해서 수입업자가 관심을 가지고 구체적인 거래조건을 문의해 오면 수출업자는 대부분 청약(offer)을 하게 된다. 청약은 청약자(offeror)가 피청약자(offeree)에게 일정한 조건으로 계약을 체결하고 싶다는 의사표시이다. 즉 수출업자가 수입업자에게 특정 물품을 일정한 조건으로 판매하겠다는 의사표시라고 할 수 있으며, 반대로 수입업자가 수출업자에게 일정한 조건으로 물품을 구매하고 싶다는 의사표시를 말한다. 이러한 오퍼는 무역거래에서 통상적으로 자사의 로고가 들어간 청약서(offer sheet)를 주로 사용하게 된다.

2) 승낙

승낙(acceptance)은 청약에 의해 계약을 성립시킬 목적으로 피청약자가 행하는 확정적 의사표시이다. 따라서 청약에 대하여 무조건적인 승낙이 있으면 계약은 성립된다.

3) 무역계약의 성립(Formation)

무역계약이 성립하는 경우는 다음 두 가지로 나눌 수 있다.

(1) Offer & Acceptance Rule에 의해 성립

무역계약은 당사자 자치의 원칙(the principle of parties autonomy)에 의하여 당사자 간 의사의 합의에 의하여 계약이 성립된다. 의사의 합의는 청약과 승낙에 의해서 이루어진다. 합의는 구두로도 가능하나 증거력이 부족하므로 가급적 청약서(offer sheet)나 계약서(contract sheet)를 작성하는 것이 바람직하다. 이와 같이 청약과 승낙이 있어야 계약이 성립하는 법리를 Offer & Acceptance(O-A) Rule이라고 한다.

(2) 주문승낙(order acknowledgement)

매수인의 주문(order)에 대해 매도인이 승낙(acknowledgement)함으로써 계약이 성립된다. 주로 매수인의 주문에 대해 매도인이 승낙의 표시로 Sales Note를 송부하거나 주문승낙서를 동봉하여 보내기도 한다.

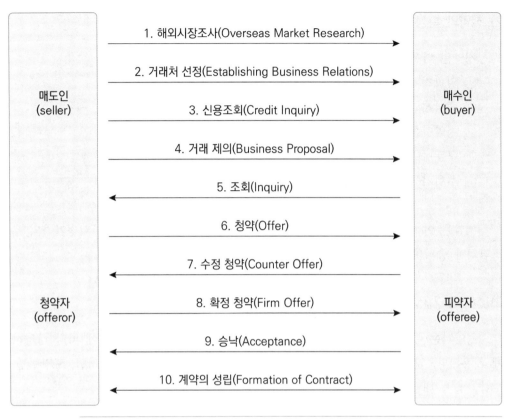

그림 3-1   무역계약의 성립단계

SECTION 02   청약과 승낙의 이론

1. Offer(청약)의 개념

1) 정의

청약은 청약자(offerer)가 피청약자(offeree)에게 일정한 조건으로 계약을 체결하고 싶다는 명시적 의사표시를 의미한다. 우리나라 대외무역법에서는 물품매도확약이라고 한다.

청약의 법적의 의미는 일방의 청약에 대하여 상대방이 승낙하면 매매계약은 성립되며 이 계약에 의해 청약자를 구속하게 될 것이라는 명시적 또는 묵시적 의사표시이라고 할 수 있다.

2) 청약의 특성

청약은 다음과 같은 특징을 갖는다.
① 일방적 의사표시이다.
② 승낙시 계약이 성립되는 확정성이 있다.
③ 청약자를 구속하는 법적구속력이 있다.
④ 구두나 행위에 의해서 의사표현을 할 수 있는 불요식성이다.
⑤ 실현가능한 의사표시이어야 한다.

청약은 이 자체로 계약을 성립시키는 법률적 효과는 없으며 반드시 피청약자의 무조건적인 승낙이 있어야만 계약이 성립되는 법률적 효력을 갖게 된다.

3) 청약의 기재사항과 양식

청약서는 특정한 형식이나 양식이 없으며 거래대상 물품, 거래방식에 따라 다양하게 사용된다. 일반적으로 청약서에는 품명, 규칙, 원산지, 유효기간, 선적일, 포장방법, 수량, 단가, 대금결제방법 등을 기재하도록 하고 있다.

이러한 청약서의 기재사항을 모두 기재하여야 하는 것은 아니며, 거래조건에 영향을 미칠만한 중요 사항을 기재하고 추후 거래조회 과정이나 계약체결 시에 추가 보완할 수 있다.

4) 기재요령

① 원산지(Origin): 수출하고자 하는 물품의 원산지를 기재하며, 원산지 표시는 원산지 분류기준에 따라 정확히 기재하여야 한다.

② 선적일(Shipping Date): 선적조건에서의 선적일은 선적일을 확정하기 보다 선적기간을 제시하는 것이 주로 이용된다.
- 일정기간 내 선적하기로 하는 내용(Within 45 days after receipt of L/C)
- 단월조건(May Shipment, Shipment during September)
- Early May Shipment, Mid May Shipment, Late(End) May Shipment와 같이 한 달을 3등분으로 표시한다.

SILLA TRADING CO., LTD

Manufacturers, Exporters & Importers

C.P.O. BOX: 7917 BUSAN   TEL: 999/5091

CABLE: SLTR BUSAN   FAX: 999/5642

Messrs.: KJC Inc. Co.   Offer No. ST—123

1304 Central Bldg, Adams Farm Pkwy,   Date. April 20, 20**

Greensboro, NC 27407, USA

Gentlemen:

We are pleased to offer you as follows:

① Origin   : *Republic of Korea*

② Shipment   : *Within 45 days after receipt of your L/C*

③ Packing   : Each piece to be packed in a polybag

④ Shipping Port   : *Busan, Korea*

⑤ Payment Terms   : *By an irrevocable L/C at 60 days after sight to be issued in our favor.*

⑥ Validity of Offer   : *By May 6, 20**.*

ITEM	⑦ COMMODITY & DESCRIPTION	⑧ QUANTITY	⑨ UNIT PRICE	TOTAL AMOUNT
	AUTOMOBILE TUBES	⑩ CIF New York		
	SIZE VALVE			
	500—13 TR 13	2,100 PCS	@ US $ 1.<u>80</u>	US $ 3,780.<u>00</u>
	600—14 TR 14	3,900 PCS	1.<u>90</u>	7,410.<u>00</u>
	TOTAL:	6,000 PCS		US $ 11,190.<u>00</u>

*   *   *   *   *   *   *   *   *   *   *   *   *   *   *   *   *   *   *

Very truly yours,

SILLA TRADING CO., LTD.

Accepted By: _____

Date of Acceptance _____   K. S. Chung, Manager

③ 포장 방법(Packing Method): 물품의 성질에 따라 어떤 종류의 포장이 되어야 하는지 정확한 포장 방법을 제시해 주어야 한다.

④ 선적항(Shipping Port): 선적항을 기재한다.

⑤ 대금결제조건(Payment Terms): 대금결제를 송금방식으로 할 것인가, 신용장에 의한 방식인가 또는 추심결제에 의한 방식으로 할 것인가를 기재한다. 표현 방법으로는
  - 신용장일 경우: By an irrevocable at sight L/C to be issued in our favor(in favor of Co. Name & Address)
  - 추심결제방식일 경우: By 180 days D/A after B/L date(sight), Documents should be sent to ××Bank(거래은행명)로 표시한다.

⑥ 유효기일(Validity): 청약의 종류에 관계없이 청약에는 유효기일이 명시되어 있다. 특히 확정청약(firm offer)의 경우 재확인할 기회가 없기 때문에 더욱 중요한 의미를 갖는다. 또한 시차적인 가격제품일 경우 그 특수성을 고려하여 유효기일을 정할 때 신중을 기해야 한다.

⑦ 품명 및 규격(Commodity & Description): 상대방이 알아볼 수 있도록 명기한다.

⑧ 수량(Quantity): 수량조건의 불명확으로 Claim이 발생하는 경우가 종종 있다. 따라서 문제가 일어나지 않도록 명확하게 기재하여야 하며, 특히 중량(Weight) 단위에 문제가 가장 많이 발생한다.

⑨ 단가(Unit Price): 화폐의 단위를 분명히 표시하여야 한다(예 US Dollar, Australian Dollar 등).

⑩ 가격조건: 거래조건 중에서 핵심적 부분을 이루고 있는 것으로서 매매가격의 산정방법과 거래에 사용되는 통화의 결정에 대해 명확히 기재해야 한다.

2. 청약의 종류

청약의 종류는 청약의 발행주체, 청약의 확정력의 유무, 특수조건의 유무, 청약의 발행지에 따라 분류할 수 있다.

표 3-1   청약의 분류기준에 따른 종류

분류기준	청약의 종류
청약의 발행주체	매도청약(selling offer), 매수청약(buying offer)
청약의 확정력 유무	확정청약(firm offer), 불확정 청약(free offer)
청약의 특수조건의 유무	수정청약(counter offer), 조건부 청약(conditional offer), 교차청약(cross offer)
청약의 발행지	국내발행청약, 국외발행청약

1) 청약의 발행주체

① 매도청약(selling offer): 매도인이 물품을 판매하겠다는 의사표시. 일반적으로 청약은 매도청약을 의미하며 판매 청약이라고도 한다.

② 매수청약(buying offer): 매수인의 구매 의사표시를 말하며 매입주문서(purchase order, order sheet) 등의 형식으로 이루어진다.

2) 청약의 확정력 기준

(1) 확정청약(firm offer)

① 청약자의 청약내용에 대하여 승낙의 유효기간(validity for offer)을 정하고, 피청약자가 그 기간 내에 승낙하면 계약이 성립되는 청약

② 청약의 유효기간이 정해진 기한부 청약. 따라서 유효기간 내에 승낙해야만 유효하게 계약이 성립됨

③ 취소나 조건변경이 불가능한 청약으로 취소불능 청약(irrevocable offer)을 의미

④ 유효기간이 없더라도 청약이 확정적(firm) 또는 취소불능(irrevocable)이라는 표시가 있으면 Firm Offer로 간주함(CISG 16)

• 확정청약(firm offer)의 예문
- We offer you firm subject to your acceptance reaching us by August 14, 20×× as follows.

---

(2) 불확정 청약(free offer)

① 청약자가 청약 시에 승낙의 유효기간이나 승낙, 회답의 유효기간을 정하지 아니한 청약
② 확정적 또는 취소불능(firm or irrevocable)의 표시가 없는 청약
③ 피청약자 승낙하기 전에는 청약자가 일방적으로 언제나 취소나 조건변경이 가능한 청약
④ 계약이 성립되기 위해서는 이 청약에 대해 피청약자가 승낙 시에도 청약자의 최종 확인(final confirmation)이 있어야 성립됨.

• 불확정청약(free offer)의 예문
  − We offer you the following commodities on the terms and conditions mentioned hereunder.

표 3-2   확정 청약과 불확정 청약의 비교

구 분	확정 청약(firm offer)	불확정 청약(free offer)
청약의 유효기간	유효기간이 제시되어 있음	유효기간이 제시되어 있지 않음
청약의 구속력	청약이 발행되면 당사자는 이에 구속됨(구속성)	청약이 발행되어도 구속력이 없음
청약의 취소가능여부	유효기간 내에 취소불가	취소 가능
청약자의 최종 확인	불필요	필요

3) 청약의 특수조건 표시유무 기준

(1) 수정청약

피청약자가 청약 내용의 일부를 변경해서 원래의 청약자에게 수정하여 청약하는 것을 수정청약(counter offer)이라고 한다. 수정청약이 있게 되면 원래의 청약은 그 효력을 상실하게 된다.

(2) 교차청약(cross offer)

① 정의: 매도인과 매수인 쌍방이 동일한 내용을 동시에 청약한 경우를 교차청약이

라고 한다. 우연히 당사자가 상대방에게 거래 의사표시를 하였는데 이것이 동일한 내용의 거래의사가 교차되는 경우를 말한다.

② **교차청약의 효력**

- 계약이 성립되지 않는다는 견해: 영미법에서는 교차청약의 경우 동시에 청약하였으므로 청약만 존재하고 그 청약에 대한 승낙이 존재하지 않으므로 계약이 성립되지 않는다는 견해이다.
- 계약이 성립된다는 견해: 당사자간에 동일한 내용의 청약이 상호 교차된 경우에는 양 청약이 상대편에게 도달한 때에 계약이 성립한다는 견해(대개 대륙법계, 한국 민법 제533조)이다.

(3) 조건부 청약(conditional offer)

① 청약자의 내용에 어떤 조건이나 단서가 붙어 있는 청약을 말한다. 조건부 청약은 피청약자의 승낙만으로 계약이 성립되지 않고, 청약자의 최종 확인(final confirmation)이 있어야만 계약이 성립된다.

② 불확정 청약(free offer)의 한 형태이며, 엄밀한 의미에서 청약이 아닌 청약의 유인(invitation to offer)에 해당된다.

그림 3-2　Conditional Offer의 예

③ Conditional Offer의 예

» ☑ Offer subject to our confirmation(확인조건부 청약)

피청약자가 승낙을 하여도 그것만으로 계약이 성립되지 아니하고, 청약자의 최종 확인이 있어야 계약이 성립되는 조건부 청약(sub-con offer)이라고 한다.

☑ Offer subject to prior sale(subject to being unsold) 선착순 판매조건부 청약(재고잔류 조건부 청약)

매수인의 승낙 시 해당 물품의 재고가 있어야만 유효한 청약으로써 일명 '선착순 조건부 청약'이라고도 한다.

✓ Offer subject to market fluctuation(시장가격 연동 조건부 청약)

시황변동에 따라 사전 통지 없이 제시가격이 변동될 수 있다는 조건의 청약으로 시황조건부 청약이라 한다.

✓ Offer on approval(점검부 또는 승인부 청약)

청약과 함께 물품을 송부하여 피청약자가 이를 점검해 본 후 구매할 의사가 있으면 승낙하고 그렇지 않을 경우 반품하도록 하는 청약이다. 주로 신제품이나 해외시장 개척 시에 이용되는 청약이다.

✓ Offer on sale or return(반품허용 조건부 청약)

송부한 물품을 판매하고 판매되지 아니한 잔품에 대해서는 반품을 조건으로 하는 청약이다. 주로 위탁판매 방식에서 이용되는 청약이다.

4) 청약의 발행지에 따른 분류

(1) 국내 발행청약

청약의 발행 주체가 거래 상대국의 물품공급자나 본사를 대리하여 국내에서 발행 또는 의사표시한 청약을 말한다.

(2) 국외 발행청약

청약의 발행 주체가 거래 상대국의 물품공급자나 제3자가 국외에서 발행 또는 의사표시한 청약을 말한다.

3. 청약의 유인

1) 청약의 유인의 개념

청약의 유인(Invitation to offer)은 계약을 체결하기 위한 사전 예비교섭 단계로 타인을 권유하여 자기에게 청약을 하게 하는 행위이다. 청약의 유인은 상대방이 승낙하여도 청약자의 확인이 없으면 계약이 성립되지 않는다. 가령 청약의 유인은 물품판매 광고, 상품판매용 진열, 구인광고, 인터넷 쇼핑몰 등이 해당된다.

2) 청약과 청약의 유인 비교

청약과 청약의 유인의 구분은 실제로 쉽지 않은 경우가 있다. 개별적 상황이나 사회적 의미에 따라서 결정할 수 밖에 없으며 절대적인 기준을 정할 수 없다. 다만 "국제물품매매계약에 관한 UN협약"(United Nations Conventions on Contracts for the International Sale of Goods, 1980; CISG) 제14조에는 거래제의(proposal)가 청약이 성립되기 위한 요건을 제시하고 있다.[1)]

> **☑ 청약이 성립되기 위한 요건**
>
> ① **청약의 특정성**: 거래제의가 1인 또는 특정인 앞으로 발송될 것
> 1인 또는 특정인을 제외한 불특정 다수인에 대한 제의(public offer)는 청약의 유인으로 간주한다고 명시하고 있다.
> ex) Internet web site상 offer, 신문광고 등은 청약이 아닌 청약의 유인에 해당함
> ② **청약의 확정성**: 거래제의가 충분한 확정성(sufficiently definite)을 갖고 있을 것
> 거래하고자 하는 물품을 표시하여야 하고 수량과 금액을 확정할 수 있어야 함
> 예를 들어 신입사원 모집 광고는 청약의 유인이나 신입사원의 모집광고 중에 100명 선착순 모집이라는 확정성이 있을 경우에는 청약에 해당된다.
> ③ **청약의 구속성**: 상대방의 승낙이 있을 경우 이에 구속된다는 의사표시가 있을 것
> 피청약자의 승낙시에 청약자는 구속을 받겠다는 의도가 표시되어야 함
> 다음 예문과 같이 청약이 "최종 확인 조건부 청약"인 경우는 내용의 문구를 잘 이해하여야 한다.
>
> | |
> | --- |
> | Offerer: We ① offer 1,000 dozen of Article No.1 for shipment in Jan. at US$100 per dozen subject to our final confirmation. |
> | Offeree: We ② accept your offer. |
> | Offerer: We ③ confirm your acceptance. |
>
> ①은 offer라는 표현을 사용하고 있지만 이는 청약이 아니라 청약의 유인에 지나지 않는다. 왜냐하면 ②에서 피청약자가 승낙을 하더라도 ③과 같이 청약자가 확인을 하지 않으면 계약이 성립될 수 없기 때문이다. 결과적으로 ②에서 피청약자가 "accept"라는 표현을 사용하고 있지만 이것은 실제적으로 구매청약이며, ③에서는 청약자가 "confirm"이라는 표현을 쓰고 있지만, 실제로 이것이 승낙이 되는 것이다. 이와 같이 청약과 청약의 유인과의 구분에 있어

---

1) "국제물품매매계약에 관한 UN협약"(United Nations Conventions on Contracts for the International Sale of Goods, 1980) 제14조에는 거래제의(proposal)가 청약이 성립되기 위한 요건을 제시하고 있다. (1) 1인 또는 그 이상의 특정인에 대한 계약체결의 제의(proposal)는 그것이 충분히 확정적이고 또한 승낙이 있는 경우에 이에 구속된다는 청약자의 의사를 표명하고 있는 경우에는 청약이 된다. 어떠한 제의가 물품을 표시하고 또한 명시적 또는 묵시적으로 그 수량과 대금을 정하고 있거나 또는 이를 정하는 규정을 두고 있는 경우에는 이 제의는 충분히 확정적이다. (2) 1인 또는 그 이상이 특정인에 대한 제의 이외의 어떠한 제의는, 그 제의를 행한 자기 반대의 의사를 명확히 표현하지 아니하는 한, 단지 청약의 유인으로 본다고 규정하고 있다.

서 "offer", "accept"라는 표현을 사용하고 있더라도 계약당사자의 의사와 의미가 어떤 상황에서 표시되었는지 이해하는 것이 중요하다.[2]

표 3-3   청약과 청약의 유인(invitation to offer)의 비교

구 분	청약(offer)	청약의 유인(invitation)
계약의 성립여부	승낙시 계약 성립	피청약자가 승낙하여도 계약이 성립되지 않고, 청약자의 최종 확인에 의해 계약성립
청약자의 의도	상대방의 승낙이 있을 경우 구속된다는 의사표시(구속성)	승낙만으로 구속되지 않고 청약자의 확인에 의해서 구속
청약의 대상	특정인, 특정 집단(특정성)	불특정인, 불특정 다수집단
청약의 성격 및 유효성	수량, 금액, 물품 등의 확정성이 있어야 유효(확정성)	사전 예비교섭 단계로 청약의 권유행위

4. 청약의 효력 발생 시기

1) 효력 발생 시기

청약의 효력발생은 청약의 내용이 피청약자에게 도달할 때 비로소 효력이 발생하는 도달주의의 원칙이 적용된다(영미법, 한국 민법 제111조 1항).

2) 유효기간

청약의 유효기간이 정해진 경우와 정해지지 않는 경우로 구분하여 설명할 수 있다. 확정청약(firm offer)과 같이 청약의 유효기간(validity of offer)이 정해져 있는 경우는 그 기간 내에 승낙의 통지를 하여야 한다.

청약의 유효기간이 정해지지 않는 경우는 합리적인 기간(reasonable time)을 유효기간으로 간주한다. 합리적인 기간은 주변 상황과 관행에 따라 결정되어야 할 사실문제(fact of question)이다.

---

2) A.G. Guest, Anson's Law of Contract, Oxford, 25th, 1979, p.33.

3) 철회가능성 여부

청약의 철회(withdrawal)는 청약의 효력이 아직 발생하기 이전의 상태에서 청약자가 임의로 청약의 효력을 소멸시키려고 하는 의사표시라고 할 수 있다.

> **기 본 용 어**
>
> ☑ 청약의 철회(withdrawal)
>   청약자가 청약의 효력이 발생하기 전에 임의로 의사표시를 회수함으로써 그 효력을 상실시키는 것
>
> ☑ 청약의 취소(revocation)
>   청약이 유효하게 성립된 후 그 효력을 잃게 하는 것

① 한국, 대륙법계 국가들은 확정청약의 경우 유효기간 내에 철회 불가능한 것으로 규정하고 있다.

② 영국법의 경우 청약의 철회가능 여부에 대해서 2가지 원칙이 있다. 첫째, 청약은 승낙하기 전에 철회가 가능하다는 점이며, 둘째, 청약이 승낙되면 철회가 불가능하다는 점이다.

전통적인 영미법에서 보면 청약은 약인(대가)을 수반하지 않는 일방적인 약속이기 때문에 확정청약인 경우에도 피청약자가 승낙을 발신하기 전까지는 언제든지 자유로이 철회할 수 있다는 입장이다.

그러나 ⓐ 청약이 날인증서(convenant)로 된 경우, ⓑ 피청약자가 이미 약인(considera tion)을 제공한 경우에는 승낙 전이라도 청약을 철회할 수 없다.

③ 미국 통일상법전(UCC)에는 다음 요건을 충족하는 확정청약은 철회 불능이라고 규정하고 있다.[3]

• 확정청약의 실질적 요건
  ㉮ 청약은 서명된 문서로 발행될 것
  ㉯ 상인이 발행할 것
  ㉰ 청약의 유효기간이 3개월을 초과하지 않을 것
  ㉱ 피청약자가 보낸 청약서식에 유효기간이 있는 경우 청약자가 별도로 서명할 것

---

3) UCC 제2편 제205절.

④ 비엔나 협약(CISG 제16조 1항): 비엔나 협약에는 "승낙의 통지를 하기 전에 취소의 의사표시가 도달한 경우 청약을 취소할 수 있다. 그러나 청약이 일정한 승낙기간을 정하거나 취소불능임을 표시하고 있는 경우 청약은 취소될 수 없다"고 규정하고 있다.

5. 청약의 효력소멸(상실)

1) 청약의 도달 전의 철회

청약자가 청약서를 발송하였다고 하더라도 그 청약이 상대방인 피청약자에게 도달하기 전 또는 그와 동시에 당해 청약을 철회(withdrawal)하는 통지가 도달한 경우, 그 청약은 철회된다.

비엔나 협약(CISG)에서는 "청약은 피청약자에게 도달한 때 그 효력이 발생한다. 청약은 그것이 취소불능일지라도 그 철회의 의사표시가 청약의 도달 전에 또는 그와 동시에 피청약자에게 도달하는 경우에는 취소될 수 있다"고 규정하고 있다.[4]

- **청약의 철회에 관한 예시**
  - 6월 1일 매도인은 매수인에게 우편으로 서신을 발송
    (특정 물품을 명시된 가격으로 판매하겠으며, 이 청약서는 7월 1일까지 유효하며 취소불능인 오퍼이라는 내용 기재)
  - 매도인이 매수인에게 이 편지가 도달하는 기간은 7일이 소요됨.
  - 매수인이 매도인의 6월 1일자 서신을 수령하기 이틀 전인 6월 5일에 매도인은 매수인에게 전화를 걸어 6월 1일자로 발송한 서신은 철회한다고 통지.
  - 매수인은 매도인의 서신을 수령하자마자 "6월 1일자 귀하의 청약을 승낙한다"라고 회신하였음.
  * 6월 5일 현재 청약은 아직 피청약자에게 도달하지 않았으므로 효력이 발생하지 않음.
  * 7월 1일까지는 청약의 취소가 불가능하다는 표시도 피청약자에게 도달한 이후에야 비로소 구속력을 가짐.
  * 따라서 승낙도 "그 효력이 발생하기 전에 또는 그와 동시에 철회의 의사표시가 청약자에게 도달"하는 때에는 철회가 가능함(CISG 22조).

---

4) CISG 15조

2) 승낙 전의 청약의 취소

승낙의 취소(revocation of offer)는 청약이 상대방에게 도착되어 효력이 발생된 후 승낙의 통지를 보내기 전에 취소시킬 수 있는 요인에 의하여 청약이 소멸되는 것을 말한다.

비엔나 협약(CISG)에서는 청약이 상대방에게 도달한 이후 승낙을 발송하기 이전에는 청약자가 자신의 청약을 취소할 수 있도록 규정하고 있다. "계약이 체결되기 전까지는 청약은 취소될 수 있으며, 취소의 의사표시는 피청약자가 승낙을 발송하기 전에 피청약자에게 도달하여야 한다"고 명시하고 있다.[5]

그리고 청약이 취소될 수 없는 경우로 ㉠ 청약에서 승낙을 위한 지정된 기간을 명시하거나 또는 기타의 방법으로 그것이 취소불능임을 표시하고 있는 경우, ㉡ 피청약자가 청약을 취소불능이라고 신뢰하는 것이 합리적이고, 또한 피청약자가 그 청약을 신뢰하여 행동한 경우를 들고 있다.

3) 피청약자의 청약의 거절

피청약자가 청약에 대한 거절(rejection)의 의사표시가 청약자에게 도달한 때에 그 청약의 효력은 상실하게 된다.[6]

4) 청약의 유효기간의 경과

청약은 그 내용에 청약의 유효기간(validity) 또는 승낙 요청 기간이 정해져 있는 확정청약(firm offer)의 경우에는 그 기간이 경과하면 청약의 효력이 소멸된다.

① 확정청약(유효기간이 명시된)의 경우: 유효기간 경과시 효력소멸

② 불확정청약(유효기간이 명시되지 않은)의 경우: 합리적 기간(reasonable time) 내에서만 효력이 발생된다. 합리적인 기준은 주변의 상황이나 거래관행을 고려하여 결정되어야 할 사실문제이다. 가령 부패하기 쉬운 상품이나 가격변동이 심한 상품의 경우는 비교적 단기간에 효력을 상실한다고 볼 수 있다.

---

5) CISG 16조
6) CISG 17조

5) 피청약자의 수정청약

청약의 내용에 일정한 조건을 붙여 그 일부만을 승낙하는 부분승낙, 청약의 일부 내용을 변경시키거나 추가하는 수정청약(counter offer)은 원청약을 거절하는 효과를 가져오므로 원청약의 효력이 상실하게 된다.

6) 당사자의 사망

청약이 승낙되기 전에 당사자가 사망한 경우 합의에 도달할 수 없으므로 그 청약의 효력은 당연히 소멸된다.

7) 후발적 위법

청약 이후에 매매계약을 이행하는 것이 오히려 위법이 되는 경우를 후발적 위법 (subsequent illegality)이라고 하는데, 이러한 후발적 위법의 경우에는 청약의 효력이 소멸된다. 예컨대 청약자가 피청약자에게 어떤 물품을 매도청약한 후 이 청약을 승낙하기 전에 수출금지나 제한조치의 법률이 제정되어 시행되었다면 청약의 효력은 소멸된다. 그리고 계약이 성립한 이후에도 전쟁의 발발이나 당사자의 파산, 지급불능과 같은 후발적 위법인 경우 이행불능(frustration)으로 계약을 자동 소멸시킨다.

6. 승낙(Acceptance)

1) 승낙의 개념

승낙(acceptance)은 청약자의 청약에 대하여 계약을 성립시킬 목적으로 피청약자가 행하는 확정적 의사표시를 말한다. 피청약자의 승낙에 대한 의사표시가 있으면 청약자의 의사표시의 내용 그대로 계약이 성립한다.

2) 승낙의 요건(requirement of acceptance)

① 승낙은 청약의 조건과 완전히 일치할 것
② 절대적(absolute)이고 무조건적(unconditional)일 것
    승낙이 성립되려면 청약의 조건과 완전히 일치하여야 하는 원칙이 있다.

- 경상의 원칙(mirror image rule): 영미 보통법에 의하면 "승낙은 청약의 내용과

완전히 일치하여야 하며, 승낙의 내용이 조금이라도 청약의 내용과 다를 경우 수정청약이 되며 계약이 성립되지 아니한다"는 영미법상의 계약 성립의 원칙을 의미함.

- 엄격일치의 원칙(the principle of strict compliance)

③ 승낙이 유효기간 내에 행해질 것

3) 유효하지 않는 승낙

다음과 같은 승낙은 완전한 합의에 도달하지 아니하였으므로 계약이 성립되지 아니한다.

① 청약의 거절(rejection)

② 수정청약(counter offer): 수정청약은 청약자의 청약에 대해서 피청약자가 청약의 내용을 일부 추가하거나 변경하여 새로운 조건을 제의하는 청약을 말한다. 수정청약은 원청약에 대한 거절이 되어 원청약의 효력을 소멸시키는 동시에 수정청약 자체가 새로운 청약이 된다.

한편, 부분적 승낙(partial acceptance)은 청약의 제 조건가운데 일부만 승낙한 것이므로(완전한 승낙이 아니므로) 계약은 성립되지 아니한다.

예 철강 1000 M/T 매도청약 중 800톤만 매입한 의사표시

③ 부가조건부(additional acceptance) 승낙: 청약의 조건을 추가, 변경하여 승낙하는 경우도 원청약을 거절한 것이 되므로 계약은 성립되지 아니함

④ 애매한 승낙(equivocal acceptance): 중요한 조건에 대해 애매한 내용이나 형식으로 승낙한 경우(불완전한 합의).

⑤ 침묵에 의한 승낙(acceptance by silence): 청약에 대하여 피청약자가 적극적인 행위나 회답을 하지 않을 경우에 침묵에 의한 승낙은 원칙적으로 승낙으로 인정되지 아니하고 계약이 성립되지 아니한다.

- 변경된 승낙의 효력(CISG 제19조)
  ㉮ 변경된 승낙은 원칙적으로 청약의 거절이며 수정청약을 구성한다.
  ㉯ 변경내용이 실질적인 변경(가격, 지급, 품질, 수량, 인도 장소 및 시기, 당사자의 책임 범위 등)은 명백한 거절이 된다.

ⓓ 그러나 사소한 변경이 되고 청약자가 이에 대한 반대의사를 통지하지 않으면
　　　승낙으로 간주한다.

- **지연된 승낙의 효력(CISG 제21조)**
　　㉮ 지연된 승낙(late acceptance)은 승낙으로서 효력이 없는 것이 원칙이다.
　　㉯ 지연된 승낙에 대해 청약자가 피청약자에게 유효하다는 취지를 구두나 기타
　　　방법으로 지체없이 통지한 경우, 승낙으로서 효력을 갖는다.
　　㉰ 이러한 경우 계약의 성립 시점은 지연된 승낙이 도달한 때이다.

》 ☑ 행위에 의한 승낙(acceptance by conduct)

- 승낙의 효력은 청약에 대한 동의의 의사표시가 청약자에게 도달할 때 발생함
- 그러나 승낙의 통지 없이 관행상 유효기간 내에 계약의 내용을 이행할 경우 승낙의 효력이 발생하는가?
- 이에 대해 CISG는 승낙의 통지 없이 관행적으로 유효기간 내에 계약을 이행함으로써 승낙의 의사표시를 할 수 있는 경우 승낙의 효력이 발생한다고 명시하고 있음(CISG, 제18조 3).
- 승낙의 효력발생 시점은 이행을 한 때가 되며, 당사자 간의 확립된 관행이나 관습의 결과로 이루어진 경우에만 인정되는 특수한 상황임에 유의해야 함

---

4) 승낙 방법

(1) 승낙 방법이 지정된 경우

　　승낙 방법이 우편, 전보, 팩스, 이메일, 텔렉스 등과 같이 지정된 경우에는 그 지정된 방법에 따라 승낙하면 된다. 만약 다른 통신수단을 이용할 경우 청약자의 승인이 없으면 계약이 성립될 수 없다.

(2) 승낙 방법이 지정되지 않는 경우

　　승낙 방법이 지정되지 아니한 경우 피청약자는 거래사정이나 상황에 맞는 매체나 수단을 이용하여 승낙하면 된다. 따라서 승낙 방법이 정해져 있지 않은 청약에 대한 승낙은 관습적으로 가능한 신속한 수단이나 청약 시에 이용한 방법으로 승낙을 하는 것이 계약을 유효하게 성립시키는 최선의 방법이 될 수 있다.

5) 승낙의 효력 발생 시기

청약자와 피청약자는 공간적으로 떨어져 있는 것이 일반적이므로 승낙의 의사가 피청약자로부터 발송되어 청약자에게 도달할 때까지 어느 시점에서 계약이 성립되는지 문제가 발생한다. 이에 대하여 3가지 이론이 있다.

표 3-4   승낙의 효력발생에 관한 이론

구 분	기 본 이 론
발신주의 (dispatch theory, mailbox rule)	피청약자가 승낙의 의사표시를 발신할 때에 계약이 성립된다고 주장하는 이론
도달주의 (receipt theory)	피청약자의 승낙의 의사표시가 청약자에게 도달된 때에 계약이 성립된다고 주장하는 이론
요지주의(了知主義)	물리적으로 승낙의 의사표시가 청약자에게 도달될 뿐만 아니라 현실적으로 청약자가 그 내용을 알았을 때에 계약이 성립된다고 주장하는 이론

승낙의 효력발생 시기는 그 승낙이 청약자에게 도달하였을 때 계약이 성립된다고 하는 도달주의를 채택하고 있다. 승낙을 위한 의사표시 방법에서 대화, 전화, 텔렉스, 인터넷 폰, EDI 등과 같은 대화자간의 통신을 이용한 승낙은 상대방에게 전달되어야 한다는 도달주의의 입장을 취하고 있다. 그리고 우편, 전보 등과 같은 격지간 거래에서 승낙은 발신주의를 채택하고 있다. 여기서 의사표시의 수단이 대화자 간이냐 격지자 간이냐의 문제는 거리상의 문제가 아니라 시간적·공간적 동시성이 있느냐로 해석이 된다.

따라서 EDI, e-mail, PC통신, Internet Phone 등의 전자통신 수단은 시간적인 동시성이 있으므로 대화자간의 의사표시로 보아야 할 것이다.

한국 민법 제111조 제1항은 의사표시의 효력발생 시기에 대하여 "상대방이 있는 의사표시는 상대방에게 도달한 때에 그 효력이 생긴다"고 하여 도달주의를 채택하고 있으나, 민법 제531조에서 "격지자 간의 계약은 승낙의 통지를 발송할 때에 성립한다"고 규정하고 있어서 격지자 간의 승낙의 의사표시에 관해서 발신주의를 채택하고 있다.

비엔나 협약을 무역계약의 준거법으로 채택하도록 비준한 국가 간의 거래에서는 승낙의 효력발생은 아래와 같이 도달주의 원칙이 적용된다. 그러나 청약자와 피청약자 간에 어느 국가가 도달주의 또는 발신주의를 채택하고 있는지 파악하고 거래하기란 사실상 번잡하므로 무역 거래 시에 승낙의 효력발생시기를 명확히 표현하는 것이 중요하다.

따라서 "This offer is subject to acceptance reaching here(to us) by May 15,

20××"과 같이 명시함으로써 도달주의를 채택하는 것이 좋다.

　다음은 승낙의 의사표시에 관한 효력발생시기를 종합 정리하여 보면 <표 3-5>
와 같다.

표 3-5　승낙의 의사표시에 대한 효력발생시기

통신수단			준거법					
			한국법	일본법	영미법	독일법	중국법	CISG
의사표시에 관한 일반원칙			도달	도달	도달	도달	도달	도달
승낙의 의사표시	대화자간	직접대화	도달	도달	도달	도달	도달	도달
		전화	도달	도달	도달	도달	도달	도달
		텔렉스	도달	도달	도달	도달	도달	도달
		EDI, e-Mail	도달	도달	도달	도달	도달	도달
	격지자간	우편	발신	발신	발신	도달	도달	도달
		전보	발신	발신	발신	발신	도달	도달

* 도달: 도달주의, 발신: 발신주의를 의미.
* CISG: 국제물품매매계약에 관한 UN협약(UN Convention on Contract for the International Sale of
Goods). 본 협약은 1980년 비엔나 외교회의에서 채택된 국제물품매매를 규율하는 국제적 통일법으로서
일명 비엔나 협약(Vienna Convention)이라고 한다. 현재 세계 주요국들이 이 협약을 채택하고 있으며,
우리나라도 2005년 3월 1일부터 체약국으로서의 효력을 갖고 있다. 체약국이 계속 늘어남에 따라 본 협
약은 국제물품매매에 관한 준거법으로서 널리 이용되고 있다.

CHAPTER

04 무역계약의 이해

SECTION 01 무역계약의 기초

1. 무역계약의 의의

무역계약은 국제간의 물품매매를 수행하기 위한 계약이다. 즉 매도인이 금전적 대가를 받고 매수인에게 물품의 소유권(property right)을 이전하기로 약정하는 계약이다.

무역거래는 주로 물품매매가 주류를 이루고 있기 때문에 무역계약이라고 할 경우 국제물품매매계약을 지칭하고 있으나, 오늘날 무역거래의 대상이 용역거래(service), 금융 및 자본거래, 해외건설 및 플랜트 수출 등으로 확대되어 국제계약(international contract)으로 확대되었다.

그러나 일반적으로 무역계약이라 할 경우 광의의 개념보다는 협의의 물품매매계약을 지칭한다.

1) 무역계약의 대상인 물품

무역계약에서의 대상 또는 계약의 목적물, 약정품은 물품인 동산이다. 물품(goods)은 부동산 및 무체동산,[1] 금전을 제외한 유체동산을 의미한다. 따라서 부동산이나 무체동산(특허권, 상표권, 저작권, 영업권 등), 유가증권(주식, 어음 등)은 매매계약의 대상인 물품에서 제외된다.

---

1) 무체동산(things in action)은 주식이나 채권, 환어음, 특허권·상표권·저작권 등 지적 소유권, 그 밖의 기술 등과 같이 현재 점유하지 아니한 동산을 말하며, 유체동산(things in possession)은 유형적이며 이동가능하고 점유할 수 있는 모든 물품을 의미한다.

2) 물품의 종류

유체동산인 물품은 계약체결 당시에 매도인이 소유 또는 점유하고 있는 현존품 (existing goods) 또는 특정물(specific goods)이거나 계약체결 후 매도인이 제조 또는 수집할 물품 즉 선물(future goods) 또는 불특정물(unascertained goods)이 되어도 무방하다. 매도인이 불특정물을 그대로 매수인에게 인도할 수 없고 반드시 충당(appropriation)이라는 행위에 의해서 불특정물이 특정물로 되면서 인도가 이루어 진다. 충당이란 '불특정물을 특정계약에 소속시키는 행위'로 불특정물이 충당되면 비로소 특정물이 된 후 매수인에게 인도되게 되는 것이다.

☑ 충당(appropriation)

계약에 제공될 물품을 결정하는 것으로 불확정물을 확정물로 정하는 것. 즉 물품을 특정계약에 소속시키는 행위를 말함.

☞ 특정물에 대한 위험이전: 물품이 계약의 목적물로써 특정되지 아니한 경우에는 위험은 매수인에게 이전되지 아니하고, 비로소 특정될 때 이전된다(CISG 제27조).

2. 무역계약의 특징

국제물품매매계약은 국내 물품매매계약과는 달리 여러 가지 특징을 갖고 있다. 첫째, 무역계약은 국경을 달리하는 격지간의 거래라는 점에서 언어, 관습, 법률, 정치, 사회, 문화적 차이가 존재하게 된다. 둘째, 무역계약은 매도인과 매수인 간의 기본계약(main contract)으로 가장 중심적인 계약이 되며, 이를 보완하는 종속계약(sub-contract)인 운송계약, 보험계약, 대금결제계약이 존재하게 된다. 무역거래는 기본적인 매매계약 중심으로 이를 이행하기 위한 종속계약이 뒷받침 되어 전체가 원활하게 흘러가고 있는 특징이 있다.

3. 무역계약의 법적 성질

무역계약은 계약의 성립과 이행에 대한 법률행위에 의해 이루어지는바, 다음과 같은 법률적 성질을 가진다.

1) 낙성계약(consensual contract)

무역계약은 당사자의 일방에 의해 행해진 청약과 상대방의 승낙에 의하여 성립되는 계약이다. 따라서 거래 양당사자의 합의가 있으면 계약이 성립되는 것으로서 특별히 계약서의 작성이나 그 교부를 성립요건으로 하지 않는다.

2) 쌍무계약(bilateral contract)

계약이 성립됨으로써 양 당사자가 상호의무를 부담하는 계약이다. 일단 계약이 성립되면 매도인은 매수인에게 물품인도 의무를, 매수인은 매도인에게 대금지급의무를 지게 된다.

3) 유상계약(remunerative contract)

계약당사자가 서로 대가적 관계에서 급부가 있는 계약을 말한다. 매도인의 물품인
도에 대한 급부로써 매수인은 대금의 지급이라는 반대급부를 이행하고, 매수인의 대금
지급의 급부에 대해서 매도인 역시 계약물품의 인도라는 반대급부를 제공하는 계약을
말한다. 이러한 약속이 영미법계에서의 약인(約因, consideration)에 해당되며 계약의 성
립근거로 약인이 존재하여야 한다.

4) 불요식 계약(informal contract)

무역계약은 양당사자의 합의 이외에는 어떠한 형식과 요건을 필요하지 않는 불요
식 계약이다. 무역계약은 계약의 성립을 위하여 일정한 요식행위를 필요하지 않으며 구
두(oral)이든 서면(in writing)이든 무방하며 심지어 일부는 서면으로 일부는 문서로 계약
을 체결할 수 있다.

이와 같이 무역계약은 형식, 내용, 계약 상대방의 선택의 자유가 있으며, 당사자 간
의 자유의사에 따라 당사자의 합의를 최우선적으로 계약자유의 원칙(principles of the
freedom of contract)이 적용된다. 그러나 계약당사자는 계약자유의 원칙에 따라 계약의
내용이나 형식을 자유롭게 할 수 있으나 분쟁의 소지를 없애기 위해서 계약서를 작성해
두는 것이 좋다.

5) 최대선의의 계약(utmost good faith)

무역계약은 당사자들의 신의성실의 원칙에 입각하여 체결되는 최대선의의 계약이
다. 최대선의의 원칙은 무역계약뿐만 아니라 모든 법역(法域)에서 요구되는 기본원칙이
라 할 수 있는 대원칙이다. 특히 무역계약에서 강조되는 이유는 계약의 당사자가 권리
의 행사와 의무를 이행함에 있어서 신의에 따라 성실히 이행하여야 하기 때문이다.

4. 무역계약의 성립요건

무역계약은 청약과 승낙에 의해 성립되지만 이것이 법적 구속력을 갖기 위해서는
다음과 같은 요건을 갖추어야 계약이 유효하게 성립된다.
① 양당사자의 의사표시에 대한 합의가 있어야 한다. 그 합의는 청약자의 청약에
대한 무조건적인 피청약자의 승낙이 있어야 한다.

② 거래의 목적물이나 거래방법이 합법적(legality)이어야 한다.

③ 당사자의 행위능력(capacity of the parties)이 있어야 한다. 즉 법률행위의 무능력자인 미성년자, 성년후견인, 피한정후견인이 체결한 계약은 무효가 된다.

④ 약인(consideration, 約因)이 있어야 한다. 약인은 계약상의 약속의 대가로 금전 또는 채권의 양도 등을 의미한다. 매매계약에서의 약인은 금전(화폐)이라고 할 수 있고 금전적 대가가 결여된 물물교환이나 증여, 상속 등은 이러한 관점에서 매매계약이 아닌 것이다.

SECTION 02 무역계약서의 합의

1. 무역계약의 체결방법

무역계약은 당사자의 합의만 있으면 구두계약도 가능하지만 분쟁을 예방하고 계약의 내용을 명확히 한다는 측면에서 서면으로 계약서를 작성하는 것이 바람직하다.

무역계약을 서면화하는 방안은 다음과 같다.

1) offer sheet나 order sheet에 서명하는 방법

① 매도인이 발행한 offer sheet(청약서)에 매수인이 acceptance(승낙)을 하거나 ② 매수인이 발행한 order sheet(주문서)에 매도인이 acknowledgement of order(주문승낙)하는 방법이 있다. 이 경우 서류 2통을 작성하여 각자 1통씩 보관한다.

2) 개별계약에 의한 성립

계약의 일방이 계약서를 2통 작성하여 서명 후 상대방에게 송부하고, 상대방은 이를 검토하여 서명한 후 1통을 반송하여 각각 갖게 된다.

- 매도인측 작성: Sales Contract, Sales Note, Confirmation of Order, Offer Sheet
- 매수인측 작성: Purchase Contract, Purchase Note(Order)

이 경우 앞에는 대개 품명, 수량, 품질, 가격, 결제, 선적시기 및 장소 등에 대한 거래의 기본이 되는 내용을 기재하고 뒷면에는 일반거래조건협정서가 인쇄되어 청약과 승낙시 누락된 내용까지 상세히 기재할 수 있어서 분쟁해결의 법적 요건을 뒷받침할 수 있는 장점이 있다.

3) 확정청약에 대한 상대방의 승낙

매도인의 확정오퍼(firm offer)에 대한 수락의 표시를 전신이나 서신으로 발송한다. 법률상 서면계약의 효력을 갖도록 하나 최소한의 법적 증거를 남기는 방식이다.

2. 무역계약서의 구성

무역계약서는 정형화된 서식(양식)을 이용하는 경우와 그렇지 못한 경우가 있다.

1) 정형화된 서식을 이용하는 경우

서식에는 표면내용과 이면내용이 있다. 표면내용에는 수기 또는 타이핑으로 기재하는 부분과 인쇄되어 있는 부분이 있다. 그리고 계약서식의 이면에 인쇄된 이면약관이 있다. 주로 표면에는 계약체결일, 계약당사자, 상품명세, 수량, 금액, 대금결제조건, 포장, 선적조건, 보험, 검사, 특별조건에 관한 사항이다. 그리고 계약서 작성시 거래에 관한 일반적 기본 약정 사항이 인쇄된 일반거래조건협정서(agreement on general terms and conditons of business)가 이면약관에 있다.

본 계약서의 해석의 우선순위는

① 표면내용이 이면약관보다 우선하며, 특수조항은 일반조항보다 우선한다.
② 조항이 수기(handwriting, 手記), 타이핑(typewritten), 인쇄(printed)의 3가지 문언 중 수기＞타이핑＞인쇄문언 순으로 적용된다.

2) 정형화된 서식을 이용하지 않는 경우

무역계약을 체결할 때 대부분 회사별로 정형화된 서식을 사용하게 되지만, 회사의 여건이나 거래품목에 따라서는 정형화된 서식을 이용하지 못하는 경우가 발생하게 된다. 이러한 경우는 거래에 기본이 되는 항목을 꼼꼼히 체크하여 명시하는 것이 중요하다.

WILSON & Co., Inc.

50 Liberty st., New York, N.Y. 10005
U.S.A.
Homepage: www.wilson.com

Purchase Order

HAESUNG INDUSTRIAL CO.,LTD.   July 5, 20**
C.P.O. BOX 7917,
20, Myungdong, Chungku
SEOUL, KOREA

Gentlemen;
Please kindly supply the following goods under the terms and conditions as below :

1. Item : Cotton Shirts (Style No.10)
2. Quantity : 500 Dozen
3. Unit Price : US $ 10.50 per dozen
4. Total Amount : US $ 5,250 — C.I.F. New York
5. Origin : Republic of Korea
6. Shipping Port : Korean Port
7. Destination : New York, U.S.A.
8. Shipping / Expiry Date : August 10 / August 25, 20**.
    partial shipments are prohibited.
9. Payment Terms : Document against Acceptance 120 days after B/L date. Document should be sent to the Commercial Bank of New York, Head Office.

Documents required are :
1. Signed commercial invoice in triplicate
2. Packing list in triplicate
3. Full set of clean on board bills of lading made out to the order of Wilson & Company Inc., 50 Liberty Street, New York N.Y. 10005, U.S.A. marked "freight prepaid" and notify accountee.
4. Insurance : Marine insurance policy or certificate in duplicate endorsed in blank for 110% of the invoice value covering I.C.C(A). institute war clauses.

Yours truly,

WILSON & Co. Inc.
S. R. David
Sales Manager

3. 무역계약의 종류

1) 개별계약(case by case contract)

매 거래 건마다 매도인과 매수인이 거래조건에 합의하면 품목별 거래에 대하여 계약서를 작성하는 계약이다. sales contract나 purchase order가 여기에 해당된다. 통상 거래계약이 1회로 종결되며 계약서는 전면약정(품질, 수량, 가격 등의 상품조건에 관한 사항, 선적일자, 결제방법, 보험조건 등의 이행조건 등) 사항과 이면약정(계약의 일반거래조건) 사항으로 구성되어 있다.

2) 포괄 또는 장기계약(master contract)

매도인과 매수인간에 장기간 동안 거래하거나 동일한 상품을 계속적으로 거래할 경우 포괄적인 사항을 약정한 기본계약(예, 일반거래조건협정서)을 체결해 놓고 필요에 따라 간단한 청약(offer)이나 구매주문서(purchase order)로서 계약을 성립시키는 형태이다. 포괄계약의 경우 무역거래의 준칙으로써 일반거래조건협정서(agreement on general terms and condition of business)를 본 계약으로 약정하고, 구체적인 개별거래는 포괄계약서에 정한 방법에 따라 청약과 승낙으로 계약조건을 확정한다.

3) 독점계약(exclusive contract)

특정품목의 거래에서 수출업자는 수입업자에게만 독점적 권한을 부여하는 계약이다. 주로 수출업자는 수입국의 지정업자 이외에는 같은 품목을 오퍼하지 않으며, 수입업자는 수출국의 다른 업자들의 해당품목을 취급하지 않는다는 상호간의 조건에 따라 이루어지는 계약이다.

4. 무역계약의 서식논쟁

1) 발생원인

한 당사자가 자신의 일반거래조건이 담겨져 있는 청약(offer)을 상대방에게 보내고 상대방도 자신의 일반거래조건이 담겨져 있는 승낙(acceptance)을 한 경우, 전면(前面)의 내용은 대개 일치하지만 이면(裏面)에 있는 일반거래조건이 완전하게 일치하지 않는 경우가 있다. 이러한 상황에서는 누구의 일반거래조건이 적용되는지 다툼이 발생할 수 있다. 바로 이러한 계약서식에 대한 다툼을 서식논쟁(battle of form)이라고 한다.

　　이와 같은 서식논쟁(battle of form)은 계약당사자의 일반거래조건 사용과 수정청약의 상호교환에 따른 이면내용의 불일치를 의미한다. 이러한 현상은 국제거래에서 내용의 상위로 계약 성립 여부에 대한 자체의 논쟁을 제기하는 중요한 문제가 되고 있다.

2) 서식논쟁의 법리

　　영미법은 "승낙은 청약의 내용과 완전히 일치해야 하며, 승낙의 내용이 청약과 조금이라도 상이할 경우에 수정청약이 되어서 계약이 성립되지 아니한다"는 입장을 견지하면서 경상의 원칙(mirror image rule)을 고수하여 왔다. 그러나 실무가들은 상세한 조항의 완전합의에 도달하지 아니하였음에도 불구하고 중요한 조건이 합의되면 계약이 성립된 것으로 간주하고 계약의 이행을 시작하는 것이 일반적이다.

　　이러한 경우에 서식논쟁 상황 하에서 이행이 이루어지고 나중에 분쟁이 생긴 경우에 최후에 보내진 서식이 우선하는 최후 서식발송이론(the last shot doctrine)이 적용된다. 이 원칙은 최후에 보내진 서식이 매수인의 승낙 또는 수정청약이 되고, 매도인이 물품을 선적하였다면 이에 대해 양 당사자의 의사표시의 합치가 없더라도 매도인이 선적한 것은 매수인의 계약서를 받아들인다는 것으로 간주되기 때문이다. 마찬가지로 매도인의 계약서식이 수정청약이 되고 매도인의 선적에 대해 매수인이 물품을 인수 또는 대금을 지급한 것은 승낙이 된다. 이러한 경우 엄밀한 의미에서 계약은 성립되지 아니하지만, 매도인의 계약서에 따를 의사가 있는 것으로 간주되기 때문에 매도인의 계약서가 적용되는 것이다.

　　그러므로 계약 당사자는 서식논쟁이 발생하지 않도록 하나의 계약서에 서명하는 것이 좋으며, 서식이 다를 경우 이면약관에도 세심히 주의할 필요가 있다.

05 무역계약의 거래조건

무역거래에는 매도인과 매수인간에 약정해야 할 여러 가지 거래조건이 있다. 여기에서 계약을 이루는 중심이 되는 사항은 계약물품의 품질, 수량, 포장 및 가격조건과 관련된 사항이고, 그러한 계약의 이행조건의 중심이 되는 사항은 선적, 결제, 보험, 검사 및 클레임에 대한 사항 등이다. 그 외에도 불가항력조항, 중재조항, 준거법 조항, 권리침해조항 등의 필요 조건들이 약정되어야 한다. 이러한 조건은 무역계약의 중요한 구성요소이기 때문에 계약이행 과정에서 발생할 수 있는 분쟁을 사전에 예방하기 위해서 문서로 작성하는 것이 바람직하다.

SECTION 01 품질조건

매도인과 매수인간에 분쟁이 발생하는 여러 가지 원인 중에는 품질의 적합성 여부에 관한 사항이 비교적 많다. 무역거래에서 품질 조건은 당사자 간에 명확한 합의가 있어야 하는데 여기서는 품질결정방법, 품질결정시기, 품질결정에 관한 유의사항에 대하여 살펴보기로 한다.

1. 품질결정방법

무역거래에서 품질을 결정하는 방법으로는 대체로 다음과 같은 종류로 나눌 수 있다.
① 실견매매 또는 점검매매(sales by inspection), ② 견본매매(sale by sample), ③ 표준품 매매(sales by standard), ④ 규격매매(sale by type or grade), ⑤ 상표매매(sale by

brand), ⑥ 명세서 매매(sale by specification) 등이 있다.

1) 실견매매 또는 점검매매(sales by inspection)

매수인이 물품을 직접 확인하여 품질을 약정하는 방법을 의미한다. 이 조건은 매수인이 직접 점검하는 방식을 취하기 때문에 국내거래에서 널리 이용될 수 있으며, 특히 매수인의 지점이나 출장소가 수출지에 있는 경우나 대리인이 상주하고 있는 경우에 적절히 활용할 수 있을 것이다.

> ☑ 실견매매에 이용되는 거래
> • 주로 BWT(Bonded Warehouse Transaction, 보세창고인도조건)거래, COD(Cash On Delivery)거래나 점검 후 매매조건청약(offer on approval)이나 반품허용조건청약(offer on sale or return)거래에 이용됨.
> • 주로 신규상품의 판매와 시장개척에 이용

2) 견본매매(sales by sample)

거래될 상품의 품질이 견본에 의해서 결정되는 방법이다. 매매의 당사자가 제시한 견본과 동일한 품질의 물품을 인도하도록 약정하는 방법으로 무역거래에서 널리 이용되는 방법이다.

(1) 견본의 종류

• 조(set)견본: 매도인이 매수인에게 발송하는 원본견본(original sample), 매도인이 자체 보관하는 보관견본(duplicate sample), 물품제조(공급)업자가 보존하는 제3견본(triplicate sample)
• 견본 제공자에 따라 ① 매도인 견본(seller's sample): 매도인이 매수인에게 제공하는 견본, ② 매수인 견본(buyer's sample): 매수인이 매도인에게 제공하는 견본, ③ 반대견본(counter sample): 매도인 견본이나 매수인 견본에 대해서 새로운 견본을 제시하게 되는 경우
• 선적견본(shipping sample): 매매계약 성립 후 선적 시에 선적품 중에서 매수인에게 보내는 견본, 매수인이 선적의 품질이 계약과 일치하는지 확인할 목적으로 사용됨

(2) 견본과 관련한 품질표시에 따른 주의사항

봉제완구나 조화(造花)와 같은 비규격 상품은 견본매매에서 다음과 같이 표현에 주의가 필요하다. 아래에서 보는 바와 같이 양자의 표현에는 상당한 의미상의 차이가 있으므로 수출업자와 수입업자간의 해석의 차이로 인하여 자칫 마켓클레임(market claim)에 이를 수 있기 때문에 다소 표현에 유의할 필요가 있다.

매수인에게 유리한 표현(강한 표현)	매도인에게 유리한 표현(완곡한 표현)
• "quality to be *fully equal to* sample" • "quality to be *same as* sample ~" • "quality to be *as per* sample"	• "quality to be *considered as being about equal to* sample" • "quality to be *similar to* sample" • "quality to be *up to* sample"

3) 표준품매매(sales by standard)

농·수산물, 광산물, 임산물과 같이 수확이 예정되는 상품은 정확한 견본의 제공이 불가능하기 때문에 상품의 등급(품위)에 따라 공공기관이나 공인검사기관에 의해 선정된 표준품을 기초로 하여 매매하는 방법이다. 농·수산물이나 광물과 같은 1차 산품은 규격이나 형태 및 순도 등이 일정하지 않아서 공산품과 달리 견본이 없을 뿐만 아니라 견본을 정하였다고 하더라도 견본과 정확히 맞출 수 없기 때문에 특정 연도, 특정 지역의 해당 계절 상품을 표준품으로 정하여 거래하게 된다.

실제 인도한 상품과 표준품과의 차이가 있을 경우에는 계약조건이나 관습에 따라 가격을 인상 또는 인하의 방법으로 조정할 수 있는 거래방법이다. 표준품 매매에서 거래상품의 품질을 명시하는 방법은 평균중등품질(FAQ)조건, 판매적격품질(GMQ)조건과 보통품질(USQ)조건이 있다.

(1) 평균중등 품질조건(Fair Average Quality Terms: FAQ Terms)

거래하고자 하는 상품을 당해 연도, 해당지역에서 생산되는 동종 생산물 가운데 대체로 중간정도의 품질을 표준품으로 정하고 동 지역에서 출하되는 평균중등품(Fair Average Quality of the season's shipment at time and place of shipment)을 인도하기로 약정하는 방법이다. 이 조건은 주로 곡물류(grain, cereal), 면화[1], 사탕수수, 차나 과일류

---

1) 가령, 미국의 면화거래는 미국면화표준법에 의해 백색육지면(upland cotton white)을 1등급에서 9등급까지 품위를 결정하여 5등급인 Middling(MID)을 표준물로 정하고 있다. 따라서 면화거래에서

(fruit) 등의 1차산품의 매매에 채택되며, 이러한 생산물의 선물거래(future transaction)에 많이 이용된다.

(2) 판매적격 품질조건(Good Merchantable Quality Terms: GMQ Terms)

매도인이 인도하는 상품이 수입지에서 양륙되어 검사한 후 현지시장에서 판매에 적합한 상품(merchantable goods)일 것을 보증하는 조건이다. 이 조건은 상품의 품질이 시장에서의 판매에 적합하여야 한다는 묵시적 조건이 약정된 것이므로 시장에서 일반적으로 구매되고 있는 동일 종류의 타 상품의 구매목적에 적합한 품질조건을 의미한다. 이 조건은 냉동어류나 목재, 원목 등과 같이 견본의 이용이 곤란한 상품거래에 널리 이용된다. 원목이나 냉동어류와 같은 상품은 비록 내부가 부패되었거나 잠재적인 하자가 있다고 하더라도 외관상으로는 쉽게 식별할 수 없으므로 수입지에서 당해 물품을 검사하여 시장성이 없는 하자의 품질로 판명나면 그 책임을 매도인이 부담하고 상품의 시장성을 보증하도록 하는 조건이다.

(3) 보통품질조건(Usual Standard Quality Terms: USQ Terms)

공인검사기관이나 공인표준기준의 판정에 의하여 보통 품질을 표준품의 품질로 결정하는 조건이다. 우리나라에서 수출하고 있는 인삼이나 오징어, 해태, 원면, 생사 등은 그 품질에 따라 1등품, 2등품 또는 A급, B급 등으로 구분하는데 해당 수출조합이나 정부가 지정한 공동기관에서 품질을 판정하여 구분한다.

- 표준품 매매에 이용되는 상품(예)
  - FAQ: 곡물류(grain, cereal), 면화, 사탕수수, 차, 과일류 등
  - GMQ: 원목, 목재, 냉동어류, 광석류(ore) 등
  - USQ: 인삼, 해태, 오징어, 원면(raw cotton), 생사(raw silk) 등

는 5등품을 표준물로 가격을 정하고 인도된 물품과 표준품과의 품질의 차등은 사전에 협정한 차등허용(allowance)의 특약에 따라 표준물을 중심으로 품위의 상하일급의 품질차등에 따라 가격의 증감율을 적용하여 조정한다.

표 5-1   표준품 매매의 품질표시방법

표시방법	사용품목	내용
평균중등품질조건(FAQ)	곡물, 면화, 차, 과일 등	해당지역에서 생산되는 동종 상품의 중등 품질을 표준품으로 결정
판매적격품질조건(GMQ)	목재, 원목, 냉동어류 등	물품인도시의 품질이 현지시장에서 판매에 적합할 것을 보증하는 품질조건
보통품질조건(USQ)	원면, 생사, 인삼, 오징어 등	공인검사기기관이나 공인표준기준에 의하여 보통품질을 표준품의 품질로 결정

4) 규격매매(sales by type or grade)

상품의 규격이 국제적으로 정해져 있거나 수출국에서 공식적으로 인정하는 규격일 경우 그 규격(type)이나 등급(grade)으로 품질을 결정하는 방법이다. 이러한 거래는 시멘트 거래에 채용되는 영국규격, 철강거래에 채용되는 미국규격, 오스트레일리아의 양모나 원면의 국제관습의 규격을 채택할 수 있다. 그 외에도 국제표준화기구(ISO: International Standardization Organization), 한국의 KS, 일본의 공업규격(JIS)이나 농림규격(JAS) 등과 같은 규격으로 거래할 때 자주 이용되며 전기, 전자제품 등과 같은 공산품이 여기에 해당된다.

- 규격 매매에 이용되는 상품(예)
  - 시멘트 거래: 영국의 BSS-12(British Standards Specification No. 12 of 1947)
  - 철강거래: 미국의 규격
  - 베아링(bearing), 나사못, 볼트 및 너트
  - 양모거래: 오스트레일리아의 규격
  - 그 외 국제적 규격: ISO, JIS or JAS, KS, CQC or CQM(중국) 등

---

5) 상표매매(sales by trade mark or brand)

세계적으로 널리 알려진 상품의 경우에 견본을 제시할 필요 없이 그 상표를 지정함으로써 상품의 품질로 정하여 거래하는 방법이다. 저명한 브랜드를 갖고 있는 경우에 그 상품의 품질이나 등급을 알 수 있는 이상 매수인은 그 상표에 의해서 쉽게 거래할 수 있다.

- 상표 매매에 이용되는 상품(예)
  - 화장품: Lancome, Channel, Guerlain, Christian Dior
  - 시계: Rolex, Cartier, Omega, Bvlgari
  - 디지털 카메라: Cannon, Nikon, Sony
  - 만년필: Parker, Mont Blance

6) 명세서(설명서)매매(sales by specification/description/dimensions)

상품의 재료, 구조, 성능, 규격, 특성 등에 대하여 자세히 설명한 설명서(description), 명세서(specification), 설계도(plan) 또는 청사진(blueprint) 등을 가지고 품질을 결정하는 방법이다. 명세서 매매는 인도물품이 이러한 설명서에 일치할 것을 조건으로 하는 형태이다.

- 명세서 매매에 이용되는 상품(예)
  - 선박, 철도차량, 발전기, 의료용기기, 기계 및 장비 등과 같이 견본 매매나 상표매매가 곤란한 경우에 이용

- 표기의 예
  - The Specification of the Goods shall be prescribed and specified in specification attached hereto.
  - Goods sold by specification shall be guaranteed by the seller to conform to specification upon arrival at destination.

2. 품질결정시기

무역거래에서 상품은 보통 장기간에 걸쳐서 운송되기 때문에 상품의 종류나 성질에 따라서 선적지에서의 품질과 도착지에서의 품질이 다를 가능성이 있다. 그러므로 상품의 품질을 선적시에 결정하느냐 아니면 양륙시로 결정하느냐에 따라 당사자의 책임이 달라진다.

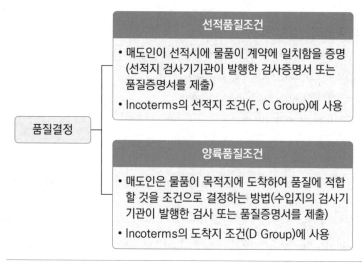

그림 5-1   품질 결정 시기

1) 선적품질조건(shipped quality terms)

선적품질조건은 약정된 물품이 선적시의 품질과 일치할 것을 조건으로 결정하는 방법이다. 이 조건에서는 수출업자가 운송 중에 상품이 변질된 경우에 책임을 지지 않는다. 이때 수출업자는 약정한 품질과 동일하다는 것을 입증하기 위하여 권위있는 검사기관(surveyor)의 품질증명서(certificate of quality) 또는 검사증명서(certificate of inspection)를 수입업자에게 제공하여야 한다. 수입업자는 검사증명서에 의해 계약 상품과 품질상의 차이가 있을 경우 수출업자에게 손해배상을 청구할 수 있다.

주로 인코텀즈(Incoterms)에서 FOB, CFR, CIF와 같은 선적지 조건(F group, C group)에서 널리 이용되며 표준품 매매의 FAQ조건도 선적품질조건에 해당된다고 볼 수 있다.

2) 양륙품질조건(landed quality terms)

양륙품질조건은 약정된 물품이 목적지에 도착하여 품질에 적합할 것을 조건으로 결정하는 방법이다. 이 조건에서 수출업자는 운송도중에 발생하는 상품의 변질에 대해서 모든 책임을 지고 보상을 하여야 한다. 그리고 수입업자는 수입상품의 품질이 불량하거나 계약물품과의 불일치가 발견되면 이를 입증하기 위해 수입지의 검사기관에 품질감정을 의뢰하고 공인 감정보고서(survey report)를 발급받아 수출업자를 상대로 손해배상을 청구하는 것이 보통이다.

주로 Incoterms의 도착지 조건군(D group: DAP, DPU, DDP)에 속하는 조건들이 양

록품질조건으로 볼 수 있으며 표준매매의 GMQ조건도 여기에 해당된다.

3) 국제곡물거래에서의 품질결정시기

곡물거래에서 선적시와 양륙시의 품질결정 방법에 대하여 수출업자와 수입업자간에 누가 책임을 부담하느냐에 따라 영국 런던곡물시장을 중심으로 형성된 특수한 조건 3가지가 있다.

① Tale Quale Terms(TQ): 영어의 "such as it is", "just as it comes"의 뜻을 지닌 프랑스어로 매도인이 약정한 물품의 품질을 선적할 때까지 책임지는 선적품질조건이다.

   📵 Quality: shipment in good condition but tale quale as regards condition on arrival.

② Rye Terms(RT): 이 조건은 러시아산 호밀(rye)거래에 사용되어오던 관행에서 비롯된 것으로 양륙품질조건이다.

③ Sea Damaged(SD) Terms: 이 조건은 기본적으로 선적품질조건에 해당되나, 해상운송도중에 발생한 해수(sea water), 우수(rain water), 담수(fresh water), 증기(vapour), 습기(moisture) 및 이에 기인하는 손해에 대하여 매도인이 부담하는 조건이다.

3. 품질조건에 관한 유의사항

품질조건에 관하여 당사자가 약정할 때 품질표시와 품질상위가 발생할 때 처리사항에 대한 몇 가지 유의점이 있다.

1) 정확한 품질 표시

매도인은 품질을 표시할 때 상품의 성질을 고려하여 표시하여야 한다. 예를 들어, 품질을 표시하는 용어 사용에 "견본과 일치할 것"("same as sample", "up to sample")은 엄격한 제조공정을 거쳐 대량 생산되는 규격품에 한하여 사용되어야 한다. 농산물, 임산물, 수산물 등의 1차 산품같은 경우는 "견본과 완전히 일치할 것"이라는 표현보다는 완곡한 표현("be about eaual to sample or similar to sample")이 좋다.

2) 품질불량시 공인 검사증명서 제출

품질이 불량할 경우 매수인은 품질불량을 증명할 수 있도록 국제적으로 권위있는 공인 검사기관의 증명을 받아서 제출할 필요가 있다. 권위있는 검사기관으로는 Lloyd's surveyor, Lloyd's agent, SGS 등이 있다.

3) 불량품의 처리사항

물품이 검사기관에 의해 불량으로 증명되어 매수인이 정당하게 인수거절하였을 경우 불량품을 반송하든지 다른 처리방법을 강구하여야 할 것이다. 그러나 불량품의 반송에는 반송비가 많이 소요되어 현명한 방법은 아니므로 가격을 조정하거나 위탁품으로 처분하는 방법 등도 모색할 필요가 있다.

SECTION 02 수량조건

수량조건(Terms of Quantity)은 품질조건과 결제조건 다음으로 무역분쟁이 빈번히 일어나는 분야이며 수량은 가격산출의 기초가 되기 때문에 계약당사자간에 중요한 조건이 된다. 수량조건에서는 ① 수량의 단위, ② 수량의 결정시기, ③ 계량측정방법, ④ 수량의 증명방법, ⑤ 과부족 용인조항 등에 대하여 명확히 약정하여야 한다.

1. 수량의 단위

1) 의의

수량단위는 상품의 성질과 형상에 따라 중량(weight), 용적(measurement), 개수(piece), 길이(length), 포장단위(package), 면적(square) 등의 표기 단위가 각기 다르며, 심지어 동일한 단위라도 국가마다 달리 해석하고 있다.

2) 수량단위의 표시

① 중량(weight): 무게로서 kg, g, lbs, ton

영국식(Long Ton: L/T)	2,240lbs	1,016kgs	Gross Ton
미국식(Short Ton: S/T)	2,000lbs	907kgs	Net Ton
대륙식(Metric Ton: M/T)	2,204lbs	1,000kgs	Kilo Ton

② 용적(measurement): 액체나 목재 등을 측정하는 단위로서 리터(liter), 갤런(gallon), CBM(Cubic Meter)[2], CFT(Cubic Foot)

- 1 S/F = 1 square foot × 1 inch
- 480 S/F = 1 용적톤(measurement Ton: M/T) = 40 Cubic Feet
- 1 English Gallon = 4.546 liters
- 1 American Gallon = 3.7853 liters

③ 포장(package): 상자, 포대 등 포장단위로서 box, bale, case, bag, can, drum, TEU(Twenty feet Equivalent Unit).

④ 개수(counting): 개수중심으로 거래되는 상품단위로서 piece, dozen 등

- 1 dozen = 12 pcs(pieces)
- 1 Gross = 12 dozen = 144 pcs(12 × 12)
- 1 Great Gross = 12 Gross = 1,728 pcs(12 × 12 × 12)
- 1 Small Gross = 10 dozen = 120 pcs(12 × 10)

⑤ 길이(dimension): 원단, 전선 등에 사용되는 길이단위로서 meter, feet, Inch, yard를 이용

⑥ 면적(square): 유리, 합판, 타일, 등의 거래에 sft(square foot)를 이용

---

2) 대체로 화물운송에서 운임의 단위로 용적단위를 널리 사용한다. CBM은 가로 1m × 세로 1m × 높이 1m를 부피를 말한다.

2. 수량결정시기

수량이 어느 시점에서 계약수량에 적합해야하는지 결정해야 하는데 여기에는 선적수량조건과 양륙수량조건이 있다.

1) 선적수량조건(shipped quantity terms)

선적할 때의 계량된 수량이 계약에서 약정된 수량과 일치하는 한 매도인은 이에 대하여 아무런 책임을 부담하지 아니하는 조건이다. 따라서 매도인은 운송중에 어떠한 감량이 있어도 아무런 책임을 부담하지 아니하며, 일반적으로 FOB, CIF조건과 같이 선적지 조건에 널리 이용된다.

2) 양륙수량조건(landed quantity terms)

양륙시의 계량된 수량이 계약에서 약정된 수량과 일치하여야 하는 조건이다. 따라서 양육지에서의 수량을 최종적인 것으로 보고 운송중의 감량을 전적으로 매도인이 부담하는 조건이다. 일반적으로 DAP조건이나 DPU 및 DDP 조건과 같이 D group조건에서 이용된다.

3. 계량측정방법

1) 총 중량조건(gross weight terms)

포장 등의 무게를 포함한 무게, 즉 외포장과 내포장을 합한 포장(tare) + 내부 내용물(ware)까지 모두 합한 무게이다. 주로 액체물품이나 밀가루, 면화 등 특수품목 경우에 이용된다.

2) 순 중량조건(net weight terms)

총중량에서 외부포장의 무게를 공제한 중량이다. 비누, 화장품 등의 소매 판매시와 같이 포장된 채로 판매되는 상품에 널리 이용된다.

3) 정미 중량조건(net, net weight terms)

중량에서 겉포장과 속포장을 제외한 순수 상품중량만을 계량하는 조건이다.

4. 수량의 증명방법

선적수량조건은 매도인에게 유리하지만 매수인에게는 다소 불리한 조건이다. 따라서 선적수량조건인 경우 매도인은 선적시 수량에 대하여 SGS와 같은 전문검증기관(surveyor)이나 공인검량인(public weighter)으로부터 검량을 받아 작성되는 중량용적증명서(certificate of weight and/or measurement)를 발급받아 매수인에게 제공하여야 한다. 양륙수량조건을 채택한 경우에도 매도인은 원칙적으로 전문검증기관(surveyor)이나 공인검량인(public weighter)이 발행한 중량용적증명서를 매수인에게 제공함으로써 수량에 대한 문제를 명확히 해결하고 또한 수입국에서 세관검사를 통하여 수량을 입증할 수도 있다.

5. 수량의 과부족 용인조항

과부족 용인조항(more or less clause: M/L clause)이란 일정한 수량의 용인 한도 내에서는 과부족이 발생하더라도 계약의 위반으로 간주하지 아니하고 클레임을 제기하지 않는다는 수량 조건에 대한 계약상의 명시조항을 말한다. ① 가스와 같이 누손 또는 휘발성이 있는 화물이나 ② 석탄, 곡물, 광물 등과 같이 살화물(bulk cargo)[3]운송을 일반적으로 하는 화물, ③ 분류(가루)나 설탕과 같이 자연감량이 발생하기 쉬운 대량운송화물의 경우, 화물의 성질상 정확히 계약된 수량을 인도하는 것이 불가능하므로 일정한 범위 내에서 수량의 과부족을 용인하는 조항을 명시함으로써 매도인의 책임을 면해주는 조항이다.

그러나 계약상에 명시된 수량이 포장단위(packing unit) 또는 개별품목(individual item)의 개수로 명시된 경우에는 과부족용인조항이 적용되지 아니한다.

---

3) 살화물(bulk cargo)이란 불가산물품(uncountable goods)으로서 비포장 상태로 거래되는 대량물품을 의미한다. 가령, bulk cement, 석탄, 광석, 곡물, 모래, 자갈 등을 의미한다.

- 증감량에 대한 조정방법은 ① 계약가격(contract price)에 의한 정산방법, ② 목적지항에서의 도착시의 시가(at the market price on the date of vessel's arrival at destination)에 의한 방법, ③ 본선적재일의 시가(at the market price on the date of shipment)에 의한 방법 등이 있다.
- 여기서 과부족의 용인의 의미가 수량의 과부족에 따른 이익이나 손해를 당사자의 일방이 감수(용인)한다는 뜻이 아님.

☑ M/L (More or Less) Clause (과부족용인조항)

- 표기 예 「3% More or less at seller's option」, 「Seller has the option of 3% more or less on contract quantity」, 「Quantity, unless otherwise arranged, shall be subject to a variation of 3% plus or minus at seller's option」, 「5% more or less on the contract quantity at seller's option and the difference to be settled at the contract price」 등
- M/L Clause가 없는 경우의 해석
  ① 「신용장방식거래」에선 과부족을 인정하지 않는다는 금지조항이 없는 한 수량이나 금액의 5%의 과부족(tolerance)이 허용되는 것으로 봄
  ② 「무신용장방식거래」(D/P, D/A 등)에선 M/L Clause가 없는 경우 5%의 과부족이 허용되지 않을 뿐만 아니라 해석상의 문제가 발생할 수 있으므로 계약서상에 M/L Clause를 포함시키는 것이 바람직함.
- 신용장통일규칙(개산수량조건)
  ① about, approximately 등의 용어 사용시: 10%의 과부족을 허용
  ② 신용장상에 과부족을 금지하는 문언이 없는 경우: 5%의 과부족 허용

SECTION 03 가격조건

무역거래에서 계약당사자가 합의해야 할 사항 중의 하나가 가격에 관한 사항이다. 가격조건(terms of price)은 매도인의 입장에서는 판매의 결정요인이 되고, 매수인의 입장에서는 구매를 결정하는 요인이다. 따라서 가격조건은 매매가격을 산출하는데 기본적인 조건이며 중요한 조건 중의 하나라고 할 수 있다. 여기에는 매매가격의 산출근거, 매매가격의 구성요소, 가격의 표시통화에 대해서 기본적으로 합의하여야 한다.

1. 가격의 산출근거

물품가격은 물품의 인도장소와 매도인의 비용부담 범위에 따라서 결정되며 이에 따라 위험과 소유권의 이전이 확정된다. 가령 물품가격은 물품대금 이외에 운송비용, 해상보험료, 관세 등의 비용을 매도인이 부담하는지 매수인이 부담하는지에 따라 가격산출의 근거가 달라진다. 매매당사자는 이러한 점을 고려하여 거래 시마다 계약서상에 구체적으로 약정하여야 하지만 국제적으로 무역거래관습상 널리 사용되는 정형화된 무역조건(Incoterms)을 이용함으로써 간편하게 가격산출을 할 수 있다.

1936년 국제상업회의소(International Chamber of Commerce: ICC)는 '무역거래조건의 해석에 관한 국제규칙'(international rules for the interpretation of trade terms)[4]을 제정한 이래 수차례 개정하여 업계에서 정형화된 무역조건을 사용하고 있다. 이에 대한 내용은 다음 장에서 상술하기로 한다.

2. 가격의 구성요소

물품가격은 수출가격이든 수입가격이든 여러 가지의 원가요소를 포함하여 결정하게 된다. 수출가격은 물품을 직접 제조하거나 타사에서 구매하는 물품원가(manufacturing or purchasing cost)인 기본 원가와 수출상의 간접원가, 부대비용, 예상이익 등을 포함하여 가격을 제시(quotation)하게 된다.

1) 수출가격의 구성항목

수출가격의 구성항목은 물품의 생산·제조원가에 수출지에서 수입지까지 이용하는 데 소요되는 물류비용 그리고 영업에 관련된 제 경비와 적정한 이익을 고려한 비용을 합한 금액으로 산출할 수 있다.

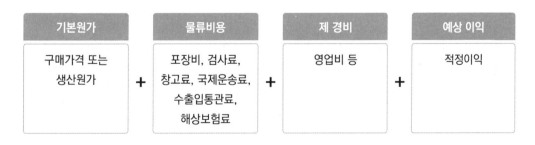

---

4) 일반적으로 International Commercial Terms을 조합하여 INCOTERMS라 약칭하고 있다.

표 5-2   수출원가의 구성요소

구성요소	세부 원가 항목
제조원가(기본원가)	원자재 소요비용, 부자재 소요비용, 단위당 생산비용(임가공비), 수출물품 검사비용, 포장비용, 기타 제조에 소요되는 비용
물류비용	내륙운송비(공장 → 항만 또는 공항), 창고료, 국제운송비, 해상보험료, other charge
은행수수료	무역금융이자(차입금 이자 등), 환가료, Less charge 등 기타
제 행정비용	수출통관 수수료, 승인 및 제 증명료, 서류 인지대금 등
기타 비용	대리점 수수료(있는 경우)
수출자의 마진	수출자의 적정 마진(이익)

* 수출가격 = (제조원가 + 물류비용 + 은행비용 + 행정비용 + 기타비용) + 수출자의 마진

2) 수입가격의 구성항목

수입가격은 수출가격과 비교해 볼 때 몇 가지 다른 점이 있다.

(1) 수출원가와 다른 점

① 수입관세가 부과된다.
② 부가가치세가 부과되나 환급대상인 경우에는 원가항목에는 포함되지 않는다.
③ 신용장 이용시에 발행수수료가 추가된다.
④ 신용장 결제방식에서 발행은행의 수입대금 결제가 송금방식일 경우는 환가료가 필요하지 않으나 상환방식일 경우에는 수출매입환가료를 은행에 납부하는 것처럼 환가료가 필요하다. T/T 상환이 허용되는 경우 서류도착 전에 대금이 지급은행에서 미리 결제되기 때문이다.

(2) 수입원가 구성항목

수입원가는 운송방식이나 대금결제방식, 정형거래조건, 거래물품(외화획득용원료, 원자재, 소비재) 등에 따라 달라진다. 해상운송과 신용장방식에 의한 수입일 경우 기본적인 비용항목은 다음과 같다.

표 5-3   수입원가의 구성요소

구성요소	세부 원가 항목
물품대금	계약단가(수입신용장 결제금액), 환율은 전신환 매도율 적용
물류비용	수입지에서 수출지까지의 운송비, 보세창고료, 내륙운송비, 해상보험료, other charge
신용장관련 비용	신용장 발행(term charge, cable charge)수수료 등
제 행정비용	수입관세, 부가세, 수입통관 수수료, 승인 및 제 증명료 등
기타 비용	대리점 수수료(있는 경우)

3. 가격의 표시통화

가격의 표시통화는 국가마다 통화가 다르기 때문에 무역계약 당사자는 어느 국가의 통화를 사용할 것인지에 대하여 약정하여야 한다. 통화의 결정은 수출국의 통화, 수입국의 통화, 제3국의 통화를 선택하여도 무방하지만, 국제적으로 안정된 통화(stability)와 국제유동성(liquidity)이 높으며 환위험이 적은 통화를 선택하는 것이 중요하다.

그리고 통화의 표시에서도 단지 ○○달러(Dollar)라고 할 것이 아니라 구체적으로 US○○$로 표시하여야 한다. 달러에는 US\$(미국), HK\$(홍콩), C\$(캐나다), S\$(싱가포르), NZ\$(뉴질랜드) 등이 있으므로 표기시 주의하여야 한다.

• Incoterms에 근거한 가격조건의 예
The Price of the products shall be US\$256.00 CIF LA Incoterms® 2020.

SECTION 04   인도조건

물품의 인도(delivery)는 물품의 점유권을 어느 특정인이 타인에게 임의적으로 이전함을 의미한다. 그러므로 매수인 본인 또는 대리인이 그 물품을 보관하거나 이에 대하여 관리권을 행사할 수 있게 되면, 일반적으로 물품은 매수인에게 인도되었다고 한다. 그러나 무역거래에서는 매도인은 매수인에게 물품을 이선할 목적으로 운송업자에게 물품을 인도하는 것으로서 자신의 의무를 이행하게 되는데, 이때에 선화증권이 발급되지 않더라도 그 효력은 동일하다. 한편, 담보권을 확보하기 위하여 물품이 매수인이 아닌 은행을 수화인으로 하여 선적이 이루어졌을 경우에도 매수인의 인도의무를 이행함에는 아무런 하자가 없는 것이다.

> "Delivery" means the voluntary transfer of possession from one person to another. The goods are normally delivered to the buyer when he, or his agent, acquires custody of the goods or is enabled to exercise control over them.

무역계약에서 명시하여야 할 인도조건(terms of delivery)은 인도장소, 인도방법, 인도시기에 관한 것이다. 인도 장소는 Incoterms에 규정된 조건을 고려하여 FOB Busan, CIF New York 등과 같이 표시할 수 있다.

인도방법은 서류에 의한 상징적 인도(symbolic delivery)와 현물을 인도하는 현실적 인도(actual delivery)가 있으며 이 방식에 따라 소유권의 이전과 대금지급방법의 문제가 관련된다.

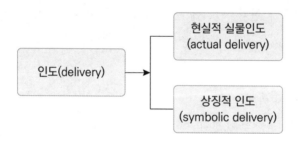

그림 5-2 인도방법(delivery)

그리고 인도시기는 적출지에서 화물을 인도하는 적출지 인도조건(shipped delivery terms)과 수입지에서 화물을 인도하는 양륙지 인도조건(landed delivery terms)이 있다.

- 적출(선적)지 인도조건: EXW, FAS, FOB, FCA, CFR, CIF, CPT, CIP 등
- 양륙(도착)지 인도조건(Arrival Contracts): DAP, DPU, DDP 등

인도(delivery)라는 의미가 영미법에서는 특정인이 타인에게 점유의 자발적 이전을 의미하고, 계약물품을 인도·인수하는 장소가 적출지인지 양륙지인지 당사자 간의 오해

의 소지가 있으므로 무역계약시에는 인도조건보다는 선적조건으로 약정하는 것이 혼란을 줄일 수 있을 것이다. 그러므로 적출지 인도조건인 경우에는 Delivery라는 용어 대신에 shipment, taking in charge, loading on board, dispatching이라는 용어를 사용함으로써 적출지에서의 인도를 명시하는 것이 좋다.[5] 그리고 일반적으로 선적(shipment)이라는 용어는 본선적재(loading on board), 발송(dispatch), 운송을 위한 인수(accepted for carriage), 우편수령일(date of post receipt), 접수일(date of pick up) 그리고 복합운송서류를 요구한 경우 수탁일(taking in charge)을 포함하는 것으로 해석한다.

>> 기 본 용 어

☑ 선적(shipment)

본선적재(loading on board), 발송(dispatch), 운송을 위한 인수(accepted for carriage), 우편수령일(date of post receipt), 접수일(date of pick up) 그리고 복합운송서류를 요구한 경우 수탁일(taking in charge)을 포함

선적 조건은 ① 선적 시기, ② 분할 선적과 환적의 허용여부, ③ 선적 지연에 따른 면책조항의 설정, ④ 선적 일자의 해석기준 등에 대해서 합의하여야 한다.

1. 선적 시기

선적시기를 약정하는 방법은 특정 일, 특정 월, 연속 월, 특정 기간, 즉시 선적의 형태로 표기할 수 있다.

1) 특정일 선적

선적 시기를 특정일로 명시하는 방법이다.

> • not later than 14 August 20**

---

5) 한주섭, 국제상학원론, 동성사, 1987, p.194.

2) 특정월 중 선적

선적시기를 특정한 월로 약정하는 방법이다. 이 경우는 특정월 중에 아무 날이나 선적을 하여도 무방하다.

- March shipment.
- Shipment shall be made during September, 20**.
- January Shipment or shipment during January, 20**.

3) 연속월 중 선적

선적시기를 연속월로 약정하는 방법이다. 이 경우는 특정연속월중에 선적을 이행하면 무방하다.

- Shipment during June/July, 20**
- Shipment shall be made during September and November, 20**
- Shipment shall be made from May to June, 20**
- Shipment shall be effected from May to June, 20**
- Shipment shall be made at Busan, Korea in October, 20** on the basis of CIF Los Angeles.

4) 특정 기간 중 선적

 ☑ Terms of Shipment:
① within 3 months after contract.
② within 45 days after receipt of L/C to be opened latest by the end of November.
③ September shipment: subject to the receipt of L/C by the end of July.

5) 즉시 선적

선적 시기를 특정 월이나 기간으로 명시하지 않고, "immediate shipment" 등과 같이 표현하는 것인데 이러한 표현은 시기가 불명확하므로 매매 당사자간에 분쟁이 야기되기 쉽다. 따라서 이러한 표현은 사용하지 않는 것이 좋으며, 만일 이러한 용어가 사용되었을 경우 은행은 이를 무시하는 것으로 규정하고 있다.[6]

 ☑ Terms of Shipment:
① Shipment shall be made prompt(or immediately).
② Shipment shall made as soon as possible(or without delay).

- 선적기간과 신용장의 유효기간(expiry date)
  ① 신용장에 선적기간이 명시되지 않으면, 신용장의 유효기간을 선적 기간으로 취급
  ② 신용장의 유효기간의 마지막 날이 공휴일(국경일, 휴무일)인 경우, 다음 영업일까지 연장되나, 선적기간은 연장되지 않음

2. 분할선적과 환적

1) 분할선적

분할선적(partial shipment)은 계약물품을 일회에 전량 선적하지 아니하고 2회 이상 나누어서 선적하는 경우를 말한다. 신용장상에 분할 선적을 금지한다는 문언이 없는 한 일반적으로 분할선적은 허용하는 것으로 간주된다. 따라서 물품을 일시에 수입할 의사가 있는 경우에는 분할선적 금지문언을 계약서에 명시하는 것이 바람직할 것이다.

- 분할선적 금지문언의 예
  - Partial shipments are not allowed or partial shipments are prohibited.

한편 분할선적을 허용하고 있는 경우에도 화물이 일시에 선적되는 것을 원하지 아니할 경우에는 특정 월별로 선적 수량을 결정하여 두는 것이 바람직하다.
또한 선적이 동일한 항로를 따라 운항하는 동일한 운송수단에 이루어진 것을 증명

---

6) UCP 600 제3조.

하는 2세트 이상의 운송서류는 동일한 목적지를 명시하고 있는 한 그 운송서류가 상이한 선적일 상이한 적재항, 수탁지 또는 발송지를 표시하고 있을지라도 분할선적으로 간주하지 아니한다.[7]

그리고 특정의 운송수단이 동일한 날짜에 동일한 목적지를 향하여 출발하였다고 하더라도 2가지 이상의 다른 운송수단(트럭, 철도, 선박 등)에 선적하는 것은 분할선적으로 간주된다고 화환신용장통일규칙에서 그 개념을 명시하고 있다.[8] 결국은 운송수단이 동일 운송수단인가, 다른 운송수단인가에 따라 분할선적의 개념이 구분된다. 따라서 동일한 운송형태에서 2가지 이상의 운송수단에 선적을 표시한 한통 이상의 운송서류는 운송수단이 동일한 목적지로 동일한 날짜에 출항한다고 하더라도 분할선적이 된다.

그 외에도 2세트 이상의 특송화물 수령증, 우편수령증 또는 우송증명서가 동일한 장소 및 일자, 그리고 동일한 목적지를 위하여 동일한 특송업자 또는 우편서비스에 의하여 스탬프 또는 서명된 것으로 보이는 경우에는 분할선적으로 간주하지 않는다.[9]

2) 할부선적

분할선적의 일종으로 특정 기간 동안 일정량의 화물을 수회에 걸쳐서 선적하는 할부선적(shipment by installment)이 있다. 할부선적은 분할선적과 달리 선적될 수량 및 금액과 선적일을 미리 지정해 두고, 그 기간 이내에 일정한 할부선적 분을 반드시 이행하고 어음을 발행하여야 하는 것이다.[10] 할부선적의 경우 지정된 기간 내에 지정된 수량이 선적되지 아니할 경우 별도의 약정이 없는 한 차기에 이월되지 아니하고 당해 분은 물론 그 후의 모든 할부분에 대해서도 모두 무효가 된다.[11]

---

7) UCP 600 제31조 b.

8) UCP 600 제31조 b.

9) UCP 600 제31조 c.

10) UCP 600, 제32조.

11) UCP 600, 제32조.

표 5-4   분할선적과 할부선적의 비교

구 분	분할선적(partial shipment)	할부선적(shipment by installment)
선적방법	• 특정기간동안 계약물품을 2회 이상 나누어 선적 • 매도인이 선적 기간 내에서 임의대로 나누어 선적가능 • 선적일이 1회로 정해지며, 선적차수 제한 없음	• 계약물품에 대하여 선적 분할 횟수, 선적수량, 선적시기, 금액 등을 약정된 방법에 따라 선적 • 약정된 할부 선적 조건대로 선적이 필수
재 량 권	• 분할선적이나 선적횟수 등 매도인의 재량권	• 선적조건에 대해서 매도인의 재량권 없음
계약의 위반	• 분할선적이 허용되었다고 해서 반드시 2차례 이상 나누어 선적해야만 하는 것이 아니라 사정에 따라 한번에 선적가능 • 선적기간 내에 선적의 실행이 중요하며, 미이행시 계약위반	• 약정된 할부선적분은 각각의 독립적인 계약 • 약정된 할부 선적분이 미이행되었을 경우 해당 선적분을 포함하여 그 이후 미선적분 모두 무효임
표기 예	• Partial shipment are allowed	• May and June shipment equally devided

3) 환적

환적(transhipment)은 선적항에서 양륙항까지 해상운송 도중에 한 선박에서 다른 선박으로 화물을 재적재하는 경우를 말한다. 환적을 하게 되면 그만큼 운송시간이 많이 소요되고 파손, 분실 등의 위험이 발생될 수 있으므로 가급적 환적을 제한하는 것이 일반적이다.

그러나 해상운송이나 복합운송의 과정에서 환적은 일반적으로 예기되는 것이므로 환적에 대해서 금지문언이 없는 한, 환적을 예외적으로 인정하고 있다.[12]

> • 환적금지문언의 예
> – Transhipments are not allowed or transhipments are prohibited.

3. 선적지연에 따른 면책조항

무역거래를 하다가 보면 수출업자의 고의나 과실 또는 수출업자가 책임질 수 없는

---

12) UCP 600 제20조 b.

사유로 인하여 약정된 선적기한 내에 계약물품의 선적을 이행하지 못하는 선적지연이 발생하는 경우가 있다. 매도인이 고의, 과실 또는 태만으로 인하여 선적지연이 발생된 경우는 명백한 계약위반이 되므로 매도인이 책임을 져야 한다.

그러나 선적지연이 천재지변(acts of god)이나 전쟁, 동맹파업, 수출금지, 적대행위, 소요, 항만봉쇄, 기타 불가항력(force majeure)으로 인한 경우에는 매도인의 통제를 벗어나는 것이기 때문에 매도인은 면책이 된다. 따라서 계약의 당사자는 불가항력에 대비하여 계약서 작성 시에 불가항력조항(force majeure clause)을 설정하여 면책범위를 두는 것이 중요하다.

4. 선적일자의 해석

선적일을 해석하는 방법은 매도인이 실제로 선적을 이행한 날짜인지 아니면 선화증권의 발급일자를 기준으로 하는지 해석상 논란이 있을 수 있다. 선적일자의 해석방법은 선적선화증권(shipped bill of lading) 또는 선적 필 운송서류의 경우는 선적의 일부일(日附日)을 기준으로 한다. 수취선화증권(received bill of lading) 또는 선적이나 적재를 위하여 화물을 수취하였음을 나타내는 운송서류의 경우에는 후일 선적이 완료되었음을 나타내는 문언을 해당 선화증권이나 운송서류에 운송인 또는 그 대리인이 선적 부기(on board notation)하고 기입하는 날짜로 간주한다.

일반적으로 이러한 취지를 명확히 하기 위해서 계약서에는 "The date of Bill of Lading or transport document shall be deemed to be the conclusive evidence of the date of such shipment." 또는 "The date of Bill of Lading or transport document shall be taken as conclusive proof of the day of shipment."라는 문언을 명시할 필요가 있다.

표 5-5   선적일자의 해석기준

개 념	표기의 예	해석의 의미
~ 경에(on or about) or similar	on or about May 10	지정일 포함 ±5일(총11일)
~까지(to, until, till), ~부터(from), ~사이(between),	• From the 5th to(until, till) the 15th day • Between the 5th and the 15th day	지정일자 포함
~이전(before), ~이후(after)	• (Before)After the 5th day, May	지정일자 제외

~부터(from), ~이후(after)	• (From)After the 5th day, May	만기일 산정시에 사용될 경우 지정일자 제외
전반(first half), 후반(second half)	At the first half of May	• 진반: 1일부터 15일까지 • 후반: 16일부터 말일까지
상순(beginning), 중순(middle), 하순(end)	At the beginning of May	• 상순: 1일부터 10일까지 • 중순: 11일부터 20일까지 • 하순: 21일부터 말일까지

일반적으로 선적일을 확인할 때 운송서류를 보고 확인하여야 한다. 선적(shipment) 이라는 용어는 육, 해, 공 모두 공통으로 사용될 수 있는 용어이며, 신용장에서 선적일 자와 관련되어 사용된 shipment가 운송의 형태에 따라 다음의 의미를 포함하고 있다.

표 5-6   선적일의 증명

- 해상/해양선화증권(marine/ocean Bill of lading):
  - 선적선화증권(shipped B/L) → 선화증권의 발행일, 본선적재의 부기가 있으면 본선부기일이 선적일로 간주
  - 수취선화증권(received B/L) → 본선적재부기일
- 비유통 해상화물운송장(non-negotiable sea waybill): 본선적재일 또는 운송장 발행일
- 용선계약 선화증권(charter party bill of lading): 본선적재일 또는 선화증권 발행일
- 복합운송서류: 발송일, 수탁일, 본선적재일
- 항공운송서류: 발행일
- 도로 · 철도 · 내륙수로 운송서류: 수령 스탬프일자 또는 발행일
- 특사(택배): 화물수령일(date of receipt), 집화일(date of pick up)
- 우편: 우편수령증의 스탬프 일자(date of stamp)

SECTION 05   결제조건

1. 무역거래와 대금결제

무역거래는 국제간의 경제영역을 달리하는 격지간의 거래이다. 정치, 경제, 문화, 상관습, 법제 등이 서로 상이하고 국제간의 통화제도가 달라 결제방법이 복잡하여 다음 몇 가지의 특징이 있다.

첫째, 국제무역거래는 물품의 선적시기와 대금을 결제하는 사이에 상당한 시간적

격차가 발생하게 되므로 물품이나 대금수취에 대한 불확실성이 존재하게 된다.

둘째, 국제무역거래는 신용위험이 상존하고 있다. 매도인과 매수인은 격지간의 거래관계에 있으며, 상대방에 대한 신용상태의 파악이 국내거래에 비하여 상대적으로 어렵기 때문에 신용위험이 존재하게 된다.

셋째, 거래상대방 국가에 대한 외환수급사정, 정치적인 위험 등 국별위험(country risk)이 존재한다.

이러한 거래상의 위험을 고려하여 볼 때 매매당사자는 결제방법과 수단을 선택하는 것이 중요한 요인이 된다. 따라서 무역거래에서 매도인은 물품을 인도하고, 매수인은 이에 대한 대금지급의무를 지니게 되는데 무역계약시에 양 당사자는 대금결제방식에 대하여 약정하게 된다. 이처럼 매매계약은 매도인이 물품을 인도하고, 매수인은 대금지급의무를 부담하는 쌍무계약적 성격을 지니고 있으며, 이때 물품인도와 대금지급은 동시이행조건(concurrent conditions)이 기본원칙이다. 즉 매도인은 약정된 물품을 인도함과 동시에 매수인은 대금을 지급하여야 한다는 것이다.

매매계약에서 매도인과 매수인은 대금결제조건(terms of payment)을 약정하게 된다. 그 내용은 대금결제방식, 대금결제의 시기, 대금결제 장소, 대금결제 통화 등의 특성을 고려하여 약정하게 된다. 이러한 대금지급약정은 대개 서면계약이나 구두 계약형태로 체결하여도 무방하나 일반적으로 서면으로 하여 양 당사자 간에 계약의 근거를 두는 것이 좋다.

대금지급약정은 거래 당사자 간의 이해관계와 신뢰관계에 따라서 그 지급조건이 달라질 수 있다. 다소 신뢰관계가 불투명하고 신규거래일 경우에는 화환신용장방식을 선호할 것이며, 지급시기도 매도인은 후 지급보다는 선 지급 또는 인도 시 지급조건을 선호하게 될 것이다. 한편 거래당사자가 오랜 기간 동안 신뢰관계가 건실하게 구축되어 있다면, 추심방식이나 송금방식을 통하여 거래과정이 비교적 간편한 결제방식을 선택하는 것이 용이할 것이다.

대금지급에 관한 조항에는 지급방법(mode), 지급시기(times), 장소(place) 및 지급통화(currency of payment)의 4가지가 약정되어야 한다.

2. 결제방식

무역대금의 결제방식은 송금방식, 현금결제방식, 화환신용장방식, 화환추심방식, 국제팩토링 결제, 포페이팅 결제 등이 있다.

1) 송금방식

송금방식은 물품을 선적하기 전, 선적 후에 수입상이 수출상 앞으로 대금을 송금하여 주는 방식이다.

(1) 사후송금

사후송금은 선적이 행해진 후 매매계약에 정해진 시기에 수입상이 수출상에게 송금함으로써 대금을 지급하는 방식이다. 지급시기로서는 ① 수입상이 수출상으로부터 선적통지를 받은 시점, ② 물품이 도착하고 수입상이 이를 검수한 시점, ③ 1개월별, 6개월별, 몇 회 분할지급 등이 있을 수 있다.

이 사후송금에 의한 후 지급은 수입상에 있어서는 대금지급 시기가 늦어서 자금 면에서의 큰 이점이 있을 뿐만 아니라, 물품검수가 이루어진 다음 지급이 이루어지는 경우라면 약정물품이 제공되었다는 것을 확인한 다음 지급하면 된다는 이점도 있다. 반대로 수출상에 있어서는 대금수취시기가 늦어 자금 면에서의 불리한 점이 있고, 또 약정물품을 제공하였지만 대금회수에 대한 불안감을 가질 수 있다.

이러한 송금방식에는 우편송금환(Mail Transfer: M/T), 전신송금환(Telegraphic Transfer: T/T), 송금수표(Demand Draft: D/D)가 있다.

(2) 우편송금환

우편송금환(M/T)의 경우에는 은행이 수취인에 대하여 일정한 금액의 지급을 위탁하는 지급지시서(payment order)를 우편에 의해 통지하는 방법으로 신속을 요하지 않을 때 사용된다.

이 방식에 의한 송금방법은 다음과 같다. 먼저 수입상은 외화송금신청서(application for remittance)상에 명시하도록 되어있는 송금방법을 우편송금으로 명기하여 송금신청을 한 다음, 수입대금에 해당하는 금전과 송금수수료를 송금은행에 납부한다. 다음으로 송금은행은 수취인에게 일정한 금액을 지급할 것을 위탁하는 지급지시서를 발행하여 그 지급지시서를 송금은행의 책임하에 지급은행 앞으로 우송한다. 끝으로 지급은행은 수취인에게 송금내도를 통지하고 지급지시서에 따라 송금액을 지급한다.

(3) 전신송금환

전신송금환(T/T)의 경우에는 우편송금환과 비슷하나 지급지시를 우편이 아닌 전신에 의해 행한다는 점에서 차이가 있다. 따라서 많은 금액을 신속히 송금하고자 할 경우 유용하다.

이 방식에 의한 송금방법은 다음과 같다. 먼저 수입상은 외화송금신청서상의 송금방법을 전신송금으로 명기하여 송금신청을 한 다음, 수입대금에 해당하는 금전과 송금수수료 및 전신료를 송금은행에 납부한다. 다음으로 송금은행은 전신 등의 신속한 통신수단을 통하여 지급은행에 대하여 수취인에게 일정한 금액을 지급할 것을 지시한다. 끝으로 지급은행은 그 지시에 따라 수취인에게 전신송금액을 지급한다.

(4) 송금수표

송금수표(D/D)의 경우에는 은행이 발행하는 수표를 수취인에게 송금인이 직접 발송하는 방법으로 소액송금시 유용하다. 수출상이 이러한 송금수표를 받는 경우 우선 이 송금수표가 신용있는 은행이 발행한 은행수표(banker's check)인지 여부를 확인하는 과정이 필요하다.

이 방식에 의한 송금방법은 다음과 같다. 먼저 수입상은 자신의 거래은행인 송금은행에 외화송금신청서를 작성 및 제출하고 수입대금에 해당하는 금전과 송금수수료를 납부한다. 다음으로 송금은행은 수출상을 수취인으로 한 송금수표를 발행하여 송금신청인인 수입상에게 교부한다. 그러면 송금신청인은 송금은행에서 발행한 송금수표를 수출상에게 우송한다. 끝으로 송금수표를 접수한 수출상은 수취인의 자격으로 수표의 지급은행에 수표금액의 지급을 청구하거나 자신의 거래은행에 수표를 매각함으로써 송금액을 수령한다.

> • 송금방식에 의한 계약서상의 예
> - Payment Terms: Under T/T basis in US Dollars
> - Payment Terms: Under Banker's Check basis in US Dollars
> - Payment by T/T within ○○days after the date of shipment

2) 현금결제방식

이 방식은 현금(cash)으로 수출입 대금을 직접 결제하는 방식을 의미한다. 여기에는 수입지에서 현품과 대금을 교환하는 COD(Cash On Delivery), 선적서류와 교환으로 대금을 지급하는 CAD(Cash Against Documents) 등이 있다.

3) 화환추심방식

국제무역거래는 그 거래방법에 따라 신용장에 의한 거래방식과 신용장이 수반되지 않는 무신용장거래방식으로 크게 구분할 수 있는데, 이 무신용장거래방식 중 가장 대표적인 것이 화환추심방식(Documentary Collection)이다.

신용장에 의한 거래는 화환신용장통일규칙의 적용을 받고 있지만, 추심에 의한 거래는 별도로 명백한 합의가 없거나 법률 또는 규정에 위배되지 않는 한 국제상업회의소가 제정한 '추심에 관한 통일규칙'(Uniform Rules for Collections, ICC Publication No. 522: URC 522)의 적용을 받게 된다. 이러한 추심방식에는 어음지급서류인도조건(documents against payment: D/P)과 어음인수서류인도조건(documents against acceptance: D/A)이 있다.

(1) D/P

D/P(documents against payment)는 수입상이 대금을 지급하여야만 선적서류를 인도하는 것으로 현금거래를 의미한다. D/P는 수출상이 상품을 선적하고 구비된 선적서류에 수입상을 지급인(drawee)으로 하는 화환어음(documentary draft)을 발행하여 그 어음금액이 지급될 때 선적서류가 인도된다.[13] D/P는 수출상이 상품을 선적한 다음 선적서류와 함께 수입상을 지급인으로 하는 환어음을 발행하여 자신의 거래은행에 추심을 의뢰하면, 추심의뢰은행은 환어음과 선적서류를 수입상의 거래은행인 추심은행으로 보내어 추심을 의뢰한다. 이에 대해 추심은행은 환어음의 지급인인 수입상으로부터 대금을 지급받고 서류를 인도한 후 지급받은 대금을 추심의뢰은행으로 송금하여 결제하는 방식이다.[14] 결국 D/P는 환어음과 상환으로 지급하는 서류상환지급(cash on documents) 형태이므로 추심은행은 수입상이 대금을 지급해야만 서류를 인도하게 된다.[15]

---

13) Harry M. Venedikian and Gerald A. Warfield, 『Export-Import Financing』, John Wiley & Son, 1992, p.155.
14) 부산은행, 전게서, p.75.

(2) D/A

D/A(documents against acceptance)는 D/P거래와 대금추심경로는 같으나 수입상 앞으로 발행된 기한부 환어음(documentary usance bill)을 수입상이 인수(acceptance)할 때 선적서류가 인도된다.[16] 즉 D/A는 환어음의 인수와 상환으로 선적서류를 인도하는 방식이다. D/A는 추심의뢰은행으로부터 추심의뢰 받은 기한부 어음에 대하여 추심은행이 어음지급인에 대하여 어음의 인수와 동시에 선적서류를 인도하는 조건이다. 그러므로 어음지급인인 수입상은 이러한 D/A어음을 제시받았을 경우 어음대전을 지급하지 아니하고, 어음을 인수함으로써 선적서류를 인도받은 후 만기일에 대금을 지급하게 된다. 결국 추심은행은 외상기간이 만료되는 만기일에 수입상에게 받은 대금을 추심의뢰은행을 통하여 수출상에게 전달하게 된다.

- 무역계약서상의 화환추심방식의 예
  - Payment Terms: Under D/P in U.S. Dollars.
  - Payment Terms: Under D/A at 30 days after sight in U.S. Dollars.
  - Payment Terms: D/P at sight

---

4) 화환신용장 방식

신용장(Letter of Credit)이란 국제무역거래에서 대금결제를 원활하게 하기 위하여 수입상(신용장 발행의뢰인)의 요청과 지시에 의하여 신용장발행은행이 신용장조건에 일치하는 명시된 서류와 상환으로 수출상인 수익자 또는 그 지시인에게 지급을 이행하거나, 수익자가 발행한 환어음을 인수 및 지급하거나, 타 은행에게 지급이행 또는 인수 및 매입하도록 수권한다는 약정을 의미한다. 즉 은행의 조건부 지급확약(conditional bank undertaking of payment)이라고 정의할 수 있다.

신용장에 의한 결제는 매매당사자들 사이에 은행이 개입하여 양당사자들의 신용을 보다 공신력이 높은 은행의 신용으로 대체시켜 대금결제를 원활하게 하기 위한 것이다. 특히 이 방식은 추심방식이나 송금방식에 비하여 금융기능과 지급보증기능을 갖고 있어 금융적 불편이나 신용위험을 대폭 감소시킬 수 있는 편리성과 유용성이 있기 때문에 현재 가장 보편적으로 이용되고 있다.

---

15) ICC, 『Guide to Export—Import Basics』, 2nd edition, ICC Publishing S.A, 2003, p.179.; 日本貿易實務檢定協會編, 『貿易實務檢定』, 日本能率協會マネジメントセンター, 2009. 6., p.144.

16) Harry M. Venedikian and Gerald A. Warfield, op.cit, p.155.

> • 무역계약서상의 화환신용장방식의 예
>   - Payment Terms: Under irrevocable documentary L/C at sight to be opened in favor of SILLA Trading Co., Ltd, Busan, Korea.
>   - Payment Terms: By an irrevocable L/C at 30 days after sight to be opened in our favor.
>   - Payment Terms: All the payment for the goods shall be made in US Dollars by an irrevocable letter of credit in favor of the seller. The letter of credit shall be established by the buyer at least 2 months prior to stipulated shipping date.
>   - Payment: Draft is to be drawn at 60 d/s under Irrevocable Letter of Credit which should be opened in favor of the sellers immediately upon contract, with full set of transport documents.

5) 기타 결제방식

(1) 국제팩토링

팩토링(factoring)이란 판매자(client)가 구매자(customer)에게 물품이나 서비스를 제공함에 따라 발생하는 외상매출채권(accountable receivable)과 관련 하여 팩토링 회사가 판매자를 대신하여 구매자에 관한 신용조사 및 신용위험의 인수(지급보증), 매출채권의 기일관리 및 대금회수 금융의 제공, 기타 회계처리 등의 업무를 대행하는 금융서비스이다.

국제팩토링은 전 세계 팩터의 회원망을 통하여 수입상의 신용을 바탕으로 이루어지는 무신용장방식의 새로운 무역거래방법이다. 팩터는 수출상을 위하여 수출채권과 관련된 대금회수를 보장하고 회수업무에 따른 장부기장 등 회계업무와 전도금융에 이르기까지 제반 서비스를 제공한다. 그리고 수입상에게는 수입을 위한 신용을 공여해 줌으로써 해외로부터 신용으로 상품을 구매할 수가 있다. 국제팩토링은 기존의 신용장방식에 의한 거래에 비하여 매우 간편하기 때문에 이미 미국이나 유럽지역에서는 일반화되고 있으며, 특히 중소규모의 무역거래에서 활발히 이루어지고 있다.

특히 오늘날 세계무역환경의 변화추이에 따라 소액·소량 주문에 따른 신용장발행의 회피, 구미제국 수입상들의 상거래관행에 따른 신용구매요구 등에 기인하여 외상수출은 증가추세에 있다. 그러나 외상거래 특히 D/A거래는 대금회수에 대한 확실한 보장이 없기 때문에 외화채권의 부실화가 우려되고 있고, 중소수출업체의 경우에는 신용이 좋은 수입상에게 수출하면서도 은행의 여신한도에 제한을 받게 되어 자금회전에 어려움을 겪고 있는 경우가 많다. 이 경우 국제팩토링은 이러한 문제에 대하여 편리하게 대응할 수 있다.

국제팩토링의 중요한 기능 세 가지는 ① 신용위험의 인수, ② 전도금융의 제공, ③ 회계업무의 대행이다. 수입팩터는 수출팩터와의 약정에 따라 수입상에 대한 신용조사 및 신용위험을 인수하고, 수출채권의 양수 및 송금 등 대금지급을 보장한다. 수출팩터는 수출상과의 약정에 따라 수출채권을 관리하고 전도금융를 제공함으로써 효율적인 운전자금을 조달하도록 한다. 또한 수출팩터는 회계업무를 대행함으로써 수출채권과 관련한 회계장부를 정리하여 준다(세부 내용은 12장 3절 참조).

(2) 포페이팅

Forfaiting이란 불어의 forfait에서 유래한 말로서 현금을 대가로 채권을 포기 또는 약속어음을 이전의 소비자에게 소구함이 없이(without recourse) 고정이자율로 할인하는 금융기법을 가리킨다. 포페이팅은 신용장거래의 인수와 유사하나 인수에 비하여 기간이 장기이고 어음소구권이 없다는 점이 다르다.

포페이팅의 당사자에는 수출상, 수입상, 포페이터 그리고 보증은행이 있다. 여기에서 포페이터는 기한부어음을 할인매입하는 은행을 가리키며, 보증은행은 수입자를 위하여 지급을 보증하는 어음보증(aval) 또는 지급보증서를 발급하는 은행을 말한다.

이와 같이 수출상이 포페이터와 직접 포페이팅 계약을 체결하는 경우도 있지만 수출상의 거래은행이 포페이터와 포페이팅 계약을 체결하여 포페이팅 편의를 제공하는 경우도 있다.

» ☑ 포페이팅의 특징
- 환어음 또는 약속어음의 할인매입은행인 포페이터는 그 이전의 어음소지자, 즉 할인 매각자에게 소구권을 행사할 수 없으며 따라서 어음 매각자는 채권회수불능의 위험부담 없이 수출채권을 현금화할 수 있음.
- 할인대상증권은 현재 환어음과 약속어음에 국한됨.
- 대상어음이 포페이터가 인정하는 일류기업의 어음이 아닌 경우에는 은행지급 보증이나 aval(어음상의 지급보증)을 요구하게 됨. 포페이터는 어음소구권을 행사할 수 없기 때문에 수입자의 신용이 충분하지 못한 경우에는 보증을 요구하여 이에 대비함.
- 대상어음은 1~7년의 자본재수출에 따른 연지급수출어음이 대부분이며 포페이터의 채권만기 선정은 해당거래의 위험과 시장조건에 따라 결정됨.
- 대상어음은 고정금리로 할인매입된다. 그러므로 어음매각자는 수출상품의 인도에 대해서만 책임을 부담하며 금리위험은 포페이터가 부담함(세부 내용은 12장 4절 참조).

(3) 상호계산

상호계산이란 수출상과 수입상이 상호계산계정 또는 청산계정(Open Account)이라는 계정을 상호 가지고 있고 양자 간의 수출입대금, 경비 등을 장부상에 기장하여 일정 기간마다 그 차액만을 청산하여 결제하는 방식이다. 이 방법에는 송금이나 추심에 필요한 노력이나 비용을 절감할 수 있다는 이점이 있지만, 상호의 신뢰관계에 의존하는 정도가 높기 때문에 이와 같은 방법에 의한 결제가 행해지는 것은 본·지점간, 모회사·자회사간의 거래 또는 신용상의 문제가 없는 친밀한 회사간의 거래에 한정된다.

이상에서 결제방식에 관하여 살펴본 바와 같이 결제방식별로 각각의 특성과 장단점이 있는바 무역거래조건, 거래의 특성, 거래지역, 거래물품, 거래당사자간의 제반 상황 등을 고려하여 신중한 결정이 중요하다.

3. 대금결제시기

무역거래에 있어 대금결제방식은 지급시기나 지급수단 등에 따라서 다양하게 분류할 수 있다. 여기에서는 물품의 선적 또는 인도시점을 기준으로 선적전의 지급을 선지급(advance payment), 선적후의 지급을 후지급(deferred payment), 선적과 동시에 지급하는 동시지급(concurrent payment)으로 분류할 수 있다.

1) 선지급

선지급 방식은 물품이 선적 또는 인도되기 전에 사전에 대금을 지급하는 형태이다. 여기에는 주문과 함께 송금수표나 우편송금환 또는 전신송금환 등을 통하여 송금되는 단순송금방식(simple remittance basis), 수출상이 신용장을 수령함과 동시에 미리 대금을 선결제할 수 있는 선대신용장(red clause L/C), 물품을 주문함과 동시에 현금결제가 이루어지는 주문시 지급(cash with order: CWO) 등이 있다.

이러한 선지급 조건은 수출상에게 가장 안전한 대금수령방법이다. 또한 선지급을 받는 시점이 선적 예정시기보다도 상당히 이른 경우에는 선지급을 받은 자금에 의하여 물품의 조달이 가능하기 때문에 자금적으로도 유리하다.

반대로 수입상은 대금은 지급되었지만 정말로 계약대로 선적이 행해질지에 대하여 걱정이 있을 수 있다. 따라서 이러한 결제방식은 고액거래에 이용하기에는 수입상에게는 상당한 부담을 주기 때문에 그 이용이 많지 않으며, 부득이 고액거래에 대하여 선지급금을 송금하는 경우에는 수입상은 수출상의 거래은행이 발행한 선수금반환보증

(Repayment Guarantee)을 징수한 다음 송금하든지 아니면, 그것과 상환으로 지급한다는 조건부의 송금을 하는 경우가 있다. 이와 같은 은행의 보증은 보증장 또는 보증신용장에 의하여 이루어지고 있다.

특히 사전송금방식에 의한 수출입은 수입상으로부터 수출대금을 먼저 받고 견본을 송부할 경우, 수입상이 본격적인 주문을 보내기 전에 자국의 시장에서 시장성을 시험하기 위한 목적으로 소량의 물품을 시험 주문하는 경우, 거래 상대방과 거래가 빈번하여 신뢰할 만한 경우 등에 한정적으로 사용될 수 있다.

2) 후지급

후지급 방식은 물품이 선적 또는 운송서류를 인도한 후 일정기간이 경과된 이후에 대금지급이 이루어지는 결제형태를 말한다. 일종의 외상거래방식이며 연지급 형태라고 할 수 있다. 후지급 방식은 여러 형태가 있지만, 사후송금, 상호계산(open account), 추심(D/A), 신용장(usance L/C) 등이 있다.

3) 동시지급

동시지급(concurrent payment)방식은 국제상거래에서 가장 이상적인 결제형태라고 할 수 있다. 영국물품매매법(Sale of Good Act)은 「당사자 간에 별도의 약정이 없는 한, 물품의 인도와 대금지급은 동시이행조건(concurrent condition)이다」고 규정하고 있다.[17] 즉 매도인은 물품의 대금과 상환으로 물품의 점유권을 매수인에게 이전하고, 매수인은 물품의 점유와 상환으로 대금을 지급하는 것이 일반원칙이므로 이상적인 결제방식이다. 동시지급의 형태는 물품을 인도하거나 서류를 인도함과 동시에 대금지급이 이루어지는 방식이다. 여기에는 수입지에서 물품과 교환하여 대금지급이 현금으로 이루어지는 현물인도지급조건(Cash on Delivery: COD), 수출지에서 운송서류와 교환하여 지급이 이루어지는 서류상환지급조건(Cash against Documents: CAD), D/P, L/C(at sight)방식 등이 있다.

---

17) SGA, 1979, §28.

표 5-7   지급시기에 따른 대금결제조건 비교

종류 \ 수단	현 금	화환추심어음	화환신용장
선지급	Cash in advance Cash With Order(CWO)		Red clause L/C
동시지급	Cash On Delivery(COD) Cash against Documents(CAD)	Documents against Payment(D/P)	Sight L/C
후지급	Cash in Deferred Payment	Documents against Acceptance(D/A)	Usance L/C

4. 대금결제장소

국제무역거래에서 대금결제의 장소나 지급이행의 장소는 당사자간의 특약이 없는 한 매도인의 영업장소가 되는 것이 일반적 원칙이다. 그 이유는 물품인도와 대금지급이 동시이행조건이라는 계약이론에 근거하여 매도인의 영업지가 물품인도의 이행지가 되기 때문이다.

국제물품매매계약에 관한 UN협약에서는 「매수인은 ① 매도인의 영업소나 ② 물품 또는 서류의 교부와 동시에 대금이 지급되어야 하는 경우에는 그 교부가 행해지는 장소에서 매도인에게 지급하여야 한다」고 규정하고 있다.[18] 미국 통일상법전(UCC)에서도 대금의 지급은 매수인이 물품을 수령한 때와 장소에서 하여야 하며, 발송지가 인도장소일 경우에도 동일하다고 명시하고 있다.[19]

우리나라 민법은[20] 「채무의 성질 또는 당사자의 의사표시로 변제 장소를 정하지 아니한 때에는 특정물의 인도는 채권성립 당시에 그 물건이 있던 장소에서 하여야 하며, 특정물 인도 이외의 채무변제는 채권자의 현주소에서 하여야 하며 영업에 관한 채무의 변제는 채권자의 현영업소에서 하야야 한다」고 규정하고 있어 채권자의 주소를 이행지로 간주하는 지참채무입장을 견지하고 있다.

이와 같이 종합할 때, 계약당사자가 별도의 합의가 없다면 대금지급장소는 원칙적으로 매도인(수출상)의 소재지 또는 소재지를 알 수 없거나 불명확할 경우는 영업지나 주소지가 된다고 할 수 있다. 그러나 무역업계의 실무관행은 계약 당사자간의 지급장소

---

18) UNCCIS Article 57(1).

19) UCC § 2-310.

20) 한국민법 제467조.

를 명시하지 않은 채 당사자 간의 정형거래조건을 선택하여 물품의 인도장소나 가격조건으로 널리 활용하고 있다. 이 경우에는 거래조건의 활용에 따라 그 해석이 달라질 수 있다. 가령 FOB는 현실적 실물인도로 활용되는 조건이므로 물품인도지인 선적지가 지급장소가 될 것이며, CIF는 상징적 인도방식에 의한 매도인이 서류를 제시하는 장소가 대금의 지급장소가 될 것이다. 또한 DAP, DPU, DDP조건 같은 도착지조건군은 매도인이 물품을 최종적으로 인도하여야 하는 매수인의 소재지가 지급장소가 될 것이다.

한편 무역거래는 화환거래방식을 통하여 이러한 지급시점에 대한 괴리를 해결하는 방안으로 활용하고 있다. 특히 화환신용장방식에서 매도인인 수출상은 선적을 완료함과 동시에 운송서류에 의한 화환어음을 은행에 매입의뢰함으로써 대금을 지급받고, 수입상은 자신의 소재지에서 운송서류를 인수함과 동시에 은행에 대금을 지급하게 된다.

5. 결제통화

무역거래에서는 국가간의 결제통화가 상이하므로 당사자간의 어느 통화를 사용할 것인지 결제조건에서 약정하여야 한다. 매매당사자간의 결제통화는 수출국 통화로 결제하는 방법, 수입국의 통화로 결제하는 방법과 제3국의 통화로 결제하는 방법이 있다. 이 중 3가지 방법 가운데 당사자가 합의에 따라 선택할 수 있겠으나 통화가치의 안전성, 교환성, 유통성을 고려하여 선택하는 것이 좋다. 특히 외환시세의 변동이 심하여 통화가치가 안정되지 못할 경우 매매당사자간의 이해관계가 상반되기 때문에 결제통화를 선정할 때 매우 중요한 요소가 될 수 있다. 또한 결제통화의 표시에 관해서도 주의를 요한다. 거래통화가 달러화일 경우 US Dollar인지 Canadian Dollar, HongKong Dollar인지 명확히 표시하는 것이 중요하다.

》 ☑ 표기 방법

- Prices: Prices are to be quoted in US dollars on the basis of CIF Los Angeles unless otherwise specified.
- Descriptions: 500 dozen Style No. 10 Cotton Shirts @US$20.20 per dozen CIF New York.

보험조건

화물은 운송과정에서의 위험에 대비하기 위해서 보험에 부보하는 것이 일반화되어 있다. 부보는 운송방식에 따라서 육상, 항공, 해상보험 등으로 분류할 수 있지만 무역거래에서 주로 이용되는 것은 해상보험이다. 해상보험은 특약이나 상관습에 의해 해상운송에 수반되는 내륙수로 운송, 육상운송에서의 위험도 담보가 가능하다. 그리고 항공화물도 관례에 따라 해상보험으로 담보하여 해상보험의 법률과 원칙을 적용한다. 그러므로 사실상 해상보험이 무역거래의 모든 운송에 따른 보험으로 이용되고 있다.

매도인과 매수인 중에 보험조건(insurance terms)을 약정할 경우에 화물의 종류, 운송구간, 운송시기 등에 따라 다음 사항을 기본적으로 고려하여 부보하여야 할 것이다.

1. 보험계약자

보험계약자(policy holder)는 보험자와 보험계약을 체결하고 보험료를 지급할 의무를 갖는 자를 말한다.

무역계약에서는 매도인과 매수인 중에 누가 보험계약체결의 의무를 지니는가 결정하여야 한다. 가령 CIF 조건이나 CIP조건으로 계약을 체결하였다면 보험계약의 체결의무는 매도인에게 있으며 바로 매도인이 보험계약자이다.

2. 보험조건

적화보험은 화물이 운송 중 우발적 사고(fortuitous accident)에 의하여 멸실(loss) 또는 손상(damage)됨으로써 화주가 입을 경제적 손실을 보상하는 것이므로 담보범위와 보상범위가 중요하다. 이러한 담보범위에 관해서는 1912년 런던보험자협회(Institute of London Underwriters: ILU)가 제정한 협회적화약관(Institute Cargo Clause: ICC)을 사용한다.

1963년 협회적화약관(ICC)은 손해의 담보범위를 분손부담보(Free from Particular Average: FPA)조건, 분손담보(With Average: WA)조건, 전위험담보(All Risk: A/R)조건의 기본약관이 있다.

그러나 이들의 약관은 손해의 형태에 따라 구분된 것이어서 내용이 애매모호한 점이 많고 약관의 명칭과 실제 내용이 일치하지 않는 부분이 있어서 1963년에 1차 개정되었고, 1982년에 협회적화약관이 제정되었다. 그 후 국제화물의 취급이나 동시다발적인 테러가 발생하는 등 해상적화보험시장을 둘러싼 환경이 변화되자 1982년 약관을 개정한 2009년 약관이 제정되어 2009년 1월 1일부터 적용되게 되었다. 1982년 및 2009년 협회적화약관 (ICC)은 ICC(A), ICC(B), ICC(C)조건이 있으며 이 밖에 기본약관으로 담보되지 않는 부가약관(extraneous clause)이 있다. 우리나라에서는 주로 신 약관을 널리 이용하고 있으나 구약관인 FPA, WA, A/R로 부도되는 경우도 많으며 현재 병행사용되고 있다.

 ☑ 보험조건(Terms of Insurance)
  • FPA와 ICC(C), WA와 ICC(B), A/R과 ICC(A)

3. 피보험자

피보험자(assured)는 피보험이익이 귀속되는 주체로서 보험사고의 발생에 의하여 손해를 입는 경우 보험자에게 직접 손해보상을 청구할 수 있는 자를 의미한다. 해상적화보험에서는 보험계약자와 피보험자가 동일인이 아닌 경우가 있다. 가령 CIF조건에서 보험계약자는 매도인이 되지만 피보험자는 매수인이 된다.

4. 부보금액

부보금액(insured amount)은 보험계약 당사자간의 합의에 의하여 보험에 가입된 금액을 말한다. 보험계약을 체결할 때 당사자간의 약정에 의하여 거래물품에 대한 위험을 부담하는 당사자가 보험계약을 체결하는 경우에 보험에 가입할 금액과 부보의 범위를 결정하게 된다. 이 금액이 보험자가 지급해야 할 손해보상의 한도액이 된다.

CIF 조건은 일반적으로 송장금액의 110%로 부보금액을 약정하며 Incoterms에서는 최소부보조건으로 요구하고 있다.

5. 보험기간

보험기간(duration of insurance)은 보험자가 위험부담의 책임 개시부터 종료 시까지의 존속기간을 말한다. 결국 보험자의 책임이 존속되는 기간을 말한다. 보험자는 이 보험기간 중에 발생한 위험에 의해 생긴 손해만을 보상하기 때문에 보험기간의 명시가 필요하다.

신 약관 제8조 운송약관(transit clause)은 보험자가 손해보상의 책임을 져야 하는 보험기간이 있다. 과거 Lloyd's SG보험증권에는 보험기간을 화물이 본선에 적재될 때부터 도착항에 양륙될 때까지 항해구간(port to port)으로 규정하였다. 1982년 신 약관에는 선적항의 창고에서 목적항의 창고까지 연장하는 창고간 약관(warehouse to warehosue clause)이 사용되고 있다.

• 매매계약에서 적화보험과 관련된 조항의 예
  − Marine Insurance Terms: All shipments shall be covered subject to ICC(C) for sum equal to the amount of the invoice plus 10(ten) per cent. War risk and/or any other additional insurance required by buyer shall be covered at his own expenses. All policies shall be made out in U.S. Dollars and payable in New York.
  − Insurance Terms: In case of CIF basis, 110% of the invoice amount will be insured by the seller.

SECTION 07 포장조건

1. 포장의 의의

한국공업규격의 포장용어에는 포장(packaging)은 "물품의 수송, 보관, 취급, 사용 등에서 그 가치 및 상태를 보호하기 위하여 적절한 재료, 용기 등으로 물품을 포장하는 방법 및 포장한 상태"라고 정의하고 있다. 포장은 단순히 제품이나 상품의 내용물을 보호하기 위한 작업뿐만 아니라 그 상품의 가치나 상태를 유지하는 것을 포함하고 있다.

포장은 상품의 종류, 성질 또는 도착지와 운송도중의 기후와 환적의 횟수, 도착지 국가의 화물포장 등에 관한 법규, 상관습, 포장비, 운임 등을 충분히 고려하여 합리적이고 안전한 포장을 하여야 한다. 특히 포장의 불완전이나 부적합으로 인한 화물손상은 운송인이나 보험자 모두에게 면책이 되므로 포장조건(Terms of Packing)을 충족시키는 것이 중요하다.

무역계약시 포장조건의 내용에 대해시는 ① 포징의 종류, ② 포장방법, ③ 화인 등에 대해서 약정하여야 한다.

2. 포장의 종류

1) 개장(unitary packing): 낱포장

개장은 하나의 용기에 물품을 낱개로 포장한 것을 말한다. 물품의 상품가치를 높이고 물품개개를 보호하기 위하여 적합한 재료 및 용기 등으로 물품을 포장한다.

2) 내장(interior packing): 속포장

포장된 화물의 내부포장을 말한다. 물품에 대한 수분, 습기, 광열 및 충격을 방지하기 위하여 적합한 재료 및 용기 등으로 물품을 포장하는 방법이다.

3) 외장(outer packing): 겉포장

화물의 외부포장을 말한다. 화물운송 과정에 파손, 변질, 도난, 분실 등을 방지하기 위하여 적절한 재료나 용기로 화물을 보호하기 위하여 포장하는 것을 말한다. 외장에는 목상자, 판지상자(wooden case), 대(carton), 드럼(drum) 등이 널리 이용되고 있다.

3. 포장 방법

수출품의 포장은 의류, 완구류 등 일반잡화인 경우에는 대개 종이상자를 이용한다. 포장의 방법은 화물의 성질·종류에 따라 내장(inner packing)을 어떻게 하며, 모두 몇 개씩 담아 외장(outer packing)을 하도록 할 것인가를 고려하여 계약시 약정하여야 한다.

4. 화인

화인(shipping mark)은 물품의 외장에 특정기호, 번호, 목적지, 취급주의 문구 등을 표시하여 포장 상호간 식별할 수 있도록 하는 것을 말한다. 화인은 대개 매수인이 요구하는 경우가 많다.

1) 주화인(main mark)

특정한 기호(symbol)를 표시하여 다른 화물과의 식별을 용이하게 한다. 외장에 삼각형, 다이아몬드, 마름모, 타원형 등의 로고를 표시하고 그 안에 수입자의 상호 등의 약자를 표시한다.

2) 부화인(counter mark)

주화인만으로 다른 화물과의 구별이 어려울 때, 주화인 아래에 생산자 또는 공급자의 약자나 내용물의 등급을 표시한다.

3) 화물상자 번호(case number)

송장(Invoice), 적화목록(MF: Manifest), 기타 운송서류와 대조하여 화물을 식별·확인하기 위하여 상자 겉면에 표시하는 일련번호이다.

4) 도착항 표시(port mark)

화물의 선적 및 양화작업을 용이하게 하고 다른 곳으로 잘못 운송되는 것을 막기 위한 필수적인 화인으로서 목적항을 표시한 것이다. 화물의 경유지가 2개소 이상일 경우 Busan via Osaka 등으로 표시한다.

5) 중량표시 (weight mark)

운임계산, 통관, 하역작업 등을 용이하게 할 수 있도록 순중량(net weight)과 총중량(gross weight)을 표시하며 용적도 표시한다.

6) 원산지표시(country of origin)

당해 물품의 원산지를 외장의 맨 아래에 표시한다. 한국산인 경우 Made in Korea로 표시한다.

7) 주의표시(care mark, side mark, caution mark)

화물의 운송이나 취급상 주의사항을 외장의 측면에 표시하기 때문에 Side Mark라고도 부른다. Use No Hook, Open Here, This Side Up, Fragile, Keep Dry 등이 있다.

8) 기타 표시

수입자의 요청에 따라 주문표시(order no.), 지시표시(attention mark), 물품의 등급(grade) 또는 품질표시(quality mark)를 할 수 있다.

이상에서 열거한 화인의 내용을 모두 표시해야 하는 것은 아니다. 그러나 이들 가운데 주화인(main mark), 도착항 표시(port mark), 화물상자 번호(case number)는 반드시 표시되어야 하는 필수내용이다. 이중에서도 도착항 표시(port mark)가 없는 화물을 무인화물(無印貨物: no mark cargo)이라고 한다. 이 경우는 그로 인한 모든 책임은 화주가 지도록 하고 있으므로 화주에게 커다란 손해를 초래하는 사례가 많다.

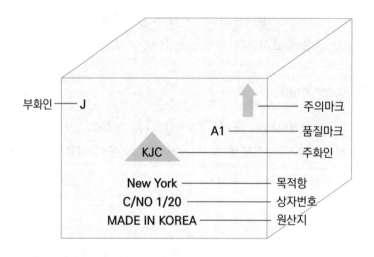

그림 5-3   화인의 표시

• 포장조건의 예
 − Package, Marking, Seal: The Seller shall securely pack the products so as to avoid the damage in transit under normal conditions. Every package of the products shall be clearly marked as follows:

AAA
LOS ANGELES
C/No. 1−50
Made in Korea

무역거래를 이행하는 가운데 계약위반이나 계약불이행으로 인하여 무역거래당사자 간에 분쟁이 발생하는 경우가 종종 있다. 이러한 분쟁이 발생할 경우에 대비하여 분쟁 해결조항을 당사자간에 약정해 두는 것이 바람직하다. 분쟁해결 조항에는 클레임 제기 기간, 클레임 제기의 근거, 클레임 제기 방법 등을 명시할 필요가 있다.

예를 들어 클레임 제기기간은 "물품이 목적지항에 도착한 날로부터 ○○일 이내에 제기하여야 한다"고 명시하고, 제기하는 클레임의 정당성이나 근거를 입증할 수 있는 공인검사서를 첨부하도록 약정할 필요가 있다.

• 클레임 조항(claim clause)의 예

Any claim or complaint by buyer of whatever arising under this contract, shall be made in cable within 7 days after arrival of cargo in destination port. Full particulars of such claim shall be made in writing and forward by airmail to seller within 15 days after cabling. Buyer must submit with such particulars as public surveyor's report, when the quality and/or quantity of merchandise is in dispute.

---

1. 클레임해결 방법

무역클레임을 해결하는 방법은 다음의 5가지 종류가 있다.
① 매매당사자간의 타협(compromise)이나 화해(amicable settlement)
② 제3자가 개입하여 사건이 해결될 수 있도록 조언하는 알선(intercession, recommendation)
③ 양 당사자가 공정한 제3자를 조정인으로 선임하고, 조정인이 제시하는 해결안(조정안)에 합의함으로써 분쟁을 해결하는 조정(conciliation, mediation)
④ 당사자간의 중재합의(arbitration agreement)에 의해 사법상의 법률관계를 법원의 소송절차에 의하지 아니하고 제3자인 중재인(arbitrator)을 선임하여 그 분쟁을 중재인에게 맡겨서 최종적으로 해결하는 중재(arbitration)
⑤ 사법적 재판에 의하여 분쟁을 해결하는 소송(litigation)이 있다.

무역분쟁은 법률적 소송보다는 중재로 해결하는 것이 시간적으로나 비용적으로 유리하며, 중재보다는 조정이, 조정보다는 분쟁의 예방이 거래당사자 모두에게 유리하다.

2. 중재조항

상사중재는 단심제이므로 신속히 분쟁을 해결할 수 있고, 비용이 저렴하여 경제적이며, 무역전문가의 판정으로 보다 합리적인 해결을 할 수 있는 장점이 있다. 또한 상사중재는 중재심리가 비공개되므로 기업의 비밀이 보장되며, 중재판정의 결과는 뉴욕협약(New York Convention)에 의해 국제적으로 보장된다.

상사중재의 장점을 살리고 중재판정을 이용하기 위해서 당사자간의 중재합의를 하여야 하는데 일반적으로 무역계약서상에 표준중재조항(standard arbitration clause)을 명시함으로써 해결할 수 있다. 중재계약은 중재계약의 3요소인 중재기관, 중재지, 준거법을 명시할 필요가 있다.

우리나라 상설중재기관인 대한상사중재원(The Korean Commercial Arbitration Board)의 표준중재조항의 예는 다음과 같다.

Any dispute arising out of or in connection with this contract shall be finally settled by arbitration in Seoul in accordance with the Arbitration Rules of the Korean Commercial Arbitration Board.

이 계약으로부터 또는 이 계약과 관련하여 발생하는 모든 분쟁은 서울에서 대한상사중재원의 중재규칙에 따라 중재에 의해 최종 해결한다.

---

3. 재판관할권 조항

무역계약은 당사자 자치의 원칙(principle of party autonomy)[21]이 존중되고 있기 때문에 분쟁을 여러 가지 방법으로 해결할 수 있다. 무역 분쟁을 중재로 해결하려면 중재합의를 하여야 하나 그렇지 못할 경우에는 최종적으로 재판에 의해서 해결할 수밖에 없다. 이 경우 소송을 제기할 재판소를 당사자 간에 미리 약정하여 어느 특정국가의 관할법원을 법정지로 할 것인가 재판관할 조항(jurisdiction clause)을 설정해두는 것이 바람직하다.

---

21) 당사자자치의 원칙이라 함은 국제사법상 법률관계에 적용되어야 하는 준거법을 법률관계의 당사자가 직접 선택할 수 있다는 원칙이다. 우리 나라 국제사법 제9조 본문에 따르면 국제적 계약(법률행위)의 준거법은 계약당사자가 합의한 바에 따른다고 규정하고 있다.

> ☑ Jurisdictions Clause

The courts of the Republic of Korea shall have jurisdiction over all disputes which may arise between the parties with respect to the execution, interpretation and performance of this contract.

재판관할권 조항: 대한민국 법원은 본 계약의 집행, 해석 및 이행에 관련하여 양 당사자간에 야기되는 모든 분쟁에 대하여 재판관할권을 갖는다.

4. 준거법 조항

준거법 조항(governing law clause or proper law clause, applicable law clause)은 계약의 해석과 관련하여 어느 국가의 법률을 적용하는가의 문제를 약정한 조항이다. 무역계약은 법역을 달리하는 당사자간에 이루어지는 국제거래법적 성격을 지니고 있기 때문에 여러 국가의 법이 개입되게 된다. 계약의 성립, 이행 및 해석에 대하여 어느 국가의 법을 준거법으로 결정할 것인지 계약서 작성시 명시할 필요가 있다.

> ☑ Governing Law

This agreement shall be governed, construed and performed by the laws of the Republic of Korea.

준거법: 이 협정서는 대한민국의 법률에 의하여 적용되고, 해석되며, 이행되어야 한다.

SECTION 09 기타조항

1. 권리침해 조항

권리침해 조항(infringement clause)은 수출물품에 대한 특허(patent), 실용신안(utility model), 디자인(design), 상표(trademark), 저작권(copyright), 공업소유권(industrial property)의 침해에 관한 것을 약정한 것이다. 매도인이 매수인의 지시에 따라 물품을 인도하였으나 그것이 수입국에서는 특허권이나 상표권의 침해로 간주되어 소송을 당할 수가 있다. 이러한 경우에 대비하여 상표, 저작권, 특허 등의 침해에 대해서 매도인이 책임을 지지 않는다는 취지의 내용을 명시한 면책조항이다.

✅ **Patents, Trademarks, ect Clause**

The Seller shall not be responsible to the Buyer for any infringement, alleged or otherwise, of patent, utility model, design, trademark or any other industrial property right or copyright, in connection with the products, except for infringement of any Korean patent, utility model, design, trademark or copyright. The Buyer shall, however, hold the Seller harmless from any such infringement of the said Korean rights arising from or in connection with any instruction given by the Buyer to the Seller regarding design, copyright, pattern or specification.

특허, 상표 등의 조항: 매도인은 한국의 특허, 실용신안, 디자인, 상표 또는 저작권 등의 침해가 있을 경우를 제외하고는 대상 상품에 관한 특허, 실용신안, 디자인, 기타 공업소유권 또는 저작권의 침해에 대해 매수인에게 일체 책임을 부담하지 않는다. 그러나 디자인, 저작권, 도안 또는 규격 등에 관해 매도인에게 매수인에 의한 지시에 기인하거나 관련된 상기 한국법상의 제 권리의 침해에 대해서는 매수인은 매도인에게 일체 피해를 입혀서는 아니된다.

---

2. 완전합의 조항

완전합의 조항(entire agreement clause)은 본 계약서만이 유일한 합의서이며 그 이전의 각종 문서들인 제안서, 회의록, 의향서, 양해각서, 가계약, 이면계약 등은 모두 인정하지 않는다는 조항이다. 그러므로 이 조항은 양 당사자간의 합의 내용을 완결하는 것이며 이 계약과 관련된 이전의 협상, 의사표명, 양해, 약정 등을 본 계약서로 대체하고 계약의 혼란을 방지하기 위한 것이다.

✅ **Entire Agreement Clause**

This agreement constitutes the entire and only agreement between the parties with respect to the subject matter hereof and supersedes, cancels and annuls all prior or contemporaneous negotiations or communications.

완전합의조항: 본 협정서는 계약목적물과 관련하여 당사자가 합의한 전부이자 유일한 것이며, 종전의 모두 또는 동시 협상 또는 의견교환 사항을 폐지, 취소, 무효로 한다.

---

3. 불가항력 조항

불가항력 조항(force majeure clause)은 계약의 당사자의 귀책사유가 아닌 불가항력으로 인하여 계약 내용을 이행하지 못할 경우 이러한 불이행에 대하여 당사자의 면책을 규정하고 있는 조항을 말한다. 여기서 불가항력은 어느 일방이 통제할 수 없는 우발적 사태나 사고를 말하는데, 천재지변(Acts of God)과 인위적인 불가항력이 있다. 전자는 주로 낙뢰, 폭풍우, 지진, 홍수, 해일 등의 자연적인 사태를 의미하며, 후자는 전쟁, 동맹파업(strike), 공장폐쇄(lockout), 폭동(riot), 내란(insurrection), 소요(civil commotion), 테러행위 등 인위적 사태 등을 포함하고 있다.

매도인은 불가항력의 사태가 발생하여 계약의 이행이 불가능하게 되면 책임을 면제받는 불가항력 조항을 계약서에 명시하는 것이 좋다. 영국과 미국은 계약의 당사자가 통제 불가능한 사태의 발생으로 인하여 계약의 이행이 불가능하게 되면 그 의무를 면제하는 계약의 목적달성불능(frustration)의 원리를 발전시켰다.

» ☑ Force Majeure Clause

Except for the payments due for the Goods delivered by the seller, any party hereto shall not be responsible to the other party for non-performance(either in whole or in part) or delay in performance of the terms and conditions of the Agreement, due to war, warlike operation, Acts of God, riot, strikes, sabotage or other labor troubles or disturbances in the manufacturing plant; lockout of the manufacturing plant; epidemics, floods, earthquake, typhoon, embargoes, act of terrorism, laws and regulations of the Buyer's country or seller's country; or any other causes beyond the control of the parties. In case of any such event the terms of this agreement relation to time and performance shall be suspended during the continuance of the event.

불가항력 조항: 매도인이 인도한 물품 대금의 지급을 제외하고, 어느 당사자도 전쟁, 준 전시상태, 천재지변, 폭동, 동맹파업, 태업 또는 기타 노동쟁의, 공장폐쇄, 전염병, 홍수, 지진, 폭풍, 수출금지, 테러행위, 매수인 또는 매도인인 국가의 법규, 기타 당사자가 통제할 수 없는 사유로 계약조건을 불이행(전부 또는 일부)하거나 이행을 지연한 경우에는 상대방에 대하여 그로 인한 책임을 부담하지 아니한다. 이러한 경우 기간 및 이행에 관한 이 계약의 조건은 불가항력 사유가 지속되는 동안만큼 연장된다.

4. Hardship조항

불가항력조항과 유사한 Hardship(사정변경)조항이 있다. 불가항력조항은 불가항력 사태가 발생한 경우에 당사자의 면책에 대해서 약정하는 것을 목적으로 하고 있다. 이에 비하여 Hardship 조항은 계약체결 후 예상치 못한 정치적, 사회적, 경제적 사정의 변화(예, 원자재값의 폭등 등)로 계약의 이행이 곤란하거나 현실적으로 이행할 경우 상거래에서의 불합리한 결과를 가져오게 될 경우 양 당사자가 서로 성의를 갖고 가격조정이나 선적기간의 연장 등의 계약내용의 변경에 응하도록 명시하는 조항이다.

본 조항은 주로 산업설비나 대형선박 등 그 제작에 장기간이 소요되는 경우에 계약 금액의 변경이나 인도기일의 연장, 사양이나 규격의 변경을 위하여 명시하게 된다.

> ☑ Hardship Clause
>
> In the event a material change in circumstances would impose hardship upon a party in performing its obligations hereunder, the parties shall confer in good faith with a view to revising the terms of this agreement.
>
> 사정변경 조항: 상황의 중요한 변화로 인하여 그 의무를 이행하는데 일방이 이행곤경에 처한 경우에, 당사자는 이 협정서의 조건을 수정하는데 관하여 선의를 갖고 협의하여야 한다.

표 5-8　　Force Majeure, Frustration, Hardship의 효과 비교

구분	Force Majeure	Frustration	Hardship
개　념	불가항력으로 인하여 계약 당사자 중 어느 일방이 계약 내용을 이행하지 못할 경우 이러한 불이행에 대하여 면책을 규정하고 있는 조항	계약 당사자 중 어느 누구에게도 귀책사유가 없이 계약 성립의 기초가 되었던 상황이 후발적으로 현저히 변경됨으로써 계약의 목적달성이 불가능하게 되어 계약이 소멸되는 법리	계약체결 후 예상치 못한 정치적, 사회적, 경제적 사정의 변화로 인하여 계약의 이행이 곤란하거나 이행할 경우 상거래에서의 불합리한 결과를 가져오게 될 경우 양 당사자가 계약내용의 변경에 응하도록 명시하는 조항
효　과	계약의 이행불능	계약의 이행불능[22]	계약조건의 변경으로 이행가능
적용결과	계약조건의 불이행에 따른 면책 인정	계약자체를 소멸(해제)시키고 의무면제	당사자에게 계약이행이나 소멸에 대한 선택권 부여[23]
적용취지	계약의 목적 달성 불능 또는 이행불능에 따른 매매당사자의 면책인정(본질적으로 동일, 상호보완적)		사정변경에 능동적으로 대처하여 계약을 유지·이행하려는 의도임

5. 가격변동조항/신축조항(escalation clause)

무역계약시에 계약금액은 고정되어 있으나 계약 성립 이후 인도 시까지 원료비, 운임, 보험료 등이 상승할 경우 이에 비례하여 계약가격을 변경할 것을 미리 계약에 약정해 두는 조항이다.

> ☑ Escalation Clause
>
> Unit price herein shall be subject to adjustment and buyer shall agree on the new price, upon receipt of additional charges to be invoiced by seller to the extent of the following cases:
> 1) any substantial increase in manufacturing cost, and 2) any increase in freight rate, governmental charges, which may be incurred by the seller with respect to the products, after the conclusion of the agreement, 3) in case of buyer's changes, additions, alterations in the products.
>
> 가격변동 조항: 본 단가는 조정이 가능하며, 매수인은 다음과 같은 경우에 매도인으로부터 추가비용 접수 시 신규단가에 대하여 동의하여야 한다.1) 제조비용상 상당한 인상, 2) 계약체결 이후 제품과 관련하여 매도인에게 유발된 해상운임, 정부의 부과금의 증가, 3) 매수인의 제품의 변경, 추가, 수정이 있는 경우

6. 분리가능 조항(severability clause)

계약 내용의 일부가 법원의 판결이나 법률의 개폐로 인해 실효 또는 무효가 되더라도 해당 조항만 무효이지 계약의 존재에는 아무런 영향을 미치지 않는다는 내용의 조항이다. 이러한 조항은 법원의 판결이나 법규의 강행규정에 의하여 계약 내용의 일부가 실효 또는 무효가 되는 경우에 계약 전체가 실효 또는 무효화하는 것을 미연에 방지하기 위하여 설정되고 있다.

---

22) Frustration의 경우 스스로 이행불능을 좌초하거나 예측된 시점, 단기간의 이행불능, 대안이 있는 경우에는 성립되지 않는다.
23) ICC의 Hardship clause의 표준조항 참조.

» ☑ Severability Clause

If any one or more of the provisions contained in this agreement shall be declared invalid, illegal or unenforceable in any respect under any applicable law, the validity, legality and enforceability of the remaining provisions contained herein shall in no event be affected or impaired, and such case the parties hereto shall reach the intended purpose of the invalid provision by a new, valid and legal stipulation.

분리가능 조항: 본 협정서의 하나 또는 그 이상의 조항이 준거법에 의하여 무효, 부적법 또는 집행불능인 경우에도 본 협정서의 잔여조항의 유효, 적법성, 집행가능성에 아무런 영향을 주지 않으며, 이러한 경우 양 당사자는 새로이 유효하고 적법한 조항을 규정함으로써 무효조항 본래의 의도된 목적에 도달하도록 한다.

7. 손해배상액의 예정 조항(liquidated damages clause)

계약 당사자의 어느 일방이 계약을 위반한 경우에 그 상대방은 클레임을 제기하기 위해서는 계약위반 사실과 손해 발행 금액을 입증해야 한다. 본 조항은 계약 위반이나 계약 불이행에 대비하여 손해 발생 금액 등을 입증하는 것이 현실적으로 어려울 수 있으므로 청구할 손해 배상액을 미리 계약서에 명기하는 조항이다.

» ☑ Liquidated Damage Clause

In the event that delivery is delayed for any reason other than a Force Majeure Event, the vender shall pay as liquidated damages to the purchaser a sum calculated at the rate of one half of one percent(0.5%) of the contract price of the goods actually delayed for each business day between the delivery date stipulated in the contract for the relevant goods and the actual date of their delivery up to a maximum of seven percent of the contract price.

손해배상액의 예정조항: 물품의 인도가 불가항력 이외의 사유로 지연되는 경우, 공급자는 계약금액의 7%까지 약정인도일과 실제 인도일 사이의 각 영업일에 대하여 계약금액의 0.5%에 해당하는 금액을 약정손해배상액으로 지급해야 한다.

8. 비포기 조항(non-waiver clause)

계약 당사자의 어느 일방이 일시적으로 계약상의 어떤 조항에 의해서 이행청구를 행사하지 않았더라도 그 이유로 이후 동일 조항에 의한 이행청구권을 포기한 것으로 보거나 이를 박탈할 수 없다는 조항이다.

☑ Non-waiver Clause

No claim or right of either party under this agreement shall be deemed to be waived or renounced in whole or in part unless the waiver or renunciation of such claim or right is acknowledged and confirmed in writing by such party.

비포기 조항: 본 협정에 따른 당사자의 클레임이나 권리는, 그러한 클레임이나 권리의 포기를 서면으로 승인하거나 확인하지 않는 한 전부 또는 일부 포기한 것으로 간주되지 않는다.

9. 계약당사자 관계조항(privity clause)

계약당사자 관계조항(privity clause)은 계약의 당사자 관계를 기재하는 조항으로 본인 대 본인(principal to principal)거래인지 본인 대 대리인(principal to agent) 또는 대리인 대 대리인(agent to agent) 거래인지 등을 기재하는 조항이다.

☑ Privity Clause

It is hereby agreed between A Co., Ltd., Seoul, Korea(hereinafter called Sellers) and B Co., Inc., New York, USA(hereinafter called Buyers) that all business shall be conducted on the following terms and conditions:
(1) Type of Business: Both parties shall act as principals to principals on their own account and responsibility.

계약당사자 관계조항: 본 협정서는 대한민국 서울시의 A 주식회사(이하 매도인이라 칭함) 및 미국 뉴욕의 B 주식회사(이하 매수인이라 칭함)간에 다음과 같은 조건으로 이행할 것을 합의한다.
(1) 거래형태: 양 당사자는 각각 자신의 비용과 책임으로 본인 대 본인으로 행한다.

이상과 같이 무역계약서에 포함되는 중요 조항들을 설명하였으나 이 밖에도 여러 조항들이 있다.

표 5-9   계약서의 기타 조항

조 항	주요 내용
품질보증조항 (warranty clause)	물품의 품질보증 또는 하자담보에 대한 위반시 구제조치를 규정하고 있는 조항
계약종료조항 (termination clause)	계약이 종료될 수 있는 경우를 규정하는 조항 주로 계약위반, 신용의 하락 등의 원인을 기재
책임제한조항 (limit of liability clause)	손해배상의 범위를 직접적으로 손해로 한정하는 내용의 책임조항
담보책임제한조항 (warranty disclaimer clause)	법률에 의해 묵시적으로 인정되는 담보책임을 제한하기 위해 활용되는 조항
양도조항 (assignment clause)	제3자에 대한 계약의 양도제한에 관한 규정을 설명하는 조항
과태약관 (default clause)	계약서 상에 당사자 간의 의무불이행에 관한 사항을 명시하는 조항으로 'negligence clause'라고도 함

Agreement on General Terms and Conditions of Business

(일반거래조건협정서)

It is hereby agreed between A Co., Ltd., Seoul, Korea(hereinafter called Sellers) and B Co., Inc., New York, USA(hereinafter called Buyers) that all business shall be conducted on the following terms and conditions :

(대한민국 서울 소재 A 주식회사(이하 매도인이라 칭함)와 미국 뉴욕소재 B 주식회사(이하 매수인이라 칭함)간에 다음과 같은 조건으로 모든 거래가 이루어 질 것을 합의한다.)

(1) Type of Business : Both parties shall act as principals to principals on their own account and responsibility.

(거래형태: 양 당사자는 각각 자신의 비용과 책임으로 본인 대 본인으로 행한다.)

(2) Prices : Unless otherwise especially specified, all prices submitted by Sellers or Buyers, shall be quoted on CIF New York in U.S. Dollars.

(가격: 별도의 특별한 명시가 없는 한, 매도인이나 매수인이 제시한 모든 가격은 미달러화로 뉴욕항 도착 운임, 보험료 포함가격으로 견적이 되어야 한다.)

(3) Offers : All cables offers shall be considered "firm" subject to reply being received within five(5) days including the date of despatch, if otherwise not stipulated. "The immediate or prompt reply" shall mean that a reply is to be received within three(3) days including the date of dispatch. In other case, however, Sundays and all official bank holidays shall not be counted.

(청약: 모든 전신 청약은 별도의 명시가 없는 한, 발송한 일자를 포함하여 5일 이내에 회신이 접수되는 것을 조건으로 확정 청약으로 간주되어야 한다. 즉시 또는 신속한 회신은 회신이 발신한 일자를 포함하여 3일 이내에 접수되어야 함을 의미한다. 그러나, 어떠한 경우에도 일요일과 모든 공식은행 휴무일은 산정되어서는 안 된다.)

(4) Quantity : Quantity shall be subject to a variation of 10% plus or minus at seller's option.

(수량: 수량은 매도인의 자유재량권으로 10%의 과부족의 변동 조건으로 한다.)

(5) Shipment : All contracted goods shall be shipped within the stipulated time. The date of bill of lading shall be accepted as conclusive proof of the date of shipment. Partial shipment and/or transshipment shall be permitted.

(선적: 모든 계약 물품은 약정된 기간 이내에 선적되어야 한다. 선화증권의 일자는 선적일자의 결정적 증거로 인정되어야 한다. 분할선적 및/또는 환적은 허용되어야 한다.)

(6) Force Majeure : If shipment is prevented or delayed in whole or in party, by reason of "Acts of God" including fire, flood, typhoon, earthquake, or by the reason of "Force Majeure" including riots, wars, hostilities, governmental restrictions, trade embargoes, strikes, lockouts, labour

disputes, boycotting of Korean goods, unavailability of transportation or any other causes of a nature beyond Seller's control, then, Seller may, at their option perform the whole contract or its unfulfilled portion within a reasonable time from the removal of the causes preventing or delaying performance, or cancel unconditionally without liability this contract or its unfulfilled portion hereof.

(불가항력: 선적이 화재, 홍수, 태풍, 지진을 포함하는 천재지변의 이유 또는 반란, 전쟁, 적대행위, 정부제한, 무역금지, 동맹파업, 공장폐쇄, 노동쟁의, 한국제품의 불매운동, 운송 불능 또는 매도인이 통제할 수 없는 성질의 기타 원인을 포함하는 불가항력의 이유로 전부 또는 부분적으로 방해되거나 지연되는 경우, 매도인은 자신의 선택으로 이행을 방해하거나 지연시키는 원인의 제거로부터 상당한 기간 이내에 전체계약 또는 계약의 미이행 부분을 이행하거나 책임 없이 무조건적으로 전체 계약 또는 계약의 미이행 부분을 취소할 수 있다.)

(7) Payment : An Irrevocable and confirmed letters of credit negotiable at Sight Draft shall be established through a prime bank satisfactory to Seller immediately after conclusion of contract with validity of at least 15 days after the last day of the month of shipment for negotiation of the relative draft. The amount of such letter of credit shall be sufficient to cover the contract amount and additional charges and/or expenses to bo borne by the Buyer. If Buyer fails to provide such letter of credit, seller shall have the option of reselling the contracted foods for Buyer's account, holding the goods for Buyer's account and risk, and/or cancelling the contract and claiming for damages caused by Buyers' default.

(지급: 일람출급 환어음으로 매입이 가능한 취소불능 확인신용장이 관련 환어음의 매입을 위해 선적 월의 마지막 일자 이후 적어도 15일 이내의 유효기간으로 계약체결 후 즉시 매도인에게 만족스러운 일류은행을 통하여 발행되어야 한다. 매수인이 그러한 신용장을 제공하지 못하는 경우, 매도인은 매수인의 계정으로 계약물품을 전매할 수 있고 매수인의 계정과 위험으로 물품을 보유할 수 있고/또는 계약을 취소하고 매수인의 불이행으로 발생한 손해배상액에 대해 청구할 수 있는 선택권을 가진다.)

(8) Inspection : The inspection of quality shall be done according to the export regulation of the Republic of Korea and/or by the manufacturers which shall be considered as final.

(검사: 품질검사는 대한민국 및/또는 제조업자의 수출규정에 따라 시행되어야 하며 이것이 최종 적인 것으로 간주되어야 한다.)

(9) Packing : Packing shall be at the Seller's option. In case special instructions are necessary the same should be intimated to the Seller in time so as to enable the Seller to comply with it.

(포장: 포장은 매도인의 재량권이어야 한다. 특별한 지시가 필요한 경우에 그 내용과 매도인이 일치할 수 있도록 하기 위해 적기에 매도인에게 알려야 한다.)

(10) Insurance : In case of CIF or CIP basis, 110% of the invoice amount, will be insured unless otherwise agreed. Any additional premium for insurance coverage over 110% of the invoice amount, if so required, shall be borne by Buyer and shall be added to the invoice amount for which the letter of credit shall stipulate accordingly.

(보험: CIF 또는 CIP기준인 경우에, 별도의 합의가 없는 한 송장의 110%금액으로 부보되어야 한다. 송장금액의 110% 초과 부보범위에 대한 추가 보험료는 필요한 경우, 매수인에 의하여 부담되어야 하고 신용장에 따라 규정된 송장금액에 추가되어야 한다.)

(11) Increased Costs : If Seller's costs of performance are increased after the date of this agreement by reason of increased freight rates, taxes or other governmental charges and insurance rates

including war risk, or if any variation in rates of exchange increases Seller's costs or reduces Seller's return, Buyer agrees to compensate Seller of such increased cost or loss of income.

(증액비용: 인상된 운임률, 세금 또는 정부의 부과금 및 전쟁위험을 포함한 보험료율, 매도인의 비용을 증가시키는 환율의 변동 또는 매도인의 수익을 감소시키는 경우 등의 이유로 이 합의 일자 이후에 매도인의 계약이행비용이 증가되는 경우, 매수인은 그렇게 증액된 비용이나 수입의 손실을 매도인에게 보상하기로 합의한다.)

(12) Claims : Claims, if any, shall be submitted by cable within 10 days after arrival of the cargo in the destination port. Unless Buyers' written notice of claim, accompanied by proof certified by an Public Surveyor's report shall arrive at Sellers' office during such a thirty(30)days period, Buyer shall be deemed to have waived any claim. Any claim and disputes shall be settled amicably as far as possible between both parties. In case of failure, however, the matter shall be submitted to The Korean Commercial Arbitration Board in Korea.

(클레임: 클레임이 있는 경우 목적지항에 화물이 도착한 후 10일 이내에 전신으로 제기되어야 한다. 공인검정인의 보고서가 수반된 매수인의 클레임 서면통지가 그러한 30일 기간 중에 매도인 의 사무소에 도착하지 않으면 매수인은 어떤 클레임도 포기한 것으로 간주한다. 어떤 클레임과 분쟁도 양 당사자 간에 가능한 한 우호적으로 해결하여야 한다. 그렇게 우호적으로 해결되지 않는 경우에 그 문제는 한국의 대한상사중재원에 회부되어야 한다.)

(13) Trade Terms : The trade terms used herein such an CIF, CIP and FOB shall be in accordance with incoterms® 2020 Rules. In all other respects, this Contract shall be governed by and construed in accordance with the laws of Korea.

(거래조건: CIF, CIP 및 FOB와 같이 사용된 무역거래조건은 인코텀즈 2020규칙에 일치하여야 한다. 기타 모든 면에서, 이 계약은 한국의 법률에 의해 준거되고 해석되어야 한다.)

(14) Arbitration : All disputes, controversies, or differences which may arise between the parties out of or in relation to or in connection with this contract or for the breach thereof, shall be finally settled by arbitration in Seoul, Korea in accordance with the Commercial Arbitration Rules of the Korean Commercial Arbitration Board and under the Laws of Korea. The award rendered by arbitrator(s) shall be final and binding upon both parties concerned.

(중재: 이 계약으로부터 또는 이 계약과 관련하여 또는 이 계약의 불이행으로 말미암아 당사자 간에 발생하는 모든 분쟁, 논쟁 또는 의견 차이는 대한민국 서울에서 대한상사중재원의 중재규칙 및 대한민국 법에 따라 중재에 의하여 최종적으로 해결한다. 중재인(들)에 의하여 내려지는 판정은 최종적인 것으로 양 관계당사자를 구속하게 된다.)

(15) Patents, trade marks, designs, etc. : Buyer is to hold Seller harmless from liability for any infringement with regard to patent, trademark, copyright, design, pattern construction, stamp, etc., originated or chosen by Buyer.

(특허, 상표, 디자인 등: 매수인은 자신이 창작하거나 또는 정선한 특허권, 상표권, 저작권, 디자 인, 형태구조, 압인 등에 관련된 모든 권리침해에 대한 책임에 대해 매도인에게 피해가 없도록 해야 한다.)

(16) Governing Law : This contract shall be governed in all respects by United Nations Convention on Contracts for the International Sale of Goods, 1980.

(준거법: 이 계약은 모든 조항에서 1980년 국제물품매매계약에 관한 UN협약에 의해서 적용되어

야 한다.)

    IN WITNESS WHEREOF, the parties hereto have caused this Agreement to be signed by their duly authorized representatives in duplicate as of the date, month and year hereunder written:

(이 계약의 증거로 양당사자는 하기의 년, 월, 일에 2부를 정당하게 위임된 대표자로서 계약서에 서명한다.)

Date: _____

          (Buyers)   (Sellers)
        B Co., Inc.   A Co., Ltd.
          BY :   BY:
       TYPED NAME :   TYPED NAME :
          Date :   Date:

(해설)
hereinafter called the seller 이하 매도인이라 칭함
(1) Both parties 양 당사자
    principals to principals 본인 대 본인
    on their own account and responsibility 본인 자신의 계산과 책임으로
(2) unless otherwise especially specified 특별히 별도로 명시하지 않는 한
    unless otherwise + V(specified, agreed 등) 별도로 ~하지 않는 한
(3) date of dispatch 발신일
(4) subject to ~조건으로
(5) be taken(accepted) as conclusive proof of the date of shipment 선적일의 결정적 증거로 간주(인정)되다
    partial shipment 분할선적
(6) Force Majeure 불가항력
(7) irrevocable and confirmed letter of credit 취소불능 및 확인신용장
    sight draft 일람출급환어음
(8) export regulation 수출규제
(9) seller's option 매도인의 선택사항
    to comply with~ 와 일치하도록
(10) invoice amount 송장금액
    any addition premium 일체의 추가보험료
    insurance coverage 보험담보범위
(12) public surveyor's report 공인검정인의 보고서
(13) trade terms 무역거래조건
    in accordance with ~ 와 일치하여

(14) arbitration 중재

    Korean Commercial Arbitration Board 대한상사중재원

    be finally settled by ~에 의하여 최종적으로 해결되다

    arbitrator 중재인

(15) patents 특허, trade mark 상표, design 디자인

(16) governing law 준거법

PART

03

Incoterms

06 Incoterms의 개관

SECTION 01 Incoterms의 본질의 이해

1. Incoterms의 개념

인코텀즈(Incoterms)는 국제물품매매에서 매매당사자간의 의무에 대한 불확실성을 해소하기 위하여 국제상업회의소(International Chamber of Commerce: ICC)가 마련한 표준관습인 「국내 및 국제 거래 조건의 사용에 관한 ICC 규칙」(ICC Rules for the Use of Domestic and International Trade Terms)을 말한다.

"Incoterms"는 "International Commercial Terms"를 조합한 합성어이며, 과거의 Incoterms를 『무역거래조건의 해석에 관한 국제규칙』(International Rules for the Interpretation of Trade Terms)이라고 불렀으나 Incoterms® 2010규칙[1]부터 공식 명칭이 「국내 및 국제 거래 조건의 사용에 관한 ICC 규칙」으로 변경되어 사용되고 있다. 인코텀즈는 강행법규가 아님에도 불구하고 오늘날 무역거래에서 범 세계적으로 널리 활용되고 있는 정형화된 거래 규칙이다.

"정형거래조건"(trade terms)이라 함은 물품이 매도인으로 부터 매수인에게 이르기까지 운송과 수출입통관을 비롯하여 여러 비용과 위험부담의 당사자를 구분해 주는 정형화된 거래요소를 말한다. 그런데 이러한 정형거래조건도 당사자들의 국가나 지역별로 상관습과 법체계가 달라 그 해석상의 오해와 분쟁이 야기되었다.

---

1) Incoterms® 2010 Rules은 ICC의 상표등록에 따라 "Incoterms"가 보통명사가 아니라 Incoterms® 2010을 새거 넣으면서 고유명사화 되었음. 그러나 Incoterms® 2020 Rule은 매매계약에 기입할 때 상표까지 표시할 필요가 없다고 밝히고 있음(Introduction to Incoterms® 2020, para 15.).

2. Incoterms의 목적

무역거래는 법률, 제도 및 관습이 서로 다른 국가의 당사자 간에 이루어지므로 매매계약조건을 둘러싼 분쟁의 가능성이 내재되어 있다. 특히 무역거래에 있어서 계약당사자는 거래 상대방 국가의 법률과 관습을 잘 모르기 때문에 거래조건의 해석에 관하여 당사자 간에 각종의 오해(misunderstanding)와 분쟁(disputes)이 야기될 수 있으며, 나아가 법적 소송(litigation)이 발생할 수 있다.

이러한 이유에서 ICC는 국제무역의 거래조건과 상관습을 통일시켜 무역거래에 있어서 계약당사자들 사이에 발생할 수 있는 무역분쟁을 예방하고 특정거래조건에 대한 서로 다른 해석으로 인한 불확실성(uncertainties)을 제거하거나 최소화시켜 무역확대를 촉진시켜 나가겠다는 필요성에서 인코텀즈를 제정하게 되었다.

따라서 인코텀즈의 제정 목적은 거래당사자들에게 다 같이 공통적으로 적용될 수 있도록 중립적이고 합리적인 해석규칙을 제공함으로써 정형거래조건에 대한 상이한 해석으로 인한 오해와 마찰, 기타 예견치 못한 위험요인을 제거 또는 경감하여 궁극적으로는 시간과 금전상의 낭비를 방지해 나가는 데 있다.

3. 인코텀즈 규칙의 역할

인코텀즈 규칙은 CIF, FOB, DAP 등과 같이 가장 일반적으로 사용되는 세 글자로 이루어지고 물품매매 계약상 기업간 거래관행을 반영하는 11개 조건을 설명한 것이다.

① 의무: 매도인과 매수인 사이에 누가, 무엇을 해야하는지? 누가 물품의 운송이나 보험을 주선하는지 또는 누가 수출 또는 수입승인을 취득하는지 등을 규정하고 있다.

② 위험: 매도인이 언제 어디서 물품을 인도하는지? 즉 위험이 언제 매도인으로부터 매수인에게 이전하는지 규정하고 있다.

③ 비용: 매도인과 매수인이 부담하는 비용, 즉 운송비용, 포장비용, 적재 또는 양화비용, 점검 및 보안관련 비용 등을 누가 부담하는지 규정하고 있다.

여기에는 매도인의 의무사항(A1-A10)과 매수인의 의무사항(B1-B10) 각각 10가지를 명시하고 있다.

4. 인코텀즈 규칙의 비적용 사항

인코텀즈 규칙은 그 자체가 매매계약이 아니며 매매계약을 대체하지 않는다. 본 규칙은 물품매매거래에 적용할 수 있도록 거래관행을 반영하였으나 다음의 내용은 다루지 않는다.

① 전자적 형태의 무체물, 컴퓨터 소프트웨어, 지적재산권 등과 같은 무형재는 적용되지 아니하고 유형재로서 매매되는 물품에 적용된다.

② 물품매매에 따른 매도인과 매수인의 의무에 대해서 규정하고 있다. Incoterms®규칙 자체는 매매계약이 아니며, 매매계약을 대체하지도 않는다. 또한 기타 매매계약과 관련이 있는 물품가격, 대금지급의 시기, 방법, 장소 또는 통화에 관해서 언급이 없으며, 운송, 보험 및 금융계약 등에 대해서는 적용되지 아니한다.

③ 매매계약에 따른 소유권의 이전, 계약의 위반과 권리의 구제수단, 계약상 의무 이행의 지체 및 그 밖의 위반의 효과, 제제의 효력, 의무위반시의 분쟁해결방법, 장소 또는 준거법 등에 대해서는 전혀 다루고 있지 않다.

④ 인코텀즈는 통일법이나 조약과 같은 수준의 강행성을 갖지 못하고 무역거래조건의 해석에 관한 임의적인 규칙이다. 따라서 계약조건으로서의 구속력을 갖기 위해서는 계약당사자가 Incoterms® 2020에 의해 적용을 받는다는 준거조항을 명시하여야 한다. 또한 Incoterms® 2020규칙이 2020년부터 발효되었다고 하여 과거의 인코텀즈가 완전히 소멸되는 것은 아니다. 예컨대 계약당사자들이 Incoterms® 2010을 선호한다면 계약의 해석기준으로 합의하여 적용할 수 있다.

⑤ 그 외에도 매매물품의 사양(specification), 제재의 효력, 관세부과, 수출 또는 수입의 금지, 불가항력 또는 이행곤란(hardship) 등의 내용을 다루지 아니한다.

따라서 계약당사자는 인코텀즈에 적용되지 않는 사항을 고려하여 매매계약에서 구체적으로 규정할 필요가 있다.

☑ 준거조항

"Trade Terms: Unless otherwise stated, the trade terms under this contract shall be governed and interpreted under the Incoterms® 2020."

☑ 계약서상의 표기방법

[The chosen Incoterms® rule the named port, place or point] Incoterms® 2020.
    📖 FOB Busan Incoterms® 2020 or DAP NO 123, ABC Street, Importland Incoterms® 2020.

5. Incoterms의 효용가치

Incoterms는 매도인과 매수인에게 3가지 중요한 의미를 준다. ① 가격조건(price terms, quotation terms)의 기능, ② 인도조건(delivery terms) 또는 거래조건(trade terms)의 기능, ③ 계약당사자의 의무 규정(obligation terms)이라고 할 수 있다.

1) 가격조건

가격조건은 물품의 매매가격을 결정하는 조건이다. Incoterms는 매매당사자가 어떠한 비용을 부담하여야 하는지 가격을 산출할 수 있는 것이기 때문이다. 따라서 매도인과 매수인은 비용의 분담에 관한 다음 사항을 명확히 이해하는 것이 중요하다.

- 매도인은 어떠한 비용을 부담하는가?
- 매수인은 어떠한 비용을 부담하는가?

2) 인도조건

인도조건은 Incoterms 각각의 규칙에 따라 인도장소 및 인도시기, 인도방법이 결정되고, 위험의 이전에 대한 분기점을 다루고 있다. 따라서 매도인과 매수인은 다음 사항을 명확히 이해하는 것이 중요하다.

- 매도인은 언제, 어디에서, 어떻게 약정된 물품을 인도(delivery)하여야 하는가?
- 매수인은 언제, 어디에서, 어떻게 약정된 물품을 인수(taking delivery)하여야 하는가?

3) 계약 당사자의 의무규정

Incoterms는 매도인과 매수인에게 계약 이행을 위한 기본 의무사항을 명시한 조건이다. 따라서 매도인과 매수인은 다음 사항을 명확히 이해하는 것이 중요하다.

- 매도인은 어떠한 의무사항을 준수하여야 하는가?
- 매수인은 어떠한 의무사항을 준수하여야 하는가?

1. Incoterms® 2020 규칙의 구성 체계

Incoterms® 2020 Rules에 규정된 정형거래조건은 모두 11가지이며, 이들 거래조건은 실무적으로 이해하기 쉽게 운송방식에 따라 2개의 그룹으로 분류하고 있다. 즉 ① 단수 또는 복수의 운송방식에 적합한 규칙(rules for any mode or modes of transport), ② 해상 및 내륙수로운송에 사용되는 규칙(rules for sea and inland waterway transport)이 있다.

표 6-1　Incoterms® 2020 Rule의 분류

적합한 운송방식	약 어	비 고
Rules for Any Mode or Modes of Transport (단수 또는 모든 운송방식)	EXW(Ex Works)	
	FCA(Free Carrier)	
	CPT(Carriage Paid To)	
	CIP(Carriage and Insurance Paid To)	
	DAP(Delivered At Place)	
	DPU(Delivered at Place Unloaded)	Incoterms® 2010의 DAT와 유사
	DDP(Delivered Duty Paid)	
Rules for Sea and Inland Waterway Transport (해상 및 내륙수로 운송)	FAS(Free Alongside Ship)	
	FOB(Free On Board)	
	CFR(Cost And Freight)	
	CIF(Cost Insurance And Freight)	

① '모든 운송방식에 적용되는 규칙'의 그룹은 채택된 운송방식에 관계없이 사용될 수 있으며, 또한 운송방식이 하나 또는 그 이상이든 관계없이 사용될 수 있다. 여기에 해당되는 7개 규칙은 해상운송이 전혀 사용되지 않을 경우에 사용되지 만 복합운송의 일부 과정에서는 선박이 사용될 수 있다.

② '해상운송과 내륙수로운송에 적용되는 규칙'의 그룹은 매도인에게 인도지점 및 위험의 이전 장소가 모두 항구이므로 "해상 및 내륙수로" 규칙으로 명명되었다. 여기에는 FAS, FOB, CFR 및 CIF이 해당된다. 이들 그룹은 매도인이 물품을 바 다나 강의 항구에서 선박에 적재(FAS는 선측에 두는)하는 경우에 사용되는 규칙

이다. 이러한 지점에서 매도인은 매수인에게 물품을 인도하고 물품의 멸실 또는 손상의 위험을 매수인에게 이전한다.

한편 Incoterms® 2020 규칙은 매도인의 책임이 증가하는 인도지점(delivery points)의 순서대로 나열하면 전통적인 4개의 카테고리(categories)라고 할 수 있는 E그룹, F그룹, C그룹, D그룹으로 분류할 수 있다.

표 6-2　전통적 방법에 의한 Incoterms® 2020의 분류

Group E	Departure 출발지	EXW	• Ex Works(insert named place of delivery) Incoterms® 2020
Group F	Main Carriage Unpaid 주운임 미지급	FCA FAS FOB	• Free Carrier(insert named place of delivery) Incoterms® 2020 • Free Alongside Ship(insert named port of shipment) Incoterms® 2020 • Free On Board(insert named port of shipment) Incoterms® 2020
Group C	Main Carriage Paid 주운임 지급	CFR CIF CPT CIP	• Cost and Freight(insert named port of destination) Incoterms® 2020 • Cost, Insurance and Freight(insert named port of destination) Incoterms® 2020 • Carriage Paid To(insert named place of destination) Incoterms® 2020 • Carriage and Insurance Paid To(insert named place of destination) Incoterms® 2020
Group D	Arrival 도착지	DAP DPU DDP	• Delivered At Place(insert named place of destination) Incoterms® 2020 • Delivered At Place Unloaded(insert named place of destination) Incoterms® 2020 • Delivered Duty Paid(insert named place of destination) Incoterms® 2020

Incoterms® 2020은 11가지 거래조건을 운송방식에 따라 2개의 그룹으로 분류하고 있지만 물품인도 지점과 위험부담 측면에서 매도인의 책임이 증가하는 순서대로 나열하면 4개의 그룹으로 다음과 같이 설명할 수 있다.

첫째, "그룹 E"는 출발지 조건(departure)군으로 현장에서 물품을 인도하는 공장인도(Ex Works: EXW)규칙이 있다.

둘째, "그룹 F"는 주운임 미지급조건(main carriage unpaid)군으로 운송인인도(Free Carrier: FCA)규칙, 선측인도(Free Alongside Ship: FAS)규칙, 본선인도(Free On Board: FOB)규칙 총 3개가 있다. 본 그룹에서 매도인은 매수인이 지정한 운송인에게 선적지에서 물품을 인도하지만, 목적지까지의 주 운송비를 지급하지 아니하는 공통점이 있다. 그리고 운임이 후지급(freight collect)조건 군에 속한다.

셋째, "그룹 C"는 주운임 지급인도(main carriage paid)군으로 매도인은 기본적으로 지정된 목적지까지 운송 또는 보험계약을 체결하고 주 운송비를 지급하지만, 지정된 목적지는 매도인이 물품을 인도해야 하는 장소나 항구는 아니다. 또한 "그룹 C"에서 매도인은 물품을 인도한 후의 위험과 추가비용을 부담하지 아니하는 것이다. 여기에는 운임포함인도(Cost and Freight: CFR)규칙, 운임·보험료포함인도(Cost, Insurance and Freight: CIF)규칙, 운송비지급인도(Carriage Paid To: CPT)규칙, 운송비·보험료지급인도(Carriage and Insurance Paid to: CIP)규칙이 있다.

넷째, "그룹 D"는 도착지조건(arrival)군으로서 매도인은 목적지까지 물품을 운반하는데 필요한 모든 비용과 위험을 부담하여 매수인에게 물품을 인도하는 것이다. 여기에는 도착지인도(Delivered At Place: DAP)규칙, 도착지 양화인도(Delivered at Place Unloaded: DPU)규칙, 관세지급인도(Delivered Duty Paid: DDP)규칙이 있다.

2. 매도인과 매수인의 의무

Incoterms® 2020 Rules은 각 11개 조건별로 매도인과 매수인에 대한 의무사항을 다음 <표 6-3>과 같이 10개 조항으로 대칭되게 분류하여 배열하고 있다.

표 6-3   거래규칙별 당사자 의무조항

A. 매도인의 의무	B. 매수인의 의무
A1. 일반적 의무	B1. 일반적 의무
A2. 인도	B2. 인수
A3. 위험의 이전	B3. 위험의 이전
A4. 운송	B4. 운송
A5. 보험	B5. 보험
A6. 인도/운송서류	B6. 인도/운송서류
A7. 수출/수입통관	B7. 수출/수입통관
A8. 점검·포장·화인	B8. 점검·포장·화인
A9. 비용분담	B9. 비용분담
A10. 통지	B10. 통지

서류의 제시에 대해서도 인코텀즈는 종이서류 또는 전자적 방식으로 제공할 수 있다. Incoterms® 2020 규칙의 A1/B1에서 당사자의 합의가 없는 경우에 매도인이나 매수인은 관행에 따라 종이서류 또는 전자적 방식(electronic form)으로 제시할 수 있도록 하고 있다.[2]

그러나 운송서류 중에 물품의 권리증권(document of title)으로서 인정되는 것은 선화증권(bill of lading)뿐이기 때문에, 운송 중에 있는 물품을 매각할 경우에는 비유통성의 전자통신문으로 선화증권을 대체할 수 없다.

또한 Incoterms® 2020 규칙은 A5/B5(보험)에 관하여 규정하고 있는데, 매도인이 매수인에 대하여 부보의무(보험계약 체결의무)를 지는 것은 오직 CIF와 CIP뿐이다. 그 밖의 규칙들은 매도인 또는 매수인은 상대방에 대하여 부보의무는 없지만 당사자의 의무의 하나로서 보험에 관한 정보를 제공할 의무를 지니도록 하고 있다. Incoterms® 2020의 각 규칙 A5/B5에서 당사자 중 어느 일방이 보험계약 체결 의무를 지지 않으나 상대방의 요청이 있는 경우, 상대방의 위험과 비용으로 보험을 취득하는데 필요한 정보를 제공할 의무를 규정하고 있다.

3. Incoterms® 2020 규칙의 특징

Incoterms® 2020 규칙은 Incoterms® 2010과 비교할 때 주요 변경된 내용과 특징은 다음과 같다.

1) 각 규칙 내 조항 순서의 변경

Incoterms® 2020 10개 규칙의 모든 A/B조항은 A1/B1(일반적 의무)를 제외하고는 중요한 내용을 앞쪽으로 전진 배치됨으로써 조항의 내부 배열 순서가 바뀌었다. 가령 인도조항이 과거의 A4/B4에서 현재의 A2/B2로 이동하였고, 위험이전 조항이 과거의 A5/B5에서 현재의 A3/B3로 이동하였다. 다만 비용의 분담조항은 중요성에도 불구하고 비용에 관한 일람표(one stop list)를 제공함으로써 매도인과 매수인이 비용부담을 한 곳에서 쉽게 알아볼 수 있도록 하기 위하여 과거의 A6/B6에서 현재의 A9/B9으로 이동하였다. 운송조항과 보험조항은 과거의 A3/B3에 한 조항 안에서 명시하였는데 Incoterms® 2020에서는 A4/B4(운송)과 A5/B5(보험)으로 각각 분리하여 배치하였다.

---

2) ICC, Incoterms® 2020 각 Rule, A1/B1참조

표 6-4   Incoterms® 2010과 2020의 조항의 배열순서 변경 비교

Incoterms® 2010	Incoterms® 2020
• A1/B1 General obligations of the seller/buyer	• A1/B1 General obligations
• A2/B2 License, authorizations, security clearances and other formalities.	• A2/B2 Delivery/Taking Delivery
• A3/B3 Contracts of carriage and insurance	• A3/B3 Transfer of Risks
• A4/B4 Delivery/Taking delivery	• A4/B4 Carriage
• A5/B5 Transfer of risks	• A5/B5 Insurance
• A6/B6 Allocation of costs	• A6/B6 Delivery/Transport Document
• A7/B7 Notices to the buyer/seller	• A7/B7 Export/Import Clearance
• A8/B8 Delivery document/Proof of delivery	• A8/B8 Checking/Packaging/Making
• A9/B9 Checking/Packaging/Making	• A9/B9 Allocation of Costs
• A10/B10 Assistance with information and related cost	• A10/B10 Notices

2) FCA에서 본선적재 선화증권 발행 가능

물품이 FCA로 매매되고 해상으로 운송되는 경우에 매도인 또는 매수인은 본선적재 표기(on board notation)가 기재된 선화증권이 필요한 경우가 있다. 주로 신용장이 발행된 경우 은행은 대개 이러한 선화증권을 요구하게 되는 상황이 발생한다. FCA규칙에서 물품인도는 본선적재 전에 완료되기 때문에 매도인이 운송인으로부터 본선적재선화증권(on board bill of lading)을 취득하는 것이 확실하지 않게 된다. 왜냐하면 운송인은 자신의 운송계약상 물품이 실제로 적재된 이후에야 비로소 본선적재선화증권을 발행할 의무와 권리가 있기 때문이다.

이러한 상황에 대비하여 FCA규칙(A6/B6)은 본선적재 표기가 있는 선화증권에 관한 추가적인 옵션을 규정하였다. 당사자의 합의에 의하여 매수인은 선적 이후에 물품이 적재되었음을 기재한 운송서류를 자신의 비용과 위험으로 매도인에게 발행하도록 운송인에게 지시하여야 한다고 매수인의 본선적재 선화증권 발행지시 의무를 규정하였다. 또한 매도인은 이러한 운송서류를 취득하는 데 협조를 제공하고 그러한 서류를 매수인에게 제공하여야 한다고 매도인의 본선적재 선화증권 제공의무를 명시하였다.

3) 비용규정의 일원화

Incoterms® 2010의 여러 규칙들은 매매 당사자에게 할당되는 다양한 비용이 각각 여러 부분에 나뉘어 규정되어 있었다. 예컨대 FOB Incoterms® 2010에서 인도서류의 취득에 관한 비용은 '비용분담(allocation of cost)'이라는 제목의 A6이 아니라 '인도서류(delivery document)'라는 제목의 A8에 언급되었다.

그러나 Incoterms® 2020은 사용자들에게 비용에 관한 일람표(on stop list)를 제공하도록 일원화하였다. 이에 따라 매도인과 매수인은 인코텀즈 규칙상에서 자신이 부담하는 모든 비용항목은 본래 조항인 A9/B9(allocation of cost)에 언급되어 있고, 서류를 취득하는데 소용되는 비용은 A9/B9뿐만 아니라 A6/B6(delivery/transport document)에도 여전히 나타난다.

4) CIF와 CIP간 부보수준의 차별화

Incoterms® 2010 규칙의 CIF 및 CIP에서 매도인은 "자신의 비용으로 협회적화약관의 C 약관이나 그와 유사한 약관에 상응하는 최소담보조건"에 따른 적화보험을 취득할 의무를 부과하였다. 그러나 Incoterms® 2020의 CIF 규칙은 일차산품의 해상무역에 사용될 가능성이 높으므로 기존대로 최소담보조건인 C약관으로 부보하도록 규정하고, CIP는 매도인의 부보범위를 협회적화약관의 A약관으로 확대 부보하도록 개정함으로써 매수인의 이익이 증대되도록 하였다. 물론 당사자는 합의에 의하여 보다 낮은 수준의 부보를 선택할 수 있다.

5) 매도인 또는 매수인 자신의 운송수단에 의한 운송 허용

이전의 Incoterms® 2010 규칙에서는 매도인으로부터 매수인에게 물품을 운송할 경우에 당해 인코텀즈 규칙에 따라 매도인 또는 매수인은 운송을 위하여 사용되는 제3자 운송인(third party carrier)에 의해 물품이 운송될 것 전제로 설명하고 있었다. 그러나 물품이 매도인으로부터 매수인에게 운송될 경우에 상황에 따라서는 제3자의 운송인의 개입 없이 매도인이나 매수인이 자신의 운송수단을 사용하여 직접 운송하는 경우가 있다. 이러한 점을 고려하여Incoterms® 2020에서 이제 FCA규칙에서 매수인과 D terms(DAP, DPU, DDP)의 매도인은 운송인을 이용할 수 있고 또한 자신의 운송수단을 이용하여 운송할 수 있게 되었다.

6) DAT에서 DPU 규칙으로 개정

Incoterms® 2010에서 DAT(Delivered at Terminal, 터미널 인도)는 매도인이 목적지 지정 터미널에 도착하는 운송수단으로부터 화물을 양화(unloading)하여 인도하는 규칙이다. 그런데 개정 Incoterms® 2020에서는 DAT의 명칭이 DPU로 변경되었고, 목적지에서 물품의 인도장소가 '터미널'뿐만 아니라 목적지 어떤 장소든지 사용될 수 있도록 개정하였다. 따라서 Incoterms® 2020의 DPU는 매도인이 수입지 지정된 장소까지 물품이 도착하여 운송수단에서 양화된 상태에서 매수인의 임의처분상태로 인도하는 규칙이다. 다만 주의할 점은 매도인은 수입국의 목적지에서 물품이 양화가 가능한지 여부를 확인하도록 권고하고 있다.[3)]

7) 운송 및 비용 조항에 보안관련 의무 명시

Incoterms® 2010 규칙이 제정될 당시에는 테러 등에 대비한 보안관련 조항이 A2/B2 내지 A10/B10에 명시되어 운영되어 왔으나 이제 10여 년이 지나면서 보안에 관련된 선적관행이 상당히 정립되었다. Incoterms® 2020에서는 각 규칙의 A4(운송)와 A7(수출통관)에 보안관련 의무를 명시하고, 보안관련 비용도 A9/B9(비용분담)에 추가적으로 명시하였다. 그러나 이러한 명시는 Incoterms® 2010과 비교하여 실질적인 변경이 있는 것은 아니라 보안관련 의무를 더욱 명확하게 한 것이다.

8) 사용자를 위한 설명문

Incoterms® 2010상의 '안내서'(Guidance Note)은 Incoterms® 2020에서 '사용자를 위한 설명문'(Explanatory Notes for Users)로 명칭이 변경되었다. 이러한 설명문은 각 규칙이 어떤 경우에 사용되어야 하는지, 위험은 언제 이전하는지 그리고 매도인과 매수인 사이에 비용분담은 어떠한지 등의 개별 인코텀즈 규칙의 기본내용을 설명한다. 이 설명문의 목적은 ① 사용자들이 특정 거래에 적합한 인코텀즈 규칙을 정확하고 효율적으로 찾는데 도움을 주기 위한 것이며, ② Incoterms® 2020이 적용되는 분쟁이나 계약에 관하여 의사결정 또는 조언하는 사람들에게 해석이 필요한 사항에 관하여 지침(guidance)을 제공하기 위한 것이다.

---

3) Introduction to Incoterms® 2020, para 75.

9) 연속적 매매(string sales)에서 물품인도 규정 확대

제조물품의 매매와 반대로 1차 산품(commodities)[4]매매에서의 화물은 흔히 운송도중에 연속적으로(down a string) 여러 차례 판매가 이루어진다. 이와 같이 연속적인 매매가 발생할 경우 중간의 매도인은 최초의 매도인이 이미 선적을 하였으므로 화물의 선적이 발생하지 않는다. 전매 중간과정의 매도인은 물품을 선적하는 것이 아니라 단지 선적된 물품을 조달(procuring)함으로써 매수인에 대한 그의 인도의무를 이행한다. 이전 Incoterms® 2010의 FAS, FOB, CFR, CIF 규칙에서는 물품을 선적할 의무에 대한 대안으로 "선적된 물품을 조달(procure goods shipped)"해야 할 의무를 규정하였다. 그러나 개정 Incoterms® 2020은 EXW를 제외한 10개 규칙에서 매도인이 "그렇게 인도된 물품을 조달(procure goods so delivered)"하는 방법으로 물품을 인도하도록 허용하고 있으며, 일차산품 거래에서 수차례의 연속적인 매매가 발생되는 무역관행을 반영하였다.

SECTION 03 | Incoterms의 이해방법

Incoterms® 2020를 잘 이해하기 위해서는 다음 5가지를 명확히 알고 있어야 한다.

1. 정의

Incoterms® 2020 11개의 정의를 명확히 이해하고 있어야 한다. 이러한 정의는 각 11개 규칙의 사용자를 위한 설명서(explanatory notes for users)에서 개념을 명확히 하고 있다. 특히 Incoterms상의 정의는 매도인의 입장에서 설명되고 있으므로 이해하기 쉽다.

예를 들어 설명하면, FOB는 Free on Board… named port of shipment의 약어이다. 따라서 매도인 입장에서 설명되므로 매도인이 약정된 물품을 지정된 선적항의 본선(on board)에 인도하였을 때 그의 의무가 해제(free)된다는 의미이다.

---

4) 여기서의 산품(commodities)은 대체로 시장의 기능으로써 가격이 결정되고 현장 및 파생적 시장에서 거래가 이루어지는 것을 의미한다. 여기에는 기본자원은 물론 철광석, 원유, 석탄, 알루미늄, 에탄올, 설탕, 콩, 쌀, 밀, 금, 은 등의 살화물(Bulk Cargo)이 해당된다(www.wikipedia.org).

2. 물품의 인도

Incoterms® 2020 규칙을 명확하게 이해하기 위해서는 물품의 인도 장소 또는 지점을 명확히 이해하여야 한다. 매도인은 언제(인도시기), 어디에서(인도장소), 어떻게(인도방법) 물품을 인도하여야 하는지 그리고 인도증거 서류로써 어떠한 것을 제시하여야 하는지를 알고 있어야 한다.

물품의 인도는 앞에서 설명한 바와 같이 현실적 실물인도조건(actual delivery)과 물품을 대표하는 서류를 인도하는 상징적 인도조건(symbolic delivery)이 있다. 따라서 실물을 인도할 때는 어느 장소에서 인도하여야 하는가? 서류를 인도할 경우에는 물품을 어디에 두어야 하는가? 또한 물품을 대표하는 서류는 어떠한 것이 인도되어야 하는가? 등의 문제를 파악하여야 한다.

> **기 본 용 어**
>
> ☑ 인도(delivery) 의 의미
> ① SGA 61(1): 점유의 자발적 이전(the voluntary transfer of possession)
> ② Incoterms® 2020: 매수인의 '임의처분상태로 물품을 놓아두다(place the goods at the disposal of the buyer)', '물품을 운송인에게 인도하다(hand the goods over to the carrier)'
> ☞ '물품을 매수인의 임의처분상태로 놓아 두다'는 의미는 매수인이 현실적으로 물품을 수령하기 위하여 점유할 수 있도록 물품을 특정하고, 적합한 포장을 한 상태에서 인도준비를 완료한 것을 매수인에게 통지함을 의미함
> ③ Vienna 협약: '물품을 인도(교부)하다(handling over the goods)'
> ④ 민법 196조: 물품에 관한 지배의 이전, 동산의 경우 점유권의 양도를 의미

3. 위험의 이전

위험의 이전(transfer of risk) 시점을 이해할 필요가 있다. 즉 매도인이 어디까지 위험을 부담하고 매도인으로부터 매수인에게 언제 위험이 이전되는지 그 분기점을 파악해야 한다. 인코텀즈에서 모든 규칙들은 물품이 인도될 때까지는 매도인이 위험을 부담하고 물품이 인도된 때부터 매수인이 위험을 부담하는 원칙을 갖고 있다. 따라서 인코텀즈에서 위험의 이전은 물품인도 시점과 동일시되고 있다. 이와 같이 위험의 이전 시점을 파악하면 운송 중의 물품이 멸실되거나 손상되면 누구에게 책임에 있는지 파악할 수 있을 것이다.

4. 비용의 분담

매도인과 매수인 중에 누가 운송계약을 체결하고 운임을 지급하며, 또한 누가 보험계약을 체결하고 보험료를 지급하는지 등의 비용의 분담을 이해할 필요가 있다. Incoterms에서의 E, F, D Group은 물품의 인도 장소에서 위험과 비용이 동일하게 이전됨으로써 개념을 정확히 파악하면 쉽게 알 수 있다. 다만 C Group은 물품의 인도 장소에서 위험이 이전되나 위험과 비용의 이전(분기점)이 서로 다르므로 유념할 필요가 있다.

5. 수출입 통관의무

매도인과 매수인간에 수출통관 의무와 수입통관 의무를 누가 지니는지 파악할 필요가 있다. 일반적으로 수출통관은 매도인이 수입통관은 매수인이 이행하는 것이 원칙이다. 왜냐하면 통관은 자국에 소재하는 화주나 관세사가 자국의 법률에 의거하여 이행하는 것이 업무상 효율적이고 편리하기 때문이다. 그러나 EXW는 매수인이 수출통관의무를 부담하고, DDP는 매도인이 수입통관의무를 지니게 되므로 예외라고 할 수 있다.

따라서 본 교재에서는 수출입통관의무에 대한 관련된 사항은 상기 내용으로 대체하고 별도로 다루지 않기로 한다.

• 매도인 → 수출통관 의무 부담
• 매수인 → 수입통관 의무 부담
* 예외, EXW은 매수인이 수출통관 의무, DDP는 매도인이 수입통관 의무를 부담

---

07 Incoterms®
2020의 각론

SECTION 01 현장인도조건군

 ☑ E Group의 공통점

① 매도인은 물품을 자신의 영업장소에서 인도하는 출발지 인도조건(departure)군이다.

② 위험과 비용의 분기점이 동일하게 이전된다.

1. EXW(Ex Works) 공장인도

EXW (insert named place of delivery) Incoterms® 2020

EXPLANATORY NOTES FOR USERS

1. **Delivery and risk**—"Ex Works" means that the seller delivers the goods to the buyer when it places the goods at the disposal of the buyer at a named place (like a factory or warehouse), and that named place may or may not be the seller's premises.

   For delivery to occur, the seller does not need to load the goods on any collecting vehicle, nor does it need to clear the goods for export, where such clearance is applicable.

2. **Mode of transport**—This rule may be used irrespective of the mode or modes of transport, if any, selected.

3. **Place or precise point of delivery**—The parties need only name the place of delivery. However, the parties are well advised also to specify as clearly as possible the precise point within the named place of delivery. A named precise point of delivery makes it clear to both parties when the goods are delivered and when risk transfers to the buyer; such precision also marks the point at which costs are for the buyer's account. If the parties do not name the point of delivery, then they are taken to have left it to the seller to select the point "that best suits its purpose". This means that the buyer may incur the risk that the seller may choose a point just before the point at which goods are lost or damaged. Best for the buyer therefore to select the precise point within a place where delivery will occur.

4. **A note of caution to buyers**—EXW is the Incoterms® rule which imposes the least set of obligations on the seller. From the buyer's perspective, therefore, the rule should be used with care for different reasons as set out below.

5. **Loading risks**— Delivery happens—and risk transfers—when the goods are placed, not loaded, at the buyer's disposal. However, risk of loss of or damage to the goods occurring while the loading operation is carried out by the seller, as it may well be, might arguably lie with the buyer, who has not physically participated in the loading. Given this possibility, it would be advisable, where the seller is to load the goods, for the parties to agree in advance who is to bear the risk of any loss of or damage to the goods during loading. This is a common situation simply because the seller is more likely to have the necessary loading equipment at its own premises or because applicable safety or security rules prevent access to the seller's premises by unauthorised personnel. Where the buyer is keen to avoid any risk during loading at the seller's premises, then the buyer ought to consider choosing the FCA rule (under which, if the goods are delivered at the seller's premises, the seller owes the buyer an obligation to load, with the risk of loss of or damage to the goods during that operation remaining with the seller).

6. **Export clearance**—With delivery happening when the goods are at the buyer's disposal either at the seller's premises or at another named point typically within the seller's

jurisdiction or within the same Customs Union, there is no obligation on the seller to organise export clearance or clearance within third countries through which the goods pass in transit. Indeed, EXW may be suitable for domestic trades, where there is no intention at all to export the goods. The seller's participation in export clearance is limited to providing assistance in obtaining such documents and information as the buyer may require for the purpose of exporting the goods. Where the buyer intends to export the goods and where it anticipates difficulty in obtaining export clearance, the buyer would be better advised to choose the FCA rule, under which the obligation and cost of obtaining export clearance lies with the seller.

사용자를 위한 설명문

1. **인도와 위험** – "공장인도"는 매도인이 물품을 (공장이나 창고와 같은) 지정장소에서 매수인의 임의처분하에 둘 때, 매수인에게 물품이 인도되는 것을 의미하며, 그리고 그 지정장소는 매도인의 영업구내일 수도 있고 아닐 수도 있다. 인도가 일어나기 위하여 매도인은 물품을 수취용 차량에 적재하지 않아도 되고, 물품의 수출통관이 요구되더라도 이를 수행할 필요가 없다.

2. **운송방식** – 본 규칙은 선택되는 어떤 운송방식이 있는 경우에 그것이 어떠한 단일 또는 복수의 운송방식인지를 불문하고 사용할 수 있다.

3. **인도장소 또는 정확한 인도지점** – 당사자들은 단지 인도장소만 지정하면 된다. 그러나 당사자들은 또한 지정인도장소 내에 정확한 지점을 가급적 명확하게 명시하는 것이 좋다. 그러한 정확한 지정인도지점은 양당사자에게 언제 물품이 인도되는지와 언제 위험이 매수인에게 이전하는지 명확하게 하며, 또한 그러한 정확한 지점은 매수인의 비용부담의 기준점을 확정한다. 당사자들이 인도지점을 지정하지 않는 경우에는 매도인이 "그의 목적에 가장 적합한" 지점을 선택하기로 한 것으로 된다. 이는 매도인이 물품의 멸실 또는 손상이 발생한 지점이 아닌 그 직전의 지점을 선택할 수도 있는 위험이 매수인에게 있음을 의미한다. 따라서 매수인에 대한 최선은 인도가 이루어질 장소 내에 정확한 지점을 선택하는 것이 가장 좋다.

4. **매수인을 위한 유의사항** – EXW는 매도인에게 최소의 일련의 의무를 지우는 인코텀즈규칙이다. 따라서 매수인의 관점에서 이 규칙은 아래와 같은 여러 가지 이유로 조심스럽게 사용하여야 한다.

5. **적재위험** – 인도는 물품이 적재된 때가 아니라 매수인의 처분하에 놓인 때에 일어난다. 그리고 그때 위험이 이전한다. 그러나 매도인이 적재작업을 수행하는 동안에 발생하는 물품의 멸실 또는 손상의 위험을 적재에 물리적으로 참여하지 않은 매수인이 부담하는 것은 으레 그렇듯이 논란이 될 수 있다. 이러한 가능성 때문에 매도인이 물품을 적재하여야 하는 경우에 당사자들은 적재 중 물품의 멸실 또는 손상의 위험을 누가 부담하는지를 미리 합의하에 두는 것이 바람직하다. 단순히 매도인이 그의 영업구내에서 필요한 적재장비를 가지고 있을 가능성이 더 많기 때문에 혹은 적용가능한 안전규칙이나 보안규칙에 의하여 권한 없는 인원이 매도인의 영어구내에 접근하는 것이 금지되기 때문에 매도인이 물품을 적재하는 것은 흔

한 일이다. 매도인의 영업구내에서 일어나는 적재작업 중의 위험을 피하고자 하는 경우에 매수인은 FCA 규칙을 선택하는 것을 고려하여야 한다(FCA 규칙에서는 물품이 매도인의 영업구내에서 인도되는 경우에 매도인이 매수인에 대하여 적재의무를 부담하고 적재작업 중에 발생하는 물품의 멸실 또는 손상의 위험은 매도인이 부담한다).

6. **수출통관** - 물품이 매도인의 영업구내에서 또는 정형적으로 매도인의 국가나 관세동맹지역 내에 있는 다른 지정지점에서 매수인의 처분하에 놓인 때에 인도가 일어나므로, 매도인은 수출통관이나 운송 중에 물품이 통과할 제3국의 통관을 수행할 의무가 없다. 사실 EXW는 물품을 수출한 의사가 전혀 없는 국내거래에 적절하다. 수출통관에 관한 매도인의 참여는 물품수출을 위하여 매수인이 요청할 수 있는 서류와 정보를 취득하는 데 협력을 제공하는 것에 한정된다. 매수인이 물품을 수출하기를 원하나 수출통관을 하는 데 어려움이 예상되는 경우에, 매수인은 수출통관을 할 의무와 그에 관한 비용을 매도인이 부담하는 FCA 규칙을 선택하는 것이 더 좋다.

1) 정의

여기서 "Ex"라는 단어는 "…으로부터"(from, out of)의 뜻을 가진 라틴어의 전치사이며 '특정의 장소로부터'(from a specified place), 또는 '특정의 장소에서 인도되는'(delivered at a specified place) 의미이다. Works는 물품이 있는 장소, 즉 매도인의 창고·공장·원산지 등을 의미한다.

공장인도(EXW)규칙은 매도인이 계약물품을 매도인의 공장이나 창고와 같은 지정장소에서 약정된 기간 내에 매수인의 임의처분상태에 둘 때[1] 매도인의 인도의무가 완료되는 조건이다.

본 규칙은 유럽에서는 Loco, On spot라고도 하며 개정 미국무역정의(RAFTD)의 Ex(point of origin)에 해당된다. EXW의 유형에는 Ex Store, Ex Plantation, Ex Factory, Ex Mill, Ex Warehouse 등이 있다.

이 규칙은 물품의 생산 장소뿐만 아니라 상품의 유통단계에서 처음으로 상거래가 이루어지는 원산지(point of origin)를 기준으로 하고 있으므로 일종의 수출국내의 생산지 및 공급지 등에서 이루어지는 국내매매조건이라고 할 수 있다.

EXW는 인코텀즈상의 11가지 정형거래조건 중에서 매도인에 대하여는 최소한의 의무를, 매수인에 대하여는 최대한의 의무를 나타내는 것이다.

---

1) '매수인의 임의처분상태에 둔다'는 말은 매수인이 물품을 수령할 수 있는 상태로 물품을 특정하고 포장을 완료한 상태에서 인도준비가 완료된 상태를 의미한다.

2) 물품의 인도

EXW는 매도인이 자신의 공장이나 창고와 같은 지정장소에서 물품을 인도하는 현실적 실물인도조건이다. 그러므로 매도인의 입장에서는 국내거래와 동일한 것이다. 매도인은 수출통관이 되지 않는 물품을 수취용 차량에 적재되지 않은 상태로 인도한다는 의미이다. 만약 매도인에게 물품의 적재(적재위험 및 비용)를 책임지도록 하려면 그와 같은 취지를 계약서상에 명백한 문구로 삽입하여 명확히 해두어야 한다.

• 거래조건 표기의 예
  - EXW + 지정 인도장소(구체적인 주소 및 장소기재) Incoterms® 2020
  - EXW KnockSan Factory Incoterms® 2020

---

3) 위험의 이전

매도인은 자신의 구내 또는 지정된 장소(작업장, 공장, 창고)에서 물품을 인도할 때까지 물품에 발생되는 손해에 대한 위험을 부담하게 된다.

4) 비용의 이전

매도인은 물품이 자신의 구내 또는 지정된 장소에서 인도 가능한 상태에 놓일 때까지 물품에 대한 비용을 부담하고 그 이후는 매수인이 비용을 부담한다. 여기서 '인도 가능한 상태'란 매수인이 물품을 인수하도록 임의처분상태로 준비하는 경우를 의미한다.

5) 수출통관 및 수입통관의무

수출통관은 매도인이 수입통관은 매수인이 하는 것이 원칙이나 공장인도규칙에서 매도인은 자신의 창고에서 인도하므로 매수인이 수출통관 및 수입통관을 이행하게 된다. EXW 규칙하에서는 매수인은 수출승인 또는 공적승인뿐만 아니라 수입승인을 취득하여야 하고, 매도인은 매수인의 비용부담으로 이를 취득하는 데 필요한 협조를 다하여야 한다. 그러므로 매수인은 수출통관의 의무를 수용하기 전에 수출국가의 법령에 따라 외국인에 의한 수출승인이나 수출통관이 가능한지의 여부를 확인할 필요가 있다.

매수인이 수출통관 의무를 피하고자 할 때에는 EXW 규칙 뒤에 "cleared for export"(수출통관 필)라는 문언을 추가하거나 FCA 규칙을 사용하여야 할 것이다.

SECTION 02 F group (주운임 미지급조건 군)

> ☑ F Group의 공통점
> ① 매도인은 해상운송을 포함한 주된 운송구간의 운임을 지급하지 않는 주운임 미지급조건(main carriage unpaid)군이다.
> ② 매수인이 목적지까지 운송계약을 체결하고 운임을 지급(운임 후불, freight collect)하여야 할 의무가 있다(매도인은 매수인이 지정한 운송인이나 선박에 물품을 인도해야 할 의무가 있음).
> ③ 위험과 비용의 분기점이 동일하게 이전된다.

1. FCA(Free Carrier) 운송인인도

FCA (insert named place of delivery) Incoterms® 2020

▶ 인도장소: 매도인의 영업구내(seller's premises)

▶ 인도장소: 기타장소(another place)

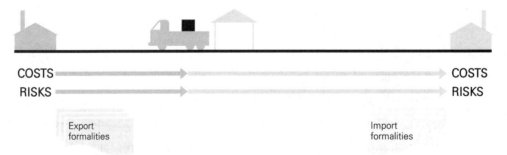

EXPLANATORY NOTES FOR USERS

1. **Delivery and risk** – "Free Carrier(named place)" means that the seller delivers the goods to the buyer in one or other of two ways.

   First, when the named place is the seller's premises, the goods are delivered when they are loaded on the means of transport arranged by the buyer. Second, when the named place is another place, the goods are delivered when, having been loaded on the seller's means of transport, they reach the named other place and are ready for unloading from that seller's means of transport and at the disposal of the carrier or of another person nominated by the buyer. Whichever of the two is chosen as the place of delivery, that place identifies where risk transfers to the buyer and the time from which costs are for the buyer's account.

   Whichever of the two is chosen as the place of delivery, that place identifies where risk transfers to the buyer and the time from which costs are for the buyer's account.

2. **Mode of transport** – This rule may be used irrespective of the mode of transport selected and may also be used where more than one mode of transport is employed.

3. **Place or point of delivery** – A sale under FCA can be concluded naming only the place of delivery, either at the seller's premises or elsewhere, without specifying the precise point of delivery within that named place. However, the parties are well advised also to specify as clearly as possible the precise point within the named place of delivery. A named precise point of delivery makes it clear to both parties when the goods are delivered and when risk transfers to the buyer; such precision also marks the point at which costs are for the buyer's account. Where the precise point is not identified, however, this may cause problems for the buyer. The seller in this case has the right to select the point "that best suits its purpose" : that point becomes the point of delivery, from which risk and costs transfer to the buyer. If the precise point of delivery is not identified by naming it in the contract, then the parties are taken to have left it to the seller to select the point "that best suits its purpose". This means that the buyer may incur the risk that the seller may choose a point just before the point at which goods are lost or damaged. Best for the buyer therefore to select the precise point within a place where delivery will occur.

4. **'or procure goods so delivered'** – The reference to "procure" here caters for multiple sales down a chain (string sales), particularly, although not exclusively, common in the commodity trades.

5. **Export/import clearance** – FCA requires the seller to clear the goods for export, where applicable. However, the seller has no obligation to clear the goods for import or for transit through third countries, to pay any import duty or to carry out any import customs formalities.

6. **Bills of lading with an on-board notation in FCA sales** – We have already seen that

FCA is intended for use irrespective of the mode or modes of transport used. Now if goods are being picked up by the buyer's road－haulier in Las Vegas, it would be rather uncommon to expect a bill of lading with an on－board notation to be issued by the carrier from Las Vegas, which is not a port and which a vessel cannot reach for goods to be placed on board. Nonetheless, sellers selling FCA Las Vegas do sometimes find themselves in a situation where they need a bill of lading with an on－board notation (typically because of a bank collection or a letter of credit requirement), albeit necessarily stating that the goods have been placed on board in Los Angeles as well as stating that they were received for carriage in Las Vegas. To cater for this possibility of an FCA seller needing a bill of lading with an on－board notation, FCA Incoterms® 2020 has, for the first time, provided the following optional mechanism. If the parties have so agreed in the contract, the buyer must instruct its carrier to issue a bill of lading with an on－board notation to the seller. The carrier may or may not, of course, accede to the buyer's request, given that the carrier is only bound and entitled to issue such a bill of lading once the goods are on board in Los Angeles. However, if and when the bill of lading is issued to the seller by the carrier at the buyer's cost and risk, the seller must provide that same document to the buyer, who will need the bill of lading in order to obtain discharge of the goods from the carrier. This optional mechanism becomes unnecessary, of course, if the parties have agreed that the seller will present to the buyer a bill of lading stating simply that the goods have been received for shipment rather than that they have been shipped on board. Moreover, it should be emphasised that even where this optional mechanism is adopted, the seller is under no obligation to the buyer as to the terms of the contract of carriage. Finally, when this optional mechanism is adopted, the dates of delivery inland and loading on board will necessarily be different, which may well create difficulties for the seller under a letter of credit.

사용자를 위한 설명문

1. **인도와 위험** －"운송인인도(지정장소)"는 매도인이 물품을 매수인에게 다음과 같은 두 가지 방법 중 어느 하나로 인도하는 것을 의미한다. 첫째, 지정 장소가 매도인의 하치장(영업구내)인 경우, 물품은 매수인이 마련한 운송수단에 적재된 때 인도된다. 둘째, 지정 장소가 그 밖의 장소인 경우, 물품이 매도인의 운송수단에 적재되어서 지정 장소에 도착하고, 매도인의 운송수단에 실린 채 양화 준비된 상태로 매수인이 지정한 운송인이나 다른 자에게 임의처분 상태로 둘 때 인도된다. 그러한 두 장소 중에서 인도 장소로 선택되는 장소는 위험이 매수인에게 이전하는 곳이자 또한 매수인이 비용을 부담하기 시작하는 시점이 된다.
2. **운송방식** － 본 규칙은 어떠한 운송방식이 선택되는지를 불문하고 사용할 수 있고 둘 이상의 운송방식이 이용되는 경우에는 사용할 수 있다.

3. **인도장소 또는 인도지점** – FCA 매매는 지정 장소 내에 정확한 인도지점을 명시하지 않고서 매도인의 영업구내나 그 밖의 장소 중에서 어느 하나를 단지 인도장소로 지정하여 체결될 수 있다. 그러나 당사자들은 지정 인도장소 내에 정확한 지점을 가급적 명확하게 명시하는 것이 좋다. 그러한 정확한 지정 인도지점은 양 당사자에게 언제 물품이 인도되는지와 언제 위험이 매수인에게 이전하는지 명확하게 하며, 또한 그러한 정확한 지점은 매수인의 비용 부담의 기준점을 확정한다. 그러나 정확한 지점이 지정되지 않은 경우에는 매수인에게 문제가 생길 수 있다. 이러한 경우에 매도인은 "그의 목적에 가장 적합한" 지점을 선택할 권리를 갖는다. 즉 이러한 지점이 곧 인도지점이 되고 그곳에서부터 위험과 비용이 매수인에게 이전한다. 계약에서 이를 지정하지 않아서 정확한 인도지점이 정해지지 않은 경우에, 당사자들은 매도인이 "자신의 목적에 가장 직합한" 시점을 선택하도록 한 것으로 된다. 이는 매수인으로서는 매도인이 물품의 멸실 또는 손상이 발생한 지점이 아닌 그 직전의 지점을 선택할 수도 있는 위험이 있음을 의미한다. 따라서 매수인으로서는 인도가 이루어질 장소 내에 정확한 지점을 선택하는 것이 가장 좋다.

4. **'또는 그렇게 인도된 물품을 조달한다'** – 여기에 "조달한다"(procure)고 규정한 것은 꼭 이 분야에서 그런 것만은 아니지만 특히 일차산품거래(commodity trades)에서 일반적인 수차에 걸쳐 연속적으로 이루어지는 매매('연속매매', 'string sales')에 대응하기 위함이다.

5. **수출/수입통관** – FCA에서는 해당되는 경우에 매도인이 물품의 수출통관을 하여야 한다. 그러나 매도인은 물품의 수입을 위한 또는 제3국 통과를 위한 통관을 하거나 수입관세를 납부하거나 수입통관절차를 수행할 의무가 없다.

6. **FCA 매매에서 본선적재표기가 있는 선화증권** – 이미 언급하였듯이 FCA는 사용되는 운송방식이 어떠한지를 불문하고 사용할 수 있다. 이제는 매수인의 도로운송인이 LA에서 물품의 집화(pick up)한다고 할 때, LA에서 운송인으로부터 본선적재표기가 있는 선화증권을 발급받기를 기대하는 것이 오히려 일반적이지 않다. LA는 항구가 아니어서 선박이 물품적재를 위하여 그곳으로 갈 수 없기 때문이다. 그럼에도 FCA Las Vegas 조건으로 매매하는 매도인은 때로는 (전형적으로 은행의 추심조건이나 신용장조건 때문에) 무엇보다도 물품이 LA에서 운송을 위하여 수령된 것으로 기재될 뿐만 아니라 그것이 LA에서 선적되었다고 기재된 본선적재표기가 있는 선화증권이 필요한 상황에 처하게 된다. 본선적재표기가 있는 선화증권을 필요로 하는 FCA 매도인의 이러한 가능성에 대응하기 위하여 인코텀즈 2020 FCA에서는 처음으로 다음과 같은 선택적 방법을 규정한다. 당사자들이 계약에서 합의한 경우에 매수인은 그의 운송인에게 본선적재표기가 있는 선화증권을 매도인에게 발행하도록 지시하여야 한다. 물론 운송인으로서는 물품이 LA에서 본선적재된 때에만 그러한 선화증권을 발행할 의무가 있고 또 그렇게 할 권리가 있기 때문에 매수인의 요청에 응할 수도 응하지 않을 수도 있다. 그러나 운송인이 매수인의 비용과 위험으로 매도인에게 선화증권을 발행하는 경우에는 매도인은 바로 그 선화증권을 매수인에게 제공하여야 하고 매수인은 운송인으로부터 물품을 수령하기 위하여 그 선화증권이 필요하다. 물론 당사자들의 합의에 의하여 매도인이 매수인에게 물품의 본선적재 사실이 아니라 단지 물품이 선적을 위하여 수령 되었다는 사실을 기재한 선화증권을 제시하는 경우에는 이러한 선택적 방법은 불필요하다. 또한 강조되어야 할 것으로 이러한 선택적 방법이 적용되는 경우에도 매도인은 매수인에 대하여 운송계약조건에 관한 어떠한 의무도 없다. 끝으로, 이러한 선택적 방법이 적용

되는 경우에 내륙의 인도일자와 본선적재일자는 부득이 다를 수 있을 것이고, 이로 인하여 매도인에게 신용장상 어려움이 발생할 수 있다.

1) 정의

Free Carrier(운송인인도, FCA)규칙는 매도인이 수출통관을 이행한 물품을 지정 인도 장소에서 매수인이 지정한 운송인 또는 제3자에게 인도하거나 그렇게 인도된 물품을 조달하여 인도해야 함을 의미한다. 매도인은 지정된 장소에서 물품이 인도될 때 매수인에게 위험이 이전된다.

FCA는 적용이 가능한 경우 매도인이 물품의 수출 통관을 이행하도록 요구한다. 그러나 매도인은 수입통관에 대한 의무는 없으며, 일체의 수입관세를 지급하거나 또는 일체의 수입통관절차를 이행할 의무도 없다.

본 규칙은 철도, 육로, 내륙수로, 해상, 항공 등의 어떠한 운송방식이 선택되는지를 불문하고 사용할 수 있고, 2가지 이상의 운송방식이 채택된 복합운송의 경우에도 사용될 수 있다. 본 규칙은 컨테이너 운송과 트레일러(trailer), 페리(ferry)에 의한 Roll on/Roll off방식 등의 복합운송방식에 적합한 것으로 모든 운송방식에 사용될 수 있도록 변경하였다. 과거의 철도·화차인도조건(FOR/FOT), 공항인도조건(FOA) 및 운송인인도조건(FRC)이 통합되어 1990 Incoterms에 반영된 후 Incoterms® 2020에 이르고 있다.

2) 물품의 인도

FCA에서 매도인은 합의된 지점에서 매수인이 지정한 운송인 또는 다른 자에게 물품을 인도하거나 그렇게 인도된 물품을 조달하여 인도하면 그의 책임이 종료되는 현실적 실물인도조건이다. FCA규칙에서 매도인은 물품을 매수인에게 다음 2가지 방법 중 하나로 인도하는 것을 의미한다. ① 지정장소가 매도인의 영업구내인 경우, 물품이 매수인이 제공하는 운송수단에 적재되었을 때, ② 지정장소가 매도인의 영업구내가 아닌 다른 장소인 경우, 물품이 매도인의 운송수단에서 적재되어 지정장소에 도착하고, 매도인의 운송수단에서 양화(unloading)를 위해 준비된 상태로 매수인이 지정한 운송인 또는 다른 자에게 임의처분 상태로 둘 때 인도의무가 완료된다. 따라서 두 장소 중에서 인도장소가 ①의 경우 매도인의 영업구내에서 위험이 매수인에게 이전되며, ②의 경우 그 지정장소에서 위험이 매수인에게 이전되며, 이 장소가 매수인이 비용을 부담하기 시작하는 시점이 된다.

> ## 기 본 용 어

☑ 선적과 양화
  ① 선적(船積, loading, shipment): 화물을 선박이나 운송 수단에 적재하는(싣는) 것을 의미
  ② 양화(揚貨, unloading): 운송수단에서 화물을 부두나 터미널 등에 내려 놓은 것을 의미

물품의 인도장소는 매수인이 지정하는 것이 원칙이지만 만약 정확한 인도지점이 지정되지 않은 경우에 매도인은 '자신의 목적에 가장 적합한 지점'을 선택할 권리를 갖는다. 물품의 인도장소는 통상 철도터미널, 화물터미널, 컨테이너 터미널, ICD, 하치장 등에서 이루어진다. 본 규칙은 모든 운송방식에 사용될 수 있으므로 해상·내수로·항공·철도·도로 또는 복합운송의 운송방식에 따라 운송서류가 다를 수 있다. 예컨대 유통성 선화증권(negotiable bill of lading), 비유통성 해상화물운송장(non-negotiable seawaybill), 내수로 운송서류(inland waterway document), 항공화물운송장(airwaybill), 철도화물탁송장(railway consignment note), 도로화물탁송장(road consignment note), 복합운송서류(multimodal transport document) 등이 있으며, 이러한 모든 서류는 당사자의 합의에 따라 각각 전자통신문으로 대체될 수 있다.

Incoterms® 2020에서는 계약 당사자가 물품의 인도장소를 정확하게 표기하도록 권고하고 있다. 만약 매도인의 영업 구내에서 물품을 인도할 의도가 있다면, 당사자는 지정된 인도장소로서 그 구내의 주소를 가급적 명확하게 명시하는 게 좋다. 한편 당사자가 다른 지역에서 물품이 인도되기를 의도한다면 다른 구체적인 인도장소를 명시하여야 한다.

• 거래조건 표기의 예
  − FCA + 지정장소(구체적인 주소 및 장소 기재) Incoterms® 2020
  − 항공운송: FCA Incheon Airport Incoterms® 2020
  − 해상운송: FCA Gamman Hutchison Container Terminal Incoterms® 2020
  − 철도운송: FCA Uiwang Station Incoterms® 2020
  − 도로운송: FCA Yangsan Inland Conatainer Terminal Incoterms® 2020
  − 복합운송: FCA Yangjae Warehouse Incoterms® 2020

---

3) 위험의 이전

인코텀즈 11개 규칙은 물품의 인도장소와 위험의 이전지점이 동일하다. FCA 규칙에서 매도인은 물품을 매수인이 지정한 운송인에게 인도할 때까지 물품에 대한 위험을 부담한다. 다만 물품의 인도장소가 매도인의 영업구내(하치장)인 경우 운송인의 집화차량에 적재하여 인도할 때 위험이 이전되며, 그 외의 장소인 경우 매도인의 차량 지정장소에 도착하여 양화되지 않은 채(운송수단에 적재되어 있는 그대로) 운송인에게 임의처분상태로 둘 때 위험이 이전된다.

4) 비용의 이전

FCA규칙에서 비용의 분기점은 위험의 분기점과 동일하다. 따라서 FCA 규칙에서 비용의 이전시점은 매도인이 물품을 운송인에게 인도할 때까지 물품에 대하여 발생되는 비용을 부담하여야 한다. 인도장소가 매도인의 영업구내(하치장)인 경우 운송인의 집화차량에 적재하여 인도할 때까지 매도인이 비용을 부담하며, 그 외의 장소인 경우 매도인의 차량이 지정장소에 도착하여 양화되지 않은 채(운송수단에 적재되어 있는 그대로) 운송인에게 임의처분상태에 놓일 때까지 매도인이 비용을 부담하여야 한다.

5) 수출통관 및 수입통관의무

FCA 규칙에서의 매도인은 수출통관을 이행하여야 하며, 매수인이 수입통관을 이행하는 것이 원칙이다. 따라서 매도인은 수출승인과 수출통관 절차를 완료하여 매수인이 지정한 운송인에게 물품을 인도하고, 매수인은 수입지에서 수입통관 수속절차를 완료하여 수입관세를 부담한다.

6) 본선적재 표기 선화증권의 제공

FCA 규칙에서의 매도인은 통상 물품을 운송인에게 인도한 후 그 증거 서류로써 사용되는 운송에 따라 다양한 서류가 제공될 수 있다. 특히 FCA는 물품이 해상으로 운송되는 경우에 본선적재하기 전에 물품이 운송인에게 인도가 이루어져서 본선적재 선화증권을 매도인이 제공할 수 없음에도 불구하고 본선적재 선화증권을 사용할 수 있도록 규칙을 개정하였다. 즉 "당사자들이 합의한 경우에 매수인은 물품이 본선에 적재되었음을 기재한 선화증권을 자신의 위험과 비용으로 매도인에게 발행하도록 운송인에게 지시하여야 하고(매수인의 본선적재 선화증권 발행지시 의무), 매도인은 그러한 경우 매수인에게 제공하여야 한다(매도인의 본선적재 선화증권 제공의무)"고 명시하고 있다. 따라서 FCA에서 매도인은 신용장결제방식에서 본선적재 선화증권을 요구하는 경우에 인도증거서류로써 제공할 수 있게 되었으며, 기존의 FCA에서 운송인이 화물의 수취를 증명하는 운송서류를 제공할 수 있도록 두 가지 선택적 대안을 두고 있다는 점에 유의할 필요가 있다.

2. FAS(Free Alongside Ship) 선측인도

FAS (insert named port of shipment) Incoterms® 2020

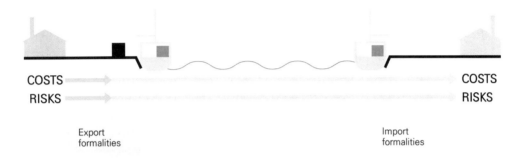

EXPLANATORY NOTES FOR USERS

1. **Delivery and risk**—"Free Alongside Ship" means that the seller delivers the goods to the buyer when the goods are placed alongside the ship (e.g. on a quay or a barge) nominated by the buyer at the named port of shipment or when the seller procures goods already so delivered. The risk of loss of or damage to the goods transfers when the goods are alongside the ship, and the buyer bears all costs from that moment onwards.

2. **Mode of transport**—This rule is to be used only for sea or inland waterway transport where the parties intend to deliver the goods by placing the goods alongside a vessel. Thus, the FAS rule is not appropriate where goods are handed over to the carrier before they are alongside the vessel, for example where goods are handed over to a carrier at a container terminal. Where this is the case, parties should consider using the FCA rule rather than the FAS rule.

3. **Identifying the loading point precisely**—The parties are well advised to specify as clearly as possible the loading point at the named port of shipment where the goods are to be transferred from the quay or barge to the ship, as the costs and risks to that point are for the account of the seller and these costs and associated handling charges may vary according to the practice of the port.

4. 'or procuring the goods so delivered'—The seller is required either to deliver the goods alongside the ship or to procure goods already so delivered for shipment. The reference to "procure" here caters for multiple sales down a chain (string sales), particularly common in the commodity trades.

5. Export/import clearance—FAS requires the seller to clear the goods for export, where applicable. However, the seller has no obligation to clear the goods for import or for transit through third countries, to pay any import duty or to carry out any import customs formalities.

사용자를 위한 설명문

1. **인도와 위험** – "선측인도"는 매도인이 물품을 매수인에게 지정선적항에서 매수인이 지정한 선박의 선측에 (예컨대 부두 또는 바지 (barge)에) 물품이 놓인 때, 또는 이미 그렇게 인도된 물품을 조달한 때 인도하는 것을 의미한다. 물품의 멸실 또는 손상의 위험은 물품이 선측에 놓인 때 이전하고, 매수인은 그 순간부터 이후의 모든 비용을 부담한다.

2. **운송방식** – 본 규칙은 당사자들이 물품을 선측에 둠으로써 인도하기로 하는 해상운송이나 내수로운송에만 사용되어야 한다. 따라서 FAS 규칙은 물품이 선측에 놓이기 전에 운송인에게 교부되는 경우, 예컨대 물품이 컨테이너 터미널에서 운송인에게 교부되는 경우에는 적절하지 않다. 이러한 경우에 당사자들은 FAS 규칙 대신에 FCA 규칙을 사용하는 것을 고려하여야 한다.

3. **정확한 적재지점 지정** – 당사자들은 지정선적항에서 물품이 부두나 바지(barge)로부터 선박으로 이동하는 적재지점을 가급적 명확하게 명시하는 것이 좋다. 그 지점까지의 비용과 위험은 매도인이 부담하고, 이러한 비용과 그와 관련된 처리비용(handling charges)은 항구의 관행에 따라 다르기 때문이다.

4. **'또는 그렇게 인도된 물품을 조달함'** – 매도인은 물품을 선측에서 인도하거나 선적을 위하여 이미 그렇게 인도된 물품을 조달하여야 한다. 여기에 "조달한다"(procure)고 규정한 것은 특히 일차산품거래(commodity trades)에서 일반적인 수차에 걸쳐 연속적으로 이루어지는 매매 ("연속매매", 'strings sales')에 대응하기 위함이다.

5. **수출/수입통관** – FAS에서는 해당되는 경우에 매도인이 물품의 수출통관을 하여야 한다. 그러나 매도인은 물품의 수입을 위한 또는 제3국 통과를 위한 통관을 하거나 수입관세를 납부하거나 수입통관절차를 수행할 의무가 없다.

---

1) 정의

FAS(선측인도) 규칙은 매도인이 약정된 물품에 대한 수출통관을 완료하여 지정 선적항에서 매수인이 지정한 선박의 선측(부두 또는 바지선)에 인도할 때 또는 이미 그렇게 인도된 물품을 조달한 때 그의 인도의무가 완료되는 조건이다. 이 선측(alongside ship)

지점으로부터 물품에 대한 모든 비용과 위험이 매수인에게 이전된다.

물품의 인도장소인 선측은 선박이 부두에 접안하고 있든 외항에 정박하고 있든 이를 불문하고 본선의 양화기(ship's tackle)가 닿을 수 있는 지점을 의미한다. 여기서 선측은 선박이 정박하여 화물을 적재하거나 양화하기 위하여 지정된 선석을 의미하며, 선박이 외항에 정박한 경우에는 본선상의 선측을 의미하고 이 지점에서 물품이 인도되어야 한다. 결과적으로 선측은 물품인도의 이행장소이자 당사자의 책임분기점이 되는 지점이다. 본선이 외항에 정박하고 있을 때에는 매도인은 본선이 있는 곳까지의 부선료(lighterage)를 부담하여야 한다.

본 규칙은 당사자들이 물품을 선측에 둠으로써 인도되기 때문에 해상 또는 내륙수로 운송에 사용되는 조건이다.

따라서 FAS규칙은 물품이 선측에 놓이기 전에 운송인에게 인도되는 경우, 가령 물품이 컨테이너 터미널에서 운송인에게 인도되는 경우에 사용하는 것은 적절하지 않다. 이러한 경우에 FAS규칙은 부적절하며 당사자들은 FCA규칙을 사용하는 것을 고려하여야 한다.

FAS 규칙은 본선에 적재하는데 비용이 많이 드는 원목, 원면, 곡물 등의 대량화물(bulky cargo)의 거래에 주로 사용된다.

2) 물품의 인도

FAS 규칙은 매수인이 지정한 선박의 선측에 물품을 인도하면 매도인의 책임이 종료되는 현실적 실물인도조건이다. 인도 장소는 선박이 부두에 접안할 수 있는 경우는 부두가 될 것이며, 외항에 정박하고 있는 경우에는 부선을 이용하여 본선까지의 선측이 될 것이다.

매도인의 물품인도는 물품을 선측에 인도하든지 또는 연속매매과정에서의 중간 매도인은 선적을 위해 이미 인도된 물품을 조달하여 인도할 의무가 있다. 여기서 "조달하다"(procure)의 의미는 일차산품거래에서 통상적으로 수차례에 걸쳐 연속적으로 이루지는 매매(전매)에 대응하기 위한 것이다.

FAS 규칙에서 매도인은 물품인도 증거서류로서 선측인도를 증명할 수 있는 부두수령증(dock's receipt), 본선수령증(mate's receipt) 또는 이와 동등한 전자통신문을 제공하여야 한다.

> • 거래조건 표기의 예
> - FAS + 지정 선적항(구체적 기재) Incoterms® 2020
> - FAS Busan Incoterms® 2020

3) 위험의 이전

매도인은 매수인이 지정한 선박의 선측에 물품을 인도할 때까지 물품에 대한 위험을 부담한다. 따라서 위험부담 장소는 선박이 부두 접안될 경우는 양화기 등 하역기기가 도달할 수 있는 부두(on a quay)가 되며, 외항 또는 해상에 정박해 있는 경우에는 부선 내(lighters or barge)가 된다.

4) 비용의 이전

매도인이 물품을 선측에서 인도할 때까지 소요되는 비용을 부담한다. 지정 선적항 적재지점까지의 비용이 매도인의 부담이 되며, 이들 비용과 관련 처리비용은 항구의 관습에 따라 다양할 수 있으므로 당사자는 지정 선적항의 적재지점을 가능한 명확하게 명시하는 것이 바람직하다.

매도인은 수출승인, 수출통관비, 선적항까지의 내륙운송비, 부두사용료(wharfage), 부선사용료(lighterage) 및 이와 유사한 비용을 부담하여야 한다. 한편 매수인은 물품을 선박에 적재할 의무가 있으므로 적재(선적)비용(loading charges)을 부담하여야 한다. 그러나 통상적으로 정기선 운송조건(liner terms)의 경우 선적 및 양화비용이 운임에 포함되어 있으므로 결과적으로 매수인이 부담하게 된다.

3. FOB(Free on Board) 본선인도

FOB (insert named port of shipment) Incoterms® 2020

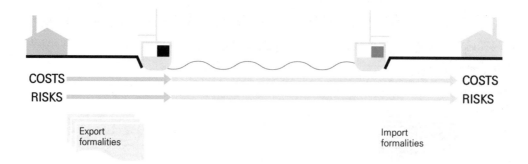

EXPLANATORY NOTES FOR USERS

1. **Delivery and risk**—"Free on Board" means that the seller delivers the goods to the buyer on board the vessel nominated by the buyer at the named port of shipment or procures the goods already so delivered. The risk of loss of or damage to the goods transfers when the goods are on board the vessel, and the buyer bears all costs from that moment onwards.

2. **Mode of transport**—This rule is to be used only for sea or inland waterway transport where the parties intend to deliver the goods by placing the goods on board a vessel. Thus, the FOB rule is not appropriate where goods are handed over to the carrier before they are on board the vessel, for example where goods are handed over to a carrier at a container terminal. Where this is the case, parties should consider using the FCA rule rather than the FOB rule.

3. **'or procuring the goods so delivered'**—The seller is required either to deliver the goods on board the vessel or to procure goods already so delivered for shipment. The reference to "procure" here caters for multiple sales down a chain (string sales), particularly common in the commodity trades.

4. **Export/import clearance**—FOB requires the seller to clear the goods for export, where applicable. However, the seller has no obligation to clear the goods for import or for transit through third countries, to pay any import duty or to carry out any import customs formalities.

사용자를 위한 설명문

1. **인도와 위험** – "본선인도"는 매도인이 물품을 매수인에게 지정선적항에서 매수인이 지정한 선박의 본선상에 인도하거나 또는 이미 그렇게 인도된 물품을 조달함을 의미한다. 물품의 멸실 또는 손상의 위험은 물품이 선박 본선에 놓여 있을 때 이전하고, 매수인은 그 순간부터 이후의 모든 비용을 부담한다.

2. **운송방식** – 본 규칙은 당사자들이 물품을 선박에 적재함으로써 인도하기로 하는 해상운송이나 내수로운송에만 사용되어야 한다. 따라서 FOB 규칙은 물품이 선박에 적재되기 전에 운송인에게 교부되는 경우, 예컨대 물품이 컨테이너터미널에서 운송인에게 교부되는 경우에는 적절하지 않다. 이러한 경우에 당사자들은 FOB 규칙 대신에 FCA 규칙을 사용하는 것을 고려하여야 한다.

3. **'또는 그렇게 인도된 물품을 조달함'** – 매도인은 물품을 선박에 적재하여 인도하거나 선적을 위하여 이미 그렇게 인도된 물품을 조달하여야 한다. 여기에 '조달한다'(procure)고 규정한 것은 특히 일차산품거래(commodity trades)에서 일반적인 수차에 걸쳐 연속적으로 이루어지는 매매('연속매매', 'string sales')에 대응하기 위함이다.

4. **수출/수입통관** – FOB에서는 해당되는 경우에 매도인이 물품의 수출통관을 하여야 한다. 그러나 매도인은 물품의 수입을 위한 또는 제3국 통과를 위한 통관을 하거나 수입관세를 납부

하거나 수입통관절차를 수행할 의무가 없다.

1) 정의

FOB(본선인도) 규칙은 매도인이 약정된 물품을 지정선적항에서 매수인이 지정한 본선에 적재하거나 연속매매가 있는 경우 전매 중간과정의 매도인은 이미 물품이 선적되었으므로 인도된 물품을 조달(procure)할 때 그의 의무가 완료되는 조건이다. 이 시점에서 물품에 대한 모든 비용과 위험이 매도인으로부터 매수인에게 이전된다.

본 규칙은 당사자들이 물품을 본선에 인도하는 해상 또는 내륙수로 운송에만 사용되는 조건이다. 따라서 FOB 규칙은 물품이 본선 상에 적재되기 전에 운송인에게 인도되는 경우 가령, 물품이 컨테이너 터미널에서 운송인에게 인도되는 경우에는 적절하지 않다. 이러한 경우에 당사자들은 FOB 규칙 대신에 FCA 규칙을 사용하는 것을 고려하여야 한다.

FOB 규칙은 매도인이 물품의 수출통관을 이행하도록 요구하고 있다. 그러나 매도인은 물품의 수입 또는 제3국 통과를 위한 통관을 하거나 수입관세를 지급하거나 수입통관절차를 이행할 의무가 없다.

2) FOB 규칙의 특징

FOB 규칙은 "Free on Board"의 약어로 섬나라인 영국의 상관습에서 유래한 것으로 "물품을 매도인의 비용으로 선박에 인도한다"(to deliver the goods on board ship at seller's own expense)는 의미이다. "On Board"는 "On Board ship(vessel)"를 의미하는데 이러한 관행이 대륙국가인 미국에서는 광의적으로 해석되어 선박 이외에도 부선, 항공기, 육상운송수단에 적재하는 것으로 이용되게 되었다.

FOB 규칙은 매도인이 선적항에서 물품을 본선에 인도하는 것이기 때문에, 본질적으로는 다음 3가지의 특징을 지니고 있다.

(1) 선적지 매매조건

FOB 규칙은 매도인이 자신의 위험과 비용으로 약정기간 내에 지정된 선적항에서 물품을 인도하는 조건이다. 매도인은 물품을 선박의 본선에 인도할 때 위험이 매수인에게 이전되고, 매수인은 그 시점 이후에 발생하는 위험과 비용을 부담하고 약정된 대금을 지급하여야 한다. 이와 같이 FOB 규칙은 선적지에서 계약이 이행되는 선적지 매매 조건이다.

그러나 매수인은 선적지에서 물품을 수령하여야 하지만 현실적으로 선적지에서의 인도수령이 거의 불가능하므로 운송계약의 체결에 의하여 운송인이 매수인의 수탁자로서 선적지에서 인도를 수령하게 된다. 이 때의 운송인은 매도인에게 대한 관계에서 매수인의 이행보조자가 된다.

(2) 현물인도조건

FOB 규칙에서 매도인은 계약에서 약정한 실물을 인도(actual delivery)하여야 하기 때문에 현물인도 조건이다. FOB 규칙은 매도인이 수출통관을 마친 물품을 지정 선적항의 본선에 물품을 인도하고, 동시에 매수인이 대금을 지급해야 하는 동시이행조건(concurrent condition)이다. 그러나 오늘날의 관행상 격지간의 거래에서 현실적으로 동시이행조건의 실행이 거의 불가능하기 때문에 CIF 규칙과 같이 선적서류와 상환으로 대금을 지급하는 화환결제방식의 형태를 취하고 있다.

(3) 해상매매조건

FOB 규칙은 해상 또는 내륙수로운송만을 전제하기 때문에 해상매매계약에 속한다. 특히 매도인이 선적항에서 매수인이 지정한 선박의 본선상에 물품을 적재하여 인도하기 때문에 본선인도계약이라고 한다. FOB 규칙에서 인도는 매도인이 선적항에서 지정된 본선상에 물품을 적재함으로써 완성되는 것이다. FOB 규칙은 현대적 거래의 관점에서 현물상환지급인도조건(Cash on Delivery: COD)이라고 할 수 있으며, 매수인은 선상에서 물품인수와 동시에 대금을 지급하는 실물인도조건인 것이다. 그러나 이러한 FOB의 본질은 오늘날 화환거래로 이루어지는 실무관행과는 다소 괴리가 있다.

3) 물품의 인도

FOB에서의 물품의 인도는 매도인이 지정된 선적항에서 매수인이 지정한 선박의 본선상에 물품을 인도하거나 연속매매 과정의 매도인은 선적을 위하여 이미 인도된 물품을 조달하여 인도하는 것을 의미한다. 매도인은 계약에서 약정한 물품을 본선에 적재하고 대금을 회수하는 실물인도조건(actual delivery)인 것이다.

계약당사자가 Ro/Ro Traffic이나 컨테이너운송과 같이 복합운송 방식으로 이용하고

자 할 경우에는 FCA 규칙을 사용하도록 권장하고 있다. 또한 물품이 본선에 적재되기 전에 컨테이너 터미널에 인도되어 컨테이너에 적입되는 화물의 경우도 FOB 규칙이 적합하지 않다.

• 거래조건 표기의 예
  – FOB + 지정 선적항(구체적 기재) Incoterms® 2020
  – FOB Busan Incoterms® 2020

---

4) 위험의 이전

FOB에서 매도인은 매수인이 지정한 선박의 본선에 물품을 적재할 때까지 물품의 멸실이나 손상에 대한 위험을 부담하며, 그 순간 이후 매도인으로부터 매수인에게 위험이 이전된다.

이전의 Incoterms 2000에서는 본선난간(ship's rail)이 위험과 비용의 분기점으로써 법률적으로나 실무적으로 매우 중요시되는 경계선이었으나 Incoterms® 2010부터는 이것이 의미가 없게 되었다. 즉, 본선난간이 아닌 본선적재는 당사자 간의 별다른 약정이 없는 한 물품의 인도, 비용 및 위험의 이전이 이루어지는 분기점이 된다.

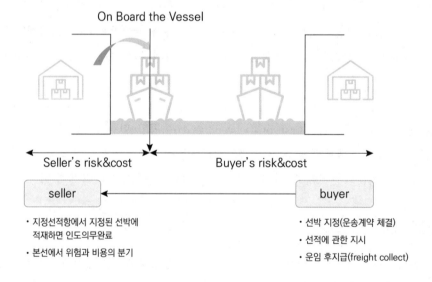

5) 비용의 이전

FOB 규칙은 물품에 대한 위험이전의 분기점과 비용의 분기점이 동일하다. 매도인은 물품을 본선에 인도할 때까지 물품에 대한 비용을 부담한다. 매도인은 그 외에도 부두사용료(wharfage), 부선사용료(lighterage) 및 적재비용(loading cost)을 부담하여야 한다. 그러나 물품이 본선에 적재된 이후의 모든 비용은 매수인이 부담하게 된다. 가령 매수인은 본선 적재 후 선박에서의 적부비용(stowage), 최종 목적지항까지의 해상운송비, 해상보험료 등을 부담하여야 한다. 다만 정기선 운송조건(liner terms)의 경우 선적 및 양화비용은 별도로 징수하지 않고 운임에 포함되어 있기 때문에 선적비용은 매수인이 부담하게 된다.

표 7-1   FOB규칙에서의 비용부담

매도인 부담	매수인 부담

• 본선인도 완료시까지의 비용
  – 국내(내륙) 운송비용(trucking charge)
  – 수출통관비용 등
  – 적재비용(loading charge)
  　(THC, CFS charge, Wharfage 등)
	• ocean freight (해상운임 지급)
	  – 적부비용(stowage, stevedorage)
	• 위험이전 후 추가비용
	• 선화증권 취득 비용(documentation fee)
	• 해상보험료(if any)

6) 매도인의 제공서류

FOB에서 물품이 인도되었다는 통상적인 증거서류로서 매도인이 제공해야 할 서류는 다음과 같다.
    ① 상업송장
    ② 물품의 인도를 증명하는 통상적인 인도서류

매도인은 물품 인도증거서류로서 본선에 인도 후 1등 항해사가 발행하는 본선수취증(M/R: Mate's Receipt)을 제공하면 되나 M/R은 은행에서 매입하지 아니하므로 보편적인 실무관행은 매도인 자신이 대금을 회수하기 위해 운송서류(선화증권)를 제공한다. 그러나 FOB의 본질상 매도인이 물품인도 증거서류로서 B/L을 제공할 의무가 있는 것이 아니다.

7) FOB 규칙의 실무상 모순점

FOB 규칙에서 매수인은 운송계약을 체결하고 매도인에게 선박을 지정(통지)해야 할 의무가 있다. 그러면 매도인은 매수인이 지정한 선박에 물품을 적재하고, 본선수취증을 제공하면 된다. 이러한 매수인의 선박지정 의무는 매도인이 물품인도 의무를 이행하기 위한 정지조건(conditions precedent)이다. 이러한 의미는 매수인이 선복(ship's space)

을 획득하여 지정할 때까지 매도인은 물품인도의무를 이행할 수 없게 될 뿐만 아니라 매수인은 선복을 획득하지 않고 물품인도를 요구할 수 없게 된다는 것이다.

그러나 실무업계에서는 이러한 FOB의 본질과는 모순되는 3가지 유형의 관행이 있다.

》 기 본 용 어

☑ 정지조건(conditions precedent)

어떠한 선행(先行)의무가 이행되지 않으면 장래의 법률행위의 효력이 발생되지 아니하는 경우를 말한다. 예를 들어 "1등하면 장학금을 주겠다"고 하는 계약조건에서 "1등하면"이라고 하는 것이 정지조건이다. 여기서 선행의무인 1등을 먼저 해야 장학금을 지급할 의무(채무)가 발생하게 되는 것이다.

☑ 해제조건(conditions subsequent)

특정의 조건으로 인한 사실 행위가 발생할 경우 후에 사실의무이행으로 인한 법률행위가 소멸(해제)되는 조건을 말한다. 예를 들어 "장학금을 먼저 주는 대신에 다음 학기에 1등을 해라"고 약정한 경우 다음 학기에 1등을 해야 하는 것이 해제조건에 해당한다.

---

(1) 운송계약부 FOB계약

FOB계약에서 선박의 수배 또는 지정 의무는 원칙적으로 매수인에게 있지만, 매수인이 특정 선박회사의 선박을 예약하고 그 선박명을 매도인에게 통지하는 경우는 현실적으로 매우 드물다. 오히려 매수인이 선사만을 지정하고 선박수배와 운송계약은 매도인에게 위임하는 특약이 이루어지고 있다. 이와 같이 수입국에서 매수인이 수출국에서 출항하는 선박을 수배하기가 현실적으로 어렵기 때문에 매도인이나 제3자에게 위탁하고 있다.

(2) 선화증권의 제공

현실적 실물인도 조건인 FOB 규칙에서 매도인은 본선인도를 증명하는 본선수취증(M/R)을 취득하여 매수인에게 제공하면 자신의 의무가 이행되지만, 현실적으로는 매도인은 운임 후지급(freight collect)으로 기재된 선화증권(bill of lading)을 발급받게 된다.

(3) 화환특약부 FOB

FOB 규칙은 거래의 본질상 현물상환인도조건(cash on delivery)이기 때문에 선상에

서 물품인도와 대금지급이 동시에 이행되어야 하는 동시이행 조건(concurrent conditions)
이다. 그러나 실무관행상으로는 매수인이나 그의 대리인이 선적지 부두 현장에서 대금을
지급하지 않는다. 또한 FOB 규칙에서 매도인은 물품을 본선에 인도하고 본선수취증을
제공하면 되는데, 매도인이 본선적재 후 권리증권(document of title)인 선화증권을 수취한
다면 결과적으로 본선 인도 후에도 매도인이 물품에 대한 권리를 갖게 되는 것이 되어
FOB의 본질과는 모순이 된다. 그러나 실무관행에서는 물품의 인도와 동시에 대금을 받
는 것이 아닐뿐만 아니라 본선수취증만으로는 화환결제의 담보가 되지 않으므로 환어음
에 선화증권을 포함한 운송서류를 첨부하여 대금을 회수하는 형태가 이용되고 있다. 이
러한 관행은 결국 CIF 규칙과 별다른 차이점이 없이 화환특약부 FOB가 이용되고 있는
것이다.

8) FOB 규칙과 FCA 규칙의 비교

FCA 규칙은 기본적으로 FOB 규칙에서 파생되었다. FOB 규칙은 정형무역거래조건
가운데 가장 오래전에 형성된 관행으로 FOR(Free on Rail, 철도화차), FOT(Free on Truck,
화물자동차), FOB Airport(항공) 등으로 변형하여 사용되어져 왔다. 즉 FOB 규칙은 본래
해상운송에 사용하도록 제정된 것이 철도, 도로, 항공운송에까지 변형된 형태로 사용되
다가 결국 복합운송을 포함한 모든 운송방식에 사용될 수 있는 FCA 규칙으로 발전한
것이다.

FOB 규칙과 FCA 규칙에 대한 본질적인 차이점을 비교하면 다음과 같다.

표 7-2   FOB와 FCA규칙의 비교

구 분	FOB	FCA
운송형태	해상 또는 내륙수로운송	모든 운송방식 (운송방식에 관계없이 사용)
운송인 주체	해상운송인	복합운송인 또는 복합운송주선인
위험 및 비용의 분기점	본선 (on board the vessel)	운송인 또는 기타 (carrier or another person)
소유권 이전시기(추정)	B/L 이전 시로 유보 (조건부이전)	운송서류 이전 시로 유보 (조건부이전)
인도방식	현실적 실물인도	현실적 실물인도

☑ C Group의 공통점
① 매도인이 해상운송 등의 주된 운송구간의 운임을 지급하는 주운임 지급조건(main carriage paid)군이다.
② 매도인이 목적지(지정장소 또는 항만)까지 운송계약을 체결하고 운임을 지급(운임선불(freight prepaid)하여야 할 의무가 있다.
③ 매도인이 물품을 목적지 지정 장소나 항구에서 인도하는 것이 아니라 선적지에서 인도하므로 위험의 이전과 비용의 분기점이 상이하다.
④ 매도인은 선적지에서 물품인도 의무가 완료되는 선적지 조건이다.

1. CFR(Cost and Freight) 운임포함인도

CFR (insert named port of destination) Incoterms® 2020

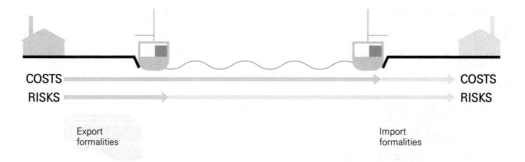

COSTS

RISKS

Export formalities

COSTS

RISKS

Import formalities

EXPLANATORY NOTES FOR USERS

1. **Delivery and risk**—"Cost and Freight" means that the seller delivers the goods to the buyer on board the vessel or procures the goods already so delivered. The risk of loss of or damage to the goods transfers when the goods are on board the vessel, such that the seller is taken to have performed its obligation to deliver the goods whether or not the goods actually arrive at their destination in sound condition, in the stated quantity or, indeed, at all. In CFR, the seller owes no obligation to the buyer to purchase insurance cover: the buyer would be well-advised therefore to purchase some cover for itself.

2. **Mode of transport**—This rule is to be used only for sea or inland waterway transport. Where more

than one mode of transport is to be used, which will commonly be the case where goods are handed over to a carrier at a container terminal, the appropriate rule to use is CPT rather than CFR.

3. **'or procuring the goods so delivered'**—The reference to "procure" here caters for multiple sales down a chain (string sales), particularly common in the commodity trades.

4. **Ports of delivery and destination**—In CFR, two ports are important: the port where the goods are delivered on board the vessel and the port agreed as the destination of the goods. Risk transfers from seller to buyer when the goods are delivered to the buyer by placing them on board the vessel at the shipment port or by procuring the goods already so delivered. However, the seller must contract for the carriage of the goods from delivery to the agreed destination. Thus, for example, goods are placed on board a vessel in Shanghai (which is a port) for carriage to Southampton (also a port). Delivery here happens when the goods are on board in Shanghai, with risk transferring to the buyer at that time; and the seller must make a contract of carriage from Shanghai to Southampton.

5. **Must the shipment port be named?**—While the contract will always specify a destination port, it might not specify the port of shipment, which is where risk transfers to the buyer. If the shipment port is of particular interest to the buyer, as it may be, for example, where the buyer wishes to ascertain that the freight element of the price is reasonable, the parties are well advised to identify it as precisely as possible in the contract.

6. **Identifying the destination point at the discharge port**—The parties are well advised to identify as precisely as possible the point at the named port of destination, as the costs to that point are for the account of the seller. The seller must make a contract or contracts of carriage that cover(s) the transit of the goods from delivery to the named port or to the agreed point within that port where such a point has been agreed in the contract of sale.

7. **Multiple carriers**—It is possible that carriage is effected through several carriers for different legs of the sea transport, for example, first by a carrier operating a feeder vessel from Hong Kong to Shanghai, and then onto an ocean vessel from Shanghai to Southampton. The question which arises here is whether risk transfers from seller to buyer at Hong Kong or at Shanghai: where does delivery take place? The parties may well have agreed this in the sale contract itself. Where, however, there is no such agreement, the default position is that risk transfers when the goods have been delivered to the first carrier, i.e. Hong Kong, thus increasing the period during which the buyer incurs the risk of loss or damage. Should the parties wish the risk to transfer at a later stage (here, Shanghai) they need to specify this in their contract of sale.

8. **Unloading costs**—If the seller incurs costs under its contract of carriage related to unloading at the specified point at the port of destination, the seller is not entitled to

recover such costs separately from the buyer unless otherwise agreed between the parties.

9. **Export/import clearance**—CFR requires the seller to clear the goods for export, where applicable. However, the seller has no obligation to clear the goods for import or for transit through third countries, to pay any import duty or to carry out any import customs formalities.

사용자를 위한 설명문

1. **인도와 위험** – "운임포함인도"는 매도인이 물품을 매수인에게 선박의 본선상에 인도하거나 또는 이미 그렇게 인도된 물품을 조달하는 것을 의미한다. 물품의 멸실 또는 손상의 위험은 물품이 선박에 적재된 때 이전되고, 그에 따라 매도인은 명시된 수량의 물품이 실제로 목적지에 양호한 상태로 도착하는지를 불문하고 또는 사실 물품이 전혀 도착하지 않더라도 그의 물품인도의무를 이행한 것으로 된다. CFR에서 매도인은 매수인에 대하여 부보의무가 없다. 따라서 매수인은 스스로 부보하는 것이 좋다.

2. **운송방식** – 본 규칙은 해상운송이나 내수로운송에만 사용되어야 한다. 물품이 컨테이너 터미널에서 운송인에게 인도되는 경우에 일반적으로 그러하듯이 둘 이상의 운송방식이 사용되는 경우에 사용하기 적절한 규칙은 CFR이 아니라 CPT이다.

3. **'또는 그렇게 인도된 물품을 조달함';** – 여기에 "조달한다"(procure)고 규정한 것은 특히 일차산품거래 (commodity trades)에서 일반적인 수차에 걸쳐 연속적으로 이루어지는 매매 ('연속매매', 'string sales') 에 대응하기 위함이다.

4. **인도항(port of delivery)과 목적항 (port of destination)** – CFR에서는 두 항구가 중요하다. 물품이 선박에 적재되어 인도되는 항구와 물품의 목적항으로 합의된 항구가 그것이다. 위험은 물품이 선적항에서 선박에 적재됨으로써 또는 이미 그렇게 인도된 물품을 조달함으로써 매수인에게 인도된 때 매도인으로부터 매수인에게 이전한다. 그러나 매도인은 물품을 인도지부터 합의된 목적지까지 운송하는 계약을 체결하여야 한다. 따라서 예컨대 물품은 (항구인) 사우샘프턴까지 운송을 위하여 (항구인) 상하이에서 선박에 적재된다. 그러면 물품이 상하이에서 적재된 때 여기서 인도가 일어나고, 그 시점에 위험이 매수인에게 이전한다. 그리고 매도인은 상하이에서 사우샘프턴까지 운송계약을 체결하여야 한다.

5. **선적항은 반드시 지정되어야 하는가?** – 계약에서 항상 목적지항을 명시할 것이지만, 위험이 매수인에게 이전하는 장소인 선적항은 명시하지 않을 수도 있다. 예컨대 매수인이 매매대금에서 운임요소가 합리적인지 확인하고자 하는 경우에 그러하듯이 선적항이 특히 매수인의 관심사항인 경우에 당사자들은 계약에서 선적항을 가급적 정확하게 특정하는 것이 좋다.

6. **양륙항 내 목적지점 지정** – 당사자들은 지정목적항 내의 지점을 가급적 정확하게 지정하는 것이 좋다. 그 지점까지 비용을 매도인이 부담하기 때문이다. 매도인은 물품을 인도지로부터 지정목적항까지 또는 매매계약에서 그러한 지점이 합의된 경우에는 지정 목적항 내의 지점까지 물품을 운송하는 단일 또는 복수의 계약을 체결하여야 한다.

7. **복수의 운송인** – 예컨대 먼저 홍콩에서 상하이까지 피더선(feeder vessel)을 운항하는 운송

인이 담당하고 이어서 상하이에서 사우샘프턴까지 항해선박 (ocean vessel)이 담당하는 경우와 같이, 상이한 해상운송구간을 각기 담당하는 복수의 운송인이 운송을 수행하는 것도 가능하다. 이때 과연 위험은 매도인으로부터 매수인에게 홍콩에서 이전하는지 아니면 상하이에서 이전하는지 의문이 발생한다. 즉 인도는 어디서 일어나는가? 당사자들이 매매계약 자체에서 이를 잘 합의하였을 수도 있다. 그러나 그러한 합의가 없는 경우에는 본 규칙의 기본 입장은, 위험은 물품이 첫 번째 운송인에게 인도된 때 즉 홍콩에서 이전하고, 따라서 매수인이 멸실 또는 손상의 위험을 부담하는 기간이 증가한다는 것이다. 당사자들은 그 뒤의 어느 단계에서 (여기서는 상하이) 위험이 이전하기를 원한다면 이를 매매계약에 명시하여야 한다.

8. **양화비용** – 매도인은 자신의 운송계약상 목적항 내의 명시된 지점에서 양화에 관하여 비용이 발생한 경우에 당사자간에 달리 합의되지 않은 한 그러한 비용을 매수인으로부터 별도로 상환받을 권리가 없다.

9. **수출/수입통관** – CFR에서는 해당되는 경우에 매도인이 물품의 수출통관을 하여야 한다. 그러나 매도인은 물품의 수입을 위한 또는 제3국 통과를 위한 통관을 하거나 수입관세를 납부하거나 수입통관절차를 수행할 의무가 없다.

1) 정의

"CFR"(운임포함인도) 규칙이라 함은 매도인이 목적지항까지 물품을 운반하는 데 필요한 운임(freight)을 지급하되, 물품에 대한 모든 위험과 추가적인 비용은 물품이 선적항에서 본선상에 인도할 때에 매도인으로부터 매수인에게 이전되는 거래조건을 말한다.

CFR 규칙은 매도인이 물품을 선박의 본선상에 인도하거나 연속매매가 있는 경우에는 이미 본선상에 인도된 물품을 조달하여 인도하는 것을 의미한다. 물품의 멸실 또는 손상의 위험은 물품이 선박 본선 상에 놓여 있을 때 매도인으로부터 매수인에게 이전되고, 매도인은 명시된 수량의 물품이 실제로 목적지에 양호한 상태로 도착하였는지를 불문하고 또는 물품이 전혀 도착하지 않더라도 그의 물품인도 의무를 이행한 것으로 된다. 해상운송 구간을 담당하는 복수의 운송인(mutiple carriers)이 운송을 담당하는 경우 위험은 물품이 첫 번째 운송인(first carrier)에게 인도된 때 이전된다.

한편 본 규칙에서 매도인은 물품의 인도항(port of delivery)부터 합의된 목적지항(port of destination)까지 운송계약을 체결하고 물품을 운반하는 데 필요한 비용 및 운임을 지급해야 한다.

CFR 규칙은 해상운송 또는 내륙수로운송에만 사용될 수 있다. 따라서 본 규칙은 roll on–roll off 운송이나 컨테이너 운송에서와 같이 복합운송방식에서 사용하기에 적합하지 않다. 물품이 컨테이너 터미널에서 운송인에게 인도되는 경우나 두 가지 이상의 운송방식이 사용되는 복합운송의 경우에 적절한 규칙은 CFR이 아니라 CPT가 사용되어야 한다.

CFR는 매도인이 물품의 수출통관을 이행하도록 요구한다. 그러나 매도인은 물품의 수입통관의 의무가 없으며, 일체의 수입관세를 지급하거나 또는 일체의 수입통관절차를 이행할 의무가 없다.

2) 물품의 인도

CFR 규칙은 매도인이 물품을 매도인이 지정한 선적항의 본선 상에 인도하거나 또는 이미 그렇게 인도된 물품을 조달함으로써 인도하여야 한다. 물품의 인도 장소는 선적항의 선박의 본선이 된다.

CFR 규칙에서 매도인은 물품의 인도가 물품이 도착지에 도착할 때가 아니라 선적항의 본선에 적재될 때 인도의무가 이행된다.

본 규칙은 실물인도조건이 아닌 서류에 의한 상징적 인도(symbolic delivery)조건이다.

• 거래조건 표기의 예
- CFR + 지정 목적지항(구체적인 항구장소 기재) Incoterms® 2020
- CFR New York Incoterms® 2020

---

3) 위험의 이전

CFR 규칙은 위험의 이전과 비용의 이전 장소가 다르기 때문에 2가지 분기점을 가진다. 즉, CFR 규칙에서의 위험은 선적항의 본선에 적재되었을 때 매도인으로부터 매수인에게 이전되며, 비용의 분기점은 목적지항이 된다. CFR 규칙하에서 매도인은 물품이 지정된 선적항에서 본선에 적재될 때까지 물품의 멸실 또는 손상의 모든 위험을 부담하기 때문에, 위험부담의 분기점(critical point)은 선적항에서 물품이 본선에 적재된 때가 된다. 그러므로 당사자는 계약에서 가능한 선적항과 목적지항을 상세하게 명시하는 것이 바람직하다.

CFR 규칙은 매도인이 목적지항까지 운송계약을 체결하고 운임을 지급한다는 점에서 FOB 규칙과는 다르지만, 기타 추가적인 비용과 물품의 멸실 또는 손상의 모든 위험은 물품이 선적항에서 본선에 적재된 때(when the goods are on board the vessel)에 매수인에게 이전한다는 점에서 FOB 규칙과 같다.

CFR 규칙에서 매도인은 매수인에 대해서 부보의무가 없다는 점에서 CIF 규칙과 다르지만, 지정된 목적지항까지의 운임이 포함된 복합가격을 형성하고 있으며, 또 서류에 의한 상징적 인도조건이라는 점에서 CIF 규칙과 본질적으로 같은 것이다.

4) 비용의 분기점

CFR 규칙에서 매도인은 선적항에서 물품을 본선에 인도할 때까지의 모든 비용과 목적지항까지의 운임을 추가하여 부담하여야 한다. 그러나 물품 인도 이후에 발생하는 모든 추가비용은 매수인이 부담한다.

그 외 매도인이 목적지항의 명시된 지점에서 운송계약에 의거하여 양화와 관련된 비용을 부담한 경우, 당사자 간에 별도의 합의가 없는 한 그러한 비용을 매수인으로부터 상환받을 권리가 없다.

CFR에서 매도인이 부담하는 비용은 본선에 인도하기까지의 모든 비용, 물품선적비용, 운송관련 보안비용, 운송계약상 매도인이 양화항에서 부담하기로 약정한 비용, 수출통관에 관한 관세, 세금 및 그 밖의 비용 등이 있다.

2. CIF(Cost, Insurance and Freight) 운임·보험료포함인도

CIF (insert named port of destination) Incoterms® 2020

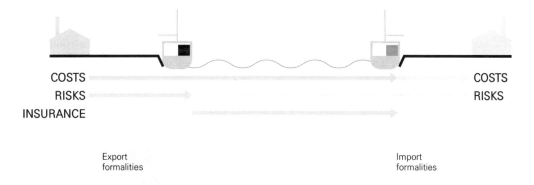

EXPLANATORY NOTES FOR USERS

1. **Delivery and risk**—"Cost Insurance and Freight" means that the seller delivers the goods to the buyer on board the vessel or procures the goods already so delivered. The risk of loss of or damage to the goods transfers when the goods are on board the vessel, such that the

seller is taken to have performed its obligation to deliver the goods whether or not the goods actually arrive at their destination in sound condition, in the stated quantity or, indeed, at all.

2. **Mode of transport**—This rule is to be used only for sea or inland waterway transport. Where more than one mode of transport is to be used, which will commonly be the case where goods are handed over to a carrier at a container terminal, the appropriate rule to use is CIP rather than CIF.

3. **'or procuring the goods so delivered'**—The reference to "procure" here caters for multiple sales down a chain (string sales), particularly common in the commodity trades.

4. **Ports of delivery and destination**—In CIF, two ports are important: the port where the goods are delivered on board the vessel and the port agreed as the destination of the goods. Risk transfers from seller to buyer when the goods are delivered to the buyer by placing them on board the vessel at the shipment port or by procuring the goods already so delivered. However, the seller must contract for the carriage of the goods from delivery to the agreed destination. Thus, for example, goods are placed on board a vessel in Shanghai (which is a port) for carriage to Southampton (also a port). Delivery here happens when the goods are on board in Shanghai, with risk transferring to the buyer at that time; and the seller must make a contract of carriage from Shanghai to Southampton.

5. **Must the shipment port be named?**—While the contract will always specify a destination port, it might not specify the port of shipment, which is where risk transfers to the buyer. If the shipment port is of particular interest to the buyer, as it may be, for example, where the buyer wishes to ascertain that the freight or the insurance element of the price is reasonable, the parties are well advised to identify it as precisely as possible in the contract.

6. **Identifying the destination point at the discharge port**—The parties are well advised to identify as precisely as possible the point at the named port of destination, as the costs to that point are for the account of the seller. The seller must make a contract or contracts of carriage that cover the transit of the goods from delivery to the named port or to the agreed point within that port where such a point has been agreed in the contract of sale.

7. **Multiple carriers**—It is possible that carriage is effected through several carriers for different legs of the sea transport, for example, first by a carrier operating a feeder vessel from Hong Kong to Shanghai, and then onto an ocean vessel from Shanghai to Southampton. The question which arises here is whether risk transfers from seller to buyer at Hong Kong or at Shanghai: where does delivery take place? The parties may well have agreed this in the sale contract itself. Where, however, there is no such agreement, the default position is that risk transfers when the goods have been delivered to the first carrier, i.e. Hong Kong, thus increasing the period during which the buyer incurs the risk of loss or damage. Should the parties wish the risk to transfer at a later stage (here, Shanghai) they need to specify this in their contract of sale.

8. **Insurance**—The seller must also contract for insurance cover against the buyer's risk of loss

of or damage to the goods from the port of shipment to at least the port of destination. This may cause difficulty where the destination country requires insurance cover to be purchased locally: in this case the parties should consider selling and buying under CFR. The buyer should also note that under the CIF Incoterms® 2020 rule the seller is required to obtain limited insurance cover complying with Institute Cargo Clauses (C) or similar clause, rather than with the more extensive cover under Institute Cargo Clauses (A). It is, however, still open to the parties to agree on a higher level of cover.

9. **Unloading costs**—If the seller incurs costs under its contract of carriage related to unloading at the specified point at the port of destination, the seller is not entitled to recover such costs separately from the buyer unless otherwise agreed between the parties.

10. **Export/import clearance**—CIF requires the seller to clear the goods for export, where applicable. However, the seller has no obligation to clear the goods for import or for transit through third countries, to pay any import duty or to carry out any import customs formalities.

사용자를 위한 설명문

1. **인도와 위험** – "운임·보험료포함인도"는 매도인이 선박의 본선 상에 물품을 매수인에게 인도하거나 또는 이미 그렇게 인도된 물품을 조달하는 것을 의미한다. 물품의 멸실 또는 손상의 위험은 물품이 선박 본선상에 놓여 있을 때 이전되고, 그에 따라 매도인은 명시된 수량의 물품이 실제로 목적지에 양호한 상태로 도착하는지를 불문하고 또는 물품이 전혀 도착하지 않더라도 그의 물품인도의무를 이행한 것으로 본다.

2. **운송방식** – 본 규칙은 해상운송이나 내수로운송에만 사용되어야 한다. 물품이 컨테이너터미널에서 운송인에게 인도되는 경우에 일반적으로 그러하듯이 둘 이상의 운송방식이 사용되는 경우에 사용하기 적절한 규칙은 CIF가 아니라 CIP이다.

3. **'또는 그렇게 인도된 물품을 조달함'** – 여기에 "조달한다"(procure)고 규정한 것은 특히 일차산품거래(commodity trades)에서 일반적인 수차에 걸쳐 연속적으로 이루어지는 매매('연속매매','string sales')에 대응하기 위함이다.

4. **인도항(port of delivery)과 목적항(port of destination)** – CIF에서는 두 항구가 중요하다. 물품이 선박에 적재되어 인도되는 항구와 물품의 목적항으로 합의된 항구가 그것이다. 위험은 물품이 선적항에서 선박에 적재됨으로써 또는 이미 그렇게 인도된 물품을 조달함으로써 매수인에게 인도된 때 매도인으로부터 매수인에게 이전한다. 그러나 매도인은 물품을 인도지부터 합의된 목적지까지 운송하는 계약을 체결하여야 한다. 따라서 예컨대 물품은 (항구인) 사우샘프턴까지 운송을 위하여 (항구인) 상하이에서 선박에 적재된다. 그러면 물품이 상하이에서 선적된 때 여기서 인도가 일어나고, 그 시점에 위험이 매수인에게 이전한다. 그리고 매도인은 상하이에서 사우샘프턴까지의 운송계약을 체결하여야 한다.

5. **선적항은 반드시 지정되어야 하는가?** – 계약에서 항상 목적항을 명시할 것이지만 위험이 매수인에게 이전하는 장소인 선적항은 명시하지 않을 수도 있다. 예컨대 매수인이 매매대금에서 운

임요소 또는 보험요소가 합리적인지 확인하고자 하는 경우에 그러하듯이 선적항이 특히 매수인의 관심사항인 경우에 당사자들은 계약에서 선적항을 가급적 정확하게 지정하는 것이 좋다.

6. **양륙항 내 목적지점 지정** - 당사자들은 지정목적항 내의 지점을 가급적 정확하게 지정하는 것이 좋다. 그 지점까지 비용을 매도인이 부담하기 때문이다. 매도인은 물품을 인도지로부터 지정목적항까지 또는 매매계약에서 그러한 지점이 합의된 경우에는 지정목적항 내의 지점까지 물품을 운송하는 단일 또는 복수의 계약을 체결하여야 한다.

7. **복수의 운송인** - 예컨대 먼저 홍콩에서 상하이까지 피더선(feeder vessel)을 운항하는 운송인이 담당하고 이어서 상하이에서 사우샘프턴까지 항해선박(ocean vessel)이 담당하는 경우와 같이, 상이한 해상운송구간을 각기 담당하는 복수의 운송인이 운송을 수행하는 것도 가능하다. 이때 과연 위험은 매도인으로부터 매수인에게 홍콩에서 이전하는지 아니면 상하이에서 이전하는지 의문이 발생한다. 즉 인도는 어디서 일어나는가? 당사자들이 매매계약 자체에서 이를 잘 합의하였을 수도 있다. 그러나 그러한 합의가 없는 경우에, 본 규칙의 기본입장은, 위험은 물품이 첫 번째 운송인에게 인도된 때 즉 홍콩에서 이전하고, 따라서 매수인이 멸실 또는 손상의 위험을 부담하는 기간이 증가한다는 것이다. 당사자들은 그 뒤의 어느 단계에서 (여기서는 상하이) 위험이 이전하기를 원한다면 이를 매매계약에 명시하여야 한다.

8. **보험** - 매도인은 또한 선적항부터 적어도 목적항까지 매수인의 물품의 멸실 또는 손상의 위험에 대하여 보험계약을 체결하여야 한다. 이는 목적지 국가가 자국의 보험자에게 부보하도록 요구하는 경우에는 어려움을 야기할 수 있다. 이러한 경우에 당사자들은 CFR로 매매하는 것을 고려하여야 한다. 또한 매수인은 인코텀즈 2020 CIF 하에서 매도인이 협회적화약관의 A-약관에 의한 보다 광범위한 담보조건이 아니라 협회적하약관의 C-약관이나 그와 유사한 약관에 따른 제한적인 담보조건으로 부보하여야 한다는 것을 유의하여야 한다. 그러나 당사자들은 여전히 더 높은 수준의 담보조건으로 부보하기로 합의할 수 있다.

9. **양화비용** - 매도인은 자신의 운송계약상 목적항 내의 명시된 지점에서 양화에 관하여 비용이 발생한 경우에 당사자간에 달리 합의되지 않은 한 그러한 비용을 매수인으로부터 별도로 상환받을 권리가 없다.

10. **수출/수입통관** - CIF에서는 해당되는 경우에 매도인이 물품의 수출통관을 하여야 한다. 그러나 매도인은 물품의 수입을 위한 또는 제3국 통과를 위한 통관을 하거나 수입관세를 납부하거나 수입통관절차를 수행할 의무가 없다.

1) 개념

"운임·보험료포함인도(CIF)" 규칙은 매도인이 선적항에서 약정물품의 수출원가(cost), 목적지항까지 물품을 운반하는데 필요한 해상운임(ocean freight)과 해상보험료(marine insurance premium)를 지급하는 복합가격에 의한 매매조건이다.

CIF 규칙은 매도인이 약정된 물품을 선적항의 본선에 적재할 때 인도하는 것을 의미하며, 연속매매가 있을 경우에는 본선 상에 인도된 물품을 조달하여 인도하는 것을 의미한다. 물품의 멸실 또는 손상에 대한 위험은 물품이 선박 본선 상에 놓여 있을 때 매도인으로부터 매수인에게 이전된다. 따라서 매도인은 명시된 수량의 물품이 실제로 목적지에 양호한 상태로 도착하는지를 불문하고 또는 물품이 전혀 도착하지 않더라도 그의 물품인도의무를 이행한 것으로 간주된다. 해상운송 구간을 담당하는 복수의 운송인(mutiple carriers)이 운송을 담당하는 경우 위험은 물품이 첫 번째 운송인(first carrier)에게 인도된 때 이전된다.

본 규칙에서 매도인은 물품의 인도항(port of delivery)부터 합의된 목적지항(port of destination)까지 운송계약을 체결하고 물품을 운반하는 데 필요한 비용 및 운임을 지급해야 한다.

또한 매도인은 운송 중 물품의 멸실 또는 손상에 대한 매수인의 위험에 대한 보험계약을 체결하여야 한다. 매수인은 CIF 규칙에서 매도인은 ICC(C)나 그와 유사한 약관에 따른 제한적인 담보조건으로 부보하여야 한다는 사실에 유의하여야 한다. 매수인이 더 큰 담보조건으로 보호를 받고자 원하는 경우에는, 매수인은 매도인과 명시적인 보상정도를 합의하거나 또는 스스로 추가 보험약정을 체결하여야 할 필요가 있다.

따라서 매도인은 자신의 위험과 비용으로 물품을 선적하고, 운송서류(B/L, MIP, C/I)를 완비하여 매수인에게 제시하면, 매수인은 선적 이후의 위험을 부담하고 그 운송서류와 상환으로 대금을 지급하는 것으로 자신의 의무가 이행된다.

본 규칙은 해상 또는 내륙수로운송에만 사용된다. 따라서 CIF 규칙은 물품이 컨테이너 터미널에서 운송인에게 인도되는 경우나 두 가지 이상의 운송방식이 사용되는 복합운송의 경우에는 CIF보다는 CIP가 적절하다.

CIF 규칙은 적용이 가능한 경우 매도인이 물품의 수출통관을 이행하도록 요구한다. 그러나 매도인은 물품의 수입통관의 의무가 없으며, 일체의 수입관세를 지급하거나 또는 일체의 수입통관절차를 이행할 의무가 없다.

☑ CIF 규칙에서의 필수서류
- 물품매매계약: 선적원가(cost)포함 → 상업송장(commercial invoice)제공
- 해상보험계약: 보험료(insurance premium)지급 → 해상보험증권(MIP)취득·제공
- 해상운송계약: 운임(freight)지급 → 선화증권(B/L)취득·제공

2) CIF 규칙의 특성

(1) 서류에 의한 거래

① CIF 규칙은 현실적 실물인도(actual·physical delivery)가 아닌 상징적 인도(symbolic delivery)조건이므로 매도인은 계약에 일치하는 물품을 선적하고 선적서류를 제공할 의무가 있다.

② 매도인이 제공해야 할 필수서류는 무고장 선화증권(Clean B/L), 상업송장(Commercial Invoice), 보험증권(MIP)이 있다.

③ CIF 규칙에서 물품 인도방식은 현실적인 인도(actual delivery)가 아닌 서류에 의한 상징적인 인도(symbolic delivery)의 방식을 취하는 특징을 갖고 있다. 인도(delivery)는 물품을 상징(표징)하는 서류를 인도함으로써 그의 의무가 완료되는 조건이다. 즉, CIF 에서 매도인의 위험부담은 FOB와 마찬가지로 선적 시에 끝나지만, 물품에 대한 권리는 그 물품을 상징하는 서류를 제공함으로써 매수인에게 이전되며 이때부터 매수인은 대금지급의 의무를 진다. 따라서 매도인은 물품을 정상적으로 인도하였더라도 계약에 불일치한 선적서류(shipping documents)를 제공하게 되면, 매수인으로부터 대금을 지급받을 수 없다. 그렇지만 CIF 규칙은 단순히 서류매매계약이라고 할 수 없으며, 엄격히 말하여 이는 "서류의 인도에 의해서 물품매매계약이 이행되는 조건"(contract for the sale of goods to be performed by the delivery of documents)이다.

그러면 CIF 규칙에서 선적서류의 인도는 실물을 인도한 것과 동일한 것인가? CIF 규칙에서의 서류는 선화증권(Bill of lading)을 포함한 상업송장, 보험증권을 필수서류로 하고 있다. 특히 선화증권은 권리증권(document of title)기능이 부여되어 있어서 선화증권의 소지인은 물권적 기능을 갖고 있으므로 현실적으로 서류를 갖고 있다는 것이 물품을 갖고 있는 것과 동일한 효과를 갖고 있다.

> ☑ CIF 규칙에서 서류거래의 의미
> - 물품매매가 아닌 물품에 관련된 서류의 매매조건임.
> - Schmittoff교수 ⇒ "CIF계약은 물품이 도착하는 것을 계약하는 것이 아니라 계약에 일치하는 물품을 선적하는 계약이다. 따라서 매도인은 운송계약과 보험계약을 체결하고 이들 서류를 제공하는 계약이다. 매수인은 물품이 아닌 서류를 매입한다(he buys the documents, not the goods…)"고 Scrutton판사의 판례를 강조한 바 있음.
> - Sassoons교수 ⇒ CIF 규칙은 서류의 인도로 이행되는 물품매매계약이다(A contract for the sale of goods to be performed by the delivery of documents.).
> - 이러한 것은 CIF계약의 상업적 기능을 강조한 것임

④ CIF 규칙은 운송 중의 물품을 서류에 의해서 전매(resells)할 수 있는 상거래의 편리성을 갖고 있다.2) 매수인은 선화증권이 유통가능한 형태(negotiable B/L)로 발행되기 때문에 선화증권의 인수, 양도로 자유롭게 물품을 전매할 수 있는 이점을 향유할 수 있다.

⑤ 해상운송 중에 물품의 멸실 및 손상에 대한 책임은 매수인에게 귀속되어 있다. 매도인은 물품을 선적한 후, 물품이 항해 중에 멸실 또는 손상되었더라도 그의 도착여부에 관계없이 정당한 선적서류를 제시하여 매수인에게 대금지급을 요청할 수 있다. 또한 매도인이 정상적인 선적서류를 제시하였다면 매수인은 물품의 도착여부와 관계없이 대금을 지급해야 한다. 마찬가지로 물품이 목적지항에 무사히 도착하였다고 하더라도 계약과 일치된 선적서류를 매도인이 제시하지 않으면 매수인은 물품의 인수를 거절할 수 있다. 그렇다고 해서 현품을 검사한 결과 계약과 일치하지 않음을 발견할 경우 매수인이 물품의 인수를 거절한다든지 손해배상을 청구할 권리를 침해받지 아니한다.

⑥ 본 규칙은 3개의 계약요소로 성립된다. 매매계약을 기본계약(main contract)으로 하고 이를 이행하기 위해서는 해상운송계약(contract of carriage by sea)과 해상보험계약(contract of marine insurance)과 같은 종속계약을 구성하고 있다.

⑦ CIF 규칙은 FOB 규칙과 달리 위험부담, 비용부담, 소유권 이전이 상이한 복잡한 계약조건을 구성하고 있다. 그러나 선적서류를 담보로 화환어음 결제에 의한 대금회수는 현행 화환신용장방식에 의한 무역관습과 일치하므로 현재 무역거래에서 널리 사용되는 조건으로 발전하였다. 따라서 CIF 규칙의 특성은 순수한 법률적 측면에서 보다는 상거래의 관점에서 그 중요성이 강조되고 있다.

3) 물품의 인도

CIF 규칙에서의 물품의 인도는 현실적 실물인도조건이 아닌 물품이 화체화(embodied)된 서류를 이전하는 상징적 인도 형태이다. 물품의 인도 장소는 선적항에서 본선에 적재되어 인도하게 되므로 선박의 본선이다.

---

2) … McNair J. described the ordinary CIF contracts as a contract in which the seller discharges his obligations as regards delivery by tendering a bill of lading covering the goods. The buyer's aim is to obtain, as early as possible, the right of disposal of the goods in order to resell them or to secure a bank advance on them, and to obtain either the goods or, if they are lost, the insurance money… .

- 거래조건 표기의 예
  - CIF＋지정 목적지항(구체적인 항구장소 기재) Incoterms® 2020
  - CIF New York Incoterms® 2020

4) 위험의 이전

CIF 규칙에서 위험은 매도인이 물품을 선적항의 선박의 본선에 적재하거나 연속매매의 경우의 매도인은 그렇게 인도된 물품을 조달함으로써 인도한 때 매수인에게 이전된다.

매도인은 물품이 지정된 선적항에서 본선에 적재할 때까지 물품의 멸실 또는 손상의 모든 위험을 부담하고 그 이후부터 물품에 대한 모든 위험은 매수인이 부담하여야 한다. 따라서 위험부담의 분기점(critical point)은 선적항에서 물품이 본선에 적재된 때가 된다.

5) 비용의 이전

CIF 규칙에서 매도인은 선적항에서 물품을 본선 상에 인도할 때까지 그 물품에 관련된 모든 비용과 목적지항까지의 운임과 보험료를 추가하여 부담하여야 한다. 그러나 매수인은 목적지항까지의 해상운임과 보험료를 제외하고, 물품이 선적항의 본선에 인도된 때부터 그 물품에 관련된 기타 추가적인 비용은 매수인에게 이전된다는 점에 유의하여야 한다.

그러므로 CIF 규칙에 있어서 비용부담의 분기점은 장소적인 측면에서 보면 선적항에서 물품이 본선에 인도된 때가 되지만, 매도인의 비용부담한도는 FOB 규칙에서 모든 비용과 목적지항까지의 운임과 보험료를 합산한 금액이 된다.

☑ CIF 규칙에서의 매도인의 주요 비용
① 물품을 본선에 적재하기까지의 수출승인 및 수출통관에 따른 일체의 수출비용(export costs)
② 본선의 창내적부·정돈비(stowage and trimming charge)
③ 목적지항까지의 해상운임(ocean freight), 정기선 운송계약의 경우 함께 부과되는 목적지항에서의 양화비(unloading costs) 등 포함(운송계약상 매도인이 부담하기로 한 양화비용)
④ 목적지항까지의 해상보험료(marine insurance premium) 등

① 상업송장, 선적서류 및 보험서류 등의 인수 및 물품대금지급
② 목적지항에서의 물품인수 및 양화비용, 부두사용료 등
③ 목적지항에 도착할 때까지의 운임 및 보험료 이외의 추가적인 비용
④ 수입승인 및 수입통관 비용 등

6) CIF 규칙의 장점

매도인이 CIF 규칙을 이용할 경우 다음과 같은 이점을 누릴 수 있다.

첫째, 매도인은 선적항에서의 선적과 동시에 약정된 물품에 대한 모든 위험으로부터 면제된다.

둘째, 매도인은 목적지항에 물품이 도착하기 전에 선적서류와 상환으로 미리 물품대금을 회수하여 현금화할 수 있다.

셋째, 국내에 경쟁력 있는 운송회사나 보험회사가 있을 때 유리한 비용조건으로 운송계약과 보험계약을 체결할 수 있다.

넷째, 수출국가의 차원에서도 CIF 규칙은 FOB 규칙에 비하여 운임과 보험료만큼 외화수입을 가져올 수 있다. 다만 CIF 규칙을 사용하면 매도인은 해상운임과 보험료를 과학적으로 정확히 계산하여야 하고, 당초 예상치 못한 요소비용을 감당하여야 하며, 또 선복의 수배와 부보의 복잡한 수출절차를 직접 이행하여야 하는 어려움이 있다.

7) CIF규칙과 선적서류

(1) 선화증권의 요건

① 선화증권의 기능: 전통적으로 CFR과 CIF 규칙에서의 선적선화증권은 매도인이 제공해야 하는 서류이다.[3] 선화증권은 다음과 같은 세 가지 중요한 기능을 수행한

---

3) Traditionally, the on board bill of lading has been the only acceptable document to be presented by the seller under the CFR and CIF terms. The bill of lading fulfills three important functions, namely:
① proof of delivery of the goods on board the vessel ;
② (prima facie) evidence of the contract of carriage; and
③ a means of transferring rights to the goods in transit to another party by the transfer of the paper document to him(a document of title to the goods).
Transport documents other than the bill of lading would fulfil the two first-mentioned functions, but would not control the delivery of the goods at destination or enable a

다. 즉,

- 본선상에 물품이 인도되었다는 증거
- 운송계약의 증거
- 종이서류의 이전에 의해 다른 당사자에게 운송 중 물품에 대한 권리를 이전하는 수단

선화증권 이외의 운송서류는 상기 첫 번째와 두 번째 기능을 수행하지만, 목적지에서 물품의 인도를 통제하지 못하거나 그의 매수인에게 종이서류를 양도함으로써 매수인으로 하여금 운송 중 물품을 전매하지 못하게 된다. 대신에 다른 운송서류는 목적지에서 물품을 수령할 권리가 있는 당사자를 지명하게 된다.

② CIF 규칙에서의 B/L요건: 선화증권은 운송인이 선화증권에 기재된 물품을 인수 또는 선적하였음을 증명하는 서류이다. CIF 규칙에서 필수서류 중의 하나인 선화증권은 다음의 조건을 갖추어야 한다.

ㄱ 무고장 선화증권(Clean B/L)

ㄴ 선적선화증권(shipped 또는 on board B/L)일 것, 수취식 선화증권(received B/L)일 경우는 선적필 배서를 한 B/L일 것 → 물품이 본선에 적재되었음을 증명하는 On board notation, endorsement가 기재된 선화증권의 전통 (Full set)

ㄷ 유통가능한 선화증권(negotiable B/L)

ㄹ 운임이 선 지급된 선화증권(freight prepaid B/L)

ㅁ B/L의 날짜가 계약서상 또는 L/C상에 명시된 선적기일 이내인 B/L

» ☑ UCP 600 Article 27(무고장 운송서류)
- 은행은 무고장 운송서류(clean transport document)만을 수리하여야 한다.
- 무고장 운송서류란 물품 또는 포장의 상태에 하자가 있음을 명시적으로 선언하는 조항 또는 표기가 나타나 있지 아니한 서류를 말함.

---

buyer to sell the goods in transit by surrendering the paper documents to his buyer. Instead, other transport documents would name the party entitled to received the goods at destination.

(2) CIF 규칙에서 보험의 요건 (CIF A5)

① ICC(LMA/IUA)의 (C)약관 또는 이와 유사한 약관에 상응하는 담보조건으로 부보
② 평판이 양호한 보험자(an insurance company of good repute) 또는 보험인수업자
   와 보험계약을 체결
③ 양도 가능한 보험증권(transferable form)
④ 보험자로부터 직접 보험금을 청구할 수 있도록 물품에 대한 피보험이익을 갖는 자
⑤ 매매계약에서 규정된 대금에 10%를 가산한 금액(CIF 가격의 110%)으로 부보
⑥ 보험통화는 매매계약의 통화(the currency of the contract)와 일치
⑦ 물품의 인도 지점부터 최소한 지정된 목적지항까지 부보
⑧ 매도인이 매수인에게 보험증권이나 보험증명서 또는 기타 부보의 증거 제공

> ☑ UCP 600 Article 28(보험서류)
> • A항: 보험서류는 문면상 보험회사, 보험인수업자, 그 지정대리인에 의해 발행되고 서명된 것
> • B항: 보험서류에 2통 이상의 원본 발행이 명시된 경우, 모든 원본이 제시될 것
> • C항: 보험중개업자가 발행한 cover note는 수리되지 않음.
> • D항: 은행은 보험회사, 보험자, 그 대리인이 사전 서명한 포괄 예정보험(open cover)에 의한
>   보험 증명서, 선적확정통지서(declaration)를 수리하여야 함.
> • E항: 보험서류가 선적, 발송, 수탁일자보다 늦은 발행일자일 경우 수리하지 않음.
> • F항: 1) 신용장상의 동일통화로 표시
>   2) 최저 부보금액은 문면상 CIF/CIP가격이 결정되는 경우에 한하여 상황에 따라 110%
>   가산금액이어야 함.
>   3) 신용장상에 명기된 대로 수탁지 또는 선적지와 양륙지 또는 최종 목적지간에 담보되
>   었음을 표시하여야 함.

(3) 상업송장의 요건

상업송장(commercial invoice)은 ① 수출업자가 수입업자 앞으로 발행하는 물품에 대한 대금지급 청구서, 물품명세서 등의 선적안내서이며, ② 매도인에게는 무역대금결제의 주요 서류, 출하안내 및 과세자료, 수출수속절차상의 세관 등에 제공하는 서류이자, ③ 매수인에게는 수입통관 수속에 필수적인 서류이다.

Incoterms® 2020 11개 규칙에서 매도인의 일반적 의무(A1)에는 "매도인은 매매계약에 일치하는 물품 및 상업송장과 그 밖에 계약에서 요구될 수 있는 일치성에 관한 증거를 제공하여야 한다"고 명시하고 있다.

8) CIF 규칙의 변형

(1) 개념

① CIF 규칙은 선적원가(cost), 보험료(insurance premium), 운임(freight)의 기본가격에다 중계수수료(commission), 외환비용(exchange cost), 이자(interest), 양화비용(landed cost), 통관비용(cleared cost), 관세(customs duties) 등의 1~2가지 요소를 추가하여 변형된 형태의 가격조건을 사용하기도 한다.

② 이와 같은 변형된 조건은 별도의 특약이 없는 한 원칙적으로 CIF의 본질이 그대로 적용된다(위험의 이전, 소유권이전 원리는 동일).

(2) 종류

CIF규칙의 변형	내 용
CIF & C (commission)	• 수입업자를 대신하는 매수인이 Commission인 경우, 매도인이 매수인에게 송금해야 할 반환수수료를 CIF가격에 가산한 것(중개무역인 경우) 예 CIF &C 5% singapore
CIF & E (Exchange)	• 외국환은행을 통하여 수출품의 결제 시 환어음 추심료와 수출입대금을 타국통화로 결제할 때 따르는 외환비용을 매도인이 부담하는 조건 • 대개 수출국통화가 약정된 경우 수출상이 환위험을 부담하고, 수입국통화가 약정된 경우 수입상이 환위험을 부담하며, 제3국 통화인 경우 매매당사자가 모두 환위험 부담
CIF & I (Interest)	• 환어음 할인비용(이자)을 매도인의 가격에 포함시키는 조건 • 특히 기한부 환어음을 발행하였을 경우, 매도인이 대금을 받는 날과 매수인이 실질적으로 대금결제를 하는 날간의 시차의 이자
CIF & C.I.	• 수수료와 이자를 매도인이 부담하는 조건 • 중개무역을 하면서 대금결제는 기한부 어음을 사용하는 경우에 해당

CIF Landed	• 매도인이 도착항에서의 양화비를 부담하는 조건(부선운임, 부두사용료, 양화비 등) • 통상 정기선을 이용할 경우, 선적비(loading charge)와 양화비(unloading charge)는 운임에 포함됨 • 관례상 매수인이 부담하는 경우가 있을 경우 특약에 의해 양화비를 매도인이 부담토록 약정한 경우
CIF Cleared	• 매도인이 수입국에서의 통관비용을 부담하는 조건 • 수입통관으로 야기되는 비용, 즉 수입관세, 수입세, 소비세, 물품세 등의 기타조세, 기타 부가세 등
CIF Customs Duty Paid	• CIF Cleared조건과 비슷하나, 기타 조세 및 요금(물품세, 소비세, 통관상 필요한 부가세) 등은 매도인의 부담에서 제외되고 매수인의 부담조건
C & I	• Cost & Insurance은 매도인이 선적원가에다 해상보험료를 부담하는 조건. • 실제 CIF규칙에서 운임후불조건으로 계약이 체결된 경우는 C&I가 됨. 물론 매도인은 선적하여 선화증권을 제공하여야 할 의무는 당연히 있음.
CFR(C&F)	• CFR규칙도 CIF규칙의 변형에 지나지 않는다. CIF규칙의 매도인의 의무 중 보험계약체결의무를 매수인에게 전가시킨 형태임. • 자세한 사항은 CFR에서 별도 설명참조.

상기의 CIF변형 중 CIF Landed, CIF Cleared, CIF Customs Duty Paid 등은 가격조건의 변경으로 해석되지만 특약 사항에 따라 CIF 규칙의 본질이 바뀔 수 있으므로 주의하여야 한다. 특히 당사자 간에 인코텀즈 규칙의 변경은 비용분담만을 변경하려는 것인지 위험과 인도지점까지 바꾸려는 것인지 당사자간에 해석상 논란의 소지가 있으므로 계약서상에 명확하게 이해될 수 있도록 약정할 필요가 있다.[4]

---

4) Incoterms® 2020 X(인코텀즈규칙 변형시 유의점)에서도 "당사자들이 본 규칙을 사용할 수 있으나 그렇게 하는 데는 다소 위험요소가 있으므로 변경하려는 의도를 명확하게 계약서에 표시"하도록 강조하고 있다. 예컨대 인코텀즈 규칙상 비용분담을 계약에서 변경하는 경우에 당사자들은 인도가 이루어지고 위험이 매수인에게 이전하는 지점까지도 바꾸기로 하는 의도인지 여부를 명백하게 기술하도록 강조하고 있다. 결국 가격조건만을 변경하느냐 인도조건까지 변경한 것인지의 표시가 명확히 기술되어야 한다.

3. CPT(Carriage Paid To) 운송비 지급인도

CPT (insert named place of destination) Incoterms® 2020

COSTS ➝ COSTS
RISKS ➝ RISKS

Export formalities

Import formalities

EXPLANATORY NOTES FOR USERS

1. **Delivery and risk**—"Carriage Paid To" means that the seller delivers the goods—and transfers the risk—to the buyer by handing them over to the carrier contracted by the seller or by procuring the goods so delivered. The seller may do so by giving the carrier physical possession of the goods in the manner and at the place appropriate to the means of transport used. Once the goods have been delivered to the buyer in this way, the seller does not guarantee that the goods will reach the place of destination in sound condition, in the stated quantity or indeed at all. This is because risk transfers from seller to buyer when the goods are delivered to the buyer by handing them over to the carrier; the seller must nonetheless contract for the carriage of the goods from delivery to the agreed destination. Thus, for example, goods are handed over to a carrier in Las Vegas (which is not a port) for carriage to Southampton (a port) or to Winchester (which is not a port). In either case, delivery transferring risk to the buyer happens in Las Vegas, and the seller must make a contract of carriage to either Southampton or Winchester.

2. **Mode of transport**—This rule may be used irrespective of the mode of transport selected and may also be used where more than one mode of transport is employed.

3. **Places (or points) of delivery and destination**—In CPT, two locations are important: the place or point (if any) at which the goods are delivered (for the transfer of risk) and the place or point agreed as the destination of the goods (as the point to which the seller promises to contract for carriage).

4. **Identifying the place or point of delivery with precision**—The parties are well advised to identify both places, or indeed points within those places, as precisely as possible in the contract of sale. Identifying the place or point (if any) of delivery as precisely as

possible is important to cater for the common situation where several carriers are engaged, each for different legs of the transit from delivery to destination. Where this happens and the parties do not agree on a specific place or point of delivery, the default position is that risk transfers when the goods have been delivered to the first carrier at a point entirely of the seller's choosing and over which the buyer has no control. Should the parties wish the risk to transfer at a later stage (e.g. at a sea or river port or at an airport), or indeed an earlier one (e.g. an inland point some way away from a sea or river port), they need to specify this in their contract of sale and to carefully think through the consequences of so doing in case the goods are lost or damaged.

5. **Identifying the destination as precisely as possible**—The parties are also well advised to identify as precisely as possible in the contract of sale the point within the agreed place of destination, as this is the point to which the seller must contract for carriage and this is the point to which the costs of carriage fall on the seller.

6. **'or procuring the goods so delivered'**—The reference to "procure" here caters for multiple sales down a chain (string sales), particularly common in the commodity trades.

7. **Costs of unloading at destination**—If the seller incurs costs under its contract of carriage related to unloading at the named place of destination, the seller is not entitled to recover such costs separately from the buyer unless otherwise agreed between the parties.

8. **Export/import clearance**—CPT requires the seller to clear the goods for export, where applicable. However, the seller has no obligation to clear the goods for import or for transit through third countries, or to pay any import duty or to carry out any import customs formalities.

사용자를 위한 설명문

1. **인도와 위험** – "운송비지급인도"는 매도인이 자신과 운송계약을 체결한 운송인에게 물품을 교부함으로써 또는 그렇게 인도된 물품을 조달함으로써 매수인에게 물품을 인도하는 것을 – 그리고 위험을 이전하는 것을 – 의미한다. 매도인은 사용되는 운송수단에 적합한 방법 및 그에 적합한 장소에서 운송인에게 물품의 물리적 점유를 이전함으로써 물품을 인도할 수 있다. 물품이 이러한 방법으로 매수인에게 인도되면, 매도인은 그 물품이 목적지에 양호한 상태로 그리고 명시된 수량 또는 그 전량이 도착할 것을 보장하지 않는다. 왜냐하면 물품이 운송인에게 교부됨으로써 매수인에게 인도된 때 위험은 매도인으로부터 매수인에게 이전하기 때문이다. 그러나 매도인은 물품을 인도지로부터 합의된 목적지까지 운송하는 계약을 체결하여야 한다. 따라서 예컨대 (항구인) 사우샘프턴이나 (항구가 아닌) 윈체스터까지 운송하기 위하여 (항구가 아닌) 라스베이거스에서 운송인에게 물품이 교부된다. 이러한 각각의 경우에 위험을 매수인에게 이전시키는 인도는 라스베이거스에서 일어나고 매도인은 사우샘프턴이나 윈체스터로 향하는 운송계약을 체결하여야 한다.

2. **운송방식** – 본 규칙은 어떠한 운송방식이 선택되는지를 불문하고 사용할 수 있고 둘 이상의 운송방식이 이용되는 경우에도 사용할 수 있다.

3. **인도장소(또는 인도지점)와 목적지** – CPT에서는 두 곳이 중요하다. 물품이 (위험이전을 위하여) 인도되는 장소 또는 지점(있는 경우)이 그 하나이고, 물품의 목적지로서 합의된 장소 또는 지점이 다른 하나이다(매도인은 이 지점까지 운송계약을 체결하기로 약속하기 때문이다).

4. **정확한 인도장소 또는 인도지점 지정** – 당사자들은 매매계약에서 가급적 정확하게 두 장소 (인도장소 및 목적지) 또는 그러한 두 장소 내의 실제 지점들을 지정하는 것이 좋다. 인도장소나 인도지점(있는 경우)을 가급적 정확하게 지정하는 것은 복수의 운송인이 참여하여 인도지부터 목적지까지 사이에 각자 상이한 운송구간을 담당하는 일반적인 상황에 대응하기 위하여 중요하다. 이러한 상황에서 당사자들이 특정한 인도장소나 인도지점을 합의하지 않는 경우에 본 규칙의 기본입장은, 위험은 물품이 매도인이 전적으로 선택하고 그에 대하여 매수인이 전혀 통제할 수 없는 지점에서 첫 번째 운송인에게 인도된 때 이전한다는 것이다. 그 후의 어느 단계에서 (예컨대 바다나 강의 항구로부터 멀리 있는 내륙의 어느 지점에서) 위험이 이전되길 원한다면, 당사자들은 이를 매매계약에 명시하고 물품이 실제로 멸실 또는 손상되는 경우에 그렇게 하는 것의 결과가 어떻게 되는지를 신중하게 생각할 필요가 있다.

5. **가급적 정확한 목적지 지정** – 당사자들은 또한 매매계약에서 합의된 목적지 내의 지점을 가급적 정확하게 지정하는 것이 좋다. 그 지점까지 매도인은 운송계약을 체결하여야 하고 그 지점까지 발생하는 운송비용을 매도인이 부담하기 때문이다.

6. **'또는 그렇게 인도된 물품을 조달함'** – 여기에 "조달한다"(procure)고 규정한 것은 특히 일차산품거래(commodity trades)에서 일반적인 수차에 걸쳐 연속적으로 이루어지는 매매('연속매매', 'string sales')에 대응하기 위함이다.

7. **목적지의 양화비용** – 매도인이 자신의 운송계약상 지정목적지에서 양화에 관하여 비용이 발생한 경우에 매도인은 당사자간에 달리 합의되지 않은 한 그러한 비용을 매수인으로부터 별도로 상환받을 권리가 없다.

8. **수출/수입통관** – CPT에서는 해당되는 경우에 매도인이 물품의 수출통관을 하여야 한다. 그러나 매도인은 물품의 수입을 위한 또는 제3국 통과를 위한 통관을 하거나 수입관세를 납부하거나 수입통관절차를 수행할 의무가 없다.

1) 정의

① "운송비지급인도(CPT)" 규칙은 매도인이 합의된 인도장소에서 매도인 자신이 운송계약을 체결한 운송인에게 물품을 인도하거나 그렇게 인도된 물품을 조달함으로써 매수인에게 인도하는 것을 의미한다. 또한 이와 같이 물품이 운송인에게 인도되면 위험은 매도인으로부터 매수인에게 이전된다. 매도인은 합의된 목적지까지 운송계약을 체결하여야 하고 목적지까지 물품을 운반하는 데 필요한 운송비를 지급해야 함을 의미한다.

② CPT 규칙에서 매도인은 물품 인도 후에 발생하는 운송비 이외의 모든 비용과 위험은 매수인이 부담하여야 한다. CPT 또는 CIP규칙이 사용된 경우, 매도인은 물품이 목적지에 도착할 때가 아니라 물품이 운송인에게 물리적 점유권이 이전될 때 그의 인도의무가 이행된다.

③ CPT 규칙은 위험의 이전과 비용의 이전이 다른 장소에서 발생되기 때문에 2가지 분기점을 가진다. 그러므로 당사자는 위험이 매수인에게 이전되는 인도장소 또는 인도지점(delivery places or points)과 매도인이 운송계약을 체결해야 하는 지정목적지(destination)를 계약에서 가급적 정확하게 명시하는 것이 바람직하다. 만약 여러 운송인이 합의된 목적지까지 운송에 참여하고, 당사자가 구체적인 인도지점을 합의하지 않은 경우 그 기본입장(default position)은 매도인이 선택한 지점에서 물품이 최초 운송인에게 인도되었을 때 위험이 이전되는 것이다.

④ 매매당사자들은 매매계약에서 합의된 목적지 내의 지점을 가급적 정확하게 지정하는 것이 좋다. 매도인은 그 지점까지 운송계약을 체결하고 운송비를 부담하기 때문이다.

⑤ 목적지의 양화비용과 관련하여 만약 매도인이 그 관련된 비용을 부담한 경우, 매도인은 매수인으로부터 그러한 비용을 상환받을 권리가 없다.

⑥ CPT는 매도인이 물품에 대한 수출통관을 이행하도록 요구한다. 그러나 매도인은 수입통관의 의무가 없으며, 일체의 수입관세를 지급하거나 또는 일체의 수입통관절차를 이행할 의무가 없다.

⑥ 본 규칙은 복합운송방식과 컨테이너 운송 또는 트레일러나 도선에 의한 Roll on –Roll off 운송을 포함하여 모든 운송방식에 사용될 수 있으며, 둘 이상의 운송방식이 채택된 경우에도 사용될 수 있다.

매도인이 제공하는 서류는 유통성 선화증권, 비유통성 해상화물운송장 또는 내수로 운송서류뿐만 아니라, 기타 운송방식에 따라 항공화물운송장, 철도화물탁송장, 도로화물탁송장 또는 복합운송서류 등이 있다.

CPT 규칙은 내용상 CFR 규칙과 유사하나 CFR 규칙이 해상운송에만 적용되는 데 반하여 CPT 규칙은 주로 복합운송에 사용된다는 점에서 차이점이 있다. 또한 이 규칙은 매도인이 운송비를 지급하는 것을 제외하면 FCA 규칙과 유사하다. CPT 규칙은 매도인이 지정된 목적지까지 보험계약을 체결하지 아니한다는 점을 제외하고는 CIP 규칙과 성격이 같다. 그러므로 CPT 규칙하에서 매도인의 기타 의무와 매수인의 기타 의무에 관한 내용도 보험계약에 관련한 정보제공의 의무사항을 제외하고, CIP 규칙과 기본적으로 동일하다.

2) 물품의 인도

CPT 규칙은 현실적 실물인도조건이기 때문에 매도인이 자신이 지정한 운송인 또는 복수의 운송인이 참여하게 되는 경우 첫 번째 운송인에게 물품을 인도할 때, 그의 인도의무가 완료된다. 또한 수차례 걸쳐 연속적으로 이루어지는 연속매매인 경우에는 그렇게 인도된 물품을 조달하였을 때 매도인의 인도의무가 완료된다.

- 거래조건 표기의 예
  - CPT＋지정 목적지(지정 장소 상세히 기재) Incoterms® 2020
  - 항공운송: CPT New York Airport Incoterms® 2020
  - 해상운송: CPT Los Angeles Terminal Incoterms® 2020
  - 철도운송: CPT Los Angeles Station Incoterms® 2020
  - 도로운송: CPT Los Angeles Terminal Incoterms® 2020
  - 복합운송: CPT Los Angeles Warehouse Incoterms® 2020

---

3) 위험의 이전

CPT 규칙에서 매도인은 합의된 인도장소에서 자신이 체결한 운송인에게 인도하였을 경우 또는 그렇게 인도된 물품을 조달하여 매수인에게 인도하였을 때, 물품의 멸실이나 손상에 대한 위험이 매수인에게 이전하게 된다. 만약 여러 운송인이 합의된 목적지까지 참여하게 되고, 당사자가 구체적인 인도장소를 합의하지 않은 경우에 최초 운송인에게 인도되었을 때 위험이 이전된다.

인도 장소는 대체로 철도역, 화물터미널, 공항, 선적항, 내륙수로의 항구, CFS, CY, ICD, 터미널, 창고 등이 될 수 있다.

4) 비용의 이전

CPT 규칙에서 물품의 인도장소와 물품의 목적지를 구분해야 한다. 물품에 대한 위험의 이전시점은 선적지의 인도장소이지만, 비용의 분기점은 지정 목적지이므로 매도인이 목적지까지 운송비를 지급하여야 한다. 그러나 목적지까지의 운송도중에 발생하는 일체의 비용은 물론 첫 번째 운송인에게 인도된 이후에는 모두 매수인의 비용부담이다.

> ## 기 본 용 어

☑ Freight(해상운임)

FAS, FOB, CFR, CIF과 같이 해상운송조건에서의 "해상운임"을 의미

☑ Carriage(운송비)

단순한 해상운임, 내륙수로 운임, 육로운임, 철도운임, 항공운임 또는 복합운송비 등을 포괄하는 의미로 "운송비"라고 함. 따라서 복합운송조건인 CPT, CIP, DAP, DPU, DDP 등에서 사용됨

4. CIP(Carriage and Insurance Paid To) 운송비·보험료 지급인도

CIP (insert named port of destination) Incoterms® 2020

EXPLANATORY NOTES FOR USERS

1. **Delivery and risk**—"Carriage and Insurance Paid To" means that the seller delivers the goods—and transfers the risk—to the buyer by handing them over to the carrier contracted by the seller or by procuring the goods so delivered. The seller may do so by giving the carrier physical possession of the goods in the manner and at the place appropriate to the means of transport used. Once the goods have been delivered to the buyer in this way, the seller does not guarantee that the goods will reach the place of destination in sound condition, in the stated quantity or indeed at all. This is because risk transfers from seller to buyer when the goods are delivered to the buyer by handing

them over to the carrier; the seller must nonetheless contract for the carriage of the goods from delivery to the agreed destination. Thus, for example, goods are handed over to a carrier in Las Vegas (which is not a port) for carriage to Southampton (a port) or to Winchester (which is not a port). In either case, delivery transferring risk to the buyer happens in Las Vegas, and the seller must make a contract of carriage to either Southampton or Winchester.

2. **Mode of transport**—This rule may be used irrespective of the mode of transport selected and may also be used where more than one mode of transport is employed.

3. **Places (or points) of delivery and destination**—In CIP two locations are important: the place or point at which the goods are delivered (for the transfer of risk) and the place or point agreed as the destination of the goods (as the point to which the seller promises to contract for carriage).

4. **Insurance**—The seller must also contract for insurance cover against the buyer's risk of loss of or damage to the goods from the point of delivery to at least the point of destination. This may cause difficulty where the destination country requires insurance cover to be purchased locally: in this case the parties should consider selling and buying under CPT. The buyer should also note that under the CIP Incoterms® 2020 rule the seller is required to obtain extensive insurance cover complying with Institute Cargo Clauses (A) or similar clause, rather than with the more limited cover under Institute Cargo Clauses (C). It is, however, still open to the parties to agree on a lower level of cover.

5. **Identifying the place or point of delivery with precision**—The parties are well advised to identify both places, or indeed points within those places, as precisely as possible in the contract of sale. Identifying the place or point (if any) of delivery as precisely as possible is important to cater for the common situation where several carriers are engaged, each for different legs of the transit from delivery to destination. Where this happens and the parties do not agree on a specific place or point of delivery, the default position is that risk transfers when the goods have been delivered to the first carrier at a point entirely of the seller's choosing and over which the buyer has no control. Should the parties wish the risk to transfer at a later stage (e.g. at a sea or river port or at an airport), or indeed an earlier one (e.g. an inland point some way away from a sea or river port), they need to specify this in their contract of sale and to carefully think through the consequences of so doing in case the goods are lost or damaged.

6. **Identifying the destination as precisely as possible**—The parties are also well advised to identify as precisely as possible in the contract of sale the point within the agreed place of destination, as this is the point to which the seller must contract for carriage and insurance and this is the point to which the costs of carriage and insurance fall on the seller.

7. **'or procuring the goods so delivered'**—The reference to "procure" here caters for multiple

sales down a chain (string sales), particularly common in the commodity trades.

8. **Costs of unloading at destination**—If the seller incurs costs under its contract of carriage related to unloading at the named place of destination, the seller is not entitled to recover such costs separately from the buyer unless otherwise agreed between the parties.

9. **Export/import clearance**—CIP requires the seller to clear the goods for export, where applicable. However, the seller has no obligation to clear the goods for import or for transit through third countries, or to pay any import duty or to carry out any import customs formalities.

사용자를 위한 설명문

1. **인도와 위험** – "운송비·보험료지급인도"는 매도인이 자신과 운송계약을 체결한 운송인에게 물품을 교부함으로써 또는 그렇게 인도된 물품을 조달함으로써 매수인에게 물품을 인도하는 것을 – 그리고 위험을 이전하는 것을 – 의미한다. 매도인은 사용되는 운송수단에 적합한 방법 및 그에 적합한 장소에서 운송인에게 물품의 물리적 점유를 이전함으로써 물품을 인도할 수 있다. 물품이 이러한 방법으로 매수인에게 인도되면, 매도인은 그 물품이 목적지에 양호한 상태로 그리고 명시된 수량 또는 그 전량이 도착할 것을 보장하지 않는다. 왜냐하면 물품이 운송인에게 교부됨으로써 매수인에게 인도된 때 위험은 매도인으로부터 매수인에게 이전하기 때문이다. 그러나 매도인은 물품을 인도지로부터 합의된 목적지까지 운송하는 계약을 체결하여야 한다. 따라서 예컨대 (항구인) 사우샘프턴이나 (항구가 아닌) 윈체스터까지 운송하기 위하여 (항구가 아닌) 라스베이거스에서 운송인에게 물품이 교부된다. 이러한 각각의 경우에 위험을 매수인에게 이전시키는 인도는 라스베이거스에서 일어나고 매도인은 사우샘프턴이나 윈체스터로 향하는 운송계약을 체결하여야 한다.

2. **운송방식** – 본 규칙은 어떠한 운송방식이 선택되는지를 불문하고 사용할 수 있고 둘 이상의 운송방식이 이용되는 경우에도 사용할 수 있다.

3. **인도장소(또는 인도지점)와 목적지** – CIP에서는 두 곳이 중요하다. 물품이 (위험이전을 위하여) 인도되는 장소 또는 지점이 그 하나이고, 물품의 목적지로서 합의된 장소 또는 지점이 다른 하나이다 (매도인은 이 지점까지 운송계약을 체결하기로 약속하기 때문이다).

4. **보험** – 매도인은 또한 인도지점부터 적어도 목적지점까지 매수인의 물품의 멸실 또는 손상 위험에 대하여 보험계약을 체결하여야 한다. 이는 목적지 국가가 자국의 보험자에게 부보하도록 요구하는 경우에는 어려움을 야기할 수 있다. 이러한 경우에 당사자들은 CPT로 매매하는 것을 고려하여야 한다. 또한 매수인은 인코텀즈 2020 CIP하에서 매도인이 협회적화약관의 C-약관에 의한 제한적인 담보조건이 아니라 협회적화약관의 A-약관이나 그와 유사한 약관에 따른 광범위한 담보조건으로 부보하여야 한다는 것을 유의하여야 한다. 그러나 당사자들은 여전히 더 낮은 수준의 담보조건으로 부보하기로 합의할 수 있다.

5. **정확한 인도장소 또는 인도지점 지정** – 당사자들은 매매계약에서 가급적 정확하게 두 장소(인도장소 및 목적지) 또는 그러한 두 장소 내의 실제 지점들을 지정하는 것이 좋다. 인도장소나 인도지점(있는 경우)을 가급적 정확하게 지정하는 것은 복수의 운송인이 참여하여 인

도지부터 목적지까지 사이에 각자 상이한 운송구간을 담당하는 일반적인 상황에 대응하기 위하여 중요하다. 이러한 상황에서 당사자들이 특정한 인도장소나 인도지점을 합의하지 않는 경우에 본 규칙의 기본입장은, 위험은 물품이 매도인이 전적으로 선택하고 그에 대하여 매수인이 전혀 통제할 수 없는 지점에서 첫 번째 운송인에게 인도된 때 이전한다는 것이다. 그 후의 어느 단계에서 (예컨대 바다나 강의 항구에서 또는 공항에서) 또는 그 전의 어느 단계에서 (예컨대 바다나 강의 항구로부터 멀리 있는 내륙의 어느 지점에서) 위험이 이전되길 원한다면, 당사자들은 이를 매매계약에 명시하고 물품이 실제로 멸실 또는 손상되는 경우에 그렇게 하는 것의 결과가 어떻게 되는지를 신중하게 생각할 필요가 있다.

6. **가급적 정확한 목적지 지정** – 당사자들은 매매계약에서 합의된 목적지 내의 지점을 가급적 정확하게 지정하는 것이 좋다. 그 지점까지 매도인은 운송계약과 보험계약을 체결하여야 하고 그 지점까지 발생하는 운송비용과 보험비용을 매도인이 부담하기 때문이다.

7. **'또는 그렇게 인도된 물품을 조달함'** – 여기에 "조달한다"(procure)고 규정한 것은 특히 일차산품거래 (commodity trades)에서 일반적인 수차에 걸쳐 연속적으로 이루어지는 매매 ('연속매매', 'string sales')에 대응하기 위함이다.

8. **목적지의 양화비용** – 매도인이 자신의 운송계약상 지정목적지에서 양화에 관하여 비용이 발생한 경우에 매도인은 당사자간에 달리 합의되지 않은 한 그러한 비용을 매수인으로부터 별도로 상환받을 권리가 없다.

9. **수출/수입통관** – CIP에서는 해당되는 경우에 매도인이 물품의 수출통관을 하여야 한다. 그러나 매도인은 물품의 수입을 위한 또는 제3국 통과를 위한 통관을 하거나 수입관세를 납부하거나 수입통관절차를 수행할 의무가 없다.

1) 정의

① "운송비·보험료 지급인도(CIP)" 규칙은 매도인이 합의된 인도장소에서 매도인 자신이 운송계약을 체결한 운송인에게 물품을 인도하거나 그렇게 인도된 물품을 조달함으로써 매수인에게 인도하는 것을 의미한다. 매도인은 목적지까지 물품을 운반하는 데 필요한 운송계약을 체결하고 운송비(carriage)를 지급해야 하며, 운송 중 물품의 멸실 또는 손상에 대한 매수인의 위험에 대하여 보험계약을 체결하여야 한다. CIP 규칙은 기본적으로 CPT 규칙과 동일한 것이지만, 매도인이 운송도중 물품의 멸실 또는 손상에 대한 위험을 담보하는 보험계약을 체결하고 보험서류를 제공해야 하는 점만 다르다.

② CIP 규칙에서 매도인이 협회적화약관(ICC) (C)약관에 의한 제한적인 담보조건이 아니라 ICC(A) 또는 그와 유사한 약관에 상응하는 광범위한 담보조건으로 부보할 것을 요구하고 있다는 사실에 매수인은 유의하여야 한다. 그러나 당사자들이 더 낮은 담보조건으로 부보하기로 합의할 수 있다.

③ CPT 또는 CIP규칙이 사용된 경우, 매도인은 물품이 목적지 도착할 때가 아니라 물품이 운송인에게 물리적 점유권이 이전될 때 그의 인도의무가 이행된다.

④ CIP 규칙은 다른 장소에서 위험이 이전되고 비용이 이전되기 때문에 2가지 분기점을 가진다. 그러므로 당사자는 위험이 매수인에게 이전되는 인도장소 또는 인도지점(delivery places or points)과 매도인이 운송계약을 체결해야 하는 지정목적지(destination)를 계약에서 가급적 정확하게 명시하는 것이 바람직하다. 만약 여러 운송인이 합의된 목적지까지 운송에 참여하고, 당사자가 구체적인 인도지점을 합의하지 않은 경우 그 기본입장(default position)은 물품이 최초 운송인에게 인도되었을 때 위험이 이전되는 것이다. 또한 당사자는 지정된 목적지점까지의 비용을 매도인이 부담하기 때문에 목적지 내의 지점을 가능한 상세하게 명시하는 것이 바람직하다.

⑤ 매매당사자들은 매매계약에서 합의된 목적지 내의 지점을 가급적 정확하게 지정하는 것이 좋다. 매도인은 그 지점까지 운송계약과 보험계약을 체결해야 하고, 그 지점까지 발생하는 운송비용과 보험비용을 부담하기 때문이다.

⑥ 만약 매도인이 지정된 목적지에서 양화와 관련된 운송계약에 의거하여 비용을 부담한 경우, 매도인은 매수인으로부터 그러한 비용을 회수할 자격이 없다.

⑦ CIP는 매도인이 물품의 수출통관을 이행하도록 요구한다. 그러나 매도인은 물품의 수입통관의 의무가 없으며, 일체의 수입관세를 지급하거나 또는 일체의 수입통관절차를 이행할 의무가 없다.

2) 물품의 인도

① CPT 규칙은 현실적 실물인도조건이기 때문에 매도인이 자신이 지정한 운송인 또는 복수의 운송인이 참여하게 되는 경우 첫 번째 운송인에게 물품을 인도할 때, 그의 인도의무가 완료된다. 또한 수차례 걸쳐 연속적으로 이루어지는 연속매매인 경우에는 그렇게 인도된 물품을 조달하였을 때 매도인의 인도의무가 완료된다.

② 운송인(Carrier)의 개념: 운송계약에서의 철도, 도로, 항공, 해상, 내륙수로 또는 이들 복합운송방식에 의하여 운송을 이행하거나 또는 그 이행을 주선할 것을 약정하는 자를 의미한다.

• 거래조건 표기의 예
  - CIP+지정 목적지(지정 장소 상세히 기재) Incoterms® 2020
  - 항공운송: CIP New York Airport Incoterms® 2020
  - 해상운송: CIP Los Angeles Terminal Incoterms® 2020
  - 철도운송: CIP Los Angeles Station Incoterms® 2020
  - 도로운송: CIP Los Angeles Terminal Incoterms® 2020
  - 복합운송: CIP Los Angeles Warehouse Incoterms® 2020

---

3) 위험의 이전

CIP 규칙에서 매도인은 합의된 인도장소에서 자신이 체결한 운송인에게 인도하였을 때, 또는 그렇게 인도된 물품을 조달하여 매수인에게 인도하였을 때, 물품의 멸실이나 손상에 대한 위험이 매수인에게 이전하게 된다. 만약 여러 운송인이 합의된 목적지까지 참여하게 되고, 당사자가 구체적인 인도장소를 합의하지 않은 경우에 최초 운송인에게 인도되었을 때 위험이 이전된다.

4) 비용의 이전

매도인은 지정된 목적지까지의 운송비 및 운송보험료를 부담하여야 한다. 주의할 것은 매도인이 지정된 목적지까지의 모든 비용을 부담한다는 의미로 해석해서는 아니된다.

① 매도인은 물품을 운송인에게 인도하기까지 일체의 수출비용, 물품의 선적비(loading costs)를 포함하여 목적지까지의 운송계약체결에 따른 비용(costs)과 운송비(carriage), 그리고 운송계약 시에 부과되는 목적지에서의 양화비(unloading costs) 등을 부담한다. 아울러 매도인은 목적지까지의 적화보험에 부보한 보험료(insurance premium)까지 부담하여야 한다.

② 그 외 운송인에게 인도된 이후의 일체의 추가비용은 매수인이 부담한다.

☑ CIP 규칙에서의 보험의 요건(CIP A5)
① 당해 운송에 적합한 ICC(LMA/IUA)의 (A)약관 또는 유사한 약관과 일치하는 적화보험
② 신용있는 보험자(an insurance company of good repute) 또는 보험인수업자와 보험계약을 체결
③ 양도가능한 형식의 보험증권(transferable form)

④ 보험자로부터 직접 보험금을 청구할 수 있도록 물품에 대한 피보험이익을 갖는 자
⑤ 보험금액은 매매계약 대금에 10%를 가산한 금액(CIP 가격의 110%)으로 부보
⑥ 보험의 통화는 매매계약의 통화(the currency of the contract)와 일치
⑦ 물품의 인도 지점부터 지정된 목적지까지 부보
⑧ 매도인이 매수인에게 보험증권이나 보험증명서 또는 기타 부보의 증거 제공

표 7-3   CIF와 CIP규칙의 비교

	CIF	CIP
운송형태	해상운송, 내륙수로운송에 이용	복합운송을 포함한 모든 운송방식에 이용
운송인의 주체	주로 해상운송인	복합운송인(도로, 철도, 항공, 내륙수로, 운송주선인)
위험의 분기점	본선에 적재시	(최초)운송인에게 인도시
비용의 분기점	지정된 목적지항	지정된 목적지점
인도방식	Symbolic Delivery	Actual Delivery
대금지급시기	매매계약에서 정하는 바	좌동
부보형태	해상 적화보험 계약	해상 적화(운송)보험 계약
담보조건	ICC(C) 또는 유사약관에 상응하는 조건으로 부보	ICC(A)또는 유사약관에 상응하는 조건으로 부보
보험금액	CIF ×110%	CIP×110%
부보표시 통화	매매계약상의 통화와 일치	좌동

SECTION 04   D Group(도착지 조건 군)

☑ D Group의 공통점
① D 규칙은 지정 목적지가 물품의 인도 장소이자 도착지이다.
② 매도인이 목적지까지 운송계약을 체결하고 운송비를 지급하는 도착지 조건(arrival)군이다.
③ 위험의 이전과 비용부담의 분기점이 동일한 시점에 이전된다.

1. DAP(Delivered At Place) 도착지인도

DAP (insert named place of destination) Incoterms® 2020

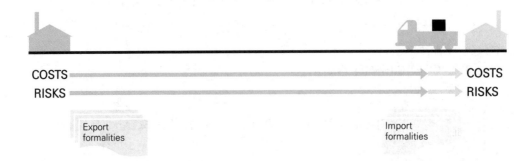

EXPLANATORY NOTES FOR USERS

1. **Delivery and risk**—"Delivered at Place" means that the seller delivers the goods—and transfers risk—to the buyer when the goods are placed at the disposal of the buyer on the arriving means of transport ready for unloading at the named place of destination or at the agreed point within that place, if any such point is agreed. The seller bears all risks involved in bringing the goods to the named place of destination or to the agreed point within that place. In this Incoterms® rule, therefore, delivery and arrival at destination are the same.

2. **Mode of transport**—This rule may be used irrespective of the mode of transport selected and may also be used where more than one mode of transport is employed.

3. **Identifying the place or point of delivery/destination precisely**—The parties are well advised to specify the destination place or point as clearly as possible and this for several reasons. First, risk of loss of or damage to the goods transfers to the buyer at that point of delivery/destination—and it is best for the seller and the buyer to be clear about the point at which that critical transfer happens. Secondly, the costs before that place or point of delivery/destination are for the account of the seller and the costs after that place or point are for the account of the buyer. Thirdly, the seller must contract or arrange for the carriage of the goods to the agreed place or point of delivery/destination. If it fails to do so, the seller is in breach of its obligations under the Incoterms® DAP rule and will be liable to the buyer for any ensuing loss. Thus, for example, the seller would be responsible for any additional costs levied by the carrier to the buyer for any additional on—carriage.

4. **'or procuring the goods so delivered'**—The reference to "procure" here caters for multiple sales down a chain (string sales), particularly common in the commodity trades.

5. **Unloading costs**—The seller is not required to unload the goods from the arriving means

of transportation. However, if the seller incurs costs under its contract of carriage related to unloading at the place of delivery/destination, the seller is not entitled to recover such costs separately from the buyer unless otherwise agreed between the parties.

6. **Export/import clearance**—DAP requires the seller to clear the goods for export, where applicable. However, the seller has no obligation to clear the goods for import or for post−delivery transit through third countries, to pay any import duty or to carry out any import customs formalities. As a result, if the buyer fails to organise import clearance, the goods will be held up at a port or inland terminal in the destination country. Who bears the risk of any loss that might occur while the goods are thus held up at the port of entry in the destination country? The answer is the buyer: delivery will not have occurred yet, B3(a) ensuring that the risk of loss of or damage to the goods is with the buyer until transit to a named inland point can be resumed. If, in order to avoid this scenario, the parties intend the seller to clear the goods for import, pay any import duty or tax and carry out any import customs formalities, the parties might consider using DDP.

사용자를 위한 설명문

1. **인도와 위험** − "도착지인도"는 매도인이 물품을 지정목적지에서 또는 지정 목적지 내의 그러한 지점이 합의된 경우에는 합의된 지점에서 도착하는 운송수단에 실어 둔 채 양화를 위해 준비된 상태로 매수인의 임의처분 상태에 둘 때 매수인에게 물품을 인도하는 것을−그리고 위험을 이전하는 것을−의미한다. 매도인은 지정목적지까지 또는 지정목적지 내의 합의된 지점까지 물품을 가져가는 데 수반되는 모든 위험을 부담한다. 따라서 본 인코텀즈 규칙에서 인도와 목적지의 도착은 같은 것이다.

2. **운송방식** − 본 규칙은 어떠한 운송방식이 선택되는지를 불문하고 사용할 수 있고 둘 이상의 운송방식이 이용되는 경우에는 사용할 수 있다.

3. **정확한 인도장소/목적지 또는 인도/목적지점 지정** − 당사자들은 몇 가지 이유로 가급적 명확하게 목적지나 목적지점을 명시하는 것이 좋다. 첫째, 물품의 멸실 또는 손상의 위험은 그러한 인도/목적지점에서 매수인에게 이전한다. − 따라서 매도인과 매수인은 그러한 결정적인 이전이 일어나는 지점에 대하여 명확하게 해두는 것이 가장 좋다. 둘째, 그러한 인도장소/목적지 또는 인도/목적지점 전의 비용은 매도인이 부담하고 그 후의 비용은 매수인이 부담한다. 셋째, 매도인은 물품을 합의된 인도장소/목적지 또는 인도/목적지점까지 운송하는 계약을 체결하거나 그러한 운송을 마련하여야 한다. 그렇게 하지 않는 경우에 매도인은 인코텀즈 DAP규칙상 그의 의무를 위반한 것이 되고 매수인에 대하여 그에 따른 손해배상책임을 지게 된다. 따라서 예컨대 매도인은 추가적인 후속운송(on−carriage)을 위하여 운송인이 매수인에게 부과하는 추가비용에 대하여 책임을 지게 된다.

4. **'또는 그렇게 인도된 물품을 조달함'** − 여기에 "조달한다"(procure)고 규정한 것은 특히 일차산품거래(commodity trades)에서 일반적인 수차에 걸쳐 연속적으로 이루어지는 매매('연속매매', 'string sales')에 대응하기 위함이다.

5. **양화비용** – 매도인은 도착운송수단으로부터 물품을 양화(unload)할 필요가 없다. 그러나 매도인이 자신의 운송계약상 인도장소/목적지에서 양화에 관하여 비용이 발생한 경우에 매도인은 당사자 간에 달리 합의되지 않은 한 그러한 비용을 매수인으로부터 별도로 상환받을 권리가 없다.

6. **수출/수입통관** – DAP에서는 해당되는 경우에 매도인이 물품의 수출통관을 하여야 한다. 그러나 매도인은 물품의 수입을 위한 또는 인도 후 제3국 통과를 위한 통관을 하거나 수입관세를 납부하거나 수입통관절차를 수행할 의무가 없다. 따라서 매수인이 수입통관을 못하는 경우에는 물품은 목적지 국가의 항구나 내륙터미널에 묶이게 될 것이다. 그렇다면 물품이 목적지 국가의 입국항(port of entry)에 묶여있는 동안에 발생하는 어떤 멸실의 위험은 누가 부담하는가? 그 답은 매수인이다. 즉 아직 인도가 일어나지 않았고, B3(a)는 내륙의 지정지점으로의 통과가 재개될 때까지 물품의 멸실 또는 손상의 위험을 매수인이 부담하도록 하기 때문이다. 만일 이러한 시나리오를 피하기 위하여 물품의 수입통관을 하고 수입관세나 세금을 납부하고 수입통관절차를 수행하는 것을 매도인이 하도록 하고자 하는 경우에는 당사자들은 DDP를 사용하는 것을 고려할 수 있다.

1) 정의

"도착지 인도(DAP)"규칙은 그 동안 전통적으로 사용되어 온 "Free Delivery", "Franco" "Franco Domicile" 또는 개정 미국외국무역정의의 "FOB(named inland point in country of importation)" 계통의 거래조건 중에서 수입관세를 매수인이 부담하는 것을 정형화하여 모든 운송방식에 사용이 가능하도록 새로 규정한 조건이다.

Incoterms 2000에서 수입지에서의 인도 장소가 국경, 내륙터미널, 항만, 철도역, 공항 등으로 나누어 정형화된 거래조건을 세분화하여 선택할 수 있도록 하였다. 그러나 Incoterms® 2010규칙에서는 DAF, DES 및 DDU규칙을 통합하여 목적지 특정 장소(named place of destination)로 지정함으로써 계약당사자가 인도장소를 선택하여 사용할 수 있도록 DAP로 개정하여 현재에 이르고 있다.

DAP 규칙은 목적지에서 인도장소가 국경, 수입지항의 선상, 수입지 내륙지역을 하나로 통합하여 특정 장소(place)로 표현함으로써 범용성 있는 거래조건이 될 수 있는 기반을 마련하였다. 따라서 DAP 규칙은 지정목적지로써 인도장소가 매우 폭넓게 사용될 수 있으므로 당사자는 보다 명확한 명시할 필요가 있다.

따라서 이 규칙은 다른 D 그룹조건과 마찬가지로 물품의 인도가 목적지 합의된 장소에서 이루어지는 특징을 갖고 있다.

① "DAP" 규칙은 매도인이 물품을 지정된 목적지에서 도착하는 운송수단에 실어 둔 채 '양화를 위해 준비된 상태'(ready for unloading)로 매수인의 임의처분상태로 둘 때 매수인에게 인도하게 됨을 의미한다.

② 매도인은 지정목적지까지 물품을 가져가는 데 수반되는 모든 위험을 부담한다.

③ 이 규칙은 합의된 목적지 내의 지점이 물품의 인도 장소이자 위험 부담의 분기점이 되므로 계약당사자는 그 지점을 명확하게 명시하는 것이 바람직하다. 또한 매도인은 지정목적지까지 운송하는 운송계약을 체결하거나 그러한 운송을 마련하여야 한다.

④ 매도인은 도착하는 운송수단으로부터 물품을 양화할 필요가 없다. 그러나 매도인이 자신의 운송계약상 인도장소/목적지에서 양화에 관한 비용이 발생한 경우에 그러한 비용을 매수인으로부터 상환받을 권리가 없다.

⑤ DAP에서 매도인은 해당되는 경우 물품의 수출통관을 이행하여야 한다. 그러나 매도인은 수입을 위한 물품을 통관하고, 수입관세를 납부하거나 일체의 수입통관절차를 이행할 의무가 없다. 만약 매도인이 수입통관을 이행하고 일체의 수입관세를 지급하기를 의도한 경우에는 당사자는 DDP를 사용하는 것을 고려하여야 한다.

⑥ 이 규칙은 선택된 운송방식에 관계없이 사용될 수 있으며, 운송방식이 2가지 이상 채택된 경우에도 사용될 수 있다.

2) 물품의 인도

(1) 인도방식

DAP 규칙은 매도인이 지정목적지(지정 목적지에 합의된 지점이 있는 경우에 그 지점)에서 실물을 인도하는 현물인도조건이다. 따라서 매도인은 목적지 지정 장소에서 도착하는 운송수단에 물품을 실어둔 채 양화를 위해 준비상태로 매수인에게 임의처분 상태로 두거나 그렇게 인도된 물품을 조달함으로써 인도하여야 한다.

(2) 제공서류

DAP 규칙은 모든 운송방식에 사용될 수 있으므로, 매도인은 매수인이 물품을 수령하는데 필요한 인도지시서(delivery order) 또는 통상적인 운송서류(transport document)인 유통성 선화증권, 비유통성 해상화물운송장, 내수로 운송서류 또는 복합운송서류뿐만 아니라, 기타 운송방식에 따라 항공화물운송장, 철도화물탁송장 또는 도로화물탁송장 등의 서류제공이 가능하다.

3) 위험 및 비용의 이전

　D 그룹은 DAP 규칙을 포함하여 물품의 인도지점, 위험의 이전 시점, 비용부담의 분기점이 동일하다. 즉 DAP 규칙에서 물품에 대한 위험과 비용부담의 분기점은 물품이 지정된 목적지에서 도착하는 운송수단으로부터 양화되지 아니하고, 양화 준비상태로 매수인의 임의처분상태로 둘 때까지이다. 따라서 매도인은 매수인에게 임의처분상태로 준비할 때까지 물품을 운반하는데 수반되는 모든 위험과 비용을 부담한다.

　DAP 규칙에서 매도인은 선적항에서의 수출승인 및 수출통관비, 목적지 지정장소까지의 운송비, 매도인이 필요한 경우 보험료(premium)를 부담해야 하지만 목적지에서의 양화비(discharging costs)는 별도의 합의가 없는 한 부담하지 아니한다. 만약 매도인이 목적지에서 양화와 관련된 비용을 부담한 경우에는 당사자 간에 별도의 합의가 없는 한 매도인은 그러한 비용을 매수인으로부터 상환받을 권리가 없다.

　반면, 매수인은 목적지에서의 수입승인(import licence)와 수입통관비(import clearance), 매수인에게 임의처분하에 인도된 물품의 부두사용료(wharfage), 각종 터미널에서의 부대비용(surcharge) 및 목적지 운송수단에서의 양화비(discharging costs), 목적지 지정장소로부터의 반입운송비(on-carriage), 수입국 당국이 요구하는 선적전검사(PSI)의 비용 등을 부담하여야 한다.

• 거래조건 표기의 예
  - DAP+목적지 지정장소(상세히 기재)Incoterms® 2020
  - 항공운송: DAP Chicargo Airport Incoterms® 2020
  - 해상운송: DAP Long Beach Container Terminal Incoterms® 2020
  - 철도운송: DAP Chicago Station Incoterms® 2020
  - 도로운송: DAP Greensboro Cargo Terminal Incoterms® 2020
  - 복합운송: DAP Greensboro Warehouse Incoterms® 2020

---

2. DPU(Delivered at Place Unloaded) 도착지 양화인도

DPU (insert named place of destination) Incoterms® 2020

COSTS   COSTS
RISKS   RISKS

Export formalities   Import formalities

EXPLANATORY NOTES FOR USERS

1. **Delivery and risk**—"Delivered at Place Unloaded" means that the seller delivers the goods—and transfers risk—to the buyer when the goods, once unloaded from the arriving means of transport, are placed at the disposal of the buyer at a named place of destination or at the agreed point within that place, if any such point is agreed.

   The seller bears all risks involved in bringing the goods to and unloading them at the named place of destination. In this Incoterms® rule, therefore, the delivery and arrival at destination are the same. DPU is the only Incoterms® rule that requires the seller to unload goods at destination. The seller should therefore ensure that it is in a position to organise unloading at the named place. Should the parties intend the seller not to bear the risk and cost of unloading, the DPU rule should be avoided and DAP should be used instead.

2. **Mode of transport**—This rule may be used irrespective of the mode of transport selected and may also be used where more than one mode of transport is employed.

3. **Identifying the place or point of delivery/destination precisely**—The parties are well advised to specify the destination place or point as clearly as possible and this for several reasons. First, risk of loss of or damage to the goods transfers to the buyer at that point of delivery/destination—and it is best for the seller and the buyer to be clear about the point at which that critical transfer happens. Secondly, the costs before that place or point of delivery/destination are for the account of the seller and the costs after that place or point are for the account of the buyer. Thirdly, the seller must contract or arrange for the carriage of the goods to the agreed place or point of delivery/destination. If it fails to do so, the seller is in breach of its obligations under this rule and will be liable to the buyer for any ensuing loss. The seller would, for example, be responsible for any additional costs levied by the carrier to the buyer for any additional on—carriage.

4. **'or procuring the goods so delivered'**—The reference to "procure" here caters for multiple sales down a chain (string sales), particularly common in the commodity trades.

5. **Export/import clearance**—DPU requires the seller to clear the goods for export, where applicable. However, the seller has no obligation to clear the goods for import or for post—delivery transit through third countries, to pay any import duty or to carry out any import customs formalities. As a result, if the buyer fails to organise import clearance, the goods will be held up at a port or inland terminal in the destination country. Who bears the risk of any loss that might occur while the goods are thus held up at the port of entry in the destination country? The answer is the buyer: delivery will not have occurred yet, B3(a) ensuring that the risk of loss of or damage to the goods is with the buyer until transit to a named inland point can be resumed. If, in order to avoid this scenario, the parties intend the seller to clear the goods for import, pay any import duty or tax and carry out any import customs formalities, the parties might consider using DDP.

사용자를 위한 설명문

1. **인도와 위험** – "도착지 양화인도"는 매도인이 물품을 지정목적지에서 또는 지정 목적지 내의 그러한 지점이 합의된 경우에는 합의된 지점에서 도착하는 운송수단으로부터 일단 양화된(unloaded) 상태로 매수인의 임의처분상태로 둘 때 매수인에게 물품을 인도하는 것을 - 그리고 위험을 이전하는 것을 - 의미한다.
   매도인은 물품을 지정목적지까지 가져가서 그곳에서 물품을 양화하는 데 수반되는 모든 위험을 부담한다. 따라서 본 인코텀즈 규칙에서 인도와 목적지의 도착은 같은 것이다. DPU는 매도인이 목적지에서 물품을 양화하도록 하는 유일한 인코텀즈 규칙이다. 따라서 매도인은 자신이 그러한 지정장소에서 양화를 할 수 있는 입장에 있는지를 확실히 하여야 한다. 당사자들은 매도인이 양화의 위험과 비용을 부담하기를 원하지 않는 경우에는 DPU를 피하고 그 대신 DAP를 사용하여야 한다.

2. **운송방식** – 본 규칙은 어떠한 운송방식이 선택되는지를 불문하고 사용할 수 있고 둘 이상의 운송방식이 이용되는 경우에도 사용할 수 있다.

3. **정확한 인도장소/목적지 또는 인도/목적지점 지정** – 당사자들은 몇 가지 이유로 가급적 명확하게 목적지나 목적지점을 명시하는 것이 좋다. 첫째, 물품의 멸실 또는 손상의 위험은 그러한 인도/목적지점에서 매수인에게 이전한다 - 따라서 매도인과 매수인은 그러한 결정적인 이전이 일어나는 지점에 대하여 명확하게 해두는 것이 가장 좋다. 둘째, 그러한 인도장소/목적지 또는 인도/목적지점 전의 비용은 매도인이 부담하고 그 후의 비용은 매수인이 부담한다. 셋째, 매도인은 물품을 합의된 인도장소/목적지 또는 인도/목적지점까지 운송하는 계약을 체결하거나 그러한 운송을 마련하여야 한다. 그렇게 하지 않는 경우에 매도인은 본 규칙상 그의 의무를 위반한 것이 되고 매수인에 대하여 그에 따른 손해배상책임을 지게 된다. 따라서 예컨대 매도인은 추가적인 후속운송(on-carriage)을 위하여 운송인이 매수인에게 부과하는 추가비용에 대하여 책임을 지게 된다.

4. **'또는 그렇게 인도된 물품을 조달함'** – 여기에 "조달한다"(procure)고 규정한 것은 특히 일차산품거래

(commodity trades)에서 일반적인 수차에 걸쳐 연속적으로 이루어지는 매매('연속매매','string sales')에 대응하기 위함이다.

5. **수출/수입통관** – DPU에서는 해당되는 경우에 매도인이 물품의 수출통관을 하여야 한다. 그러나 매도인은 물품의 수입을 위한 또는 인도 후 제3국 통과를 위한 통관을 하거나 수입관세를 납부하거나 수입통관절차를 수행할 의무가 없다. 따라서 매수인이 수입통관을 못하는 경우에 물품은 목적지 국가의 항구나 내륙터미널에 묶이게 될 것이다. 그렇다면 물품이 목적지 국가의 입국항(port of entry)나 내륙터미널에 묶여있는 동안에 발생하는 어떤 멸실의 위험은 누가 부담하는가? 그 답은 매수인이다. 즉 아직 인도가 일어나지 않았고, B3(a)는 내륙의 지정지점으로의 통과가 재개될 때까지 물품의 멸실 또는 손상의 위험을 매수인이 부담하도록 하기 때문이다. 이러한 시나리오를 피하기 위하여 물품의 수입신고를 하고 수입관세나 세금을 납부하고 수입통관절차를 수행하는 것을 매도인이 하도록 하는 경우에 당사자들은 DDP를 사용하는 것을 고려할 수 있다.

1) 정의

"DPU(Delivered at Place Unloaded, 도착지 양화인도)" 규칙은 Incoterms® 2020에 신설된 규칙이다. DPU 규칙은 인코텀즈 2020의 소개문(introduction)에서 Incoterms® 2010의 DAT(Delivered At Terminal)를 변경하였다고 기술하고 있다.[5] 그러나 DPU가 DAT에 비해 매도인의 책임이 더 가중되었을 뿐만 아니라 배열 순서도 DAP와 DDP 중간으로 이동한 것으로 보아 사실상 DAT를 삭제하고 DPU를 신설한 것이다. DPU에서 인도장소는 DAT의 인도장소인 터미널(terminal)뿐만 아니라 내륙지의 다른 장소에서 사용될 수 있으며, 도착지에서 매도인에게 물품의 양화의무를 부담하는 유일한 규칙이다.

① "도착지 양화인도" 규칙은 매도인이 물품을 지정목적지에서 도착하는 운송수단 (arriving means of transport)으로부터 일단 양화된(unloaded) 상태로 매수인의 임의처분상태로 둘 때 매수인에게 인도하고 위험이 이전되는 것을 의미한다. 매도인은 지정목적지까지 물품을 운송하기 위한 운송계약을 체결하고 그 장소에서 양화하는 데 수반되는 모든 위험을 부담한다.

② 매도인은 목적지 지정장소에서 양화를 할 수 없는 경우나 당사자들이 매도인으로 하여금 양화의 위험과 비용을 부담하기를 원하지 않는 경우에는 DPU의 사용이 바람직하지 않으며, 그 대신 DAP 규칙의 사용이 바람직하다.

③ DPU는 물품의 인도지와 목적지의 도착이 같은 곳이며, 매도인이 목적지에서 물품을 양화하는 유일한 의무를 지니고 있다.

---

5) ICC, Introduction to Incoterms® 2020, para. 62. (e) Change in the three-letter initials for DAT to DPU

④ DPU 규칙에서 수출통관은 매도인이 이행하도록 요구하고 있지만, 수입통관 및 일체의 수입관세를 납부하거나 수입통관절차를 이행할 의무는 매수인에게 있다.

⑤ 본 규칙은 선택된 운송방식에 관계없이 사용될 수 있으며 운송방식이 둘 이상 채택된 경우에도 사용될 수 있다.

2) 물품의 인도

① 본 규칙은 현실적 실물인도(actual·physical delivery)로써 매도인은 수출통관을 완료하여 지정된 목적지에서 도착하는 운송수단으로부터 양화된 물품을 매수인의 임의처분상태로 두거나 그렇게 인도된 물품을 조달함으로써 인도하여야 한다.

② 인도 장소: 당사자들은 지정 목적지나 목적지점을 명확하게 명시하는 것이 바람직하다. 여기서의 목적지는 물품의 멸실 또는 손상의 위험이 매도인으로부터 매수인에게 이전하는 지점이 되며, 매도인이 비용을 부담하고 그 이후의 비용은 매수인이 부담하는 분기점이 된다. 또한 매도인이 운송계약을 체결하거나 그러한 운송을 마련하여야 하는 지점이 된다.

③ DPU 규칙은 모든 운송방식에 사용될 수 있으므로, 매도인은 운송방식에 따라 매수인이 물품을 수령하는 데 필요한 인도지시서(delivery order) 또는 통상적인 운송서류(transport document)인 유통성 선화증권, 비유통성 해상화물운송장, 내수로 운송서류 또는 복합운송서류뿐만 아니라 항공화물운송장, 철도화물탁송장 또는 도로화물탁송장 등의 서류제공이 가능하다.

3) DAP 규칙과 DPU 규칙의 비교

DAP와 DPU 규칙의 근본적인 차이점은 목적지 인도 장소에서 양화의 의무에 있다. DAP는 지정 목적지에서 물품이 도착하는 운송수단에 실어 둔 채 양화를 위한 준비상태로 매도인이 매수인의 임의처분하에 놓여 있을 때 매도인의 인도의무가 완료된다. 이때 인도 장소는 지정목적지 또는 합의된 지정목적지 내의 지점이며, 이 장소까지 매도인이 위험과 비용을 부담한다. 반면 DPU는 목적지 지정장소에서 도착하는 운송수단에서 양화된 상태로 매도인이 매수인의 임의처분하에 놓여 있을 때 매도인의 인도의무가 완료된다.

표 7-4   DAP와 DPU 규칙의 비교

	DAP	DPU
운송형태	2가지 이상의 모든 운송에 사용	2가지 이상의 모든 운송에 사용
운송인의 주체	주로 복합운송인	주로 복합운송인
위험의 분기점	목적지 지정장소(운송 수단 위에서)	목적지 지정장소(운송수단에서 양화된 상태)
비용의 분기점	상동(양화비용 → 매수인 부담)	상동(양화비용 → 매도인 부담)
인도방식	Actual Delivery	Actual Delivery

>> ☑ 거래조건의 표기
- DPU + 목적지 지정장소(상세히 기재) Incoterms® 2020
- 항공운송: DPU Chicargo Airport Incoterms® 2020
- 해상운송: DPU Long Beach Container Terminal Incoterms® 2020
- 철도운송: DPU Chicago Station Incoterms® 2020
- 도로운송: DPU Greensboro Cargo Terminal Incoterms® 2020
- 복합운송: DPU Greensboro Warehouse Incoterms® 2020

4) 위험 및 비용의 이전

매도인은 목적지의 지정장소에 도착하는 운송수단으로부터 양화하여 매수인에게 인도할 때까지 물품의 멸실 또는 손상에 대한 일체의 위험과 비용을 부담하며, 그 이후 발생하는 위험과 비용은 매수인이 부담하여야 한다.

DAT 규칙에서의 매도인은 선적항에서의 수출승인 및 수출통관비, 선적비용, 목적지 지정장소까지의 운송비와 보험료(필요한 경우), 목적지에서의 양화비(unlading charge)를 부담하여야 한다. 한편 매수인은 수입지에서 발생하는 수입승인 및 수입통관비, 목적지에서 발생하는 부대운임(surcharge) 등을 부담하여야 한다.

3. DDP(Delivered Duty Paid) 관세지급인도

DDP (insert named place of destination) Incoterms® 2020

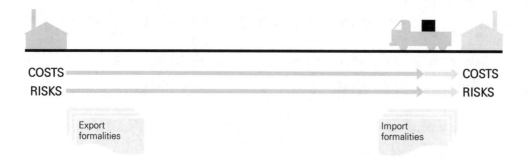

COSTS ⟶ COSTS
RISKS ⟶ RISKS

Export formalities   Import formalities

EXPLANATORY NOTES FOR USERS

1. **Delivery and risk**—"Delivered Duty Paid" means that the seller delivers the goods to the buyer when the goods are placed at the disposal of the buyer, cleared for import, on the arriving means of transport, ready for unloading, at the named place of destination or at the agreed point within that place, if any such point is agreed. The seller bears all risks involved in bringing the goods to the named place of destination or to the agreed point within that place. In this Incoterms® rule, therefore, delivery and arrival at destination are the same.

2. **Mode of transport**—This rule may be used irrespective of the mode of transport selected and may also be used where more than one mode of transport is employed.

3. **A note of caution to sellers: maximum responsibility**—DDP, with delivery happening at destination and with the seller being responsible for the payment of import duty and applicable taxes is the Incoterms® rule imposing on the seller the maximum level of obligation of all eleven Incoterms® rules. From the seller's perspective, therefore, the rule should be used with care for different reasons as set out in paragraph 7.

4. **Identifying the place or point of delivery/destination precisely**—The parties are well advised to specify the destination place or point as clearly as possible and this for several reasons. First, risk of loss of or damage to the goods transfers to the buyer at that point of delivery/destination—and it is best for the seller and the buyer to be clear about the point at which that critical transfer happens. Secondly, the costs before that place or point of delivery/destination are for the account of the seller, including the costs of import clearance, and the costs after that place or point, other than the costs of import, are for the account of the buyer. Thirdly, the seller must contract or arrange for the carriage of the goods to the agreed place or point of delivery/destination. If it

fails to do so, the seller is in breach of its obligations under the Incoterms® rule DDP and will be liable to the buyer for any ensuing loss. Thus, for example, the seller would be responsible for any additional costs levied by the carrier to the buyer for any additional on−carriage.

5. 'or procuring the goods so delivered'—The reference to "procure" here caters for multiple sales down a chain (string sales), particularly common in the commodity trades.

6. Unloading costs—If the seller incurs costs under its contract of carriage related to unloading at the place of delivery/destination, the seller is not entitled to recover such costs separately from the buyer unless otherwise agreed between the parties.

7. Export/import clearance—As set out in paragraph 3, DDP requires the seller to clear the goods for export, where applicable, as well as for import and to pay any import duty or to carry out any customs formalities. Thus if the seller is unable to obtain import clearance and would rather leave that side of things in the buyer's hands in the country of import, then the seller should consider choosing DAP or DPU, under which rules delivery still happens at destination, but with import clearance being left to the buyer. There may be tax implications and this tax may not be recoverable from the buyer: see A9(d).

사용자를 위한 설명문

1. **인도와 위험** − "관세지급인도"는 물품이 지정목적지에서 또는 지정목적지 내의 어떠한 지점이 합의된 경우에는 그러한 지점에서 양화준비된 상태로 도착운송수단 상에서 수입통관된 물품을 매수인의 임의 처분하에 놓인 때 매도인이 물품을 매수인에게 인도하는 것을 의미한다. 매도인은 물품을 지정목적지까지 또는 지정목적지 내의 합의된 지점까지 가져가는데 수반되는 모든 위험을 부담한다. 따라서 본 인코텀즈 규칙에서 인도와 목적지의 도착은 같은 것이다.

2. **운송방식** − 본 규칙은 어떠한 운송방식이 선택되는지를 불문하고 사용할 수 있고 둘 이상의 운송방식이 이용되는 경우에도 사용할 수 있다.

3. **매도인을 위한 유의사항: 최대책임** − DDP에서는 인도가 도착지에서 일어나고 매도인이 수입관세와 해당되는 세금의 납부책임을 지므로 DDP는 11개의 모든 인코텀즈 규칙 중에서 매도인에게 최고수준의 의무를 부과하는 규칙이다. 따라서 매도인의 관점에서, 본 규칙은 아래 7번 단락에서 보는 바와 같이 여러 가지 이유로 조심스럽게 사용하여야 한다.

4. **정확한 인도장소/목적지 또는 인도/목적지점 지정** − 당사자들은 몇 가지 이유로 가급적 명확하게 목적지나 목적지점을 명시하는 것이 좋다. 첫째, 물품의 멸실 또는 손상의 위험은 그러한 인도/목적지점에서 매수인에게 이전한다 − 따라서 매도인과 매수인은 그러한 결정적인 이전이 일어나는 지점에 대하여 명확하게 해두는 것이 가장 좋다. 둘째, 수입통관비용을 포함하여 그러한 인도장소/목적지 또는 인도/목적지점 전의 비용은 매도인이 부담하고 수입비용을 제외한 그 후의 비용은 매수인이 부담한다. 셋째, 매도인은 물품을 합의된 인도장소/목

적지 또는 인도/목적지점까지 운송하는 계약을 체결하거나 그러한 운송을 마련하여야 한다. 그렇게 하지 않는 경우에 매도인은 인코텀즈 DDP 규칙상 그의 의무를 위반한 것이 되고 매수인에 대하여 그에 따른 손해배상책임을 지게 된다. 따라서 예컨대 매도인은 추가적인 후속운송(on-carriage)을 위하여 운송인이 매수인에게 부과하는 추가비용에 대하여 책임을 지게 된다.

5. **'또는 그렇게 인도된 물품을 조달함'** - 여기에 "조달한다"(procure)고 규정한 것은 특히 일차산품거래(commodity trades)에서 일반적인 수차에 걸쳐 연속적으로 이루어지는 매매('연속매매','string sales')에 대응하기 위함이다.

6. **양화비용** - 매도인은 자신의 운송계약상 인도장소/목적지에서 양화에 관하여 비용이 발생한 경우에 당사자간에 달리 합의되지 않은 한 그러한 비용을 매수인으로부터 별도로 상환받을 권리가 없다.

7. **수출/수입통관** - 위의 3번 단락에서 보듯이, DDP에서는 해당되는 경우에 매도인이 물품의 수출통관 및 수입통관을 하여야 하고 또한 수입관세를 납부하거나 모든 통관절차를 수행하여야 한다. 따라서 매도인은 수입통관을 완료할 수 없어서 차라리 이러한 부분을 수입국에 있는 매수인의 손에 맡기고자 하는 경우에 인도는 여전히 목적지에서 일어나지만 수입통관은 매수인이 하도록 되어 있는 DAP나 DPU를 선택하는 것을 고려하여야 한다. 세금문제가 개재될 수 있는데 이러한 세금은 매수인으로부터 상환받을 수 없다. A9(d)를 보라.

1) 정의

관세지급인도(DDP) 규칙은 국제매매인 경우 매도인이 수입통관을 이행하고 수입관세를 지급해야 하는 것을 제외하고는 DAP 규칙과 유사하다.

① 관세지급인도 규칙은 매도인이 수입지에서 물품을 수입통관하고, 지정된 목적지에서 도착하는 운송수단으로부터 양화하지 아니한 상태로 매수인에게 임의처분 상태로 둘 때 매도인의 인도의무가 완료되는 조건을 말한다.

② 매도인은 목적지까지 운송계약을 체결하거나 그러한 운송을 마련하여야 하며, 목적지까지 물품을 운반하는 데 운송비를 포함한 모든 비용과 위험을 부담한다. 또한 매도인이 물품의 수출통관 및 수입통관의 이행의무를 지니며, 수입 관세를 납부하고 모든 통관수속절차를 이행할 의무를 지닌다.

③ DDP 규칙은 매도인이 수입지에서 직접 또는 간접적으로 물품의 수입 통관절차를 이행할 수 없는 경우에는 사용하는 것이 바람직하지 않으며, 수입지에 매도인의 지점이나 수입대리점이 있을 경우에 사용하기 적합하다.

④ 만약 매도인이 수입통관을 이행할 수 없어서 매수인에게 맡기고자 할 경우에는 인도가 목적지에서 일어나지만 수입통관은 매수인이 이행하는 DAP나 DPU를 사용하는 것을 고려할 필요가 있다.

⑤ EXW 규칙이 11가지 정형거래조건 중에서 매도인에 대한 최소한의 의무를 나타내는 반면에, DDP 규칙은 인도가 도착지에서 일어나고 수입관세와 세금의 납부책임을 지니므로 매도인에게 최고 수준의 의무를 부과하는 규칙이다.

⑥ 본 규칙은 어떠한 운송방식이 선택되든 불문하고 둘 이상의 운송방식에 이용되는 경우에 사용할 수 있다.

2) 물품의 인도

① 매도인이 수입통관된 물품을 지정목적지에서 인도하는 현물인도방식이다.

② 매도인이 지정된 목적지에서 도착하는 운송수단에서 양화를 위해 준비된 상태로 매수인에게 임의처분상태로 두거나 그렇게 인도된 물품을 조달함으로써 인도하는 방식이다.

3) 위험 및 비용의 이전

① DDP 규칙에서 위험은 수입국내 지정된 지점에 물품을 반입하여 운송수단에서 양화하지 않은 상태로 매수인에게 임의처분상태로 준비했을 때 이전된다. 따라서 매수인은 그 이후의 모든 위험과 비용을 부담하여야 한다.

② 다만, 매도인은 목적지에서 양화와 관련된 비용을 부담할 의무가 없으며, 만약 양화와 관련된 비용을 부담한 경우에는 당사자 간에 별도의 합의가 없는 한 매도인은 그러한 비용을 매수인으로부터 상환받을 권리가 없다.

DDP 규칙에서 매도인은 수출국에서의 수출통관비를 포함하여 지정목적지까지 물품을 운송하는 운송비와 그 이외에 수입국에서의 수입승인(import licence)과 수입통관비(import clearance), 수입관세(import customs duties), 조세 및 기타부과금(taxes and other charges)을 부담하여야 한다. 다만 목적지에서의 양화비(discharging costs)는 매도인이 부담하지 아니한다.

한편 매수인은 목적지에서의 수입승인(import licence)와 수입통관비(import clearance), 자신에게 임의처분하에 인도된 물품을 수령하고 각종 터미널에서의 부대비용(surcharge) 및 목적지 운송수단에서의 양화비(discharging costs), 수입국 당국이 요구하는 선적전검사(PSI)의 비용 등을 부담하여야 한다.

- 거래조건 표기의 예
  - DDP+지정 목적지(상세히 기재)Incoterms® 2020
  - 항공운송: DDP Chicargo Airport Incoterms® 2020
  - 해상운송: DDP Long Beach Container Terminal Incoterms® 2020
  - 철도운송: DDP Chicago Station Incoterms® 2020
  - 도로운송: DDP Greensboro Cargo Terminal Incoterms® 2020
  - 복합운송: DDP Greensboro Warehouse Incoterms® 2020

SECTION 05 Incoterms상의 인도 및 비용부담

1. 거래조건별 비용부담의 한계

Incoterms® 2020 규칙상 11개 규칙별로 매도인과 매수인간의 비용부담의 한계를 상호 비교하여 보면 다음<표 7-5>와 같다.

표 7-5 매도인과 매수인의 비용부담 비교

O -매도인부담 X -매수인부담	제조원가	→ 포장검사	→ 반출운송	→ 수출승인	→ 수출통관	→ 운송비	→ 보험료	→ 수입승인	→ 수입통관	→ 반입운송
E조건군 EXW	O	O	X	X	X	X	X	X	X	X
F조건군 FCA	O	O	O	O	O	X	X	X	X	X
FAS	O	O	O	O	O	X	X	X	X	X
FOB	O	O	O	O	O	X	X	X	X	X
C조건군 CFR	O	O	O	O	O	O	X	X	X	X
CIF	O	O	O	O	O	O	O	X	X	X
CPT	O	O	O	O	O	O	X	X	X	X
CIP	O	O	O	O	O	O	O	X	X	X
D조건군 DAP	O	O	O	O	O	O	X	X	X	O
DPU	O	O	O	O	O	O	X	X	X	O
DDP	O	O	O	O	O	O	X	O	O	O

* 보험료는 매도인이 매수인에 대한 의무사항임.

2. Incoterms® 2020상의 인도조건 분류

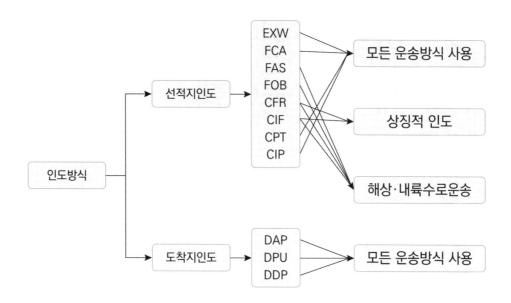

3. Incoterms® 2020상의 인도책임 분류

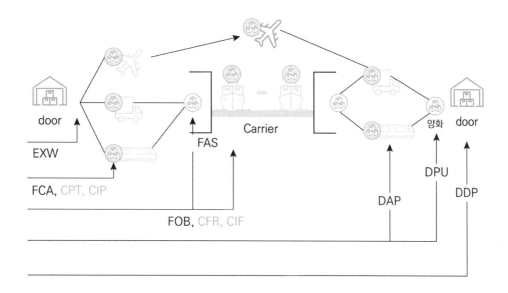

08 비엔나 협약과 계약의 불이행

SECTION 01 비엔나 협약

1. 제정배경과 의의

국제무역법위원회(UNCITRAL)는 국제물품매매에 대한 통일법규를 제정하기 위해서 입안한 다음 1980년 비엔나(vienna) 외교회의에서 「국제물품매매계약에 관한 UN협약」 (United Nations Convention on Contracts for the International Sale of Goods: CISG, 일명 vienna협약)을 채택하였다. 동 법은 그 후 1988년 1월 1일부터 발효되어 국제물품매매를 규율하는 명실상부한 국제적인 통일법이 되었다.

한국의 경우 2004. 2. 17 본 협약에 가입하여 2005. 3. 1에 발효되어 비로소 정식 체약국이 되었다. 그리고 기존의 국제사법 체제하에서 국제물품매매의 준거법으로서 특정 국가의 국내법이 적용되어, 법적용의 예측가능성과 법적 안정성이 부족한 문제점이 있었는데, 동 협약이 발효됨으로써 이를 해결할 수 있었다. 우리나라가 본 협약의 체약국이 됨에 따라 국내거래는 민·상법을 적용하고 국제물품매매거래는 본 협약이 적용되게 되었다.

2. CISG의 구성

비엔나 협약(vienna convention)은 적용범위와 총칙, 계약의 성립(청약과 승낙), 물품매매의 총칙, 매도인의 의무(물품인도와 서류교부, 물품의 계약일치성과 제3자 청구권), 매도인의 계약위반에 대한 구제방법, 매수인의 의무(대금의 지급, 인도수령), 매수인의 계약위반에 대한 구제방법, 위험의 이전, 매도인과 매수인의 의무에 대한 공통규정 등에 대한 규정을 두고 있다.

3. CISG와 Incoterms의 비교

표 8-1   CISG와 Incoterms® 2020의 비교

분 류	CISG	Incoterms
제정주체	UNCITRAL	ICC
제정연도	1980	1936
효력발생	1988.1.1	1936년 이후 8차례 개정 Incoterms® 2020 적용
주요 규정내용	적용범위, 계약의 성립, 매도인과 매수인의 의무와 구제방안	11개 정형거래조건의 정의, 위험 및 비용의 이전 등 매도인과 매수인의 의무 10개항
적용근거	체약국의 당사자가 CISG를 배제하지 않는다는 문언이 없는 한 적용	당사자가 계약서상에 Incoterms를 적용한다는 문언삽입할 때 적용
구제방안	• 매도인의 구제권리(5가지) • 매수인의 구제권리(7가지)	당사자의 계약위반시의 권리구제에 관한 규정이 없음
적용대상	유형재인 국제물품매매거래에만 적용 (영업소가 상이한 국가에 있는 계약)	유형재인 물품매매거래에 적용 (국제, 국내거래)
양자와의 관계	양 규칙이 상호보완적 관계	
양자의 우선적용	CISG 제9조에 의해 Incoterms가 우선적용	

4. 비엔나 협약의 적용범위

비엔나 협약이 적용되기 위한 조건은 다음과 같다.

첫째, 매매가 국제적이어야 한다. 매도인과 매수인의 영업소가 서로 다른 국가에 소재하는 당사자 간의 물품매매계약에 적용된다. 국내거래에는 적용되지 않는다.

둘째, 매매가 본 협약에 가입하고 있는 국가 중에서 어느 일국 또는 그 이상의 국가와 관계가 있어야 한다. 물론 여기에는 양국이 모두 체약국인 경우와 국제사법을 통하여 간접 적용되는 경우(법정지 국가의 국제사법이 체약국법을 준거법으로 지정한 경우)가 있다.

셋째, 당사자가 협약의 적용배제에 관한 합의가 없어야 한다. 즉 비엔나 협약은 당사자의 합의에 의하여 본 협약의 적용을 배제할 수 있기 때문에 이에 관한 합의가 없어야 한다.

5. 비엔나 협약의 적용이 제외되는 물품과 매매

본 협약은 '물품매매' 계약에 적용된다고 규정하고 있으나 물품에 대한 정의를 두고 있지 않다. 그러나 비엔나 협약 제2조에는 '적용되지 않는 매매'에 대하여 규정하고 있기 때문에 '물품의 개념'을 추정하여 정립할 수 있다.

본 협약의 적용을 받는 '물품'(goods)이란 유형재, 유체동산이어야 하며, 주식이나 증권 같은 유가증권과 같은 무형재는 적용대상의 물품이 아니다.

> ☑ 적용이 배제되는 물품
>   (1) 특수한 대상의 매매
>   ① 개인용, 가족용 또는 가사용으로 구입되는 물품의 매매
>   ② 경매에 의한 매매
>   ③ 강제집행 또는 기타 법률상의 권한에 의한 매매
>   ④ 주식, 지분, 투자증권 또는 통화의 매매
>   ⑤ 선박, 부선, 수상익선(소형유람선), 항공기의 매매
>   ⑥ 전기의 매매
>   (2) 제조될 물품
>   (3) 복합거래(물품과 서비스, 생산설비 및 완제품인도계약(turn key contract) 등)

6. 매도인과 매수인의 주요 의무

비엔나 협약은 매도인의 핵심적인 의무사항을 제2장에서 규정하고 있고, 제3장은 매수인의 의무를 다루고 있다. 여기에서는 본 협약에서 규정하고 있는 매도인과 매수인의 의무사항을 간략하게 설명하기로 한다.

1) 매도인의 주요 의무

비엔나 협약에 의하면, "매도인은 계약과 이 협약에 의하여 요구된 바에 따라 물품을 인도하고, 이에 관련된 모든 서류를 교부하며 물품에 대한 소유권을 이전하여야 한다"고 규정하고 있다(CISG 제30조). 즉 매도인의 주요 의무로 ① 물품인도의무, ② 소유권 이전의무, ③ 서류인도 의무를 명시하고 있으며, 그 외에도 ④ 물품인도에 수반하는 의무, ⑤ 계약적합 의무 등을 명시하고 있다.

① **물품인도의무**: 매도인은 계약 및 비엔나 협약이 정하는 바에 따라 매매의 목적물을 인도하여야 할 의무가 있다. 그리고 물품의 인도는 다음과 같은 시기에 인도하여야 한다.

> ☑ 물품의 인도시기(CISG 제33조)
> • 어느 일자가 계약에 의하여 지정되어 있거나 결정될 수 있는 경우 → 그 일자에 인도
> • 어느 기간이 계약에 의하여 지정되어 있거나 결정될 수 있는 경우 → 그 기간 중 임의의 시기에 인도
> • 특정일이나 특정 기간이 정해지지 아니한 경우 → 계약 체결 후 상당한 기간 내에 인도

② **소유권 이전의무**: 소유권 이전에 관한 각국의 법 이론과 법체계가 다양하므로 통일적인 규정을 하기 어렵다. 따라서 비엔나 협약에서는 소유권 이전에 관한 총설적인 규정만 있을 뿐이고 구체적인 내용에 대해서는 규정이 없다.

③ **서류인도 의무**: 매도인은 물품에 관련된 서류를 계약에 의해서 정하여진 시기, 장소 및 방법에 따라 인도해야 한다. 만일 정해진 기일 이전에 서류를 교부하였을 때에는 서류상의 결함이 있었음을 알았을 경우에 매도인은 그 결함을 보완할 권리를 갖는다(CISG 제34조).

④ **물품인도에 수반하는 의무**: 물품특정의 의무, 운송주선의 의무, 부보에 필요한 정보제공의 의무 등이 있다.

⑤ **계약적합 의무**: 계약의 적합의무는 '물품의 적합의무'와 '권리상의 적합의무'로 구분할 수 있다. ㉠ '물품의 적합의무'는 매도인이 계약에 적합한 물품을 인도하여야 한다는 의미이다. 여기서 "적합한 물품"이란 계약서에서 합의된 수량, 포장, 품질이 계약에 일치하는 물품을 의미한다. 예를 들어 수량의 경우 과부족 용인 조항이 없다면 과부족 인도는 계약위반이 된다.

㉡ '권리상의 적합의무'는 매수인이 계약체결 시 부적합이 있었음을 알고 있었거나 모를 수 없었던 경우는 부적합의 주장이 불가능하다는 것이다.

2) 매수인의 주요 의무

비엔나 협약에서는 "매수인은 계약 및 협약에 의하여 요구된 바에 따라 물품의 대금을 지급하고 물품의 인도를 수령해야 한다"고 규정하여, 매수인의 주요 의무는 대금 지급 의무와 인도 수령 의무를 규정하고 있다(CISG 제53조).

① 대금지급의무: 매수인의 대금지급은 매도인의 소유권 이전에 대응되는 가장 기본적인 의무이다. 비엔나 협약은 매수인에 대한 대금을 지급하기 위한 조치를 취하도록 규정하고 있는데, '대금을 지급하기 위한 조치'는 매수인이 대금의 지급을 가능하기 위한 계약이나 법규에 따라 요구되는 조치를 취하고, 그러한 절차를 준수하는 것을 포함한다(CISG 제53조).

> ☑ 대금지급의 장소(CISG 제57조)
> ① 매수인이 특정 장소에서 대금을 지급하기로 약정한 경우 → 특정 장소에서 대금을 지급
> ② 매수인이 계약에서 대금지급장소가 정해지 않은 경우 → 매도인의 영업장소에서 대금을 지급
> ③ 서류나 물품의 교부시에 지급하기로 한 경우 → 해당 교부 장소에서 대금을 지급
>
> ☑ 대금지급의 시기(CISG 제58조)
> ① 대금지급의 시기에 대한 합의가 있는 경우 → 합의한 시기를 대금 지급 시기로 함
> ② 대금지급 시기가 정해져 있지 않을 경우 → 매도인이 물품 또는 서류를 매수인의 처분가능상태에 두었을 때 지급
> ③ 계약 물품의 운송을 수반하는 경우 매도인의 대금지급 없이는 물품이나 서류를 매수인에게 교부하지 않는다는 조건으로 물품을 송부할 수 있다. → 동시이행의 항변권으로 COD조건이나, 은행을 통한 결제시 매수인이 대금을 지급하기 전까지는 운송서류를 교부하지 아니함을 의미
> ④ 매수인이 물품을 검사할 때까지 대금을 지급할 의무가 없다(매수인의 물품검사권). → 사후송금방식이나 D/A결제시

② 인도수령의무: 매수인은 계약에 따라 목적물을 수령할 의무가 있다. 매수인은 매도인이 물품을 인도할 수 있도록 합리적인 조치를 취하여야 하고, 물품을 현실적으로 수령하여야 한다(CISG 제60조). 또한 매수인이 물품을 수령하기 위해서는 매도인의 물품인도와 관련된 협력의무, 수입통관서류를 준비하고 물품의 보관을 위한 준비 등의 합리적인 조치 등이 포함된다.

③ 물품검사 및 통지의무: 매수인은 당해 상황에서 실행가능한 단기간 내에 수령한 물품이 계약에 적합한지 여부를 검사하고, 그 결과를 합리적인 기간 내에 매도인에게 통지하여야 한다.

1. 계약의 위반

무역계약이 성립된 이후 일방의 당사자가 약속 사항의 일부 또는 전부를 정당한 사유없이 계약을 이행하지 않는 행위를 계약위반(breach of contract) 또는 계약불이행(nonperformance)이라고 한다. 계약 위반의 용어는 영미법에서 사용하는 개념이며, 대륙법에서는 계약위반을 채무불이행(non-performance) 또는 계약불이행(non-fulfillment of contract)이라고 한다.

계약위반의 유형은 입법례와 학설에 다소 차이가 있지만, 영미법에서는 ① 이행거절(renunciation ; repudiation), ② 이행불능(impossibility of performance ; frustration), ③ 이행지체(delay of performance) 등으로 구분한다.

우리나라 민법이나 대륙법계에서는 채무자가 채무의 내용에 따른 의무를 이행하지 않는 것을 채무불이행으로 분류하고, 여기에는 ① 이행지체, ② 이행불능, ③ 불완전이행(incomplete performance) 등 3가지 유형으로 구분하고 있다.

비엔나 협약에서는 매도인의 계약위반과 매수인의 계약위반으로 규정하고, 영미법과 대륙법계의 조화를 이루기 위해 ① 이행지체, ② 이행불능, ③ 불완전이행에 해당하는 물품의 계약부적합 책임, ④ 이행거절 등으로 구분하여 규정하고 있다.

표 8-2 계약위반의 유형

	영미법	대륙법(민법)	CISG
계약위반의 유형	이행거절		이행거절
	이행불능	이행불능	이행불능
	이행지체	이행지체	이행지체
		불완전이행	물품의 계약부적합 책임

2. 계약위반의 유형

1) 이행거절

계약의 이행기일이 오기 전에 일방의 당사자가 자기 의무를 이행할 의사가 없거나 또는 이행이 불가능하다는 것을 사전에 표시하는 것이다. 이행거절의 의사는 이행기의 도래 전후를 불문하고 언제든지 표명할 수 있다. 이행기 이전의 이행거절을 '이행기 전

계약위반'(anticipatory breach of contract)이라고 한다.

이 경우는 이행기가 오기를 기다리지 않고 거절의 의사가 상대방에게 통지된 때에 계약의 위반으로 간주한다.

2) 이행불능

계약상의 의무를 이행하는 것이 불가능하게 되는 것인데, 이행불능은 채무자의 행위에 의해서 이행불능이 되는 경우 이외에 계약체결 후에 예기치 못한 사태가 발생하여 계약의 이행이 불가능한 경우이다. 이행불능은 계약 성립부터 원시적 불능(existing or initial impossibility)과 계약의 성립시기에는 가능하였으나 그 후에 발생한 사태로 인하여 계약목적을 달성할 수 없게 된 후발적 불능(subsequent or supervening impossibility)이 있다. 원시적 불능은 처음부터 효력이 발생하지 아니하므로 어느 당사자도 계약상의 의무를 부담하지 않는다. 그러므로 계약의 위반이 되는 것은 후발적 불능에서 야기된다.

- 원시적 이행불능: 계약체결 시에 이미 실질적 또는 법률적으로 계약의 이행불능이 된 경우, 계약의 목적물이 소멸된 경우
- 후발적 이행불능: 계약체결 시에는 이행가능한 것이었으나 어떤 후발적 사태에 의하여 이행이 불가능하게 되어 계약의 목적을 달성할 수 없는 경우이다. 여기에도 두 가지가 있다. 첫째, 이행불능이 어느 한 당사자의 귀책사유인 경우로 이는 그 당사자가 초래한 이행불능이므로 명백한 계약위반이 된다. 둘째, 이행불능이 어느 당사자에게도 귀책사유가 없는 경우로 이를 바로 계약의 목적달성 불능 (frustration)이라고 하며, 이 법리를 적용한다.

> ☑ Frustration원리
> 계약 당사자 중 어느 누구의 귀책도 사유 없이 계약 성립의 기초가 되었던 상황이 후발적으로 현저히 변경됨으로써 계약의 목적 달성이 불가능하게 되면, 그 계약은 자동적으로 소멸하고 양 당사자는 계약상의 모든 의무로부터 면책되는 원리
>
> ☑ Frustration성립
> frustration이 성립되어 계약이 자동 소멸하는 경우를 일률적으로 규정하기 어렵기 때문에 해당 사건의 주변 상황을 고려하여 법원 등이 성립여부를 판단하고 있음
> ▷ Frustration의 원인별 성립 형태의 예
> ① 위험이 이전되기 전에 우연한 사고로 인한 계약 목적물의 멸실[1](물리적 멸실이나 상업적

---

1) 목적물의 멸실(destruction of the subject matter)의 예를 들면, 선주의 과실이 아닌 폭발사고로 선적이 불이행이 되는 경우 등이 해당된다.

멸실 포함)
② 후발적 위법(거래국간의 전쟁 발발, 수출입금지, 법률의 변경 및 수출입 금지조치등)
③ 계약의 상업적 목적의 좌절
④ 기타 주변 상황의 본질적 변화 등(계약 이행 수단이 약정된 경우 그러한 특정 수단의 이용 불능,[2] 계약 당사자의 사망, 농산물의 흉작, 주요 공급원의 예기치 못한 폐쇄 등)

☑ Frustration의 효과
① 계약을 즉시 자동적으로 소멸시키고 양 당사자의 의무를 면제함
② 계약을 소급하여 소멸시키는 것이 아니라 발생과 동시에 소멸하고 장래의 계약 이행만을 면제시킴

표 8-3   계약의 이행불능

이행불능	원시적 이행불능	계약의 체결 시에 이미 실질적 또는 법률적으로 계약이행이 불가능하게 되어 계약의 성립자체가 무효로 되는 것	
	후발적 이행불능	계약의 체결 시에는 이행 가능한 것이었으나 어떤 후발적 사태에 의하여 계약이행이 불가능하게 되는 것	어느 한 당사자의 귀책사유에 의하여 이행불능이 되는 경우 → 계약위반
			어느 한 당사자에도 귀책사유가 없이 이행불능이 되는 경우 → 계약목적달성 불능 (frustration)

3) 이행지체

당사자가 계약을 이행할 수 있음에도 불구하고 그 이행 기간에 이행하지 아니하고 고의 또는 과실에 의하여 이행을 태만히 하여 계약목적이 달성되지 못한 것을 말한다. 가령, 선적지연, 선적불이행, 대금지급의 지연 등이 있다. 이행지체는 계약위반의 일반적인 형태로서 피해당사자는 계약해제권 및 손해배상청구권이 인정된다.

4) 불완전이행

불완전이행(incomplete performance)은 계약 당사자 중 어느 일방이 계약을 이행하였으나, 이것이 계약의 내용에 따른 완전한 이행이 아니라 불완전한 이행이기 때문에 상대방에게 손해가 발생한 경우를 말한다. 가령, 인도된 물품의 품질불량품, 수량부족, 대금일부의 미지급 등이 있다. 불완전 이행에 대해서 손해를 입은 당사자는 손해배상을 청구할 수 있다.

---

2) 예를 들어 운송계약에서의 선박이 나포된 경우가 해당된다고 할 수 있다.

3. 계약의 일부 위반

계약 위반은 위반의 경중에 따라 전부 위반(total breach)과 일부 위반(partial breach), 조건 위반(breach of condition)과 담보 위반(breach of warranty), 본질적 계약 위반(fundamental breach of contract)과 비본질적 계약위반으로 구분된다. 이들은 표현만 다를 뿐 내용은 비슷하다.

비엔나 협약의 본질적·비본질적 계약위반의 개념이 영법상(SGA)의 조건 위반과 담보 위반, 미국의 리스테이먼트 상의 전부 위반(total breach)과 일부 위반(partial breach)에서 유래된 것이므로 본질적 위반은 조건위반으로 보아 계약을 해제할 수 있고 손해배상도 청구할 수 있다. 그러나 비본질적 위반은 담보위반으로 보아 계약을 해제할 수 없고 손해배상만을 청구할 수 있다. 즉 전부 위반, 조건 위반 및 본질적 위반은 계약을 해제할 수 있고 손해배상을 청구할 수 있으나, 일부 위반, 담보 위반 및 비본질적 위반의 경우에는 계약은 해제할 수 없고 계약위반으로 발생한 손해배상만을 청구할 수 있다.

그러나 계약위반이 본질적[3]인 것인지 비본질적인 것인지의 여부는 계약위반이 중대한 것인가 경미한 것인가에 따라 결정할 문제이다.

표 8-4   계약위반의 경중에 따른 분류

법규 및 효과 / 유형	영국법	미국 리스테이먼트	CISG	법률 효과	
				계약해제 가능여부	손해배상 청구가능여부
계약위반의 유형	조건위반	전부위반	본질적 계약위반	○	○
	담보위반	일부위반	비본질적(사소한) 계약 위반	×	○

---

3) CISG 제25조는 본질적 위반에 대한 정의를 두고 있는데, "당사자의 일방이 범한 계약위반이 그 계약 하에서 상대방이 기대할 권리가 있는 것을 실질적으로 박탈한 정도의 손해를 상대방에게 주는 경우에, 이를 본질적 위반으로 한다"고 규정하고 있다.

앞에서 계약의 위반에 대하여 살펴보았다. 매매계약에서 계약의 위반이 있을 경우, 계약을 위반한 당사자는 상대방이 입은 손해를 보상하도록 그 계약을 추가이행하거나 손해를 배상하는 것이 필요한데 이를 '구제'(remedy)라고 한다.

매매계약을 위반하였을 경우 매수인에 대한 배상을 매수인의 구제(buyer's remedy)라고 하고, 매도인에 대한 배상을 매도인의 구제(seller's remedy)라고 한다.

비엔나협약은 매도인이 계약에 따른 어떠한 의무를 이행하지 아니한 경우에 매수인의 구제방법을 규정하고 있으며(CISG 제45조), 매수인이 계약의 어떠한 의무를 이행하지 아니한 경우 매도인의 구제방법을 명시하고 있다(CISG 제61조).

1. 매도인의 계약위반에 대한 매수인의 구제방법

매도인이 계약 또는 비엔나 협약에 따른 의무를 이행하지 않은 경우 매수인은 다음과 같은 권리를 행사하여 매도인의 계약위반에 대한 구제를 받을 수 있다.
  ① 계약대로 의무이행을 청구할 수 있는 이행청구권(특정의무 이행청구권)
  ② 물품이 계약과 불일치할 경우 대체물 인도청구권
  ③ 계약의 불일치에 대해서 불일치의 보완을 요구하는 하자보완청구권
  ④ 의무이행을 위한 추가기간을 지정하는 추가이행기간 지정권
  ⑤ 매도인의 계약위반이 중대한 경우에 계약을 해제할 수 있는 계약해제권
  ⑥ 물품이 계약에 불일치한 경우에 물품대금을 감액청구할 수 있는 대금감액청구권
  ⑦ 매도인에게 계약위반으로 입은 손해를 배상청구할 수 있는 손해배상청구권 등
    이 있다.

> **기 본 용 어**
>
> ☑ 계약의 해제(解除)(avoidance, cancellation)
>   유효하게 성립하고 있는 계약을 일방의 의사표시에 의해서 그 계약의 효력을 소급하여 처음부터 없었던 것으로 소멸하게 하는 행위
>
> ☑ 계약의 해지(解止)(termination)
>   의사표시 시점부터 법률행위의 효력을 장래에 대하여 실효(소멸)하게 하는 의사표시
>   **예** 정기적으로 선적하는 연속매매인 경우

물품이 계약에 부적합하여 본질적인 계약위반이 존재한 경우, 매수인은 계약의 해제권이나 대체물 인도청구권을 행사할 수 있지만, 그렇지 않은 경우에는 대금감액청구권이나 하자보완청구권을 행사할 수 있다.

(1) 계약이행 청구권(특정이행 청구권)

매수인은 매도인에게 계약대로 그 의무를 이행하도록 요구할 수 있다. 특정 이행(specific performance)이란 당초의 계약대로 약속을 이행하도록 법원이 명령함으로써 구제하는 방법이다. 가령 매수인은 매도인에게 미인도 물품에 대한 인도를 청구할 수 있으며, 이에 상응하여 매도인은 매수인에게 대금지급을 청구할 수 있다(CISG 제62조).

이러한 계약의 특정 이행은 매도인이 전혀 계약을 이행하지 않은 경우뿐만 아니라 불완전 이행이 이루어진 경우에도 적용될 수 있다.

(2) 대체물인도 청구권

매도인이 인도한 물품이 계약과 일치하지 아니하고 그 부적합 정도가 "본질적(중대한) 계약위반"(fundamental breach of contract)이 되는 경우에 매수인은 대체물의 인도를 청구할 수 있다(CISG 제46조 2항). 다만 당해 청구는 매수인이 물품의 불일치를 발견하였거나 또는 발견했어야 한 때로부터 상당한 기간 내에 불일치 내용을 통지한 경우에 한한다.

'대체물 인도청구'는 계약을 해제할 수 있을 정도의 본질적인 위반에 대해서만 행사할 수 있는 권한으로서 사소한 계약위반에는 적용되지 않는다. 대체품 인도청구는 계약해제권을 행사할 수 있는 상황에서 선택할 수 있는 대안적 선택이라고 할 수 있다.

(3) 하자보완 청구권

물품이 계약과 불일치 정도가 본질적(중대한)인 것이 아닌 경우에 대체물을 요구하는 것은 매도인에게 과중한 운송비나 물류비 등의 부담을 줄 수 있다.

따라서 불일치 정도가 중대한 경우가 아니면 매수인은 여러 사정을 고려하여 자신에게 불합리(unreasonable)[4]하지 않는 한, 매도인에게 수리(repair)에 의한 부적합(불일치)

---

4) "불합리한" 것이라는 말은 사소한 부적합에 대하여 매수인이 이를 보완하고 손해배상만 청구하는 것이 오히려 실용적이고 합리적인데도 불구하고, 매수인이 원거리에 있는 매도인에게 보완을 청구하는 상황 같은 경우를 의미한다.

의 보완(수리)을 청구할 수 있다(CISG 제46조 3항). 다만 하자보완청구에 대해서는 부적합의 통지와 함께 상당한 기간 이내에 이행하여야 한다.

(4) 추가이행기간 지정권

매도인이 물품의 인도를 불이행하는 경우에, 매수인이 계약을 즉시 해제하기보다는 계약유지의 이념을 존중하여 의무이행을 위한 "상당한 기간"의 추가이행 기간을 지정할 수 있다(CISG 제47조 1항). 이때 매도인이 추가로 지정한 기간 내에 이행할 의사가 있을 때에는 그 기간 중에는 매수인은 계약위반에 대한 구제책을 행사해서는 아니 되나 이행의 지연에 따른 손해배상 청구권은 행사할 수 있다(CISG 제47조 2항).

(5) 계약해제권

매도인의 계약상 의무불이행이 본질적인 위반에 해당하는 경우에 매수인은 계약을 해제할 수 있다. 또한 본질적인 위반이 아니더라도 매수인이 지정한 추가기간 이내에 매도인이 물품 인도 의무를 이행하지 않거나 또는 그 기간 내 이행하지 않겠다는 뜻을 매수인에게 통지한 경우에는 매수인은 그 계약을 해제할 수 있다(CISG 제49조). 계약의 해제(avoidance)는 상대방에게 그러한 취지를 통지함으로써 효력을 갖는다(CISG 제26조).[5]

(6) 대금감액 청구권

매수인은 인도된 물품이 계약과 일치하지 아니하는 경우, 대금이 이미 지급되었는지 여부와 관계없이 적합한 물품이 인도되었을 경우의 가치에 대한 비율에 따라 대금을 감액을 청구할 수 있다. 다만 이러한 불일치를 매도인이 보완하는 경우 또는 그 보완을 매수인이 거절하였을 경우에는 대금을 감액할 수 없다(CISG 제50조). 왜냐하면 이러한 경우 매수인은 손해배상을 청구하거나 계약을 해제하려는 의사가 있을 것이기 때문이다.

(7) 손해배상 청구권

매도인이 계약 또는 비엔나 협약에서 규정한 의무를 이행하지 아니한 경우에 매수인은 계약위반으로 입은 손해에 대해서 배상을 청구할 수 있다(CISG 제45조 1항). 또한

---

5) 계약의 성립과정에서 발생하는 의사표시는 두달주의를 적용되고, 계약의 이행과정에서 발생하는 의사표시는 발신주의를 적용하고 있다.

매수인이 손해배상 이외의 구제방법을 행사한다고 하여 손해배상 청구권이 박탈당하지 아니한다(CISG 제45조 2항).

2. 매수인의 계약위반에 대한 매도인의 구제방법

매수인이 계약 또는 비엔나 협약에 따른 의무를 이행하지 않은 경우 매도인은 권리를 행사하여 매수인의 계약위반에 대한 구제받을 수 있다. 매도인이 권리를 행사할 수 있는 구제형태는 ① 계약이행청구권(특정의무 이행청구권), ② 추가이행기간 지정권, ③ 계약해지권, ④ 물품명세확정권, ⑤ 손해배상청구권이 있다.

(1) 계약이행 청구권(특정의무 이행청구권)

매도인은 매수인에게 대금의 지급, 인도의 수령 또는 기타 매수인의 의무를 이행하도록 청구할 수 있는 이행청구권이 있다(CISG 제62조). 매도인은 계약상에 약정된 대로 계약상의 의무이행을 매수인에게 요청할 수 있다.

(2) 추가이행기간 지정권

매수인이 대금지급이나 물품의 인도수령의 의무를 불이행한 경우, 매도인은 상당기간의 추가이행 기간을 지정하여 그 이행청구를 할 수 있다(CISG 제63조 1항). 그리고 매수인으로부터 추가 이행기간 내에 이행하지 않겠다는 의사의 통지를 받지 않는 한, 매도인은 그 기간 중에는 계약 위반에 대한 어떠한 구제방법을 사용할 수 없다. 다만 매도인은 이와는 별도로 이행지연 등으로 인한 손해배상청구권을 행사할 수 있다(CISG 제63조 2항).

(3) 계약해제권

매수인의 계약상 의무불이행이 본질적인 위반에 해당하거나, 매도인이 지정한 추가이행 기간 내에 의무이행을 하지 않거나 그 기간 내 의무를 이행하지 않겠다는 의사를 표시한 경우에 매도인은 그 계약의 해지가 가능하다(CISG 제64조).

☑ 계약의 해제권 행사
- 매도인이 계약을 해제할 수 있는 경우는 ① 본질적 계약위반이 되는 경우, ② 설정된 추가기간 내에도 대금지급 또는 물품의 인도수령 의무를 이행하지 않은 경우, ③ 매수인이 추가기간 내에 대금지급 또는 물품인수 수령의 의무를 이행하지 못함을 사전에 선언한 경우로 분류된다.
- 계약 이행을 위한 추가기간을 설정하였는데도 이행하지 못한 것은 본질적(중대한) 계약 위반으로 볼 수 있는 근거가 된다.

☑ 계약해제권의 상실
- 매수인의 이행지체의 경우: 매도인이 계약의 이행이 이루어진 것을 알기 전
- 매수인의 이행지체 이외의 위반의 경우: 매도인이 그 위반을 안 경우, 추가기간이 경과한 때, 매수인이 추가기간 내에 의무를 이행하지 아니하겠다고 선언한 때부터 합리적인 기간 내

(4) 물품명세 확정권

계약상 매수인이 물품의 형태, 용적 또는 기타의 특징을 지정하기로 되어 있으나 (매수인이 합의된 기일 또는 매도인으로부터의 요구를 수령한 후 상당한 기간내) 물품의 명세를 확정하지 아니한 경우, 매도인은 매수인의 요구사항을 고려하여 스스로 물품의 명세를 확정할 수 있는 권리가 있다(CISG 제65조).

(5) 손해배상청구권

매도인은 매수인이 계약이나 비엔나 협약에서 규정한 의무를 이행하지 아니한 경우에는 계약위반으로 손해를 입은 경우, 매수인의 손해배상청구에 대응하는 권리를 행사할 수 있다(CISG 제65조).

표 8-5   CISG에서 매도인과 매수인의 구제권 행사 비교

구제권	매도인	매수인
계약이행청구권	○	○
대체물인도청구권	×	○
하자보완청구권	×	○
추가기간 이행기간 지정권	○	○
계약해제권	○	○
대금감액청구권	×	○
손해배상청구권	○	○
물품명세확정권	○	×

무역계약이 종료(termination of contract)되는 것은 당사자 간에 성립되었던 계약이 여러 사유로 인해 그 효력이 소멸(discharge)된다는 것을 의미한다. 무역계약은 당사자가 약정된 의무사항을 완전히 이행함으로써 종료되는 것이 가장 이상적이지만, 여러 사정에 따라 당사자간의 합의, 계약위반 등에 의하여 계약이 종료되는 경우가 있다. 무역계약이 종료되는 사유는 크게 4가지로 나눌 수 있다.

(1) 이행에 의한 소멸(discharge by performance)

계약상 명시된 의무를 완전히 이행하면 계약은 소멸된다.

(2) 합의에 의한 소멸(discharge by agreement)

당사자의 상호 합의에 의해 계약이 성립할 수 있듯이 상호 합의에 의해 소멸할 수 있다.

(3) 계약위반에 의한 소멸(discharge by breach)

계약의 어느 한 당사자가 귀책사유로 자신의 의무를 이행하지 않거나 이를 위반한 경우 타방의 당사자는 계약을 소멸시킬 수 있으며, 이로 발생한 손해를 보상받기 위해서 손해배상청구소송을 제기할 수 있다.

(4) 계약의 목적달성불능에 의한 소멸(discharge by frustration)

계약이 체결된 뒤 예상외의 사태변화로 인하여 계약의 목적달성이 불가능하게 되면 당사자의 의무가 면책이 되고 계약은 자동소멸하게 된다. 이것이 계약의 목적달성불능(frustration of contract)이다. 이러한 계약의 목적달성불능이 적용되기 위한 요건은 ① 계약목적물의 멸실 ② 후발적 위법 ③ 사정의 본질적 변화 ④ 수출입금지 등이 있다.

이 가운데 ①과 ②의 경우처럼 원만하게 계약이 소멸되면 아무런 문제가 없으나 ③과 ④처럼 계약위반에 의해 또는 목적달성불능에 의해 계약이 해제되면 그 후 법적인 문제가 남아 있게 된다.

PART

04

수출입관리

09 수출 이행절차

SECTION 01 수출절차의 개요

수출절차는 무역관계법규에 의하여 수출승인 단계에서부터 수출품검사, 통관, 선적 및 수출대금결제, 사후관리 등에 이르기까지의 이행절차를 의미한다.

수출절차는 무역계약조건, 운송방식, 대금결제방식에 따라 달라지지만 본 장에서는 수출거래에서 가장 일반화되어 있는 해상운송방식, 화환신용장방식(documentary credit) 과 CIF거래조건에 근거하여 개괄적인 설명을 하고자 한다.

1. 수출계약의 체결

이 단계는 앞에서 설명한 바와 같이 무역계약의 체결과정에 해당한다. 이 내용은 앞의 내용을 참조하면 될 것이다. 해외시장조사(overseas market research) → 거래선 발굴 (establishment of business connection) → 신용조사(credit inquiry) → 거래제의(business proposal) → 거래 조회(trade inquiry) → 청약 및 승낙(offer and acceptance) → 무역계약(sales contract) 의 체결과정 순으로 진행된다.

무역계약의 체결은 매매당사자의 일방의 제의를 그 상대방이 승낙함으로써 이루어 진다. 통상 매매조건을 구체적으로 제시하여 그러한 조건으로 판매 또는 구매하겠다는 의사표시인 offer 또는 order에 의해서 이루어진다.

계약이 성립되는 경우는 청약자가 보낸 청약(offer)에 대해서 상대방이 승낙 (acceptance)의 의사를 보내거나, 주문자가 보낸 주문(order)에 대하여 판매자가 주문승 낙(acknowledgement)의 의사를 보냄으로써 성립된다.

무역계약은 불요식 계약이기 때문에 구두로 하더라도 계약의 성립에는 아무런 지장이 없으나 계약내용에 대하여 당사자 간에 명확히 하고 향후에 발생할지도 모르는 분쟁에 대비하기 위해서는 매매계약서를 작성하여 교환하는 것이 좋다.

2. 신용장의 접수 및 내용검토

매매계약이 성립되면 수입상은 수입을 이행하기 위한 절차를 진행하게 된다. 먼저 수입상은 자신의 거래은행에 신용장 거래약정을 체결한 다음 수입신용장 발행신청서를 제출하여 수출업자 앞으로 신용장(L/C: letter of credit)을 발행하도록 요청한다. 그러면 발행은행(issuing bank)은 신용장을 발행하여 통지은행을 통하여 매도인에게 통지하게 된다.

신용장 통지은행(advising bank)은 수출상에게 신용장을 통지할 때 통지번호를 부여하고 상당한 주의(reasonable care)를 가지고 신용장의 진위성 여부를 검토해야 할 의무가 있다. 만약 진위성을 확인할 수 없을 경우에는 그러한 사실을 발행은행 및 수출상에게 통지해야 한다. 그러나 SWIFT 신용장은 발행은행과 통지은행 간에 설치된 Test Key 또는 Authenticator Key에 의해 신용장의 진위 여부가 쉽게 확인된다.

수출상은 수령한 신용장이 매매계약의 조건과 정확히 일치하는지 심사하고, 만약 불일치사항이 있으면 신속히 수입상에게 신용장의 조건변경을 요구하여야 한다. 신용장은 수입상의 거래 은행이 수출상에게 신용장 조건에 일치하는 서류를 제시할 때 대금을 지급하겠다는 조건부 지급확약서이다. 그러므로 매도인인 수출상이 신용장을 접수하였다는 사실은 발행은행이 지급을 하겠다고 보증한 것이나 다를 바가 없으므로 수출상은 안심하고 물품을 선적할 수 있다.

1) 신용장의 주요 확인사항

신용장은 어디까지나 신용장 조건에 일치하는 서류를 제시할 때 대금을 지급하는 조건부 확약서이므로 매도인은 신용장조건이 이행가능한 것인지 등을 면밀히 검토할 필요가 있다.

(1) 신용장의 진위여부

수출업자는 먼저 통지은행으로부터 접수된 신용장이 진짜인지 검토해야 한다. 물론 통지은행이 신용장을 통지할 때 그 진위성 여부를 확인하지만 신용장의 수익자인 수출업자는 그 진위성 여부를 다시 한번 검토할 필요가 있다.

(2) 매매계약 조건과의 일치 여부

수익자명(매도인), 발행의뢰인명(매수인), 상품명세, 수량, 가격, 신용장의 유효기간, 서류제시기일, 환어음조건, 최종 선적일, 제시되어야 할 운송서류 목록 및 필요 매수 등 매수인과 체결한 계약서의 내용과 신용장의 내용을 면밀히 검토한다.

(3) 신용장 형식요건의 구비확인

신용장의 형식요건과 관련해서는 취소불능신용장인지의 여부, 지급확약문언의 존재 여부, 신용장통일규칙 준거문언의 존재 여부 등을 검토한다.

(4) 발행은행의 신용상태 확인

신용장은 앞서 말한 바와 같이 발행은행이 지급확약을 하는 것이므로 발행은행의 신용상태가 중요하다. 따라서 신용장이 세계적으로 저명한 은행이 발행한 것인지 아니면 신뢰할 만한 은행인지 파악할 필요가 있다. 만약 발행은행의 신용상태가 미흡하거나 국가의 비상위험이 발생할 가능성이 높으면 매수인에게 신용장 확인을 요청하거나 수출보험에 가입한 후 수출을 이행하는 것이 안전하다.

확인은행(confirming bank)은 신용장 발행은행이 부도나 파산되었을 때 2차적으로 지급을 확약하는 은행이다.

(5) 신용장의 특수조건 및 조건부 문언 검토

매도인이 신용장조건을 이행하기 어려운 특수조건이 있는지를 검토해야 한다. 신용장에 특수한 조건을 붙여 그 조건이 이행되어야만 신용장이 유효하게 되는 조건부 신용장이 있는데 이러한 조건부신용장은 조건을 이행하는 데 많은 어려움이 있으므로 각별한 주의를 기울여야 한다. 가령, 수출국에 주재하지 않는 수입국 공관장의 확인을 요청하는 경우, 신용장상의 특별지시란의 내용, 상품에 대한 과도한 명세의 기재여부 등을 검토한다.

3. 수출승인

1) 수출승인의 의의

물품의 수출·입과 수출·입 대금의 영수 또는 지급은 원칙적으로 자유롭게 할 수 있지만(대외무역법 10조), 헌법에 의하여 체결·공포된 조약과 일반적으로 승인된 국제법규에 의하여 부과된 의무를 이행하고, 생물자원의 보호 등을 위하여 지정하는 물품 및 무역균형을 촉진하기 위하여 필요한 경우 수출입을 예외적으로 제한할 수 있다(대외무역법 11조).

수출승인(Export License)은 대외무역법에서 정하고 있는 특정 물품에 대해서는 개별수출에 대한 사전승인을 받아야 하는 것을 말한다.

이에 따라 산업통상자원부장관이 공고하는 수출입공고에 의해 수출이 제한되는 물품을 수출하고자 하는 경우에는 산업통상자원부장관으로부터 수출승인을 받아야 한다.

》 기 본 용 어

☑ 승인(recognition)

일반적으로 공법상, 국가 또는 지방자치단체의 기관이 다른 기관이나 개인의 특정한 행위에 대하여 부여하는 동의·승낙 등의 뜻으로 사용되고 있음. 따라서 수출입 승인은 상대적으로 금지를 특정한 경우에 해제하여 수출입거래를 할 수 있도록 자유상태로 회복시켜주는 행정행위라고 할 수 있음.

---

2) 수출승인의 대상물품

수출을 이행하기 위해서 사전에 산업통상자원부장관으로부터 수출승인을 받아야 하는 품목은 다음 품목에 해당된다.

(1) 수출입공고상 수출제한 품목

수출을 제한할 수 있는 물품 등은 다음의 물품 등으로서 이는 산업통상자원부장관(이하 장관이라함)이 수출입공고에 정한 물품을 말한다.

① 헌법에 의하여 체결·공포된 조약이나 일반적으로 승인된 국제법규상의 의무이행
② 생물자원의 보호
③ 교역상대국과의 경제협력증진

④ 국방상 원활한 물자수급
⑤ 과학기술의 발전 및 통상·산업정책상 필요한 사항

한편, 대외무역법 이외의 개별법에 의한 수출입 제한 내용을 통합하여 고시하는 통합공고에 따라 요건확인 등을 받아야 하는 물품은 수출입 승인 대상에 포함되지 않는다. 따라서 해당 개별법에서 정하고 있는 바에 따라 요건확인 등을 받은 후 곧바로 세관에 수출신고나 수입신고를 함으로써 수출입을 이행하게 된다.

3) 수출승인기관

수출승인기관의 장은 산업통상자원부장관이지만 수출절차를 간소화하기 위해 대부분의 권한은 현재 산업통상자원부장관이 지정하여 고시하는 관계 행정기관 또는 단체의 장에게 위탁되어 있다. 이로 인하여 수출업자는 해당추천기관에서 추천과 승인을 함께 받을 수 있다.

4) 수출승인의 유효기간

수출승인의 유효기간은 수출을 승인한 날로부터 1년 이내이며 필요에 따라 유효기간을 달리 정할 수 있다.

5) 수출승인신청 구비서류

수출승인대상 물품을 수출하고자 하는 자는 서류를 구비하여 수출승인기관의 장에게 제출해야 한다.
① 수출승인신청서 4부(업체용, 세관용, 승인기관용, 사본)
② 수출신용장, 수출계약서 또는 주문서
③ 수출대행계약서(대행수출인 경우)
④ 수출입공고 등에서 규정한 요건을 충족하는 서류

6) 수출승인사항의 변경승인

수출승인을 받은 후 사정변경에 따라 거래당사자간에 합의하여 승인을 변경하고자 할 경우 변경사항의 승인대상은 다르다. 수출승인사항의 변경은 수출승인 유효기간 내에 신정하여야 한다.

- 수출승인기관장으로부터 변경승인을 받아야 하는 경우: 『중요한 사항』을 변경할 경우
- 『중요한 사항』→ 당사자, 승인수량, 가격 및 효력인정기간 등
- 수출승인기관장에게 신고하여야 하는 경우: 수출입승인조건이 변경된 경우에 당해 승인기관장에게 변경신고함.
  ① 원산지
  ② 도착항
  ③ 규격
  ④ 수출입물품 등의 용도(단, 수출입승인 용도가 지정된 경우에 한함)
  ⑤ 승인조건
- 경미한 사항을 변경할 경우: 통관지 세관장에게 신고

4. 수출물품의 확보

1) 수출물품의 확보방법

수출업자는 수출승인을 받은 후에 물품을 자가생산하거나 완제품을 구매하여 수출물품을 확보해야 한다. 수출물품을 제조·가공하는데 소요되는 원자재를 국내나 해외에서 조달 또는 구매하게 된다. 원자재나 완제품을 국내에서 조달할 경우 내국신용장이나 구매확인서가 많이 이용되고 있다.

(1) 해외 원자재를 수입하는 경우

수출용 원자재를 해외에서 수입하는 경우는 수입계약을 별도로 체결하고 외화획득용 원자재의 수입승인을 받아 신용장을 발행하여 송부하는 등 일련의 수입절차와 수입통관을 거쳐서 완제품을 생산하게 된다.

> - 외화획득용 원료에 대한 혜택
>   ㉠ 관세환급 등의 금융·세제상의 우대조치
>   ㉡ 수입제한 승인품목이라도 제한에 관계없이 수입가능
>   ▶ 이 경우(수입이 제한되는 품목을 수입하거나 이를 이용하여 국내에서 생산된 물품을 구입한 경우)는 대응수출의무를 부과함

ⓒ 수량제한의 적용을 받지 않음

　　　ⓔ 원산지 표시 면제

　　　ⓜ 무역금융에 따른 수입자금지원

　　　ⓑ 수입부담금 면제

　　　ⓢ 연지급 수입기간 차등 적용(수출, 내수용)

(2) 국산(국내)원자재를 구매하는 경우

수출용 국내원자재를 구매할 경우에는 수출업자는 무역금융에 의해 원자재 구매자금을 융자받거나 원자재 공급업자에게 내국신용장(local L/C)이나 구매승인서를 발급해 주고 자기자금의 부담없이 국산원자재를 조달하여 수출품을 생산할 수 있다.

　　　㉠ 국내거래와 구별되게 왜 내국신용장이나 구매승인서를 이용할까?

　　　　→ 외화획득용 원료의 우대조치, 무역금융의 이용, 부가가치세 영세율 적용의 혜택이 있음.

　　　㉡ 조달방법 → Local L/C or 구매승인서

(3) 완제품을 구매하는 경우

완제품을 국내 완제품공급업자로부터 구매하여 수출할 수 있다. 수출업자는 완제품공급업자에게 내국신용장이나 구매확인서를 발급해 주고 완제품을 구매할 수 있다.

2) 물품의 구매수단

원자재의 구매수단은 자기자금에 의한 구매, 내국신용장에 의한 구매, 구매확인서에 의한 구매, 신용장에 의한 해외수입 등이 있다. 여기서는 내국신용장과 구매확인서에 대해서 설명하기로 한다.

(1) 내국신용장에 의한 구매

① 내국신용장: 내국신용장(local credit)이란 무역업체가 국내에서 수출용 완제품을 구매하여 수출하거나, 수출물품 제조업자가 수출물품 제조에 필요한 수출용원

자재를 구매하여 제조·가공 후 직수출하거나 또는 국내에 공급하고자 할 경우 업체의 의뢰에 따라 원신용장(master credit)을 토대로 외국환 은행장이 물품공급업자를 수익자로 발행하는 지급보증서이다.

② 내국신용장의 발행근거: 국내에서 외화획득용 원료 또는 물품 등을 구매하고자 하는 자는 다음에 의거하여 외국환은행의 장에게 내국신용장의 발행을 신청할 수 있다.
- 수출신용장
- 수출계약서
- 외화표시 물품공급계약서
- 외화표시 건설용역공급계약서
- 내국신용장
- 과거 수출실적에 의한 실적기준 금융 수혜업체의 금융한도

(2) 구매확인서에 의한 구매

① 구매확인서: '구매확인서'란 물품 등을 외화획득용 원료, 외화획득용 용역, 외화획득용 전자적 형태의 무체물 또는 물품으로 사용하기 위해서 국내에 구매하는 경우 외국환은행장 또는 KT-net가 내국신용장에 준하여 발급하는 확인서를 말한다. 실무적으로는 내국신용장이 구매확인서보다 용도가 더 다양하고 혜택이 많기 때문에 내국신용장을 널리 이용하고 있으나, 내국신용장 발행한도가 부족하여 내국신용장을 발행할 수 없는 경우에는 구매확인서를 주로 이용하고 있다. 구매확인서는 단순송금방식 수출, 무역금융 부족 등으로 내국신용장을 발행할 수 없는 상황에서 외화획득용 원료 등의 구매를 원활하게 하기 위하여 활용되고 있다.

② 구매확인서의 발급신청: 국내에서 외화획득용 원료 또는 물품 등을 구매하고자 하는 자는 외국환은행의 장에게 다음에 의거하여 구매확인서의 발급을 신청할 수 있다.
- 수출신용장
- 수출계약서
- 외화매입(예치)증명서
- 내국신용장

- 구매확인서
- 외화획득에 제공되는 물품 등을 생산하기 위한 경우를 입증할 수 있는 서류

③ 완제품구매: 내국신용장(Local L/C) 또는 구매승인서

표 9-1   내국신용장과 구매확인서 비교

구 분		내국신용장	구매확인서
차이점	무역금융여부	무역금융을 받을 수 있음	무역금융의 융자대상이 아님
	발행조건	각 업체의 무역금융한도 내에서 발행	각 업체별 무역금융 융자한도가 소진되어 내국신용장이 발행될 수 없을 때 사용
	은행의 지급확약	있음	없음(무제한 발급)
	관련법규	무역금융규정(무역금융세칙 제5장)	대외무역법 및 관리규정
	지급보증	발행은행이 지급보증	발행은행의 지급보증 없음
	발행회수	2차까지 발행가능. 단 내국신용장이 완제품에 구매인 경우 3차까지 허용	차수에 관계없이 순차적으로 발급
공통점(물품공급자)		• 부세가세 영세율적용 • 관세환급 가능 • 수출실적으로 인정 • 외국환은행이 발행 • 외화획득에 사용된다는 근거가 있으면 발급된다(L/C, D/A, D/P 등)	

5. 해상운송 및 보험계약의 체결

1) 운송계약의 체결

수출품이 확보되면 수출업자는 수출통관 수속을 하기 전이나 수속을 진행하면서 해상운송계약을 체결(CIF, CFR조건인 경우)하고 선적준비를 이행하여야 한다. 운송계약은 수출화물의 성질에 따라 부정기선(tramper) 운송계약과 정기선(liner) 운송계약으로 구분된다. 양곡, 원유, 철광석 등의 살화물(bulk cargo)은 특수 전용선에 선적하는 용선계약(charter party)이 체결되고 컨테이너 화물은 정기선을 이용하는 개품운송계약이 체결된다. 일반적으로 일반잡화를 이용하는 무역거래에서는 개품운송계약이 주로 이용된다.

(1) 선박수배

선적을 하기 위해서는 수출업자는 자신과 거래하는 운송회사나 운송주선업자(forwarder)에게 운송 및 선적 일체를 의뢰할 수 있다.

① 운송계약 체결을 위해서 수출업자는 운송회사에 선박운항스케줄(sailing schedule)을 문의한다. → 인터넷 조회 및 예약 site 접속
② 자신의 일정에 맞게 운송회사에 선적요청서(Shipping Request: S/R)를 제출하게 된다.

> ☑ 선박의 운항스케줄 확인사항
> ㉮ 선박의 입출항일 및 시간, 운송기일(transit time), 직항 또는 환적항 기항여부
> ㉯ 선박 출항예정시간(ETD: Estimated Time of Departure) 및 도착예정시간(ETA: Estimated Time of Arrival)
> ㉰ CY화물인 경우 화물접수 마감시간(closing time) 등

(2) 선적예약

운송회사는 선적요청서(S/R)를 접수하고 이 사실을 승낙하는 의사표시로 선적예약확인서(Booking Note; Booking Confirmation)를 교부한다. 화주가 운송회사에 선박의 예약을 요청하는 선적요청서는 일종의 청약서이고 이에 대한 승낙으로 선박회사는 선적예약확인서를 발급한다.

최근에는 선적요청서가 잘 사용되지 않고 수출업자가 송장(invoice)이나 포장명세서(packing list)를 작성하여 운송회사에 제출하기도 하는데, 운송계약의 성립이 청약과 승낙에 의해서 성립되는 점을 고려할 때 S/R과 Booking Note를 서로 교환하는 것이 바람직하다.

그리고 운송회사의 홈페이지(homepage)에서 원하는 선박운항 스케줄, 구간과 운임을 조회할 수 있으면 선복예약(booking)이 가능하다.

> ☑ 운송계약절차
> • 화주의 선박수배: 선사나 그의 대리점에 배선표(Sailing Schedule)확인 후 S/R 작성
> • 선사의 예약확인: Freight Booking Note발급
> • 화주: Invoice나 Packing List를 작성하여 운송회사에 제출하여 가름함. 선사도 구두만으로 예약번호 등을 알려주면서 선적예약을 통보하는 경우가 많음

2) 보험계약의 체결

수출업자는 CIF조건이나 CIP조건의 경우에 수출품의 특성을 고려하여 적절한 해상보험계약을 체결하여야 한다. 수출업자는 신용있는 보험회사를 선정하여 보험조건 및 보험료율을 고려하여 적화보험청약서(application)를 제출하여 보험계약을 체결하여야 한다.

또한 보험회사의 인터넷을 통하여 수출서류 인터넷 발급서비스를 이용하여 보험계약을 쉽게 체결할 수 있다.

보험조건에 맞는 보험료가 납부되면 보험회사는 보험계약의 증거로서 보험증권(insurance policy)을 발급해준다.

SECTION 02 수출통관 절차

1. 수출통관의 의의

수출업자는 수출하고자 하는 물품을 지정된 선박에 선적하기 전에 수출통관절차를 밟아야 한다. 수출통관(customs clearlance for export)은 관세법의 절차에 따라 세관에 수출신고(export declaration: E/D)를 하여 수출신고수리가 완료되는 과정을 의미한다. 이와 같이 수출통관을 의무화하는 것은 대외무역법, 관세법, 외국환거래법 등 각종 수출관련법규의 수출요건의 이행사항을 최종적으로 확인하여 불법수출이나 위장수출 등을 방지하기 위한 것이다.

따라서 수출업자는 물품을 적재하기 전까지 관할하는 세관장에게 수출신고를 하고 신고필증을 교부받아야 한다. 수출신고수리가 완료되면 관세법상 내국물품이었던 것이 비로소 외국물품이 되어 선적이 가능하게 된다.

수출신고가 수리된 물품은 수출신고일로부터 30일 이내에 운송수단에 적재해야 한다. 그리고 우리나라에 반입된 외국물품을 부득이한 사유 등으로 다시 외국으로 반송할 경우에는 반송신고 및 절차에 따라야 한다.

2. 수출통관의 절차

수출통관은 대략 보세구역에 물품을 반입하여 ① 수출신고 → ② 수출심사 → ③

세관검사 → ④ 수출신고수리 → ⑤ 수출신고필증 교부 → ⑥ 선적 등의 절차를 거친다. 현재는 관세청의 EDI(전자문서 교환)수출통관 자동화시스템(UNI-PASS)에 의하여 수출업자는 간편하고 신속하게 통관을 할 수 있다.

1) 수출신고

관세사와 화주는 수출물품의 Commercial Invoice와 Packing List, 수출승인서를 기초로 하여 수출신고서를 작성하고 세관의 통관시스템을 통하여 수출신고한다.

수출신고시점의 효력은 전송된 신고자료가 통관시스템에 접수된 시점부터 발생한다.

(1) 무서류(P/L: paperless) 신고

물품을 수출하고자 하는 자는 수출물품을 선박 또는 항공기에 적재하기 전까지 관할 세관장에게 수출신고(Export Declaration: E/D)를 하고 수리를 받아야 한다. 수출신고는 전자문서로 작성된 신고를 원칙으로 하며, 특별히 필요한 경우에 수출신고서 등 서류를 제출할 수 있다.

수출신고인은 전송신고자료에 신고번호가 부여된 시점에 비로소 수출신고가 완료된 것이다.

(2) 서류신고

다음의 경우는 수출신고서 등 서류를 세관장에게 제출해야 한다.
① 관세법 제226조 규정에 의해 세관장의 확인대상물품(수출요건 내역을 전산망으로 확인할 수 없는 경우)
② 수출업자가 재수입시 관세 등의 감면, 환급 또는 사후관리 등을 위하여 세관검사를 요청하는 물품
③ 무역계약과 상이한 물품의 재수출 및 수입시 재수출 조건으로 수입된 물품의 수출

(3) 수출신고인

수출신고는 원칙적으로 P/L신고로 하며, 수출품의 제조 전에도 신고가 가능하다.

> • 수출신고인: 수출화주, 관세사, 관세법인, 통관취급법인

그러나 대부분 수출신고는 관세사, 관세법인, 통관취급법인에 위탁하여 처리하고 있다.

> ✓ 관세사
> 관세사 자격을 얻어 관세청장에게 등록한 자로서 화주를 대리하여 세변, 세율의 분류, 과세가격 산출 등 관세법에 의한 수출입 업무를 수행.
>
> ✓ 관세법인
> 다수의 관세사가 참여해 자본금 2억원 이상의 법인.
>
> ✓ 통관취급법인
> 관세청장의 허가를 받은 ① 운송·보관 또는 하역을 업으로 하는 법인, 또는 ② 앞의 법인이 자본금의 100분의 50 이상을 출자하여 설립된 법인 ③ 물류정책기본법(제38조)에 의해 종합물류기업으로 통관업을 겸하는 업체

2) 수출심사

수출신고가 완료되면 세관은 전송(CRT)화면상의 신고자료가 수출신고서 작성요령에 적합하게 작성되었는지 여부를 심사한다. 수출심사는 대개 관세가 부과되지 않기 때문에 비교적 간단하게 점검만 한 채 생략되어 수출신고를 수리하게 된다.

> ✓ 수출 심사내용
> ① 수출신고서의 작성요령에 의거 정확하게 작성하였는지 여부
> ② 원산지 표시 및 지식재산권 침해여부
> ③ 수출품에 대한 품목분류의 적성성 여부 및 수출요건의 구비 여부
> ④ 분석의뢰가 필요한 물품인지 여부 및 신고 수리여부를 결정하기 위하여 필요한 사항

3) 세관검사

수출신고가 적합하게 접수되면 세관에서는 수출되는 물품이 수출신고된 물품과 동일품인지의 여부를 확인하게 되는데 이것을 세관검사라고 한다.

세관검사는 관세법에 의해서 위장수출이나 불법수출의 방지 및 관세 등 환급의 정확성을 기하려는 데 목적이 있으며 이를 위해 반출되는 물품, 수출품의 규격, 수량 등의 현품확인을 한다.

세관검사의 대상물품은 사전에 등록된 화물기준에 따라 통관시스템에 의해 선별검사(C/S, Cargo Selectivity)를 한다. 주로 물품의 우범성 선별기준 및 각종 정보사항을 사전에 전산등록하여 검사의 효율성을 높이고자 세관별로 선별검사를 하고 있다.

그러나 신속한 통관을 위해 대부분 수출신고물품에 대한 검사는 원칙적으로 생략한다. 다만 신고내용을 심사한 결과 세관장이 현품을 확인할 필요가 있는 물품에 대해선 현품검사를 실시한다.

4) 수출신고 수리

세관장은 전송받은 신고자료에 의하여 그 내용이 수출신고서 작성요령에 따라 적합하게 작성되었는지의 여부를 검토한 후 법령에 구비된 요건에 부합하는 경우 수출신고를 수리한다. 관세사는 통관 시스템상에 신고수리를 확인 한 후 수출신고필증을 신고인에게 교부한다. 다만 현물확인이 필요한 경우는 수출신고서 및 첨부 서류를 제출받아 내용을 확인 후에 수출신고를 수리한다. 수출신고수리란 수출신고자에게 수출신고필증을 교부하는 것을 말하는데, 수출신고가 수리된 물품은 관세법상 외국물품으로 취급된다.

수출신고서의 처리방법은 편의상 ① 자동수리, ② 심사 후 수리, ③ 검사 후 수리 세가지로 분류된다.

(1) 자동수리

자동수리는 전산에 의하여 자동으로 신고수리되는 것을 말하며, 검사대상 또는 서류제출대상이 아닌 물품은 수출통관시스템에서 자동 수리된다. 세관장은 통관업무를 신속하게 처리하기 위하여 다음의 3가지인 경우에는 전송화면 접수와 심사절차를 생략하고 통관시스템에서 자동으로 수출신고를 수리한다.
① 수출신고서류 제출대상에 해당하지 않은 경우
② 수출신고금액이 미화 5,000달러 이내인 경우
③ 통관시스템에서 검사대상(우범성)물품으로 선별되지 아니하는 경우

(2) 심사 후 수리

자동수리대상이 아닌 물품 중 검사가 생략되는 물품으로 세관직원이 신고내용을 심사하고 수리하는 경우를 말한다. 대부분의 수출신고서는 이 방법에 의해서 처리되고 있다.

USD 1124.02
CNY 167.19

수출신고필증(적재전 , 갑지)

⑧ 처리기간 : 즉시

① 신고자 대신관세법인인천지점 윤도균	② 신고번호 40538-19-000750X	⑥ 세관.과 030-82	⑦ 신고일자 2019-04-10	⑧ 신고구분 H 일반P/L신고	C/S구분 A

②수출대행자 주식회사○○	⑩ 거래구분 11 일반형태	⑪ 종류 A 일반수출	⑫결제방법 TT 단순송금방식
(통관고유부호) ○○ -1-13-1-01-1 수출자구분 A	⑬ 목적국 CN PR.CHNA	⑭ 적재항 KRPUS 부산항	⑮선박회사 (항공사)
수 출 화 주 주식회사○○	⑯ 산박명(항공편명)		⑰ 출항예정일자	⑱적재예정보세구역 03078020
(통관고유부호) ○○ -1-13-1-01-1				
(주소) 경기 안양시 동안구 학의로	⑲ 운송형태 10 LC		⑳ 검사희망일 2019/04/10	
(대표자) ○○○ (소재지) 14056	㉑ 물품소재지 51611 경남 창원시 진해구 신항5로 15-85(보고로지스틱스) /			
(사업자등록번호) 621-86-03583				

③ 제 조 자 주식회사○○	㉒ L/C번호	㉓물품상태 N
(통관고유부호) ○○ -1-13-1-01-1		
제조장소 14056 산업단지부호 999	㉔ 사전임시개청통보여부 N	㉕ 반송 사유

④구 매 자 GUANGZHOU TIANFENG IMPORT & EXPORT CO LTD	㉖ 환급신청인 2 (1:수출대행자/수출화주, 2:제조자)
(구매자부호) CNGUANGZ6020V	자동간이정액환급 NO

●품명 · 규격   (란번호/총란수 :   001/001)

㉗ 품 명 MECHANO-THERAPY APPLIANCES	㉙ 상표명 NO
㉘ 거래품명 SCALP MASSAGER	

㉚ 모델 · 규격	㉛ 성분	㉜ 수량(단위)	㉝ 단가(CNY)	㉞ 금액(CNY)
(NO.01) SCALP MASSAGER		12 (CT)	5,000	60,000

㉟ 세번부호 9019.10-1000	㊱ 순중량 336.0 (KG)	㊲ 수량 0 ()	㊳ 신고가격(FOB)	$8,925 ₩10,031,400
㊴ 송품장부호 DS2019-04.03	㊵ 수입신고번호	㊶ 원산지 KR-A-N-N	㊷ 포장갯수(종류)	12(CT)

수출요건확인 ㊸ (발급서류명)	

㊹ 총중량 360.0 (KG)	㊺ 총포장갯수 12(CT)	㊻ 총신고가격 (FOB)	$8,925 ₩ 10,031,400
㊼ 운임(₩)	㊽ 보험료(₩)	㊾ 결제금액	FOB-CNY-60,000.00
㊿ 수입화물 관리번호		ⓝ 컨테이너번호	N

ⓧ신고인기재란	ⓨ 세관기재란

(BUSAN MAIN CUSTOMS / 부산세관 / THE REPUBLIC OF KOREA)

ⓩ 운송(신고)인		ⓐ 적재의무기한 2019/05/10	ⓑ 담당자	2019/04/10
ⓒ 기간 부터 까지				

Page :   1/1

발 행 번 호 : 2019801379853(2019.04.10)
(1) 수출신고수리일로부터 30일내에 적재하지 아니한 때에는 수출신고수리가 취소됨과 아울러 과태료가 부과될 수 있으므로 적재사실을 확인하시기 바랍니다.
    (관세법 제251조, 제277조)   또한 휴대탁송 반출시에는 반드시 출국심사(부두,초소,공항) 세관공무원에게 제시하여 확인을 받으시기 바랍니다.
(2) 수출신고필증의 진위여부는 관세청 인터넷통관포탈에 조회하여 확인하시기 바랍니다.(http://unipass.customs.go.kr)

* 본 신고필증은 전자문서(PDF파일)로 발급된 신고필증입니다.
* 출력된 신고필증의 진본여부 확인은 전자문서의 '시점확인필' 스템프로 클릭하여 확인할 수 있습니다.

(3) 검사 후 수리

수출물품에 대하여는 검사생략이 원칙이나 수출시 현품의 확인이 필요한 경우와 우범화물로 선별된 물품 중 세관장이 검사가 필요하다고 판단한 물품에 대하여는 수출물품을 실제로 검사하고 수출신고를 수리하는 방법을 말한다.

5) 수출신고필증의 교부

관세사가 P/L 수출신고를 하여 세관장으로부터 수출신고수리의 사실을 전산 통보받은 후 수출화주에게 신고필증을 교부하는 경우에는 신고필증의 세관기재란에 등록된 관세사가 날인하여 수출업자에게 교부한다. 그리고 화주가 직접 P/L신고하여 신고수리를 받은 경우에는 "본 신고필증은 화주 직접 신고에 의거 세관장으로부터 신고수리된 것임"을 기록하고 화주 등의 인장을 날인한다.

그러나 화주가 수출신고서류를 직접 제출한 경우에는 세관의 담당자가 날인한 후 수출신고필증을 교부한다.

6) 수출품의 선적준비

수출신고가 수리된 물품은 외국물품이므로 선(기)적되어 외국으로 반출되기까지 세관의 엄격한 감시를 받게 된다. 수출물품을 선적하기 위해서는 보세구역으로부터 반출하여 선(기)적을 이행하게 된다. 물론 보세구역에서 반출할 때에는 세관장에 반출신고를 하여야 하고 선(기)적 시에는 수출신고필증의 제시가 있어야 한다. 그리고 선적한 운수기관의 출항 적화목록이 제출되면 수출통관시스템 상에 선(기)적이 기록되게 된다.

화주는 수출신고가 수리된 물품을 수출신고수리일로부터 30일 이내에 선(기)적을 이행하여야 한다(관세법 제251조).

》 기 본 용 어

☑ 선상수출신고제(수출신고 전 선적제도)
활어처럼 신속한 통관을 요하거나 물품의 성질상 수출신고수리 전에 선적이 불가피한 물품에 대해서 세관장이 선적지에서 신고수리 전 선적을 승인하는 제도

수출화물의 선적

1. 컨테이너 화물의 선적절차

앞에서 설명한 바와 같이 수출업자는 화물 출고 전 또는 수출신고를 전후해서 선사에 선적예약(booking)을 하게 된다. 선적예약 시 화주는 선사의 소정양식인 선적요청서(Shipping Request: S/R)를 기재하여 팩스로 송부한 후 접수여부를 확인하는 것이 바람직하다.

선적요청서를 접수한 운송회사는 화물예약을 마치면 집계된 화물인수목록(booking list)를 해당지점에 통지한다. 운송회사의 지시에 따라 CY Operator는 필요한 빈 컨테이너를 수출업자의 창고나 공장으로 보내고, 수출업자는 기기인수증(Equipment Interchange Receipt: EIR, 機器引受證)에 공 컨테이너를 인수하고 서명한다. 그리고 수출업자는 화물을 컨테이너에 적입하여 봉인(sealing)한 후 컨테이너 총 중량을 검증하여 선사와 터미널에 컨테이너 화물 총중량 검증(Verified Gross Mass: VGM) 정보를 제공한다. 수출업자는 중량이 검증된 컨테이너를 운송인에게 인도하면서 부두수취증(Dock Receipt: D/R)을 교부받는다.

기 본 용 어

☑ 컨테이너 화물 총중량검증제(Verified Gross Mass: VGM)
국제해사기구(The International Maritime Organization: IMO)가 해상인명안전협약(Safety of Life at Sea: SOLAS)을 개정함에 따라 수출 화주는 컨테이너에 화물을 넣어 운송하고자 하는 경우 화물 총중량을 검증하여 사전에 선사와 터미널에 검증된 컨테이너 화물 총중량 정보를 의무적으로 제공해야 하는 제도이다. B/L상의 Shipper(송화인)가 선사에게 VGM을 제출해야 하며, Co-loading 화물은 선사의 B/L상 Shipper로 표기된 포워더가 VGM을 제공할 책임이 있다. 총중량은 화물의 무게 + 컨테이너 적재를 위해 사용되는 포장재 + 컨테이너 자체 중량을 모두 포함한 화물이 적재된 상태의 컨테이너 총 중량을 의미한다.

☑ 부두수취증(Dock Receipt: D/R)
재래선 운송방식의 본선수취증(Mate's Receipt)에 해당하는 것으로 운송회사가 화물을 운송하기 위하여 수령하였다는 증거서류이다.

본선이 입항하면 CY Operator는 컨테이너를 컨테이너선에 적재하게 되며, 수출업지인 화주는 부두수취증을 운송회사에 제출하여 선화증권(Bill of Lading)으로 교환하고 운임선불인 경우에는 운임을 지급하게 된다. 선적이 완료되면 CY Operator는 적부도 (stowage plan)와 특수화물 목록을 작성하여 선사나 관계기관에 배포하게 된다.

수출업자는 선적이 완료됨과 동시에 선적통지(shipping notice)를 한다.

» ☑ Container Cargo의 선적절차

① shipping schedule확인 및 선박 수배
② 화주는 선사 및 그의 대리점에 선적예약(booking)
③ 선사 및 대리점은 화물선적예약확인서(booking note)를 작성하여 화주에게 교부
④ 선사는 화물인수목록(booking list)을 관계 지점에 송부
⑤ 화주는 운송업체로부터 빈 컨테이너를 받고 기기인수증에 서명
⑥ 화주는 컨테이너에 화물을 적입하여 봉인 후 컨테이너 총 중량을 계측하여 선사에 인터넷이나 EDI방식으로 컨테이너 총 중량(VGM) 정보를 제공
⑦ 화주는 컨테이너를 내륙 운송인에게 인도하면, 현장의 CY Operator에게 인도되어 CY로 운송
⑧ 화주는 화물을 인도하면서 부두수취증(Dock Receipt)을 교부받음
⑨ 본선입항 시 본선에 적재
⑩ 화주는 부두수취증을 운송회사에서 제출하고 선화증권(Bill of Lading)으로 교환하고 운임지급
⑪ 화주는 선적이 완료됨과 동시에 수입업자에게 선적통지
⑫ 선사는 세관에 적화목록(manifest: M/F) 제출
 • 선박회사는 수출화물의 적화목록을 세관에 전자문서로 제출하여야 함.
 • 적화목록은 선사(항공사) 또는 운송주선업자가 작성한다.
 • 선사는 자신이 발행한 선화증권(Master B/L)의 자료를 입력하고 운송주선업자는 House B/L자료를 입력한다. 각각 입력한 자료는 적화목록취합시스템에서 취합이 되고 완료된 취합자료가 적화목록으로 세관에 전송됨.

2. 재래화물의 선적절차

컨테이너 화물이 아닌 재래화물의 선적절차는 다음과 같다.

① 우선 수출업자는 화물 출고 전 또는 수출신고를 전후해서 선사에 shipping schedule을 확인하고 선적예약(booking)을 하게 된다. 선적예약 시 화주는 선사의 소정양식인 선적요청서(S/R)를 기재하여 팩스로 송부한 후 접수여부를 확인하는 것이 바람직하다.

② 선사 및 그의 대리점은 화물선적예약확인서(booking note)를 작성하여 화주에게 교부하고,

③ S/R을 접수한 선사는 화물예약을 마치면 집계된 화물인수목록(booking list)을 해

당지점에 통지한다.

④ 선사는 화물을 인수하여 선적하기 전에 검정회사에 검수·검량을 실시하고 용적중량증명서(certificate of measurement or weight)를 발급의뢰하게 된다. 이는 운임산정의 기초가 된다.

⑤ 선사는 해당 선박의 선장이나 일등항해사(chief mate) 앞으로 선적지시서(shipping order : S/O)를 보내게 된다. 한편 선적지시서는 수출업자에게도 교부되는데 이때는 선박회사가 화주에게 교부하는 선적승낙서가 된다.

>> 기 본 용 어

☑ 선적지시서(shipping order)
화물의 명세, 검수인(tally man)이 검수한, 가격, 용적 및 중량증명, 송화인의 성명, 선적항 및 양륙항, 적재선, 항해번호 등이 기재됨.

⑥ 본선의 책임자는 선적지시서 목록을 작성하여 본선 내의 적치계획을 수립하여 화물을 적재한다.

⑦ 본선적재 시 화물이 선적지시서 대로 선적되었는지 여부를 확인하기 위해 검수인(tally man, checker)의 입회하에 화물의 수량과 상태를 조사하여 그 결과를 검수표(tally sheet)로 작성하여 일등항해사에게 보고한다.

⑧ 선적된 화물의 수량이 선적지시서와 일치하면 일등항해사는 이를 근거로 본선수취증(Mate's Receipt: M/R)을 발급한다.

⑨ 선사는 M/R을 기준으로 하여 선화증권(B/L)을 발급한다.

만약 선적지시서에 기재된 사항과 화물이 불일치하거나 또는 수량이 부족하거나 화물이나 포장에 하자가 있으면 이러한 사실은 본선수취증(M/R)의 비고란 또는 적요란(Remarks)에 기재되어 고장(사고) 본선수취증(foul M/R)이 발급되고 선화증권도 고장(사고)선화증권(foul B/L)이 된다.

그런데 이러한 고장선화증권을 발급받아 화주가 은행에 제시하였을 경우, 은행은 신용장 조건대로 무고장 선화증권(Clean B/L)을 제출하지 않았다는 이유로 매입을 거절하게 된다.

따라서 수출업자인 화주는 선적 당시에 화물에 대한 하자나 이상이 발견되면 즉시 이를 대체 또는 재포징하여야 하며, 선박이 출항한다든지 선적기일이 촉박하여 부득이 현장에서 하자 내용을 수리할 수 없는 경우에는 선박회사에 파손화물보상장(L/I: Letter of Indemnity)을 제출하고 무고장 선화증권을 교부받을 수 있다.

선박회사는 이 파손화물보상장만 있으면 후에 파손화물에 대한 책임이 면제되며 보험회사도 파손화물에 대한 책임을 지지 않으므로 결국 최종 보상책임은 수출업자에게 귀속된다.

- Foul or Dirty M/R → Foul or Dirty B/L 발급
- Clean M/R → Clean B/L 발급

》 기 본 용 어

☑ 파손화물보상장(L/I)

수출업자가 본선수취증상의 비고란에 기재된 화물의 사고 적요를 선화증권에 기재되는 것을 원하지 않을 경우, 사고 적요 화물에 대하여 무고장 선화증권을 발행하여 장래에 문제가 발생하더라도 선박회사에 책임을 전가하지 않고 수출업자 자신이 일체의 책임을 부담하겠다는 취지의 보증장임. 즉 선적된 화물의 하자에 대해서 수출업자(송화인)가 운송인에게 손해를 보상하겠다는 약속증서 성격의 서류임.

☑ 파손화물보상장 관행의 적법성 논란?

하자화물이 명백히 있음에도 불구하고 선박회사에 책임을 묻지 않는다고 선박회사가 무고장 선화증권을 발행하는 것이 과연 적법한 행위인가? 무고장 선화증권(Clean B/L)이란 본선상에 적재하는 화물의 포장상태나 수량 등과 관련하여 아무런 하자가 기재되지 않는 경우에 발행하는 증권이다. 그리고 이러한 증권에는 "shipped on board in apparent good order and condition"이 표시되게 된다.

그런데 이러한 명백한 하자가 기재된 사항에 대하여 아무런 하자가 없다고 하는 파손화물보상장의 관행은 일종의 허위의 증권표시행위이며, 선화증권의 진실성을 해치는 관행이기 때문에 화환결제의 관계자와 수입업자를 속이는 결과가 된다는 비판이 있다. 엄밀한 의미에서 이러한 관행은 사기적 불법행위로 유럽의 여러 나라에서는 판례로 인정된 바 있었다. 이것은 어디까지나 해운의 신속성, 선화증권의 원활한 유통의 필요성에 탄생된 실무적 편법이라고 할 수 있다.

파손화물보상장은 수 통으로 작성된다. 정본은 무고장 선화증권을 발행한 선박회사가 보관하고 있고, 부본은 선장이 예비용으로 보유한다. 그리고 적화목록에는 본선수취증의 사고적요를 그대로 기입하며 그 화물에 대해서 무고장 선화증권이 발행되었음을 기재한다.

따라서 L/I를 받고 clean B/L을 발행한 운송인은 금반언의 원칙(doctrine of estoppel)에 따라 B/L소지자에 대하여 손해배상책임을 부담해야 하며, 이후 L/I를 기초로 발행자인 수출업자에게 손해보상을 요구할 수 있다.

☑ 본선수취증(M/R)상의 비고란(Remarks): 수량, 파손, 화인, 누손 등에 대한 하자 사항 기재

- Three cases short shipped(3상자 부족 적재)
- Two bags in dispute(2부대 초과, 논의중)

- Five cases broken, ship N/R(not responsible) for consequential loss or shortage and/or condition of contents(5상자 파손됨, 본선은 이로 인하여 발생하는 손실 또는 부족 및 상태에 대하여 무관함).
- Marks indistinct(화인불명).
- Packages more or less wet, by sea water(다소의 포장에 해수손 존재함).

⑩ 본선에서는 선적이 완료됨과 동시에 선창별 화물명세서(Hatch List: H/L), 적부도 (Stowage Cargo Plan: S/P) 등을 작성하여 선사나 대리점에 송부한다.

⑪ 선사는 적화목록(Manifest: M/F)을 작성하여 수출지 세관과 양륙지에 송부한다.

🔹 기 본 용 어

☑ 적화목록(Manifest: M/F)
- 선적이 완료된 후 선화증권의 사본을 기초로 하여 본선 또는 선사가 작성하는 선적물품의 명세서이며, 하역상 양륙지의 지점에서 필요한 서류임.
- 선박이 양륙지에 입항할 때 선장의 서명을 받아 이를 세관에 제출하여 입항절차용으로 제공됨.

⑫ 부정기선의 경우는 정박기간의 산정상 본선이 선적지 또는 양륙지에 도착하여 하역준비가 되면 화주(용선자)에게 하역준비 통지서(Notice of Readiness: N/R)를 발송한다.

SECTION 04 수출대금의 회수

수출통관을 거쳐 선적이 완료되면 수출업자는 신용장에서 요구하는 제반 운송서류(transport document)를 구비하여 외국환은행에 제시하여 수출대금을 회수하게 된다.

운송서류는 선적을 입증하는 선화증권(Bill of Lading)과 수출업자가 작성하여야 하는 상업송장(Commercial Invoice), 포장명세서(Packing List), 환어음(draft) 등의 필수서류와 그 밖의 부속서류로 구분된다.

1. 운송서류의 준비

1) 환어음(Bill of Exchange)

환어음은 수출업자가 지명하는 자(또는 어음의 소지인)가 일정기일에 제시할 경우 어음금액을 지급할 것을 요구하는 유가증권이며, 배서에 의해서 양도가 가능한 유통증서이다. 수출업자인 채권자가 선화증권 등 운송서류를 첨부하여 발행은행(신용장거래일 경우)이나 수입업자(추심방식일 경우)를 지급인으로 발행하는 유가증권이다.

2) 선화증권(Bill of Lading: B/L)

선화증권은 화물을 대표하는 서류인 동시에 유통될 수 있는 유가증권으로서 상업송장과 더불어 반드시 필요한 필수운송서류이다. 복합운송에서 사용되는 복합운송증권(combined transport document)도 선화증권과 동일한 기능을 수행하는 운송서류이다.

선화증권은 물품의 수취증(receipt of the goods), 운송계약의 추정적 증거(frima faci evidence of contract of carriage), 권리증권(document of title)의 기능을 가진다. 통상적으로 3부가 발행되며 화물을 인수하기 위해서 선박회사에 원본 1부를 제출하여야 한다.

3) 보험증권(Insurance Documents)

무역거래조건이 CIF, CIP조건인 경우에는 수출업자는 해상보험계약을 체결하고 보험료를 부담하여 수입업자에게 보험서류를 제공하여야 한다. 신용장거래에서 일반적으로 이용되고 있는 보험서류에는 보험증권과 보험증명서가 있다. 보험증권은 양도가 가능한 유가증권의 성질을 지니며, 통상 2부를 발행하게 된다.

4) 상업송장(Commercial Invoice)

상업송장은 수출업자가 수입업자 앞으로 작성해 보내는 물품의 명세서이자 가격청구서 역할을 하는 서류이다. 송장은 용도에 따라 상업송장과 공용송장으로 구분되나 일반적으로 송장이라고 하면 상업송장을 의미한다.

상업송장은 수출업자가 수출물품에 대한 중요한 사항을 기재하기 때문에 물품의 명세서 역할을 하고, 수출업자는 이 상업송장을 근거로 대금을 청구하기 때문에 대금청구서의 역할을 하게 된다.

반면 수입업자는 상업송장을 통해서 선적화물에 대해서 자세히 알 수 있고 화물이 도착하면 상업송장의 명세와 대조하여 계약한 화물이 실제로 도착되었는지의 여부를 조사할 수 있다. 또한 상업송장은 관세를 산정하기 위한 세관신고의 증빙자료가 된다.

5) 포장명세서(Packing List)

포장명세서는 상업송장의 부속서류로서 주로 화물을 외관상 식별하기 위하여 사용되는 서류이다. 수출업자가 선적화물의 자세한 명세를 표시하여 수입업자가 수입화물을 일목요연하게 알아 볼 수 있도록 한다. 따라서 포장명세서에는 포장 및 포장단위별 명세, 단위별 순 중량 및 총 중량, 화인, 일련번호 등이 기재된다.

포장명세서의 실제 기능을 살펴보면 다음과 같다.
① 수출입통관 절차에서의 심사자료로서 활용되고, 양륙지에서 화물의 분류·판매 단계에서도 이용된다.
② 검수 또는 검량업자가 실제 화물과 대조하는 참조자료로서 이용된다.
③ 개별 화물의 사고발생분에 대한 확인자료로서 사용된다.
④ 선박회사와 운송계약을 체결할 때 운임산정 등의 기준이 된다.

6) 원산지증명서(Certificate of Origin: C/O)

수입국은 국별 수입통계량을 계산하거나 수입물품이 제한요건을 충족하는지의 여부 등을 확인하기 위해 수입물품에 대한 원산지 국가를 증명하는 원산지증명서를 요구하는 경우가 있다. 이럴 경우 수입업자는 신용장을 발행할 때 원산지증명서의 구비를 신용장에 명시하게 된다. 이런 용도의 원산지증명서는 일정 양식에 내용만 기재하고 서명하여 대한상공회의소 및 세관에 제출하면 곧 발급된다.

2. 운송서류 매입신청

1) 외국환거래약정의 체결

수출업자가 처음으로 외국환은행에 매입신청을 하려면 매입은행과의 외국환거래약정을 체결해야 한다. 외국환거래약정은 수출업자와 매입은행 간의 매입에 따른 제반 사항을 약정하는 것으로 주로 매입은행의 담보확보와 은행의 면책사항을 포괄하는 내용 등이다.

현재 우리나라에서는 전국은행연합회에서 제정한 외국환거래약정서를 사용하고 있다. 이 약정서는 무역업자와 은행 간의 수출입거래, 내국신용장발행, 내국신용장 어음매입(추심)거래에서 공통으로 사용된다.

2) 운송서류의 매입신청

운송서류를 구비하고 매입은행과 외국환거래약정이 체결되면 수출업자는 다음의 서류를 은행에 제출하여 매입을 신청한다.

신용장거래는 발행은행이 수출대금의 지급을 확약하고 있으므로 매입은행은 신용장조건에 일치하면 대금을 결제받을 수 있다.

① 수출환어음매입 신청서
② 수출신용장 원본
③ 수출환어음
④ 신용장 또는 선수출계약서에서 요구하는 운송서류 전통(full set)
⑤ 수출신고필증(대금결제용), 기타

3) 매입서류심사

매입은행은 수출업자가 제출한 환어음 및 운송서류 등이 신용장조건과 일치하는지, 운송서류 상호간의 모순이 없는지 등의 여부를 면밀히 검토하여야 한다. 매입은행은 서류심사의무를 지니며 서류심사기간은 최대 제5 영업일 내에서 향유할 수 있다.

4) 매입완료

매입은행은 수출업자가 제시한 서류가 서류심사결과 아무런 하자가 없으면 신용장의 뒷면에 매입일자, 매입번호, 매입금액, 은행명 등을 기재하여 수출자에게 교부하고 수수료 등을 공제한 후 매입대금을 수출자의 예금계좌에 대체입금시킨다.

매입대금은 매입 당일의 전신환매입률(T/T buying rate)로 환산한 원화에서 환가료, 대체료, 우편료, 전신료, 무역금융 융자액 등을 공제한 잔액이다. 만약 환어음이 기한부어음(usance bill)이면 수출대금의 지급이 유예되는 만기일까지 이자를 차감한다.

5) 수출환어음의 매입률

외국환은행의 대고객매매율은 외국환은행이 고객(수출업자, 수입업자 등)과 외국환거
래를 하는 데 적용되는 환율을 말한다. 여기에는 전신환매매율, 일람출급환어음 매입률,
수입어음 결제율, 기한부어음 매입률 및 현찰매매율 등이 있다.

6) 하자있는 운송서류의 매입

수출업자가 매입 의뢰한 운송서류상에 하자사항이 발견되면 매입은행은 원칙적으로 매입을 거절할 수 있다. 이러한 하자사항은 정정이 가능한 경우는 신속하게 정정하고 그렇지 못할 경우에는 다음 4가지 중 하나를 고려하여 처리하는 방법이 있다.

① 추심 후 매입(Collection Base): 발행은행 또는 수입업자로부터 환어음을 추심한 후 대금이 입금되었을 때 수출대금을 결제한다.

② 조회 후 매입(Cable Nego): 매입은행이 발행은행 앞으로 서류상의 하자내용을 통보하여 매입여부를 전신으로 조회하여 발행은행의 동의가 있을 경우 매입한다.

③ 조건변경 후 매입(Amend 후 Nego): 신용장상의 조건을 준비된 서류에 맞도록 변경하여 매입한다. 이 경우의 매입은 정상적인 매입이다.

④ 하자부 매입(L/G Nego): 발행은행이 하자사항에 대하여 대금지급거절 시에 수출업자가 대금을 상환(recourse)하겠다는 각서나 보증장(letter of guarantee)을 첨부하여 매입하는 방법이다. 하자부 매입에 따른 모든 책임과 비용은 수출업자가 부담한다. 주로 신용장 유효기일이 얼마 남아 있지 않거나 자금이 급히 필요한 경우 이용된다.

SECTION 05 관세환급

1. 관세환급의 의의

관세 환급(drawback)이란 세관에 납부한 관세를 어떠한 사유로 되돌려 받는 것을 말한다. 관세환급은 그 사유에 따라 여러 가지 종류가 있다. 관세환급 특례법에 의한 관세 환급은 수출용 원재료를 수입시 납부한 물품으로 수출물품을 제조·가공하여 수출한 경우 수출물품에 소요된 수입원재료에 대한 납부한 제세금을 수출업자 또는 생산자에게 돌려주는 것을 의미한다. 그 취지는 우리나라 수출물품에 대한 국제 가격경쟁력을 제고시키기 위한 수출지원제도의 한 형태이다.

납부한 제세금은 관세, 특별소비세, 주세, 교육세, 부가가치세 등을 납부한 제세를 의미한다.

표 9-2   관세환급의 종류

종 류	주요 내용
관세환급금의 환급 (관세법 제46조)	세율적용의 착오, 과세가격 결정착오 및 기타 계산착오 등의 사유로 실제 납부하여야 할 세액보다 더 많이 징수한 경우 되돌려 주는 것임. 환급받을 수 있는 과오납금은 다른 납세의무에 충당할 수 있고, 환급청구권은 재산권의 일종으로 보아 제3자에게 양도할 수 있음.
계약 내용과 다른 물품 등에 대한 관세 환급(위약환급) (관세법 제106조)	수입신고가 수리된 물품이 계약 내용과 상이하고, 수입신고 당시의 성질 또는 형태가 변경되지 아니한 경우에 해당물품을 수입신고수리일로부터 1년 내에 보세구역에 반입하여 수출한 때에는 그 관세를 환급해 주는 것임
관세환급특례법에 의한 수출용원재료의 환급	수출물품의 생산에 사용된 원재료를 수입할 때 납부한 관세 등을 되돌려 주는 것으로 수출지원을 위한 관세환급제도임

2. 환급금의 산출방법

관세의 환급금의 산출방법에는 개별환급과 정액환급이 있다.

1) 개별환급

관세 환급이란 수출 등에 제공한 물품을 제조가공할 때 소요된 원재료의 수입시 납부한 관세 등의 세액을 소요 원재료별로 확인·계산하여 환급금을 산출하는 방법을 말한다.

이 방법은 수출품목별 소요원재료 납부세액을 수입신고필증 등에 의거하여 일일이 산출하여야 하므로 구비서류가 복잡하고 환급금 산출에 많은 시일이 소요되는 결점이 있다.

환급신청서류는 환급신청서, 수출신고필증, 소요량계산서, 수입신고필증 등이다.

2) 간이정액환급

간이정액환급은 수출품목별로 환급할 금액을 정액 환급율표에 게기하여 놓고 해당 물품을 수출하고, 수출신고필증만 제시하면 환급금액을 그대로 환급해 주는 방법이다. 관세청장이 간이정액 환급율표를 고시하고, 중소제조업체가 수출한 물품에 대해 희망할 경우 간이정액 환급율표에 고시된 금액을 환급액으로 지급한다. 환급신청은 환급신청서와 선(기)적이 확인된 수출신고필증을 제시하면 된다.

복잡한 구비서류의 구비 없이 수출 사실만 입증하면 즉시 환급액이 확정되므로 중소기업에게 상당히 편리한 제도이다.

3. 환급요건 및 신청기간

수출업자는 환급대상 수입물품(원자재)으로 제조·가공한 생산품을 환급대상의 수출에 제공하고, 수출을 이행 기간(2년) 이내에 수출신고 수리일로부터 2년 이내에 환급을 신청하여야 한다.

4. 환급신청권자

수출을 이행한 후 수출업자는 수출용 원재료에 대한 관세 등의 환급신청을 할 수 있는데, 수출신고필증상의 수출자 관할 세관장에게 신청한다.

5. 관세환급 절차

업체에서 환급신청서를 작성한 후 EDI로 관세청 환급 시스템에 전송하면, 서류제출이 필요 없는 건은 전자서류만 심사하여 환급금을 결정한다. 그리고 서류제출이 필요한 건은 3일내에 환급신청서등을 제출하면 세관에서 전자서류와 제출서류를 대조 확인한 후 환급금을 결정한 다음, 한국은행과 지급은행에 이체 및 지급 의뢰하여 환급신청인의 환급금 전용계좌에 입금된다.

SECTION 06 | 사후관리

1. 개념

사후관리란 외화획득용 원료 등으로 수입승인을 얻어 수입된 후 그 원료로 제조된물품이 수출되어 외화획득이 이행되었는지 여부를 확인하는 제도를 말한다. 외화획득용 원료 등의 수입은 그 원료를 이용하여 수출함으로써 외화획득이 주목적이기 때문에 수출입공고 등의 배제 및 원산지 표시 등 수입통관시 제반 우대조치가 있다. 그러므로 이러한 원료로 제조한 물품은 일정기간 내에 수출되어 외화획득에 반드시 사용되어져야 하며 이를 확인하게 된다.

2. 사후관리대상

대외무역법상 수출입공고에 의해 수입이 제한되는 물품은 사후관리의 대상에 해당된다. 그러나 수입제한 물품이라도 사후관리 면제대상에 해당되는 경우는 사후관리가 종결된다.

> ✓ 사후관리의 면제대상
> ① 품목별 외화획득 이행 의무의 미이행률이 10% 이하인 경우
> ② 외화획득 이행의무자의 분기별 미이행률이 10% 이하이고, 그 미이행 금액이 미화 2만 달러에 상당하는 금액 이하인 경우
> ③ 외화획득 이행의무자의 책임이 없는 사유로 외화획득의 이행을 하지 못한 경우로서 산업통상자원부장관이 인정하는 경우
> ④ 해당 품목이 수입승인 대상에서 제외됨으로써 그 수입에 대응하는 외화획득의 이행을 할 필요가 없는 경우 등 산업통상자원부장관이 사후관리를 할 필요성이 없어진 것으로 인정하는 경우

이상과 같이 사후관리 대상물품에 대한 수출이행신고로 모든 수출절차는 종료된다.

10 수입 이행절차

SECTION 01 수입절차

수입절차는 수입업자가 수출업자와 계약을 체결하고 수입승인, 수입대금결제, 수입통관 등의 일련의 절차를 의미한다. 수입절차는 일반수입과 수출용원자재나 원료의 수입으로 나눌 수 있다. 본 절에서는 화환신용장방식에 의한 일반 수입절차를 설명하기로한다.

1. 수입계약체결

수입업자는 물품을 수입하기 위해서는 수입계약을 체결하여야 한다. 이 단계도 앞에서설명한 바와 같이 무역계약의 체결과정에 해당하므로 앞의 내용을 참조하면 될 것이다.수입계약의 체결과정은 해외시장조사(overseas market research) → 거래선발굴(establishment of business connection) → 신용조사(credit inquiry) → 거래제의(business proposal) → 거래조회(trade inquiry) → 청약 및 승낙(offer and acceptance) → 무역계약(sales contract)의 체결순으로 진행된다.

수입계약을 체결하는 데 있어서 장래에 발생할 지도 모르는 분쟁에 대비하기 위해서 상세히 수입계약서를 작성해 두는 것이 좋다.

2. 수입승인

1) 수입승인의 의의

우리나라의 수출입승인의 관리체계는 Negative List System을 채택하고 있으며, 수입이 제한되는 일부의 품목에 한하여 수입승인(Import License: I/L)을 받도록 되어 있다. 따라서 승인대상 품목이 아닐 경우에는 수입승인을 받을 필요가 없다.

수입승인을 받아야 하는 승인대상품목은 수출입공고상의 수입제한승인품목이므로 수입업자는 해당상품이 수입승인 대상품목에 적용되는지 HS Code에 근거하여 검토하여야 한다.

한편 대외무역법 이외의 여타 개별법에 의한 수출입 제한 내용을 통합하여 고시하는 통합공고에 따라 요건확인 등을 받아야 하는 물품은 수출입승인대상에 포함되지 않는다. 따라서 해당 개별법에서 규정하고 있는바에 따라 요건확인 등을 받은 후 세관에 수출신고나 수입신고를 함으로써 수출입을 이행하게 된다.

대외무역법상 수출입공고, 통합공고 등에서 수입이 제한되는 품목을 수입하고자 할 경우에는 원칙상 산업통상자원부장관의 승인을 받아야 수입할 수 있다. 그러나 대부분 무역업무의 효율화, 간소화를 위해서 승인권한을 수출과 마찬가지로 해당 물품을 관장하는 기관 또는 단체의 장에게 위탁되어 있다. 수입승인사항이 변경될 경우에도 수입승인기관의 장으로부터 변경승인을 얻거나 변경신고를 해야 한다.

수입승인의 유효기간은 승인한 날로부터 원칙상 1년이다. 그리고 유효기간 내에 해당 물품을 수입하고 이를 입증할 수 있는 수입신고필증 또는 컨테이너 반입확인서 등을 수입승인기관에 제출해야 한다.

2) 수입승인신청 구비서류

수입승인 대상 물품을 수입하고자 하는 자는 매 계약건수별로 다음의 서류를 구비하여 수입승인기관의 장에게 제출해야 한다.

① 수입승인신청서 3부(업체용, 세관용, 승인기관용) 및 사본(신청자가 신청한 경우)
② 수입계약서 또는 물품매도확약서
③ 수입대행계약서(수입업자와 실수요자가 다른 경우에 한함)
④ 수출입공고 등에서 규정한 요건을 충족하는 서류

3. 수입신용장의 발행

무역계약에서 신용장방식에 의하여 대금을 지급하기로 약정한 경우 수입업자는 수입물품에 대한 승인을 받은 후에 그 유효기간 내에 신용장을 발행신청하게 된다.

1) 외국환거래약정의 체결

수입업자는 신용장을 발행하기 전에 신용장거래에 따른 약정을 발행은행과 체결해야 한다. 현재 우리나라는 전국은행연합회가 작성한 외국환거래약정서가 사용되고 있는데, 인쇄된 약정서의 내용에 대해서 발행의뢰인이 서명·날인함으로써 동의하는 형식을 취한다.

외국환 거래약정의 주요내용은 주로 수입업자와 발행은행간의 채권 및 채무관계 사항이며, 수입업자는 다음 사항을 주의 깊게 살펴야 한다.

① 수입대금의 지급확약
② 발행에 따르는 수수료, 이자 및 신용장과 관련한 은행이 부담하는 제비용의 보상
③ 수입화물의 담보차입 및 처분권
④ 선적서류상의 부정, 불명확한 사항에 대한 처리
⑤ 우편 또는 전신상의 사고에 따른 면책 등

2) 신용장발행의 신청

수입업자는 신용장 발행은행과의 외국환거래약정을 체결한 후 거래시마다 신용장발행 신청서(L/C application)를 제출하여 신용장발행을 의뢰한다. 특히 신용장발행 신청서에 기재된 내용은 그것이 신용장 조건이 되므로 모든 사항을 정확하게 기재해야 한다.

신용장발행에 필요한 구비서류는 일반적으로 다음과 같다.

① 수입신용장 발행신청서
② 물품매도확약서 또는 수입계약서: 신용장상에 상품의 명세를 "As per our Offer Sheet (Contract) No. 000"과 같이 표시할 경우 필요함.
③ 보험서류: FOB, CFR 등과 같이 수입업자가 보험계약을 체결할 경우에 한함. 신용장이 발행되면 화물에 대하여 발행은행이 담보권을 행사할 수도 있으므로 이에 대한 대비를 한 것임.
④ 수입승인서: 수입제한품목을 수입할 경우
⑤ 담보제공증서
⑥ 신용장거래약정서 등

최근에는 은행들이 인터넷 뱅킹서비스를 제공하면서 수입업자는 신용장 발행 신청을 인터넷으로 가능하게 되었다. 수입업자가 인터넷 뱅킹을 통해 수입신용장 발행을 신청하면 발행은행은 발행 신청전문을 발송하고 발신전문 사본을 수입업자에게 전송한다. 그리고 수입업자는 인터넷 뱅킹을 통해 발행 및 처리결과를 조회할 수 있다.

3) 신용장발행 담보금 및 수수료

신용장 발행은행은 수입업자를 대신하여 수출업자, 매입은행 등에게 수입대금의 지급을 확약하므로 수입업자로 하여금 신용장금액에 상응하는 담보를 제공하도록 하고 수입업자의 담보제공에 따라 수입업체별로 신용장발행 한도액을 설정한다. 외화획득용 원료와 같이 발행은행의 자금으로 수입되는 경우에는 수입물품 자체를 양도담보로 발행은행에 제공해야 한다.

발행은행은 신용장발행 수수료, 전신료(cable charge) 등 신용장발행에 필요한 비용을 수입업자로부터 징수한다. 현재 신용장발행 수수료, 전신료 등의 외국환 수수료는 은행별로 자율적으로 결정되고 있다.

4) 신용장의 발행

신용장의 발행은 우편, 전신 및 SWIFT방식으로 가능하지만 오늘날에는 거의 대부분 SWIFT방식이 이용되고 있다.

(1) 우편신용장(Mail Credit)

우편신용장은 은행의 소정의 양식에 따라 신용장을 발행하여 우편으로 수출업자에게 전달해주는 신용장이다. 발행은행과 통지은행 간에는 서로 서명감(signature book)을 교환하여 신용장발행의 진위여부를 확인하게 된다. 우편신용장은 오늘날에는 거의 이용되지 않고 은행간 정보통신망이 발달되지 않은 국가와의 거래에서 이용될 정도이다.

(2) 전신신용장(Cable Credit)

전신신용장은 신용장의 내용 전부를 전송(teletransmission)하는 Full cable(full teletransmission) 방식과 주요 내용만을 약식으로 전송하는 Short cable(short teletransmission) 방식

이 있다. Short cable 방식은 수출업자에게 선적준비를 이행하도록 미리 통지하는 예비적 성격의 신용장이다. 이러한 예비통지의 신용장에는 "full details to follow"(상세한 사항은 추후 통지함)와 같은 표현이 있어 그 자체는 유효한 신용장으로 간주되지 않고 반드시 신용 장원본(mail confirmation)이 다시 수출업자에게 통지된다.

Full cable에는 "This is an operative credit"라는 표시가 있어 이 전신신용장이 곧 유효한 신용장이 사용되어 진다.

그리고 전신으로 발행되는 신용장은 사전에 발행은행과 통지은행간에 Test Key가 교환되어 신용장의 위조를 방지하고 진위성을 확인할 수 있다.

(3) SWIFT 신용장

SWIFT(Society for World Interbank Financial Telecommunication)방식의 신용장은 EDI 방식에 전신신용장을 의미한다. 이 방식은 전 세계적으로 표준화된 양식으로 코드화되어 있다. SWIFT신용장은 Authenticator Key로 신용장의 진위 여부를 확인하는데 신용장 금액, 통화종류, 거래일자 등 신용장의 주요 조건들이 모두 암호화되어 있어 위조가 불가능하다.

이와 같이 신용장을 발행하게 되면 발행은행은 수입업자에게 신용장 발행수수료 등을 징수하고 신용장을 발행하여 수익자에게 전달되도록 통지은행 앞으로 통지하게 된다.

5) 신용장 발행 시 유의사항

수입업자는 신용장을 발행할 경우 은행에 신용장 발행신청서(application)를 작성하여 제출하게 된다. 이 신청서의 내용은 곧 신용장의 내용이 되고 수출업자가 이 조건을 준수하게 되므로 다음 사항을 유의하여 작성하여야 한다.

① 신용장 조건지시의 정확성: 신용장 조건의 지시사항을 완전하고 정확하게 작성하고, 혹시 상대방이 오해할 소지가 있는 문구나 명세를 포함하고 있지는 않는지?

② 매매계약서의 내용과 일치하는지 여부(품목, 단가, 규격, 원산지, 가격조건, 대금결제 방법, 선적항, 도착항 등)

③ 신용장상의 금액과 표시통화가 수입승인서나 매매계약서와 일치하는지 여부

④ 선적기일, 신용장유효기일이 수입승인서 유효기일 이내인지 여부

⑤ 수입승인서상의 송화인과 신용장상의 수익자가 일치하는지 여부

⑥ 제시되어야 할 서류

⑦ 기타 신용장의 조건(환적, 분할선적의 허용여부 등)

4. 운송서류 도착 및 대금결제

1) 운송서류 도착

이와 같이 운송서류는 대개 화물보다 먼저 도착하게 되지만 근거리 운송인 경우에는 화물이 먼저 도착하는 경우가 있다. 여기서는 이 2가지를 구분하여 설명하기로 한다.

(1) 운송서류가 선 도착한 경우

수출업자가 물품을 선적하고 운송서류를 담보로 하여 환어음과 함께 매입은행(negotiating bank)에 매입의뢰하면, 매입은행은 신용장조건에 일치할 때 매입한 후 신용장 발행은행에 화환어음을 송부하여 대금을 회수한다.

이때 신용장 발행은행은 도착된 운송서류가 신용장조건과 일치하는지 여부를 심사한 후 수입업자인 신용장 발행의뢰인에게 운송서류도착통지서를 발송하게 된다. 그러면 수입업자는 일람출급환어음일 경우에는 운송서류와 상환으로 대금을 지급하고, 기한부 어음일 경우에는 환어음을 인수하고 실제 대금은 만기일에 지급한다.

① 기한부 환어음(usance bill)일 경우 → 수입업자는 환어음을 인수하고 운송서류를 수령하여 수입화물의 매각처분 후에 그 대금으로 만기일에 어음을 결제할 수 있는 장점이 있다.

② 일람출급환어음(sight bill)일 경우 → 환어음을 결제하여야만 운송서류를 인수할 수 있다. 그러나 수입업자가 일시적으로 대금결제능력이 없을 경우에도 수입업자의 신용도가 높거나 수입업자의 다른 보증이나 담보제공에 의해서 운송서류를 인도해 주는 방법이 있는데 이것이 수입화물 대도(Trust Receipt)이다.

> ### 기 본 용 어
>
> ☑ 수입화물대도(Trust Receipt: T/R)
> - 수입업자가 환어음 대금을 결제하기 전이라도 발행은행이 수입업자가 화물을 처분할 수 있도록 서류를 미리 인도(대도)해주는 방식으로 발행은행의 여신행위임.
> - 수입업자가 수입대금을 지급하기 전에 운송서류(B/L 등)를 대여(인도)받으면서 발행은행에 약정된 기일에 대금결제를 서약한 보증서로써 담보약정서 첨부되어 있음.
> - 방법: 수입업자가 발행은행에 수입화물 대도 신청
> - 제출서류: 수입담보화물 대도(선인도)신청서, 수입담보화물 처분약정서, 선화증권사본, 송장사본, 포장명세서 사본, 신탁양도증서, 기디 수입신용장, 수입승인시 사본 등

(2) 수입화물이 선 도착한 경우

근거리 운송에서는 수입화물이 먼저 도착하고 선화증권 원본(Original B/L)이 도착되지 않은 경우가 간혹 있다. 이러한 경우 정상적인 방법은 선화증권 원본이 도착하기를 기다릴 수밖에 없다. 그러나 선화증권이 도착되기를 기다리는 동안 물품의 통관불능으로 화주는 비용부담이 가중(보세창고료, 화재보험료 등)되고, 수입원자재의 경우 생산에 차질이 생기는 등 불편이 야기된다.

이러한 경우 수입업자는 화물을 빨리 찾기 위해 선화증권 원본을 제시하지 않고 신용장발행은행(외국환은행)으로부터 수입화물선취보증장(L/G)을 발급받아 화물을 인수할 수 있다.

≫ 기 본 용 어

☑ 수입화물선취보증서(Letter of Guarantee: L/G)
- 수입화물은 도착하였으나 선화증권 원본이 미도착할 경우, 선사로부터 화물을 인도받기 위해서 후일 original B/L이 도착하면 선사에 반드시 제출할 것과 화물인도에 따른 모든 책임을 부담한다는 수입업자와 발행은행의 연대보증서임.
- L/G거래는 발행은행이 수입대금의 결제없이 실질적인 담보가 되는 화물을 인도하게 되므로 은행은 수입업자로부터 수입대금 전액을 L/G 담보금으로 받든지 다른 충분한 담보를 받고 L/G를 발급하게 됨.
- 발행은행은 신용장조건 확인 후 L/G를 발급하는 것이 필요함. L/G를 발급한 후 신용장 조건에 불일치되는 서류가 도착하더라도 매입은행에게 지급거절을 할 수 없음(항변권 행사불능).
- 추심방식에서 L/G를 발행하는 것은 선박회사에 대한 L/G 발행은행의 채무가 발생하므로 채권보전조치가 필요함.

---

2) 수입대금 결제

수입업자는 발행은행으로부터 운송서류 도착통지를 받으면 수입대금 및 관련 수수료를 신용장 발행은행에 납부한 후 서류를 수취하게 된다. 그리고 운송서류가 상호 모순이 없고 신용장의 내용과 일치하면 발행은행에 수입대금을 지급하고 운송서류를 인수한다.

화환어음이 일람출급이면 수입업자는 대금을 지급하는 즉시 운송서류를 인수할 수 있으나 기한부어음인 경우에는 수입대금을 당장 지급할 필요가 없기 때문에 운송서류 인수증만 제출하고 운송서류를 인수할 수 있다.

수입업자는 운송서류를 외국환은행이 접수한 날로부터 7일 이내에 수입대금을 결제하여야 한다. 예를 들어 일람출급신용장일 경우 수입업자가 운송서류 도착일로부터 3일 이내에 수입대금을 결제하면 추가이자를 부담하지 않지만, 4일 이후 7일 이내에 결제하면 10일간의 환가료를 부담해야 한다.

SECTION 02 ## 수입통관절차

1. 수입통관

수입업자는 발행은행으로부터 인수한 운송서류 가운데 선화증권의 원본을 선박회사에 제출하여 수입화물을 찾게 된다. 선박회사는 선화증권을 받으면서 수입업자에게 화물을 인도할 것을 지시하는 화물인도지시서(delivery order: D/O)를 교부하는데 수입업자는 이 지시서를 본선에 제출하고 화물을 인수하여 통관하게 된다.

1) 수입통관의 의의

우리나라로 반입되는 수입물품은 보세장치장에 반입한 다음 관세법이 정하는 바에 따라서 수입통관절차를 거쳐야 한다. 수입통관은 수입업자가 수입신고를 통하여 수입신고필증을 교부받겠다는 과정이라고 할 수 있다. 이러한 수입신고필증이 교부되면 외국물품이 비로소 내국물품이 되어 국내유통이 가능하게 된다.

수입통관이란 수입신고를 받은 세관장이 신고사항을 대외무역법 외에 개별 법령에서 정하는 일정요건을 갖추었는지의 여부와 현품과 수입신고한 사항이 부합하는지를 확인하고 외국물품을 내국물품화 하는 행정행위이다. 국내로 물품이 반입되는 순간부터 관세 및 제세를 납부하는 단계까지를 수입통관절차라 할 수 있다.

따라서 수입통관이란 무역관리에 관한 제반규제와 조치를 세관에서 실물을 최종적으로 확인하고 집행하는 것이며 규제의 실체법적인 성격과 관세법상의 절차법적인 성격을 동시에 가진다.

2. 수입통관절차

수입통관은 대략 수입물품이 입항하여 하역이 이루어지면 ① 보세구역 반입, 보세

구역 장치 → ② 수입신고 → ③ 서류심사 및 물품검사 → ④ 수입신고수리 → ⑤ 관세부
과 및 징수 → ⑥ 보세구역 반출 등의 절차를 거친다.

현재는 EDI(전자문서 교환)수출통관 자동화시스템에 의하여 수출업자는 간편하고
신속하게 통관을 할 수 있다. 수입통관화물에 대해서도 수입화물 선별검사시스템(cargo
selectivity system: C/S)을 도입하여 수입화물 전체를 검사하지 않고 C/S를 통해 미리 등
록된 기준에 따라 우범가능성이 높다고 예상되는 물품을 집중적으로 검사함으로써 검사
의 효율성을 높이고 있다.

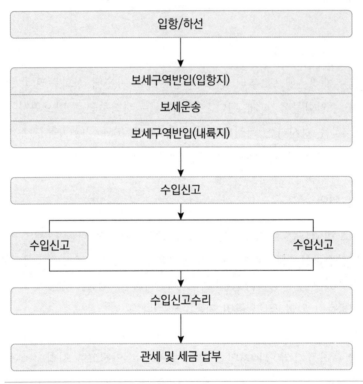

그림 10-1 수입통관절차

1) 입항/하역

(1) 입항과 적화목록의 제출

수입화물을 적재한 외국무역선(기)이 입항하면 선(기)장은 지체없이 세관장에게 입
항보고를 하고, 적화목록을 제출하여야 한다.

적화목록은 선박이나 항공기 등의 운송수단에 적재된 화물의 목록이며 선박회사,
항공사 또는 운송주선업자(혼재화물일 경우)가 작성하여 제출하고, B/L의 일련번호에 의

하여 화물관리번호가 B/L 한 건에 대하여 하나씩 자동으로 부여된다.

제출방법은 ① 외국무역선의 경우 수출지에서 선박적재 24시간 전, ② 항공수입인 경우에는 외국무역기 입항 4시간 전까지 세관장에게 수입화물에 대한 적화목록 (Manifest)을 전자문서로 제출하여야 한다.[1] 다만 중국, 일본 등 근거리에서 입항하는 경우 적화목록의 제출은 외국무역선(기)가 입항할 때까지이다.

혼재화물의 경우에는 화물운송주선업자가 전자문서로 작성하여 제공한 혼재화물적화목록을 운항선사가 최종적으로 이를 취합하여 세관장에게 제출하여야 한다.

세관은 적화목록 기재사항의 누락 여부, 세관의 특별검사가 필요한 우범화물에 해당하는지 등의 요건을 심사한 후 이 적화목록을 토대로 하역, 운송, 보관, 통관별로 수입화물을 총괄 관리한다.

(2) 수입화물의 하역

① 외국무역선(기)이 입항하면 선박회사는 Master B/L단위의 적화목록을 기준으로 하선장소를 기재한 하선신고서를 세관장에게 전자문서로 제출해야 한다. 다만, 적화목록을 제출하기 전에 하선장소가 결정되어 적화목록 제출시 하선신고를 할 수 있는 경우에는 적화목록에 하선장소를 기재하여 제출하는 것으로 하선신고를 갈음한다.

하선 장소는 컨테이너 화물인 경우는 주로 부두 내 또는 부두 밖의 CY(container) 이며, 살화물(bulk cargo)이나 기타 화물인 경우는 부두 내이다. 그리고 액체, 분말 등 특수저장시설로 직송되는 물품은 해당 저장시설에 하선한다.

하선장소를 관리하는 보세구역 운영인은 당해 보세구역을 하선장소로 지정한 물품에 한해 당해 물품의 반입 즉시 House B/L단위로 세관장에게 전자문서로 물품반입신고를 하여야 하며, 창고 내에 물품이 입고되는 과정에서 실물이 적화목록상의 내역과 상이함을 발견하였을 때는 반입 사고화물로 분류하여 신고를 한다. 다만, Master B/L 단위의 FCL화물, LCL화물로서 당해 하선장소 내의 CFS내에서 컨테이너 적출 및 반입작업하지 아니하는 물품은 Master B/L단위로 하선신고를 할 수 있다.

② 수입물품이 하역되면 선박회사, 검수업자, 하역업자가 공동으로 물품검수를 실시하고 만약 적화목록과 상이한 것이 있으면 이를 세관장에게 보고해야 한다.

---

1) 수출화물의 경우는 선박적재 24시간 전(근거리는 적재 전), 항공기 적재 전까지 적화목록을 제출해야 한다.

2) 보세구역 반입 및 장치

(1) 보세구역 반입

① **수입물품의 장치장소 결정기준**: 입항 전 또는 하선(기)전에 수입신고나 보세운송신고를 하지 않은 보세화물의 장치장소 결정을 위한 화물분류는 다음의 기준에 의한다.

 ㉮ 화주 또는 그 위임을 받은 자가 장치장소에 대한 별도의 의사표시가 있는 경우
  - 선사는 화주 또는 그 위임을 받은 자가 보세구역 운영인과 협의하여 정하는 장소에 보세화물을 장치하는 것을 원칙으로 한다.

 ㉯ 화주 또는 그 위임을 받은 자가 장치장소에 대한 별도의 의사표시가 없는 경우
  - Master B/L화물은 선사가 선량한 관리자로서 장치장소를 결정한다.
  - House B/L화물은 화물운송주선업자가 선량한 관리자로서 선사 및 보세구역 운영인과 협의하여 장치장소를 결정한다.

② **물품의 반입**: 화물분류기준에 따라 장치장소가 결정된 물품은 하선(기)절차가 완료된 후 당해 보세구역에 물품을 반입하여야 한다.

운영인은 하선신고서에 의한 보세화물을 반입 시 세관화물 정보시스템의 반입예정정보와 대조확인하고 반입 즉시 반입신고서를 전자문서로 제출하여야 한다. 운영인은 보세운송물품이 도착한 때에는 이상이 없는 경우에 한하여 물품을 인수하고, 보세운송 신고필증(승인서)에 도착일시를 기재한 후 보세운송 신고필증(승인서) 하단의 세관 기재란에 운영인(자율관리보세구역인 경우 보세사) 명의의 인감을 날인하여 환부하여야 하며, 반입 즉시 반입신고서를 전자문서로 제출하여야 한다.

반입신고는 House B/L단위로 제출하여야 하나, 하선장소 보세구역에 컨테이너 상태로 반입하는 경우에는 Master B/L단위로 할 수 있다.

(2) 보세구역 이외의 장치

원칙적으로 모든 외국물품은 보세구역에 반입하지 아니하고는 수입신고를 할 수 없다. 이와 같이 장치장소를 한정하는 것은 외국물품은 그 자체가 관세의 담보물이고 관세의 부과징수의 효율성을 위해서 한다.

그러나 다음 각호에 해당하는 물품은 보세구역이 아닌 장소에 장치할 수 있다(관세법 155조).

① 수출신고가 수리된 물품
② 크기나 무게의 과다, 기타의 사유로 보세구역에 장치하기 곤란하거나 부적당한 물품
③ 재해 기타 부득이한 사유로 임시로 장치한 물품(예, 난파선에서 인양한 외국물품의 임시 보관)
④ 검역물품
⑤ 압수물품
⑥ 우편물품

3) 보세운송

보세제도는 관세징수권을 확보하여 통관질서를 확립하고, 통관업무를 효율적으로 수행하기 위해 외국에서 반입된 물품을 수입신고가 수리되기 전 세관장의 관리상태에 두는 제도를 말한다. 이러한 보세제도는 보세구역 제도와 보세운송제도가 있다.

보세구역은 보세화물을 반입, 장치, 가공, 건설, 전시 또는 판매하는 구역을 말하는데 지정보세구역, 특허보세구역 및 종합보세구역으로 구분된다(관세법 제154조).

(1) 보세구역

보세구역이란 외국물품을 세금을 납부하지 않은 상태에서 장치, 제조, 가공, 건설, 판매, 전시할 수 있도록 허용한 구역을 말한다.

① **지정보세구역**(세관장 지정): 지정보세구역은 국가나 지방자치단체 등의 공공시설이나 장소 등의 일정구역에서 물품을 일시 장치하거나 또는 검사하기 위한 장소로서 세관장이 직접 관리하는 보세구역을 말한다. 여기에는 지정장치장 및 세관검사장으로 구분된다.
　• 지정장치장: 통관을 하고자 하는 물품을 일시 장치하기 위한 장소(세관 구내창고, 공항만을 관리하는 법인이 운영하는 창고 등)
　• 세관검사장: 통관하고자 하는 물품을 반입하여 세관의 검사를 받도록 하는 장소(공항만내에 위치)

② **특허보세구역**(세관장 특허): 특허보세구역은 개인이 자신의 토지·시설에 등에 세관

장의 특허를 받아 운영하는 보세구역을 의미한다. 특허보세구역은 보세장치장, 보세창고, 보세공장, 보세전시장, 보세건설장 및 보세판매장으로 구분된다.

- 보세창고: 가장 일반적인 보세구역으로서 통관하고자 하는 물품을 장치하기 위한장소
- 보세공장: 가공무역의 진흥이나 관세행정 목적을 위하여 설치된 장소로서 수출하거나 국내에서 사용할 목적으로 국내로 수입할 수 있도록 특허된 구역
- 보세건설장: 산업시설의 건설에 사용될 외국물품인 기계류, 설비품 또는 공사용 장비를 장치하거나 사용하여 보세상태에서 건설공사를 완료하고 수입통관을 하게 되는 구역
- 보세전시장: 국내에서 개최되는 박람회, 전람회 등을 위하여 반입되는 외국물품을 보세상태에서 장치, 전시하거나 사용할 수 있는 곳
- 보세판매장: 외국물품을 우리나라를 출국할 여행자에게 판매하거나 우리나라에 있는 외교관등 면세권자에게 판매할 목적으로 설치된 판매장

③ **종합보세구역**(관세청장 지정): 종합보세구역은 보세창고, 보세공장, 보세전시장, 보세건설장 또는 보세판매장의 기능 중 둘 이상의 기능(종합보세기능)을 종합적으로 수행할 수 있는 지역으로써 관세청장이 지정한 구역을 말한다. 이는 관세청장의 직권으로 또는 중앙행정기관의 장이나 지방자치단체의 장, 그 밖에 종합보세구역을 운영하고자 하는 자의 요청에 의하여 무역진흥의 기여정도, 외국물품의 반입 및 반출물량 등을 고려하여 일정한 지정을 지정할 수 있다. 종합보세구역은 주로 외국인투자지역, 산업단지, 외국인투자기업전용산업단지, 집배송센터 및 공동집배송단지, 유통단지에 해당하는 지역이어야 한다.

(2) 보세운송

① 의의: 보세운송이란 외국물품을 보세상태로 국내에서 운송하는 것을 말한다. 외국에서 도착한 물품을 당해 항구 또는 공항내의 보세구역에서 수입통관 한다면 보세운송은 불필요할 것이다. 그러나 그 물품을 내륙지에 있는 보세구역으로 이송하여 통관하고자 한다면 도착항으로부터 내륙 목적지의 보세구역까지는 보세운송에 의해 운송하여야 한다.

② 절차: 보세운송업자는 외국물품은 개항, 보세구역, 보세구역 외 장치허가를 받은 장소, 세관관서, 통관역, 통관장, 통관우체국에 한하여 보세운송업자에 의해 외

국물품을 그대로 운송할 수 있으며 보세운송 시 보세운송업자는 세관장에게 보세운송의 신고 또는 승인을 얻어야 한다.

4) 수입신고

(1) 수입신고의 의의

수입신고란 수입하려는 의사를 세관에 공식적으로 표시하는 것으로, 수입신고를 함으로써 적용법령, 과세물건 및 납세의무자 등이 확정이 된다. 물품을 수입하고자 하는 자는 당해 물품의 품명, 규격, 수량, 포장의 종류, 번호, 가격 등을 세관장에게 신고해야 한다.

(2) 수입신고인

수입신고는 물품을 수입한 화주, 관세사, 관세법인 또는 통관취급법인의 명의로 해야 한다.

(3) 수입신고 시 제출하여야 할 서류

수입신고 시에는 세관이 수입물품에 대하여 적정한 관세를 부과하여 징수할 수 있도록 수입신고서에 다음 서류를 세관에 제출하여야 한다.
① 선화증권(B/L) 부본 또는 항공화물운송장(AWB) 부본
② 상업송장(commercial invoice)
③ 포장명세서(세관장이 필요 없다고 인정하는 경우에는 제외함)
④ 세관장확인물품 및 확인방법지정고시 중 신고수리 전 구비서류
⑤ 가격신고서
⑥ 원산지증명서(해당 물품에 한함)
⑦ 관세감면(분납)/용도세율 적용신청서
⑧ 합의에 의한 세율적용 승인(신청)서 등
　　* 관세감면신청, 관세분할납부신청, 용도세율신청, 합의세율신청은 반드시 수입신고시에 신청하여야 함.

(4) 수입신고의 시기

수입신고는 원칙적으로 수입물품을 적재한 선박 또는 항공기가 입항한 후에 할 수

있다. 입항 시기는 항공화물은 적화목록 제출시점이고, 해상화물은 하역신고 시점이다. 그러나 예외적으로 신속한 통관을 위해 선박 또는 항공기가 입항하기 전에도 가능하도록 하고 있다. 현행 수입신고는 수입신고 시기에 따라 ① 출항 전 수입신고, ② 입항 전 수입신고, ③ 입항 후 보세구역 도착 전 수입신고 및 ④ 보세구역 장치 후 수입신고의 4가지 유형으로 구분된다.

그리고 수입신고의 효력은 전송된 신고 자료가 통관시스템에 접수된 시점부터 발생된다.

① **출항 전 수입신고**: 항공기로 수입되는 경우 또는 일본, 대만, 홍콩, 중국 등에서 선박으로 수입되는 경우에는 출항 후 입항하기까지 시간이 너무 짧기 때문에 출항 후 수입신고하는 것이 현실적으로 어렵다. 이런 경우 선박 또는 항공기가 물품을 적재한 항구 또는 공항에서 출항하기 전2)에 수입신고가 가능하다. 컨테이너 화물은 한 컨테이너에 동일 화주의 화물만 적재된 FCL화물인 경우에 한한다.

② **입항 전 수입신고**: 입항 전 수입신고는 수입물품을 선(기)적한 선박 또는 항공기가 물품을 적재한 항구 또는 공항에서 출항한 후 하선(기)신고 시점을 기준으로 도착지에 입항하기 전에 수입신고하는 것을 말한다. 컨테이너 화물은 FCL화물인 경우에 한하여 입항 전 수입신고가 가능하다. 이 제도를 해상통관실무에서는 부두직통관이라 한다.

③ **입항 후 보세구역 도착 전 수입신고**: 수입물품을 선(기)적한 선박 또는 항공기가 입항하여 당해 물품을 통관하기 위하여 반입하고자 하는 보세구역(부두 밖 컨테이너 보세창고 및 컨테이너 내륙통관기지를 포함)에 도착하기 전에 수입신고하는 것을 말한다.

④ **보세구역 장치 후 신고**: 보세구역장치 후 수입신고는 수입물품을 보세구역에 장치한 후 관할 세관에 수입신고하는 것을 말한다. 신고 대상 업체 및 대상 물품에는 아무런 제한이 없다. 이 방법은 선박 또는 항공기가 입항하여 보세구역에 도착 후 신고하므로 원칙에 맞는 정상적인 것이다.

» ☑ 수입신고의 효력 발생 시기
수입신고의 효력은 전송된 신고 자료가 통관시스템에 접수된 시점에 개시됨

---

2) 선박의 경우 우리나라에 입항하기 5일 전, 항공기의 경우 1일 전부터 수입신고가 가능하다.

수입신고시기에 따른 수입통관절차를 요약해 보면 다음과 같다.

표 10-1 　　수입신고시기에 의한 수입통관절차 구분

구분	출항 전 신고	입항 전 신고	입항 후 보세구역 도착 전 신고	보세구역 장치 후 신고
신고 시기	선박(항공기)이 적재항 출항 전	선박(항공기)출항 후 입항보고 전	입항 후 당해물품이 반입될 보세구역도착 전	당해물품이 보세구역에 장치 후
신고 대상 제한	• 항공기로 수입되는 물품 • 일본, 중국, 대만, 홍콩으로부터 선박으로 수입되는 물품 • 컨테이너화물은 FCL인 경우에 한함	컨테이너 화물은 FCL인 경우에 한함	제한 없음	제한 없음
신고세관	입항 예정지 세관	좌 동	입항지 또는 보세구역관할 세관	보세구역 관할세관
검사대상 통보시기	출항 후	수입신고일	수입신고일	수입신고일
검사생략 물품의 신고수리시기	적화목록 제출 후	좌 동	보세구역 도착일	수입신고일
검사대상 물품의 신고수리시기	검사 후	검사 후	검사 후	검사 후

(5) 수입신고서 심사 및 물품검사

수입신고서를 접수한 세관은 통관시스템에 조회하여 C/S결과, 통관심사 및 검사에 특별한 주의를 요하는 사항이 있는지 여부를 확인한 후 ① 즉시수리, ② 심사대상, ③ 물품검사 중 한 가지를 선택하여 수입신고서를 처리한다.

　① 즉시수리: 즉시수리는 신고서류에 대한 심사나 수입물품에 대한 검사를 생략하고 수입신고를 수리하는 것을 말한다. 즉시수리 물품은 수입신고서와 제출서류에 대한 형식적인 요건만을 확인하며, 세번, 세율 과세가격, 원산지 표시등의 위법·부당한 사항에 대해선 수입자가 처벌·추징 등의 조치를 부담한다는 전제하에 수리된다.

  • 수입통관사무처리에 관한 고시에서 규정한 수입신고 제출서류를 구비하였는지 여부
  • 신고서의 기재사항이 제출서류의 내용과 일치하는지 여부
  • 품명, 규격이 기재요령에 의하여 작성되었는지 여부
  • 신고서상의 수량 및 중량단위가 HS별 표준단위와 일치하는지 여부

② **심사대상**: 신고된 세번, 세율과 과세가격, 수입승인 사항과 수입신고사항의 일치 여부, 해당 물품의 수입과 관련하여 국내 무역관련 법규의 제한사항을 충족하였는지 등을 충족시켰는지를 검토하기 위해 관련서류와 필요한 경우 현품을 확인하는 것을 말한다.
  • 세관장 확인 대상품 및 확인방법 지정고시 중 요건확인이 필요한 물품
  • 신고수리 전 사전세액심사대상 물품
  • 통관 후 관세채권 확보, 원상회복, 위법한 사실에 관한 증거확보가 곤란할 우려가 있어 심사대상으로 선별한 물품

  • 수입신고 시 제출서류가 구비되었는지 여부
  • 세 번의 정확여부
  • 분석의뢰 필요성 유무
  • 사전세액심사 대상물품은 세율, 과세가격, 세액, 감면·분납의 정확성 여부
  • 수입승인사항과 수입신고사항의 일치여부
  • 수입통관 여부를 결정하기 위하여 필요한 사항

③ **물품검사**: 심사과정 중 수입신고서류만으로는 수입신고 내용의 사실 여부를 확인할 수 없는 경우에는 현품확인 절차를 거친다. 현품확인은 수입물품의 각종 표시, 용도, 기능 또는 성분 등의 사실 여부를 견본을 채취하여 관찰, 시험·분석하는 것을 말한다. 만약 물품의 부피, 중량으로 인하여 견품채취가 곤란한 경우에는 파출검사방법으로 현품을 확인한다. 현품검사 대상 화물은 통관시스템에서 자동적으로 부여되는 형태와 세관장이 우범성 화물로 판단하여 검사하는 형태의 두 가지로 나누어 진다. 검사대상으로 선별된 물품은 세관원이 직접 검사를 시행하며 일부 발췌검사를 실시하지만 경우에 따라서 전량검사를 실시하기도 한다. 현품확인 시기는 수입신고수리 후에 하는 것이 원칙이다.

검사장소는 출항 전 또는 입항 전 신고물품은 입항지세관장이 지정한 보세구역이며, 입항 후 보세구역도착 전 신고물품은 해당 물품이 도착할 보세구역이다. 그리고 보세구역장치 후 신고물품은 물품이 장치된 보세구역이다.

④ **통관보류**: 심사결과 물품이 다음 중 하나에 해당하는 경우 통관을 보류할 수 있다.
- 신고서 등 제출 서류의 중요한 기재사항이 미비되어 보완이 필요한 경우
- 법규정에 의한 의무사항을 위반하거나 국민 보건을 해할 우려가 있는 경우
- 관세범칙 혐의로 조사의뢰한 경우
- 기타 통관심사 결과 신고수리 요건을 구비하는 데 장기간이 소요되는 경우

5) 수입신고수리

세관장은 수입신고가 관세법의 규정에 따라 적법하고 정당하게 이루어진 경우 수입신고를 지체없이 수리하고 수입신고인에게 수입신고필증을 교부해야 한다. 수입신고인은 원칙상 수입신고가 수리된 후 운수기관, 관세통로 또는 장치장소로부터 물품을 반출할 수 있다.

수입화물을 반출하는 방법은 ① 수입신고 수리 전 반출과 ② 수입신고 전 물품반출(즉시반출)이 있다.

(1) 수입신고수리 전 반출제도

수입신고 수리 전 반출제도는 세관장이 수입신고를 수리하기 전에 물품이 장치된 장소로부터 미리 반출할 수 있도록 허용하는 제도이다. 이 제도는 여러 건의 신고물품을 하나의 세 번으로 통합하여 통관함으로써 감면 또는 분할납부제도를 적용하고자 하거나, 통관에 장시간이 소요될 경우 물품을 조기에 반출하여 사용·소비하고자 할 때 활용될 수 있다.

수입신고 수리 전 반출을 하고자 할 때는 관세 등에 상당하는 담보를 제공하고 세관장으로부터 반출승인을 얻은 경우에는 수입물품을 반출할 수 있다.

수입신고 수리 전 반출을 할 수 있는 대상은 수입통관에 곤란한 사유가 없는 물품으로서 ① 완성품의 세 번으로 수입신고수리를 받고자 하는 물품이 미조립상태로 분할선적이 수입된 경우 ② 조달사업에 관한 법률에 의한 비축물자로 신고된 물품으로서 실수요자가 결정되지 아니한 경우 ③ 사전세액심사 대상물품(부과고지물품을 포함)으로서 세액결정에 장시간이 소요되는 물품 ④ 품목분류 또는 세율결정에 장시간이 소요되는 경우에 해당한다.

(2) 즉시 반출제도

수입하고자 하는 물품을 수입신고 전에 운송수단·관세통로·하역통로 또는 관세법의 규정에 의한 장치장소로부터 즉시 반출하는 것을 수입신고 전 물품반출제도 또는 즉시반출제도라 한다. 이 제도를 이용하기 위해서는 세관장으로부터 지정을 받아야 한다. 즉시반출 대상업체는 대상물품에 대해 수입신고 전 물품 반출신고서를 세관에 전송하고 B/L(AWB)사본, 송품장 사본을 첨부하여 세관장에게 제출함으로써 반출신고를 한다. 즉시반출업체는 물품 반출신고일로부터 10일내에 정식 수입신고서 및 첨부 서류에 반출신고서를 더하여 물품반출지 세관장에게 수입신고를 하여야 한다. 만일 즉시반출업체가 반출신고일로부터 10일 이내에 수입신고를 아니할 경우 세관장은 납부세액에 가산세를 추가하여 부과고지 한다.

(3) 관세납부

수입물품에 대한 관세납부는 수입신고 수리시점을 기준으로 사전납부와 사후납부로 구분된다. 현행 수입신고제하에서는 수입신고수리 후 관세를 납부하는 사후 납부제이므로 화주는 수입신고가 수리된 날로부터 15일 이내에 관세 등 수입세금을 국고수납은행에 납부해야 한다. 사후납부는 신용담보 또는 포괄담보 업체로서 담보면제된 경우와 각 신고건별로 개별담보를 제공한 경우에 해당된다.

(4) 수입신고의 취하와 각하

수입신고의 취하는 신고인의 요청에 따라 수입신고사항을 취소하는 것을 말한다. 그러나 운송수단, 관세통로 또는 관세법에서 규정된 장치장소에서 물품을 반출한 후에는 취하하지 못한다(관세법 제250조 제1항).

수입신고의 각하는 세관장이 직권으로 수입신고를 거절하거나 취소하는 것을 말하는데, 수입신고시 요건을 갖추지 못하였거나 허위로 수입신고된 경우 세관장을 수입신고를 각하할 수 있다(관세법 제250조의 3).

양식　　　수입신고필증

수 입 신 고 필 증

(갑 지)

※ 처리기간 : 3일

① 신고번호	② 신고일	③ 세관.과	⑥ 입항일	⑦ 전자인보이스 제출번호
22938-18-101259M	2018/10/01	030-81	2018/09/22	

④ B/L (AWB)번호	⑤ 화물관리번호	⑧ 반입일	⑨ 징수형태
SUDUB8370A2XEUNB	18MAEU1094I-4516	2018/09/27	43

⑩ 신　고　인 R&C 합동관세사무소 ○○○

⑪ 수　입　자 (주) ○○ 푸드(○○ 푸-1-95-1-01-8 A)

⑫ 납세의무자 (신세계푸-1-95-1-01-8 / 215-81-47377)

　　　(주소) 서울 성동구 성수일로

　　　(상호) (주) ○○ 푸드

　　　(성명) ○○○

⑬ 운송주선인

⑭ 해외거래처 GINAFRUIT SA (EC) / ECGINAFR0001K

⑮ 통관계획	D	⑲ 원산지증명서	유무 N	㉑ 총중량	
보세구역장치후				21,600	KG
⑯ 신고구분	A	⑳ 가격신고서	유무 Y	㉒ 총포장갯수	
일반P/L신고				1080	GT
⑰ 거래구분	11	㉓ 국내도착항	KRPUS	㉕ 운송형태	
일반형태수입		부산항			10-FC
⑱ 종류	21	㉔ 적출국	PA PANAMA		
일반수입(내수용)		㉖ 선기명	SEROJA LIMA		PA
㉗ MASTER B/L번호		SUDUB8370A2XEUNB	㉘ 운수기관부호		

㉙ 검사(반입)장소 　03078020-1800013978(보고로지스틱스(주))

• 품명・규격 　(란번호/총란수 : 001/001)

㉚ 품　명	FRESH BANANAS	㉜ 상표	GINAFRUIT
㉛ 거래품명	GREEN FRESH BANANA		

㉝ 모델・규격	㉞ 성분	㉟ 수량	㊱ 단가(USD)	㊲ 금액(USD)
(NO. 01) GREEN FRESH BANANA BOXES TYPE22XU-13CL		1,080 BOX	11.7	12,636

㊳ 세번부호	0803.90-0000	㊵ 순중량	19,591.2 KG	㊶ C/S검사	S 생략	㊸ 사후확인기관	
㊴ 과세가격(CIF)	$ 12,651	㊷ 수　량	0	검사변경			
	₩ 14,237,817	㊶ 환급물량	19,591.2 KG	㊶ 원산지	EC-A-Y-D	㊼ 특수세액	0.00

㊽ 수입요건확인 (발급서류명)	12-2918047788 수입식물검사합격증명서	89-2BE2018100381326 수입식품안전관리특별법	

㊾ 세종	㊿ 세율(구분)	⑤ 감면율	⑥ 세액	⑥ 감면분납부호	감면액	*내국세종부호
관	30.00 (A기가)	0.00	4,271,345		0	
부	10.00 (B)	100.00	0	K020104	1,850,916	

⑭ 결제금액(인도조건-통화종류-금액-결제방법)	CFR-USD-12,636-TT		⑨ 환　율	1,125.4200

⑮ 총과세가격	$ 12,651	⑥ 운　임	0	가산금액	0	납부번호	030-11-18-00895636
	₩ 14,237,817	⑥ 보험료	17,010	⑥ 공제금액	0	부가가치세과표	0

⑥ 세　종	⑥ 세　액	✗신고인기재란	⑥ 세관기재란
관　　세	4,271,340	에콰도르산 바나나(GINA)_18-33차-09	- 사후심사결과에 따라 적용세율 변경될 수 있음
개별소비세	0	INVOICE NO.001004-000004903/4904	
교통에너지환경세	0	CONT NO.MNBU3670416업태 = 제조,도소	
주　　세	0	매외종목 = 식료품가공,식품잡화	
교　육　세	0		
농어촌특별세	0		
부가가치세	0		
신고지연가산세	0		
미신고가산세	0		
⑥ 총세액합계	4,271,340	⑥ 담당자 김창운	⑥ 접수일시 2018/10/01 12:53 ⑥ 수리일자 2018/10/01

6) 관세의 납부

(1) 수입물품에 대한 과세 (관세의 과세요건)

① 과세물건: 수입물품에 관세를 부과하며 과세물건인 수입물품이 외국에서 선적되어 세관의 수입통관을 거칠 때까지 많은 시일이 소요되는데 그동안 그 물품의 성질과 수량에 변화가 일어날 가능성이 많다. 이에 어느 시점의 수입물품의 수량과 성질을 기준으로 과세할 것인가가 매우 중요하다. 현행 관세법에서는 원칙적으로 수입신고시를 기준으로 과세물건이 확정되며, 정상통관하지 않고 수입되는 경우에는 신고·허가·승인을 받은 때나 특정사실이 발생한 때를 기준으로 과세하고 있다. 과세물건이 확정되면 그 과세물건과 수입자간에 귀속관계가 생겨 관세 채권과 채무가 성립된다.

② 납세의무자: 수입신고를 한 물품에 대해서는 그 물품을 수입한 화주가 납세의무자가 되며, 화주가 불분명할 때는 다음 각목의 1에 해당하는 자를 말하며, 수입신고를 거치지 않고 수입되는 경우 특별납세 의무자를 별도로 정하고 있다.
- 수입을 위탁받아 수입업체가 대행수입한 물품인 때는 그 물품의 수입을 위탁한 자
- 수입을 위탁받아 수입업체가 대행수입한 물품이 아닌 때는 대통령령이 정하는 상업서류에 기재된 수화인
- 수입물품을 수입신고 전에 양도한 때는 그 양수인

③ 과세표준: 과세표준이란 세법에 의하여 직접적으로 세액 산출의 기초가 되는 과세물건의 수량 또는 가격을 말하며 관세의 과세표준은 수입물품의 가격(종가세) 또는 수량(종량세)이 된다.

> • 관세평가
> 가격을 과세표준으로 하는 수입물품에 대하여 정하여진 원칙에 따라 관세의 과세가격을 결정하는 절차를 관세평가라고 한다.

☑ 과세가격 결정방법
- 제 1평가 방법: 당해 수입물품의 거래가격을 기초로한 과세가격 결정방법
- 제 2평가 방법: 동종·동질 물품의 거래가격을 기초로 한 과세가격 결정방법

- 제 3평가 방법: 유사물품의 거래가격을 기초로 한 과세가격 결정방법
- 제 4평가 방법: 국내판매가격을 기초로 한 과세가격 결정방법
- 제 5평가 방법: 산정가격을 기초로 한 과세가격 결정방법
- 제 6평가 방법: 합리적 기준에 의한 과세가격 결정방법

수입물품의 과세가격은 상기의 6가지 방법을 순차적으로 적용하며, 선순위의 평가방법을 적용할수 없는 경우에 한하여 후순위의 평가방법을 적용한다. 다만, 수입자는 제4평가방법을 적용하기 전에 제5평가방법의 적용을 요청할 수 있는 선택권이 있다.

- 가격신고 절차

  우리나라는 CIF 가격을 과세가격으로 하고 있으며 물품을 수입하는 경우 제1평가방법 – 제6평가 방법 중의 한 가지를 채택하여 관세평가방법을 결정한 후 에 일정한 양식의 의거 수입신고와 더불어 당해 물품의 가격에 대한 신고를 동시에 하여야 하며 이를 가격신고라고 한다.

④ 세율: 관세율이란 관세액을 결정함에 있어 과세표준에 적용되는 비율을 말한다. 관세는 『과세표준 × 관세율＝관세액』에 의해서 계산되며, 세율은 관세법의 별표인 관세율 표에 규정되어 있다. 종가세의 경우는 백분율(%), 종량세의 경우는 단위당 금액으로 표시되어 있다. 관세율표는 HS 품목분류표에 기초하여 규정되어 있다.

(1) 관세율 적용

① 관세율의 종류

표 10-2   관세율의 종류

종 류	주요 내용
기본관세	국회가 법률로 제정하고 개정하는 세율
잠정관세	국회가 법률로 정하지만 세율의 인상 또는 인하나 적용 및 정지는 행정부에서 시행하는 세율
탄력관세	행정부에서 제정하고 개정하는 세율
협정관세	조약이나 협정에 의해 제정되는 세율

② 탄력관세의 종류

표 10-3   탄력관세의 종류

종 류	주요 내용
덤핑방지관세	정상가격 이하로 덤핑 수입이 되는 경우에 부과
상계관세	보조금 등을 지급받은 물품이 저가 수입되는 경우에 부과
보복관세	교역상대국이 우리나라의 권익을 부인하는 경우에 부과
긴급관세	특정 물품의 수입이 증가하는 경우에 부과
농림축산물에 대한 특별긴급관세	UR결과 국내외 가격차에 상당한 율로 양허한 농림축산물의 수입이 급증하거나 가격이 급락하는 경우 농어가 피해를 사전예방 목적
조정관세	세율불균형 시정 국민보건, 환경보전, 소비자 보호 등 다양한 경우에 부과
할당관세	물자수급을 위하여 수입을 촉진하거나 특정물품의 수입을 억제하고자 하는 경우에 적용(관세율의 인상, 인하를 통하여 수입량을 조절)
계절관세	계절에 따라 가격변동이 큰 물품의 수입량을 조절하고자 하는 경우에 부과
편익관세	조약 미체결국가에 편익을 제공하고자 하는 경우에 부과

③ 관세율 적용순위

특정물품에 대하여 여러 가지 관세율이 정해져 있는 경우에 어떤 관세율이 적용되어야 하는 문제가 있는바, 관세율은 다음 각 호의 순서에 따라 적용된다.

▸ 1순위: 덤핑방지관세, 상계관세, 보복관세, 긴급관세, 특정국 물품긴급관세, 특별긴급관세농림축산물에 대한 특별긴급관계
▸ 2순위: 국제협력관세, 편익관세, 3~6순위 세율보다 낮은 경우에만 적용. 다만, 농림축산물양허관세 대상품목은 세율이 낮아도 5, 6순위 세율보다 우선 적용함
▸ 3순위: 조정관세, 할당관세, 계절관세, 할당관세는 일반특혜관세보다 낮은 경우에 한하여 우선 적용
▸ 4순위: 최빈특혜관세(일반특혜관세)
▸ 5순위: 잠정관세
▸ 6순위: 기본관세

표 10-4   수입관세율 적용 우선 순위

순위	관세구분		적용순위
1	덤핑방지관세(+), 특별긴급관세(+)		가장 우선 적용
2	칠레, 싱가포르, EFTA, ASEAN등 FTA관세		3~7보다 낮은 경우 우선 적용
3	WTO일반 양허관세	WTO양허규정 별표 1가	
		WTO양허규정 별표 1다	
	WTO 개도국간의 양허관세		
	아태협정 양허관세	일반양허관세	
		방글라데시에 대한 양허관세	
		라오스에 대한 양허관세	
	유엔무역개발회의 개발도상국간 협정관세		
	특정국가와의 관세협상에 따른 국제협력 관세		
	편익관세		
	WTO일반양허관세	WTO양허규정 별표 1나	6,7보다 우선 적용
	아태협정 양허관세	일반양허관세(별표3다)	4,5보다 우선 적용
4	조정관세		5,6,7보다 우선적용
	할당관세		5보다 낮은 경우 우선적용, 6,7보다 우선 적용
5	최빈 개발도상국에 대한 특혜관세		6,7보다 우선 적용
6	잠정관세		7보다 우선 적용
7	기본관세		

동일 물품에 둘 이상의 세율이 경합하는 경우 위의 순위에 따라 하나의 세율을 적용함

단, (+)표시 관세는 실행관세 등에 해당 관세를 추가하여 부과

- 관세율의 적용순위의 예

  기본관세율이 5%, 조정관세율이 10%, 일반특혜관세율이 3%인 물품이 수입되었을 경우 적용되는 관세율은?

  ☞ 이 경우의 관세율의 적용순위는 '조정관세율 10% > 일반특혜관세율 3% > 기본관세율 5%이므로 실제로 적용되는 관세율은 조정관세율 10%가 됨.

(2) 관세의 납부

① 관세의 확정방식: 물품을 수입할 때 납부하여야 할 관세를 확정하는 방식에는 신고납부방식과 부과고지방식 두 가지가 있다.

- 신고납부 방식: 납세의무자가 스스로 납부하여야 할 과세가격·관세율·납부세액을 산출하여 이를 신고함으로서 관세를 확정하는 것
- 부과고지 방식: 납세의무자가 납부하여야 할 관세를 세관장이 산출하여 확정하고 이를 납부하도록 고지하는 방식

현행 관세법상 관세의 확정은 원칙적으로 신고납부방식에 의한다.

② 관세의 납부: 수입신고한 물품의 수입화주는 그 물품에 대한 관세 등의 납세의무자가 된다. 이 관세납부에는 신고수리 전 납부와 신고수리 후 납부로 나누어지는데, 사후납부는 신용담보 및 포괄담보의 업체인 경우에 담보 면제된 경우와 각 신고건별로 개별담보를 제공한 경우에 수입신고 수리 후에 관세 등 제세를 납부하게 하는 것이다.

신고납부의 경우는 수입신고(납세신고)가 수리되기 전에도 당해 세액의 납부가 가능하다. 관세의 납부는 월별납부제도가 적용되는 것은 월별로, 그 외의 것은 수입신고건별로 작성되는 납부서에 의해 국고 수납은행에 납부한다는 것이 원칙이다.

관세의 납부기한은 관세법에서 따로 규정된 경우를 제외하고 다음과 같다.

- 납세신고를 한 경우: 납세신고 수리일부터 15일 이내
- 세관장이 부과고지 한 경우: 납세고지를 받은 날부터 15일 이내
- 수입신고 전 즉시 반출을 한 경우: 수입신고일로부터 15일 이내
- 관세청장이 정하는 요건을 갖춘 성실납세자가 신청을 하는 때에는 납부기한이 동일한 달에 속하는 세액에 대하여 동 기한이 속하는 달의 말일까지 일괄납부 (월별납부제도)

7) 반출

상기와 같은 수입신고수리가 완료되어 신고필증을 교부받으면 관세법상 외국물품이 비로소 내국물품화 되어 보세구역으로부터 자유롭게 반출할 수 있다. 수입신고수리를 받은 수입신고인은 물품을 최종 목적지로 운송함으로써 수입절차는 모두 종료된다.

8) 반송통관

(1) 반송통관의 의의

외국으로부터 우리나라에 반입된 물품을 수입신고가 수리되지 아니하고 외국으로 되돌려 보내는 것을 반송이라고 하고 반송에 관련된 절차를 반송통관이라고 한다.

(2) 반송의 유형

① 외국으로부터 우리나라 보세구역에 반입된 물품으로서 다음의 사유로 수입신고 하지 아니한 상태에서 다시 외국으로 반출되는 물품(단송 반송물품)
   - 주문이 취소되었거나 잘못 반입된 물품
   - 수입신고 전에 계약상이가 확인된 물품
   - 수입신고 전 수입요건 미구비가 확인된 물품
   - 선사(항공사)가 외국으로 반출하는 선(기)용품 또는 선(기)내에 판매용품
   - 기타 사유로 반출하는 물품
② 외국으로부터 보세구역에 반입된 물품으로서 수입하고자 수입신고를 하였으나 수입신고 수리요건 등의 불비로 통관이 보류되어 다시 외국으로 반출되는 물품
③ 해외에서 위탁가공후 보세구역에 반입된 물품으로서 수출할 목적으로 다시 외국으로 반출하는 물품
④ 외국으로부터 보세창고에 반입된 물품으로서 국내 수입화주의 결정 지연 등으로 수입하지 아니한 상태에서 다시 외국으로 반출되는 물품
⑤ 보세창고에 반입된 해외조립용 수출용 원재료 또는 이미 수출한 물품의 사후보수, 수리를 위한 물품(장기비출 수출용 원재료 및 수출품 사후보수용품)
⑥ 박람회 등을 위하여 보세전시장에 반입된 후 전시 종료후 외국으로 반출하는 물품
⑦ 보세판매장에 반입된 외국물품을 판매하지 못하여 운영인이 외국으로 반출하는 물품
⑧ 미군 교역처에서 수출조건부 불하한 보세물품

대금결제관리

11 신용장

신용장의 기본원리

---

1. 신용장의 의의

1) 신용장의 정의

 ☑ 신용장(Letter of Credit: L/C)

신용장발행은행이 신용장에서 요구하고 있는 서류가 신용장의 제조건에 일치하고 또 그것이 약정된 기간내에 제시되었을 때 수익자인 수출상에게 대금을 지급하겠다는 은행의 조건부 지급확약(conditional bank undertaking of payment)이다.

이러한 일반적인 신용장의 정의 외에도 신용장통일규칙 제2조에서는 다음과 같이 규정하고 있다.

"신용장(credit)이라 함은 그 명칭이나 기술에 관계없이 일치하는 제시에 대해서 인수지급(honour)하는 발행은행의 확약을 구성하고 취소불가능한 모든 약정을 의미한다."

> Credit means any arrangement, however named or described, that is irrevocable and thereby constitutes a definite undertaking of the issuing bank to honour a complying presentation.

2) 신용장의 기능

오늘날 무역거래조건 가운데 가장 널리 이용되고 있는 운임·보험료포함(Cost, Insurance and Freight: CIF)인도 규칙에서 매도인은 약정된 물품을 매수인에게 인도하기 위하여 해상운송계약과 적화보험계약을 체결한 후 약정물품을 화체화시킨 운송서류와 보험서류 및 상업송장 등을 구비하여 동 서류를 매수인에게 제공할 의무를 부담한다. 이러한 CIF규칙은 서류매매를 특징으로 하는 정형무역거래조건의 하나이기 때문에, 매도인이 비록 약정물품을 실제 매수인에게 제공하였다 하더라도 운송서류를 제시하지 못할 경우 매수인에게 대금을 청구할 권리를 갖지 못한다.

CIF에서 매도인은 대금회수의 편리성을 도모하기 위하여 환어음을 발행하고 동 환어음에 선적서류를 첨부하여 자신의 거래은행 등을 통하여 화환어음의 대금을 추심하는 방식으로 지급을 받게 되지만, 이와 같은 화환어음 추심방식은 추심과정에서 은행이 개입된다 하더라도 관련은행이 매도인에게 지급을 보장하지는 않는다. 따라서 매수인의 신용상태가 불분명한 경우 대금이 선지급되거나 또는 신용이 확실한 제3자가 대금지급을 보장해 주지 않는 한 매도인으로서는 무역거래를 기피하게 된다.

이러한 경우 신용이 확실한 은행이 매수인을 대신하여 지급을 보장하게 되면 매도인은 안심하고 무역거래에 참여할 수 있게 된다. 이를 구체화시킨 제도가 신용장이며, 은행이 수익자에게 지급보장을 확실히 하지만, 신용장조건과 일치하는 환어음 및 선적서류의 제공을 조건부로 한다.

화환신용장에서는 약정된 서류와 상환으로 대금지급이 이루어지기 때문에 물품거래에 대한 지식이 전혀 없는 관계은행들도 손쉽게 무역거래에 참여할 수 있을 뿐 아니라 매매당사자도 안심하고 무역거래를 이행할 수 있게 된다. 따라서 매수인의 신용부족으로 성사되지 못하였던 무역거래도 신용장을 이용할 경우 지급에 대한 보장과 서류인도에 대한 보장이 동시에 이루어지므로 국제상거래의 확대에 크게 기여하게 된다.

3) 신용장의 이점

신용장에 의한 대금결제방식은 수출상과 수입상에게 많은 이점을 제공한다.

☑ 수출업자
① 수입업자의 지급불능 또는 지급거절에 의하여 대금을 회수할 수 없게 되는 신용위험을 제거해 줌으로써 대금회수가 확실하게 보장된다.
② 신용장을 담보로 금융상의 편익을 누릴 수 있다. 즉 수출업자는 선적과 동시에 수출대금을 조

기에 회수할 수 있고, 선적 전에도 수출상품의 생산·가공 등에 필요한 금융을 은행 측으로부터 수혜할 수 있다.

③ 취소불능신용장이 발행된 후에는 신용장의 취소 및 조건변경이 사실상 불가능하기 때문에 주문이 안정적으로 확보될 수 있다.

④ 수출업자는 선적 즉시 신용장 조건에 일치하는 서류를 제공함으로써 수출대금을 즉시 회수할 수 있다.

☑ 수입업자

① 최종 선적일과 유효기일이 명시되어 있어서 계약물품의 정확한 인도시기를 예상할 수 있다.

② 은행의 신용을 이용하기 때문에 수출상과 매매계약체결 시 보다 유리한 거래조건으로 계약체결을 유도할 수 있다.

③ 수입물품대금을 수입어음 및 수입관련 서류가 도착한 후에 지급하거나 금융을 이용하여 수입어음을 결제할 수 있는 등 발행은행 측으로부터 금융적 수혜를 받을 수 있다.

다른 한편으로는 수출상의 국내물품공급업자인 생산자에 대해서는, 수출상이 받은 신용장을 근거로 하여 내국신용장을 받을 수 있으므로 대금회수의 안전성을 확보하게 하고, 수출계약이 취소되는 등의 불안이 없기 때문에 안심하고 제조·생산에 임할 수 있게 한다.

2. 신용장거래의 관계당사자

신용장의 거래에 관계되는 자를 당사자 또는 모든 관계당사자(all parties concerned)라고 한다. 신용장의 관계당사자는 모든 신용장에 동일하게 등장하는 것이 아니라 신용장의 종류와 발행은행의 여건에 따라 다르다. 여기에서는 신용장의 조건변경 또는 취소에 관계되는 기본당사자와 기타 당사자로 구분한다.

1) 기본 당사자

(1) 발행은행

발행은행(issuing bank)은 발행의뢰인의 요청에 따라 또는 자신을 대신하여 신용장을 발행하는 은행을 의미한다. 발행은행은 대개 발행의뢰인인 수입상의 주거래은행이 되며, 수익자에 대해서 신용장조건에 일치한 서류가 제시될 것을 조건으로 지급, 인수 또는 매입에 의해 신용장의 지급이행에 대한 최종적인 의무를 부담한다.

발행은행은 개설은행(opening bank) 또는 신용공여은행(grantor)이라고도 하며, UCP

에서는 1974년 3차 개정 시부터 통일적으로 "issuing bank"로 사용하며, UCC상에는 "issuer"라는 용어를 사용하고 있다.

(2) 수익자

수익자(beneficiary)란 신용장이 발행되어 수혜를 받는 당사자를 의미한다. 수익자는 통상 수출상(exporter)이 되며 때로는 신용장의 사용자(user), 환어음을 발행하는 자(drawer), 채권자(accountor), 신용을 수혜하고 있는 자(accreditee), 신용장을 수신하는 자(addressee) 또는 물품을 선적하는 송화인(shipper, consignor)이라고 불린다.

(3) 확인은행

확인은행(confirming bankig)이라 함은 발행은행의 수권 또는 요청에 따라 신용장에 그의 확인을 추가하는 은행을 의미한다.

여기서 확인(confirmation)은 일치제시에 대하여 인수지급(honour) 또는 매입하기 위한 발행은행의 명확한 확약 이외에 확인은행의 확약(definite undertaking)을 의미한다.[1]

즉, 발행은행 이외에 제3의 은행이 신용장에 의해서 발행되는 환어음을 일람출급(sight payment), 연지급(deferred payment), 인수(acceptance) 또는 매입(negotiation)하겠다는 약속을 추가하는 경우가 있다. 이러한 행위를 신용장의 확인이라고 하며, 확인을 행한 은행이 확인은행(confirmimg bank)라고 한다.

확인은행은 발행은행과 동일한 의무를 수익자에 대해서 지급의무를 지니게 되므로 발행은행이 파산 또는 불가항력에 의해서 신용장상의 채무를 이행할 수 없게 되었을 경우에도 지급이행하여야 한다. 동 은행은 위험부담료에 해당하는 확인수수료(confirmation charge)를 발행은행이나 경우에 따라서는 발행의뢰인으로부터 받는다.

2) 기타 당사자

(1) 발행의뢰인

발행의뢰인(applicant)은 매매계약조건에 따라 신용장이 발행될 것을 요청하는 당사자를 의미한다. 통상 수입업자가 되며, 자신의 거래은행에게 신용장 발행을 의뢰하게 되므로 발행의뢰인이라고 한다. 일반적으로 매매계약조건에는 신용장의 종류, 신용장발행

---

1) UCP, 600, Article 2.

시기 및 장소 등이 명시되어 있는데, 수입업자는 이에 따라 발행은행에 신용장 발행신청서(application for letter of credit)를 제출하여 신용장 발행을 의뢰하게 된다.

발행의뢰인은 매수인(buyer), 수입상(importer)이란 명칭 이외에도 채무자(accountee), 신용장을 개설하는 자로서 개설인(opener, issuer), 화물을 수취한다고 하여 수화인(consignee), 환어음상의 금액을 지급한다고하여 지급인(drawee)이라고도 한다.

(2) 통지은행

발행은행에 의해 발행된 신용장은 대부분 수익자의 소재지에 있는 거래은행을 통하여 수익자에게 통지하게 되는데 이와 같이 통지하는 은행이 통지은행(advising bank, nortifying bank)이 된다. 대개 신용장 발행은행은 신용장의 발행 및 그 내용을 수익자의 소재지에 있는 자신의 본·지점 또는 환거래은행을 경유하여 통지하게 된다. 통지은행은 발행은행으로부터 위임받은 신용장의 통지사무를 행하고 그 보수로서 통지수수료를 발행은행 또는 경우에 따라서는 수익자로부터 받게 된다.

통지은행은 자신이 신용장이나 조건변경이 외관상의 진정성(apparent authenticity)에 관하여 충족되었다는 사실과 통지가 신용장의 제조건을 정확히 반영하고 있음을 통지하여야 한다. 그리고 통지은행은 수익자에게 신용장이나 조건변경을 통지하기 위해서 제2통지은행(second advising bank)의 서비스를 이용할 수 있다. 역시 제2통지은행도 신용장이나 조건변경을 통지하는데 있어서 외관상의 진정성이 충족되었다는 사실과 신용장의 제조건이 정확히 반영되었음을 표시하여야 하며, 통지은행과 동일한 의무를 지닌다.

(3) 지급은행

지급은행(paying bank)은 신용장 조건에 따라 수익자가 제시하는 환어음 대금을 지급하도록 발행은행으로부터 수권받은 은행을 말한다. 발행은행은 대개 예치환거래은행(depositary correspondent bank)인 수출지 은행에게 지급하도록 수권하게 되는데, 이러한 경우 수권은행은 지급은행이 된다.

지급은행이 지급행위를 하였을 경우 발행은행은 해당 금액을 예금계정에서 차감하도록 하는 형태를 취하기 때문에 지급과 동시에 상환을 받게 된다. 그러나 지급에 대한 최종적인 지급책임은 발행은행이 지게된다.

(4) 인수은행

인수은행(accepting bank)은 신용장의 조건과 일치되는 서류가 첨부된 기한부 환어음(time bill, usance bill)을 발행하여 은행에 제시하면, 이 어음을 인수하도록 수권된 은행이다. 인수은행은 환어음에 대해 인수하였을 경우 만기일에 어음금액을 지급할 의무를 지게 되므로 인수은행은 어음의 만기일에 결국 지급은행이 된다.

(5) 매입은행

매입은행(negotiating bank)은 수출업자의 의뢰에 의해서 환어음이나 운송서류를 매입하는 은행을 말한다. 매입은행은 수출상이 제시한 환어음 및 운송서류가 신용장 조건과 일치하는지 심사하고 지급만기일까지의 이자를 공제하고 그 환어음 금액의 잔액을 할인 지급하게 된다. 매입은행이 신용장상에서 특정 은행을 지정한 경우는 그 지정은행이, 그리고 특정은행을 지정하지 않은 경우, 수출업자는 어느 은행이든지 환어음을 제시하여 매입을 요청할 수 있으며, 이러한 매입을 행하는 은행이 매입은행이 된다. 또한 특정은행에서 매입한 환어음이 타 은행에서 다시 매입되는 것을 재매입(renegotiation)이라고 하며 이러한 은행이 재매입은행(renegotiating bank)이 된다.

매입은행은 신용장의 최종 지급의무가 없으므로 자신의 자금으로 먼저 지급하고 나중에 발행은행으로부터 상환을 받게 된다. 이때 매입은행은 선지급기간에 해당하는 이자와 수수료를 수익자로부터 미리 할인(공제)하고 결제하게 되므로 어음할인은행(discounting bank)이라고도 한다.

(6) 지정은행

지정은행(nominated bank)이란 신용장이 사용될 수 있는 은행이나 특정은행에서 신용장이 사용될 수 있는 모든 은행을 말한다. 대개 발행은행으로부터 지급, 연지급, 인수 또는 매입을 할수 있도록 권한을 받은 은행으로 발행은행은 특정은행을 지정은행으로 지정할 수 있고, 자유매입신용장의 경우에는 매입을 행하는 어떤 은행이라도 지정은행이 될 수 있다.

(7) 상환은행

상환은행(reimbursing bank)이란 발행은행으로부터 위임을 받아서 지급, 인수 또는 매입을 행한 은행으로부터의 상환청구에 응해서 발행은행을 대신하여 대금상환을 행하는 은행이다. 보통 환거래 계약에 근거해서 발행은행은 자신이 발행한 신용장의 지급에 대해서 예금계정이나 신용한도를 가지고 있는 환거래은행을 지정하는 경우가 많다. 상환은행은 발행은행의 예금계정잔고나 신용잔고 범위 내에서 당해 신용장의 매입은행이나 지급은행에 대해서 대금상환지급을 행할 권리를 가진다.

(8) 양도은행

양도은행(transferring bank)이란 양도가능신용장(transferable L/C)에서 제1수익자의 요청을 받아서 신용장의 권리와 의무를 제2수익자에게 신용장의 양도통지를 행하는 은행을 말한다. 주로 양도은행은 신용장을 양도하는 지정은행 또는 모든 은행에서 사용될 수 신용장에서 발행은행이 수권한 은행을 말한다. 주로 양도를 지정하는 통지은행이 수행하게 된다. 양도가능신용장에서 양도은행은 제1수익자로부터 양도요청을 받았다고 하더라도 자신이 동의한 범위와 방법의 경우를 제외하고는 양도를 행할 의무를 지니지 아니한다.[2] 결국 양도은행이 양도절차를 이행하는 것은 의무사항이 아니라 임의 선택사항이다.

표 11-1 무역거래별 수출상과 수입상의 명칭

거래관계	수출업자	수입업자
신용장	Beneficiary	Applicant
매매계약	Seller	Buyer
무역거래업자	Exporter	Importer
환어음	Drawer	Drawee
채권·채무	Accountor	Accountee, accounty party
운송	Shipper, Consignor	Consignee
송수신관계	Addressee(수신인)	Addressor(발신인)
사용자	User	Opener(발행인)
지급관계	Payee(수취인)	Issuer
신용공여, 수령	Accreditee(신용수령인)	Payer(지급인)

---

2) UCP 600 제38조 a

3. 신용장의 거래과정

매입신용장하에서 대금상환에 상환은행이 개입한 경우를 토대로 화환신용장의 거래과정을 설명하면 다음과 같다.

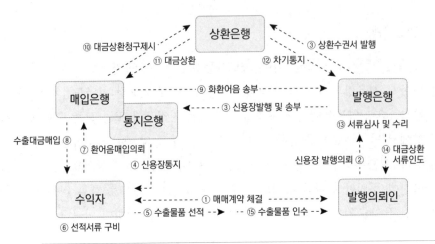

그림 11-1   화환신용장(매입신용장)의 거래과정

① 거래당사자인 수출상(수익자)과 수입상(발행의뢰인)간에 매매계약을 체결한다. 이
때 계약내용 중 대금결제조건은 취소불능화환신용장 방식을 채택하는 것으로
한다.
② 발행의뢰인은 자신이 거래하는 은행에 신용장발행을 의뢰한다.
③ 발행은행은 발행의뢰인의 요청과 지시에 따라 신용장을 발행하고 우편이나 전
송으로 통지은행 앞으로 송부하면서 수출상, 즉 수익자에게 통지해 줄 것을 요
청한다. 한편 신용장 발행은행은 신용장을 발행함과 동시에 상환은행에 상환수
권서를 발행한다.
④ 통지은행은 수익자에게 신용장 도착을 통지하고 이를 전달한다.
⑤ 수익자는 계약물품을 제조·가공하거나 완제품을 공급받아 수출통관수속을 마치
고 운송인에게 물품을 인도하거나 선적완료하고 운송서류를 발급받는다.
⑥ 수익자는 수출환어음매입에 필요한 선적서류와 환어음을 구비한다.
⑦ 수익자는 매입은행에 선적서류와 환어음을 제시하고 수출환어음매입을 의뢰한다.
⑧ 매입은행은 수익자가 제시한 서류를 신용장의 제조건과 일치하는지 심사하고
수출대금을 지급한다.

⑨ 매입은행은 매입한 환어음과 서류를 발행은행 앞으로 송부한다.

⑩ 매입은행은 상환은행 앞으로 대금상환청구를 제시한다.

⑪ 상환은행은 상환수권서에 유의하여 매입은행의 대금상환청구에 응한다.

⑫ 상환은행은 발행은행에게 발행은행의 계정차기(인출)를 통지한다.

⑬ 발행은행은 송부되어 온 서류를 심사하여 신용장의 제조건에 충족하는 경우 이를 수리한다.

⑭ 발행은행과 발행의뢰인은 사전에 약정된 바에 따라서 서류인도와 대금상환을 행한다.

⑮ 발행의뢰인은 발행은행 앞으로부터 인도받은 수입관련서류를 가지고 수입지 세관에서 통관수속을 완료하고 계약물품을 인수한다.

SECTION 02 신용장의 특성과 거래원칙

화환신용장은 거래상의 몇 가지 특성과 거래원칙을 갖고 있다. 이러한 특성과 거래원칙은 신용장 관계당사자들로 하여금 보다 원활하게 신용장을 이용할 수 있게 하여 상업적 기능을 극대화하고 있다. 한편 이러한 거래상의 특성을 악용하여 일부 악덕상인들은 거래당사자들에게 사기행위를 벌이거나 사기를 야기할 수 있는바 신용장거래의 특성을 명확히 이해할 필요가 있다.

1. 독립추상성원칙

1) 독립성원칙

신용장거래에서 독립추상성의 원칙은 독립성의 원칙과 추상성의 원칙으로 구성되어 있는데, 먼저 신용장 독립성의 원칙에 대하여 살펴보면 다음과 같다.

> 신용장거래는 그 성질상 매매계약이나 다른 계약에 근거하여 신용장이 발행되어 거래되더라도 그러한 계약과는 별개의 독립된 거래로 간주하고 서류 자체만을 가지고 일치여부를 판단하여야 한다는 법률원칙(legal principle)이 독립성의 원칙(the principle of independence)이다.

신용장 발행은행이 발행의뢰인의 요청에 의해 수익자 앞으로 화환신용장을 유효하게 발행하게 되면, 그 신용장은 신용장발행의 원인이 된 수익자와 발행의뢰인간의 매매계약과 독립된, 그리고 발행의뢰인과 발행은행간의 신용장발행에 관한 계약 내지 약정과는 별도로 독립된 법률관계를 형성하게 된다.

이 때문에 신용장 관계당사자와 관련된 의무는 이러한 근거계약이 아니라 신용장 그 자체의 조건에 의해 결정된다. 이와 같이 신용장에 의한 은행의 지급의무를 신용장의 근거가 되는 원인(근거, 매매)계약과 독립시켜 채무의 무인성[3]을 강조하는 것이 독립성의 원칙이라 한다.

흔히 신용장에는 매매계약의 요약된 사항이 기재되므로 신용장조건이 여전히 매매계약 조건의 연장인 것처럼 착각하거나 또는 매매계약이 신용장조건에 대해서 당연히 우선하는 것으로 생각하여 매매계약의 관점에서 신용장 조건을 해석하려는 경향이 있다. 그러나 화환신용장거래에서 모든 관계당사자는 서류의 거래를 하는 것이지 물품거래를 하는 것이 아니며, 매매계약과는 독립되어 있다는 것이다.

이 원칙은 오래 전부터 법원의 무수한 판례에 의해 확립되어 왔으며, 신용장의 성공적인 기능발휘는 주로 이에 의존하는 바가 크다. 또한 이 원칙하에서 고객에 대한 은행의 의무는 단지 서류가 신용장조건과 문면상 일치하는지 여부를 결정하기 위해 제시된 서류를 심사하는 것에 있다. 그러나 서류를 심사하는 데 있어 서류의 진정성이나 법적 효력 등에 대해서는 아무런 책임을 부담하지 않는다.

이에 따라 은행이 서류를 심사하는 경우, 서류와 관련될 수 있는 근거거래나 업계관행을 참조하지 않고 거래를 행함으로써 국제상거래의 원활함을 촉진시킬 수 있다. 그러나 이 원칙하에서는 수익자가 신용장조건에 일치하는 서류를 은행에 제시한다면, 비록 수익자가 근거계약을 위반하고 있음을 은행이 알고 있다고 하더라도 동 은행은 수익자에게 지급하여야 한다는 한계도 존재한다.

신용장의 독립성과 관련하여 2007년 제6차 개정 신용장통일규칙(UCP) 제4조에서는 "신용장은 그 성질상 그것에 근거를 갖고 있는 매매계약 또는 기타의 계약과는 별개의 거래이다. 은행은 그러한 계약에 관한 어떠한 참조사항이 신용장상에 포함되어 있다고 할지라도 그러한 계약과는 아무런 관계가 없으며 또한 구속되지 아니한다"고 규정하고 있다.

따라서 신용장하에서 은행이 행하는 각종의 지급이행 또는 다른 모든 의무를 수행

---

3) 어음의 무인성(無因性)은 어음발행의 기초가 되는 원인관계와 완전히 독립시켜 원인관계의 무효, 취소 또는 해제에 의해 영향을 받지 않도록 하는 것으로 선의의 제3자를 보호하기 위한 법률기술의 산물이다(納富義光, 「手形法·小切手法」, 有斐閣, 1982, 84面).

하는 행위는 발행은행 또는 수익자 관계에서 초래될 수 있는 발행의뢰인의 클레임이나 항변에 지배받지 않고, 수익자는 어떠한 경우에도 은행 상호간 또는 발행의뢰인과 발행은행간에 존재하는 관계를 원용할 수 없게 된다. 예컨대, 수익자가 매매계약을 위반하거나 계약을 이행하지 않거나 또는 발행의뢰인이 발행은행에 자금을 예치하지 않거나 하는 등의 이유로 은행은 지급거절을 주장할 수 없게 되는 것이다.

2) 추상성원칙

» 기 본 용 어

☑ 추상성의 원칙(the principle of abstraction)
매매계약서에 언급된 물품이나 실제로 매수인에게 도착된 물품여하에 관계없이, 은행은 신용장에서 요구하는 서류만을 가지고 대금지급여부를 판단한다는 것이다. 여기서 추상성이란 의미는 매매계약에서 언급된 물품을 상징화한 서류를 지칭하는 것으로 물품이나 서비스의 자체의 거래가 아니라 이들을 추상화한 독립된 거래라는 의미이다.

추상성은 독일을 비롯한 대륙법계의 법리(약인에 대한 법리가 없는)에 해당하는 것으로서 "발행은행은 신용장 거래에 있어서 편무적 의무를 지는 것이며 또한 근거 계약과는 별도의 독립적 의무를 진다"는 사실을 의미하는 것이다.[4]

이와 관련하여 신용장통일규칙에서도 다음과 같이 규정하고 있어 추상성의 취지가 명백하게 나타나 있다.[5] 즉 "신용장거래에 있어서 모든 관계당사자는 서류로 거래를 행하는 것이지 그 서류가 관계하는 물품, 용역 또는 기타 이행으로 거래를 행하는 것은 아니다". 이 원칙은 신용장거래에서 은행은 모든 판단기준이 실제의 사실이 아닌 물품을 추상화한 서류에 있다는 합리적 관행으로 신용장 거래를 원활하게 할 수 있도록 보장하고 있다.

3) 독립추상성의 필요성

신용장의 독립추상성은 신용장거래의 원활화를 위해서 필요할 뿐만 아니라 관계당사자에게 다음과 같은 사유에 의해서 필요하다.[6]

---

4) Herman N. Finkelstein, *Legal Aspects of Commercial Letters of Credit,* Columbia University Press, New York, 1930, p.180.

5) UCP 600, Article 5.

6) 김종칠, 화환신용장통일규칙에 관한 ICC의 유권해석, 중앙대 박사학위논문, 1992, pp.19-22.

(1) 수익자의 이익보호

신용장은 매도인이 적정한 선적을 할 것을 조건으로 매도인에 대해서 지급확약을 목적으로 한다. 그런데 만약 매매계약으로부터 발생한 사유를 가지고 발행은행이 지급을 거절할 수 있다면, 매도인에 대한 지급보장은 훨씬 감소할 것이다. 왜냐하면 매매계약 당사자가 아닌 발행은행은 상품거래에 대해서는 전문적 지식이 없으며, 또한 매수인이 매매계약을 위반하였는지의 여부 등에 대해 판별능력이 없을 뿐만 아니라 매매계약 내용에 정통하지 않기 때문에 은행은 매매계약에서 야기하는 항변을 주장할 수 없다. 따라서 수익자는 매매계약상의 항변에 의해서 신용장의 청구권을 침해 당하지 아니하고 발행은행의 지급, 인수의 확약을 기대할 수 있다. 한편 매도인은 수익자로서의 지위를 확보하고 신용장 발행의뢰인이나 그 이행보조자인 발행은행으로부터 부당한 매매계약 상의 클레임으로부터 보호받게 되며, 취소불능신용장 발행이후 매매계약을 일방적으로 파기하지 못하게 하는 효과가 있다.

(2) 결제의 신속화

신용장의 독립추상성에 따라 가장 유리한 자는 수익자라 할 수 있다. 수익자는 매매계약으로부터 독립된 별개의 청구권을 획득하는 것이므로 신용장 거래조건에 맞게 환어음을 결제하기만 하면 은행으로부터 지급, 인수 또는 매입을 받아 선적 후 즉시 수출대금을 회수할 수 있게 된다. 더욱이 수익자는 매매계약에 따른 항변으로 신용장에 의한 청구권을 침해받지 않는다.

(3) 지급·인수·매입은행의 보호

신용장에서 독립추상성에 의해 필요로 하는 자가 지급·인수·매입은행이라 할 수 있다. 이들 은행이 수익자가 제시한 환어음이나 선적서류들이 신용장조건에 일치하여 지급, 인수 또는 매입을 하였더라도 수입상이 수익자의 매매계약 위반을 사유로 인하여 발행은행에 대하여 환어음 또는 서류에 대한 지급, 인수를 거절하거나 또는 보상을 받지 못할 우려가 있으며, 경우에 따라서는 이미 지급된 것에 대해 손해배상청구를 받을 수 있다. 이러한 경우 지급·인수·매입은행에 대해서는 지급거절을 할 수 없기 때문에 보호된다.

(4) 발행은행의 보호

발행은행은 수익자 또는 중개은행에 대해서 지급, 인수 또는 보상하는 입장에 있으며, 특히 취소불능신용장에서는 지급·인수·매입의 채무를 확약하고 있는 것이다. 만일 매수인이 매도인에게 매매계약의 위반을 이유로 그 보상 또는 어음의 지급, 인수를 거절할 수 있다고 한다면, 발행은행도 매수인의 매매계약상의 항변을 이유로 수익자 또는 중개은행에 대해서 자기의 채무이행을 거절하거나, 이미 지급이나 보상이 끝난 경우에는 자금의 회수를 위하여 수익자 또는 중개은행에 대해 손해배상을 청구하지 않을 수 없을 것이다. 결국 발행은행도 매도인과 매수인간의 매매계약상의 분쟁에 개입하게 되는 결과가 된다.

이와 같은 사태가 발생되는 것을 방지하기 위해서 발행은행은 신용장을 발행할 경우 매수인의 매매계약이나 당해 상품의 거래관습을 검토하고 매수인에게 상세하고 엄격한 신용장조건을 붙이도록 지도할 필요가 있을 것이다. 그러나 발행은행은 매매거래를 정확히 판단할 수 있는 지식도 경험도 없으며 또한 수고와 시간적 제약 때문에 이와 같은 조치는 불가능하다. 더욱이 매도인이 매매계약의 의무이행에 대한 능력을 상실한 때에는 아무리 신용장 조건을 엄격히 하더라도 품질상위 등의 하자가 발생하거나 최악의 경우에는 사기를 당할 수도 있을 것이다. 따라서 발행은행은 매수인의 신용상태 등을 사전에 조사하지 않으면 신용장발행여부를 결정할 수 없게 된다.

4) 독립성의 원칙에 대한 예외

앞에서도 언급한 바와 같이, 신용장거래에서는 독립성의 원칙이 지배되고 있기 때문에 신용장과 관련된 은행들은 신용장조건과 제시된 서류의 문면만을 근거로 하여 대금지급 여부를 결정하게 된다. 그러나 은행이 신용장조건에 엄밀히 일치하는 서류만을 근거로 심사하여 대금을 지급하기 때문에 서류의 위조·변조(fraudulent or false)나 사기에 의해 수익자가 이를 악용하는 경우에도 대금을 지급하여야 하는지에 논란이 있어 왔다. 수익자가 위·변조된 서류에 대해서까지 대금을 지급하게 되면 사기행위를 방조하는 결과가 되고 또한 예외적으로 독립추상성을 엄격히 적용하여 대금지급을 하게 되면 신용장의 근간이 흔들리는 결과가 된다.

이에 대해서 법원은 독립추상성의 예외로써 은행의 지급을 금지시키는 지급금지명령(injunction)을 내리면서 이른바 사기의 원칙(fraud rule or fraud exception)을 적용하여 왔다. 이 원칙은 서류가 신용장조건과 일치한다고 하더라도 수익자의 사기에 의하여 조작된 것을 알고 있는 경우 발행은행은 법원에 의해 독립추상성의 예외로 대금지급이 거절될 수 있다는 것이다.

2. 엄밀일치의 원칙

신용장거래에서 은행이 대금지급 여부를 결정하는데 논란의 대상이 되어 왔던 사항 중의 하나는 수익자가 제시한 서류에 대해서 은행은 어떠한 기준에 의하여 어느 정도의 주의를 기울여 서류를 심사하여야 하는지였다. 여기에 대해서는 대체로 법률적 원칙이 형성되어 왔다.

수익자가 대금을 지급받기 위해서는 신용장에서 요구하는 제조건을 정확하게 반영하고 있어야 한다. 만약 서류가 신용장의 제조건을 정확하게 반영하고 있지 못한다면 은행은 선적된 물품이 비록 현실적으로 매매계약을 수행하기 위해서 요구된 명세와 품질일지라도 제시된 서류를 거절할 수 있다. 즉 신용장에서 요구하고 있는 제서류가 엄밀히 일치하지 않는다면 은행은 제시된 서류를 거절할 권리를 가지게 된다는 법률원칙 (legal principle)이 엄밀일치의 원칙(doctrine of strict compliance)이다.

엄밀일치의 원칙은 수익자가 제시한 서류와 신용장조건과의 일치성여부에 관한 심사는 오로지 서류의 문면상으로 판단하며, 은행은 신용장조건에 엄밀히 일치하지 않는 서류를 거절할 수 있는 권리를 가지고 있다는 법률원칙이다. 국제무역거래에서 은행은 모든 신용장에서의 지시사항을 엄밀히 준수하여야 할 책임을 지고 있기 때문에 신용장 조건에 엄밀히 일치할 것을 기본으로 하고 있다.

신용장거래 시 이러한 원칙에 의존하는 이유는 거래은행은 발행은행의 특정대리인 (special agent)이고, 발행은행은 신용장발행의뢰인의 특정대리인이므로 이러한 대리인이 제한된 권한을 가지고 있는데 권한 밖의 행위를 하였다면, 본인은 그 대리인의 행위를 부정할 수 있으며, 대리인은 이로 인하여 발생한 손해를 보상받을 수 없을 뿐만 아니라 상업상의 위험을 부담하여야 하기 때문이다.

신용장통일규칙에서도 「상업송장상의 물품, 용역 또는 이행의 명세는 신용장에 나타나는 것과 일치하여야 한다(the description of the goods, services or performance in a commercial invoice must correspond with that appearing in the credit)」고 명시하여[7] 엄밀일치의 원칙이 적용되고 있음을 시사하고 있다.

그리고 이 원칙을 지지하는 대표적인 판례로는 *Equitable Trust Co. of New York v. Dowson Partners Ltd.* 사건[8]을 들 수 있다. 이 사건에서 섬너(Sumner)경은 "여하튼 서류에 관한한 거의 같다든가 괜찮을 것이라는 인식은 전연 통하지 않는다"(There is no room for documents which are almost the same or which will do just as well)고 언급함으로써 엄밀일치의 대원칙을 역설하고 있다.

> 이와 같이 제시된 서류 상호간의 모순이 없어야 하는 문제에 대해서는 1970년대까지는 대체로 엄밀한 일치성(strict consistency)을 요구하는 것으로 해석되었다. 그러나 법원은 엄밀일치를 다소 완화하여 서류가 신용장 조건에 상당하게 일치하면 은행은 지급할 의무가 있다는 소위 상당일치의 원칙(the doctrine of substantial compliance)에 입각하여 판결을 내리고 있다. 자칫 엄밀일치의 원칙을 엄격히 적용할 경우 은행은 신용장 조건을 기계적으로만 해석으로 남용될 소지가 있어 은행은 자신이 합리적으로 판단하여 결정할 것을 요구하고 있는 실정이다. 화환신용장통일규칙[9]에서도 「상업송장 이외의 서류에서 물품, 용역 또는 이행의 명세가 기재된 경우 신용장의 이들 명세와 상충(conflicting)되지 아니한 일반 용어로 기술할 수 있다」고 규정하고 있으며, 또한 제14조 d항에도 「서류상의 자료내용(data)은 신용장이나 기타 모든 서류에서의 자료의 내용과 일치(identical)할 필요는 없으나 상충(conflict)되어서는 아니된다」고 함으로써 상당일치의 원칙을 강조하고 있다.

이에 관한 판례로서 Tosco Corp v. Federal Deposit Ins. Corp(1983) 사건을 들 수 있다. 본 사건에서 신용장상의 환어음 기재사항이 "Draft under this Letter of Credit

---

7) UCP 600, Article 18(c).

8) (1927) 27 Ll. L. Rep. 49; H. C. Gutteridge and Maurice, Megrah, *The Law of Banker's Commercial Credits*, Europa Publications Ltd., London, 1984, p.117.

9) UCP 600 Articel 14(c).

must state 'drawn under Bank of Clarksville Letter of Credit Number 105' thereon by the negotiation bank"라고 표시되어 있었다. 그러나 제시된 환어음에는 "Drawn under Bank of Clarksville, Clarksville, Tennessee letter of Credit No. 105."로 표시되었다.

여기서 제시된 어음은 ① Letter of Credit의 대문자 "L"의 대신에 소문자 "l"이 기재되고, ② 신용장 발행은행명 후에 계속해서 동 은행명 "Clarksville, Tennessee"가 중복 타이핑 됨과 동시에, ③ 신용장의 번호를 의미하는 "Number"가 대체약호 "No"로 표시된 점이 불일치 사항이 되었다. 이를 구실로 신용장 발행은행은 엄밀일치의 원칙을 주장하여 환어음이 신용장 조건을 충족하지 않는다고 지급을 거절하였다. 그러나 법원은 일심판결에서 이러한 것 등은 매우 사소한 것이므로 정상적인 신용장거래에 아무런 장애요인이 되지 않는다고 판단하여 발행은행의 지급거절은 부당한 것으로 판결하였다. 이어 연방법원의 경우에도 이에 대하여 타당성을 인정하여 상당일치의 원칙에 따라 발행은행은 그 어음을 지급하여야 한다고 판결하였다.

그러나 제시되는 서류의 조건이 문면상 엄밀히 일치하도록 노력하는 것은 매우 중요하다고 하겠다. 상당일치의 원칙은 불일치사항이 신용장 거래의 근본을 해하지 않는 경우에 한하여 제한적인 적용이 허용되는 것으로 판단되므로 서류상의 문언의 어느 한 자라도 잘못되어 있는 경우에도 중대한 거래상의 차질이 유발되는 경우가 종종 발생하므로 상당일치의 원칙은 엄밀일치의 원칙에 그 근원을 두고 있음을 인식하여야 한다.

이와 같이 은행의 서류심사에 대한 법률 원칙인 엄밀일치와 상당일치가 양립되어 왔으며 은행이 서류심사에서 「일치성의 판단기준」이 무엇인지 논란이 되어 왔다. 이에 대해서 UCP 600에는 「은행은 서류가 문면상 일치하는 제시를 구성하는지를 결정하기 위하여 서류만을 근거로 심하여야 하며[10], 일치하는 제시(complying presentation)는 신용장의 제조건, 적용가능한 UCP 및 국제표준은행관행(international standard banking practice)과 일치하는 제시를 의미한다[11]」고 규정하고 있다.

이러한 의미는 은행이 제시서류를 심사하되 은행의 독단적이고, 태만하고, 부정직한 심사가 아닌 신용장의 제조건, 신용장통일규칙 및 국제적인 은행의 표준관행에 따라 사려깊게 심사하고자 하는 기준을 제시한 것이다.

그리고 은행(지정은행, 확인은행, 발행은행)은 제시된 서류가 일치하는지 여부를 결정하기 위하여 서류를 심사하는데 제시일 다음날부터 최대 5은행영업일을 가질 수 있다.

---

10) UCP 600 Article 14(a).

11) UCP 600 Article 2.

이 5은행영업일은 유효기일의 종료 또는 제시를 위한 최종일자에 의하여 단축되거나 아무런 영향을 받지 않음에 유의하여 할 것이다. 예를 들어 신용장의 유효기일이 9월 13일이나 서류가 9월 11일에 제시된 경우에도 은행은 5은행영업일이 보장된다는 것이다.

> **기 본 용 어**

☑ 국제표준은행관행(ISBP)
- 국제표준은행관행(international standard banking practice for the examination of documents under documentary credits: ISBP)을 제정하기 위하여 ICC은행위원회는 특별작업팀을 구성하여 2002년 10월 31일 공식문서로 채택하였다.
- ISBP는 UCP 500에 따라 은행의 서류심사기준에 대한 국제관행을 최초로 규정함으로써의 은행 및 무역실무자들에게 신용장 조건이나 신용장통일규칙을 적용하고 해석하는 데 기여하였다.
- 그 후 2007년 7월 1일부터 UCP 600이 적용됨에 따라 ICC는 종전 200개 항목을 새로운 UCP 600관행에 맞추어 수정보완하여 185개항의 간행물 번호 681(publication No. 681)로 발간한 이후, 2013년 4월 3번째 개정으로 ISBP 745를 채택하게 되었다. 종전의 ISBP 681이 185개 조항에서 ISBP 745는 298개로 확대되었다.

3. 서류에 의한 거래

화환신용장을 취급함에 있어서 은행은 서류를 거래하는 것이지 그 서류가 관계된 물품이나 서비스 및 기타 계약의 이행에 의하여 거래되는 것이 아니다.[12] 이 원칙은 독립추상성과 밀접한 관계를 갖고 있으며, 신용장이 매매계약과 별개의 거래인 것과 마찬가지로 매매계약에 대한 물품거래와 별개의 서류에 의한 거래(deal with documents)임을 의미하는 것이다.[13]

그러므로 신용장 거래의 대상은 물품이나 서비스 그 자체나 계약의 이행이 아니고 서류이다. 따라서 물품이 목적지에 도착되어 있는 경우에도 물품을 검사한 후에 대금을 지급할 것을 주장할 수 없으며, 오직 서류의 제시에 의해서 대금을 청구할 수 있는 것이다. 신용장거래에서 은행은 일반적으로 물품이나 서비스에 대한 전문적 지식이 결여되어 있는 경우가 많으므로 은행의 책임한계를 서류에만 한정하고 서류의 문면상 일치성 또는 정당성 여부에 따라 은행의 지급의무를 결정하는 근거로 설정한 것은 합리적인 것이라 할 수 있다.

---

12) UCP, 600, Article 5.

13) 小峯 登, 「1974年信用狀統一規則(上)」 外國爲替貿易研究會, 1974, pp.381-382.

설령 은행은 해당 물품이나 서비스 또는 계약이행이 실제 내용과 일치하지 않는다는 통지에도 불구하고 신용장 조건에 일치하는 서류와 상환으로 대금을 지급해야 하는 은행의 의무에는 아무런 영향을 받지 아니한다. 오직 은행은 서류접수 후 그것이 문면상 신용장 조건에 일치하는지 여부는 제시된 서류만을 근거(on the basis of documents alone)로 결정하여야 한다.

본래 신용장거래는 서류의 인도를 조건으로 하는 CIF 거래조건을 근거로 하여 화환어음제도상 창출된 것이다. 현재 신용장은 탄력성과 융통성을 발휘하여 CIF 거래조건 이외에도 광범위하게 적용되고 있다. 그럼에도 불구하고 신용장은 CIF 거래조건에 가장 적합한 제도라고 할 것이다.

4. 신용장 거래원칙과 한계

오늘날 무역결제방식으로 화환신용장이 중요한 역할을 하면서 순기능 측면이 있으나 한편으로는 본질적인 한계를 갖고 있다. 화환신용장이 매매계약서의 결제조건에 의해서 발행되지만 일단 신용장이 발행되면 매매계약과 전혀 별개의 독립된 거래로서 신용장 자체의 조건에 의해서 지배를 받게 된다. 또한 신용장거래에서 당사자는 신용장에 기재된 서류를 거래하는 것이지, 상품거래를 하는 것이 아니다. 화환신용장은 이러한 거래상의 특성에 기인하는 한계를 갖고 있다.

첫째, 수입상은 자신이 요구하는 상품을 반드시 입수한다는 보장이 없다는 점이다. 신용장은 신용장 조건과 외관상 일치하는 서류의 제시가 있으면 상품의 상태와는 관계없이 대금을 지급하여야 하는 특성으로 인해 수입상은 계약에서 명시한 물품이 선적되고 인수할 것이라는 실질적인 보증이 되지 않는다는 것이다. 또한 서류상으로 검사증명서 등을 요구하고 있더라도 물품의 품질이 완전히 보장되지 않으며 이는 전적으로 수익자의 선의 및 계약 이행능력에 따라 좌우되기 때문에 이러한 것은 신용장의 기능으로 해결될 수 없는 한계가 있다.

둘째, 수입상은 서류에 의한 거래의 특성을 이용하여 매매계약 내용을 성실히 이행하였다고 하더라도 서류상의 하자내용이나 오류를 근거로 하여 지급거절이나 가격할인을 요구할 수 있다.

셋째, 신용장은 환어음과 같이 독립된 지급수단이 아니고 또한 배서를 통하여 제3자에게 양도할 수 있는 지급수단이 아니다. 신용장은 수입대금을 수입상이 지급불능일 경우 절대적인 지급수단이 아니고 발행은행은 단지 무역거래의 이행보조자로서 어음을 지급, 인수, 매입할 것을 조건부로 확약할 뿐이다.

신용장은 보는 관점에 따라 다음 표와 같이 그 종류를 분류할 수 있다.

표 11-2 신용장의 분류

분 류	분 류 기 준	신용장의 종류
일반신용장	신용장의 용도에 의한 분류	• 상업신용장(commercial credit) • 여행자신용장(traveller's credit)
	신용장 이용자에 의한 분류	• 수출신용장(export credit) • 수입신용장(import credit)
	요구서류의 유무에 의한 분류	• 화환신용장(documentary credit) • 무담보신용장(clean credit)
	취소가능여부에 의한 분류	• 취소가능신용장(revocable credit) • 취소불능신용장(irrevocable credit)
	지급방법에 의한 분류	• 지급신용장(payment credit) • 인수신용장(acceptance credit) • 매입신용장(negotiation credit)
	확인유무에 의한 분류	• 확인신용장(confirmed credit) • 미확인신용장(unconfirmed credit)
	지급기간에 의한 분류	• 일람출급신용장(sight credit) • 기한부신용장(usance credit)
	양도가능여부에 의한 분류	• 양도가능신용장(transferable credit) • 양도불능신용장(non−transferable credit)
	상환청구권의 유무에 의한 분류	• 상환청구가능신용장(with recourse credit) • 상환청구불능신용장(without recourse credit)
	매입은행의 지정유무에 의한 분류	• 자유매입신용장(freely negotiable credit) • 매입제한신용장(restricted credit)
	국내외거래용도에 의한 분류	• 원신용장(master credit) • 내국신용장(local credit)
	부가된 특수 성질에 의한 분류	• 회전신용장(revolving credit) • 전대신용장(red clause credit)
	연계무역 거래형태에 의한 분류	• 동시발행신용장(back to back credit) • 기탁신용장(escrow credit) • 토마스 신용장(TOMAS credit)
	발행방법에 의한 분류	• 우편신용장(mail credit) • 전송신용장(teletransmission credit)

특수신용장	특수 목적에 사용되는 분류	• 보증신용장(stand-by credit) • 연계무역신용장(counter trade credit)
유사신용장	어음매입, 지급의 수권여부에 따른 분류	• 어음매입수권서(authority to purchase) • 어음지급수권서(authority to pay) • 어음매입지시서(letter of instruction)

1. 상업신용장과 여행자신용장

　상업신용장(commercial credit)이란 국제물품매매에 따른 무역대금의 직접적인 결제를 목적으로 이용되는 신용장을 총칭하는 것이다. 무역거래는 상품과 용역(service)을 대상으로 이루어지고 있으며, 이와 관련하여 후술하는 화환신용장(documentary credit)이나 무화환신용장(documentary clean credit)도 모두 상업신용장에 포함된다.

　여행자 신용장(traveller's credit)이란 해외여행자의 현금휴대의 위험과 불편을 제거하여 주고 여행자가 여행지에서 필요한 금액을 쓸수 있도록 하기 위하여 여행자의 의뢰에 의하여, 발행은행이 국외의 자기 은행의 본·지점 또는 환거래은행에 대하여 그 여행자를 수익자로 하여 발행하는 신용장을 말한다. 오늘날은 해외여행자가 외국환은행에서 환전을 할 경우에 여행자신용장으로서 여행자수표(traveller's check: T/C)를 많이 이용하고 있다.

2. 수출신용장과 수입신용장

　신용장은 그 이용자의 입장에 따라 동일한 신용장이 수출신용장(export credit)이 되기도 하고, 수입신용장(import credit)이 되기도 한다. 우리나라 수입업자가 외국의 수출업자로부터 상품을 수입하기 위해 외국의 수출업자를 수익자로 하여 외국환은행을 통하여 신용장을 발행한 경우 수입신용장이라고 한다. 이와 반대로 외국의 수입업자가 한국의 수출업자로부터 상품을 수입하기 위해서 한국의 수출업자를 수익자로 한 신용장을 발행하도록 외국 수입업자의 거래은행에 의뢰하고, 이 은행이 발행한 신용장이 수출업자에게 도착한 신용장을 수출신용장이라고 한다.

3. 화환신용장과 무담보신용장

　화환신용장(documentary credit)이란 신용장 발행은행이 수익자가 발행한 환어음

(draft)에 신용장조건과 일치하는 운송서류(transport document), 보험서류(insurance document), 상업송장(commercial invoice), 포장명세서(packing list) 등을 첨부할 것을 조건으로 하여 지급, 인수, 매입할 것을 확약하는 신용장을 말한다. 은행은 이러한 서류를 소지하게 됨으로써 물품에 대한 담보권을 가지게 되므로 안심하고 어음에 대하여 지급, 인수 또는 매입할 수 있게 된다. 이때 권리증권(document of title)으로서의 선화증권은 유통증권(negotiable instument) 형식으로 발행되어야만 담보물(collateral)로서 효력을 가지게 된다.

무담보신용장(clean credit)이란 실제로 상품의 선적을 요하지 않는 용역거래에 있어서 신용장이 환어음을 발행하여 현금화의 목적으로 발행되는 신용장을 말한다. 그러므로 무담보신용장은 선적서류의 제시 없이도 대금지급을 확약하는 신용장으로 여행자신용장(traveller's credit), 입찰보증(bid bond), 계약이행보증(performance bond), 은행의 지급보증서(letter of guarantee), 보증신용장(stand-by credit) 등이 여기에 속한다.

4. 취소가능신용장과 취소불능신용장

취소가능신용장(revocable credit)은 신용장을 발행한 후 수익자에게 사전 통지없이 어느 시점에서나 발행은행이 조건변경을 하거나 또는 취소할 수 있는 신용장이다. 이와 같이 취소가능신용장은 신용장이 발행되었더라도 수익자 및 그 신용장에 의해 지급, 인수 또는 매입을 하도록 수권받은 은행의 지위가 불안정하므로 UCP 600에서는 취소 가능신용장의 개념을 삭제하였다. 따라서 일반적으로 신용장이라고 할때 취소불능 신용장을 의미한다.

> **기 본 용 어**
>
> ☑ UCP 제2조
> "신용장(credit)이라 함은 그 명칭이나 기술에 관계없이 일치하는 제시에 대해서 인수/지급하는 발행은행의 확약을 구성하고 취소불가능한 모든 약정을 의미한다."

취소불능신용장(irrevocable credit)이란 신용장 발행은행이 일단 신용장을 발행하여 수익자에게 통지하게 되면 신용장 유효기간 내에는 발행은행이나 확인은행(개입할 경우) 및 수익자 전원의 합의 없이는 취소하거나 조건 변경을 할 수 없는 신용장을 말한다[14]. 신용장통일규칙은 조건변경 또는 취소에 대해서 그 동의를 필요로 하는 당사자 중에 발행은행, 수익자 및 확인은행을 포함시키고 있으나 발행의뢰인은 제외되어 있다. 이것은 발행의뢰인의 동의 없이 신용장조건의 변경 또는 취소를 할 수 있다는 것을 인정하는 것이 아니라 발행의뢰인과의 관계는 발행의뢰인과 발행은행간의 신용장 발행계약에 맡기고, 수익자가 조건변경 또는 취소의 통지를 받고 그것을 동의한 경우에는 수익자가 발행의뢰인의 동의의 유무를 확인하지 않고도 조건변경 또는 취소가 성립된 것으로 해석할 수 있다는 것을 의미하는 것이다.

5. 매입신용장, 지급신용장, 연지급신용장, 인수신용장

1) 매입신용장

매입신용장(negotiation credit)이란 신용장을 가지고 발행된 환어음이 매입(negotiation) 되는 것을 예상하여 매입을 허용하고, 어음의 발행인(drawer)뿐만이 아니라 어음의 배서인 (endorser), 어음의 선의의 소지인(bona-fide holder)에 대해서도 지급을 확약하고 있는 신용장을 말한다.

> ☑ 매입신용장의 특징은
> ① 수출지의 매입은행이 발행은행의 무예치 환거래은행인 경우에 사용된다.
> ② 서류매입의뢰 시에 환어음을 제시하여야 하는 어음부 신용장이다.
> ③ 일람출급 또는 기한부 신용장으로 사용된다.
> ④ 서류매입은행은 어느 은행(any bank)이나 자유매입이 가능하는 한 것이 일반적이며, 지정은행만이 매입을 담당할 수 있다.
> ⑤ 발행은행이 매입서류 부도반환을 하더라도 매입은행은 환어음발행인에게 소구권(with recourse)을 행사할 수 있다.
> ⑥ 신용장의 뒷면에 매입사실의 배서를 요구하는 배서신용장(notation credit)이다.

매입신용장에 대한 지급확약문언은 대체로 다음과 같은 문언으로 기재된다.

> "We hereby agree with the drawers, endorsers and bona fide holders of drafts drawn under and in compliance with the terms of this credit that such drafts will be duly honored on due presentation and on delivery of documents as specified to the drawee bank."

---

14) UCP, 600, Article 10.

매입신용장이 발행되는 경우 신용장에 환어음의 매입을 위한 유효기일을 표시하는데 그 예시문언은 "Drafts must be presented for negotiation not later than August 14, 20××" 또는 "Drafts must be negotiated on or before August 14, 20××"과 같이 표현할 수 있다.

☑ WIFT신용장의 41D: available with…/by… ANY BANK BY NEGOTIATION

2) 지급신용장

신용장이 일람지급을 규정하고 있는 경우 이는 지급신용장을 의미한다. 지급신용장(payment or straight credit)이란 신용장에 의한 환어음의 매입여부에 대해서는 아무런 명시가 없고, 신용장조건에 일치되게 발행된 서류가 발행은행 또는 동 은행이 지정하는 은행에 제시되면 지급할 것을 확약한 신용장을 말한다. 물론 지급신용장의 경우에도 환어음 매입이 불가능한 것이 아니기 때문에 수익자의 거래은행이 매입을 할 수 있지만, 이 경우에는 수익자의 신용도에 따라 매입은행의 계산과 위험부담으로 환어음 매입이 이루어진다.[15]

☑ 지급신용장의 특징은
① 대부분의 경우 수출지의 지급은행이 발행은행의 예치환거래은행인 경우에 사용되며
② 무어음 신용장이다.
③ 일람출급 또는 기한부신용장으로 사용되는데
④ 이 신용장하에서는 통지은행만이 지급업무를 담당할 수 있다.
⑤ 지급은행은 서류가 발행은행에 의해 부도반환 되더라도 수익자에게 매입대금의 반환을 요구할 수 없다.
⑥ 신용장의 배면에 매입사실의 배서를 요구하지 않는 비배서신용장(non notation creadit)이다.

일반적으로 지급신용장의 지급확약문언과 서류제시에 대한 표시의 예를 보면 다음과 같다.

---

15) 인지세의 이유 때문에 어느 국가에서는 일람지급에 의해서 사용되는 신용장을 발행할 경우에는 어음을 요구하지 않는 것이 필요하다.

☑ 지급확약문언

"We hereby engage that payment will be duly made against documents presented in conformity with the terms of this credit."

☑ 서류제시

"Drafts must be presented to the advising bank not later than May 10, 20××."

☑ SWIFT신용장의 41D: available with···/by··· ○○ BANK BY PAYMENT

지급신용장에 의한 결제과정을 요약하여 도시하면 다음과 같다.[16]

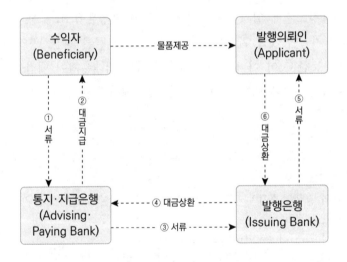

① 먼저 수익자는 선적을 증명하는 제 서류(환어음을 발행하지 않음)를 지급은행(지정은행)에 제시한다.

② 지급은행은 제 서류가 신용장조건을 충족하고 있음을 점검한 후 수익자에게 대금지급을 행한다.

③ 지급은행은 제 서류를 발행은행에 송부한다.

④ 발행은행은 제 서류가 신용장조건을 일치하고 있음을 점검한 후, 사전에 합의되어 있는 방법으로 지급은행에게 대금상환을 행한다.

---

16) ICC, ICC Guide to Documentary Credit Operations, ICC Publishing S.A., 1994. p.92.

⑤ 발행은행은 지급은행에게 대금상환을 행한 다음 제 서류를 매수인인 발행의뢰인에게 송부한다.

⑥ 발행은행은 사전에 합의되어 있는 방법으로 발행의뢰인으로부터 대금상환을 받는다.

3) 연지급신용장

연지급신용장(deferred payment credit)은 기한부 신용장으로써 선적서류를 연지급은행 또는 발행은행에 제시하면 연지급 확약서를 발급해 주고, 이 연지급 확약서에 기재된 만기일에 대금을 지급해 주는 신용장이다. 지급인에 의한 인수를 명시하고 있는 신용장을 말한다.

☑ 연지급신용장의 특징은
① 일반적으로 연지급은행이 발행은행의 예치환거래은행일 때 사용된다.
② 연지급 신용장은 환어음의 발행의 지시가 없으므로 무어음부 신용장이다. 환어음이 첨부되지 않기 때문에 수익자가 서류를 제시할 때 만기일에 대금을 지급한다는 확약 내용이 기재된 연지급확약서(deferred payment undertaking)를 연지급은행이 발행한다.
③ 기한부 신용장으로만 사용된다.
④ 지정된 연지급은행만이 지급업무를 담당할 수 있다.
⑤ 신용장의 뒷면에 매입사실의 기재를 요구하지 않는 비배서 신용장이다.
⑥ 서류가 부도 반환되어도 수익자에게 소구권을 행사할 수 없다.

일반적으로 연지급신용장의 지급확약문언과 서류제시에 대한 표시의 예를 보면 다음과 같다.

☑ 지급확약문언
"We hereby engage that payment will be duly undertaken against documents presented in conformity with the terms of this credit and payment will be duly made at maturity."
"Credit available with ○○ bank by deferred payment at 90 days after the date of issuance of the transport documents detailed herein."

> ☑ SWIFT신용장의 41D: available with…/by… ○○ BANK BY DEFERRED PAYMENT

4) 인수신용장

인수신용장(acceptance credit)은 기한부 환어음의 지급인에 의한 인수를 명시하고 있는 신용장을 말한다. 인수신용장의 발행은행은 동 은행의 환어음의 지급인으로 명시하고 있는 경우에는 그 환어음을 인수할 것을 확약하고 있으며, 신용장 발행의뢰인 또는 타 은행을 지급인으로서 지정하고 있는 경우에는 그 지급인에 의한 인수만이 아니고 만기일에 환어음이 지급될 것을 확약하고 있는 것이다.

> ☑ 인수신용장의 특징은
> ① 일반적으로 발행은행이 예치환 거래은행으로부터 인수편의(acceptance facility)를 제공받을 때 사용된다. 인수편의는 수입업자가 기한부 수입을 하고자 할 경우에 해외의 예치환 거래은행이 발행은행을 위하여 신용장 대금을 대신 지급하여 주고 어음의 만기일에 대금을 발행은행으로부터 받는 신용공여의 형태이다.
> ② 선적서류 제출시 어음을 제시하여야 하는 어음부 신용장이다.
> ③ 다른 신용장과 달리 일람출급으로 사용될 수 없으며, 기한부 신용장으로만 사용된다.
> ④ 수익자에게 소구권(상환청구권)을 행사할 수 없는 소구불능신용장(without recourse credit)이다.
> ⑤ 비배서 신용장이다.

> ☑ SWIFT신용장의 41D: available with…/by… ○○ BANK BY ACCEPTANCE

인수신용장에 의한 결제과정을 요약하여 도시하면 다음과 같다.[17]
① 먼저 매도인인 수익자는 신용장을 사용할 수 있는 은행, 예를 들면 인수은행 앞으로, 동 은행을 지급인으로 발행되고 정해진 만기가 있는 환어음과 선적을 증명하는 서류를 제시한다.
② 인수은행은 서류가 신용장 조건을 충족하고 있음을 점검한 후 어음을 인수하고 그것을 다시 매도인에게 반환한다.

---

17) ICC, ICC Guide to Documentary Credit Operations, ICC Publishing S.A., 1994. p.92.

③ 인수은행은, 동 은행이 어음을 인수하였다는 취지의 문언을 부가하여 서류를 발행은행에 송부한다.

④ 발행은행은 제 서류가 신용장 조건을 일치하고 있음을 점검하고, 만기일에 사전에 합의된 방법에 의해 대금상환을 행한다.

⑤ 발행은행은 서류점검을 행하고 난 후 그것을 매수인에게 송부한다.

⑥ 그리고 나서 발행은행은 사전에 합의되어 있는 방법으로 매수인으로부터 대금상환을 받는다.

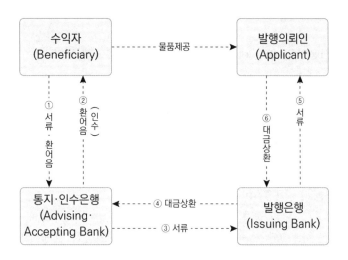

6. 확인신용장과 미확인신용장

확인신용장(confirmed credit)이란 발행은행 이외의 제3의 은행이 수익자가 발행하는 환어음의 지급, 인수, 매입을 확약하고 있는 신용장을 말하며 이러한 확약이 없는 신용장을 미확인신용장(unconfirmed credit)이라고 한다. 확인은행은 보통 수익자가 소재하고 있는 지역의 발행은행의 예치환거래은행(depositary correspondent bank)으로 정하게 된다. 확인은행의 확인(confirmation)은 발행은행과는 별개의 독립된 것으로 수익자의 입장에서는 발행은행과 확인은행으로부터 이중으로 결제에 대한 확약을 받는 셈이 되지만 확인은행이 연대보증인이라고는 할 수 없다.

신용장의 확인은 발행은행의 신용상태가 좋지 않거나 발행은행 소재국의 정치·경제적 위험이 있을 경우에는 수익자에게 신용위험이 따르게 되므로 신용장발행의뢰인이 신용장발행을 의뢰할 때 발행은행보다 신용상태가 양호한 제3의 은행이 확약을 추가할 것을 지시함으로써 이루어진다.

확인 요청하는 그 표현은 "Please advise this credit to the beneficiary adding your confirmation" 또는 "Please add your confirmation", "We authorize you to add your confirmation" 등으로 요청하거나 수권한다.

한편 ICC 신용장 표준형식에서는 확인의뢰를 "We request you to notify the credit,

- without adding your confirmation,
- adding your confirmation,
- and authorize you to add confirmation의 형태로 분류하여 표시하도록 되어 있다.

SWIFT 신용장은 49: Confirmation Instructions에 표시된다.

한편, 확인을 받은 후 추가로 도착된 조건변경사항이 있으면 반드시 그 변경사항에 대해서도 확인은행의 동의를 얻어 확인을 추가하여야만 유효하게 된다.

7. 일람출급신용장과 기한부신용장

일람출급신용장(sight credit)이란 신용장에 의하여 환어음을 발행하여 지급인(drawee)에게 제시되면 즉시 지급되어야 하는 일람출급환어음(sight draft) 또는 요구불어음(demand draft)을 발행할 수 있는 신용장을 말한다.

기한부신용장(usance credit)이란 신용장에 의하여 발행되는 환어음이 지급인에게 제시된 후 일정기간이 경과한 후에 지급 받을 수 있도록 어음지급기일이 특정기일로 된 기한부환어음(usance draft)을 발행할 수 있는 신용장을 말한다. 어음의 지급기일이 특정일로 되어 있기 때문에 정기출급환어음(time draft, term draft, usance draft)이라고도 하며 이러한 어음이 발행되는 신용장을 정기출급 신용장이라 한다.

기한부신용장에서는 환어음의 지급기일에 따라 일람후 정기출급(at xx days after sight), 일부후 정기출급(at xx days after date of draft), 확정일후 정기출급(at xx days after date of B/L) 등으로 발행할 수 있도록 하고 있다.

표 11-3　지급, 인수 및 매입 신용장의 비교

신용장 종류	수출지 상대은행	은행 지정유무	서류매입 은행	매입인정 여부	어음제시 여부	어음지급 기간	수출지 은행의 소구권
지급신용장	예치환거래 은행	지정	통지은행	불인정	유/무	일람출급	소구불능
인수신용장	예치환거래 은행	지정	통지은행	불인정	유	기한부	소구불능
매입신용장	무예치환 거래은행	제한 또는 자유매입	원칙적으로 자유	인정	유	일람출급 기한부	소구가능

8. 양도가능신용장과 양도불능신용장

양도가능신용장(transferable credit)이란 신용장상에 최초의 수익자(first beneficiary)가 신용장금액의 전부 또는 그 일부를 제3자에게 양도할 수 있도록 허용하고 있는 신용장을 말한다. 신용장이 제3자에게 양도되기 위해서는 신용장상에 반드시 "transferable"이란 표시가 있어야 가능하다.

> ☑ 신용장 양도의 필요성
> ① 최초의 신용장 수익자가 무역업을 직접적으로 수행할 수 없거나,
> ② 거래은행에 무역금융수혜를 위한 거래한도가 부족하거나,
> ③ 쿼타(quota)보유상사 앞으로 부득이 신용장을 넘겨줄 필요가 있거나,
> ④ 기타 업무수행상의 번거로움을 덜기 위한 이유 등을 들 수 있다.

양도가능 신용장은 단 1회에 한하여 양도가 허용되며, 분할선적이 금지되어 있지 않는 한 최초의 수익자는 다수의 제2수익자에게 분할양도(partial transfer)할 수 있다. 단, 제2수익자인 양수인은 제3자에게 재양도가 금지된다. 따라서 양도권은 최초의 수익자만이 갖는다. 신용장의 양도는 원신용장에 명시된 조건에 의해서만 가능하지만, 예외적으로 ① 신용장금액, ② 단가의 감액, ③ 유효기일 및 서류제시기간이 정해 있을 경우에는 서류제시 최종일의 단축, ④ 선적기일의 단축, ⑤ 보험금액은 원신용장에서 요구되는 금액을 한도로 증액을 허용하고 있다. 또한 최초의 수익자는 다음의 권리를 갖는다. ① 신용장의 양도를 은행에 지시할 수 있는 권리를 갖는다. ② 양도신용장에 원수익지는

자기의 명의를 사용할 수 있다. ③ 신용장에 표시된 금액을 초과하지 않는 한 자기의 송장으로 제2수익자의 송장을 대체(substitution of invoices)할 권리를 가지며, 송장금액의 차액을 향유할 수 있다.

양도불능신용장(non-transferable credit)이란 신용장상에 "transferable"이란 표시가 없는 신용장을 말하며, 이와 같은 신용장은 양도사유가 발생하여도 신용장을 양도할 수 없다.

9. 상환청구가능신용장과 상환청구불능신용장

상환청구가능신용장(with recourse)은 발행은행이나 확인은행 이외의 은행이 수익자로부터 매입한 어음이 지급불능이 될 경우 수익자에 대해서 어음금액을 상환청구할 수 있는 신용장을 말한다. 우리나라의 경우 어음의 지급 및 매입은행은 신용장발행은행이 지급을 거절하거나 또는 지급불능상태인 경우에 어음발행인에 대해서 그 어음대금의 상환을 청구할 수 있도록 하고 있다. 영미법에서는 어음상에 "without recourse" 표시가 있는 것은 원칙적으로 상환청구권을 인정하지 않는 것으로 하고 있다. 한편 ICC에서도 "without recourse"의 문언이 기재되어 있는 어음은 매입하지 말 것을 권고하고 있다.[18]

한편 상환청구불능신용장(without recourse)은 어음소지인의 상환청구에 대하여 어음발행인이 상환의무를 부담하지 않는 신용장을 말한다. 일반적으로 상환청구가능신용장은 신용장상에 "with recourse"의 표시가 있으나 이와 같은 아무런 표시가 없는 경우에도 상환청구가능신용장으로 간주되는 것이다. 따라서 상환청구불능신용장이 되려면 반드시 "without recourse"의 표시가 있어야 한다.

10. 자유매입신용장과 매입제한신용장

신용장상에서 매입을 규정하고 있는 경우 발행은행에 의해 발행되는 신용장이 매입신용장(negotiation credit)이다. 전술한 바와 같이 매입신용장은 신용장에 의거하여 발행된 환어음이 매입되는 것을 예상하여 매입을 허용하고, 어음의 발행인(drawer)뿐만 아니라 어음의 배서인(endorser), 어음의 선의의 소지인(bona-fide holder)에 대해서도 지급을 확약하고 있는 신용장을 말한다. 매입신용장은 수출지의 매입은행이 발행은행의 무예치환거래은행인 경우에 사용되며, 서류매입 의뢰시에 어음을 제시하여야 하고, 일

---

18) ICC Document 470/371, 470/373 December 9, 1980.

람출급 또는 기한부신용장으로 사용된다. 매입은행은 대개 어느 은행이나 자유로이 이용할 수 있으며, 발행은행이 서류부도반환을 하더라도 환어음 발행인에게 소구권을 행사할 수 있다.[19]

매입에 의해 사용될 수 있는 신용장은 두 가지로 구분하고 있다. 하나는 매입을 지정은행에 한정하고 있는 매입제한신용장(restricted credits), 다른 하나는 매입을 희망하는 경우 어느 은행에 의한 매입도 허용하고 있는 소위 자유매입신용장(freely negotiable credits)이 있다. 대체로 발행의뢰인은 자유매입을 특정 국가나 도시로 한정하는 것이 바람직하다.

매입신용장에 의한 결제과정을 요약하여 도시하면 다음과 같다.[20]

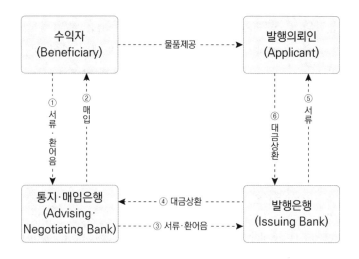

① 먼저 매도인인 수익자는 신용장을 사용할 수 있는 은행(매입은행) 앞으로, 환어음과 선적을 증명하는 서류를 제시한다.
② 매입은행은 서류가 신용장조건을 충족하고 있음을 점검한 후 신용장대금을 수익자에게 송금한다.
③ 매입은행은 환어음 및 서류를 발행은행에 송부한다.
④ 발행은행은 환어음 및 서류가 신용장조건을 일치하고 있음을 점검하고, 사전에

---

19) 일반적으로 매입신용장의 지급확약문언과 신용장유효기간에 대한 표시의 예를 보면 다음과 같다. 지급확약문언: "We hereby agree with the drawers, endorsers and bona-fide holders of drafts drawn under and in compliance with the terms of this credit, that such drafts will be duly honored on due presentation and on delivery of documents as specified to the drawee bank." 신용장유효기간: "Drafts must be negotiated not later than May 10, 20××."

20) ICC, ICC Guide to Documentary Credit Operations, ICC Publishing S.A., 1994. p.93.

합의된 방법으로 대금상환을 행한다.

⑤ 발행은행은 서류를 매수인에게 송부한다.

⑥ 발행은행은 사전에 합의되어 있는 방법으로 매수인으로부터 대금상환을 받는다.

여기에서 자유매입신용장(freely negotiable credit)이란 신용장에 의해서 발행되는 환어음의 매입을 특정은행에 제한시키지 않고 어느 은행에서나 매입할 수 있는 매입신용장을 말한다. 이 신용장은 매입은행이 특정되지 않는다고 하여 보통신용장(general credit), 매입이 모든 은행에게 개방되어 있다고 하여 개방신용장(open credit)이라고도 한다. 자유매입신용장에서 발행은행의 지급확약을 받고 있는 자는 어음의 발행인, 어음의 배서인, 어음의 선의소지인 등이 모두 포함된다.

자유매입신용장의 특징은 첫째, 발행은행과 매입은행은 일반적으로 무예치환거래은행이 원칙이고, 둘째, 수출업자가 발행한 환어음의 양도에 의하여 대금의 최종 수취인이 결정되는 어음부 신용장이며, 셋째, 수출업자가 부정한 방법으로 이중매입할 가능성을 줄이고 선의의 매입은행을 보호하려는 취지에서 매입시 신용장원본을 회수하여 그 이면에 매입사실에 배서하고 있다는 것이다.[21] 이와 같은 신용장은 수익자가 환어음 매입시에 거래은행이나 유리한 은행을 자유로 선택할 수 있기 때문에 편리하다.

자유매입신용장은 다음과 같이 표시될 수 있다.

- "This credit is available with any bank by negotiation against presentation of following documents."
- "This credit is freely negotiable by any bank."

한편, 매입제한신용장(restricted credit)이란 신용장발행은행이 그 신용장에 의해서 발행된 환어음의 매입을 특정은행으로 한정시키는 경우의 신용장을 말한다. 또한 수출지에서 서류매입이 통지은행에 지정된 신용장을 지정신용장(nominated credit)이라 하여 매입은행이 지정 또는 제한되는 신용장과 같다고 볼 수 있다. 이 신용장을 특정신용장(special credit)이라고도 한다. 매입제한신용장의 경우는 다음의 예와 같이 매입은행을 특정은행으로 제한하는 문구가 명시되게 된다.

---

21) 이중매입 방지를 위한 문언으로는 "If the credit is available by negotiation, each presentation must be noted on the reverse of this advice by the bank where the credit is available."와 같이 이용된다.

- "Negotiation under this credit is restricted to ○○ bank."
- "This credit is available through ○○ bank only."
- "We(advising bank) hold special instructions regarding the reimbursement."

 ☑ SWIFT신용장의 41D: available with…/by… ○○ BANK, Seoul Korea by Negotiation

매입제한 신용장은 수출업자에게 매입은행의 선택권을 허용하는 자유매입신용장과는 근본적인 차이점이 있다. 따라서 매입제한 신용장하에서 수출업자로부터 1차로 선적서류를 매입한 은행은 반드시 신용장에 지정되어 있는 특정은행 앞으로 재매입(re－negotiation)을 의뢰하여야 하는 점에 유의하여야 할 것이다.

대개 매입제한을 두는 이유는 발행은행이 해외의 본·지점에 환어음매입수수료 수익증대를 도모하기 위한 정책적인 점과 환거래은행간의 편의에 의한 때문이다.

11. 원신용장과 내국신용장

원신용장(master credit)은 수입업자가 발행은행을 통해 발행한 최초의 신용장을 의미하며, original credit, prime credit라고도 한다.

내국신용장(local credit)이란 외국으로부터 수출신용장(master L/C)을 받은 수출자가 국내생산업자나 원자재공급업자로부터 물품을 공급받고자 할 때 국내공급업자 앞으로 수출상의 거래은행이 발행해 주는 신용장이다. 이 신용장의 발행목적은 물품공급자에게 물품대금의 결제를 국내은행이 보장하는 기능과 물품공급자에게 물품을 제조·가공하는 데 따른 무역금융도 수혜받을 수 있어서 국내 물품공급자에게 유용성이 크기 때문이다. 내국신용장은 수출상(master L/C의 수령자)이 발행의뢰인이 되고 국내의 은행이 발행은행이며 물품의 공급업자가 수익자가 된다. 신용장의 형식이나 문언의 해석은 일반 신용장에 준하고 있다.

그러나 내국신용장은 원신용장과는 별개의 것이기 때문에 원신용장의 지급확약과 내국신용장의 지급확약과 무관한 것이다. 그 차이점을 다음과 같이 설명할 수 있다. ① 내국신용장은 국내거래에 사용되며 ② 내국신용장은 수출신용장이나 수출계약서, 수출실적 등의 발급근거가 있어야 한다. ③ 원신용장은 매입시 선적서류를 반드시 제시하여야 하나 내국신용장을 매입할 경우 운송서류는 필요없고 물품인수증과 세금계산서만 제출하여 대금을 회수할 수 있다.

12. 회전신용장

회전신용장(revolving credit)은 동일한 거래처와 동일한 상품을 일정기간에 걸쳐서 지속적으로 거래가 이루어질 경우 매 거래시마다 신용장을 발행하려면 발행의뢰인 측의 많은 시간, 노력 및 비용이 들게 되어 비경제적이고 비능률적이다. 그렇다고 거래예상액 전액을 한꺼번에 신용장을 발행하면 일시에 너무 과중한 자금부담이 발생하게 되므로 바람직하지 못하다. 이러한 경우 일정기간 동안 일정한 범위 내에서 신용장 금액이 자동적으로 갱신되도록 되어 있는 신용장을 회전신용장(revolving credit or self-continuing credit)이라고 한다.

회전신용장이 사용되는 방법은 ① 신용장에 의해 발행된 환어음에 대한 지급이행 통지가 있을 때 그 금액만큼 갱신되는 방법, ② 환어음이 결제되는 일정 일수를 신용장에 정하여 놓고 그동안에 지급부도 통지가 없으면 자동적으로 갱신되는 방법, ③ 일정한 기간마다 그 금액이 갱신되는 방법 등이 있다. 신용장을 갱신하는 경우에 ① 누적적 방법(cumulative method) ② 비누적적 방법(non-cumulative method)이 있다. 전자는 갱신되기 전에 미사용 잔액(unused balance)이 있을 경우에는 그 잔액이 그대로 누적되는 방식이며, 비누적적 방식은 그 잔액이 누적되지 않는 방법이다. 한편, 현행 신용장통일규칙에는 회전신용장에 대한 어떠한 규정도 명시되어 있지 않으므로 회전신용장의 이용방법에 대한 명확한 명시조항이 필요하다.

회전신용장의 Revolving에 관한 문언을 살펴보면 다음과 같다.

> "The amount of drawings made under this credit become automatically reinstated on payment by us. Drafts drawn under this credit must not exceed to US $ 500,000 in any calendar month."

13. 전대신용장

전대신용장(red clause credit)은 수익자가 물품의 제조, 가공, 포장 등의 필요한 생산자금을 선적서류 제시이전에 신용장 발행의뢰인이 일정한 조건하에서 수익자에게 신용장 금액을 선지급하여 주도록 수권한 신용장을 말한다. 수출대금의 전대를 인정하고 있는 신용장을 수입상측에서 보면 전대신용장이고, 수출상측의 입장에서 보면 선수금 신용장이 된다. 수익자가 선수금을 받기 위해서는 신용장을 접수한 후 은행으로부터 대금을 선영수한 영수증과 무화환어음(clean draft) 그리고 선적 후 운송서류를 매입은행에 제시하겠다는 각서를 제출함으로써 대금결제가 이루어진다. 그리고 수익자는 선적 후 신용장상에서 요구하는 선적서류를 송부하여야만 매수인이 물품을 통관할 수 있다.

과거에서는 선수금의 지급을 허용하는 약관이 적색조항(red clause)으로 되어 있어서 적색조항신용장(red clause credit)이라고 한다. 또한 선대자금으로 물품을 집화, 포장한다는 의미에서 packing credit, 자금을 선지급받는다는 의미에서 advance payment credit(선수금 신용장)이라고도 한다.

14. 연계무역신용장

연계무역은 수출입 당사국 중 어느 특정 국가가 외환사정이 어려워서 현금결제가 곤란한 경우나 양국간에 현물거래로 무역균형을 이룩하고자 할 경우 수출과 수입을 연계한 무역방식이다. 연계무역형태는 물물교환(barter trade), 구상무역(compensation trade), 대응구매(counter pur-chase), 산업협력(industrial cooperation) 등이 있다. 연계무역방식 중 물물교환방식은 환결제 없이 상품만으로 결제하는 것이며, 연계무역신용장(counter trade credit)이라고 할 경우 대개 구상무역에 대한 것으로 동시발행신용장, 기탁신용장, 토마스 신용장이 있다.

1) 동시발행신용장

동시발행 신용장(back to back credit)이란 수입상이 일정액의 수입신용장을 발행할 경우, 그 신용장은 상대방에게서 같은 금액의 수입신용장을 발행하는 경우에만 유효하다는 조건이 붙은 신용장을 말한다. 신용장 조건은 대개 수출업자가 이 신용장을 접수한 날로부터 ○○일 이내에 수입상을 상대로 이미 발행된 신용장과 동액의 Counter L/C를 발행하여야 이 신용장이 유효하다는 문언이 명시되어 있는 신용장을 말한다.

내국신용장은 외국으로부터 보내 온 신용장을 견질(backed)로 하여 발행된다고 하여 이 신용장을 back to back credit이라고 하였다. 그러나 이와 같은 본질적 의미 이외에 2국간의 무역을 균형 시키거나 경화가 부족한 국가와 무역거래를 할 경우 수출과 수입에 연계하는 방식으로 사용됨에 따라 오늘날의 back to back credit로 발전하게 되었다.

2) 기탁신용장

기탁신용장(escrow credit)은 수익자가 선적 후 신용장조건에 따라 매입대금을 지급하지 아니하고 수익자 명의로 상호 약정에 따라 매입은행이나 발행은행 또는 제3의 은행 등의 수익자의 신탁계정(escrow account)에 기탁하여 두었다가 그 수익자가 수입대금으로만 결제하도록 명시된 신용장을 말한다.

3) 토마스 신용장

토마스신용장(TOMAS Credit)이란 수출상과 수입상이 상호 일정 금액의 신용장을 양 당사자가 각각 발행하기로 하고 일방이 먼저 신용장을 발행한 경우 상대방은 이에 대응하는 신용장을 일정기간 후에 발행하겠다는 보증서를 발행하여야만 그 신용장이 유효하게 되는 신용장을 의미한다. Back to Back Credit가 발행시기에서 시차가 같거나 비슷하고 대응신용장(Counter L/C) 발행조건이 신용장 자체에 명시되는 데 반하여, 토마스 신용장은 발행시기면에서 일정한 시차가 있을 뿐만 아니라 대응신용장 발행조건이 보증서를 매입은행에 제출하여야 유효하다는 점에서 차이가 있다고 할 수 있다.

15. 우편신용장과 전송신용장

신용장의 발행을 전신으로 하느냐 우편으로 하느냐에 따라 전송신용장(teletransmission credit)과 우편신용장로 구분한다.

우편신용장(mail credit)은 발행은행이 신용장을 발행하여 수익자의 소재지인 통지은행이나 수익자에게 직접 송부할 때 우편으로 통지되는 신용장을 말한다. 이 형태의 신용장은 발행은행이 자기은행의 신용장양식을 사용하여 발행하고 발행은행의 책임자가 서명하여 송부하게 된다.

전송신용장은 신용장을 발행하여 우편이 아닌 전송을 이용하여 통지되는 신용장을 말한다. 전송신용장은 통상 전신(cable), 스위프트(SWIFT), 팩시밀리(FAX) 또는 텔렉스(telex) 등과 같은 방법을 이용하여 전송할 수 있으나 최근에는 대부분 SWIFT방식으로 발행되어 전송이 이루어지고 있다. 신용장을 전송으로 통지할 경우 간단히 신용장의 요지만을 통지하는 예비통지(pre-advised)와 신용장의 형식과 적격성을 구비한 full cable이나 SWIFT방법에 의한 통지를 할 수 있다. 예비통지의 경우 대개 "full details to follow" 또는 "the mail confirmation is to be the operative credit instrument"의 표현의 문언이 명시되어 있다.

16. 보증신용장

보증신용장(standby credit)은 신용장발행은행이 특정인에 대한 금융지원 등 여신행위를 하도록 한 지급보증 상대은행에게 채무상환을 이행하지 않을 경우에 지급을 이행하겠다는 약속증서를 말한다. 보증신용장은 일반 고객이 현지 은행으로부터 금융서비스를 받거나 화환신용장을 발행받고자 할 때 자신의 거래은행에 요청하여 그 거래은행이 현지은행 앞으로 고객의 채무보증을 확약한다는 내용으로 발행되는 신용장이다.

따라서 보증신용장은 수출대금의 결제를 목적으로 하는 화환신용장과 달리 순수하게 금융지원서비스 또는 채무이행의 보증(performance bond)을 목적으로 발행되는 무화환신용장(clean credit)이다. 예컨대 국내 상사의 해외지점이 본사 물품을 수입하기 위하여 신용장을 발행하려고 한다든지 또는 현지에 소재하는 외국은행으로부터 금융상의 편의를 받고자 하는데 담보가 부족한 경우에, 국내 본사가 국내거래은행에 의뢰하여 해외지사의 거래은행을 수익자로 하는 보증신용장을 발행해 주면 해외지사의 거래은행을 이것을 담보로 하여 수입신용장을 발행해 주든지 금융상의 혜택을 줄 수 있게 된다. 보증신용장을 발행하는 경우는 그 외에도 해외지사의 운영자금 또는 국제입찰보증금(bid bond), 계약이행보증금(performance bond), 선수금환급보증(Advance Payment Bond), 하자보증금(Retention Money Bond)에 필요한 자금 등을 현지은행에서 공급받는 경우 이러한 채무를 보증할 목적으로 국내외국환 은행이 해외은행 앞으로 발행하는 신용장이다.

화환신용장과 보증신용장은 유사한 점이 있으나 다음과 같은 점에서 본질적인 차이점이 있다.

첫째, 화환신용장은 수익자가 선적을 이행한 후 그 증거서류로써 선화증권 등의 서류를 기초로 하여 대금지급이 이루어지는 것이 일반적인 데 비해, 보증신용장은 차입자나 수익자가 거래은행으로부터 채무를 불이행하였다는 사실을 증명하는 서류로부터 대금지급을 확약하고 있다는 점에서 근본적인 차이점이 있다.

둘째, 화환신용장은 수익자의 정상적인 이행에 대하여 대금을 지급확약하고 지급이 이루어지는 데 반하여, 보증신용장은 발행목적이 우발적 채무 보증이기 때문에 발행의뢰인 또는 그가 지정한 자의 채무불이행이란 사실이 존재하고 그것을 증명하는 서류가 제시되어야 은행의 지급이 이루어진다.

셋째, 보증신용장은 거래의 성질상 선화증권 등의 권리증권이 사용되지 않는 경우에도 사용된다. 선박매매가 이러한 예이다. 선박의 매매대금지급을 보증하기 위해서 보증신용장이 사용되었지만, 서류가 신용장의 요구와 합치하지 않고 또 그 제시가 신용장의 유효기한 후에 행해졌기 때문에 매도인이 패소했다.

17. 유사 신용장

무역대금결제를 위해서 수입상의 의뢰를 받은 은행이 수출상의 거래은행에 대하여 신용장 대신에 특수한 지시를 통하여 이루어지는 경우가 있다. 이러한 유형으로 어음매입수권서(Authority to Purchase: A/P)나 지시서(Letter of Instruction: L/I)는 은행의 지급확약이 없기 때문에 엄격한 의미에 있어 신용장이라고 할 수는 없으나 국제결제에 이용된다는 점에서 신용장과 유사한 기능을 한다.

1) 어음매입 수권서(Authority to Purchase: A/P)

어음매입 수권서(Authority to Purchase)란 수입지의 은행이 수입상의 의뢰에 의하여 수출상 소재지에 있는 자기의 지점 또는 환거래은행에 대하여 수출상이 선적서류를 첨부하고 수입상 앞으로 발행한 환어음을 매입할 수 있는 권한을 부여한 일종의 통지서이다. 본래 어음매입수권서는 발행은행이 수출업자가 발행한 환어음을 인수·지급할 것이라는 확약이 없으므로 신용장과는 구분하여 왔다. 환어음은 발행은행을 지급인으로 하여 발행되지 않고 수입자를 지급인으로 하여 발행되며 은행은 다만 수출업자에게 통지할 뿐이다.

2) 어음지급 수권서(Authority to Pay: A/P)

어음지급 수권서(Authority to Pay)란 수입지의 은행이 수입상의 의뢰에 의하여 수출상 소재지에 있는 자기의 지점 또는 환거래은행에 대하여 수출상이 선적서류를 첨부하고 수입상 앞으로 발행한 환어음을 매입할 것을 지시한 통지서이다.

어음지급수권서가 어음매입수권서와 다른 점은 어음매입수권서의 지급인은 수입업자인데 반하여 어음지급수권서의 지급인은 은행이 된다는 데 있다. 그러므로 어음지급수권서에 의해서 환어음을 발행하게 되면 그 환어음의 지급인은 은행이 되며 어음발행자로서의 수출업자는 지급은행이 그 환어음을 지급하는 순간 이 환어음에 대한 책임은 소멸된다. 그러나 어음매입수권서에서의 환어음 발행인의 책임은 수입업자가 그 환어음을 지급할 때까지 계속된다.

3) 어음매입 지시서(Instruction to Purchase)

어음매입 지시서(Instruction to purchase)란 수입지의 은행이 수출지에 있는 자기의 본·지점 앞으로 그 어음을 매입하도록 지시한 통지서를 말한다. 즉 수입지 은행이 수출지에 있는 자기의 본·지점 앞으로 "귀 지역의 수출자 ○○○가 이러한 조건으로 이 금액 이내의 환어음을 발행하였을 경우 귀 점에서 그 어음을 매입하도록" 지시한 통지서이다. 이것은 기능면에서는 어음매입수권서와 다를 바가 없으나 동일 은행 내에서 본·지점간에만 사용된다는데 그 차이점이 있다고 할 수 있다.

SECTION 04 신용장의 실무

1. 신용장 발행 신청서의 주요 기재 사항

신용장은 매매계약의 내용을 기초로 하여 신용장 발행신청서를 작성하게 된다. 그러나 신용장이 발행되고 나면 일단 매매계약과는 별도의 독립된 계약이며 실제적으로 서류상의 거래로만 이루어진다.

그러므로 은행은 수입업자가 주장하는 상품의 질이나 계약상의 하자를 구실로 신용장의 거래를 중지시킬 수 없으며, 지급거절의 사유도 제출된 서류상의 하자에 기인해야지 매매계약이나 다른 이유를 들어 지급거절을 할 수 없다.

발행의뢰인은 신용장 발행신청시 신용장상의 제시서류 및 신용장 그 자체가 완전하고 정확하게 지시하여야 한다. 신용장 당사자 간의 해석에 따른 혼동과 오해를 방지하기 위하여 발행은행은 신용장 발행의뢰인이 신용장에 지나치게 상세한 내용을 서술하려는 시도를 제지하여야 하며 당사자 간에 혼란이나 오해를 불러올 용어는 가능한 한 사용하지 말아야 한다.

1) 주요 기재 사항

수입업자가 외국의 수출업자를 수익자로 하는 신용장을 발행할 때는 자신의 거래은행에 신용장 발행신청서를 제출하여야 한다. 발행신청서에는 신용장에 기재될 요건을 기입하여야 하며 매매계약서에서 약정된 내용과 수입승인서(I/L)상의 내용과 일치되게 기재하여야 한다. 신용장 발행신청서에 기입해야 할 사항은 신용장의 종류와 조건에 따라 약간 상이하나 그 기재요령은 다음과 같다.

(1) 신용장 자체에 관한 사항

① 수익자(수출업자, Beneficiary)의 성명 및 주소: 수익자는 신용장의 수혜자이며, 이 난에는 수익자의 상호, 이름 이외에 주소도 정확하게 표시해야 한다. 회사명 등을 기입할 때 약호는 사용하지 않는 것이 좋다.

② 발행의뢰인(수입업자, Applicant)의 성명 및 주소: 신용장 발행을 의뢰한 사람으로 수입업자를 말한다. 이 난에는 수입업자의 성명과 주소를 명기한다.

③ 신용장 금액: 신용장 한도금액(available amount of credit)을 표시하며 이 금액 이상의 환어음을 발행할 수 없게 되어 있다. 금액은 숫자와 문자를 병기해서 기재한다. 금액의 과부족은 10%를 초과하지 않는 범위 내의 차이를 인정한다.
> 예 US$123,456.24(US Dollars One Hundred Twenty Three Thousand Four Hundred Fifty Six (and) Cents Twenty Four)
> US$39,600(Thirty Nine Thousand Six Hundred U. S. Dollars Only)

④ 신용장 유효기간(Expiry Date): 발행은행은 신용장 발행일로부터 명시된 유효기일을 포함한 기일까지 수익자에 대하여 지급확약을 하고 있는 것이다. 이 난에는 유효기간을 완전하게 표기하여야 하며 장소까지 표시할 수도 있다. 기일표시는 각 국마다 년 월 일의 표기순서가 달라 해석상 오해의 여지가 있으므로 반드시 월 표시는 문자로 표시하는 것이 좋다. 날짜표시 앞에 "to", "until" 등의 표현이 있을 때는 그날 자체도 포함하는 것으로 해석된다.
> 예 30th September 20××
> DEC 10. 20××
> 20. OCT 20×× in Seoul Korea

(2) 환어음에 관한 사항

⑤ 환어음의 종류(Sight 또는 Usance) 및 환어음의 지급기일(Tenor of Draft): 환어음의 지급기일(Tenor)을 표시하는데 일람출급어음(Sight Draft)인 경우에는 at 다음에 sight를 표시하면 되고, 기한부어음(Usance Draft)인 경우에는 약정된 기간, 예를 들면 90 days after sight, 90 days sight 혹은 90 days after B/L date 등으로 표시하면 된다.
환어음의 발행금액은 보통 Invoice금액과 일치하여 for 100% of Invoice value로 표기하는 것이 원칙이지만, 특수한 거래인 경우에는(예 광석, 화학약품, 곡물 등) 100% 미만의 일정률에 대해 환어음을 발행하도록 하는 경우도 있다.

예 for 95% of Invoice Value

그 차액은 수입업자가 상품을 인수하고 품질, 중량 등을 검사한 후 추가적으로 어음을 발행하게 된다.

(3) 운송서류에 관한 사항

수입업자가 필요한 선적서류의 종류와 통수 및 요구하는 선적서류의 조건을 명시하면 된다.

기본서류로는 상업송장, 포장명세서, 선화증권(B/L), 보험증권(CIF인 경우)이 있으며 그 외 부속서류에는 원산지증명서(Certificate of Origin), 영사송장(Consular Invoice), 검사증명서(Inspection Certificate) 등이 있다.

⑥ **선화증권(Bill of Lading):** 선화증권상의 수화인(Consignee)은 발행은행의 지시식(to order of Issuing bank)으로 작성하며, 운임지급 여부 표시는 상품의 가격조건이 CFR, CIF 등의 C group은 "Freight Prepaid", FAS, FOB 등의 F group은 "Freight Collect"로 표시한다.

⑦ **보험증권(Insurance Policy):** 가격조건이 CIP, CIF가 아닌 경우에는 이 보험증권을 삭제하고 여백에 "Buyer insures" 또는 "Insurance to be covered by buyer" 등과 같은 문언을 기재한다. 가격조건이 CIP 또는 CIF인 경우에는 보험증권의 제시가 필수적이므로 All Risks, W/A 또는 W/A 3% 등과 같이 매매계약에서 약정한 보험의 부보조건을 표시한다.

⑧ **상업송장(Invoice):** 상업송장은 당해 상품의 명세서인 동시에 대금청구의 역할을 겸하고 있다. 이 안에는 수입업자가 필요한 통수를 표시하면 된다.

예 in triplicate, in quintuplicate, in six copies.

⑨ **포장명세서(Packing List):** 포장명세서 난에는 필요한 통수를 표시하고 특별한 포장방법에 대한 요구사항을 표시하거나 별도 지시사항을 표시하기도 한다.

⑩ **기타서류:** 영사송장, Inspection Certificate, 원산지증명 등 기타 거래상에 있어서 특별히 요구되는 서류가 있을 때 이 난에 표시한다.

(4) 상품선적에 관한 사항

⑪ **상품의 명세(Commodity Description):** 이 난에는 상품명 및 명세, 수량, 단가, 가격조건, 금액 등을 기재한다. 주의할 것은 선적서류에 명시될 상품의 명세는 신용

장조건으로 규정할 수도 있으나, 신용장 통일 규칙에는 과도한 명세를 신용장에 삽입하려는 시도를 규제하고 있으므로 상품의 명세도 거래상 불가피한 것만 간단하게 기재하는 것이 요망된다. 상품명이나 명세가 복잡한 경우에는 대표적인 상품명세만 적고 "Details are as per offer No. 1349 dated June 10. 20××" 등으로 표시할 수도 있다. 그러나 반드시 가격조건과 금액만은 신용장 금액과 일치해야 한다.

⑫ 선적 지시 사항

▸ 선적항, 도착항 및 선적기일(Shipping expiry): Shipment from 다음에는 선적항을, to 다음에는 화물의 도착항을 표시하며 Latest 다음에는 선적기한, 즉 상품의 최종 선적일을 기재한다.

  ▣ "Shipment from Kobe Japan to Pusan Korea Latest on AUG. 14. 20××"라고 표시하면 늦어도 20××년 8월 14일까지 일본 Kobe에서 대한민국 부산으로 화물을 선적해야 한다는 지시다.

▸ 분할선적(Partial Shipment): 분할선적 여부를 표시하는 규정으로 분할선적을 허용할 경우에는 Permitted 또는 Allowed 등으로 표시하고 금지할 경우에는 Prohibited 또는 Not Permitted 등으로 표시한다. 분할선적에 대해 신용장에 표시가 없으면 분할선적을 허용하는 것으로 간주하게 되므로 분할선적이 곤란한 거래에서는 반드시 금지한다는 뜻을 명기해야 한다.

▸ 환적규정(Transshipment): 환적규정 즉, 환적가부를 표시하는 난으로 분할선적 규정의 표시와 동일하다.

  – 환적을 허용하는 경우: Permitted 또는 Allowed 등
  – 환적을 불허하는 경우: Prohibited 또는 Not permitted 등

▸ 서류제시기간: 신용장 통일규칙에는 선적서류 발행일 이후의 일정기간을 정하여 지급인수 또는 매입을 위해 선적서류를 제시하도록 규정되어 있다. 제시기간이 명시되지 않으면 은행은 선적서류 발행일 후 21일이 경과한 서류에 대해서는 서류의 수리를 거절할 수 있다.

(5) 기타 사항

⑬ **수수료 부담**: 신용장 발행과 관련되어 발행지 이외에서 발생되는 모든 Banking charge에 대하여 가끔 신용장거래 당사자간에 분쟁의 대상이 되기도 하므로 Banking charge 부담자를 명확히 표시할 필요가 있다. 일반적으로는 수익자 부담으로 하는 것이 통례이다.

▶ 수익자 부담일 경우: for account of beneficiary

▶ 발행의뢰인 부담일 경우: for account of accountee(applicant)

⑭ **선박의 지정**: 수입업자가 특별한 선박을 지정할 필요가 있을 때는 선박회사명, 또는 선박명을 지정하여 기재할 수도 있다.

> 예 Shipment by Sea-Land Line
> Shipment by Korean Airline

선박의 지정이 없을 때는 수출업자가 선적기일에 맞추어 임의로 선적할 수 있다.

⑮ **기타 기재사항(Special instructions)**: 신청서 다른 난에 기입되지 않은 추가적인 사항을 신청서 여백에 기재한다. 즉 선적서류 발송에 관한 일체의 지시사항, 선화증권에 대한 허용사항, 선적이행과 관련된 Performance Bond 발행요청, Agent Commision과 관련된 사항, 신용장이 양도 가능한 경우에 그 내용을 표시하는 등 기타 특별히 요청하는 조건 또는 내용에 관한 문언을 기재한다.

2) 신용장 발행신청시 주의사항

신용장 당사자간의 해석에 따른 혼동과 오해를 방지하기 위하여, 발행은행은 신용장 발행의뢰인이 신용장에 지나치게 상세한 내용을 기재하지 않는 것이 좋다. 또한 당사자들간에 혼란이나 오해를 야기시킬 용어는 가능한 한 사용하지 말아야 한다. 수익자가 실제 제출할 수 없는 서류를 요구해서도 아니되며, 수익자가 신용장조건을 준수하였는지 여부를 서류에 의하여 확인할 수 없는 문구를 삽입해서도 아니 된다.

신용장발행신청시의 주의사항으로서, 신용장발행신청서와 매매계약서 또는 수입승인서를 대조하여 다음 각 항목을 검토하여야 한다.

> ☑ 신용장 발행 신청시 주의사항
>
> L/C발행 신청서와 계약서 또는 수입승인서를 대조하여 다음 각 항목을 검토한다.
> ① 신청인의 상호, 성명, 인감이 신고된 인감과의 일치여부
> ② 신청금액과 계약금액의 일치 여부
> ③ 대금결제방법, 선적항, 도착항의 계약서와 일치여부
> ④ 품목, 규격, 단가, 원산지, 가격조건의 계약서와 일치여부(Details as per offer로 표시된 경우에는 offer와 대조한다)
> ⑤ 선적기일과 유효기일은 오퍼 유효기일 이내인가 확인
> ⑥ 분할선적과 환적의 허용여부(Partial shipment and Transshipment)
> ⑦ 기본적인 선적서류와 보충적인 선적서류는 수입업자의 요구대로 기재되어 있는가?

취소불능화환신용장발행신청서
(APPLICATION FOR IRREVOCABLE DOCUMENTARY CREDIT)
Woori Bank

SWIFT Code HVBK KRSE :

Mailing Address : P.O.Box Central 126

Telex Number : K24611−6 Seoul

22723−5

To : Woori Bank

Dear Sirs :

AT SIGHT L/C 및 내국수입 USANCE
지 급 보 증 용

We request you to establish by □ cable   □ air mail an Irrevocable Credit on the following terms and conditions

Advising Bank Woori Bank, TOKYO Branch	
Cable Address	Date June 10, 20**
Credit Number	
②Applicant KORYO MULSAN Co., LTD. C.P.O. Box 123, SEOUL, KOREA	
①Beneficiary JAPAN HAMADA Co., LTD. I ITCHOME, MARINOUCHI, TOKYO, JAPAN	
③Amount US$5,500−(USDLS FIVE THOUSAND AND FIVE HUNDRED ONLY.)	
④Expiry Date AUGUST 31, 2010	
⑤Tenor of Draft ×××× At ×××× Sight For 100 % of invoice value	

Documents(please indicate by placing x Mark in applicable box)

⑥□ **full set of clean on board ocean bills of lading,** made out to the order of the ABC Bank of Korea Ltd.. marked "Freight ___PREPAID___ " and "Notify accountee"

⑦□ **Marine Insurance policy or certificate in duplicate,** endorsed in blank for   % of the invoice value.
Insurance polices or certificates must expressly stipulate that claims are payable in the currency of the drafts and policies or certificates must also indicate a claim settling agent in Korea. Insurance must include:
Institute Cargo Clauses : ___I.C.C(A)___

⑧□ **Signed commercial invoice in** QUINTUPLICATE

⑨□ **Packing list in**

⑩□ **Other document(s) (if any)** CERTIFICATE OF ORIGIN IN DUPLICATE

⑪Commodity Description

Name of Commodity	Quantity	Unit Price	Amount
INDUSTRIAL OVERLOCK SEWING MACHINE	5 SETS	C.I.F 1,100	US$ 5,500.00
*********	5 SETS	*****	US$ 5,500.00
Country of Origin JAPAN			

⑫Shipment from   KOBE, JAPAN   to   BUSAN, KOREA   Latest AUGUST 10, 20**

Partial shipments are   NOT PERMITTED   Transhipment is NOT PERMITTED

Documents must be presented within ___days after the date of issuance of B/L or other transportation documents.

⑬Special condition(s) : All banking charges including postage, advising and payment commission outside Korea are for account of ___BENEFICIARY___   Shipment by ___KOREAN VESSEL___

위와 같이 신용장발행을 신청함에 있어서 위 기재사항이 수입허가(승인)사항과 틀림없음을 확인하고 따로 제출한 수입거래약정서의 각 조항에 따를 것을 확약하며 아울러 위 수입화물에 관한 모든 권리를 귀행에 양도하겠습니다.

인감대조

Except so far as otherwise expressly stated, this credit is subject to the : Uniform Customs and Practice for Documentary Credits : (2007 Revision) International Chamber of Commerce, Publication **No. 600**	신청인 KORYO MULSAN Co., LTD ㉡ 주 소 C.P.O Box 123 SEOUL, KOREA × × ×

지급보증확인	Checked By	Approved By

계	대 리	차 장	부 점 장

87912B6−58 13 B−19A 210mm×297mm

2. 신용장의 발행

1) 여신심사

발행은행이 신용장을 발행하게 되면 동 은행은 수출상인 수익자에 대하여 신용장 대금을 지급할 의무를 부담하게 되므로, 은행이 신용장을 발행한다는 것은 그 의뢰인인 수입상에 대한 여신행위가 된다. 따라서 은행은 신용장거래를 개시하고자 하는 취지를 접수하게 되면 수입상이 여신거래처로서 적합한지 여부를 심사하게 된다.

구체적으로 다음과 같은 사항에 대하여 여신심사를 한다.

- 수입상의 법률행위능력 및 채무이행능력에 문제가 없을 것.
- 수입상이 채무이행불능이 되는 사유가 발생하여도 담보 등의 처분에 의하여 은행이 채권을 보전할 수 있을 것.
- 수익자의 신용도에 문제가 없을 것.
- 수입물품의 매입가격이 시황 등을 감안하여 타당한 것이거나 유리한 가격으로 국내에서 판매가능할 것일 것.
- 후속적인 여신제공에 문제가 없을 것.
- 보험계약을 수입상이 체결하여야 하는 경우(FOB 또는 CFR 거래조건 이용시) 수입상인 신용장발행의뢰인에 의하여 이미 보험에 부보되어 있을 것.

그러나 지속적으로 신용장거래가 행해지는 거래처에 대해서는 이러한 심사를 하는 것은 번잡한 일이기 때문에 개개의 거래처에 관하여 그 신용도 및 여신방침 등을 감안한 여신한도를 설정하여, 그 한도 내의 여신을 실행할 시의 절차를 간소화하는 등 효율적인 여신업무를 행하고 있다.

신용장발행과 관련하여, 과거에는 수입대금결제의 담보를 위하여 수입보증금을 징수하였으나, 현재에는 업체의 신용상태에 따라 담보를 요구하거나 면제하고 있다. 담보의 내용은 수입물품의 성질이나 금액에 따라 담보의 경중이 결정되고, 또 은행에 따라 여러 가지 담보의 종류가 있을 수 있다. 대체로 발행의뢰인의 신용에 따라서 가능한 한 은행 측으로서는 채권확보상 안전하다고 생각되는 모든 수단을 강구하게 된다.

한편, 신용장발행은행은 발행의뢰인으로부터 접수한 신용장발행신청서에 관하여 엄밀한 점검을 하게 된다. 물론 신청서상의 모든 기재내용에 대하여 점검을 하게 되지만, 대체로 다음과 같은 사항에 유의하여야 한다.

- 필수기재사항이 모두 완전하고 정확하게 기재되어 있고, 상호 모순이나 불일치가 없을 것.
- 요구서류의 종류, 형식 및 송부방법이 은행에 있어 채권보전상 적절할 것.
- 기재내용이 매매계약조건에 위반하고 있지 않을 것.
- 신용장의 조건이 국제규칙이나 국제관습에 반하지 않을 것.
- 신용장의 조건이 자국의 법령 등에 적법할 것.
- 발행되는 신용장이 신용장통일규칙에 준거하고 있을 것.

2) 신용장의 발행방법

신용장발행은 선적기일, 시장상황 또는 자금사정 등에 따라 신청서에서 지시한 방법에 의하여 우편 또는 전신에 의한 방법을 이용하고 있다. 그러나 최근에는 주로 SWIFT에 의하여 발행되는 신용장이 주종을 이루고 있다.

(1) 우편에 의한 신용장발행

우편에 의한 신용장발행은 신용장의 원본과 통지은행용 복사신용장을 통지은행에 우편으로 발송하는 것으로 이 때에 신용장이 전달과정에서 사고로 인한 분실의 우려에 대비하여 제1편에 신용장의 원본과 부본(통지은행 보관 및 참조용)을 송부하고 제2편에 다시 신용장의 부본을 보내어 신용장이 발행된 사실을 명확히 하게 된다.

(2) 전신에 의한 신용장발행

전신에 의한 신용장발행은 Full Cable에 의한 발행, Cypher에 의한 발행, Short Cable에 의한 발행이 있다.

Full Cable에 의한 발행은 신용장의 모든 내용을 전신으로 송신하는 방법으로 송신비용이 많이 들지만, 전신내용이 명확히 송달되기 때문에 이를 쉽게 점검할 수 있다. 특히 이 방법은 전신약호(cypher; private code word)가 교환되어 있지 않은 은행간에 이용된다.

전신약호에 의한 신용장발행은 Full Cable에 의하여 신용장을 발행하는 데 따른 비용을 줄이기 위하여, 은행간에 환거래계약을 체결할 때 미리 신용장에 관한 전신약호를 교환하고, 신용장내용 가운데 매번 변경되는 사항만 공란으로 남겨두었다가 발행은행이 이 공란에 해당하는 사항만 타전하는 방법이다. 이를 접수한 통지은행은 상호 교환된 전신약호집을 참고하여 전신약호를 해독하여 자행의 신용장 통지양식에 옮겨 수익자에게 전달한다.

Short Cable에 의한 신용장발행은 신용장이 발행되었다는 정보를 제공하는 데 지나지 않는다. 따라서 Short Cable에 의하여 발행된 신용장은 그 자체가 유효한 증서가 될 수 없으며, 다만 그후 우송되어 올 신용장 원본만이 유효한 증서가 될 수 있다.

(3) 스위프트에 의한 신용장발행

최근 스위프트(Society for Worldwide Interbank Financial Telecommunication: SWIFT)에 의하여 발행되는 신용장이 주종을 이루고 있다. SWIFT란 세계은행간 금융데이터통신협회로 국제간의 대금결제 등에 관한 데이터통신의 연결망을 기획하고 운영할 것을 목적으로 설립된 비영리조직이다. 현재 스위프트는 은행간에 통신의 효율성 제고와 종래의 우편이나 전신에 의한 방법보다 편리하고 저렴하여 그 이용이 증대되고 있다. 특히 스위프트 통신망을 이용하여 신용장의 발행 및 통지 등을 신속하게 처리할 수 있으며, 현재 대부분의 은행들은 신용장의 발행 및 통지에 사용되는 양식으로서 스위프트가 개발하여 표준화시킨 양식을 이용하고 있다.

표 11-4   화환신용장 관련 SWIFT 서비스 내용

메시지 포맷	서비스 내용
MT700/701	화환신용장의 발행
MT705	화환신용장의 사전통지
MT707	화환신용장의 조건변경
MT710/711	제3은행의 화환신용장 통지
MT720/721	화환신용장의 양도
MT730	화환신용장의 수령확인
MT732	하자서류의 접수통지
MT734	거절통지
MT740	상환수권서의 발행
MT742	대금상환청구
MT747	상환수권서의 조건변경
MT750	하자통지
MT752	지급·인수·매입의 수권

MT754	지급·인수·매입의 통지
MT756	대금상환 또는 지급의 통지

신용장의 발행과 관련하여서는 MT 700이나 MT 701 메시지가 이용된다. 스위프트에 의하여 신용장이 발행될 경우 신용장의 표준양식은 코드화되어 있다. 그리고 이 신용장은 Authenticator Key에 의하여 발행된 신용장의 진위여부를 확인하는데, 신용장의 금액, 통화종류, 거래일자 등 신용장의 제 조건들이 모두 암호화되어 있기 때문에 위조가 불가능하다.

표 11-5 MT700에 의한 화환신용장 발행 M: 필수사항 O: 선택사항

M/O	Tag	Field Name
M	27	Sequence of Total (신용장 페이지 총 수)
M	40A	Form of Documentary Credit (화환신용장의 형식)
M	20	Documentary Credit Number (화환신용장 번호)
O	23	Reference to Pre-Advice (사전통지에 대한 참조)
O	31C	Date of Issue (발행일자)
M	40E	Applicable Rules (적용규칙)
M	31D	Date and Place of Expiry (유효기일 및 장소)
O	51a	Applicant Bank (발행의뢰인 은행)
M	50	Applicant (발행의뢰인, 수입상)
M	59	Beneficiary (수익자, 수출상)
M	32B	Current Code, Amount (통화코드, 거래금액)
O	39A	Percentage Credit Amount Tolerance (신용장 과부족금액 용인 비율)
O	39B	Maximum Credit Amount (최대 신용장 금액)
O	39C	Additional Amounts Covered (추가금액)
M	41a	Available With ... By ... (A, D option) (신용장 사용은행 및 형태)
O	42C	Drafts at ... (환어음의 지급기일)
O	42a	Drawee (A, D option) (환어음의 지급인)
O	42M	Mixed Payment Details (혼합지급 명세)
O	42P	Deferred Payment Details (연지급 명세)
O	43P	Partial Shipments (분할선적)
O	43T	Transshipment (환적)
O	44A	Place of Taking in Charge/Dispatch from ···/Place of Receipt (수탁지/발송지/수령지)

O	44E	Port of Loading/Airport of Departure (선적항/출발지 공항)
O	44F	Port of Discharge/Airport of Destination (양륙항/목적지 공항)
O	44B	Place of final Destination/For Transportation to...Place of Delivery (최종 목적지/···까지 운송을 위해/인도지)
O	44C	Latest Date of Shipment (최종선적일)
O	44D	Shipment Period (선적기간)
O	45A	Description of Goods and/or Services (물품 및 서비스의 명세)
O	46A	Documents Required (요구서류)
O	47A	Additional Conditions (부가조건)
O	71B	Charges (부과금)
O	48	Period for Presentation (제시기간)
M	49	Confirmation Instructions (확인지시)
O	53a	Reimbursing Bank (상환은행)
O	78	Instructions to the Paying/Accepting/Negotiating Bank (지급/인수/매입 은행에 대한 지시)
O	57a	"Advise Through" Bank (통지경유 은행)
O	72	Sender to Receiver Information (송신자가 수신자에게 제공하는 정보)

M: 필수사항, O: 선택사항

3) 신용장의 기재사항

취소불능화환신용장에 근거하여 신용장을 기재하는 요령을 살펴보면 다음과 같다.

(1) 신용장의 형식(40A: Form of Documentary Credit)

- 신용장 상단에 "IRREVOCABLE DOCUMENTARY CREDIT"이라고 인쇄되어 있는 경우에는 이는 취소불능신용장을 의미한다.
- UCP600에서는 신용장이란 취소불능신용장만을 의미하므로 아무런 언급이 없으면 취소불능신용장으로 간주한다. 또한 IRREVOCABLE TRANSFERABLE은 취소불능 및 양도가능신용장을 의미한다.

REF NO : M10AK711NU0320

MIR NO : 154707110CZNBKRSEAXXX5230650901   BR NO : 5618   SWIFT

MOR NO : 1738061106PUSBKR2PAXXX3668123025   STATUS : SWIFT[90]

DOC ID : 915R20101106A0010

TO   :   BKCHCNBJ200

          BANK OF CHINA

          80 JIEFANG BEI LU

          (TIANJIN BRANCH), TIANJIN

DATE :   2019-11-05

       :   MT700 ISSUE OF DOCUMENTARY CREDIT (화환신용장의 발행)

: 27   :   Sequence of Total (신용장 페이지 총 수)

          1/1 (1페이지중의 1페이지)

: 40A :   Form of Documentary Credit (화환신용장의 형식)

          IRREVOCABLE (취소불능)

: 20   :   Documentary Credit Number (화환신용장번호)

          M32AK711NU0320

: 31C :   Date of Issue (발행일자)

          191105 (2019년 11월 5일)

: 40E :   Applicable Rules (적용규칙)

          UCPURR Latest Version (화환신용장통일규칙 및 대금상환에 관한 통일규칙 최신판)

: 31D :   Date and Place of Expiry (신용장의 유효기일 및 장소)

          191119/CHINA (2019년 11월 19일, 중국)

: 50   :   Applicant (발행의뢰인)

          KJC CO.

          319-1 DAEJEO 2 DONG GANGSEO-KU BUSAN KOREA

: 59   :   Beneficiary (수익자)

          DALIAN PARK LUNR INDUSTRIAL CO., LTD.

          SHUIGAOZHUANG VILLAGE,

          XINKOU   QING DISTEICT

          TIANJIN, CHINA.

: 32B :   Currency Code, Amount (통화코드, 거래금액)

          USD56,197 (USD 56,197.00)

: 39A : Percentage Credit Amount Tolerance (신용장 금액의 과부족 용인 비율)

03/03 (±3%)

: 41A : Available with... by... (신용장의 사용은행과 사용형태)

ANYBANK (모든 은행에서 매입)

BY NEGOTIATION

: 42C : Drafts At... (환어음의 지급기일)

AT 30 DAYS AFTER SIGHT (일람 후 30일)

: 42A : Drawee (환어음의 지급인)

KOEXKRSEFCL

*KOREA EXCHANGE BANK

*KOREA EXCHANGE BANK FCL DIVISION

*SEOUL KOREA

: 43P : Partial Shipments (분할선적)

ALLOWED (허용)

: 43T : Transshipment (환적)

NOT ALLOWED (금지)

: 44E : Port of Loading/Airport of Departure (선적항/출발공항)

TIANJIN PORT, CHINA (천진항, 중국)

: 44F : Port of Discharge/Airport of Destination (양륙항/도착공항)

BUSAN PORT KOREA (한국 부산항)

: 44C : Latest Date of Shipment (최종 선적일)

191112 (2019년 11월 12일)

: 45A : Description of Goods and/or Services (상품 및/또는 서비스의 명세)

TERMS OF PRICE CIF BUSAN KOREA (가격조건 CIF 부산, 한국)

COMMODITY DESCRIPTION	QUANTITY	UNIT PRICE	AMOUNT
MO-3 NUT	20,000PCS	USD0.486/PCS	USD9,720.00
J/B 42.7 NUT FCD	15,000PCS	USD0.58/PCS	USD8,700.00
J/B 42.7 NUT FCMB	5,000PCS	USD0.53/PCS	USD2,650.00
GLAND 40K GL 3/4, PARKERIZING	400PCS	USD2.90/PCS	USD1.160.00
GLAND 40K GL 2, PARKERIZING	400PCS	USD7.0425/PCS	USD2,817.00
FORGED CONNECTOR	10,000PCS	USD0.37/PCS	USD3,700.00
STEEL SYSTEM BODY	20,000PCS	USD0.38/PCS	USD7,600.00
FORGED PIN NO.1-1	20,000PCS	USD0.235/PCS	USD4,700.00
FORGED S/STEEL F/FLANGE 1/2	3,000PCS	USD0.60/PCS	USD1,800.00
FORGED CLAMP WITH BOLT	15,000PCS	USD0.60/PCS	USD13,350.00
TOTAL			USD56,197.00

ORIGIN: CHINA

: 46A : Documents Required (요구서류)

+SIGNED COMMERCIAL INVOICE(S) IN 3 COPY(IES) (서명된 상업송장 3부)

+PACKING LIST IN 3 COPY(IES) (포장명세서 3부)

+FULL SET OF CLEAN ON BOARD OCEAN BILLS OF LADING MADE OUT TO THE ORDER OF KOOKMIN BANK MARKED 'FREIGHT PREPAID' AND NOTIFY APPLICANT

(국민은행 지시식으로 작성되고 운임이 선지급 표시되고 화물도착통지처는 발행의뢰인 앞으로 작성된 무고장 본선적 재 해상선화증권 전통(원본3부)

+INSURANCE POLICY OR CERTIFICATE IN DUPLICATE ENDORSED IN BLANK FOR 110 PERCENT OF THE INVOICE VALUE. (송장금액의 110%로 부보된 백지배서된 보험증권 또는 보험증명서 2부)

INSURANCE POLICY OR CERTIFICATE MUST EXPRESSLY STIPULATE THAT CLAIMS ARE PAYABLE IN THE CURRENCY OF THE DRAFT AND MUST ALSO INDICATE A CLAIMS SETTLING AGENT IN KOREA: INSTITUTE CARGO CLAUSE(A).

(ICC(A)조건으로 부보되고, 보험금이 환어음의 통화와 동일한 통화로 지급가능하며 또한 보험금이 한국의 대리점 에서 지급됨을 명시적으로 규정하고 있는 보험증권 또는 보험증명서)

: 47A : Additional Conditions (부가조건)

+ALL DOCUMENTS MUST INDICATE THIS CREDIT NUMBER. (모든 서류는 신용장번호를 기재할 것)

+3 PERCENT MORE OR LESS IN QUANTITY AND AMOUNT ACCEPTABLE. (3%의 수량과 금액에서의 과부족은 수리가능)

+WHEN EFFECTING CLAIM, NEGOTIATING BANK MUST ADVISE THE DESCRIPTION OF COMMODITY, ORIGIN OF GOODS, PORT OF SHIPMENT. (대금청구시 에 매입은행은 상품의 명세, 물품의 원산지, 선적항을 통지하여야 함)

+THIS IS THE OPERATIVE INSTRUMENT SUBJECT TO THE UCP 600 (2007 REVISON). (이 신용장은 UCP 600, 2007년 판에 적용되는 유통증서임)

+THE AMOUNT OF EACH DRAFT MUST BE ENDORSED ON THE REVERSE OF THIS ADVICE BY NEGOTIATING BANK. (매입은행은 신용장통지서의 배면에 각 어음금액을 배서하 여야 함, 이중매입방지문언임)

+A DISCREPANCY FEE OF USD60.00 AND CABLE CHARGE USD50.00(OR EQUIVALENT) WILL BE DEDUCTED FROM THE PROCEEDS IF DOCUMENTS ARE PRESENTED WITH DISCREPANCY(IES) FOR PAYMENTS / REIMBURSEMENT UNDER THIS CREDIT.

(미화 60달러의 불일치 수수료 및 전신료 50달러(또는 상응하는 금액)가 이 신용장에 따라 지급/상환을 위해 서류가 불일치하여 제시된 경우에 대금으로부터 공제될 것임)

+T/T REIMBURSEMENT IS NOT ALLOWED (전신 상환은 허용되지 않음)

: 71B : Charges (부과금)

ALL BANKING CHARGES, INCLUDING REIMBURSING BANK'S CHARGE, OUTSIDE KOREA ARE FOR ACCOUNT OF BENEFICIARY (한국 이외의 지역에서 발생하는 상환은행의 부과금을 포함한 모든 은행 부과금은 수익자의 부담임)

: 48 : Period for Presentation (제시기간)

DOCUMENT MUST BE PRESENTED FOR NEGOTIATION WITHIN 21DAYS AFTER THE DATE OF SHIPMENT BUT WITHIN CREDIT VALIDITY (서류는 선적일 이후 21일 이내에 , 단 신용장 유효기일 이내에서 매입을 위해 제시되어야 함.)

: 49 : Confirmation Instructions (확인 지시)

WITHOUT (없음)

: 78 : Instructions to the Paying/Accepting/Negotiating Bank (지급/인수/매입은행에 대한 지시사항)

PLEASE REIMBURSE YOURSELVES BY PRESENTING THE BENEFICIARY'S DRAFT TO THE ACCEPTANCE FINANCING DEPARTMENT OF DRAWEE BANK. (수익자의 환어음이 지급은행의 인수금융부서에 제시될 때 귀 은행이 상환바랍니다)

PAYMENT UNDER THIS CREDIT MUST BE EFFECTED ON AT SIGHT BASIS FOR THE AMOUNT OF BENEFICIARY'S DRAFT. (이 신용장에 의한 지급은 수익자의 환어음 금액에 대하여 일람불 기준으로 유효합니다. Bank Usance 문구)

DISCOUNT CHARGES AND ACCEPTANCE COMMISSIONS ARE FOR ACCOUNT OF APPLICANT. (할인료 및 인수 수수료는 발행의뢰인의 부담임)

ALL DOCUMENTS MUST BE FORWARDED TO KOOKMIN BANK, GAEGEUM-DONG BRANCH, 502-11 GAEGEUM-DONG BUSANJIN-GU BUSAN KOREA IN TWO LOT(S). (모든 서류는 한국 부산 부산진구 개금동지점 국민은행으로 2차례 걸쳐 송부되어야 함)

FIRST DOCUMENTS MUST BE SENT BY SPECIAL COURIER AND REMAINING DOCUMENTS BY REGISTERED AIRMAIL. (첫 회분 서류는 특송편으로 송부되어야 하며, 나머지 서류는 등기항공우편으로 송부되어야 함)

: 57A : "Advice Through" Bank (통지경유 은행)

BANK OF CHINA (중국은행)

80 JIEFANG BEI LU

(TIANJIN BRANCH) TIANJIN

: 72 : Sender to Receiver Information (송신자가 수신자에 제공하는 정보)

+REIMBURSEMENT ARE SUBJECT TO URR NO 725 (대금상환은 대금상환에 관한 통일규칙 725가 적용됨)

===============End of Message================

(2) 발행은행(issuing bank)

- 발행은행의 명칭은 은행명과 은행의 BIC를 기재한다.
- 우편으로 신용장이 발행되는 경우에는 발행은행은 신용장의 상단에 발행은행의 명칭과 주소, 텔렉스번호, 전신약호 등이 인쇄되어 있고, 전신으로 신용장이 발행되는 경우에는 발행은행은 전문내용이나 통지은행의 신용장 양식에 별도로 명시되어 있다.
- 신용장상의 문면에서 사용되는 "We", "our", "us" 등은 발행은행을 지칭하는 표현이다.

(3) 신용장 번호(20: Documentary Credit Number)

- 발행은행이 기준대로 부여한 번호로서, SWIFT 20에 기재한다.
- 한국의 경우 신용장번호는 한국은행이 정하여 각 외국환은행이 공통적으로 시행하고 있는 '수입승인서 및 신용장 등의 번호기재 요강'에 따라서 기재한다.
- 신용장번호 기재의 예

①은 수입(M)이라는 표시, ②는 취급은행 고유번호, ③은 취급지점, ④는 연도표시(년도의 끝자리 수), ⑤는 월 표시(9월), ⑥은 수입용도(G: 정부용, N: 일반용, E: 수출용원자재, B: 보세가공무역용, A: 군납용, S: 기타 외화획득용, X: 특수거래), ⑦은 결제방법(S: sight L/C, U: usance L/C, D: 기타 L/C, P: D/P, A: D/A, R: 송금방식, N: 무상거래), ⑧은 수입신용장 일련번호, ⑨는 검색기호(check digit)를 나타낸다.

(4) 발행일자(31C: Date of Issue)

- 신용장 발행은행이 발행일자로 간주하는 일자를 기재한다.
- 발행일자는 발행은행의 지급확약이 개시하는 날을 의미한다.

(5) 신용장 유효기일과 장소(31D: Date and Place of Expiry)

- 자유매입신용장의 경우를 제외하고, 모든 신용장은 지급, 연지급, 인수 또는 매입

을 위하여 서류를 제시하기 위한 유효기일과 제시장소를 정하여야 한다. 서류가 제시되어야 하는 마지막 일자와 장소를 표시한다.

- 신용장통일규칙 제44조 a항에 정해져 있는 경우를 제외하고 유효기일은 신용장에 정해진 서류제시를 위한 최종일이다.

(6) 발행의뢰인(50: Applicant)

- 신용장 발행의뢰인의 상호·주소 등이 기재된다.

(7) 수익자(59: Beneficiary)

- 수익자의 상호와 주소가 기재된다.
- 수익자의 전화번호가 기재된다면 통지은행의 입장에서 수익자에게 편리하게 신용장을 통지할 수 있다.

(8) 신용장 금액(32 B: Currency Code Amount)

- 신용장의 통화와 금액을 기재한다.
- 신용장 금액은 신용장에 의해 발행되는 어음의 최대한도를 뜻하는 금액이 된다.
- 신용장 금액 앞에 "about", "circa", "approximately"란 표시가 있으면 10%의 과부족이 허용된다.

(9) 신용장 금액의 과부족 용인 비율(39A: Percentage Credit Amount Tolerance)

- 신용장 금액의 과부족 용인 비율을 기재한다. 예를 들어 03/03은 수량과 금액이 ±3% 범위 내에서 과부족이 허용된다.
- 환어음 발행은 원칙적으로 신용장 금액을 초과할 수 없으나 신용장의 additional conditions의 내용에 따라 초과 발행할 수 있다.

(10) 통지은행(57A: 'Advice Through' Bank)

- 통지은행은 발행은행에서 발행한 신용장을 수익자에게 통지해 주는 은행이다.
- 통지은행은 주로 수익자의 소재지에 있는 발행은행의 본·지점이나 환거래계약을 체결한 은행이 된다.

(11) 신용장의 사용방법(41D: Available with… by… Name, Address)

- "available with" 다음에는 신용장을 사용 할 수 있는 은행명을, "by" 다음에 Sight payment, Deferred payment, Acceptance, Negotiation 중 하나가 표시된다.
- "신용장의 이용 방법에는 4가지로 구분한다. 지급(payment), 연지급(deferred payment), 인수(acceptance), 매입(negotiation)로 사용될 수 있는데 SWIFT 신용장의 경우, 41D 부분에서 그 사용 방법을 알아 볼 수 있다.

① 41D에 'by sight payment'(일람지급신용장)으로 명시된 경우.
　지급(payment)이란 대금을 지급하는 행위를 말한다. 신용장거래에서의 최종 지급은 발행은행이 하며, 발행은행이 신용장상에서 다른 은행에게 권한을 주고 있는 은행이 지급할 수도 있다. 신용장에서의 일람지급은 수출상인 수익자가 선적서류를 제시하면 이와 교환으로 바로 지급이 이루어진다.

② 41D에 'by deferred payment'(연지급 신용장)으로 명시된 경우.
　연지급에는 42C의 'draft at'에 환어음 조건이 제시되지 않고, 42P: deferred payment details(연지급 세부사항)에서 연지급 결정에 필요한 지급일자 또는 결정방법을 표시한다.

③ 41D에 'by acceptance'로 명시된 경우.
　인수(Acceptance)란 환어음의 만기일에 반드시 지급하기로 하는 약속하는 행위이다. 그러므로 기한부 환어음의 지급인(drawee)이 환어음상에 지급의사를 표시하여 이를 서명한다. 환어음을 인수한 인수인은 어떠한 일이 있어도 그 어음의 만기일에 지급을 하여야 한다.

④ 41D에 'by negotiation'으로 명시된 경우.
　매입(Negotiation)이란 선적서류나 환어음을 사는 행위를 말한다. 즉, 최종 지급인으로부터 대금의 지급이 이루어지기 전에 다른 은행 또는 투자자들이 환어음을 산다. 원칙적으로 환어음을 사는데 기한부 어음과 일람지급 어음을 모두 살수 있다. 그러나 UCP600에서는 환어음이 없이 서류만을 매입할 수 있다고 규정하고 있다. 은행이나 투자자들이 환어음을 매입할 때는 이윤을 남기기 위해서 살 것이므로 어음의 액면가에서 이자 및 수수료를 공제하고 싸게 사거나 어음의 액면가를 모두 주고 샀다면 지급인에게 이자 및 수수료를 함께 청구한다. 매입을 한 당사자는 최종지급이 이루어지지 않는 경우 그 어음의 발행인 또는

배서인들에게 미리 주었던 매입대금을 돌려 달라고 할 권리를 갖고 있는데 이를 소구권 또는 상환청구권이라 한다.

(12) 환어음에 관한 사항(bill of exchange)

- 환어음은 인수와 매입에 의하여 사용가능한 신용장에서 반드시 요구되지만, 지급신용장의 경우에는 원칙적으로 요구되지 않는다.
- 자유매입신용장의 경우에는 특정 매입은행이 지정되어 있지 않기 때문에 신용장 이용가능 은행에 대한 표시가 없다. 따라서 원칙적으로 임의의 모든 은행에 대해서 환어음의 매입이 가능하다.
- '42A drawee'는 환어음상의 지급인 표시되며, 매입신용장의 경우에는 발행은행이, 인수신용장의 경우에는 인수은행이, 확인신용장의 경우에는 확인은행이 환어음 지급인이 된다.
- '42C drafts at' 다음에 환어음의 기간이 표시된다. 환어음의 만기일은 일람출급 환어음과 기한부환어음에 따라서 달리 표시되며, 대체로 "at sight for 100% of invoice value", "at 30 days after sight for full invoice value" 등과 같이 표시된다.

(13) 선적항/출발지 공항(44E: Port of Loading/Airport of Departure)

- 물품의 선적항/출발지 공항을 표시한다.
- 복합운송일 경우에 44A에 'place of taking in charge(수탁지)/dispatch from(발송지)/place of receipt(수령지)' 등이 표시하는 경우도 있다.

(14) 양화항/목적지 공항(44F: Port of Discharge/Airport of Destination)

- 물품의 선적항 또는 목적지 공항을 표시한다.
- 복합운송일 경우에 44B 'place of final destination(최종목적지)/For transportation to…(…까지 운송을 위해)/place of delivery(인도지)' 등이 표시된다.

(15) 최종 선적일(44C: Latest Date of Shipment)

- 최종 선적일을 표시하며, 이를 표시하지 않을 경우 신용장의 유효기일이 최종선적일이 된다.

(16) 분할선적(43P: partial shipment)과 환적(43T: transshipment)

- 분할선적의 허용여부는 보통 허용 또는 금지로 표시하며, 이에 대하여 아무런 표시가 없는 경우에는 분할선적이 허용되는 것으로 간주된다.
- 환적의 경우에도 허용 또는 금지로 표시된다. 신용장에 환적이 금지되어 있다 하더라도 운송인이 환적할 권리를 유보한다는 뜻의 약관이 인쇄되어 있는 운송서류는 수리된다.

(17) 물품명세(45A: description of goods and/or services)

- 거래물품과 관련한 물품명, HS code, 수량, 단가, 가격조건, 원산지 등을 표시한다.
- 신용장에 기재되는 물품명세는 상업송장상의 물품명세와 일치하여야 하며, 상업송장 이외의 서류에 대해서는 신용장상의 물품명세와 모순하지 않는 일반적인 용어로 표시할 수 있다.

(18) 요구 서류(46A: documents required)

① 상업송장(commercial invoice)
- 상업송장은 반드시 수익자에 의하여 발행되어야 하며, 별도의 지시가 없는 한 서명이 필요하지 않다.
- 신용장상에 별도의 명시가 없는 한 상업송장은 발행의뢰인 앞으로 작성되어야 한다.
- 신용장금액을 초과한 금액으로 발행된 상업송장은 수리되지 않는다.

② 선화증권(bill of lading)
FULL SET ORIGINAL CLEAN 'ON BOARD' MARINE BILLS OF LADING MADE OUT TO ORDER, ENDORSED IN BLANK.
MARKED 'FREIGHT PREPAID', NOTIFY APPLICANT WITH FULL ADDRESS AND MENTIONING DC NO.
- FULL SET: 선박회사로부터 발급되는 B/L은 원본(original)이 모두 3부이다. 이 3부는 독립적으로 효력을 발휘하므로 이중에서 한 부만 있어도 수입지에서 물품을 찾을 수 있다. FULL SET이란 이 3부 모두를 다 제출하라는 의미이다. 만약에 2/3라고 명시되었다면 2부만 제출하라는 의미이며, 보통 1부는 바이어에게 DHL 등 courier service로 직접 보낸 후 발송영수증을 첨부하라고 명시한다.

- CLEAN: 무고장(무사고)를 뜻하며 선적한 물품 자체 및 그 포장에 하자가 없어서 B/L의 remark란에 특별히 하자에 관한 사항을 명시하지 않은 B/L을 말한다.
- ON BOARD: 물품이 본선에 적재되었음을 증명하는 B/L을 뜻하는 것으로 B/L형식이 shipped B/L(선적선화증권)이라면 그 자체로 본선적재를 증명하고 있는 것이지만 수취선화증권(received B/L)인 경우는 별도의 본선적재부기(on board notation)가 있어야 한다.
※ MARINE BILLS OF LADING: 해상운송 B/L을 의미하며 항해하는 선박에 의한 선적과 관련하여 발행한다. Marine 대신에 'Ocean'이라는 용어를 사용하기도 한다.
- MADE OUT: 'TO ORDER'란 수입물품의 수화인을 지시식으로 작성하라는 의미이다. 그러므로 B/L의 CONSIGNEE 란에 'TO ORDER'라고만 작성하면 된다. 이때 B/L의 소유주가 배서를 통해서 소유권을 이전한다. 만약에 'To the order of K. E Bank'라고 되어 있는 경우, 수입상이 대금을 결제하면 K. E 은행이 배서를 하여 수입업체에게 교부하고 K. E 은행의 B/L의 양수인인 수입상이 수입물품을 인도받게 된다. 신용장 방식에서는 대부분 지시식('TO ORDER' 혹은 'TO THE ORDER OF XX BANK') 방식을 이용하지만 특수한 경우나 기타 대금결제방식(송금방식, 추심결제방식)에서는 'consigned to xxx' 또는 consignee란에 특정인을 명시하여 그 특정인만이 물품을 찾을 수 있도록 하는 기명식으로 요구한다.
- ENDORSED IN BLANK: B/L에 피배서인을 지정함이 없이 배서하라는 의미이므로 누구누구 앞으로라는 피배서인 없이 자신(수출상)의 배서만 하면 된다.
- MARKED FREIGHT PREPAID(or COLLECT): 가격조건에 따라 FOB계열은 운임이 후불이라는 뜻의 collect로, CFR 및 CIF계열에는 '운임지급필'을 나타내는 'PREPAID'로 표시한다. FREIGHT PREPAID란 결국 운임을 선지급하고 선지급하였다는 표시를 B/L상에 나타내라는 의미이며, 운임의 선지급을 나타내는 용어로 'freight prepayable'이나 'to be prepaid'를 사용해서는 안 된다.
※ NOTIFY APPLICANT: Notify란 본선이 목적항에 도착하면 선박회사에서 화물을 찾을 사람에게 도착사실을 통지하게 되는데 이 통지를 notify라고 하며 APPLICANT를 통지처로 하여 서류를 작성하라는 의미이다. 그러므로 notify란에 applicant의 상호와 주소를 함께 명시하면 된다.
- 그 외 계약물품의 운송방법에 따라 항공화물운송장, 복합운송증권 등 다양한

운송서류가 요구될 수 있다.

- 은행은 신용장통일규칙상의 적격성을 갖춘 운송서류에 대해서는 수리한다.

③ 보험서류(insurance documents)

- 은행에서 수리되는 보험서류에는 보험증권, 보험증명서, 보험통지서 등이 있다.
- 보험서류는 문면상 보험회사, 보험자 또는 그 대리인에 의하여 발행되고 서명되어야 한다. 또 보험서류 원본이 두 통 이상 발행된 경우에는 모든 원본을 제시하여야 한다.
- 보험중개업자가 발행하는 보험승낙서(cover note)는 은행에서 수리되지 않는다.
- 일반적으로 신용장상의 보험서류는 송장금액에 대하여 110%를 부보하여 부보범위를 정하고 있다.
- 보험서류에 관한 문언은 대체로 "Insurance policy or certificate in duplicate blank endorsed for 100% of the invoice value covering Institute Cargo Clauses(C)"와 같이 표시된다.

④ 기타 서류(other documents)

- 기타서류로서 포장명세서(packing list), 원산지증명서(certificate of origin), 영사송장(consular invoice), 검사증명서(inspection certificate), 특혜관세용 원산지증명서(Generalized System of Preference, Certificate of Origin; GSP C/O, Form A), 세관송장(Customs Invoice) 등을 요구하기도 한다.

(19) 추가사항(47A: additional conditions)

- 거래성격에 따라 특별히 지시할 사항이 있는 경우 이러한 사항이 표시된다.
- 대체로 신용장의 양도·매입은행의 지정, 특정선박의 지정, 기한부신용장의 이자부담자 지정, 불일치 수수료, 전신료 등에 관한 사항이 표시된다.

(20) 은행수수료 부담(71B: charges)

- 신용장이 발행된 국가 이외에서 발생하는 은행업무 관련 수수료와 요금을 부담하는 자를 표시한다. 대체로 이러한 비용에 대해서는 수익자가 부담한다.

(21) 서류 제시 기간(48: period for presentation)

- "Documents to be presented for negotiation within l0 days after the date of issuance of the transport document(s) but within the validity of the credit"와 같이 요구한다.
- 만일 아무런 표시가 없으면 선적일 후 21일 내에 제시되어야 하므로 그 후 제시되는 서류도 수리할 의도이라면 "Documents presented later than 21 days after the date of issuance of the transport document(s) acceptable"로 표시한다.

(22) 확인 지시(49: confirmation instructions)

- 수신은행(receiving bank)앞 확인에 대한 지시사항이다.
- ※ CONFIRM － 수신은행에게 신용장의 확인을 요청한다.
- ※ MAY ADD － 수신은행에게 신용장의 확인을 허용한다.
- ※ WITHOUT － 수신은행에게 신용장의 확인을 요청하지 않는다.

(23) 지급/인수/매입은행에 대한 지시(78: instructions to the paying/accepting/negotiating bank)

- 지급/인수/매입은행에 대한 지시사항을 기재한다.

① 지급확약문언
- 주로 인수, 지급 또는 매입에 따라 발행은행이 이들 은행에게 신용장대금지급을 확약한다는 문언을 기재하고 있다.

② 이중매입방지문언
- 신용장에 의하여 환어음을 매입하였을 때는 동일한 신용장을 가지고 이중으로 매입하는 것을 방지하기 위하여 원본 신용장의 이면에 매입사실을 기재한다.
- "The amount and date of negotiation of each drafts must be endorsed on the reverse hereof by the negotiating bank."

③ 서류 송부 지시
- 신용장에서 요구하고 있는 환어음 및 선적서류의 송부방법(전송 또는 분송)을 표시한다.

- 일반적으로 운송도중의 서류분실에 대비하기 위하여 몇 회로 나누어 등기항 공우편으로 발행은행에 직접 발송하도록 지시한다.

(24) 화환신용장통일규칙 준거문언(40E: applicable rules)

- 본 항목에 UCP latest version을 기재함으로써 2007년에 개정된 신용장통일규칙을 적용한다는 것을 명시한다.
- 그 외 추가적으로 부가조건에서 "Unless otherwise expressly stated herein, this credit is subject to the Uniform Customs and Practice for Documentary Credits(2007 Revision), International Chamber of Commerce Publication No. 600"로 명시할 수 있다.

(25) 대금상환지시(reimbursing instructions)

- SWIFT 78에 환어음과 선적서류의 처리(발송)과 관련하여 구체적인 지시사항이 명시될 수 있다. 즉, 모든 서류와 어음은 발행은행 앞으로 송부하고, 대금상환은 상환은행 앞으로 상환어음(reimbursement draft)을 발행하여 청구하라는 지시사항이 기재될 수 있다.

SECTION 05 신용장통일규칙과 보칙

국제상업회의소(International Chamber of Commerce: ICC)는 1933년에 신용장거래에 대한 해석과 권리와 의무를 명확히 함으로써 신용장거래가 원활하게 이루어지도록 '화환신용장 통일규칙'(Uniform Customs and Practice for Documentary Credit; UCP)을 제정하였다. 그 후 현재까지 6차례에 걸쳐 개정되었다. 특히 1993년에 UCP 500이 개정된 이후, 각 조항에 관련된 신용장에 관련된 소송사건이 빈발하자, ICC는 UCP 500을 보완하는 보칙(supplement)을 제정하기에 이르렀다.

2007년 7월부터 제6차 개정된 신용장통일규칙(UCP 600)이 시행되면서 이들 보칙도 UCP 600에 맞게 수정되었다. UCP 600을 보완하는 현재의 보칙은 ① '화환신용장에 의한 은행간 신용장 대금상환에 관한 통일규칙'(ICC Uniform Rules for Bank to Bank Reimbursements under Documentary Credits; ICC Publication No 725, 이하 URR 725라 칭

함), ② '전자적 제시를 위한 화환신용장통일규칙'(Supplement to Uniform Customs and Practice for Electronic Presentation(eUCP Version 2.0), ③ '화환신용장하에서의 서류심사를 위한 국제표준은행관행' (International Standard Banking Practice for the Examination of Documents under Documentary Credits: ISBP, Publication No 745) 등이 있는데, ICC는 이 보칙을 수정하면서 그 동안 야기되던 문제점을 해결하고자 노력하였다.

1. 신용장통일규칙

1920년 이후 종전에 의한 경제사정의 악화로 인하여 계약의 이행을 거절하거나 은행이 지급을 거절하는 등 신용장 소송이 급증하였다. 또한 신용장의 해석과 취급에서도 여러 가지 상이한 점이 있어서 자국의 국내법만으로 해결하기에는 혼란과 분쟁을 줄이는 데 한계가 있었다. 이에 따라 국제상업회의소(ICC)는 이러한 마찰을 해소하기 위하여 국제적인 통일성을 갖춘 신용장통일규칙을 1933년에 제정하였다. 그 후, 전시 중에 개정 작업을 중단한 것을 제외하고는 1951년, 1962년, 1974년, 1983년(UCP 400), 1993년(UCP 500), 2007년(UCP600)에 각각 개정됨으로써 거의 10년마다 개정되어 온 것이다.

현행의 신용장통일규칙은 2007년 7월 1일부터 시행되는 제6차 개정 "화환신용장에 관한 통일규칙 및 관례(Uniform Customs and Practice for Documentary Credits, ICC Publication No. 600; UCP 600)"[22]이다.

1) UCP 600의 개정배경

UCP 600의 개정 배경에 대한 공식표명이 없었지만, UCP 600의 서문의 배경 설명과 개정 작업을 주도한 분들의 발표 자료를 정리하면 다음과 같이 몇 가지로 요약할 수 있다.[23]
① UCP는 거의 매 10년 주기로 그 동안의 무역환경의 변화에 대한 관습을 지속적으로 반영해 왔다.
② 수많은 조사에 의하면 제시서류의 약 70%가 최초 제시시에 은행에서 불일치로 거절되고 있었다. 이러한 결과는 명백한 지급수단으로 인식되고 있는 수익자에게는 신용장 거래에 매우 부정적인 영향을 미칠 뿐만 아니라 대금결제수단으로

---

22) 통상적으로 "화환신용장통일규칙" 또는 "신용장통일규칙"으로 약칭하기도 한다.
23) 김종칠, "UCP 600의 주요 쟁점과 실무적용상의 문제점에 관한 연구", 무역학회지 제32권 제4호, 2007, pp.148－149.

서의 점유율을 유지하거나 증가시키는 데 심각한 영향을 미칠 것을 우려하였다. 게다가 이러한 제시서류의 불일치에 따른 은행의 불일치 수수료를 US$ 100 정도 징수하는 등 신용장의 부정적 영향이 개정을 하게 된 원인이 되고 있다.[24]

③ 각종 분쟁 및 법적 소송이 빈번히 발생함으로써 개정이 필요하였다. 소송과 관련한 사건의 수는 UCP 500의 존속기간 동안 과거보다 증가하지 않았지만, 1997년 10월 이후 화환신용장 분쟁해결전문가 규칙(DOCDEX)도입으로 60여 개의 사례,[25] ICC Opinion, Decisions, 원본서류(20조b), 부적절한 거절(13조 b, 14조 d & e), 사기 및 연지급신용장(9조 a,b) 등에 대한 잦은 법적 소송 등으로 재검토할 필요가 있었다.[26]

④ UCP 500의 몇몇 조항에 대한 질의 집중으로 개정이 불가피하였다. 특히 UCP 7개 조항에 대한 전체 질의 집중율이 58%정도 차지하였다.[27] 여기에는 UCP 500의 발행은행 및 확인은행의 의무(9조), 서류심사의 기준(13조), 불일치 서류 및 통지(14조), 특정하지 않은 발행자 또는 서류의 내용(21조), 해상선화증권(23조), 상업송장(37조), 양도가능신용장(48조) 등에서 발생하였다.

⑤ URR 525 및 eUCP에 대한 새로운 관행을 반영할 필요가 있었다.

2) UCP 600의 개정 특징

① 조문의 간결화 및 의미의 명확화: UCP 600은 UCP 500에 비해 조문이 비교적 간결하게 수정되었다. 전체적으로 문장구문이 간결하고 의미에 필요한 사항만을 기술하고 있다. 가령, UCP 500에서의 각 조문에서 널리 사용하였던 "Unless otherwise expressly stipulated in the credit" or "If the credit does not so stipulate," 및 이와 유사한 표현을 삭제하고 필요한 사항만을 기술하였다.

② 취소가능신용장(revocable creidt)의 표현삭제: UCP 500 제6조(revocable v. irrevocable credits)에서는 취소가능신용장과 취소불능신용장을 명시하고 있으나 UCP 600 제2조 정의(definitions)에서는 취소가능신용장의 개념을 삭제하였다. 그 이유는 오늘날 취소가능 신용장이 거의 사용되지 않기 때문에 삭제되었다.

---

24) ICC, The Uniform Customs and Practice for Documentary Credits, 2007 Revision, ICC Publication No. 600, preface.

25) ICC, The Uniform Customs and Practice for Documentary Credits, 2007 Revision, ICC Publication No. 600, preface.

26) Gray Collyer, "UCP 600 Understanding the New Documentary Credit Rules", ICC Korea, 2007, p.6.

27) Gray Collyer, "UCP 600 Understanding the New Documentary Credit Rules", ICC Korea, 2007, p.6.

따라서 "신용장이라 함은 신용장의 조건과 일치하는 제시에 대해서 인수/지급 (honour)하는 발행은행의 취소불능 확약(an irrevocable undertaking of the issuing bank)을 의미한다"고 정의함으로써 신용장은 취소불능신용장을 의미하는 것으로 수정하였다.

③ 제2조의 "정의" 및 제3조의 "해석" 규정의 신설: UCP 600 제2조에 정의(definitions) 조항을 신설하였다. 여기에는 통지은행, 발행의뢰인, 은행영업일(banking day), 확인 (confirmation), 확인은행, 신용장, 인수/지급(honour), 발행은행, 매입, 지정은행, 제시, 제시자에 대한 정의를 두고 있다.

또한 UCP 600 제3조에 해석(interpretations)조항을 신설하였다. UCP 500의 잡칙규정(E. miscellaneous provisions) 가운데 46조(선적일자에 관한 일반적 표현)와 47조(선적기간에 관한 일자용어)의 내용을 포함한 신용장, 서류의 서명, 은행에 대한 해석규정을 신설하였다.

④ Negotiation의 정의 재정립: 매입에 대한 정의를 명확히 재정립하였다. UCP 500에서는 "매입이란 매입하도록 수권받은 은행이 환어음 또는 서류에 대하여 대가를 지급하는 것을 의미한다"고 정의하였다.[28] 그동안 UCP 500의 대가의 지급 (giving of value)이 무엇을 의미하는지 많은 논란이 있자 ICC는 입장서(position paper no.2)를 발표하는 상황에 이르렀다.

UCP 600에서의 '매입'은 "상환이 지정은행에 이루어져야 할 은행영업일에 또는 그 이전에 수익자에게 선금을 지급하거나 선 지급하기로 약정함으로써 일치하는 제시에 따른 환어음(지정은행 자신을 지급인으로 발행되지 않는) 또는 서류에 대해서 지정은행이 구매하는 것"으로 정의하였다.

⑤ Reasonable Time 표현의 삭제: UCP 500은 은행의 서류심사 기간에 대하여 "7일을 초과하지 않는 합리적 기간"(reasonable time) 동안 할 수 있는 것으로 표현하였던 것을 개정 UCP 600에서 "제시서류의 접수일 익일부터 최대 5은행 영업일의 기간"을 향유할 수 있다고 개정하였다.

⑥ 인수/지급(honour)라는 용어를 규정: UCP 600은 honour가 지급(payment), 연지급(deferred payment), 인수(acceptance)를 포함하는 의미로 사용되었다.

⑦ 통지은행 및 제2통지은행의 의무명시: 통지은행이 수익자에게 신용장을 통지하기 위하여 다른 은행을 이용할 경우 제2의 통지은행(second advising bank's)을 이용할 수 있도록 하고, 기존의 통지은행과 동일한 의무를 진다고 규정하고 있다.

---

28) UCP 500 Article 10. b. ii.

3) 신용장통일 규칙의 적용

신용장통일규칙은 조약도 법률도 아닌 ICC에서 제정한 임의 규정일 뿐이다. 따라서 계약당사자가 이 규칙을 임의로 선택하였을 경우에만 적용되므로 신용장에 이 규칙(UCP)이 적용된다는 다음과 같은 준거문언을 명기하여야 한다.

"Unless otherwise expressly stated herein, this credit is subject to the Uniform Customs and Practice for Documentary Credits(2007 Revision), International Chamber of Commerce Publication No. 600"(별도의 명시가 없는 한, 이 신용장은 화환신용장통일규칙 및 관례(2007년 개정), 국제상업회의소 간행물 번호 제600호에 따른다).

한편, SWIFT신용장일 경우 Field 40E의 "applicable rules"에 "UCP Latest Version"이라고 표시함으로써 UCP가 적용될 수 있다.

또한 신용장통일규칙의 준거문언이 명시된 경우에도, 거래당사자는 신용장통일규칙 중 일부조항을 배제하거나 이와 다른 내용을 신용장상에 특약으로 추가하여 우선적으로 적용할 수 있다.

2. 신용장통일규칙의 보칙

1) eUCP

(1) eUCP의 의의

신용장은 전통적으로 제시서류가 신용장 조건에 일치할 경우 대금을 지급하는 결제방법이다. 그러나 무역서류 가운데 전통적인 종이서류 대신에 전자기록(electronic record)으로 대체되면서 이를 수용할 새로운 신용장의 규범이 필요하게 되었다.

이를 위해 국제상업회의소(ICC)는 2001년 11월에 "전자제시를 위한 화환신용장에 관한 통일규칙 및 관례의 보칙"(Supplement to Uniform Customs and Practice for Documentary Credits for Electronic Presentation; eUCP version 1.0)을 제정하여 2002년 4월에 발효되었다. eUCP는 종이서류가 전자제시(electronic presentation)와 동일한 효력을 수용하도록 하기 위해 UCP 600을 보완하도록 제정하였다.

그 후 ICC는 UCP 600을 개정하면서 eUCP도 Version 1.1로 12개 조항으로 수정한 이후, 2019년 7월 1일부로 eUCP Version 2.0에서 14개 조항을 개정하였다.

(2) eUCP의 적용범위

① eUCP(version 2.0)는 전자기록(electronic record) 자체 또는 종이문서와 결합된 제시를 수용할 목적으로 UCP(600)을 보충하는 것이다. 따라서 eUCP는 신용장상에서 eUCP에 따른다는 문언을 명시할 경우에 UCP의 보칙으로 적용될 수 있다(제e1조 b항).

② eUCP가 적용되기 위해서는 당사자 간의 합의에 의해 신용장 상에 "This credit is subject to the Supplement to Uniform Customs and Practice for Electronic Presentation(eUCP) version 2.0"과 같은 명시적인 준거문언을 삽입하여야 한다. 특히 eUCP의 버전(version)을 반드시 명시하도록 요구하고 있다.

③ 만약 신용장에 버전을 명시하지 아니한 경우, 신용장이 발행된 일자에 시행되는 버전을 따르도록 하고 또는 수익자가 승낙한 조건변경이 eUCP에 따르도록 되어 있는 경우, 조건변경일자에 시행되는 버전에 따르도록 명시하고 있다(제e1조 c항).

④ eUCP에 적용되는 신용장은 UCP가 적용된다는 명시가 없더라도 적용된다(제e2조 a항). 다만 eUCP가 적용되는 경우 그 조항은 UCP적용과 상이한 결과를 초래할 수 있는 범위내에서 우선한다고 한계를 명백히 밝히고 있다(제e2조 b).

(3) eUCP와 UCP의 관계

eUCP 신용장에서 수익자가 종이문서(paper documents) 또는 전자기록(electronic records)의 제시 및 종이문서 제시만을 선택하는 것을 허용할 경우, UCP는 그러한 제시에 대해 각각 독자적으로 적용될 수 있다. 종이문서만이 eUCP신용장에서 허용된 경우 UCP만 적용된다(제e2조 c항). 따라서 eUCP는 완전한 전자서류의 제시 또는 종이서류와 전자서류의 혼합 형태의 제시로도 적용될 수 있으나, 전자서류의 제시는 eUCP, 종이서류의 제시는 UCP에 적용된다. 결국 eUCP의 특징은 제시가 전자적으로 이루어지는 것뿐만 아니라 종이서류와 전자제시의 혼합(일부의 전자적 제시, 일부 종이서류)을 허용하고 있다는 것이라 할 수 있다.

UCP(600)와 eUCP(version 2.0)의 적용대상을 비교하면 다음과 같이 정리할 수 있다.

표 11-6   UCP와 eUCP의 적용 및 관계비교

	UCP 600	eUCP version 2.0
제시서류의 적용대상	• 전통적인 방식에 의해 발행된 종이서류(사진복사, 자동기기 또는 컴퓨터시스템에 의해 작성된 서류)	• 전자기록 자체 또는 종이문서와 결합된 제시(혼합제시가능) – 전자제시 시: eUCP – 종이서류제시 시: UCP
UCP와 eUCP와의 관계	• 화환신용장통일규칙 및 관례 (보증신용장 포함)	• UCP(600)의 보칙 – eUCP 신용장은 적용문언의 유무와 관계없이 UCP적용 – UCP와 eUCP가 상충시 eUCP 우선

2) URR

(1) URR의 제정 배경

신용장 거래는 상환은행이 개입되는 은행간 대금상환(bank to bank)과 상환은행이 개입하지 않는 발행은행의 직접 대금상환이 있다. 그런데 대부분 수출지 지정은행(nominated bank)이 지급, 인수, 매입 등의 지급을 이행한 경우, 지정은행은 상환은행에 대금상환을 청구하게 된다. 과거 발행은행과 지정은행간에 대금상환에 대한 분쟁이 발생하면, 신용장통일규칙을 적용하여 분쟁을 해결해 왔지만, 은행간 대금상환의 경우는 신용장통일규칙의 1개 조항[29]에 명시된 규정에 따라 분쟁해결을 시도하려 했지만 여러 가지 한계가 있었다.[30]

특히 UCP의 1개 조항만으로는 은행간 대금상환에 관한 복잡한 업무절차나 관계당사자간의 책임문제를 일괄적으로 규율하기에 한계가 있었으며, 대금상환에 관한 관행이 국가 또는 지역마다 다르게 이를 운용하여 왔을 뿐만 아니라 UCP를 넘어 광범위하게 활용되었다.

이에 따라 국제상업회의소(ICC)는 은행간 대금상환에 대한 통일규칙의 제정필요성을 인식하고 세계 관행을 수용하여 1995년 '화환신용장에 의한 은행간 대금상환에 관한 통일규칙'(ICC Uniform Rules for Bank - to - Bank Reimbursements under Documentary Credits; URR 525)을 제정하였다. ICC는 URR 525를 정식으로 채택하여 1996년 7월 1일부터 시행해 오다가 6차 신용장통일규칙(UCP 600)이 개정됨에 따라 이를 개정하여 URR 725를 2008년 10월 1일부터 적용하게 되었다.

---

29) UCP 290 제13조, UCP 400 제21조, UCP 500 제19조, UCP 600 제13조 명시하고 있다.

30) 김종칠, "은행간 대금상환에 관한 통일규칙(URR 725)의 주요개정 내용", 경영경제연구 제10권 1호, 2009, p.124.

(2) URR의 적용범위

① URR 725는 준거문언이 상환수권서(reimbursement authorization)에 명시되어 있는 경우 모든 은행간 대금상환에 적용된다. 한 가지 주의할 점은 UCP 600이 적용된다고 해서 자동적으로 URR 725가 적용되는 것은 아니기 때문에 URR이 적용된다고 하는 문언을 상환수권서에 반드시 기재하여야 하며, 신용장에도 UCP 600과 URR 725를 같이 병기하는 것이 좋다. 실제로 SWIFT 신용장에서는 Field 40E에 "UCPURR LATEST VERSION"이라고 기재하면 된다. 만약 상환수권서 SWIFT MT 740을 이용할 경우에, 본 규칙을 적용하려면 "URR LATEST VERSION", 미적용할 경우에는 "NOTURR"을 선택하여 사용하면 된다. 상환수권서에 아무런 명시가 없는 경우는 UCP 600 제13조가 적용된다.

② 발행은행은 화환신용장 상에 대금상환청구서가 URR 725의 적용을 받는다는 것을 명시할 책임 있다.

③ URR 725는 UCP 600에 우선하거나 UCP 600을 변경하고자 하는 것이 아니다.

(3) URR의 주요 특징과 구성

URR 725의 개정의 주요 특징은 몇 가지로 요약할 수 있다.

① UCP 600이 개정되면서 UCP 600에 부합하는 표현을 최대한 반영하였다. 이것이 개정에 대한 가장 큰 사유 중의 하나라고 할 수 있다. 가령, UCP 600이 명실상부한 신용장의 규칙(rules)이라는 점을 표현하고 있는데, URR 제1조에도 동일하게 반영하고 있으며, 인수/지급(honour)의 표현을 사용하고 있다.

② 기존의 표현을 보다 더 간결하고 명확하게 수정하였다. 가령 제16조의 상환금액에서 수수료를 차감하는 조건을 'other party'라는 막연한 표현 대신 '수익자(beneficiary)'로 주체를 명확히 하였다.

③ URR 725의 구성은 기존의 URR 525와 비교할 때 변경이 없다. A장은 총칙과 정의(general provisions and definitions, 제1조~제3조), B장은 의무와 책임(liabilities and responsibilities, 제4조~제5조), C장은 수권, 조건변경 및 청구의 형식과 통지(form and notification of authorisations, amendments and claims, 제6조~제12조), D장은 잡칙(miscellaneous provisions, 제13조~제17조)으로서 구성되어 있다.

3. ISBP

(1) ISBP의 의의

"ISBP"는 ICC 은행위원회에 의하여 2002년 10월에 최초로 제정되어 2003년 1월 1일부터 시행된 "화환신용장에 의한 서류심사에 관한 국제표준은행관행"(International Standard Banking Practice Examination of Documents under Documentary Credits, Publication No 645; ISBP 645)의 약칭이다. 우리말로 흔히 약칭하여 '국제표준은행관행'이라고 한다.

ISBP는 신용장 거래에서 은행의 서류심사 기준에 대한 국제관행을 규정하고 있는 실무상의 보완 지침(practical complement)의 성격이다. ISBP는 UCP를 개정하는 것이 아니라 신용장통일규칙을 서류관련 업무에 어떻게 적용되어야 하는지를 상세하게 설명하는 보충규칙이다. 그 제정목적은 서류를 취급하는 은행의 실무자들에게 성문화된 국제표준은행관행을 제공함으로써 서류의 불일치로 거절되는 수를 현저히 감소시키고자 하는 것이다.

실제로 이 규칙이 제정되기 이전에는 서류심사에 관한 기준이 명확하지 않아 신용장 분쟁이 많았으나 ISBP를 도입하면서 그 분쟁이 두드러지게 감소하게 한 점도 큰 성과라고 할 수 있다. ISBP가 2002년 국제상업회의소에서 최초로 승인된 후 신용장에 의한 서류를 작성하는 무역업체, 운송회사 및 보험회사 관련 업무 실무자와 신용장 서류를 심사하는 은행실무자들에게 신용장 조건이나 신용장통일규칙을 적용하고 해석하는 데 많은 기여하였다.

(2) 개정 과정

ISBP는 ICC 은행위원회에 의하여 2002년 10월 31일 로마총회에서 승인되어 공식문서로서 ISBP 645(Publication No 645)로 채택되었다. 이 ISBP는 UCP 500의 보충적인 해석 및 신용장 취급의 실무 지침으로써 널리 활용되었다. 그 후 UCP 600이 개정됨에 따라 ICC는 종전 200개 항목을 새로운 UCP 600에 맞추어 수정하여 185개항의 간행물 번호 ISBP 681(publication No. 681)로 발간한 이후 2007년 7월 1일부터 적용하였다.

그리고 2013년 4월 17일 새로운 형태로 3번째 개정을 하여 ISBP 745((publication No. 745)를 채택하게 되었다. 종전의 ISBP 681이 185개 조항에서 ISBP 745는 298개 조항으로 확대되었다.

(3) 적용범위

① 국제표준은행관행은 UCP 600의 각 조항과 함께 적용되어야 할 사항이지 ISBP 745의 내용에만 의존하여 단독으로 적용해서는 안 된다. 또한 UCP 600 제2조에서는 '일치하는 제시'(complying presentation)의 기준을 제시하고 있는데, 신용장 조건, 적용 가능한 신용장통일규칙의 규정, 국제표준은행관행에 일치하는 것이라고 정의하며 3가지의 일치성 요건을 강조하고 있다.

② ISBP 745는 신용장이나 조건변경에서 배제된다고 명시하지 않는 한도 내에서 UCP 600이 어떻게 해석되고 적용되어야 하는지 강조한다고 설명하고 있다.

(4) ISBP의 구성

ISBP 745는 이전의 ISBP 681과 내용면에서 크게 달라진 것은 거의 없다. 다만 기존에 다루지 않았던 포장명세서, 중량증명서와 수익자 증명서를 추가하여 서류심사기준을 명확히 하였다. 그 내용 구성은 ① 사전 고려사항(preliminary considerations)으로 적용범위, 신용장과 조건변경 신청, 신용장의 발행과 조건변경에 관한 기준을 설정하고 있고, ② ISBP에 공통적으로 적용되는 일반원칙과 ③ 환어음과 만기일의 산정, ④ 송장, ⑤ 적어도 두가지 이상의 다른 운송방식을 포괄하는 운송서류(복합운송서류), ⑥ 선화증권, ⑦ 비유통 해상화물운송장, ⑧ 용선계약 선화증권, ⑨ 항공운송서류, ⑩ 도로/철도/내륙수로운송서류, ⑪보험서류와 부보범위, ⑫ 원산지증명서, ⑬ 포장명세서, ⑭ 중량명세서, ⑮ 수익자 증명서, ⑯ 분석증명서, 검사증명서, 위생증명서, 검역증명서, 수량증명서, 품질증명서 등을 규정하고 있다.

12 무신용장방식

SECTION 01 추심방식에 의한 대금결제

무역결제방식은 크게 신용장에 의한 결제방식과 신용장이 수반되지 아니하는 무신용장거래방식으로 구분할 수 있다. 이 무신용장거래방식 중 가장 대표적인 것이 추심(D/P·D/A)거래방식이다. 추심(collection)방식은 거래당사자간에 체결한 무역계약서에 따라 수출상이 발행한 환어음으로 수입상의 거래은행을 통하여 무역대금을 추심에 의해 결제하는 방식이다. 추심방식은 별도로 명백한 합의가 없거나 국가, 주 또는 지방의 법률 또는 규정에 위배되지 않는 한 국제상업회의소가 제정한 '추심에 관한 통일규칙'(Uniform Rules for Collections, ICC Publication No. 522, 1995; URC 522)의 적용을 받는다. 또한 추심지시서가 전자기록 자체 또는 종이문서와 결합된 제시에 사용할 경우에 URC 522를 보충하는 보칙, 즉 '전자제시를 위한 추심에 관한 통일규칙'(Uniform Rules for Collections(URC 522) Supplement for Electronic Presentation(eURC Version 1.0)을 제정하여 사용하고 있다.

1. 추심의 의의

추심(Collection)이란?

접수된 지시에 따라 은행이 ① 지급 또는 인수를 받거나, ② 지급인도(D/P) 또는 인수인도(D/A)로 서류를 인도하거나 ③ 기타의 조건으로 서류를 인도하는 목적 등으로 금융서류나 상업서류를 인도하는 목적으로 서류를 취급하는 것을 의미한다.[1]

---

1) URC(522), 1995, Article 2(a).

☑ 금융서류(financial documents)

환어음, 약속어음, 수표 또는 기타 금전의 지급을 받기 위해 사용되는 증서를 말함.

☑ 상업서류(commercial documents)

송장, 운송서류, 권리증권 또는 이와 유사한 서류 또는 그 밖에 금융서류가 아닌 일체의 서류를 의미함.

따라서 추심은 서류를 통하여 수입자에게 인도하여 지급 또는 인수받는 것을 의미한다.

추심결제방식은 송금방식에서 문제가 되는 수입상의 상업위험을 커버할 수 있는 보다 발전된 방식이라고 볼 수 있다. 그러나 이 방식은 신용장방식에서와 같이 은행이 수출상에게 대금지급을 보장하는 것이 아니라 매매당사자간의 매매계약에 의하여 대금결제가 이루어진다.

따라서 D/P 또는 D/A 방식에 의한 추심결제방식은 수입상과 수출상의 상호 신용을 바탕으로 한 경우에야 가능하기 때문에 가끔 거래하는 당사자보다는 상당한 거래실적이 있는 오랜 거래처 또는 본사와 해외지사간의 대금결제에 자주 이용되고 있다.

2. 추심의 종류

추심에는 무화환추심(clean collection)과 화환추심(documentary collection)이 있다. 무화환추심은 상업서류가 첨부되지 아니하고 금융서류만으로 이루어진 추심을 말하며, 주로 서비스 거래에 이용된다. 화환추심은 상업서류가 첨부된 금융서류의 추심과 금융서류가 첨부되지 아니한 상업서류의 추심을 말하는데 통상 무역거래에 널리 사용된다.[2]

3. 추심의 당사자

추심거래의 당사자에는 추심의뢰인(principal), 추심의뢰은행(remitting bank), 추심은행(collecting bank) 및 제시은행(presenting bank)이 있다. 그리고 수입상인 어음의 지급인(drawee)이 있다.

---

2) URC(522), 1995, Article 2(c), (d).

1) 추심의뢰인(principal)

추심의뢰인은 은행에 추심을 의뢰하는 당사자인 수출상을 말한다. 즉 "seller", "exporter", "consigner" 및 "customer"가 된다. 수출상은 선적을 이행한 후에 추심을 위하여 화환어음을 발행하기 때문에 어음발행인(drawer)이자 수출대금을 청구하는 채권자(creditor)이며 추심의뢰은행의 고객(customer)이 된다.

2) 추심의뢰은행(remitting bank)

추심의뢰은행은 추심의뢰인으로부터 추심을 의뢰받은 수출국의 은행을 말한다. 추심의뢰은행은 추심의뢰인의 대리인의 성격을 지니고 있다. 따라서 추심의뢰은행은 추심의뢰인의 지시를 준수하여야 하며 추심의뢰인의 사전 동의 없이 그 지시의 내용을 수정이나 변경할 수 없다. 한편 실무계에서 추심의뢰은행은 수출상의 금융상의 편의를 위해서 우편기간과 유전스(usance)기간에 상당하는 추심이자를 공제하고 추심전 매입을 하는 경우가 있다.

3) 추심은행(collecting bank)

추심은행은 추심의뢰은행 이외의 추심과정에 참여하는 은행을 말한다. 보통 수입업자의 거래은행을 말하며 추심의뢰은행이 요청한 추심의뢰서에 따라 지급인에게 추심하여 대금을 송부하는 은행이다.

4) 제시은행(presenting bank)

제시은행은 지급인에게 제시를 하는 수입국의 추심은행을 말한다. 추심은행이 수입업자의 거래은행이 아닌 경우에는 제시은행이 존재하게 된다. 수출지의 추심의뢰은행이 수입국에 소재하는 자행의 해외지점을 추심은행으로 선정하였으나 그 해외지점과 수입자가 거래관계가 없는 경우에는 수입업자 거래은행으로 선적서류를 송부하여 제시하게 되는데, 이 경우 수입업자의 거래은행이 제시은행이 된다.

5) 지급인(drawee)

지급인(drawee)은 추심지시서에 따라 제시를 받아야 할 자로 "buyer", "importer", "consignee"를 말한다. 추심의뢰은행의 추심의뢰에 대하여 최종적으로 환어음의 대금을 지급하거나 인수하는 수입업자가 된다.

4. 추심결제방식의 종류

추심결제방식은 관계선적서류와 환어음의 발행에 따라 지급인도조건과 인수인도조건으로 구별된다.

1) 지급인도(D/P)조건

D/P(documents against payment)란 어음지급서류인도조건, 약칭하여 지급인도조건이라고 한다. D/P는 수입상이 대금을 지급하여야만 선적서류를 인도하는 것으로 현금거래를 의미한다. D/P는 수출상이 상품을 선적하고 구비된 선적서류에 수입상을 지급인(drawee)으로 하는 화환어음(documentary draft)을 발행하여 그 어음금액이 지급될 때 선적서류가 인도된다.[3] D/P조건은 수출상이 선적 후 일람출급환어음(at sight bill)과 기한부환어음(usance bill)이 발행될 수 있다. 따라서 환어음의 만기일이 일람출급인 경우는 D/P조건이고, 기한부 어음인 경우는 D/P와 D/A의 조건이 있을 수 있다. 다만 일람출급환어음의 경우에는 D/P조건이, 기한부 환어음의 경우는 D/A조건이 보편적으로 사용되고 있다.

(1) D/P at sight

D/P at sight는 수출상이 상품을 선적한 다음 선적서류와 함께 수입상을 지급인으로 하는 일람출급환어음을 발행하여 자신의 거래은행에 추심을 의뢰하면, 추심의뢰은행은 환어음과 선적서류를 수입상의 거래은행인 추심은행으로 보내어 추심을 의뢰한다. 이에 대해 추심은행은 환어음의 지급인인 수입상으로부터 대금을 지급받고 서류를 인도한 후 지급받은 대금을 추심의뢰은행으로 송금하여 결제하는 방식이다.[4] 결국 D/P는 환어음과 상환으로 지급하는 서류상환지급(cash on documents)형태이므로 추심은행은 수입상이 대금을 지급해야만 서류를 인도하게 된다.[5]

D/P로 간주되는 표현으로는 "deliver documents against payment", "sight", "D/P at sight", "at sight on arrival of vessel", 등이 있다.

---

3) Harry M. Venedikian and Gerald A. Warfield, 『Export-Import Financing』, John Wiley & Son, 1992, p.155.

4) 부산은행, 『외국환 실무교본(Ⅱ)』, 효민디엔피, p.75.

5) ICC, 『Guide to Export-Import Basics』, 2nd edition, ICC Publishing S.A, 2003, p.179.; 日本貿易實務檢定協會編, 『貿易實務檢定』, 日本能率協會マネジメントセンター, 2009. 6., p.144.

(2) D/P Usance

① **정의:** D/P Usance는 선적서류가 도착하는 즉시 추심은행이 수입상에게 서류를 인도하는 것이 아니라 일정 기간(환어음의 만기일) 동안 보관한 후에 지정된 날짜에 수입상으로부터 대금을 받고 서류를 인도하는 방식이다.[6] 즉 추심은행은 선적서류가 도착 시 수입상에게 통보하여 서류를 열람하게 한 후 서류를 넘겨주지 않고 은행이 보관하고 있다가 어음의 만기일에 되었을 때 다시 수입상을 은행으로 불러 대금을 받고 서류를 인도하여야 한다.[7]

D/P Usance로 간주되는 표현으로는 "D/P at 90 days after B/L date(draft's date)", "D/P 60 days after sight" 등이 있다.

② **사용관행:** 무역업계에서는 업무의 편리성을 고려하여 양자를 혼합한 중간 성격의 D/P Usance가 사용되는 관행이 있다. D/P Usance는 무역업자들의 상업적 편리성을 고려하여 탄생된 것이다. 대개 추심의뢰은행은 선적서류를 항공우편으로 보내고, 화물은 해상운송으로 이루어지기 때문에 장거리 운송에서는 항상 결제서류가 먼저 도착하게 되고 화물은 상당한 기간이 경과되어야 도착하게 된다. D/P at sight인 경우 수입상은 서류도착 시 이것을 인수하여 대금을 곧 지급하여야 되므로 물품이 도착될 때까지 자금부담을 미리 안게 되기 때문에 이러한 부담을 면하기 위하여 운송기간 만큼의 일수를 감안하여 D/P Usance를 사용하게 되었다.

그러나 D/P Usance는 선적서류가 도착하는 즉시 추심은행이 수입상에게 서류를 인도하지 않고 어음기간이 명시된 기간 후에 수입상에게 대금을 받고 서류를 인도하는 방식이다. 가령 환어음상에 "D/P at 30days after B/L date"라고 표기된 경우 추심은행은 수입상에게 넘겨주지 않고 보관하고 있다가 만기일이 되었을 때 대금을 받고 선적서류를 인도하는 것이다. 추심은행은 B/L의 발행일자로부터 30일 후에 선적서류를 인도하여야 하며 그렇지 않으면 이로 인하여 발생하는 문제에 대하여 책임을 부담하여야 한다. 또한 추심은행이 어음 만기일 이전에 서류를 인도하고자 할 경우에는 반드시 추심의뢰은행의 승인을 받아야 한다.

---

6) 김한수·박세운, 『무역실무(상)』, 국제금융연구원, 1997, p.341.

7) 부산은행, 전게서, p.75.; 한국무역협회 무역아카데미, 『수출입대금결제』, 보성인쇄기획, 2005, p.286. 부산은행 실무교본에는 "D/P Usance는 절대로 D/A로 취급해서는 아니되며, D/P Usance 조건은 가급적 사용을 억제해야 한다"고 권장하고 있다.

③ **사용상 유의점**: 실무에서 유의해야 할 사항 중의 하나는 추심은행이 D/P Usance 조건을 D/A조건으로 해석하고 환어음의 인수를 받고 인도하는 경우가 빈번하여 분쟁이 일어나고 있다. 이러한 D/P Usance를 D/A조건으로 오인하는 경우가 빈번하여 ICC가 제정한 "추심에 관한 통일규칙"(URC)에서는 D/P에서 Usance 환어음을 사용하지 말도록 명시하고 있다.[8] 만약 장래확정일 출급조건의 환어음(bill of exchange payable at a future date)을 포함하는 경우 추심지시서에는 상업서류가 지급인에게 D/A 또는 D/P중 어느 것으로 인도되는지 명시하도록 규정하고 있다.[9] 그럼에도 불구하고 추심이 장래 확정일 출급조건의 환어음을 포함하고 추심지시서에 상업서류가 지급과 상환으로 인도(released)되어야 한다고 기재된 경우 그 서류는 오직 지급에 대해서만 인도되어야 한다고 명시하고 있다.[10] 즉 기한부 어음이 첨부되어 D/P라고 명시한 경우 반드시 D/P로 취급되어야 함을 강조하고 있다.

따라서 D/P Usance를 D/A로 잘못 해석하고 추심서류를 대금결제 전에 인도하는 것은 추심은행의 명백한 위반이며, 추심은행의 책임이 따를 수 있다. 만약 수입상이 만기일에 대금을 지급하게 될 경우 결과적으로 은행은 면책이 되나, 수입상이 서류를 받고나서 도산하거나 어떠한 이유로 인하여 대금을 지급하지 않을 경우에는 추심은행이 책임을 부담하게 된다. D/P Usance를 D/A로 오인하게 되는 것은 어음조건이 at sight는 D/P조건, 어음조건이 usance는 D/A로 단순하게 생각한데서 기인한다.

D/P 거래가 이루어 지는 과정은 다음과 같다.
① 물품매매 당사자 간에 D/P 방식의 결제조건으로 매매계약을 체결한다.
② 수입상은 수입에 필요한 모든 허가 및 승인사항을 마친 후 수출상에게 선적지시를 통지한다.
③ 수출상은 수입상과 약정한 대로 선적기일 내에 선적을 완료하고 제반 선적서류를 구비한다.
④ 수출상은 계약서에 약정한 서류, 예컨대 상업송장, 선화증권, 보험증권, 포장명

---

8) URC 522, Article 7. a.
   Collections should not contain bills of exchange payable at a future date with instructions that commercial documents are to be delivered against payment.
9) URC 522, Article 7. b.
10) URC 522, Article 7. c.

세서, 원산지증명서 등과 환어음을 발행하여 자신의 거래은행인 추심의뢰은행 (remitting bank)에 제시하여 추심은행(collecting bank)으로 하여금 환어음 대금을 추심요청을 하여 줄 것을 의뢰한다. 이때 수출상은 일람출급환어음(documentary sight bill)을 수입상을 지급인으로 발행하여 선적서류와 함께 자신의 거래은행에 제시한다.

⑤ 추심의뢰은행은 추심에 필요한 모든 지시사항을 기재한 추심의뢰서(collection order)를 작성하여 수출업자의 환어음과 선적서류를 첨부하여 수입상의 거래은 행인 추심은행에게 송부하여 수입상 앞으로 추심요청을 한다.

⑥ 추심은행은 추심서류가 도착되면 지급인인 수입상에게 즉시 서류도착통지서 (arrival notice)를 송부하고 대금지급을 요청한다.

⑦ 수입상은 추심은행으로부터 제시받은 환어음의 대금을 지급한다.

⑧ 이와 동시에 환어음의 대금을 지급받은 추심은행은 선적서류를 수입상에게 인도 한다. 그 후 수입상은 선적서류를 가지고 통관절차를 거쳐서 화물을 수령한다.

⑨ 제시은행 및 추심은행은 수입상으로부터 지급받은 추심대금을 추심지시서상의 지시에 따라 추심의뢰은행에게 송금한다.

⑩ 추심의뢰은행은 추심은행으로부터 송금받은 대금을 수출상에게 지급함으로써 수출상은 수출대금을 회수하게 되며 D/P의 모든 거래과정은 완료된다.

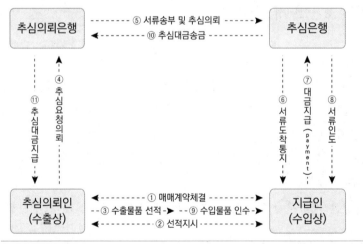

그림 12-1   D/P 거래과정

2) 인수인도(D/A)조건

　D/A(documents against acceptance)란 어음인수서류인도조건, 약칭하여 인수인도조건이라고 한다. 수출상이 기한부 환어음(documentary usance bill or time bill)을 발행하고 수입상의 거래은행인 추심은행은 수입상에게 제시하여 그 제시된 어음을 인수만 받음으로써 서류를 인도한 후 어음의 만기일에 대금을 지급받아 추심을 의뢰한 수출상의 거래은행으로 송금하여 거래방식이다. 이 방식은 수입업자가 기한부 어음을 인수함으로써 운송서류를 인수하고 당해물품을 통관하여 판매 후 그 대금으로 어음의 만기일에 결제할 수 있는 것으로 수출상이 신용을 공여한 외상거래형태이다. 따라서 D/A 방식은 수입상이 서류를 먼저 인수받아서 화물을 매각하여 그 대금으로 어음 만기일에 결제할 수 있기 때문에 수입상에게 편리한 방법이라고 할 수 있다.

　D/A 거래가 이루어지는 과정은 다음과 같다.

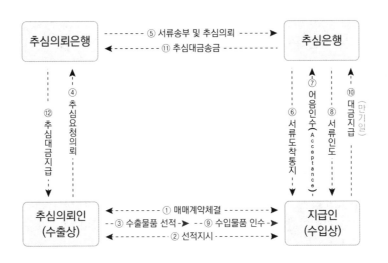

그림 12-2　D/A 거래과정

① 물품매매 당사자 간에 D/A 방식의 결제조건으로 매매계약을 체결한다.
② 수입상은 수입에 필요한 모든 허가 및 승인사항을 마친 후 수출상에게 선적지시를 통지한다.
③ 수출상은 수입상과 약정한 대로 선적기일 내에 선적을 완료하고 제반 선적서류를 구비한다.
④ 수출상은 계약서에 약정한 서류와 함께 기한부 환어음(documentary usance bill)을 수입자를 지급인으로 발행하여 추심의뢰은행(remitting bank)에 제시하여 추

심은행(collecting bank)으로 하여금 환어음 대금의 추심을 의뢰한다.

⑤ 추심의뢰은행은 추심에 필요한 모든 지시사항을 기재한 추심의뢰서(collection order)를 작성하여 수출업자의 환어음과 선적서류를 첨부하여 수입상의 거래은 행인 추심은행에게 송부하여 수입상 앞으로 추심요청을 한다.

⑥ 추심은행은 추심서류가 도착되면 지급인인 수입상에게 즉시 서류도착통지서 (arrival notice)를 송부하고 환어음의 인수를 위해 제시한다.

⑦ 수입상은 추심은행으로부터 제시받은 기한부 환어음에 "accept"라는 표시와 함 께 배서하고 환어음을 인수하며, 이와 동시에 추심은행은 선적서류를 수입상에 게 인도한다. 그 후 수입상은 선적서류를 가지고 통관절차를 거쳐서 화물을 수 령한다.

⑧ 수입상은 환어음의 만기일에 대금을 추심은행에 지급한다.

⑨ 수입상의 거래은행은 수입상으로부터 지급받은 추심대금을 추심지시서상의 지 시에 따라 추심의뢰은행에게 송금한다.

⑩ 추심의뢰은행은 추심은행으로부터 송금받은 대금을 수출상에게 지급함으로써 수출상은 수출대금을 회수하게 되며 D/A의 모든 거래과정은 완료된다.

3) D/P와 D/A방식의 차이점

이상 D/P 방식과 D/A 방식의 가장 큰 차이는 ① 양자는 수출상이 발행하는 환어음 조건이 다르므로 지급기일에서 상당한 차이가 있다는 것이다. D/P방식은 수출상이 일람 출급환어음을 발행하는데 비하여, D/A는 기한부 어음을 발행하여 환어음의 지급만기일 만큼 D/P보다 신용공여기간이 더 길다는 점이다. ② D/P는 환어음의 인수 및 지급이 동 시에 이루어짐에 비해서 D/A는 어음기간만큼 수출상이 외상으로 판매한 것이다.

그리고 수출상이 화환어음을 추심의뢰할 때에는 선적서류의 인도방식이 D/P 방식 인지 D/A 방식인지를 명시적으로 기재하여야 하는데, 그 지시가 불명확한 경우에는 이 를 D/P 방식의 추심환어음으로 본다. 그러나 실무상으로 추심의뢰서에는 선적서류의 인도방식을 간단히 D/P 또는 D/A 방식으로 표기하지 아니하고 기타 여러 가지의 방법 으로 표기하는 경우가 많기 때문에, 그 추심환어음이 D/P 방식인지 D/A 방식인지를 결 정하기가 어려울 수 있다.

표 12-1   추심방식의 비교

추심 구분	환어음의 형태	서류인도 및 대금지급 시기	당사자의 위험부담의 정도
D/P	At sight	대금지급과 동시에 서류인도	• 수출상: 대금회수 보장 없음 • 수입상: 대금지급 후에 물품확인 가능
D/P Usance	Usance	추심은행이 서류를 Usance기간 동안 보관 후 만기일에 대금지급과 상환으로 서류인도	• 수출상: 대금회수 보장 없음 • 수입상: 대금지급 후에 물품확인 가능
D/A	Usance	서류인도 후 만기일에 대금지급	• 수출상: 대금회수 보장 없음 • 수입상: 자금부담이 적고 물품인수위험이 없음

4) 활용상의 유의점

이상의 D/P·D/A 거래는 주로 추심결제방식 또는 선수출계약서에 의한 거래라고 부르고 있다.

① D/P·D/A 거래방식은 화환신용장과 같이 은행의 지급확약이 없기 때문에 수출상에게는 위험한 거래이지만 수입상에게는 자기의 담보력 등이 부족한 경우 매우 편리하게 이용할 수 있는 제도이다.

② 이 거래는 수입상의 신용을 바탕으로 이루어져야 하기 때문에 철저한 신용조사가 있어야 하며, 오랜 기간 동안 거래관계를 형성하여 신뢰감을 갖게 되는 경우나 해외 본지사간에 널리 사용하게 된다.

③ 이러한 신용위험에 대비한 손실방지대책으로 한국무역보험공사의 수출어음보험에 부보하는 방법과 수입자에게 담보제공을 요구하는 방법 등을 통하여 결제상의 위험을 줄이는 것이 중요하다.

5. 추심결제 방식의 효용성 및 한계

1) 추심거래의 효용성

추심거래는 거래구조상으로 신용위험이 크다고 할 수 있다. 이 방식은 수출대금의 결제를 은행이 지급확약하는 신용장과는 달리 전적으로 수입상의 신용에 의존하여야 하기 때문에 수입상이 파산하거나 의도적으로 지급을 기피할 경우 대금회수의 위험이 있다.

그러나 추심거래는 이러한 대금회수에 대한 위험이 존재함에도 불구하고 유럽이나 선진국에서 널리 이용되고 있는 결제방식중의 하나이다. 우리나라에서도 기업의 대외신용도가 낮아 주로 해외지사와의 거래에 제한적으로 사용되어 왔으나 최근에 폭넓게 이용되고 있다.

그 이유는 첫째, 수입상은 신용장의 발행에 따른 각종 수수료가 절감됨은 물론 신용장 발행은행에 따른 담보제공의 부담에서 벗어날 수 있으며, 결제자금의 준비에도 시간적 여유가 있다는 점이다.

둘째, 수입상은 자기자금이 없이 수입할 수 있는 제도이기 때문이다. D/A조건의 경우 수입대금을 즉시 지급하는 것이 아니라 상품을 수입하여 그 판매대금으로 결제할 수 있다.

셋째, 국제간의 시장에서 경쟁이 심화되면서 Buyer market이 형성되자 수출상은 수입상에게 보다 유리한 결제조건을 제시하는 전략으로 이용하는 경향이 있기 때문이다.

넷째, 기업의 글로벌화의 심화로 세계 도처에서 본지사간의 거래가 증가하게 됨에 따라 거래의 편리성과 각종 수수료에서 유리한 추심방식을 선호하기 때문이다.

2) 추심방식의 한계

최근 거액의 수출입대금을 결제하는 데 있어서 송금방식의 한계성, 그리고 신용장 발행에 따른 번잡성과 비용절감 등의 이유로 신용상태가 두터운 당사자 간에는 신용장방식 보다는 추심결제방식을 선호하는 경향이 있다. 그러나 현실적으로 추심결제방식은 다음의 <표 12−2>와 같이 신용장방식과 비교할 때 여러 가지의 한계성을 지니고 있기 때문에 이용시에 주의를 요한다.

첫째, 추심결제방식은 신용장방식처럼 은행이 직접 대금지급을 보장하는 것이 아니기 때문에 수입상의 신용상태가 불량하거나 지급불능이 된 때에는 수출상은 대금회수불능의 위험에 직면할 수 있다.

둘째, 신용장방식에서 수출상은 물품을 선적하면 수출대금의 전액을 자신의 거래은행으로부터 일시에 결제할 수 있으나, 추심결제방식에서는 수출상은 선적한 후에도 선적서류를 첨부한 추심환어음을 발행하여 추심의뢰은행과 추심은행을 거쳐 수입상에게 추심하여야 비로소 대금을 지급받을 수 있기 때문에 그 추심기간 동안에는 대금지급의 지연이 불가피하다.

셋째, 추심결제방식에서 추심의뢰은행이나 추심은행은 신용장방식처럼 선적서류의 일치성을 심사할 책임이나 또는 스스로 대금지급의 의무를 부담하지 아니하며, 오직 선의의 당사자로서 수출상의 추심대리인에 불과하다. 따라서 수입상은 추심은행에 대금을 지급하였을 경우에, 계약조건과 불일치한 물품을 수령하였더라도 추심은행에 대하여 항변할 수 없다.

넷째, 신용장방식에서는 대부분의 국가가 그 준거법으로서 범세계적인 신용장 통일규칙에 의존하고 있지만, 추심결제방식에서의 모든 어음행위는 준거법으로서 국제상업회의소의 "추심에 관한 통일규칙"(URC)을 적용하기에 앞서 상업어음 거래약정이나 행위지의 국내법에 구속을 받기 때문에 추심당사자간에 분쟁이 야기된 때에는 그 해결에 어려움이 따를 수 있다.

표 12-2   신용장 방식과 추심방식의 비교

구 분	신용장 방식	추심(D/P, D/A)방식
1. 은행의 지급확약여부	있음	없음
2. 은행의 역할	매입 행위 및 지급약속	단지 중개인 역할
3. 담보제공여부	신용장 발행시 담보제공	환어음 추심전 매입시
4. 수수료 및 부대비용	많음	상대적으로 적음
5. 환어음의 지급인	발행은행	수입상
6. 매매당사자의 유용성	매도인, 매수인 유리	매수인 유리
7. 결제의 안전성	안전	불안
8. 준거법	신용장통일규칙(UCP 600)	추심에 관한 통일규칙(URC 525)
9. 은행의 서류심사의무	있음	없음

SECTION 02 송금환 방식에 의한 대금결제

1. 송금환의 의의

송금환이란 외국환에 의한 결제방식중의 하나로 송금인이 대금을 송금할 목적으로 당방은행에 송금대금을 원화 또는 외화로 지급하고, 외국에 있는 수취인이나 채권자에게 송금하여 줄 것을 청구하는 외국환을 말한다. 여기에는 당발 송금환과 타발 송금환으로 구분할 수 있다. 송금환은 지시방법에 따라 전신송금환(Telegraphic Transfer: T/T), 우편송금환(Mail Transfer: M/T) 및 송금수표(Demand Draft: D/D)가 있다. 송금방식에 의한 대금결제는 물품대금의 전액을 외화로 영수 또는 지급하는 것을 말한다.

당발 송금환(outward remittance)은 외국으로 자금을 송금하기 위해서 해당국가의 은행을 각각 경유하여야 하며 환거래의 시발점이 되는 은행을 당발 은행이라고 하고, 당발 은행에서 고객에게 원화를 대가로 하여 교부하는 외국환을 당발환이라고 한다. 대개 당발환은 전신송금환, 우편송금환, 송금수표를 이용한다.

한편 타발 송금환(inward remittance)은 해외의 환거래은행이 당 은행을 지급은행으로 지정하여 오는 송금을 말한다. 당발 은행에서 이미 취결된 외국환이 상대은행에서 취급하는 경우의 외국환을 말한다. 외국환은행은 타 외국환은행에서 고객을 위해서 취결한 송금환을 매입하고 그 대가로 원화를 고객에게 지급하게 된다. 타발 송금환의 취결방법에도 당발 송금환의 경우와 같이 전신송금환, 우편송금환, 송금수표가 이용된다. 당발 송금환은 송금지시를 당해은행이 하기 때문에 별다른 위험이 없으나 타발송금환은 이중지급, 착오지급 등의 위험이 있으니 그 취급에 세심한 주의가 요구된다.

2. 송금환의 종류

송금환은 전신송금환(T/T), 우편송금환(M/T) 및 송금수표(D/D)가 있다. 전신송금환(T/T)은 고객의 요청에 따라 송금은행이 지급은행에 대해서 일정한 금액을 지급하여 줄 것을 위탁하는 지급지시서를 전신환의 형식으로 발행하여 이를 송금은행이 직접 지급은행 앞으로 송금하는 방식이다. 지급지시가 전신으로 이루어지기 때문에 전신지급지시서 취급시에 기재사항이나 전신내용의 진정성 등에 대한 세심한 주의가 필요하다. 전신송금환의 지급방법은 청구지급방법(pay on application: P/A)과 통지지급방식(advice and pay: A/P)이 있다. 전자는 지급은행이 수취인의 지급청구에 의하여 지급하는 방식이며, 후자는 수취인으로부터 지급청구가 없어도 지급은행으로부터 수취인에게 통지하여 지급하는 방식이다. 전신송금환은 송금방향에 따라 당발 전신송금환과 타발 전신송금환으로 구분할 수 있다. 전신송금환은 신속하게 대금을 수취할 수 있으며 가장 유리한 환율을 적용받게 되며 확실한 지급수단이 되고 있기 때문에 주로 거액을 송금하는 경우나 시간적으로 신속성을 요할 때 많이 이용된다.

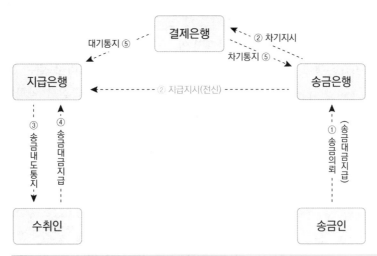

그림 12-3   전신송금환(T/T)에 의한 송금과정

우편송금환(M/T)은 송금의뢰를 받은 송금은행이 일정금액을 수취인에게 지급하여 줄 것을 지급은행 앞으로 지시하는 지급지시서(payment order)를 작성하여 이것을 지급은행에 직접 우편으로 지시하는 방식의 외국환을 말한다. 우편송금환의 지급방법도 청구지급방법과 통지지급방법의 두 가지가 있고, 환의 방향에 따라 당발 우편송금환과 타발 우편송금환으로 구분할 수 있다. 우편송금환은 우편기일이 소요되므로 시간상으로 여유가 있을 경우에나 주로 소액 송금에 사용된다.

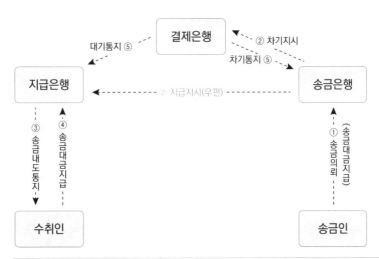

그림 12-4   우편송금환(M/T)에 의한 송금과정

송금수표(D/D)는 채무자가 송금의뢰를 받은 은행에서 해외 본·지점 또는 환거래은행을 지급은행으로 하는 송금수표를 발행받아 수취인에게 수표를 보내고, 수취인은 수표를 받아서 지급은행에 제시하면 지급은행은 송금은행에서 미리 보내온 수표발행통지서(drawing advice)와 대조하고 수취인에게 지급하는 방법의 외국환을 말한다. 지급은행은 수취인으로부터 지급제시가 있을 때에는 송금수표와 발행통지서를 대조하여 내용 및 진위를 확인할 수 있게 된다. 그리고 송금수표는 송금의뢰은행에서 지급은행 앞으로 직접 송부되어 오는 것이 아니고 송금인이 직접 수취인에게 보내면 지급지의 수취인이 지급은행에 제시하게 된다.

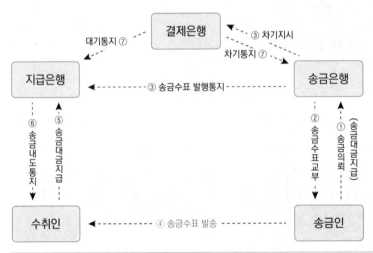

그림 12-5 송금수표(D/D)에 의한 송금과정

3. 송금결제 방식의 종류

1) 단순송금방식

단순송금방식(simple remittance)은 수입업자가 물품을 인도하기 전에 대금의 전액을 외화나 수표 등으로 수출업자에게 사전에 송금하여 지급하고, 수출업자는 일정 기간 내에 물품을 인도하는 방식이다. 단순송금방식은 대외무역법상의 용어이며 일반적으로 사전송금방식이라고 한다. 이 결제방식은 계약당사자가 매매계약이나 주문만으로 물품이 인도되기 이전에 이루어지기 때문에 신용장방식과 추심방식과는 구분이 된다.

단순송금방식은 수출업자의 입장에서는 대금을 미리 수취하기 때문에 수출대금의 회수에 대한 위험을 회피할 수 있지만, 수입상의 입장에서는 대금을 미리 송부하기 때문에 자금부담이 크고 물품의 확실한 인수보장이 없다는 단점이 있다. 따라서 이 결제방식은 ① 소액거래의 견본매매나 소액의 시험용품을 매매하는 경우, ② 신용장의 발행이나 선적서류의 준비 등의 복잡한 절차를 피하고자 할 경우, ③ 추심환결제방식의 번거로움을 피하여 신용거래를 하고자 할 경우 등에 이용하면 적합하다.

단순송금방식으로 이루어진 결제방식은 D/D, M/T, T/T, 은행수표 등이 널리 이용된다.

2) 대금상환(현금지급)방식

대금상환방식은 수입업자가 물품이나 서류를 인수하면서 대금을 외화(현금)로 지급하는 조건으로 수출입하는 방식을 말한다. 대금과 상환으로 인도하여야 할 대상이 상품일 경우에는 COD(cash on delivery)방식이 되며, 인도하여야 할 대상이 서류일 경우에는 CAD(cash against documents)방식으로 구분된다. 한국의 대외무역법에서는 이 양자를 대금교환도조건이라고 한다. 대금교환도 거래는 신용장 발행 및 환 결제에 어려움이 있는 지역과 과다한 인지세로 인하여 대금결제시에 환어음의 개입을 기피하는 유럽지역이나 러시아, 베트남, 중국 등으로 수출할 경우에 많이 이용된다.

(1) 현물인도지급방식(COD)

현물인도지급방식(COD: Cash On Delivery)은 수출상이 수출물품을 선적하고 선적서류를 수출상의 해외지점이나 대리인 또는 거래은행에 송부하고, 물품이 목적지에 도착하면 수입상이 직접 물품의 품질 등을 검사한 후 수출대금을 물품과 상환하여 현금으로 결제하는 방식이다.

이 방식은 수입상이 대금을 지급하기 전에 물품의 품질을 직접 검사할 수 있다는 장점이 있다. 따라서 보석이나 귀금속류와 같은 고가의 상품이나 동일 상품일지라도 상품의 색상, 가공방법, 순도 등에 따라서 가격의 차이가 있는 상품 그리고 육안에 의한 물품검사를 필요로 하는 경우에 널리 이용된다.

이 결제방식은 수입상이 수입대금을 결제하기 전에 직접 상품의 품질을 검사할 수 있는 장점이 있는 반면에, 수출업자는 수입상이 물품에 대해서 만족하지 못할 경우 대금을 지급하지 않을 위험까지 부담하여야 한다. 일반적으로 수출상이 송부하는 서류를 수입지에 있는 수출상의 해외지점이나 그의 대리인이 수취하고, 수입상의 물품검사 시 입회해서 검사완료 후 대금을 결제하여 현품을 인도하는 방식을 취하고 있으나 거래외국환은행 등을 통하여 거래가 이루어 지기도 한다. 이와 같은 경우에 수출상이 선적서류를 작성할 때 수화인(consignee)을 수입상의 거래은행으로 하고 화물도착 통지처(notify party)를 수입상으로 하여 수입상이 대금지급을 하지 않으면 물품을 인수할 수 없도록 함으로써 수출상은 수출대금의 회수에 관한 위험을 줄일 수 있다.

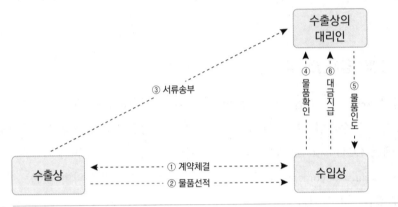

그림 12-6   현물인도지급에 의한 거래과정

(2) 서류상환지급방식(CAD)

서류상환지급방식(CAD: cash against document)은 수출상이 물품을 선적하고 이를 증명할 수 있는 선화증권, 상업송장, 포장명세서 등의 선적서류를 수입상에게 직접 또는 수입상의 대리점(주로 수출상의 국가에 소재)이나 거래은행에 제시하여 서류와 상환으로 대금을 지급받는 방식이다. 이 방식에 의한 수출은 수출국에 수입상을 대신하여 대금을 결제해 줄 대리인이나 은행이 있을 경우에 가능하다. 그러나 이 방식도 은행이 개입하여 서류 등을 수입상의 거래은행에 송부한 뒤 수입상의 거래은행에서 서류와 상환으로 대금을 결제하는 방법으로 이루어질 수 있다.

이와 같이 COD 및 CAD방식이 외국환은행을 통하여 결제가 이루어질 경우는 그 구분이 불명확하지만 거래의 대상이 현품이면 COD로 간주하고, 서류이면 CAD로 보면 될 것이다.[11) 또한 CAD방식이 서류를 외국환 은행을 통하여 송부하면 형식적으로는 D/P방식과 유사하다. 그렇기 때문에 이를 유럽식 D/P방식(european D/P)이라고도 한다. 그러나 CAD방식과 D/P방식의 근본적인 차이점은 대금결제시 환어음을 발행하는지 여부에 있다. 즉, D/P거래는 어음결제방식으로서 환어음을 발행하여 '추심에 관한 통일

---

11) 강원진, 신용장론, 박영사, 2002. p.284.

규칙'에 의거 환어음을 추심하여 대금을 영수하고, CAD거래는 수출자가 환어음을 발행하지 않는 송금방식으로서 수입자는 수출자가 은행을 통하지 않고 DHL 등으로 직접 송부한 선적서류를 받은 후 외국환은행을 통하여 물품대금을 송금하여 대금결제가 이루어진다는 점이다.

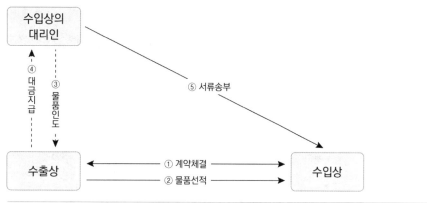

그림 12-7   서류상환지급에 의한 거래과정

SECTION 03   국제팩토링 방식에 의한 대금결제

1. 국제팩토링의 의의

팩토링(factoring)이란 수출상(exporter)이 수입상(importer)에게 물품이나 서비스를 제공하거나 외상판매에서 발생된 매출채권(accountable receivable)을 팩토링 회사가 판매자에게 소구권 없이(without recourse)[12] 할인하여 주는 금융을 말한다. 또한 팩토링 회사가 수출상을 대신하여 수입상에 관한 신용조사 및 신용위험의 인수(지급보증), 매출채권의 기일관리 및 대금회수 금융의 제공, 기타 회계처리 등의 업무를 대행하는 금융서비스이다.

국제팩토링은 전 세계 팩터(factor)의 회원망을 통하여 수입상의 신용을 바탕으로 이루어지는 무신용장방식의 새로운 무역거래방법이다. 주로 사후 송금방식 T/T, 상호계산(open account) 등의 외상수출 거래에서 수출채권을 수출상으로부터 매입하는 금융상

---

12) 대개 팩토링은 소구권이 없으나 수출상에게 소구권이 있느냐 없느냐의 여부는 수출팩터은행과 수출상의 거래약정에 따라 결정된다.

품이다. 팩터는 수출상을 위하여 신용조사, 신용위험의 인수, 금융제공, 수출채권과 관련된 대금회수를 보장하고 회수업무에 따른 장부기장 등 회계업무와 전도금융에 이르기까지 제반 서비스를 제공한다.

국제팩토링의 주요한 기능은 ① 신용위험의 인수, ② 전도금융의 제공, ③ 회계업무의 대행 등이 있다. 수입팩터는 수출팩터와의 약정에 따라 수입상에 대한 신용조사 및 신용위험을 인수하고, 수출채권의 양수 및 송금 등 대금회수를 보장한다. 수출팩터는 수출상과의 약정에 따라 수출채권의 매입한도를 결정하며 전도금융를 제공함으로써 효율적인 운전자금을 조달하도록 한다. 그 외에도 수출팩터는 회계업무를 대행함으로써 수출채권과 관련한 회계장부를 정리하여 준다.

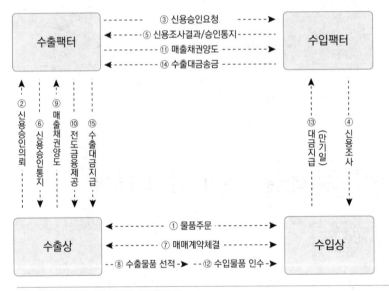

그림 12-8   국제팩토링방식에 의한 거래과정

① 수출상은 수입상으로부터 물품주문을 받는다.
② 국제팩토링방식으로 수출하고자 하는 수출상은 수출팩터에게 수입상에 대한 신용조사를 팩터의 소정양식인 신용승인신청서에 의하여 의뢰한다.
③ 수출팩터는 수출상으로부터 접수한 수입상에 대한 신용승인신청서에 따라 수입국의 거래팩터에게 수입상에 대한 신용조사 및 수입팩터가 지급보증할 수 있는 신용승인 한도를 요청한다.
④ 수입팩터는 수입상에 대한 신용조사를 실시한다.
⑤ 수입팩터는 신용조사의 결과 및 승인을 수출팩터에게 통지한다.

⑥ 수출팩터는 수입팩터로부터 접수된 수입상의 신용승인내용을 검토하고 수출상에게 통지하며, 팩토링방식으로 수출할 수 있도록 지원한다.

⑦ 수출상은 신용승인내용을 근거로 수입상과 국제팩토링방식 수출입계약을 체결한다.

⑧ 수출상은 물품을 선적한다.

⑨ 수출상은 송장 등 매출채권을 수출팩터에게 양도한다.

⑩ 수출팩터는 운송서류를 확인 후 송장 금액의 100% 이내에서 수출상에게 전도금을 제공한다.

⑪ 수출팩터는 송장의 원본 및 사본에 수입팩터로부터 우송되어 온 양도문언을 삽입하고 원본은 수입상에게 우송하되 사본은 수입팩터에게 양도한다.

⑫ 수입상은 수입대금의 지급기일이 되면 수입대금을 수입팩터에게 지급한다.

⑬ 수입팩터는 수입상으로부터 대금을 영수하면 즉시 수출팩터에게 송금한다.

⑭ 수출팩터는 수입팩터로부터 송금되어 온 수출대금을 수출상에게 지급하게 된다. 이때 수출팩터는 수출상에게 전도금융한 금액과 수입팩터로부터 송금되어 온 수출대금을 서로 상계하여 정산한다.

2. 국제팩토링의 유용성

먼저, 수출상의 이점은 다음과 같다.

① 수출대금의 회수를 수출팩터가 보증하기 때문에 신용거래에 따른 위험부담이 없다.

② 수입상에게 위험부담이 없이 유리한 무신용장거래를 할 수 있어 대외경쟁력 강화는 물론 신 시장개척이 용이하다.

③ 신용장 및 추심방식에 비해 실무절차가 간편하다.

④ 대금회수 및 수출채권의 기일관리 등 제반 회계업무의 부담에서 벗어나 생산 및 판매에만 전념함으로써 원가절감과 생산성 증대를 실현할 수 있다.

⑤ 전 세계에 걸친 팩토링 기구의 회원사망을 통해 신속·정확한 해외시장 정보를 얻을 수 있으며, 팩토링 기구의 회원사인 수출팩터와 거래함으로써 국제시장에서의 지명도가 높아진다.

⑥ 필요시 즉각적인 전도금융의 수혜로 효율적인 자금조달이 가능하며 경영상담 및 다양한 서비스를 제공받을 수 있다.

한편, 수입상의 이점은 다음과 같다.

① 수입팩터가 지급보증을 함으로써 세계 각국으로부터의 신용구매가 가능하다.

② 수입보증금예치에 따른 자금부담이 없어진다.

③ 신용장발행에 따르는 수수료 등의 비용부담이 없다.

④ 수입결제자금의 부족시 금융수혜가 가능하다.

⑤ 수입팩터가 신용한도 설정으로 계속 구매가 가능하다.

⑥ 수입팩터로부터 만기일 관리 등 회계관리 서비스를 제공받는다.

3. 국제팩토링결제와 타결제방식의 비교

전통적인 결제방식과 국제팩토링방식을 비교하면 아래 <표 12-3>과 같이 요약할 수 있다. 신용장방식은 은행의 지급보증을 근거하고 있으며, 추심 및 송금방식은 거래당사자간의 신용을 근거로 하고 있는 데 비해 국제팩토링은 수입팩터의 신용승인을 근거로 하는 특징이 있다.

표 12-3   무역결제방식별 비교

	신용장	D/P·D/A	송금환	국제팩토링	포페이팅
1. 결제의 근거	신용장	매매계약서	매매계약서	매매계약서	매매계약서
2. 결제 제공서류	환어음, 선적서류	환어음, 선적서류	선적서류제공	선적서류제공	환어음, 약속 어음, 선적서류
3. 대금지급보증	신용장발행은행	없음	없음	팩터	포페이터
4. 결제시기	일람출급, 기한부	일람출급, 기한부	일람출급	일람출급, 기한부	기한부
5. 대금회수위험	안전	불안	불안	안전	안전
6. 자금회전	용이	담보력에 의존	용이	용이	용이
7. 수출대금회수	수출환어음매입	수출환어음매입	선수금, 후불	전도금융	어음의 할인

포페이팅 방식에 의한 결제

1. 포페이팅의 의의

포페이팅(forfaiting)은 국제상거래에서 일반적으로 5년 만기 정도의 약속어음의 할인 또는 환어음의 할인으로써 현금을 대가로 채권을 포기 또는 양도하는 연지급 어음매입방식을 말한다. 즉 수출거래에 따른 환어음이나 약속어음을 소구권없이(without recourse) 할인하여 고정이자율로 할인하는 금융결제기법이다.

Forfaiting이란 불어의 forfait에서 유래한 말로써 현금을 대가로 채권을 포기 또는 약속어음을 이전의 소비자에게 소구함이 없이 고정이자율로 할인하는 금융기법을 가리킨다. 포페이팅은 신용장거래의 인수와 유사하나 인수에 비하여 기간이 장기이고 연지급어음을 매입한 자(forfaiter)는 자기 이전에 어음을 소지하였던 자에게 사후에 소구권을 행사할 수 없다는 점이 가장 중요한 특징이라고 할 수 있다.

2. 포페이팅의 당사자와 취급절차

포페이팅의 당사자는 수출자, 수입자, forfaiter 그리고 보증은행이 있다. Forfaiter는 연불어음을 할인매입하는 은행을 가리키며, 보증은행(avalising/guaranteeing bank)은 수입자를 위하여 지급을 보증하는 어음보증 또는 지급보증서를 발급하는 은행을 말한다.

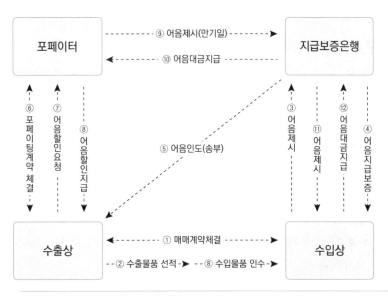

그림 12-9   포페이팅 방식에 의한 거래과정

① 수출자와 수입자가 수출입 중장기 연불수출계약을 체결하고,

② 수출자는 수출물품을 수입자에게 인도한다.

③ 수입자는 지급보증은행에 환어음이나 약속어음을 제출하고,

④ 지급보증은행은 제시된 어음의 지급을 보증(aval)한다.

⑤ 지급보증은행은 자신이 지급보증한 어음을 수출상에게 인도한다.

⑥ 수출자는 forfaiter와 포페이팅 계약을 체결하고,

⑦ 수출상은 선적서류와 함께 수입상이 보내온 약속어음을 포페이터에게 제출한다.

⑧ forfaiter는 수출자에게 어음대금을 할인하여 지급한다.

⑨ forfaiter는 어음의 만기에 어음을 지급보증은행에 제시하고,

⑩ 지급보증은행은 만기 전에 forfaiter에게 대금을 지급한다.

⑪ 지급보증은행은 어음을 수입상에게 제시하고 대금을 결제 받는다.

위에서와 같이 수출자가 forfaiter와 직접 포페이팅 계약을 체결하는 경우도 있지만 수출자의 거래은행이 forfaiter와 포페이팅 계약을 체결하여 포페이팅 편의를 제공하는 경우도 있다. 예컨대 한국의 수출자 A가 자기 거래은행인 B에게 포페이팅을 의뢰하고, B은행이 forfaiter인 C에게 포페이팅을 의뢰하는 것과 같은 것이다. 이러한 포페이팅을 복합 포페이팅(synthetic forfaiting)이라 한다.

3. 포페이팅의 특징

포페이팅은 다음과 같은 특징을 가지고 있다.

첫째, 환어음 또는 약속어음의 할인매입은행인 forfaiter는 그 이전의 어음소지자인 할인 매각자에게 소구권을 행사할 수 없다. 따라서 수입상 또는 거래은행이 만기일에 대금을 결제하지 않더라도 수출상은 대금을 상환할 책임이 없다.

둘째, 할인대상증권은 현재 환어음과 약속어음에 국한되고 있다.

셋째, 대상어음이 forfaiter가 인정하는 일류기업의 어음이 아닌 경우에는 은행지급 보증이나 aval(어음상의 지급보증)을 요구하게 된다.

넷째, 대상어음이 중장기이다. 대개 1~ 10년의 자본재 수출에 따른 연불수출어음 이 대부분이며 단기 금융거래에는 이용되지 않는다. 따라서 중장기 거래에 따른 환 리스크도 모두 포페이터가 부담하게 된다.

다섯째, 대상어음은 고정금리로 할인매입된다.

4. 포페이팅의 장점

포페이팅 결제는 다음과 같은 장점을 가지고 있다.

첫째, 수출상은 위험으로부터 벗어나 포페이터에게 이전된다. 신용위험(credit risk), 국가위험(country risk), 통화위험(currency risk), 금리위험(interest risk) 등으로부터 수출상의 위험이 포페이터에게 이전된다.

둘째, 수출상은 자금 확보가 신속하게 이루어진다. 대부분의 포페이터 금융회사들은 수출상이 서류를 제시하여 신청하면 약 2일 이내에 결제하기 때문에 신속한 자금확보가 가능하다.

셋째, 제출 서류가 간소하다. 수출상이 결제서류로 제출하는 필요서류가 간편하기 때문에 시간과 비용의 절감이 가능하다. 대개 계약서 사본, 상업송장 사본, 운송서류 사본, 보증은행의 보증서 등의 서류가 필요하다.

앞의 국제팩토링 방식과 포페이팅 방식을 비교하면 다음과 같이 정리할 수 있다.

표 12-4   국제팩토링 방식과 포페이팅 방식의 비교

구 분	국제팩토링	포페이팅
거래금액	주로 소액거래(30만$ 미만)에 이용	비교적 거액(100만$ 이상)거래에 이용
외상기간	주로 단기(1년이 이내)	주로 중·장기(1~10년), 단기도 취급가능
소 구 권	대개 소구권 없음(without recourse) (소구권 있는 경우도 가능)	소구권 없는(without recourse)조건만 가능
금 리	제한 없음	고정금리로 할인
지급근거	수입팩터의 신용승인	수입상 거래은행의 지급보증 또는 aval
거래방식	송금하는 방식	환어음 또는 약속어음을 매개
대상채권	현재 또는 미래의 매출채권	확정된 매출채권

전자무역결제는 무역거래에서 수출상과 수입상간에 발생하는 채권채무관계를 전통적인 종이서류인 선화증권이나, 상업송장 등의 상업서류의 이전을 통한 대금지급이 아니라 전자문서에 근거하여 대금을 지급하는 방식을 말한다. 따라서 전자무역결제는 결제부문만의 전자화를 시도한 것이라기보다는 무역거래의 전 과정을 전자화함으로써 결제의 전 과정을 전자적 방식으로 수용하는 결제시스템이라고 할 수 있다.

그러나 전자결제가 보다 원활하게 이루어지기 위해서는 다음의 요건이 충족되어야 할 것이다.

첫째, 정보보안기술상의 의사표시의 진정성(authenticity)이 있어야 한다. 여기서 진정성이란 의사표시가 누구에 의하여 이루어진 것인지 신분을 확증할 수 있는 것이다.

둘째, 무결성(integrity)을 확보하여야 한다. 무결성은 의사표시의 내용이 하자없이 상대방에게 도달하였는지를 확증하는 것이다.

셋째, 부인방지(non-repudiation)기능이 있어야 한다. 전자적 의사표시를 한 당사자가 상대방에게 그러한 의사표시를 하지 않았다고 부인할 수 없도록 기록을 보존하는 기능이 있어야 한다.

넷째, 거래의 기밀성(confidentiality)이 있어야 한다. 전자적 의사표시에서 그 내용이 외부에 노출되지 않도록 거래당사자의 상거래 비밀이 보장될 수 있어야 한다.

본 절에서는 전자결제시스템의 유형을 다음과 같이 분류하였다. 첫째, Bolero Project는 엄밀히 말해서 전자결제시스템이 아니라 무역서류의 전자화를 추구하는 것이다. 다만 선화증권을 포함한 무역서류의 전자화가 전자결제시스템을 추구하는 첩경이기 때문에 본 장에서 다루기로 한다. 둘째, TradeCard 결제시스템, 셋째, 기타의 전자결제 방식으로 나누어 설명하기로 한다.

1. Bolero Project

1) Bolero Project의 의의

BOLERO란 "Bill of Lading Electronic Registry Organization"의 약칭으로 '선화증권 전자등록기구'를 말한다. Bolero Project는 선화증권 등 수출입관련 선적서류를 전자화하여 그 데이터의 중앙일괄등록과 인증으로 전자적 유일성을 확보하고 중앙등록기관에 선화증권의 소지인 등록 및 인증에 의하여 전자적 유통가능성을 검증하기 위한 실험계획이다.

1994년 6월 홍콩, 네덜란드, 스웨덴, 영국 및 미국의 해상운송회사, 은행, 통신회사 등이 참여하여 컨소시엄 형태로 시작된 볼레로는 무역거래에 필요한 종이서류를 전자메시지로 전환하여 안전하게 교환할 수 있는 기반을 제공하는 것을 목표로 하고 있다. 이는 1990년 9월에 제정된 전자선화증권에 관한 CMI규칙(CMI Rules for Electronic Bills of Lading) 등 종전의 전자선화증권의 프로젝트를 근거로 하고 있다.

Bolero Project는 선화증권 및 기타 선적서류의 전자화를 실현하기 위하여 서비스 제공자가 신뢰할 수 있는 제3자(Trusted Third Party: TTP)시스템을 이용하여 법적 및 상업적으로 수용가능한 전자적 서비스를 디자인하고 개발하는 것이다.

이 프로젝트는 유럽연합(EU)이 중심이 되어 유통증권의 처리와 무역거래의 전자적 관리의 연구성과에 근거하여 전자선화증권을 해운실무 환경에 도입하기 위하여 현재 세계 은행간 금융데이터 통신협회(SWIFT)와 화물배상책임보험조합(TT Club)[13]의 합작투자로 운영되고 있다. 볼레로 사업을 범세계적으로 추진하기 위한 bolero.net은 볼레로 인터내셔널사(Bolero International Ltd.)의 상호이다. 볼레로 인터내셔널은 현재 SWIFT 측 50%와 TT Club 측 50%의 지분으로 소유되어 있다. 동사는 볼레로협회와 같이 세계적으로 500개 이상의 회사와 산업조직체가 볼레로 서비스의 기능적 그리고 법적 가능성을 검토하기 위하여 함께 작업을 수행하여 왔다.

2) Bolero Project의 특징

Bolero Project는 글로벌한 무역서류의 전달과 전자무역 서류처리에 있어서 공동의 접근방식을 창출하기 위하여 그 서비스 제공과 운영이 독특하다. 볼레로 서비스의 특징을 살펴보면 다음과 같다.[14]

① 글로벌 형태를 지니고 있으며 특정 회사에 과도한 지분소유를 배제하고 있다.
    볼레로 서비스는 산업간, 국가간, 사용자간의 서비스로서 설계되어 모든 국가에서 이용가능하도록 하고 있으며 어떤 특정기업이나 산업영역을 지원하지 않고 볼레로 공동체 회원간 상호작용의 증대를 촉진한다는 점이다. 볼레로 인터네셔널사는 볼레로사용자, 볼레로협회, 볼레로 등록기관에게 자기자신 혹은 외부자

---

13) Through Transport Club의 약칭. 해상화물운송 부문의 상호부보조직(P&I)으로 80여 개국의 운송업자, 운송주선인, 항만당국 등이 회원으로 참여하고 있으며, 컨테이너 선단의 2/3, 1,725개의 항만시설, 5,890사의 운송업자에 대한 보험을 담당하고 있다.

14) 임재욱 외, 무역실무, 현학사, 2002, pp.376-377.

원을 통하여 상업적, 기술적, 운영서비스를 제공하고 있다.

② 볼레로가 제공하는 서비스는 Rule Book(규약집)에 의하여 구속력을 갖도록 하고 있다.
볼레로 규약집을 제정함으로써 일정한 구속력을 발휘할 수 있도록 하였고, 기존의 국제 및 국내법규와 상충관계가 아닌 보완관계를 형성하고 법률적 확실성을 확보할 수 있도록 유도하였다. 여기에서 규약집의 적용범위는 참가자의 무역행위 전반이 아니고 볼레로가 제공하는 서비스에 국한된다.

③ 기존의 제도적 환경과 연계시킨다는 점이다.
분쟁해결방법은 종이문서 체제상에서의 방법과 유사하도록 하고 가능한 한 현실의 관행을 반영하는 것으로 하고 있다.

④ 신뢰할 수 있는 제3자(Trusted Third Party), 즉 서비스제공자를 개입시켜 시스템 장애 발생시 볼레로사에 손해배상 청구가 가능하도록 하고 있다.

⑤ 현존하는 SWIFT의 금융망과 EDI와 차별화하고 있다.
SWIFT 금융망의 이용기관들은 실제로 SWIFT가 제공하는 인터페이스를 통하여 SWIFT 금융망에 직접 접속을 하며 이용하게 되는 반면 볼레로 서비스에서는 플랫폼만 제공될 뿐 인터페이스 및 접속 경로는 시장에서 제3자가 제공하는 다양한 제품과 서비스 중 이용기관이 선택할 수 있도록 하고 있다. 기존 EDI와 차이점은 EDI는 통신상에서 단순히 데이터만을 전송하는 행위인 반면 볼레로 서비스는 법적으로 구속력 있는 계약서를 통신상에서 전송하는 행위라는 점이다.

3) 볼레로 시스템의 도입효과

현재의 무역거래는 대부분 종이서류로 이루어지고 있으나 전 세계적으로 EDI 네트워크로 연결되는 전자무역의 실현을 위해 볼레로 프로젝트는 크게 기여할 것으로 예상되며 그 도입효과는 <표 12−5>와 같다.

표 12-5 볼레로 시스템의 도입 효과

구 분	내 용
금융기관	• 서류전달의 신속화와 전달 비용의 절감 • 서류의 보관과 관련된 스페이스 비용의 절감 • 사고나 스트라이크의 외부 요인에 기인한 서류 전달 중의 위험 감소 • 수출입 서류의 점검에 종사하는 인원의 감소 • 전자 자료에 의한 보존의 일원화, 위조 및 변조의 방지 • 무역 관계 서류 처리효율의 향상과 점검 작업의 간소화(자동화)
수출입업자	• 신속하고 신뢰할 수 있는 물품의 인도 • 재고 기간의 단축(재고비용의 절감) • 신속한 대금결제 • 서류 관리 비용의 절감 • 통신 비용(전화, 텔렉스, 특송)의 절감 • 체선료 발생의 감소 • 국내/국제통관절차의 단일창구
운송기관	• 저렴한 비용으로 내부 선복예약 작업의 개선 • 서류작업 실수율의 감소 • 컨테이너 회수율(box turn rate)에 긍정적인 효과 • 컨테이너 적입율(slot fill rate)의 개선 • 신속하고 저렴한 내부대조작업 • 인력비용의 감소

출처: www.boleroltd.com/whatis/setorbenefits.htm
　인용) 임재욱 외3, 무역실무, 현학사, 2002.9., pp.378－379.

2. TradeCard 결제시스템

1) TradeCard 결제시스템의 개요

(1) TradeCard의 의의

TradeCard는 수입업체와 수출업체, 금융기관, 보험회사 및 화물운송업체를 연결, 수출입계약에서 무역금융, 선적 및 대금결제의 전 과정을 전자적으로 처리할 수 있게 하는 전자무역거래 및 전자금융서비스를 말한다.

TradeCard는 기업간 무역대금결제를 인터넷상에서 서류의 일치성을 자동으로 점검하고 대금지급을 이행할 수 있는 기반으로 세계무역센터협회(World Trade Center Association: WTCA)[15]가 개발한 무역결제카드시스템이다. 이 결제시스템은 국제무역거래를 보다 신속하고 안전하게 이행하도록 함으로써 기존의 신용장이 갖는 서류심사 등의 단점을 극복하기 위한 새로운 무역관습을 구현하려는 취지에서 비롯되었다.

무역카드는 기업간 전자상거래를 수행할 능력을 갖추고 있을 뿐만 아니라, 온라인 환경 하에서 이행 가능한 협상과정이나 새로운 거래처의 발견 등에 대한 업무도 가능하다. 또한 무역카드는 기존의 높은 대금결제수수료와 이자를 부담하는 신용장이나 기탁(escrow) 방식과는 달리 저렴한 비용으로 소액이나 거액의 대금결제 모두 가능하며, 당해 대금결제에 필요한 서류의 단계별 추적이 가능하다. 이는 기존의 무역과정을 단순화, 자동화 및 표준화하여 무역거래에서 발생하는 비용을 절감할 수 있기 때문이다.

TradeCard는 선적관련 서류의 전자전송은 물론 무역금융·보험, 대금결제, 물류 등 수출입 전 과정을 자동화함으로써 무역업무 처리시간을 기존 시스템보다 획기적으로 단축시킨 전자무역시스템이다.

TradeCard를 통한 무역거래가 기존의 무역거래와 가장 큰 차이점은 은행의 역할이다. 과거 은행은 신용장하의 지위는 상당히 강했으나 본 시스템의 도입으로 신용장을 배제하게 되므로 결국 은행은 자금공여자로서의 역할만 담당하게 된다. 즉, 신용장하에서 서류점검을 하는 발행은행의 역할을 TradeCard 시스템이 대신 수행하며, 은행은 단지 자금의 공여만을 담당하는 역할에 국한된다는 것이다.

무역카드시스템은 당사자 간의 계약을 중심으로 하고 있으며, 이러한 계약은 전자적 방식으로써 POPFI(Purchase Order/Pro−Forma Invoice)[16]라고 불리는 정형화된 형식으로 작성되어 관련 서류의 전자화 및 일치성 점검의 자동화를 가능하도록 하고 있다. 이와 같은 정형화된 형식의 전자적 계약서는 SWIFT 등에서 제한된 범위 내에서 활용되고 있던 방법이며, 향후 무역거래의 전자화에 따라 후술하는 선결과제가 해결되면 널리 보급될 수 있을 것으로 예상된다.[17]

이와 같은 무역카드시스템은 전매가 필요 없는 거래에 사용하기 간편하여 일부 기업에서 활용되고 있으나 물품에 대한 매매당사자간의 권리의 이전 문제 및 은행 또는 운송인에게 권리 이전이나 담보권 확보에는 선결되어야 할 과제를 안고 있다.

---

15) Trade Card사는 1994년 세계 무역센터협회가 고안하여 1997년 별도의 회사가 설립되었고 1998년 미국 특허 및 상표국(U. S. Patent and Trademark Office)으로부터 특허번호 #5,717,989를 받았다. 1999년 Trade Card사는 E.M. Warburg Pincus의 지분으로 독립된 회사(TradeCard, Inc.)가 되어 2000년부터는 웹서비스(web−based service)를 개시하고 있다; http://www.tradecard.com

16) 구매주문서/견적송장의 약자로 수출자와 수입자간의 전자거래계약서를 의미한다.

17) 미국의 제3위의 은행인 Nation Bank가 신용을 공여하고, 대만의 Standard Chartered Bank in Taipei가 지급은행으로 참가하여, 1998년 4월 30일 미국의 수입자 Avalon Products와 대만의 수출자 Most−Brite 사이에서 미화 21,600 달러에 해당하는 유모차의 매매거래가 이루어진 바 있다.

(2) TradeCard의 등장배경

① **전통적 신용장결제방식의 한계**: TradeCard시스템 출현의 근본적 배경은 전자상거래의 급속한 발전과 아울러 오랜 기간 동안 무역결제의 주요 수단으로 활용되었던 화환신용장거래의 한계 때문이다. 신용장조건의 불충족과 서류불일치로 인한 대금결제와 화물인도의 지연이 발생할 수 있고 신용장발행과 매입에 따른 과도한 행정비용이 발생하고 있다.[18] 이러한 문제를 근원적으로 해결하기 위해서는 대금결제 서류의 전자화 및 서류점검절차의 자동화가 필수적이었다.

② **신용장거래에서 전자메시지 실행의 문제**: 전자무역 환경에서 필요한 것 중의 하나가 전자식 선화증권과 그리고 "전자메시지에 의한 무서류의 신용장"개발이다. 현재 신용장거래는 어느 정도까지는 이미 SWIFT 네트워크를 통해 은행에 의해 전자적으로 발행되고 있다. 예를 들어 이들은 주로 신용장의 발행, 통지, 조건변경을 위한 거래절차를 담당하고 있다.

그러나 현재 개발된 특정의 SWIFT나 UN/EDIFACT메시지는 신용장거래의 중요한 부분들을 담당하고 있지만, 무서류 거래(Paperless)를 전자상거래시대에 적합한 완전한 형태의 전자거래는 아니기 때문에, TradeCard시스템과 같은 결제수단이 필요하게 되었다.

③ **전자무역의 결제방식에서의 신용장의 본원적 한계**: 신용장은 서류거래를 본질로 하는 거래이므로 종이서류를 완전히 배제한 전자적 자료전송방식을 수용하는 것은 원천적으로 불가능하다.

2) TradeCard 결제의 특징

(1) 화환신용장 배제의 전자금융시스템

TradeCard 시스템은 신용장 발행은행의 서류심사 및 점검기능을 전자방식으로 TradeCard시스템이 수행하게 된다.

(2) 무역거래절차의 전자화 실현

TradeCard 시스템은 무역거래절차를 전자적 무역계약의 성립, 무역계약이행 여부의 확인, 대금지급을 통한 무역계약의 종료 등의 모든 과정을 전자화하는 것을 기본적

---

18) www.trade-card.com/tcnew/html/benefit.htm

전제로 삼고 있다. 무역거래에서 수반되는 모든 서류는 전자문서로써 Trade Card사가 TradeCard사의 컴퓨터 시스템을 통해 자동적으로 점검이 이루어진다.

(3) UN/EDIFACT표준과 RSA 서명방식의 채용

무역거래절차에 있어 TradeCard 시스템은 거래당사자간 전자적 계약의 확인, 계약 이행 여부의 확인, 대금지급여부의 결정 등 전자적 계약의 체결에서 종료에 이르기까지 중계역할을 한다. 즉 계약의 이행여부를 확인하기 위한 전자적 문서와 계약서의 일치여부를 판단하는 것이 주된 기능이다. 따라서 Rule Book과 같은 규칙협정은 없으며, 문서의 교환표준은 UN/EDIFACT에 따르고 있고, 암호체계도 RSA[19]방식을 채택하고 있다.[20] 이러한 점은 기존 무역절차를 전자문서화하고자 1994년부터 SWIFT와 TT Club이 추진하고 있는 Bolero Project와 동일하다고 할 수 있다.

(4) 법률적 구속력 부재

잠재적 경쟁상대인 BOLERO가 18개 무역권에 대한 법률조사를 토대로 "Rule Book"을 제정, 법적 불안정성을 보완한 반면, TradeCard는 전자적 방법에 의한 거래당사자 간의 권리의무에 대한 별도의 규정을 두고 있지 않다.

(5) 제휴를 통한 서비스 확대

TradeCard사는 제 관련기관과의 제휴활동을 통해 당초 TradeCard 서비스 시행과정상 드러났던 취약점들을 해결해 가고 있다. 프랑스 신용보증보험회사인 COFACE, 영국 금융회사인 Thomas Cook, 그 외에 정보기술회사 등과의 제휴를 통해 대금결제흐름에 관한 문제, 대금지급의 확약에 관한 문제 등 업무적용지역에서의 거래성사나 마케팅 활동을 지원하는 서비스를 하고 있다.

---

19) RAS방식은 1977년 미국 MIT대학의 론 리베스트(Ron Rivest), 아디 샤미르(Adi Shamir) 및 레오나드 에이들만(Lenard Adleman)이 개발하여 이들의 머릿글자를 따서 만든 것이다. 이 방식은 암호화와 사용자 인증을 통시에 수행하는 공개키 기반이 암호화기법으로 암호기술의 핵심인 암호화, 복호화시에 사용하는 키를 공개하는 것이 특징이다.

20) www.emag21.com/lastmag/G/10/005/1999972214814.html

표 12-6   TradeCard 시스템의 주요 내용

	TradeCard 시스템
목 표	종이서류를 근간으로 한 화환신용장의 배제와 무역거래의 전자화
출현배경	기존 신용장결제방식의 비효율성 개선과 무역업무절차의 전자화
문서의 교환표준	UN/EDIFACT
보안 및 암호체계	RSA 방식의 디지털 서명
주요 서비스 대상	중소규모의 수출입업자
주요 추진 주체	세계무역센터협회(WTCA), GE
시스템의 역할	전자적 계약의 체결에서 종료까지 중개자의 역할
시스템의 특징	신용장 없이 무역거래 수행
전자적 문서와 계약서와의 일치성 확인	TradeCard SA의 컴퓨터에 의해 자동수행
은행의 역할과 비용절감	자금공여만을 담당, 신용장관련 비용의 절감
시스템의 효과	무역업무 처리시간의 단축과 생산성 개선, 무서류거래의 실현, 수출입 부대비용의 절감, 세계교역량의 증대

자료: 안병수, 국제전자상거래시대를 대비한 BOLERO Project와 TradeCard System, 한국무역상무학회 무역상무연구 제13권, 2000, 2.를 참조하여 재구성

3) Bolero Project와 TradeCard의 비교

Bolero Project와 TradeCard는 전자무역의 최대 이슈인 선화증권(B/L)의 전자화를 지향하고 있고 모든 무역서류의 전자화와 중계역할을 수행하겠다는 최종목표는 같다.

그러나 Bolero Project는 전자식 선화증권을 유통시켜 모든 무역서류의 전자화를 추진하는 반면 TradeCard 시스템은 무역대금 결제과정에서 신용장을 배제하고 시스템 내에서 계약체결 및 이행을 증명하는 서류의 제공, 서류의 일치 여부 점검 및 대금지급의 수권지시 등 One-Stop-Service를 수행하려고 한다.

Bolero Project는 ① 전자식 선화증권 및 무역서류의 전자화에 따른 진정성의 확보를 위한 전자서명의 인증기관으로서의 역할, ② 전자적 권리 이전을 위한 기록의 갱신 및 유지, ③ 전자적 권리 이전에 필요한 통신방법을 제공한다. 그러나 전자문서의 권리 이전 이외의 당사자의 계약체결이나 계약의 이행과정에는 개입하지 않는다.

표 12-7　Bolero Project와 TradeCard 시스템의 비교

	TradeCard	Bolero Project
메시지 표준	UN/EDIFACT	표준화 작업중
메시지 보안	RSA방식의 디지털 서명	RSA방식의 디지털 서명
상업화 목표	신용장 방식에서 벗어난 무역거래 전자화(전자무역 실현)	전자식 선화증권의 구현 및 무역서류의 전자화(전자서류의 구현)
주요 서비스 대상	중소 무역업자	대기업 등 대형업체 선화증권 거래 관련자
우리나라 참여 여부	LG, SK, 우리은행	우리은행, KEB하나은행, 삼성전자
무역거래에서의 역할	• 전자무역계약의 체결, 이행 및 종료에 관한 중계기관 대금지급의 결정 • 전자문서의 권리이전 관계 불관여	• 전자서명의 인증 • 무역서류의 진정성 확보 • 전자무역계약에는 불관여 • 전자문서의 권리이전에 관한 통신방법의 제공
주요 추진 주체	WTCA, TradeCard사	SWIFT, TT, Club
신용장과의 일치성 확인 (서류점검)방법	TradeCard SA의 컴퓨터에 의해 자동 수행	종이로 출력하여 점검, 전산개발은 선택임
비용 절감	신용장 관련 비용의 절감	선화증권 지연과 관련된 비용절감
서비스의 특징	신용장없이 무역거래 수행	선화증권 전자화

* SA: 중앙처리장치(System Administrator)

TradeCard 시스템은 계약의 체결, 계약이행 여부의 확인, 대금지급의 결정 등에 주체적인 역할을 하면서 One-Stop-Service, 즉 수출입대행을 하려고 한다.

위의 사항들이 충족될 때 무역대금 지불을 위한 TradeCard 웹사이트 자체의 사용 증가와 함께 TradeCard와 같은 B2B Market이나 Auction 등 확정된 거래의 Payment Solution으로서 활용이 가능할 것으로 보인다.

3. 은행지급확약(BPO) 결제시스템

1) 은행지급확약의 개요

(1) 은행지급확약의 의의

은행지급확약(Bank Payment Obligation)은 국제무역거래에 도입된 새로운 결제방식

이다. 지금까지 주요 결제수단은 Cash in Advance Payment(CAP), 화환추심(documentary collection), 화환신용장(documentary credits) 그리고 Open Account 등이 이용되었다. 앞에서 언급한 바와 같이 이들 각 결제방식은 장점과 약점을 갖고 있다. 가령, Open Account 및 CAP는 사용하기에 매우 쉽고 간편한 반면에 수출상과 수입상에게 다소 위험한 거래이다.

화환신용장거래는 안전한 결제 수단이지만 거래가 복잡하고 비용이 비싸다는 단점이 있다. 이러한 문제를 해결하는 대안이 은행지급확약이라고 할 수 있다.

BPO는 SWIFT의 TSU(Trade Services Utility)상에 전자적으로 제출되는 데이터가 일치(match)하면 약정된 일자에 수취은행에 대금지급이 이행되는 채무은행의 취소불능한 지급약정이다. BPO는 신용장거래에서의 지급확약은 물론 Open Account의 편리성, 신속성 등의 장점을 제공하는 종이 없는 전자무역결제의 대안으로 도입된 것이다.

BPO란 채무은행(obligor bank)이 수입상를 대신하여 수취은행(recipient bank)에게 지급 및 연지급할 것을 확약하는 것이다. BPO의 채무은행은 국제상업회의소(ICC)가 채택한 국제 규칙에 의거하여 상품 주문 정보와 선적정보가 전자적으로 매칭된 자료가 입력되었을 경우, 상대 은행에 대한 자금 지급 의무가 발생하게 된다. 이에 따라 수출상은 주문서대로 출하를 하는 한, BPO 채무은행의 신용도에 따라 무역 거래가 가능하다.

BPO도 신용장 거래와 마찬가지로 수입상의 자금이 부족할 경우에도 은행에 의해 지급은 이행되지만, 상품 주문 정보 및 제품 출하 정보와 불일치가 있을 경우에는 지급은 이행되지 않는다. 또한 상대 거래 은행의 준비 상황에 따라 BPO를 이용할 수 없는 경우가 있다.

은행지급 확약에 관한 통일규칙(URBPO)상의 BOP 정의

A Bank Payment Obligation (BPO) is an irrevocable and independent undertaking of an Obligor Bank(typically buyer's bank) to pay or to incur a deferred payment obligation and pay at maturity a specified amount to a Recipient Bank(usually seller's bank) in accordance with the conditions specified in an established baseline." (Extract from the ICC URBPO) (BPO는 설정된 기초 자료에 약정된 조건에 일치하여 수취은행(매도인 거래은행)에게 지급 또는 연지급 확약 및 명시된 금액을 만기일에 지급한다는 취소불능적이고 채무은행(매수인 거래은행)의 독립적 지급확약이다).

(2) 은행지급확약에 관한 통일규칙

국제상업회의소(ICC)는 2013년 4월 17일에 포르투칼 리스본에서 개최된 ICC Banking Commssion에서 BPO에 대한 국제규칙인 '은행지급확약에 관한 통일규칙'(Uniform Rules for Bank Payment Obligations: URBPO 750E)이 만장일치로 채택되어 2013년 7월 1일로부터 시행되고 있다.

URBPO는 총16개 조로 구성되어 있다. URBPO는 참여은행과 TMA(transaction matching application, 거래매칭 어플리케이션)간의 데이터 교환에만 제한된다. 따라서 은행간 상호작용으로서 데이터 매칭을 위해 공동의 TMA를 이용하는 협업적 공간 범위 이내가 된다.

2) BPO의 거래절차

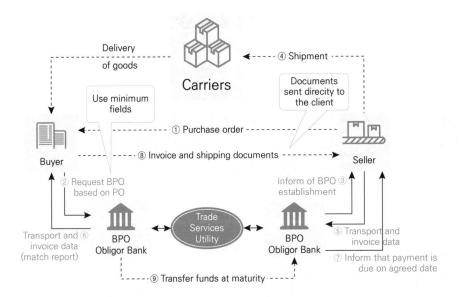

3) TSU(Trade Services Utility) Payment Service

TSU는 세계의 주요 은행간 결제네트워크인 SWIFT가 개발한 은행간 무역데이터 매칭시스템이다. TSU시스템은 수출입업자가 제출한 제품 주문 정보 및 Invoice, B/L 등의 제품 출하 정보를 각각 거래은행이 TSU시스템에 자료를 입력하고 자료간 정합성(무결성)이 확인되는 대로 즉시 자동으로 자금 결제를 실시하는 구조형태로 은행이 보증하는 시스템이다.

TSU는 은행간의 시스템이기 때문에 수출상과 수입상의 고객이 시스템 구축 및

TSU네트워크에 가맹할 필요는 없다.

　　TSU는 무역거래의 신속화, 서류의 간소화, 무역결제 업무의 효율화, 합리화, 비용 절감 등을 통하여 수출입 기업, 물류기업, 자금결제 등의 기능을 유기적으로 연결하고 있다. 특히 무역 서류가 전자화되어 기존 인력에 의존하던 은행에서 서류 확인 및 서류 발송 프로세스가 TSU 의한 데이터 매칭 및 데이터 전송로 대체하므로 결제 기간이 단축되는 장점이 있다. 거래관계자가 매매계약 정보와 선적정보를 TSU시스템상에 공유하는 것에 따라 거래의 가시성, 추적이 향상되며, 업무효율화가 이룩된다.

4) 신용장과 BPO의 비교

표 12-8　　신용장과 BPO의 비교

	신용장	BPO
근거 규정	• ICC UCP	• ICC URBPO
기　능	• 발행은행의 지급기능	• 발행은행의 지급기능
은행의 지급의무 발생 요인	• 신용장 조건에 근거한 서류제시 • 서류양도방식	• TSU시스템에서 상품의 주문정보 및 제품출하정보의 매칭(불일치 없음) • 채권양도방식
선적서류의 제시	• 은행에 서류 원본 제시가 필요	• 은행에 서류원본의 제시는 불필요. • 원본서류는 직송하고, 은행 간에서는 TSU 자료만을 교환
지급확약	• 발행은행이 수익자에게 지급확약	• BPO은행이 수출지 BPO은행에 지급확약(은행 간 지급약정)
사용형태	• 지급, 연지급, 인수, 매입	• 지급, 연지급(인수, 매입 기능 없음)
어음의 유무	• 환어음 있음	• 환어음 없음
수출상의 선화증권인도	• 선적서류에 불일치가 있는 경우에 수입자가 이것을 허용하지 않는 한 B/L은 수입자에게 인도할 수 없음(B/L전통을 은행을 경유하여 송부한 경우)	• B/L은 신용장 거래에서 수입자에게 B/L일부를 직송함. 또한 surrender B/L 이용 시에는 동일하게 취급됨

PART

06

국제물류관리

13 국제물류관리의 기초개념

최근 기업들은 물류비의 절감을 통하여 국제경쟁력을 확보하기 위한 전략으로 널리 사용하고 있다. 경쟁이 심화되는 국제 시장에서 물류비의 절감, 적기 수송 체계 확립, 고객만족을 통한 운송서비스 제공 등의 물류서비스 개선은 기업의 경쟁력을 제고하기 위한 필수불가결한 과제이다. 특히 글로벌 기업들은 원자재나 부품의 안정적 조달, 완제품의 적기수출 및 효율적인 국제물류관리 등이 기업의 경쟁력을 결정짓는 중요한 과제가 되고 있다.

국민경제적 차원에서 물류부문의 경쟁력 강화를 위한 사회간접시설의 확충과 제도적 지원 및 운송수단의 전환의 추진 등의 정책적 지원이 필요하고, 개별 기업 차원에서는 물류비의 절감과 대고객 서비스 개선을 위한 전략이 요구된다. 본 장에서는 국제물류의 기초 개념을 살펴보고자 한다.

SECTION 01 국제물류의 정의

1. 물류의 개념

물류라는 용어는 물적유통(physical distribution)[1], 물자관리(materials management), 로크레메틱스(rhochrematics)[2] 로지스틱스(logistics), 로지스틱스관리(logistics management),

---

1) 일반적으로 물적유통을 줄여 물류라고 사용되고 있으나 오늘날에는 물류의 개념을 광의로 해석해서 로지스틱스와 동일시하는 경우가 늘어나고 있다.

2) physical distribution과 materials management를 포괄적으로 가리키는 것으로서 rho는 희랍어의 "흐름", chrema는 "물품", ics는 "학문"을 나타내며 t는 단순히 부가된 문자이다.

기업로지스틱스(business logistics)등 다양한 명칭으로 사용되어 오면서 의미가 광의화 되어 왔다.

이러한 정의에서 본다면 물류는 기업 내에서 생산, 계획, 통제에 대한 시스템적 접근으로 가장 저렴한 비용으로 적정한 시간에 적절한 물자의 획득을 가능하게 하여 기업의 경쟁력을 제고하는 데 기여할 수 있다.

최근에는 시장의 개방화와 글로벌화가 촉진되고, 다국적 기업이 증가하고 해외직접투자가 보편화되면서 생산지와 소비지가 국경을 초월하여 존재하는 경우가 일반화되었기 때문에 원자재, 부품, 반제품, 노동력의 국가간 이동이 급증하게 되었다. 이에 따라 기업들은 원자재 조달의 용이성, 임금, 기술노동력의 존재 여부, 시장의 크기, 수출입의 편의성, 통관절차, 운송방법 등을 고려하여 생산거점 및 판매거점, 부품조달 거점 등을 선정하게 됨에 따라 물류활동이 기업의 경쟁력을 제고 하는 중요한 요소로 등장하게 되었다.[3] 이러한 맥락에서 물류의 개념이 광의화되어 공급사슬관리(supply chain management: SCM)까지 확대되었다.

공급사슬관리는 물류를 한 단계 고도화한 것이다. 공급사슬은 물품을 단순히 한 장소에서 다른 장소로 이동시키는 것이 아니라 생산지에서 최종 소비지까지 이동시키는 것을 의미한다.

---

3) 하영석, 「국제물류」, 두남, 2005, p.15.

기업의 여러 가지 비즈니스 기능에 걸쳐서 그리고 공급사슬 내의 여러 가지 비즈니스에 걸쳐서 전통적인 비즈니스 기능과 전술을 체계적이고 전략적으로 조정하는 과정이다.

가령, 학생들이 읽고 있는 교과서를 예로 들어보자. 그 책은 인쇄소에서 제작되었다. 인쇄소는 제지회사에서 종이를 구매한다. 제지회사는 종이를 운송하는 것이 물류의 일부분이다. 제지회사의 종이는 펄프회사에서 구매한 것이고, 펄프는 벌목회사에서 온 것이다. 이러한 부분을 모두 연결하는 것이 공급사슬이 된다.

> • 교과서의 공급사슬(SC)의 예
> 교과서 ← 인쇄소 ← 제지회사 ← 펄프회사 ← 벌목회사

물류란 용어는 아래 <표 13-1>에서 보는 바와 같이 1960년대에는 물류 개념을 시스템의 부문별 최적화, 1980년대에는 비용 최소화, 1990년대에는 고객 서비스 가치에 중요성을 두고 있다.

표 13-1   물류 개념의 발전과정

시 기	단 계	초 점
1960 ~ 1970년대	기능적 관리	• 시스템의 부문별 최적화
1980년대	통합 로지스틱스 (내부적 통합)	• 기업차원에서의 시스템 최적화 • 비용최소화
1990년대	공급사슬관리 (외연적 통합)	• 공급경로차원에서의 시스템 최적화 • 고객 서비스 가치

2. 국제물류의 개념

미국의 물류관리협의회(CLM)에서는 국제물류(International Logistics)의 개념에 대하여는 다음과 같이 정의하고 있다.

"국제물류는 제품을 생산완료 시점에서 외국에 있는 최종 소비자에게 가장 효율적으로 이전시키기 위하여 직·간접으로 관련되는 제 활동"이라고 정의하고 있다. 일본의 산업구조심의회의 유통부에서는 "국제물류는 재화가 공급자로부터 외국 소비자까지 이르는 물리적인 흐름으로서 운송, 포장, 보관, 하역, 정보 유통가공 등의 물자유통 활동과 물류에 관계된 정보활동"이 주요 구성요소이다.

이러한 정의에 의하여 종합해 보면, 국제물류는 원료조달, 생산가공, 제조 및 판매 활동 등이 생산지와 소비지가 동일 국가가 아닌 2개국 이상에 걸쳐서 이루어지는 경우 그 생산과 소비의 시간적, 공간적 차이를 극복하기 위한 물리적 경제가치를 창출하는 국제 경제활동을 의미한다. 그 주요 활동 내용은 국제운송을 중심으로 하여 포장, 하역, 보관, 유통가공 및 정보 등의 제 활동이 수행되고 있다. 이러한 의미에서 국제물류는 재화의 이동과 관련하여 수출입 절차, 수출입 통관절차, 운송영역 및 운송방식의 다양화로 인한 환경적 제약을 많이 받게 되며, 국내물류보다 훨씬 복잡하고 여러 유형의 위험에 노출되어 있다.

오늘날의 기업들은 노동비가 저렴하든지 원료이용이 편리하여 생산비용이 절감되면 세계 어느 곳이든 기업이 진출하여 생산을 하고 있으며, 판매는 전 세계 시장을 대상으로 이루어지고 있다. 이러한 원료구매, 생산, 판매 활동이 글로벌화되면서 국제물류관리도 중요성이 증대되고 있다.

게다가 세계적인 기업들은 수출입상품의 출하단위 축소, 출하빈도 증가, 리드타임 (lead time)의 단축 등 다양한 과제에 직면하여 정보를 이용한 무재고 체제의 구축, 다품종화에 대응한 혼재운송(consolidation of shipment)실시 등을 추진하고 있다. 또한 고객 서비스 수준의 향상과 물류비용 절감을 동시에 달성하기 위해 국제적으로 거점의 적정 배치와 재고품목, 재고량의 적정화를 추구하고 있다. 이와 같이 국제물류는 국내물류의 단순한 연장선에 있지도 않고 단순한 현업분야의 업무가 아닌 기업의 수출입 전략 및 마케팅 전략의 중요한 요소로 대두되고 있다.

국제물류의 합리화를 위해서는 운송, 보관, 하역, 포장, 정보 등 다양한 물류 기능들을 적절히 통합하여 각 기능들의 상호작용이 효율적으로 이루어질 수 있는 최적 물류 시스템의 구축이 필요하다. 또한 구성요소들 간의 상충관계(trade off)와 제품판매의 경쟁력이나 이익 증대를 고려하여 비용과 서비스의 조정을 통한 국제물류관리 시스템의 효율화를 도모하는 것이 물류관리의 운영에서 필요하다.

따라서 각종 운송수단의 효율적인 연결과 각 운송수단의 연결점인 항만, 공항, 내륙터미널에서 비용절감과 서비스의 향상을 위한 방안이 도모되어야 한다. 이러한 점에서 현재 항구에서 항구까지(port to port)의 해상운송과 항공운송의 합리화에서 나아가 문전에서 문전(door to door)4)까지의 복합일관운송이 국제물류의 주도적 역할을 수행하고 있다.

---

4) Door to door: house to house라고도 하며, 컨테이너선사가 제공하는 운임률 또는 서비스의 한 형태로서 송화인의 공장에서 화물이 컨테이너에 적입되어 수화인의 공장에서 적출작업이 이루어지는 운송형태를 말한다.

3. 국제물류와 국내물류의 차이점

국제물류는 국내물류의 범위가 국제적으로 확대될 뿐만 아니라 상품의 이동에 관련된 수출입 수속절차, 통관절차, 수출입 경로 및 방법, 운송방법 및 절차 등이 다양하게 된다. 이에 따라 국제물류는 국내물류에 비해 다음과 같은 차이점이 있다.

1) 서류(documentation)의 복잡성

국제물류는 국내물류와 달리 수출입 절차와 관련하여 다음과 같은 다양한 서류가 발생하게 된다.

① 수출입업무에 수반되는 서류들이 많으며 까다롭고 중요한 사항이 된다.
② 서류작성에 많은 관계 당사자(화주, 운송회사, 보험사, 공인검량업체 등)들이 존재한다.
③ 완전한 서류를 작성하기 위해서 요구되는 자료의 양이 많으며, 이를 위해서는 이 분야에 대한 전문적인 기술과 지식을 필요로 한다.
④ 신용장, 선화증권, 상업송장 등의 국제상거래에서 사용되는 관련서류는 잘못 발행시에 분쟁이 발생할 소지가 높다.

가령, 수출에 관련된 주요 서류들은 선화증권 또는 항공화물운송장, 상업송장, 포장명세서, 수출신고서, 원산지 증명서, 포장명세서, 영사송장, 검사증명서, 보험증권 또는 증명서, 중량용적증명서 등이 발행될 수 있다.

2) 중개인의 존재

국제물류에는 여러 중개인이 있는데 그 대표적인 것이 화물운송주선인(freight forwarder)이라 할 수 있다. 화주와 운송인 사이에 개입하여 화주에 대해서는 운송인으로 운송인에 대해서는 화주의 역할을 수행한다. 운송주선인은 화주를 대신하여 운송화물의 집화, 대행기능 등의 서류의 취급, 운송업자 선정, 보관, 통관수속 등의 기능도 수행한다.

3) 주문절차의 복잡성

수출주문은 현지 판매나 마케팅 담당 해외자회사나 대리인에게 위임되므로 본사의 생산 공장과의 주문절차 및 처리가 복잡하고, 평균주문 규모도 국내보다 크기 때문에 주문상 어려움이 있다.

4) 통관절차

국제물류는 국제화물의 수출입 과정에서 통관을 거치게 된다. 통관절차는 보세구역 반입, 물품검사, 보세운송, 신고제도, 품질검사 등의 복잡하고 신속성이 요구되는 물류에 어려움을 가중시켜 주고 있다.

5) 국제물류의 기능별 차이

국제물류는 국내물류와 물류기능 측면에서, 즉 운송, 보관, 하역, 포장, 정보 등에서 볼 때 다음과 같은 차이점이 있다.

(1) 운송기능

운송은 장소적 효용을 창출하기 위해 인간과 물자를 한 장소에서 다른 장소까지 공간적으로 이동시키는 물리적 행위이다. 이와 유사한 개념으로 수송이라 부르기도 한다. 운송은 물류의 핵심적인 요소로서 실질적으로 보관, 하역, 포장, 정보 등과 밀접한 관련을 맺고 있으며, 이러한 활동요소는 운송과 배송을 원활히 해주는 보조적인 요소로 볼 수 있다.

국내 물류의 경우에는 배송활동에 중점을 두기 때문에 화차를 이용하여 화물을 이전시키거나 자사의 유통센터나 타 화물 자동차업체의 운송 및 배송망을 통하여 고객에게 화물을 이전시키는 경우가 많다. 그러나 국제물류의 경우에는 선박회사, 항공회사, 트럭운송회사, 운송주선업자 등을 통하여 화물선이나 항공기로 운송을 하거나 또는 최적운송을 위해 육·해·공을 복합하는 일관복합운송이 수행되기 때문에 국내물류는 마지막 단계의 보조운송으로써 역할을 하게 된다.

(2) 보관기능

보관은 물자의 시간적 차이를 극복함으로서 효용가치를 창출한다. 국내물류에서 창고는 화물을 시간적, 장소적으로 이전시키기 위하여 일시적으로 보관하는 기능과 유통창고나 유통센터로서 수·배송을 위한 기지로서의 기능을 갖기도 한다.

국제물류에서 창고는 수출지에서 수입지까지 화물운송에 필요한 수출자의 창고 및 공장, 창고나 내륙거점, 트럭 및 화차터미널, 그리고 항구나 공항 등지의 보관기능이 우선하게 된다. 즉 화물을 집화하여 이를 조립, 포장, 분류하여 배송하는 유통창고로써의 국내물류 기능보다는 보세구역이나 보세구역 이외의 지역에서 화물을 일시 보관하여 운송하는 기능이 국제물류의 주된 기능이 된다. 국내물류의 경우 보관활동은 생산자로부터 조달물류, 생산물류, 판매물류를 통해 소비자에게 물품의 효율적 배송을 위한 유통센터 및 배송센터나 생산자의 창고에서 팔레트 풀(pallet pool)5)을 통한 창고자동화시스템이 중요한 역할을 하게 된다.

그러나 국제물류에서는 창고자동화시스템을 통한 컨테이너 적입뿐만 아니라 항만 또는 공항의 보세창고 운영시스템의 자동화 및 개선책이 하역작업과 병행하여 중요한 역할을 담당하게 된다. 또한 지리적으로 원거리와 오랜 수송시간으로 인하여 국내물류보다 높은 재고수준이 요구된다.

(3) 포장기능

포장은 물류 과정 중 화물을 안전하게 보호하고 적당한 단위로 묶어서 운송과 보관 및 하역이 용이하도록 하며, 그 이후의 물류활동과 많은 관련을 지니고 있다.

포장기능에서는 국내물류가 포장의 생산성, 편리성, 경제성을 염두에 두고 포장의 기계화, 간소화, 자동화에 중점을 두지만, 국제물류에서는 운송 상의 포장단위가 중요해짐에 따라 컨테이너 및 팔레트의 활용과 이들을 복합운송과 어떻게 효율적으로 이용할 수 있느냐가 중요한 과제가 된다.

국제물류에 있어서 포장기능은 국내물류의 경우와 큰 차이가 없다. 다만 원거리 운송과 해외시장에서 판촉을 위해 상품품질이나 가치를 손상하지 않고 보호하여야 한다는 관점에서 유통과정 중 내용물을 보호하고, 용기가 가벼워 비용을 절감하는 입장에서 포장·활동이 이루어져야 한다. 특히 수출포장은 제품특성에 따라 포장 재료를 적절히 선택하고 생산성, 편리성, 경제성을 염두에 두고 판매상의 효율을 제고하는 동시에 판촉을 위하여 미장되어야 한다. 이를 위해 물류과정 중에서 생산물류는 제외하더라도 조달물류에서는 포장을 모듈(module)화6) 또는 간소화하여야 하며, 판매물류에서는 여기에 기계화도 추가되어야 한다.

최근의 포장활동은 국내의 경우 팔레트(pallet)7)를 이용하며, 국제화물은 항공기를 제외하고는 공산품의 경우 대부분은 컨테이너를 이용하기 때문에 포장의 내장과 외장이 간편하고 비용도 절감되는 추세에 있다.

---

5) 팔레트 풀: 팔레트의 규격과 척도를 표준화하여 이를 상호 교환하여 사용할 수 있도록 함으로써 물류의 합리화를 가져오게 하는 것을 말한다.
6) 모듈화: 하역, 보관, 수·배송 등의 합리화를 도모하기 위해서는 포장의 표준화, 규격화 등 포장자체의 근대화, 합리화가 이루어져야 한다. 이를 위해 포장의 길이를 물류시스템 가운데서 계열화하는 것을 말한다.
7) 팔레트: 화물을 일정 수량단위로 모아 하역, 보관, 운송하기 위하여 사용되는 하역받침을 말한다.

(4) 정보기능

국제물류를 종합적으로 기능화하고 총체적인 활동을 원활히 추진하기 위해서 정보는 중요한 요소이다. 물류정보는 국내물류의 경우 대부분 국내유통에 중점을 두기 때문에 물품이 생산자로부터 중간상인 도·소매업자를 통하여 소비자로 이전되므로 수주정보시스템, 재고정보시스템, 생산지시정보시스템, 출하정보시스템 등의 물류관리 정보시스템에 의하여 그 흐름이 통제된다.

그러나 국제물류의 경우에는 항만, 공항 등의 특정 터미널을 통하여 특정 운송수단을 조합하여 단시간 내에 최저 비용으로 화물을 운송하여야 하기 때문에 국내 화주로부터 해외고객에 이르는 과정이 일목요연하게 파악되어야 한다. 따라서 국제물류는 국가적인 차원에서 세관, 항만 등이 무역자동화와 연계한 수출입통관 EDI(electronic data interchange)시스템을 이용하며 선사, 항만, 포워더 등에 의한 국제간 화물추적시스템이 중요시되고 있다.

》 기 본 용 어

☑ 수출에 따른 어려움

미국 인디아나(indiana)주에 소재한 497개 기업을 대상으로 한 설문조사에서 수출시 직면하게 되는 어려움에 대한 내용을 발표하였다. 이 조사결과는 미국기업들이 수출에 따르는 문제점과 국제물류의 상대적 중요성을 파악할 수 있다.

수출시 직면하는 어려움	비율(%)
수출관련 서류작업	23
운송비	20
높은 수입관세	17
제품판매에 대한 노하우를 갖춘 해외영업사원의 발굴	16
자금이체 지연	13
환율변동	12
언어장벽	10
제품관련 서비스 제공	10

4. 국제물류의 특성

국제물류는 일반적으로 상품의 이동거리가 멀고 시간이 장기간 소요될 뿐만 아니라 두 종류 이상의 운송수단을 이용하는 경우가 많다. 또한 국내에 비해 긴 리드타임(lead time)을 보상하기 위해 국제물류 과정에서는 보다 많은 재고를 갖게 된다. 이러한 차이로 인해 국제물류를 원활하게 수행하기 위해서는 물류전문기업의 역할이 중요해지고, 컨테이너의 활용도가 높아지며, 복합일관운송이 다면적으로 전개된다는 특징이 있다.

1) 복합운송

국제물류에서 가장 중요한 특징 중의 하나는 복합운송의 다면적 전개라고 할 수 있다. 이는 국제물류를 수행하는 과정에서 발생하는 여러 기능 중에서 운송부문의 비중이 매우 크기 때문이다. 복합운송이란 2개국 간의 물품운송에서 단일 운송계약에 의해 두 종류 이상의 운송수단을 이용하여 화물을 운송하는 것이다.

국제물류는 세계적인 시장을 활동대상으로 하기 때문에 복합운송체제는 해운, 육운, 항공 등 각종 운송수단의 효율적인 연결을 통해 시간과 비용의 절약을 도모하는 일종의 종합운송체제로서 국제물류에서 화주의 문전서비스 요구를 충족시킬 수 있는 가장 적합한 방식이다.

따라서 복합운송은 국제물류 활동을 전개하는 과정에서 발생하는 운송 기간과 운송비 간의 상충관계(trade-off)를 최소화하기 위한 운송수단 간의 최적 조합을 실현할 수 있기 때문에 비약적으로 발전하고 있다.

2) 컨테이너운송

국제물류에서 또 다른 중요한 특징은 컨테이너 활용이 보편화되고 있다는 점이다. 컨테이너의 보급 증대는 물품의 단위적재(unit load)를 가능하게 하여 기계화의 신속한 제품수송을 가능하게 하였다. 이러한 맥락에서 컨테이너의 보급 증대와 운송은 국제물류 활동을 크게 활성화 시켜주는 요인이 되었다.

3) 물류전문기업의 발전

일반적으로 국내운송 수단으로는 트럭이나 철도화차를 주로 이용하고 있지만, 국제운송에서는 선박이나 항공기를 주로 활용한다. 또한 국내운송 시에도 우리나라의 경우 대부분 자사의 운송수단을 이용하는 경향이 있지만, 국제운송의 경우에는 거의 대부분 운송전문기업의 서비스를 이용한다는 점이 특징이라고 할 수 있다. 이로 인해 선사, 항공사, 복합운송업체들의 독자적인 발전과 영역구축 및 화주기업들과의 제휴관계가 광범위하게 일어나고 있다. 일반 화주기업에서 국제물류 활동을 원활하게 전개하기 위해 물류전문기업의 활용과 제휴가 필수적이며, 이러한 추세는 크게 확산되고 있다.

4) 물류기능의 국제화

국제간의 교류가 급증되면서 국제물류는 국내물류와 동일한 연장선 상에서 통합 관리되어야 하는 시대로 변화되고 있다. 즉 국내물류 활동을 전개하는 것처럼 국제물류 활동도 제반기능이 유기적으로 연계되면서 국제화로 재편되어야 한다. 이를 위해서는 국제복합운송의 노선조합, 항만과 공항의 물류합리화, 신규 해외물류기지의 건설, 통관 물류의 합리화, 첨단 물류관리기법의 개발 등이 동반되어야 한다.

또한, 국제적인 고속정보망의 구축과 같은 정보화, 컨테이너와 팔레트의 국제표준 화 및 규격화, 육·해·공 운송수단에 적합한 모듈화 등의 표준화가 국제적으로 조화되 어야 한다.

SECTION 02 국제물류 서비스의 패턴변화

기업의 경영활동이 전 세계 시장으로 확대되면서 원료·부품의 조달, 조립·가공, 생산, 판매 활동을 지원하는 효율적인 국제물류관리 시스템이 필요하게 되었으며, 이것 이 기업의 경쟁력을 결정하는 중요한 요소가 되었다.

이에 따라 글로벌 기업들은 과거의 물류관리 시스템보다 더 진전된 전 세계 시장을 통합적으로 관리할 수 있는 국제공급사슬관리(global supply chain management : GSCM) 형태로 발전하게 되었다. 가령 글로벌 기업의 국제물류관리 체계가 1970년대의 수출물 류 체계, 1980년대의 국가별 현지물류 체계를 거쳐 1990년대에는 거점물류 체계를 구축 하면서 기업경영의 효율화를 달성하고 있다.[8]

1. 수출물류체계

수출물류체계는 수출을 중심으로 이루어지는 일련의 물류활동을 관리하는 단계로 제품을 자국에서 생산하여 해외로 수출하는 방식이다. 수출물류 체계는 기업이 국제화 를 지향하는데 있어서 수출지향 단계인 해외지향 단계에 속하는 기업이다. 초기 단계의 해외지향 기업들은 수출활동에 부수되는 비용, 대금회수 및 환위험 등 수출상품의 유통 에 중요한 기초적 정보들을 충분히 갖고 있지 못하다. 그러므로 비교적 지리적이나 문

---

8) 해양수산개발원, 21세기 글로벌 해운물류, 도서출판 두남, 2001, p.136.

화적으로 가까운 나라들을 주요대상으로 수출활동을 전개하게 되며, 점차적으로 수출대상국을 확대해 나가게 된다.

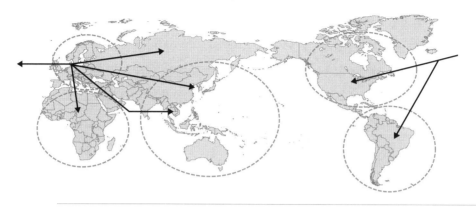

그림 13-1   수출물류체계(1970년대)

2. 현지물류체계

현지물류체계는 국가별 현지 자회사를 중심으로 물류·생산 활동을 수행하는 체계이다. 이는 생산거점을 현지국에 두고 현지국 물류시스템을 이용한다. 기업이 현지지향 단계에 있어서 해당 수입국이 자국기업을 보호하기 위해 관세 및 각종 비관세장벽을 강화함으로서 수입을 제한한다거나 또는 수출국의 임금인상 등으로 국내 생산비가 앙등하여 국제경쟁력이 점차적으로 약화될 경우가 많다. 이러한 현지지향 기업 단계에서는 막대한 자본, 인력 및 경영층의 노력이 해외운영에 투입되어야 하기 때문에 그만큼 기업위험도 커지게 된다.

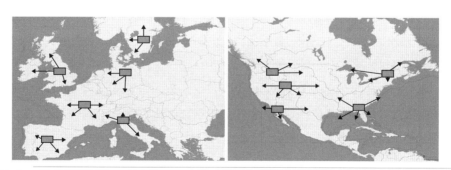

그림 13-2   현지물류체계(1980년대)

3. 거점물류체계

거점물류체계는 지역 물류·생산거점을 중심으로 지역경제권 전체를 담당하는 물류체계이다. 거점물류체계는 기업의 원료·부품의 조달, 조립·가공, 생산, 판매·마케팅, 인사, 재무 및 연구개발(R&D) 등 기업 활동의 전부 또는 일부를 특정 경제권의 투자가치가 높은 지역에 배치하고 동 지역을 거점지역으로 삼아 지역 경영활동을 수행하는 물류관리체계라고 할 수 있다. 이는 범세계화 단계에 속하는 글로벌 기업들이 수행하는 것이다.

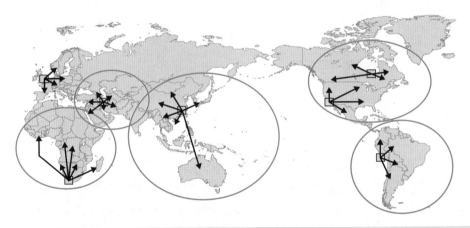

그림 13-3   거점물류체계(1990년대 이후)

글로벌 기업은 각 지역의 생산·물류거점을 연계하는 네트워크를 형성하여 경영환경 변화에 신속히 대처하면서 각 거점 간의 조달·생산·판매를 효율적으로 연계하여 효율성의 극대화를 도모하고 있다. 글로벌 기업은 기존의 현지 자체 물류 체계를 거점 물류 관리 체계로 전환하는 동시에 전문물류업체와 전략적 제휴를 통하여 국제물류관리의 효율화를 극대화시키고 있다.

따라서 글로벌 기업들은 배후시장의 규모가 크고 관련 산업의 군집화(cluster)가 이루어져 있으며, 조달·생산·판매가 용이한 국제물류체계를 구축할 수 있는 입지를 선정하여 경영활동을 수행하고 있다.

표 13-2   국제물류관리체계의 변화

구 분	특 징	생산거점	물류체계
1단계 (수출물류체계)	수출을 중심으로 이루어지는 일련의 물류활동을 관리하는 단계	자국	수출입체계
2단계 (현지물류체계)	국가별 현지 자회사를 중심으로 물류, 생산활동을 수행하는 단계	현지국	현지국 물류시스템 이용(자체 또는 현지국 물류체계)
3단계 (거점물류단계)	지역 물류, 생산거점을 중심으로 지역 경제권 전체를 담당하는 물류체계	지역거점	거점 중심 물류체계(물류전문업자 이용)

14 국제물류관리 시스템

SECTION 01 국제물류시스템의 개념

1. 국제물류시스템의 의의

글로벌 기업의 대상시장은 해외에 있으며 해외에서 고객서비스가 이루어지고 있다. 그러므로 국제물류시스템은 제품이나 서비스가 현지 고객의 수요에 부응하여 그 시장에 적정하게 제공되도록 수립되어야 한다. 국제물류시스템은 국내의 물류시스템과 기본적으로 동일하지만 해외물류 네트워크의 운영관리는 특수한 면이 많아 일반적으로 더 복잡하고 전문적이라 할 수 있다. 따라서 물류관리자는 국제기업의 환경 등을 정확히 분석하여 계획을 세우고 그에 따라 물류계획의 성공 또는 실패를 감시하는 적당한 관리방법을 개발하는 것이 중요하다.

글로벌 기업의 물류관리자는 아래 [그림 14-1]에 따라 해외물류 프로그램에 관하여 의문을 제기하고 답하면서 최적의 물류시스템을 구축하여 관리하여야 한다. 이러한 목표를 수행하기 위해서는 (1) 국제환경 분석, (2) 전략계획, (3) 물류조직구축, (4) 물류경영계획, (5) 물류실시 상황관리, (6) 평가 및 개선의 사이클에 따라 진행될 필요가 있다.

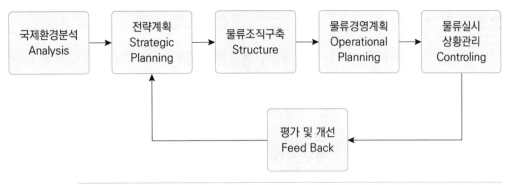

그림 14-1　국제물류관리의 절차

1) 국제환경 분석

해외의 각 시장이나 시장 간의 공통점을 조사 분석하고 물류 업무 및 계획을 어떻게 추진할지를 검토한다.

2) 전략계획

목표 시장에서의 판매 상품, 고객 서비스, 물류 시스템, 경쟁관계 대책, 통화금융 상황, 개선, 대체안의 상정, 물류관리 책임자 등에 대하여 검토하고 기업 목적에 따른 전략 계획을 수립한다.

3) 물류조직 구축

기업의 자금, 기술을 투입해서 기업의 목적에 맞게 최적의 물류조직을 구축한다.

4) 물류경영계획

주어진 물류조직, 목적 및 시장 환경 하에서 효율적으로 실시 가능한 물류 운영 계획을 수립한다. 특히 각 목표시장에 대해서 어떠한 포장, 수송, 재고관리, 고객 서비스를 제공할 것인가를 계획한다.

5) 물류 실시 상황관리

계획의 실시 상황을 파악하여 관리한다.

6) 평가 및 개선

재고량, 고객 서비스의 수준, 물류비, 물류시설의 가동 상황 등의 실적 파악에 의하여 평가 및 개선을 검토한다.

이와 같은 국제물류관리 사이클에 의해 국제기업은 해외시장의 각 특색을 조사하고, 기업목적에 따라 전략, 물류개선 대책을 개발하며, 또 이를 기초로 하여 적정한 물류조직 구축과 물류시스템을 실행하게 된다. 그리고 그 결과를 측정, 평가하여 시스템의 개선, 수정을 위한 전략계획을 단계로 Feed Back하게 된다.

2. 국제물류관리 시스템의 형태

미국의 피카드(Jacques Picard)교수는 무역상품이 수출국 기업에서 출하되어 수입국 고객에 이르기까지의 물류경로와 처리방법 등에 따라서 고전적 시스템, 통과 시스템, 직송 시스템, 다국행 창고 시스템이라는 4가지 모델로 구분한 국제물류관리 시스템의 유형을 제시하였다.[1] 물론 이 외에도 여러 가지 변형된 형태의 물류관리 시스템도 존재할 수 있겠지만, 기본적으로 상기한 4가지 범주에 포함될 수 있다. 때로는 한 기업이 둘 이상의 시스템을 복합적으로 사용하고 있는 경우도 있다. 국제물류관리 시스템의 기본적인 4가지 모델의 개요와 특징은 다음과 같다.

1) 고전적 시스템(classical system)

고전적 시스템은 무역상품이 수출국 기업에서 해외의 자회사 창고로 출하된 후 발주요청이 있을 때 해당 창고에서 최종 고객에게 배송되는 형태로 가장 보편화된 물류시스템이다. 이 경우 해외의 자회사는 일종의 창고의 기능을 하게 되며, 대량의 상품이 수출국 기업의 생산 공장(또는 창고)에서 해외의 자회사 창고로 출하될 때에 가능한 한 가장 저렴한 운송수단을 활용하되 최대한 운송횟수나 운송속도를 줄여야 할 필요가 있다.

그리고 이러한 고전적 물류시스템을 채택하는 수출기업이 최상의 고객서비스 수준 유지와 최적의 생산을 도모하기 위해서는 상품의 최소빈도·대량출하 방식을 선택하게 된다.

이 경우 다음과 같은 이점을 지니게 된다.

① 저속 대량운송: 수출기업은 해외에 있는 자회사 창고까지 저속·대량의 운송수단

---

1) Jacques Picard, "Typology of Physical Distribution System in Multinational Corporations", JIPD&MM, Vol.12 No.6, 1983. pp.28~34.

을 이용할 수 있다.

② 저렴한 운송비: 운임이 싼 해상운송을 통한 저렴한 운송을 행할 수 있다.

③ 혼재운송: 상품을 혼재(consolidation)하여 출하할 수 있기 때문에 저운임률을 적용받게 되고,

④ 서류작성 감소: 운송관련 업무를 포괄적으로 처리하기 때문에 서류작성에 따른 작업이 줄어든다.

⑤ 안전재고로 품절 방지: 더욱이 언제라도 상품을 공급할 수 있는 재고를 보유하기 때문에 품절로 인한 고객 상실을 피할 수 있다.

반면에 고전적 시스템은 해외의 자회사는 보통 대형 창고에 대량의 재고를 보유해야 하므로 총 물류비용 가운데 보관비가 차지하는 비중이 다른 어느 시스템보다도 높아질 가능성이 있다는 단점이 있다.

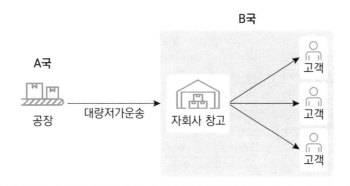

그림 14-2 　고전적 시스템의 상품흐름

2) 통과 시스템(transit system)

통과 시스템은 고전적 시스템과 유사한 듯 보인다. 그러나 고전적 시스템에서 자회사 창고가 저장 센터로서만 기능하는 데 반해, 통과 시스템에서의 자회사 창고는 저장기능보다는 통과센터로서의 기능이 강하다고 볼 수 있다. 즉, 수출기업에서 해외 자회사 창고로 1차 운송된 상품을 단시간 내에 유통경로의 다음 단계에 따라 고객에게 배송하는 형태이므로 저장기능은 그다지 크지 않다.

또한, 통과 시스템은 고전적 시스템에 비해 수출기업으로부터의 출하 빈도가 높기 때문에 해외 자회사 창고에서의 보관비가 상대적으로 절감되는 이점이 있다. 그렇다고 반드시 총보관비가 절감된다고는 볼 수 없다. 왜냐하면, 해외 자회사 입장에서만 보면

보관비가 절감될 수 있지만, 상대적으로 수출지에서의 보관비가 그보다 더 높아질 가능성이 존재하기 때문이다.

따라서 만일 통과 시스템을 채택하고 있는 기업이 고전적 시스템과 똑같은 수준의 고객서비스와 시장 범위를 유지하고자 한다면, 운송을 여러 번에 걸쳐 신속히 행해야 하기 때문에 고전적 시스템에 비해 운송비가 높아지고 서류작성 작업에 따른 업무부담도 많아진다는 단점을 지닌다. 또한 파업 등으로 해외 자회사로의 운송이 두절될 경우에는 판매에 손실을 입을 가능성이 아주 크다.

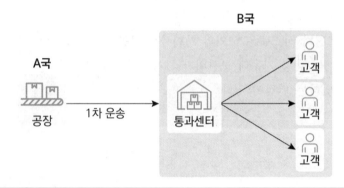

그림 14-3 　통과 시스템의 상품흐름

3) 직송 시스템(direct system)

직송 시스템이란 상품을 수출국의 공장 또는 배송센터로부터 해외 자회사의 고객에게 직송하거나 또는 수출국 배송센터에서 최종 소비자나 판매점으로 직송하는 형태를 말한다. 따라서 해외 자회사는 상거래 유통에는 관여하지만 물류에는 직접적인 관여를 하지 않는다고 볼 수 있다.

이 시스템의 경우, 수출국에 있는 하나의 창고에 전체 재고를 집중시켜 운영할 수 있기 때문에 보관비가 다른 어떤 시스템보다도 절감된다는 장점이 있다. 이에 반해, 다른 시스템에 비해 상대적으로 출하빈도가 높기 때문에 혼재운송을 하기가 힘들고 서류작성 횟수나 이에 따른 업무비용이 증가한다.

또한, 고객 서비스의 수준을 유지하기 위해서는 항공운송을 사용해야 할 필요성이 있기 때문에 고비용의 문제가 발생하고, 수입통관 수속을 고객이 직접 행해야 하기 때문에 그 만큼 부담이 늘어난다. 이 외에도 파업으로 인한 운송 두절의 상황에서는 고객으로의 상품공급이 불가능해지고 결국 고객 상실로 이어질 수 있다.

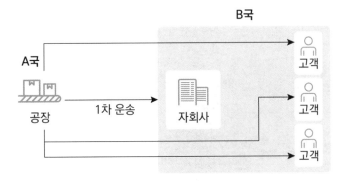

그림 14-4 　직송 시스템의 상품흐름

4) 다국행 창고 시스템(multi-country warehouse system)

　　글로벌 기업이 세계 여러 국가에 자회사를 가진 경우, 이 모든 국가에 상품공급에 가능한 중앙창고를 갖게 된다. 다국행 창고 시스템은 상품이 생산국 창고에서 출하되어 중앙창고로 수송된 다음 각국 자회사 창고 또는 고객(또는 유통경로의 다음단계)에게 수송된다. 이 경우 다국행 창고는 물류센터의 입지는 지리적 서비스 범위 이외에 수송의 편리성이 강조된다. 따라서 다국행 창고 시스템은 보관형 창고로 주로 사용되지만, 통과형 창고로도 사용이 가능하다. 가령, 로테르담, 홍콩, 싱가포르, 파나마 등과 같이 교통의 중심지에서 인근 국가에 수배송 서비스를 수행하는 모델이므로 자유무역지대의 물류센터가 적합하다.

　　다국행 창고 시스템은 보관비 면에서 고전적 시스템과 통과 시스템의 중간에 있는 것이다. 다국행 창고 시스템의 경우 재고가 한 지역의 중심국에 있는 중앙창고에 모아지기 때문에 재고가 각국에 있는 고전적 시스템의 경우보다 총 재고량의 감축이 가능하여 그만큼 보관비가 감소하게 된다. 한편 다국행 창고 시스템에서는 중앙 창고가 각 지역별로 입지하고 재고가 설정되는 까닭에 통과 시스템에서 단일 입지 재고의 경우보다도 보관비는 증대된다.

　　또한, 수송경로나 범위 면에서 본다면 고전적 시스템, 통과 시스템의 경우보다도 출하량을 크게 모을 수 있는 가능성이 크다. 그러나 수송비의 절감은 중앙창고에서 자회사창고 또는 고객에의 출하비, 하역비, 수송비 등에서 감소하게 된다.

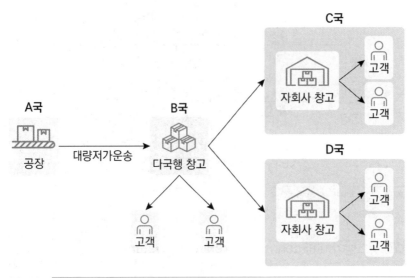

그림 14-5   다국행 창고시스템의 상품흐름

3. 국제물류관리 시스템의 선택요인

국제물류관리 시스템의 4가지 기본형태 중 수출기업이 어떤 형태의 물류관리 시스템을 채용하는가의 선택은 중요한 과제가 아닐 수 없다. 물류관리 시스템들은 각각의 장·단점을 지니기 때문에 경우에 따라서는 꼭 하나의 물류시스템이 아닌 둘 이상의 복합적인 물류시스템의 채택이 필요할 때도 있다.

국제물류관리 시스템의 선택을 위한 의사결정을 하기에 앞서, 경제적·환경적·관리적 요인 등을 살펴보는 것이 중요하다. 그러나 최종적인 의사결정은 해당 수출기업의 종합적인 경영전략에 따라 이루어져야 한다.

1) 경제적 요인

국제물류시스템의 선정에 영향을 주는 경제적 요인으로는 제품의 특성, 제품의 종류 및 수량, 수요의 성격, 주문규모, 고객의 유형 등이 있다.

(1) 제품의 특성

출하되는 제품의 단위당 가치, 제품수명주기 및 부패성 여부 등에 의해 시스템 선정에 영향을 받을 수 있다. 제품의 특성을 고려한다는 것은 상품의 단위당 가치가 높을수록 단위 기간 당 재고비가 높기 때문에 납입 기간이 짧은 물류시스템을 채용해야 한다는 의미이다. 즉, 고가치·소중량(소용적) 상품에 대해서는 항공운송을 이용한 직송 시스템이 적용되고, 저가치·대량 상품은 해상운송에 의한 고전적 시스템이 적용된다.

특히 부패성 상품은 납입기간이 짧은 직송 시스템이 선정되어야 한다. 제품의 종류와 수량과 관련해, 수출기업이 다품종의 제품을 취급하는 경우라면 비용절감을 위해서 한 곳에 재고를 집중·출하시키되 고객 서비스를 강화하기 위해서는 납입기간이 보다 짧은 물류시스템이 채용되는게 바람직하다. 수요의 성격측면을 고려하면, 수요가 많은 상품은 혼재 운송의 가능성이 커서 주로 고전적 시스템이나 통과시스템이 사용되는 한편, 특수한 수요의 상품에는 직송 시스템이 적용된다.

그러나 통상의 수요가 있는 상품에 대해서는 주로 다국행 창고시스템을 기본으로 하되, 높은 매상고·저가 상품에는 고전적 시스템을 복합적으로 이용하는 경우도 있다. 마지막으로 주문 규모가 작은 고객에 대해서는 고전적 시스템이 사용되지만 컨테이너 규모에 상당하는 대규모 주문 고객에게는 직송 시스템이 사용되는 경향이 강하다.

(2) 제품의 종류와 양

제품의 종류와 양이 많을수록 재고는 급수적으로 늘어나기 때문에 다양한 제품을 한곳에 집중시킴으로써 비용을 절감하게 되고 납품기간이 짧은 물류시스템을 활용하는 것이 유리하다.

(3) 수요의 성격

수요가 많고 제품 출하가 빈번한 상품의 경우에는 혼재수송의 가능성이 크며, 직송 시스템은 일반적으로 이용하기 어려울 것이다. 그러나 수요가 불규칙한 제품인 경우에는 직송시스템이나 다국행 창고시스템을 사용할 수 있을 것이다. 어떤 기업은 주문 상품이나 수요가 불규칙한 제품에는 직송 시스템, 통상적인 출하제품에는 다국행 창고 시스템, 고가격 및 고출하 제품에는 고전적 시스템을 사용할 수 있을 것이다.

(4) 주문규모와 고객의 유형

주문의 규모가 대량인 경우에는 직송시스템이 유리하고 서류작성이나 통관에 유리하다.

2) 환경적 요인

국제물류시스템을 선정할 때 특히 중요한 영향을 미치는 환경적 요인으로는 시장에서 요구하는 고객서비스수준, 수송경로의 특수 사정, 수입국의 법령 규칙에 의한 제약, 내륙 유통 비용 등을 들 수 있다. 이러한 환경적 요인은 기업이 거의 통제할 수 없는 요인으로 국제물류시스템 선정에 중요한 영향을 미치게 된다.

(1) 시장에서 요구하는 고객 서비스 수준

시장에서 요구하는 서비스 수준은 물류시스템을 선정하는 데 매우 중요한 요인이다. 만약 경쟁을 이유로 고객이 신속한 상품의 취득을 원하는 경우 기업은 고전적 시스템을 채택하는 경향이 있다.

그러나 다른 요인(예컨대 상품의 가치)으로 말미암아 그 상품을 항공수송하거나 보다 짧은 시스템을 채택하는 경우도 있다.

어떤 기업은 유럽시장에서는 고전적 시스템을 사용하고, 반독점 상태로 운영하는 남미시장에서는 직송시스템을 채택하고 있다. 따라서 높은 시장 서비스의 요구는 기업으로 하여금 특정 시장 요구에 맞는 상품을 디자인 하도록 하고 있으며, 직송시스템 또는 통과시스템을 채택하는 데 심각한 장애가 되고 있다.

(2) 수송경로의 특수사정

어떤 경로에서는 기업이 그의 중앙 창고로부터 항공편에 의해 외국의 자기 고객에게 신속하게 상품을 보낼 수 있으나, 모든 경로에서 언제나 그렇게 할 수 있는 것은 아니다. 어떤 기업은 A국에 예비 부품의 재고를 많이 보유하고 있는 반면, B국 고객에게는 주문 접수 후 24시간 이내에 공급할 수 있는 데 반해 A국에는 항공편 수도 적고, 더욱이 도중에 다른 항공편에 환적하여 중계 수송되기 때문이다. 이렇게 수송경로의 사정이 물류시스템의 선택에 큰 영향을 주게 된다.

(3) 수입국의 법령 규칙에 의한 제약

어떤 나라에서는 판매 자회사를 공식 수입업자로 인정하지 않아, 최종 수요자가 수입 허가를 취득할 수밖에 없다. 이것은 직송시스템만 이용할 수 있음을 의미한다. 포괄 수입 허가에 의해 자회사만이 모회사로부터 상품을 수입할 수 있게 되는 경우도 있다.

따라서 수입 상품은 비록 잠시 동안이나마 자회사의 수중에 있게 되므로 직송시스템은 배제된다. 때때로 현지국이 국제수지 적자를 줄이기 위해 법령으로 외국기업의 자회사가 재고를 유지하지 못하도록 하는 경우도 있다. 따라서 직송시스템은 채택될 수 없게 된다. 실제의 약품과 같은 상품에서 그런 사례를 찾아볼 수 있다.

(4) 내륙 물류 비용

어떤 경우에서는 내륙 유통에 소요되는 비용이 너무 많이 들어서 본국으로부터의 직송시스템이 선택되기도 한다. 이것은 특히 미국에 수출하는 기업에서 찾아볼 수 있다. 뉴욕에 창고를 갖고 있는 어떤 기업이 서해안 지역의 고객에게는 직접 상품을 송부하고 있다. 그 이유는 뉴욕으로 상품을 먼저 송부한 후 다시 서해안 지역으로 트럭 운송하는 것보다 제조국으로부터 바로 서해안으로 보내는 것이 비용이 적게 들기 때문이다.

3) 관리적 요인

이와 관련해 주요 검토대상이 되는 것은 물류시스템의 관련사항, 자회사의 재고부담비용, 수송사정과 수입국에서 상품의 품질을 최종 검사할 필요가 있는가 등이다. 고전적 시스템에서는 보통 재고비용을 모회사가 부담하기 때문에 자회사의 책임자는 고객서비스를 높이고 판매를 증가시키기 위해 고전적 시스템을 지속하려고 하겠지만, 반대로 재고비용을 자회사가 부담해야 한다면 통과 시스템을 선택하려고 할 것이다. 또한 수입국에서 상품을 고객에게 도달하기 전에 자회사가 상품의 품질을 최종적으로 검사할 필요가 있다면 직송 시스템을 채용하는 것은 바람직하지 못하다.

4. 국제물류 환경에서의 관리요인

글로벌 시대에서 성공적인 기업운영을 위해서는 전 세계적인 기업적 환경을 분석하는 것이 필수적이며, 그러기 위해서는 국제물류의 이해가 선행되어야 할 것이다. 국제적 제품시장은 경제적, 사회적 여건에서 국내시장과는 다르며 각각 특수한 여건을 조성하고 있다.

따라서 효율적인 국제물류의 환경에 관한 정보를 잘 분석, 응용하여야 한다. 즉 외국시장의 정치적, 법률적 제도, 경제적 조건, 각 시장에서의 경쟁강도, 이용할 수 있는 분배기술의 수준, 외국시장의 지리적 구조, 각종 시장에서의 사회적, 문화적 가치 및 행동의 기준 등을 설정하여 각 물류활동 간의 상충(trade-off), 가격책정, 소비자에 대한 서비스의 수준결정 등을 내려야 한다.

일반적으로 물류관리에서의 상충관계는 다음의 4가지로 분류될 수 있다.

① 물류서비스와 물류비용간의 상충
② 물류서비스를 구성하는 개별기능(수송, 보관, 포장, 정보 등)간의 상충
③ 물류비용에서 각 개별 비용간의 상충
④ 개별기능과 개별비용간의 상충

이들 중 ①이 제일 기본적인 것으로 볼 수 있다. 예를 들어 수송에서 서비스 수준과(신속도 등) 수송비용을 상충하여 항공과 자동차 중 선택하는 것이다. 기업이 사업영역을 확장하면 할수록 물류비용이 증가하는 것은 당연하나 국제적 시장 확대는 두드러진 물류비용의 증가를 가져온다.

국제물류비용이 국내물류비용 보다 특히 높은 것은 수송의 장거리, 서류작성 비용의 과다, 높은 재고수준의 유지, 보다 긴 주문회전 기간 등에 연유한다. 한 연구결과에 의하면, 물류비용은 같은 대륙 내에서는 상품가격의 8~10%, 대륙간의 교역에서는 20~30%, 대륙간과 대륙내를 다 이동해야 하는 교역에서는 30~35%인 것으로 나타나고 있다. 이러한 이유로 국제기업의 비중이 큰 나라의 물류비용은 비중이 작은 나라의 비용보다 높다. 우리나라의 기업들도 현재 국제시장에서 활발히 진출하고 있는 추세에 있어 국제물류비의 비중은 앞으로 더욱 증가될 것이다.

1) 물류관리의 상충관계

상충(trade off)이란 두 개의 정책목표 가운데 하나를 달성하려고 하면 다른 목표의 달성이 늦어지거나 희생되는 경우의 양자 간의 관계를 가리켜 말하는 것으로, 한쪽을 희생시키면 다른 한쪽은 강화시켜도 되는 이율배반적인 불균형적인 상태를 말한다. 따라서 두 정책적 목표는 서로 양립할 수 없다는 주장이 나오는데, 이 경우 어느 한쪽을 위해 다른 쪽을 희생시키는 것을 상충이라고 한다.

물류관리에 있어서 상충은 물류비용과 고객 서비스와의 관계에서 찾아볼 수 있다. 즉 물류비용을 낮춘다면 고객 서비스가 감소되고 고객 서비스를 높인다면 물류비용이 높아지게 된다.

물류비용의 절감과 고객 서비스 향상이라는 두 가지 요소는 기업의 효율적 운영에 있어서는 꼭 필요한 것이지만 기업의 입장에서는 물류비용의 절감과 고객서비스 향상이라는 두 가지 상충된 요소의 딜레마가 있다.

기업의 입장에서는 물류비용을 낮추면서 고객 서비스를 높이는 것이 필요하다. 그러면 상충관계를 극복하고 물류효율성을 향상시킬 수 있는 방법은 물류의 규모를 키우는 방법과 업무의 속도를 높이는 것이다. 대량 생산의 경우와 마찬가지로 물류도 대량으로 처리하면 원가가 절감된다.

그렇지만 개별기업이 물류량의 규모를 키운다는 것은 한계가 있으며 제품의 종류가 다양하고 유통경로가 복잡할 경우에는 더욱 그러하다. 이런 상황에서는 다른 기업과 물류를 공동화하여 규모의 경제를 추구하거나 전문업체에 아웃소싱(outsourcing)하는 것을 검토할 수 있을 것이다,

또한, 스피드의 향상은 지게차의 도입과 같은 물류업무 자체의 스피드를 향상시키기 위한 투자뿐만 아니라 물류를 발생시키는 업무, 즉 영업과 생산부문과의 정보 공유 등과 같은 업무 프로세스의 개선도 필요하다. 영업부에서 출고에 대한 정보를 현재보다 한 시간 빠르게 물류부서로 넘겨준다면 물류 부문의 차량 및 인원 효율은 상당히 향상될 것이다. 물류업무를 하나의 흐름으로 이해하고 효율을 저하시키는 걸림돌은 없는지를 살펴보아야 한다.

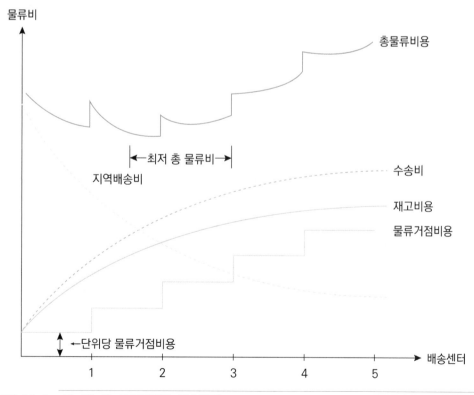

그림 14-6 각 기능별 물류비용과 상충관계

이러한 상충관계는 국제물류시스템을 구성하는 각 기능 간에도 존재하고 있음을 이해하여야 한다. [그림 14-6]에서 보는 바와 같이 해외의 물류거점(배송센터)수가 증가하면 할수록 해외지역 배송비는 감소하게 되나, 해외수송비는 증가하게 된다. 이것이 해외수송비와 해외지역 배송비 간의 상충관계이다. 그렇기 때문에 개별적인 해외수송비 및 해외지역 배송비, 해외 물류거점비용 등의 개별 비용이 중요한 것이 아니라 전체 총 물류비용이 어떠한지를 판단하여 최저의 물류비용으로 국제물류시스템을 운영하고 관리할 수 있는 전략이 요구된다.

2) 물류관리의 통합화

통합물류 시스템은 비용을 최소화하고 고객 시스템 수준을 최대화한다는 목표 아래 구매 관리, 자재 관리, 완제품 등의 물적 유통의 개념을 단일 시스템으로 통합한 개념이다.

물류 시스템의 통합을 토대로 수요 예측의 정확도를 제고시키고 동시에 재고 유지의 필요량도 감소시킬 수 있다.

전 세계적으로 물류산업은 지금까지의 단순 배달 서비스 제공에서 벗어나 통합적인 일괄 물류서비스 제공이 대세를 이루고 있다. 특히 최근 주목받고 있는 통합서비스는 공급사슬 관리(supply chain management) 없이는 불가능 할 만큼 정보기술(IT)을 기반으로 하는 확장 개념의 물류 서비스를 제공하고 있다. SCM은 생산에 필요한 원자재 조달에서부터 공급, 판매와 더불어 서비스 이후의 피드백 서비스에 이르기까지 전체 프로세스를 통합하는 꼭 필요한 활동으로 자리하고 있다.

따라서 국제물류의 합리화는 국제물류시스템 전 과정을 종합적으로 접근하고, 시스템적인 사고에 의해서 최적의 대안을 찾아내는 것이 기본적인 전략이다. 또한 더욱 중요한 것은 국제물류전략의 목적은 그 기업이 갖고 있는 경영자원을 전체 시스템적인 관점에서 관리하는 것이다. 이는 국제적인 기업 경쟁의 가장 일선에 있는 국제영업을 지원하고, 세계 시장의 고객요구를 만족시킬 수 있는 국제물류 서비스로서 상품을 제공할 때, 매출액의 신장은 물론 그 기업의 경영목표를 달성하게 되는 것이다. 그러므로 전체 공급사슬의 최적화가 국제물류전략의 기본이라고 할 수 있다.

15 국제운송 시스템 관리

오늘날 기업의 글로벌화가 심화됨에 따라 운송은 물류활동의 중요한 일부분이다. 운송은 장소적 효용의 창출을 위해 인간과 물자를 한 장소에서 다른 장소로 이동시키는 물리적 행위이다. 운송활동을 구성하는 요소는 운송 노드(node), 운송 링크(link), 운송 방식(mode) 등이 있다.

여기서 운송 노드는 운송활동을 수행하는 물류의 거점(항만, 공항, 화물터미널, 철도역 등)이며, 운송 링크는 운송활동이 실제로 이루어지는 운송경로(해상로, 항공로, 도로, 철로 등)를 의미한다. 또한, 운송 방식은 운송수단(트럭, 기차, 선박, 항공기 등)이다. 이와 같은 구성요소들의 유기적이고 합리적인 운영과 적합한 운송수단의 선택을 통해 운송활동의 효율성을 극대화할 수 있는 것이다.

이 장에서는 운송 방식(mode of transport)과 운송방식의 선택요인에 대하여 살펴보고자 한다.

SECTION 01 운송방식

1. 도로운송

1) 도로운송의 개념

도로운송(roadway transport)은 자동차(트럭)운송이라고도 한다. 운송단위가 소량이고 운송거리가 단거리인 화물에 적합하며 일관운송이나 국제복합운송에서 문전운송 (door to door)을 실현할 수 있는 운송수단이다. 특히 도로운송은 다빈도 소량 화물에 대해 기동성이 있고 신속한 수송이 가능하다. 한편 살화물(bulk cargo)과 같은 중량화물 운송시 이용도가 낮고, 장거리 운송시 비용이 많이 들고, 기후의 영향, 차량 사고로 운송 중단 발생 가능성이 높고 에너지 효율이 낮은 단점이 있다.

우리나라의 경우 자동차 운송사업은 화물자동차 운수사업법 제3조에 의해 일반화물 자동차운송사업, 개별화물 자동차운송사업, 용달화물 자동차운송사업으로 분류되어 있다.

2) 도로운송의 유형

(1) 자사 차량 운송방식

자사 차량 운송은 운송차량을 자기가 직접 소유하고 있기 때문에 오지나 벽지까지의 배송이 가능하여 높은 사회성을 확보할 수 있다. 출발지나 목적지와 직접 연결이 가능하여 화물추적 서비스의 가동이 가능하다.

또한, 귀로시 빈 상자나 공 팔레트 그리고 서류 및 소포 등을 발송 또는 회수해 올 수 있으므로 사무처리가 가능하다. 비교적 등록이 용이하고 부가가치세가 없으며, 책임 보험료도 저렴하기 때문에 대량화물이나 연속화물을 취급하는 제조업체나 수배송을 전업으로 하는 유통업체에게는 유리하다.

하지만 단점으로는 운송량의 급격한 변동에 신속하게 대응하기가 곤란하다는 점과 운송설비 및 인력의 확보에 과다한 고정자본의 투입이 필요하다는 점을 들 수 있다. 수송할 수 있는 차종이나 차량 특히 컨테이너 트레일러를 보유하는 데는 한계가 있다.

따라서 소화물이나 간헐적으로 수송하는 업체들이나 컨테이너화물을 수송하는 수출업체들은 자차 이용이 곤란한 편이다.

(2) 타사 차량 운송방식

타사 차량 운송은 화주가 직접 운송수단을 보유하지 않고도 고품질의 운송서비스를 활용할 수 있다. 화주는 차량에 대한 설비투자와 인력투자가 필요 없으므로 소화물이나 간헐적 화물을 수배송하기에 적합하다.

반면에 타사 차량은 영업용이기 때문에 보유차량 대수가 많아 돌발적인 수요증가에 탄력적으로 대응할 수 있다. 또한 귀로시 타사 화물을 픽업할 수 있어 공차율을 줄일 수 있다. 그러나 특정 화주에 적합한 일관운송시스템을 구축하는 것이 불가능하며, 운송업자의 일방적인 운임인상에 대처하기가 곤란하다.

또한, 자사차량을 이용하는 경우에 비해서 기동성이 저하될 수 있고, 화물의 파손이나 도난에 따른 책임소재가 불분명하다는 단점도 있다.

3) 도로운송의 장단점

장점	단점
• 탄력적인 수용	• 운송단위가 작음
• 문전에서 문전까지 운송서비스 가능	• 연료비, 인건비가 높음
• 일관된 운송서비스	• 교통사고 위험성이 높음
• 하역횟수가 적음	• 공해, 자원절감, 에너지 절감문제
• 소·중량 근거리 운송의 운임이 저렴	• 대량 수송에 부적합
• 중간 하역이 없어 포장 간소화 가능	• 무인화에 한계가 있음

4) 국제도로운송

국제도로운송(international carriage by load)은 한 나라에서 다른 나라의 특정 장소로 국제도로운송조약에 따라 물품을 육로로 운송하는 것이다. 국제도로운송은 고속도로나 일반 간선도로 등 각종 공로망의 확충과 운반차량의 대형화 등으로 오늘날 다양한 운송요구에 부응하고 있다.

5) 국제도로운송조약

국제도로운송조약(convention relative au contrat de transport international de marchandises par route: CMR)은 1956년 제네바에서 서명·제정된 조약으로 국제도로운송을 위하여 양 당사자 중 어느 한 당사자가 이 조약의 당사자인 경우에 본 조약이 적용된다.[1] CMR은 운송경로의 일부가 해상운송이 포함되어 있는 경우에도 선박에 적재되어 있는 동안 육로차량(road vehicle)으로부터 물품이 적출되지 아니할 때에는 전 운송구간은 국제도로운송으로 간주된다.[2]

국제도로운송에 관련된 운송서류는 도로화물수탁증(road consignment note; road waybill)이 사용된다.

---

1) 본 조약의 예외조항에 따라 영국과 아일랜드 공화국간에는 본 조약이 적용되지 아니한다(한주섭, 국제물품운송론, 동성사, 1987, pp.69−70.).

2) CMR convention Article 1−2.

2. 철도운송

1) 철도운송의 개념

철도운송(railroad transport)은 지표면에 건설된 철로를 이용하여 운송하는 방법이다. 즉 열차궤도를 따라 운행하는 기관차와 화차가 운송수단이 된다. 철도운송은 화물을 대량으로 수송할 수 있는 수송수단이며, 중장거리 운송에서 도로운송과 치열한 경쟁관계에 있다. 또한 철도화물 운송은 대부분의 경우 문전 운송(door to door transport)이 되지 못하기 때문에 운송의 주요 구간은 철도가 담당하고, 문전 구간은 화물자동차가 담당하는 이원적 운송이 이루어진다.

따라서 철도운송의 장·단점은 아래 <표 15-1>과 같다.

표 15-1 철도운송의 장·단점

장 점	단 점
• 장거리 대량화물 운송에 유리	• 서비스의 자기완결성이 적음
• 운송비(ton-km)가 타 운송수단에 비해 저렴	• 문전 운송이 어렵다
• 계획적인 수송이 가능	• 환적작업이 필요함
• 전국적인 네트워크를 가지고 있음	• 기동성이 떨어짐
• 저공해와 고안전도	• 화주가 부대비용을 추가부담 해야 함
• 회사 전용선의 이용	• 배차의 탄력성이 없음
• 기존 시설의 이용 가능	• 적재 중량당 용적이 작음

2) 철도화물운송의 종류

(1) 화차 취급

철도화차 1차를 전세하여 운송하는 방법이며, 일반적으로 대량이고 장거리 운송에 많이 이용된다. 철도운임은 1차 단위로 계산한다. 철도에 의한 화물운송은 차취급(carload: CL)을 많이 이용하며, 화차는 유개차, 무개차 또는 특수화물 운송에 적합한 여러 가지 형태가 있다.

(2) 컨테이너 취급

규격 컨테이너를 이용하여 컨테이너에 수납된 화물을 철도와 자동차를 연결하여 문전에서 문전까지를 일관운송하는 시스템으로 종래의 철도운송의 약점을 극복한 운송

형태를 말한다. 철도운임은 컨테이너 규격별 1개당으로 계산한다.

(3) 혼재차 취급

통운송업자가 일반 화주들로부터 소화물의 운송을 위탁받아 이를 행선지별로 차취급이나 컨테이너 단위로 재취합하여 운송함으로써 운임의 차액을 취득하기 위한 운송방법이다.

(4) 소화물 취급

화주로부터 비교적 소형의 화물에 대하여 소량으로 의뢰되는 화물을 역에서 수탁받거나 화주를 방문하여 집화한 후 목적지역 또는 수하인의 문전까지 운송하는 형태이다.

3) 철도화물 컨테이너의 하역방식

(1) TOFC(Trailer On Flat Car) 방식

이 방식은 컨테이너를 실은 트레일러 채로 화차 위에 적재하는 운송방식을 말한다.

① 피기백(piggy-back) 방식: 트레일러나 트럭에 의한 화물운송 도중 화물열차의 대차 위에 트레일러나 트럭을 화물과 함께 실어 운송하는 방법으로 화물자동차의 기동성과 철도의 장거리 및 신속성을 결합한 운송방식으로 복합운송 방식의 하나이다. 화물적재의 단위가 클 경우 편리하게 이용할 수 있으나 회중대가 평판으로 되어 있어 세로방향의 홈과 피기백커(piggy backer) 등의 하역기계가 필요한 것이 단점이다.

② 캥거루(kangaroo) 방식: 장거리 정기 노선에 있어서 운송의 효율성을 높이고 트럭킹(trucking)에 의해서 지역간의 집화 및 인도를 신속히 하고자 철도회사와 트럭킹회사가 결합한 형태로, 정시 인도와 열차배치의 규칙성, 하역기계의 불필요, 연료의 효율성 등의 장점이 있다. 이 방식은 세미 트레일러를 특수 철도대차에 싣고 수송하는 방식으로 세미 트레일러의 바퀴를 철도 대차의 바닥 아래로 낙하시킬 수 있게 되어 있어 화물적재 높이의 제한이 낮아도 수송이 가능하다. 따라서 터널의 높이나 법규정 상의 차량높이에 대한 제한이 있을 경우 피기백 방식보다는 높이가 상당히 낮으므로 터널 통과 시에 유리하다.

(2) COFC(Container On Flat Car) 방식

이 방식은 컨테이너만을 화차에 싣는 방식으로 대량의 컨테이너를 신속히 취급할 수 있어 컨테이너 운송에 있어서 TOFC 방식보다 보편화되었다. 하역 시에는 기중기, 지게차 등의 장비를 필요로 한다.

① 지게차에 의한 방식(가로세로 이동방식)
② 매달아 싣는 방식: 크레인을 이용하여 대량의 컨테이너를 신속히 처리한다.
③ 플랙시 밴(Flexi-van)방식

트럭이 화물열차에 대해 직각으로 후진하여 무개화차에 있는 컨테이너를 바로 싣는다. 화차에는 회전판이 달려 있어 컨테이너를 90° 회전시켜 고정시킨다. 이것은 상당한 기동성을 발휘할 수 있다.

4) 국제철도운송

국제철도운송(international carriage by rail)은 철도차량에 의하여 대륙구간(어느 항만시설국으로부터 다른 내륙 지역국, 반대로 내륙 지역국으로부터 항만시설국 포함)의 국제물품 운송을 의미한다. 국제철도운송은 철도 노선상에 한정하여 서비스되는 형태가 있으나 해상과 육상간의 교량적 역할을 하는 피기백방식으로도 서비스되기도 한다.

5) 국제철도운송조약

국제철도운송조약(convention international de merchandises: CIM)은 1970년에 제정, 1975년 1월 1일부터 발효되었다. 이 조약은 국제철도화물운송의 준거법으로 적용되고 있으며, 철도운송계약의 체결, 운송속도, 철도구간, 운임지급, 통관 등 이행에 관한 사항, 운송인의 책임, 타 당사자와의 관계, 재판관할권 등에 대하여 규정하고 있다. CIM에서 인정하는 운송서류는 철도화물수탁증(railway consignment note)이다. 본 증서는 운송계약이 존재함을 나타내고 있으나 유통성(negotiable)이 없다.

3. 내륙수로운송

내륙수로운송(inland waterway transportation)은 강, 호수, 운하 등의 내륙수로(waterway)와 연안을 통해 이루어진다. 이것은 다른 운송수단보다 속도가 느리지만 상대적으로 운임이 저렴하다. 가장 큰 차이는 내륙수로운송의 범위로서, 주로 국가 및 지역 내의 운송으로 한정한다. 따라서 내륙수로운송이 활성화된 지역과 그렇지 않은 지역은 지리적으로도 큰 차이를 보인다. 내륙수로운송은 저가치와 대량의 화물이 이용되는 경향이 있다.

예를 들어, 미국의 경우에는 이들 수로를 통해 LASH선이나 Sea–Bee선 등의 바지선으로 저렴한 비용으로 일관운송을 하고 있다. 또한 거대한 강 네트워크를 가진 독일과 같은 나라에서도 살화물, 농산물, 컨테이너 및 자동차 등이 운송되고 있다.

내륙수로운송은 운송로에 대한 별다른 투자 없이 주어진 지리적 여건을 최대한 활용하므로 고정비용이 낮은 편이다. 특히 정부나 공공단체가 하천이나 운하의 준설을 담당하며, 항해안내시설(부표, 등대 등)도 제공하기 때문에 운송업체의 시설투자는 거의 없는 편이다.

우리나라의 경우에는 현재 도로운송 및 철도운송이 한계점에 도달하여 주요 정책물자에 대한 운하 및 연안운송의 중요성이 대두되고 있다.

4. 파이프라인

파이프라인(pipelines) 운송은 주로 액체 또는 분체물이나 기체를 지하에 매설하거나 지상에 설치된 파이프를 통하여 이동시키는 것이다. 파이프라인을 설치하는 것도 많은 자금이 소요되지만 이 파이프라인은 동일한 품목만을 계속적으로 이용할 수 있다. 따라서 파이프라인은 유류, 천연가스, 화학물, 일정한 구역 내에서의 열 공급 등에만 이용된다.

파이프라인 구축을 위해서는 대규모 자본투자가 필요하다. 반면에 일단 구축되면 이를 운영하기 위한 변동비용은 그다지 크지 않다. 다만 파이프라인을 통한 운송은 느리다는 것이 단점이다. 그러나 화물 보호적 측면에서는 매우 우수하다. 왜냐하면, 기후 등 자연조건으로부터 화물을 보호할 수 있으며, 운송사고의 위험도 적다.

파이프라인 운송은 특정 국가 및 지역 내부로 제한되는 경우가 많은데, 이는 파이프라인 사업에서는 대규모 고정비용 등의 이유로 장기적으로 안정적 운영이 보장되어야만 하기 때문이다.[3] 예를 들어, 정치적 이유로 미국은 과거의 소련이 유럽지역에 파이프라인을 설치하는 것을 반대하였다.

---

3) 신건철·김도훈, 「국제물류」, 무역경영사, 2004, p.175.

5. 해상운송

1) 해상운송의 개념

해상운송(marine transportation)은 해상에서 선박을 운송수단으로 하여 원양항로와 연안항로를 따라 운항하는 운송시스템이다. 해상운송은 육상운송, 항공운송과 비교하여 신속성, 편리성, 안전성, 정확성 등에서 뒤떨어지지만 일시에 대량으로 장거리를 운송할 수 있는 경제성으로 인하여 현재 수출입 화물의 대부분이 해상운송에 의존하고 있는 실정이다. 해상운송은 하천, 호수 등의 내륙수로운송에서 시작하여 해양에 진출하게 되었으며, 국내운송의 주 운송수단이 도로운송이라면 국제운송에서는 해상운송이 주가 되며 그 외 운송수단이 해상운송의 보조 역할을 수행하고 있다.

해상운송에 대하여는 다음 장에서 상세히 설명하기로 한다.

표 15-2   해상운송의 장·단점

장 점	단 점
• 거대, 대량운송 용이 • 장거리 운송 적합 • 운송비 저렴 • 대륙간 운송 가능 • 에너지 절감형	• 항만시설에 하역기기 설치 필요 • 기후에 민감 • 운송시간의 장기화 • 타 운송수단에 비해 높은 위험도 존재

2) 해상운송방식

(1) 정기선 운송

정기선(liner) 운송은 선박회사가 선박을 정기적 일정에 따라 지정 항로만을 규칙적으로 반복 운항하는 것이다. 정기선 운송은 주로 완제품 및 중간재 등 가공 화물운송에 이용되며, 운임은 부정기선에 비해 높은 편이다. 정기선사 간에는 서로간의 집화 및 운임경쟁을 방지하기 위하여 해운동맹을 결성하여 운임 요율표에 의해 책정 및 적용하고 있다.

(2) 부정기선 운송

부정기선(tramper) 운송은 운항의 기일이나 항로가 일정하지 않고 필요할 때마다 운항되며, 주로 광석, 곡류, 목재 등의 살화물의 대량 운송에 이용된다. 운임은 그 당시의 수요와 공급에 의해 선주와 화주간의 협의로 결정되며 일반적으로 정기선에 비해 낮은 편이다.

(3) 전용선

전용선(specialized vessel) 운송은 광의로는 부정기선 운송의 일종이나 전용선에는 특정의 화물종류에 적합한 특수한 시설이 갖춰져 있다. 주로 수산물과 청과물을 운송하는 냉동선, 유류를 운송하는 유조선, 목재 전용선, 자동차 전용선 등이 있다.

3) 해상운송관련 국제법규

해상운송관련 국제법규는 선화증권약관과 관련된 헤이그규칙(Hague Rules)과 헤이그-비스비규칙(Hague-Visby Rules) 및 함브르그규칙(Hamburg Rules) 등이 있다.

표 15-3   해상운송에 관한 국제규칙

국제규칙	내 용
Hague Rules(1924)	• 해상운송에 관한 국제적 통일규칙을 제정하기 위해서 국제법협회(ILA)와 국제해사위원회(IMC)가 Hague Rules 1921 창안하여 선화증권의 이면약관에 삽입하도록 권장 • 이 규칙이 선주측의 반발로 국제해양법협회(IMLA)에 의해 수정되어 1924년 브뤼셀에서 '선화증권에 관한 통일규칙을 위한 국제조약'(International Convention for the Unification of Certain Rules relating to Bills of Lading)으로 채택되었으며, 이 조약이 Hague Rules(1921)의 모체로 하였기 때문에 Hague Rules로 부르게 됨 • 선화증권상의 운송인의 면책범위를 제한시켰다는 점에서 의미가 있음 • 운송인이 내항능력에 대한 주의와 운송물의 취급, 보관에 대한 주의에 대하여 정당한 주의를 다했다는 증거가 있어야 선주가 면책될 수 있도록 함. • 면책 사유: 항해과실, 과실에 의하지 않는 화재, 발항후의 불내항, 기타의 불가항력적 사유(해상고유의 위험, 동맹파업, 전쟁, 화주의 과실, 고유의 하자 등), 갑판적 화물, 생동물은 물품에서 제외

---

4) 어떤 사항에 대해서 본 규정이 불충분할 경우 구체적이고 상세한 규정을 준거하게 되는데, 그 준거규정이 본 규정에 우선 적용하는 상위규정임을 명시하는 약관이다. 따라서 헤이그-비스비규칙이 선진국에서 입법화되었으며 동 규칙이 모든 해상운송에 최우선 적용한다.

5) 포잉카레는 프랑스 수성인 포잉카레의 성을 따서 붙인 명칭으로 프랑스의 법적 통화 1포잉카레는 순도 90%의 금65.5mg을 의미한다.

Hague-Visby Rules(1968)	• Hague Rules은 40년이 지나는 동안 국제해상운송의 여건변화로 국제해사위원회에서 개정제기 • 1968년 '선화증권조약 개정 의정서'(Protocol to Amend the International Convention for the Unification of Certain Rules relating to Bills of Lading)를 브뤼셀에서 채택 • 체약국에서 발행된 선화증권의 적용범위가 확장되어 지상약관(paramount clause)4)이 포함된 경우에 선박운송인, 송화인, 수화인 등에게 본 조약이 적용됨 • 운송인의 책임이 헤이그규칙의 1짐짝 단위에 100스털링파운드인 것을 10,000 포앙카레프랑5)(Poincare France)과 운송물의 총중량 1kg당 20포앙카레프랑 중 많은 금액을 운송인의 책임으로 함 • 동 규칙이 채택된 후 10여 년이 지나면서 국제금융체제가 바뀌게 되었음. 1967년 9월 국제결제수단으로 IMF에 의해 특별인출권(Special Drawing Rights: SDR)이 창출되어 포앙카레프랑을 SDR로 대체6)하는 1979년 '헤이그비스비규칙 개정의정서'가 국제해사위원회의 발의로 1984년 6월 14일부터 발효됨. • 면책사유: 상기와 동일
Hamburg Rules(1978)	• 선화증권통일조약은 선진 해운국 중심으로 제정된 것이고 화주국인 개도국의 사정을 무시한 것이라고 UNCTAD에 제기 • 국제무역법위원회(UNCITRAL)가 통일조약의 개정작업을 시작 • 1978년 함브르크에서 'UN해상물품운송조약'(United Nations Convention on the Carriage on Goods by Sea)을 채택 • 동 조약은 체약국이 이 조약을 발효함과 동시에 헤이그규칙을 폐기하도록 하고 있음. • 비준이 20여 개국에 달하며 1992년부터 발효됨(한국은 비준하지 않음) • 헤이그규칙은 순수 해상운송구간만 커버하지만, 동 규칙은 컨테이너 운송과 관련하여 해상운송에 인접한 육상운송구간까지 포함시키고 있음 • 운송인의 책임한도가 포장방식과 중량방식을 병용, 1포장 당 835 SDR 또는 1kg당 2.5 SDR 총액 중 높은 쪽의 금액 적용 • 면책사유: 과실책임주의로서 면책사유의 열거 폐지. 항해과실의 면책 폐지, 갑판적 화물, 생동물도 물품으로 적용

---

6) 선적 전에 화물의 가액을 신고하여 그것이 선화증권에 기록되지 않은 화물에 대하여 운송인은 포장당 666.67SDR과 총중량에 대하여 1kg당 2.5SDR가운데 많은 금액을 책임한도액으로 하였다.

7) 동 협약에 서명한 국가는 미국, 프랑스, 노르웨이, 네덜란드, 덴마크, 스위스, 스페인, 폴란드, 그리이스, 가봉, 가나, 기니, 콩고, 세네갈, 토고, 나이지리아 등이며, 중국, 영국, 독일 등은 본 규칙에 추후 가입할 의사를 표명하였다. 본 협약은 국제해운의소(ICS), 유럽연합선주협회(European Community Shipowners' Association), 발틱해운거래소(BIMCO), 세계해운이사회(World Shipping Council)가 적극 지지하고 있어서 조기에 발효할 가능성이 있다.

Rotterdam Convention (2009)	• 국제해사법회(CMI)가 초안을 작성하고 UN무역법위원회(UNCITRAL)주도로 2008년 12월 비엔나 UN총회에서 채택되었고, 2009년 9월 23일 로테르담에서 조인식 개최 • 정식명칭은 "전부 혹은 일부 국제해상물품운송계약에 관한 UN협약(UN Convention on Contracts for the International Carriage of Wholly or Partly by Sea)"이며, 약칭은 로테르담 규칙(협약) 부르고 있음 • 동 협약을 비준할 경우 헤이그 비스비규칙 또는 함부르크규칙을 폐기해야 함 • 20개국이 이상이 비준하고 12개월이 경과하면 발효하는데 현재 16개국 비준완료[7](한국은 비준하지 않음) • 적용범위: 해상운송을 포함한 국제화물운송, 선화증권 및 해상운송장 인정, 용선계약선화증권이 발행된 경우 적용됨(전자선화증권도 일반선화증권과 동일한 효력) • 기존의 협약이 해상운송과 항만지역까지만 적용되었는데, 도로, 철도 등 복합운송에까지 적용 • 손해구간이 밝혀진 화물손해는 당해 구간의 법규를 적용, 불명손해는 해상운송 구간에서 발생한 것으로 간주함 • 운송인(선사)의 책임한도가 포장당 875 SDR 또는 kg당 3 SDR 중 높은 쪽의 금액으로 인상하여 배상함 • 화물의 인도지연이 발생할 경우 운임의 2.5배를 최고 한도로 배상함 • 면책사유: 항해과실의 면책 폐지, 선박의 화재면책도 축소됨

6. 항공운송

1) 항공운송의 의의

항공운송(air transportation)은 항공기의 항복(plane's space)에 승객, 우편 및 화물을 탑재하고 국내외 공항에서 다른 공항까지 운송하는 운송시스템이다.

항공운송은 국제무역에 있어 중요한 운송수단의 역할을 차지하고 있으며, 살화물(bulk cargo)을 제외한 많은 종류의 무역상품이 항공으로 운송되어 운송량도 급속히 증가하고 있다. 왜냐하면, 항공운송은 해운, 육운과 함께 운송의 한 형태이지만, 그 특징인 신속성, 안정성, 정시성 등의 관점에서 타 운송보다 우수하기 때문이다. 게다가 선박이나 열차가 바다나 육지의 한계를 넘어서 이용할 수 없는 데 대해, 항공기는 해상을 비행하고 산을 넘어 세계의 어느 곳이든 운송을 가능하게 한다.

이것은 항공기가 운송을 위한 네트워크를 세계적으로 확장하는 능력을 지니고 있음을 의미하는데, 항공운송은 경제의 글로벌화를 지원하는 새로운 수단으로 평가되고 있다. 따라서 항공운송의 장점을 살펴보면 다음 <표 15-4>와 같다.

표 15-4   항공운송의 장점

물류상의 장점	비용상의 장점	서비스상의 장점
• 긴급화물, 소형화물운송에 적합 • 수요기간이 짧은 물품의 운송에 적합 • 운송시간 단축으로 비용 절감 및 화물의 손해발생 기회 감소 • 포장비의 절감가능 • 통관의 간이화	• 포장의 경량화에 따른 운임 절감 • 육상운송에 비해 보험료 저렴 • 운송중인 상품에 대한 투하자본비용절감 • 신속성으로 인한 보관비 절감 • 하역처리 빈도가 적어 도난, 파손위험의 발생률 저하 • 보관장소, 보관기간이 짧아 재고품 창고시설의 투자자본 및 임차료, 관리비 등의 절감 가능	• 고객서비스 향상에 의한 매출증대 • 긴급 수요에 대처 가능 • 변질성 상품의 시장확대 가능 • 판매기간이 짧은 상품도 시장경쟁력 보유 가능 • 신속성으로 투자자본의 효율적 회전 • 재고품의 진부화, 변질화 등에 의한 손실률 감소 • 운송중 상품의 위치파악 용이

2) 항공운송의 특징

(1) 항공운송의 경제적 특성

① 항공운송수요: 항공운송수요는 해상 및 육상운송수요와 달리 수요의 파생이 특이한 경제적 특성을 갖고 있다. 그것은 ㉠ 국민경제의 발전과 소득수준의 향상, ㉡ 대체가능한 다른 운송수단의 유무, ㉢ 항공운송 서비스의 질적 수준, ㉣ 항공운송업체의 마케팅 전략, ㉤ 계절적 변화와 기후조건, ㉥ 항공운송 시장의 규모, ㉦ 공항과 도시간의 거리 등에 의해 결정된다.

② 항공산업과 국제경쟁: 항공산업은 육상·해상운송과는 달리 경쟁상 자연독점 상태도 아니고, 순수경쟁 상태에 있는 것도 아닌 특수한 운수서비스산업이다. 자연독점 상태란 항공시장 규모에 비해 기업의 규모가 대단히 클 뿐만 아니라 공항건설에도 거대한 자본이 소요되기 때문에 누구나 쉽게 참여할 수 없는 산업이다. 순수경쟁 상태란 미국과 같이 항공운송시장이 크고 여러 항공업체가 경쟁함으로써 용역의 대체이용이 완전한 상태에 있는 경우를 의미한다. 이때는 국내노선도 국제노선과 마찬가지로 경쟁에 의해 이용자를 보호할 수 있다.

따라서 항공운송사업은 국제노선에서도 요금을 경쟁적으로 인하하고 있지만, 항공산업의 경제적 특성 때문에 항공사들은 상호 묵계적인 과점경쟁 상태에 있다고 보는 것이 정확한 표현이다.

(2) 항공운송 서비스의 특성

항공운송은 다른 운송수단인 해상 및 육상운송과 비교했을 때 다음과 같은 특성을 갖고 있다.

① 서비스의 정시성: 항공운송이 갖는 가장 두드러진 장점은 정시성이다. 항공운송은 해상운송에 비해 운송기간이 짧으며 정시운항, 운항횟수, 항공기의 발착시간 등에 의한 정시성을 갖는다.

② 서비스의 완벽성: 화주는 운송인으로부터 완벽한 서비스를 기대한다. 따라서 운송인 또는 운송대리인은 픽업, 인도, 화물추적이나 특수취급을 요하는 위험품, 귀중품, 중량물품, 기타 보험과 클레임 등을 취급할 수 있는 능력을 필요로 한다.

③ 항공운송의 경제성: 화주가 서비스 다음으로 중요하게 여기는 것이 바로 운임이다. 항공화물의 운임은 그 어떤 운송수단 보다도 고율이므로 해상운송에 대한 경쟁은 불가능한 것처럼 보인다. 그러나 항공화물도 운임면에서 타 운송에 비해 유리한 점이 있다. 우선 요율표상으로도 항공요율이 해상요율보다 유리한 부분이 있다. 즉 45kg 미만은 대체로 항공운송이 유리하다. 항공운송과 해상운임은 그 계산방법이 다르고 부대비용도 다르기 때문에 정확한 비교는 어려우나 일반적으로 경량화물의 경우에는 유리한 것으로 알려져 있다. 이 외에도 종합적인 물류비용면에서 보면 수송비용은 높으나, 포장비, 보관비, 하역비, 보험료 등의 직접비와 재고품에 대한 투자자본, 관리비, 손실 등 간접비, 그리고 정시성, 신뢰성, 서비스 등 보이지 않는 비용을 고려하면 종합비용에서 다른 운송방식보다 오히려 경쟁력을 가질 수 있다.

3) 항공운송에 관한 국제조약

항공운송에 관한 국제조약은 국제항공운송에 관한 규칙의 통일에 관한 조약(convention for the unification of certain rules relating to international carriage by air; Warsaw Convention)과 헤이그 의정서(hague protocol)가 있다. 전자는 항공운송인의 책임에 대하여 통일된 규칙을 제정하여 항공기 사고로 인한 여객과 화물에 미친 손해배상의 범위와 책임한도를 설정하고 있다. 후자는 정식명칭이 '1929년 10월 12일 와르소에서 서명된 국제항공운송에 관한 통일규칙 개정을 위한 의정서'(protocol to amend the convention for the unification of certain rules relating to international carriage by air signed at warsaw on 12 October 1929)이다. 이는 와르소 조약이 체결되어 25년이 지나는 동안 운송인의 책임한도액을 현실에 적용시킬 수 있도록 1955년에 서명하여 1963년 8월 1일부터 발효하였다.

7. 국제특송

1) 국제특송의 의의

국제특송이란 주로 항공기를 이용하여 화주의 문전까지 배달하는 수송시스템으로서 항공기에 의한 간선수송과 자동차에 의한 집배의 연계로 행해지는 국제복합운송의 한 형태이다. 운송인의 일관책임하에 화물의 집화에서 포장, 수송, 배달 및 확인에 이르기까지 문전(door to door)운송하는 체제이다.

특송은 특급송달을 줄인 말로 우리나라에서는 소화물일관수송이라고 하며, 서양에서는 통상 쿠리어 서비스(courier service), 일본에서는 택배로 불린다.

국제특송업은 처음 미국에서 항공사업 규제에 의한 규제완화를 계기로 운송업계에서 개발한 사업영역으로 최근에는 기업들이 해외진출 과정에서 신속한 정보전달의 수단으로 많이 이용되고 있다. 특히 무역업체의 서류나 소화물의 운송이 주류를 형성하고 있으며, 일반 소비자의 이용은 해외여행객에 의한 별송품 서비스 정도에 머물고 있다.

국제특송은 무역서류(은행서류, 상업서류, 계약서, 입찰서류 등), 설계도면, 카탈로그, 소형·경량물품에 국한되며, 대부분의 화물이 대중가격의 상품으로서 일정기간 내에 신속한 인도를 목적으로 의뢰된다. 그 대표적인 국제특송업체로서는 UPS, DHL, FedEx, TNT, 일본통운 등이 서비스를 수행하고 있다.

2) 국제특송의 장점

국제특송은 송화인의 주관하에 이루어지던 운송의 각 부분을 전문특송업체가 위탁받아 수행함으로써 화주가 직접 탁송할 때보다 다음과 같은 장점이 있다.

(1) 경제성

집화비, 간선운송비, 배달비, 교통비, 인건비, 전화요금, 출장비, 보험료, 제반행정비 등을 절약할 수 있다.

(2) 안전성

운송의 전 과정을 전문 운송인이 일괄처리함으로써 분실, 훼손 등 위험을 최소화시킬 수 있으며 책임소재를 분명히 할 수 있다.

(3) 편리성

전화나 인터넷으로 집화에서 배달까지 모든 운송과정을 대행함으로써 편리하다.

(4) 신속성

발송에서 도착까지의 전 과정이 하나의 흐름으로 이루어지므로 화주가 직접 탁송하는 것보다 신속하게 이루어진다.

(5) 확실성

발송된 물품을 배송 즉시 송장에 배달시간, 인수인 등이 기재되어 별도로 관리되므로 언제라도 확인이 가능하다.

3) 국제특송의 특징

국제특송은 글로벌화 되어 가는 기업활동 및 소비자 활동에 의해 소화물이 국제적으로 일관 운송되는 서비스업의 형태라 할 수 있다. 대부분의 화물이 고가 귀중품이 아니며 신속한 인도를 목적으로 하는 운송이다. 이에 따라 특송업체들의 핵심비즈니스는 시간에 민감한 화물에 대해 부가가치 물류서비스와 문전배송을 하는 것이다. 따라서 이들 특징을 살펴보면 다음과 같다.

(1) 정보기술(IT) 활용

통신판매와 전자상거래, 홈쇼핑 등 새로운 판매시장이 확대됨에 따라 선진 특송 업체들도 새로운 시장환경에 대응하기 위해 정보기술에 대한 투자를 확대해 나가고 있다.
또한, 정보 전문업체와의 인수·합병 또는 전략적 제휴를 통해 보다 선진화된 정보기술을 고객에게 제공하기 위해 노력하고 있다.

(2) 종합물류서비스(Total logistics service) 구축

국제특송업체들은 단순히 신속히 배송하는 것뿐만 아니라 국세와 관세의 지불, 각종 신고 등 서류작업, 그리고 통관서비스 등을 대행해 주며, 기업의 재고관리와 부품조달, A/S업무를 포함한 고객지원업무 등 공급사슬관리(SCM)상의 전 과정을 서비스하는 종합물류기업의 역할을 하고 있다.

(3) 전자상거래의 통합을 위한 솔루션 제공

매년 수 억 달러 이상을 정보기술 부문에 투자하고 있는 선진 특송업체들의 목표는 전 세계적인 통합 네트워크를 구축하는 것이다. 이러한 통합 네트워크를 통해 보다 신속하고 편리한 웹기반의 기업 활동을 이루기 위해 투자하고 있는 것이다.

(4) 서비스 제품의 다양화 및 서비스 지역의 확대

국제특송업체들은 전 세계를 대상으로 한 다양한 서비스를 제공하기 위해 지역적 물류센터의 수를 증가시키고 있을 뿐만 아니라 서비스 품질 및 가격에서의 차별화를 통한 다양한 서비스를 제공 할 수 있는 시스템을 구축하고 있다. 특히 고객관계관리(CRM) 등을 구축하여 고객맞춤형 서비스의 제공 능력을 향상시켜 나가고 있다.

SECTION 02 운송시스템의 유형

1. 일관운송시스템

일관운송시스템은 화물을 일정한 표준의 중량과 용적으로 단위화하여 송화주의 문전에서 수화주의 문전까지 단일의 운송책임 하에 이루어지는 운송체제이다. 운송인의 입장에서는 화물단위당 운송비용이 절감되고 기계화 및 자동화에 따른 인건비 절감 등 대량화물을 신속히 처리할 수 있다. 화주의 입장에서는 화물의 단위화를 통해 운송비, 포장비, 하역비, 보관비 등의 경비를 절감할 수 있다.

일관운송서비스는 선박, 항공기에 의한 간선수송과 자동차에 의한 집배의 연계에 의해 행해지는 국제복합운송의 한 형태이다. '일관'의 의미에 대해 1980년 UN이 채택한 복합운송조약의 규정을 문자 그대로 해석하면 "복합운송인이 물품을 그 관리하에 둔 한 국가의 어느 장소에서 화물인도를 위해 지정된 타국의 어느 장소까지의 운송을 가리킨다"라고 되어 있다.

따라서 복합운송과 일관운송의 관계에서 볼 때, 복합운송은 재래식 단편운송체제를 일관운송체계로 바꾼 소프트웨어적인 개념이라면 일관운송시스템은 단위적재 시스템을 비롯한 복합운송서비스를 포괄하는 하드웨어적 개념이다. 따라서 일관운송시스템의 형태는 다음과 같다.

1) 팔레트 시스템

팔레트 시스템은 표준화된 팔레트를 사용하여 화물을 운송하는 일관운송시스템의 일종으로, 팔레트의 특성상 원거리 운송보다는 창고나 작업장 내에서의 근거리 운송에 적합한 운송시스템이다.

2) 컨테이너 시스템

컨테이너 시스템은 화물을 표준화된 규격의 컨테이너에 적입하여 운송하는 방식이다. 이러한 컨테이너 시스템은 송화인의 문전에서 수화인의 문전까지 안전하게 운송할 수 있는 일관운송체제를 이룩하였으며, 주로 수출입 일반화물의 장거리 운송에 이용되고 있다.

3) 프레이트 라이너시스템

프레이트 라이너 시스템(freight liner system)은 컨테이너에 화물을 적입한 다음 컨테이너 전용열차를 이용하여 정기적으로 화물을 운송하는 방식을 말하며, 이와 같이 컨테이너를 전문적으로 운송하는 고속 화물전용열차를 일컬어 프레이트 라이너라 한다.

2. 거점간 운송시스템

운송시스템은 거점(node)과 링크(link)의 조합으로 형성되며, 여기서 거점은 운송네트워크의 결절점(intersection of network)으로서 항만, 공항, 철도터미널에 해당되는 링크와 관련된 연결점들이다. 반면에 링크는 철도, 선박항로, 항공로, 도로 등 거점과 관련된 연결로를 의미한다.

오늘날 글로벌 기업들은 물류부가가치 활동을 자유롭고 편리하게 수행할 수 있는 항만이나 공항에 국제물류거점을 구축하여 국제물류관리의 효율화를 도모하고 있다. 이에 따라 항만과 공항은 기업들의 국제물류관리전략에 대비해 종합물류기지의 기능과 역할을 확보하는 방향으로 개발되고 있다. 이러한 복합기능을 갖춘 항만과 공항은 배후지 간의 고도화된 연계수송망, 종합물류센터, 물류정보센터, 각종 편의 및 부대시설을 갖추고 자유무역지대를 설치하여 이를 적극적으로 활용하고 있다.

따라서 각 국가들은 항만과 공항을 물류거점화하여 물류부가가치를 창출하는 종합물류기능을 수행할 수 있도록 확대·재편해 나가고 있다.

3. 거점 & 간선 시스템

거점 & 간선(hub & spoke)시스템은 중심의 거점으로 집중되는 방사선 형태를 취하면서 간선은 화물의 분배와 집화의 역할을 함으로써 화물의 분류비용과 시간을 절약하고 화물이 허브로 과도하게 집중되는 현상을 방지하기 위해서 추가적인 창고 사이의 연결을 시도한 수송네트워크를 말한다. 이것은 육상 수송수단의 전통적인 수송네트워크의 모형에서 변화된 것이다. 즉 [그림 15-1]에서 보는 바와 같이 과거에는 동일 목적지로 향하는 화물을 분류하여 다수의 기지(depots)들을 직접 연결하여 최종 목적지 부근의 데포로 수송한 후 여기에서 다시 최종 목적지로 분배하는 것이었으나, 현재는 창고의 중심을 이루는 허브 개념이 도입된 거점 & 간선(hub & spoke) 시스템이 주류를 이루고 있다.

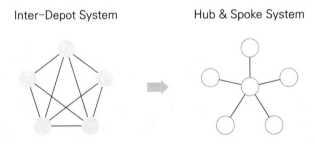

Inter-Depot System   Hub & Spoke System

자료: C. Scott & J.C. Cooper, "Hub Operation in U.K. Parcels Distribution", Logistics Today, Vol. 4, 1985, p.6.

그림 15-1   수송네트워크의 발전

이에 따라 국제물류체계는 주요 거점 공·항만을 중심으로 거점 및 간선 시스템이 구축되고 있다. 이것은 선사 및 항공사가 비용절감과 수송시간 단축을 위하여 많은 기항지에 체류하는 것보다는 소수의 거점 공·항만에 기항하는 운송전략을 추구하기 때문이다. 운송사들은 막대한 투자비를 회수하기 위하여 소수의 거점 공·항만에만 기항하여 수송수단의 회전율을 높여야 한다.

따라서 운송사들은 대형화된 컨테이너선과 항공기를 소수의 거점 공·항만에 기항시키고, 거점 공·항만을 중심으로 다른 주변 지역까지 피더서비스 또는 내륙수송서비스를 실시하고 있다.

국제운송수단 선택 요인

운송수단 및 운송업자의 선택은 기업의 활동에 큰 영향을 미친다. 이들 선택은 특별히 소비자에 대한 서비스, 운송시간, 지속적인 판매 서비스의 제공, 재고, 포장, 창고, 에너지 소비, 환경오염 등에 영향을 끼치므로 기업의 최적 운송체계를 확립하기 위해 이들의 선택에 유의해야 한다.

1. 국제운송수단 선택시 고려 요인

화주는 운송수단을 선택할 때 여러 가지 선택기준과 다양한 요소들을 고려하고 있다. 이는 총 물류비에서 운송비가 차지하는 비중이 높기 때문이다. 이와 같은 배경으로 화주는 스스로 비용이나 서비스 질 등에 관한 요구 수준을 결정해야 하며, 이러한 결정은 화주가 위치한 곳의 운송시스템과 주변환경 그리고 고객 및 시장의 경쟁상황에 영향을 받게 된다.

1) 운송수단 선택의 단계

물류활동의 운송분야에 있어서 여러 운송수단 중에서 어떠한 수단을 선택하여 운송업무를 수행해야 하는가는 매우 중요한 과제이다. 일반적으로 한 기업의 운송수단 및 운송회사 선택에는 다음과 같은 4개의 단계가 거쳐진다.

(1) 문제의 인식(Problem Recognition)

운송수단 및 운송회사의 선택에서 문제점으로 인식되는 것은 기존 운송수단 이용에서의 불만족, 기업의 화물운송유형에서의 변화 등 여러 가지이다.

(2) 탐색과정(Search Process)

최적의 운송수단 및 운송회사의 선택을 위해서는 수많은 정보를 수집, 분석해야 한다. 그러나 또한 정보의 수집, 분석에 드는 비용과 시간도 충분히 고려되어야 한다.

(3) 선택과정(Choice Process)

기업의 목적에 적합한 운송수단을 선택하기 위해서는 여러 가지 기준들이 사용될 수 있다. 운송서비스 제공의 일관성은 운송수단 선택에서의 기본적인 기준이 되고 있다.

(4) 선택후의 평가(Post Choice Evaluation)

운송수단의 선택이 이루어진 후에는 운송수단 및 운송회사의 업무수행 능력을 평가하기 위한 절차를 확립하여야 한다. 이 평가 항목들은 아주 자세할 수도 있는데 기본적으로 소비자의 불만을 고려하고 있다.

이에 따라 운송수단이 지니고 있는 장·단점은 서로 다르며 화주에 의해 인식된 선호도를 보면 다음 <표 15-5>와 같다.

표 **15-5**　운송수단 특성별 화주의 선호도 비교

특 성	선호순위
이용의 편리성	자동차 > 철도 > 항공 > 해운 > 파이프라인
비　　　용	파이프라인 > 해운 > 철도 > 자동차 > 항공
속　　　도	항공 > 자동차 > 철도 > 해운 > 파이프라인
운　송　량	파이프라인 > 해운 > 철도 > 자동차 > 항공
탄　력　성	자동차 > 항공 > 철도 > 해운 > 파이프라인

☞ 운송량은 시간당 수송량, 탄력성은 운임, 수송량, 기종점의 변화에 대한 적응성을 의미함.

한편, 운임과 서비스면에서 각 수단의 순위를 보면 다음과 같다.

표 **15-6**　운임과 서비스면에서 각 수단의 순위

수송수단	비용[1] (1= 가장 비쌈)	평균인도시간[2] (1= 가장 빠름)	인도시간의 변화		손실 및 훼손 (1= 가장적음)
			절대값 (1= 가장적음)	비율[3] (1= 가장적음)	
철 도	3	3	4	3	5
트 력	2	2	3	2	4
수 로	5	5	5	4	2
파이프라인	4	4	2	1	1
항 공	1	1	1	5	3

1) 톤-마일 당 비용
2) 문전 수송속도
3) 평균인도시간에 대한 인도시간 변화의 비용

2) 운송수단 선택시 고려요인

국제운송수단의 선택은 화물의 특성, 가치, 물동량 등의 요인에 따라 해상 또는 항공으로 명확히 구분된다. 그리고 기업의 경영전략, 물류전략 등에 따라 운송수단 선택 기준이 달라지기도 한다. 따라서 운송수단을 선택할 때 고려해야 할 요인은 다음과 같다.

(1) 화물의 특성 요인

운송할 화물의 상태, 수량, 긴급성, 가치, 시장상황 등에 따라 운송수단의 선택요인이 달라질 수 있다. 화물의 상태가 고체상태, 액체상태, 또는 기체상태 인가에 따라 운송수단선택에 제한을 받기 때문에 화물의 상태가 운송수단 선택의 결정요소로 작용될 수 있다.

또한, 화물의 무게, 수량, 부피 등도 운송수단의 선택에 중요한 결정요인이 된다. 중량화물이거나 대량운송을 요하는 화물의 경우, 또는 부피가 큰 화물의 경우도 운송수단 이용에 제한을 받기 때문이다.

그리고 화물의 긴급성은 화물의 인도시간과 관련이 있는 요소로서 화물의 최종 인도시간을 맞추기 위해서 한 개 이상의 운송수단을 선택할 수 있다. 종종 부패성 화물의 경우 상업적 가치가 시간에 좌우되기 때문에 긴급한 운송을 요하는 경우가 많다. 또한 패션상품이나 계절성 상품의 경우와 같이 어느 시기를 놓치면 판매가 불가능한 화물의 경우에도 운송수단 선택에 제한을 갖는다.

(2) 운송비와 제품의 가치

운송비와 제품의 가치 사이의 관계가 운송수단 선택의 결정요인이 된다. 운송비와 제품의 가치는 직접적인 비교를 통해서 평가할 수도 있고, 운송비와 운송 이후 제품에 부가되는 가치에 대해 비교 평가할 수도 있다. 운송비 및 운송수단 선택에 영향을 미치는 요인은 제품과 관련된 요인과 시장과 관련된 요인으로 구분된다. 제품과 관련된 요인으로는 제품의 밀도, 적재의 적합성, 취급의 용이성, 책임 부담력 등이 있으며, 시장과 관련된 요인으로는 운송수단 내 및 운송수단간 경쟁의 정도, 시장의 위치, 정부규제의 정도, 인바운드(inbound) 화물과 아웃바운드(out bound)화물간의 균형정도, 제품운송의 계절성, 제품의 국내 또는 국제간 이동 등이 있다. 또한, 제품의 시장상황도 운송수단 선택 결정에 중요한 요인이 되고 있다. 제품이 판매될 시장이 전 세계에 분포되어 있느냐 아니면 어느 한 지역에 집중되어 있느냐에 따라 운송수단 선택이 달라질 수 있다.

(3) 경영적 요인

경영적 요인은 제품, 기업, 고객, 경영환경과 관련되는 요인으로 고객특성, 환경특성, 제품특성, 기업특성 등에 따라 운송수단의 선택이 달라진다. 고객특성으로는 고객의 지리적 위치, 인도지점, 주문크기, 서비스 요구수준, 신용도, 수요의 탄력성, 거래조건(FOB, CIF 등)[8]등이 고려되어야 하며, 환경특성으로는 사회간접자본, 가능한 수송방법, 세금, 노동 및 자본의 이용성, 기술, 기후조건 등이 고려되어야 한다. 제품특성으로는 제품의 크기, 형태, 무게, 강도, 가치, 진부화정도, 독성의 성질 등이 고려되어야 하며, 기업특성으로는 공장위치, 창고위치, 마케팅센터, 재무상황, 시장분포 등을 고려해야 한다.

(4) 운송속도와 비용

운송과 재고가 물류비용의 대부분을 발생시키고 고객서비스의 질을 좌우하므로 운송시간의 효과를 측정하여 비용과 서비스의 효율화를 꾀해야 한다. 그리고 운송비는 국제교역을 고려할 때 가장 중요한 요인이다. 국제운송 네트워크가 충분히 갖추어지지 않은 멀리 떨어진 지역과 교역할 때 운송비는 더욱 중요하기 때문이다. 그러므로 운송속도와 비용을 절충하여 운송수단을 선택해야 한다. 즉 제품의 필요시기, 운임, 보험료, 선적크기 및 무게, 제품의 가치, 양륙지 및 목적지, 손상 가능성, 도난 가능성, 이용 장비 그리고 관련 서류의 작성 등에 대해 충분히 검토하여야 한다.

2. 국제운송수단별 경쟁력 비교

국제운송은 무역거래의 이행과정에서 수출자가 수입자에게 제공하는 계약물품을 국제간에 운송하는 일련의 전문적 경제활동이다. 국제운송수단의 선택은 <표 15-7>과 같이 주요 운송수단별 장단점을 정확히 비교하여야 하며, 총비용 개념도 동시에 고려되어야 한다.

따라서 국제운송에 가장 많이 적용되고 있는 해상과 항공운송의 특징 및 운송비를 토대로 비교해 볼 수 있다.

---

8) Incoterms 11가지 조건 중 EXW, FCA, FAS, FOB 조건에서는 매수인이 수송수단을 선택하고, CFR, CIF, CPT, CIP, DAP, DPU, DDP 조건에서는 매도인이 수송수단을 선택할 수 있음.

표 15-7　주요 운송수단의 장단점

운송수단 비교요소	육상운송		해상운송	항공운송
	철도	도로		
운송량	대량·중량화물의 중·장거리 운송에 적합	중·소량화물의 단· 중거리 운송에 적합	대량·중량화물의 장거리 운송에 적합	중·소량· 고가화물의 장거리 운송에 적합
운임 및 탄력성	중거리 운송에 적합,비탄력적	근거리운송에 적합, 가장 탄력적임	장거리 운송시 가장 저렴, 비교적 탄력적	가장 비싸며, 비탄력적
기상상태	전천후 운송수단	영향을 조금 받음	영향을 많이 받음	가장 많은 영향을 받음
안전성	높음	조금 낮음	낮음	비교적 높음
일관운송 및 협동일관운송	보통 트럭의 연계 없이는 곤란	비교적 용이	육상운송의 연계로 가능, 비교적 어려움	육상운송과의 연계로 가능, 어려움
중량제한	거의 받지 않음	있음	받지 않음	많이 받음
운송시간	다소 길음	보통	아주 길음	아주 짧음
보관, 하역 및 포장비	비교적 저렴	포장, 보관비가 비교적 저렴하며, 하역비 거의 없음	하역, 포장, 보관비가 가장 비쌈	포장비는 저렴하며, 하역비는 비교적 비쌈
적기 배차 및 배선	다소 불편	아주 편리	다소 불편	매우 불편
화물의 수취	철도역에서의 화물수취 불편	매우 편리	항만에서 화물수취 매우 불편	공항에서 화물수취 매우 불편

자료: 옥선종·추창엽·김웅진, 국제복합운송론, 두남, 1997, p.8.

1) 해상운송의 특성과 운송비

　　해상운송은 대량의 화물이나 운송일수에 여유가 있는 화물 또는 상품가격에 대하여 고액의 운임부담이 없는 화물에 많이 이용된다.

　　해상운임은 해상운송인이 운송계약에 따라 물품운송에 대한 보수로서 운송에 소요되는 제 경비, 즉 운송원가를 최저로 하고 운송화물의 운임부담력을 최고로 하여 결정되며, 그 사이에서 물동량에 대한 선복의 수급에 따라 변동하는 것이 원칙이다. 따라서 해상운송은 대부분의 화물이 컨테이너로 운송되므로 컨테이너 정기선 운송시 발생되는 수출해상화물의 비용구조는 <표 15-8>과 같다.

표 15-8   수출 해상화물의 비용구조

구 분	주요비용	비 고
국내물류비	수출검사비, 내륙운송비, CY반입비, 수출통관료, CFS비용, 포장비	Door−to−Door 운송을 기준으로 한 비용구조임
해상운임 및 보험료	해상운임, 적화보험료, 터미널비용	
현지 물류비	수입통관료, 내륙운송비, 보세창고료	

주: CFS 비용은 LCL화물만 지불함

2) 항공운송의 특성과 운송비

항공화물운송은 대부분 고가치 화물로서 중량단위당 가치가 매우 높다. 국제항공운송의 운임은 국제항공운송협회(International Air Transport Association: IATA)가 큰 역할을 하고 있다. 즉 국제항공운임은 원칙적으로 IATA의 운임조정회의에서 결정된 운임을 관계각국이 인가하는 방식으로 설정한다. IATA에서 규정하고 있는 국제항공화물운임은 크게 제품의 중량단위당 부과되는 운임과 제품의 가치에 따라 부과되는 종가요금으로 나눌 수 있으며, 기타 비용으로 위험품 취급 수수료, 운송장 작성 수수료, 착지불 수수료 등이 있다.

화물을 항공으로 수출할 때 지불해야 하는 물류비용은 <표 15−9>와 같다. 항공화물운임은 출발지 공항에서 도착지 공항까지의 화물의 운송에만 적용되므로 화물의 집화 및 배달 등에는 별도의 요금이 부과된다. 항공화물운임 이외의 비용에는 집화 및 배달료, 보관료, 보험료, 통관수수료, 포장비, 도착지 공항에서 배송시 발생하는 육상운송료, 기타 비용 등이 있다.

표 15-9   수출 항공화물의 비용구조

구분	주요비용	비고
국내물류비	집화료, 수출통관료, AWB발행비, 화물취급작업, 공항창고료, 포장비	Door−to−Door 운송을 기준으로 한 비용구조임
항공운임 및 보험료	항공운임, 적화보험료	
현지 물류비	수입통관료, 보관비, 내륙운송비	

CHAPTER

16 국제화물운송

국제거래는 국내거래와 달리 생산, 유통, 소비의 3요소가 상이한 국가에서 이루어지기 때문에 무역계약을 이행하기 위해서는 필연적으로 국제화물운송이 수반된다. 운송이란 사람 또는 재화(財貨)의 장소적·공간적 이동을 의미하는 것이므로 국제화물운송은 국제간의 재화의 장소적·공간적 이동이라고 할 수 있다.

운송의 가장 기본적인 기능은 인적·물적 자원의 장소적 이동을 통하여 제 자원의 효율성을 높이려는 데 있다. 그러므로 상거래가 시간적 효용(time utility)의 창출이라고 할 때 운송은 장소적 효용(place utility)의 창출이라고 할 수 있다.

따라서 국제운송의 기본적 기능은 재화와 사람의 장소적인 이동을 통하여 효율성을 높이는 데 있으며 그 운송방식의 차이에 따라 해상운송, 항공운송, 육상운송, 복합운송 등으로 구분된다.

본 장에서는 해상운송, 컨테이너운송, 복합운송, 항공운송 등을 개괄적으로 살펴보고자 한다.

SECTION 01 해상운송

1. 해상운송의 특성

수출상과 수입상은 무역계약 조건에 따라 수출상품을 해상·육상·항공 등 3가지 운송수단 중에 가장 적절한 운송수단을 선택하여 출발지에서 목적지까지 운송하게 되는데 이 중 가장 많이 이용되는 것이 해상운송(ocean transport)이다.

대량의 화물이나 운송 일수에 여유가 있어 화물 또는 상품가격에 대하여 고액의 운임을 부담할 수 없는 화물에는 화물운송선에 의한 해상운송이 많이 이용되고 있다. 해상화물운송선에는 여러 가지 선형이 있다. 화물의 종류나 운송경로의 목적에 적합한 선박이나 선박회사를 선정하는 것이 중요하다. 해상운송은 대량수송, 저렴한 수송비, 장거리수송, 저속성 등의 특성을 가지고 있다.

1) 대량수송

해상운송의 대표적인 특성은 운송화물의 대량수송이다. 이는 해운의 가장 큰 특징으로 조선 기술의 발달과 함께 선박이 대형화되어 타 운송수단에 비해 한꺼번에 많은 양을 수송할 수 있다.

2) 저렴한 수송비

대량운송이 가능하기 때문에 화물 단위당 운송원가가 다른 수송수단에 비해 저렴한 수송비를 실현할 수 있다.

3) 장거리운송

대량수송과 저렴한 수송비로 주로 장거리운송에 이용된다. 특히 일반화물을 대량으로 장거리 수송하는 경우에는 해상운송에 크게 의존하는 것이 일반적이다.

4) 저속성

해상운송 수단으로써의 선박으로 선박은 일반적으로 약 20~25노트 정도의 속력으로 운송되므로 타 운송수단에 비해 운항속도가 느리다. 최근 선박의 건조기술의 발달로 고속화되는 추세에 있지만 일반적으로 해운은 저속성과 저운임 및 대량수송이 고유의 특성이다.

화물의 운송을 목적으로 하는 선박은 운송되는 화물의 종류에 따라 다양한 운송선이 무역화물운송에 활용되고 있다.

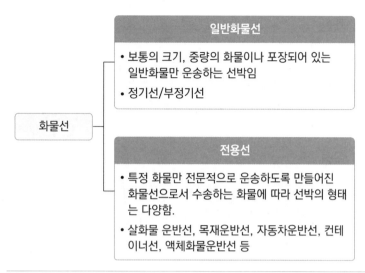

그림 16-1　화물운송 선박의 종류

2. 해상운송의 기능과 역할

해상운송이 고속화, 대형화, 전용선화, 컨테이너화 되면서 해상운송의 중요성이 부각되고 있다. 해상운송은 다음과 같은 기능과 주요 역할을 한다.

1) 자원의 효율적인 배분

해상운송은 국가 간의 경쟁을 유발하여 시장가격을 평준화 시켜준다. 해상운송은 안전성, 신속성, 정확성 및 운송비의 저렴성으로 상품의 유통을 촉진시키고 재고량을 감소시켜 유통자본의 회전율을 높여준다. 또한 생산 및 유통 면에 걸쳐 산업발전과 국민경제활동의 기초적 조건을 조성하는 기능을 하며, 국제적인 분업과 교환을 촉진함으로써 경제활동을 원활하게 해 준다.

2) 국민소득 증대에 기여

해상운송은 서비스산업으로서 운임수입이 국민소득을 형성하며, 직접적인 자본 및 노동의 투입부문으로서 국민소득의 증대에 기여한다. 또한 해외 수출입시 자국선을 이용할 경우 외화지출을 절감시켜 외화절약효과를 누릴 수 있다.

3) 국제수지의 개선

해상운송은 외화운임수입뿐만 아니라 수출입증대를 통한 간접적인 외화획득 및 절약효과로 국제수지개선에 크게 기여한다. 자국 선박을 이용하여 상품을 운송하게 되면 외화를 절약할 수 있고 선박대여를 통하여 용선료를 획득할 수 있다.

4) 관련산업의 육성

해상운송의 발전은 조선공업, 보험료 등 관련 산업과 밀접한 연관성을 가지므로 이들 산업의 연쇄유발효과를 가져와 고용증대 및 국민경제에 미치는 영향이 크다.

5) 국방력 강화

해상운송의 육성을 통한 선박증강은 경제적인 면에서 뿐만 아니라 유사시 국방력 측면에서도 큰 의의를 지닌다. 전시에 여객선 및 일반 상선을 군대와 군수품의 운송에 이용하여 전쟁수행을 원활하게 하며, 또한 특수선을 개조하여 군무에 종사하게 함으로써 전력을 크게 증대시킬 수 있다.

6) 국제경쟁력 강화

해상운송은 수출입상품의 항로개설로 자국 상품의 시장영역을 확대시키며, 저렴하고 안정적인 운송은 국제시장에서 가격경쟁력을 제고할 수 있다.

3. 정기선과 부정기선

1) 정기선운송

(1) 정기선운송의 의의

정기선(liner; liner boat; regular liner)이란 정해진 항로를 운항일정(sailing schedule)에 의해 규칙적으로 반복 운항하는 운송형태를 말한다. 주로 살화물을 운송하는 부정기선과는 달리 공산품 등의 일반화물 또는 포장화물을 운송한다. 정기선은 단위화물을 운송하는 컨테이너선과 비단위화물을 운송하는 재래정기선으로 분류된다. 오늘날 주요한 정기항로에는 컨테이너선이 투입되며, 정기선을 운항하는 해운업자를 정기선해운업자(liner company)라고 한다.

(2) 정기선 운송의 특징

정기선운송(liner shipping)은 정해진 항로에 취항하고 있는 선박으로 정해진 기항항들을 운항일정(schedule)과 운임율표(freight tariff)에 따라 운항되는 운송형태이다. 정기선은 컨테이너화물 전용의 컨테이너선과 재래선으로 분류된다.

정기선운송은 항해일정을 공시하여 일반화물의 운송을 인수하기 때문에 부정기선 운송과는 다른 다음의 특징을 가지고 있다.

① 사전 공표된 일정에 따라 특정한 기항지를 순차적으로 기항하고 주기적으로 항해한다.
② 불특정다수 화주가 의뢰한 화물을 운송하는 대중운송이다.
③ 화물의 운송비가 부정기선에 비하여 높다. 정기선 화물의 운송비가 부정기선보다 높은 이유는 정기선 선박이 일반적으로 부정기선 선박에 비해 선형이 고가이며, 화물의 만선여부와 관계없이 운항함에 따라 상당한 고정비용이 소요되고 운임경쟁에 있어 제약이 있기 때문이다.
④ 선박회사간 운임경쟁을 막기 위해 운임동맹(freight conference)이 제정한 공동운임표(tariff)를 적용하는 것이 일반적이다.
⑤ 화물의 종류, 수량에 관계없이 표준화된 계약인 선화증권(B/L)에 의해 운송된다.

따라서 정기선운송과 부정기선 운송의 차이점을 비교해 보면 다음의 <표 16-1>과 같다.

표 16-1 정기선과 부정기선 운송의 비교

구 분	정기선(liner)운송	부정기선(tramper)운송
운항형태	• 규칙성·반복성	• 불규칙성
운송인	• 보통운송인(common carrier) • 공중운송인(public carrier)	• 계약운송인(contract carrier) • 전용운송인(private carrier)
화물의 성격	• 이종화물	• 동종화물(주로 철광석, 곡물, 석탄 등)
화물의 가치	• 주로 고가	• 저가
운송계약	• 선화증권(B/L)	• 용선계약서(charter party)
운 임	• 동일운임(동일품목/상이한 화주) • 공표된 운임율(tariff) 적용	• 선박의 수요와 공급에 의해 결정 • 운임동맹
서비스	• 화주의 요구에 따라 조정	• 선주·용선자가 협의 결정
선 박	• 고가·구조복잡(컨테이너선)	• 저가·구조단순(벌크선)
소 식	• 대형조직(본사 및 해외점소)	• 소형조직

(3) 정기선운송과 해운동맹

해운동맹(shipping alliance or shipping conference)이란 특정항로에 취항하고 있는 2개 이상의 정기선사들이 모여 기업자체의 독립성을 유지하면서 과당경쟁을 피하고 상호간의 이익을 증진하기 위하여 운임, 적취량, 배선, 기타 운송조건에 관해 협정 또는 계약을 체결한 국제카르텔이다. 특정한 정기선항로에 취항하고 있는 선박회사는 서로간에 과당경쟁을 피하고 상호간 이익을 유지·증진하기 위하여 운임이나 기항항, 배선, 기항횟수 및 적취량, 기타 운송조건에 관하여 협정 또는 계약을 체결하고 있다. 이것을 해운동맹이라고 하고 주로 운임협정이 주가 되기 때문에 운임동맹(freight conference)이라고도 한다.

해운동맹은 안정된 선복과 안정된 운임을 제공함으로써 운임부담능력에 따라 탄력적인 운임을 설정하고 화물을 안정적으로 수송하는 긍정적인 면도 있으나 독립적 성격이 강해 높은 운임을 부과하거나 유지하려는 부정적인 면도 가지고 있다.

해운동맹은 그 성질상 항로동맹, 운임동맹, 공동계선협정 등으로 분류하고 있다. 지역적으로는 3대 경제권역인 북미, 유럽, 극동을 각각 왕복 운항하는 동맹을 주축으로 이들 경제권과 기타 지역을 연결하는 중소의 왕복 또는 편도의 동맹들이 별개로 구성되어 있다.

표 16-2   해운동맹의 장단점

장 점	단 점
• 규칙적인 운송항로 및 일정이 확정되어 있어 무역거래에 편리 • 운임의 안정을 통해 생산 및 판매계획의 수립이 용이 • 합리적 배선으로 경쟁에 의한 낭비를 방지하고 원가를 절감 • 운임은 모든 화주에게 공평하게 적용 • 동맹의 가입을 통해 영세선사도 생존가능	• 독립성으로 인해 과대이윤, 서비스의 저하, 클레임의 회피, 보복적 차별우대 등의 우려가 있음 • 운임률이 원가보다 동맹의 정책에 좌우되어 불합리하게 책정될 가능성이 있음 • 기항수를 가급적 줄이려는 경향이 강해 화주들에게 불편을 초래할 수 있음

해운동맹에는 가맹과 탈퇴가 비교적 자유로운 개방적 해운동맹(open conference: 미국식)과 까다로운 가입절차와 일정의 조건을 두고 운영하는 폐쇄식 해운동맹(closed conference: 영국식) 등이 있다.

개방적 해운동맹은 그 항로에 배선하는 의지 및 능력이 있는 선주면 언제라도 자유로이 가입시키는 형태로 북미항로에서 주로 운영되고 있다고 하여 미국식 해운동맹이라고 한다. 특히 이 동맹이 결성되어 있는 북미항로에서는 미국정부의 해운법(shipping act)에 의거한 해운동맹 규제정책에 따라 해운동맹의 활동이 제한되고 있다. 폐쇄식 해운동맹은 신규가입을 제한하는 형태로서 동맹이 승인할 만한 일정자격과 실적을 기준으로 가입여부를 결정한다. 주로 구주항로나 호주항로 등에 결성되어 있으며 영국식 동맹이라고도 한다.

(4) 해운동맹의 운영

해운동맹은 경쟁으로 인한 피해를 최소화하기 위하여 대내적으로 여러 가지 방법에 의한 규제가 실시되고 있다.

① 대내적 방법

　　가. 공동계산협정(pooling agreement): 경쟁의 제한수단으로 가장 강력한 방법으로 각 선사가 일정기간(보통 6개월 내지 1년)동안 벌어들인 운임을 회원사의 경력·실적 등에 의거하여 미리 정한 배분율(pool point)에 따라 조정·배분하는 방법이다.

　　나. 항해협정(sailing agreement): 선박회사별로 배선 선복량을 조절·제한하고 선복과잉으로 인한 과당경쟁을 방지할 목적으로 기항지(지역협정), 항차수(배선협정) 및 화물적취량을 규제하고 있다.

　　다. 운임협정(rate agreement): 해운동맹의 가장 기본적인 협정으로 협정된 운임율(tariff)을 공표하고 일정기간 이를 준수하여야 하며, 이를 위반시 위약금을 부담하여야 하는 방법이다.

② 대외적 방법

　　가. 운임환급제(deferred rebate system): 일정기간(통상 6개월) 동맹선사를 이용한 화주에 대하여 운임총액의 일정비율(일반적으로 9.5%)을 환급해 주는 제도이다. 이 제도를 적용받기 위해서는 계속해서 다음 일정기간(유보기간)에도 동맹선을 이용할 때 그 유보기간이 경과하면 운임을 환불 받을 수 있다.

　　나. 이중 운임제(dual rate system): 동맹선만을 이용하는 계약화주에게는 낮은 계약운임율(contract rate)을 적용하며, 비계약화주에게는 고율의 비계약운임율(non-contract rate)을 적용하는 등 이중의 요율체계로써 화주의 비동맹선 사용을 견제하기 위한 계약운임제도(contract rate system)이다.

　　다. 성실환불제(fidelity rebate system): 계약운임이 적용 혜택을 받아온 화주에

대하여 일정기간에 걸쳐 동맹선사에만 선적하여 왔음이 인정된다면 기간중
화주로부터 받은 운임중 일부(일반적으로 9.5% 범위)를 환불해 주는 제도로서
계약운임제 보다 확대·강화된 제도이다. 운임환급제와 다른 점은 유보기간
없이 즉시 환불해준다는 점이다.

라. 경쟁대항선(fighting ship): 해운동맹이 맹외선의 진출을 저지할 수 없을 때
특정 선박을 회원사 가운데서 선출하여 맹외선의 운항일정에 맞춰 배선하고
정상적인 동맹운임보다 대폭 인하된 가격을 적용시킴으로써 적극적으로 집
화를 방해하는 방법이다.

(5) 정기선사의 글로벌 해운동맹

해운동맹(shipping alliance) 해운 노선과 선박을 공유하며 하나의 회사처럼 운영하
는 해운사들의 연합체를 말한다. 한 해운사가 전 세계 모든 노선에 선박을 투입할 수 없
으므로, 자신이 운항하지 않는 곳에는 같은 해운동맹 소속 해운사의 선박을 이용해 물
건을 나른다. 이 때문에 해운동맹 가입은 원양 컨테이너 해운사 운영에 매우 중요하다.

최근 들어 세계 해운시장에서 정기선사 간의 지속적인 인수합병(M&A)으로 해운동
맹이 재편되고 있다. 가장 강력한 동맹으로는 세계 1·2위 해운사인 덴마크의 머스크
(Maersk), 스위스의 MSC가 체결한 '2M'이 있으며, 프랑스 CMA-CGM, 중국 CCSC, 대만
Evergreen, 홍콩 OOCL, 싱가포르 APL이 새롭게 결성한 'Ocean Alliance' 등과 경쟁하고
있다. 그리고 제3 해운동맹인 'The Alliance'에는 독일 하팍로이드, 일본 MOL·K라인·
NYK, 현대상선, 대만 양밍 등이 회원사로 참여하여 서비스를 하고 있다.

표 16-3　주요 정기선 해운동맹

동맹그룹	주요 선사	선복량	협력기간
2M	• 머스크(Maersk), MSC	• 793만 526 TEU	~ 2025. 1월
Ocean Alliance	• CMA·CGM, • COSCO • Evergreen	• 773만 9,066TEU	~ 2027. 4월
The Alliance	• Hapag-Lloyd, • ONE(NYK, MOL, K-line합병), •　Yangming, 현대상선	• 509만 4,488TEU	~ 2030. 4월

* 운영선복량＋발주선복량 합계('19.6, Alphaliner 기준)
출처) 해양수산부, 2019. 7. 1.

2) 부정기선 운송

(1) 부정기선 운송의 의의

부정기선(tramper)은 살화물(bulk cargo)을 운송하는 의미로 통상 사용되고 있고 정기선 운송과는 달리 고정된 항로나 정해진 운항계획 없이 화주와의 계약에 따라 항로와 항해 일정이 결정되는 형태를 말한다. 부정기선 운송은 일정한 항로나 화주를 한정하거나 제한하지 않고 선복의 수요가 있을 때마다 화주가 요구하는 시기와 항로에 따라서 화물을 운송하는 방식이다.

부정기선 운송에서 화주는 운송업자와 항해용선계약(voyage charter)을 체결하고 선복의 전부 또는 일부를 빌려서 운항하게 된다. 용선계약 중 선복의 전부를 빌리는 경우를 전부용선계약(whole charter)이라 하고 선복의 일부만을 빌리는 경우를 일부용선계약(partial charter)이라 한다.

이러한 방식으로 선박을 운항하는 해운업자를 부정기선업자라 한다.

(2) 부정기선 운송의 특징

부정기선 운송은 다음과 같은 특징을 가진다.

① 항로와 운항 일정의 자유로운 선택이 가능하다.
② 곡물, 광석, 유류 등과 같은 살화물(bulk cargo)이나 자동차 등의 대량수송을 주로 한다.
③ 운임은 화주와 선박회사간 협의에 따라 수시로 변동되는데 정기선보다는 낮은 것이 일반적이다.
④ 정기선운송은 개품운송계약에 의하여 성립되고 선화증권이 발급되는 데 반하여 부정기 운송은 용선계약(charter)에 의해서 성립되고 용선계약서(charter party)를 작성하게 된다.

부정기항로에 의한 부정기선 운송은 그 운송서비스가 불특정하고, 운항의 기일, 항로가 일정하지 않고 대량 화주 측의 요구에 따라 그 화물과 항로에 적합한 적출항에 배선되어 대량 화물을 운송한다. 부정기선의 선박 가운데는 특수화물만을 운송하도록 설계된 선박이 많다. 이를 전용선이라 하는데 여기에는 유조선(oil tanker), 자동차수송전용선(car carrier), 광석전용선(ore carrier), 석탄전용선(coal carrier), 곡물전용선(grain carrier), 목재전용선(lumber or log carrier), 냉동전용선(refrigerated carrier), 가스전용선(gas carrier)

등이 있다.

부정기선 화물은 일반적으로 원유, 철광석, 시멘트, 곡물, 석탄 등 저가 살화물(bulk cargo)로 구성되며, 화물수요에 따라 수시로 항로를 변경하기 때문에 부정기선 시장은 특정업체의 시장점유율이 높지 않아 정기선과 같은 해운동맹을 만들 수 없다.

(3) 부정기선 운송의 종류

용선계약(charter)은 선주가 화주인 용선자(charterer)에게 선복(ship's space)을 제공하고 그 대가로 용선자는 용선료(charterage or charter hire)를 지불키로 한 계약을 말한다.

용선계약은 선복의 전부를 용선하는 전부용선과 선복의 일부를 용선하는 일부용선으로 나눌 수 있다. 특히 전부용선의 경우 대부분이 부정기선 운송에 의해 이루어지고 있다. 전부용선에는 항해용선계약(trip charter, voyage charter)과 기간(정기) 용선계약(time charter), 그리고 나용선 계약으로 구분된다.

① 항해용선계약(Voyage Charter): 항해용선계약은 일정한 항구에서 다른 항구까지 화물의 운송을 의뢰하는 화주(용선자)와 선주인 선박회사간의 계약이다. 선박소유자 또는 선박임차인은 용선자에게 선원과 항해장비를 갖춘 선박 선복의 전부 또는 일부를 일정구간의 특정항해의 화물운송에 제공한다. 그리고 선박 용선에 대한 대가로서 용선자는 용선료를 지급하는 것을 약정하게 된다. 대부분 1항해에 한하여 계약이 체결되고 항해용선은 여러 용선운송 중 부정기선 시장에서 가장 많이 이용되는 형태이다.

항해용선은 적재수량에 따라 운임을 계산하는 운임용선계약(freight charter)과 적재량에 관계없이 항해당 얼마로 계산하는 선복용선계약(lump sum charter)이 있다. 그리고 계약상에 지정된 선적항에서 화물을 본선에 적재한 날부터 기산하여 지정된 양륙항까지 운송하여 화물을 인도할 때까지 일(日)당 얼마로 운임을 정하는 일대용선계약(daily charter) 등으로 구분된다.

표 16-4   항해용선의 종류

구 분		내 용
운임결정 방식	선복용선계약 (Lumpsum Charter)	• 정기선 운항시간에 한 선박의 선복 전부를 한 선적으로 간주하여 운임액을 결정하는 용선계약
	일대용선계약 (Daily Charter)	• 지정 선적항에서 화물을 적재한 날로부터 지정 양륙항에서 화물을 인도 완료할 때까지 하루 단위로 운임액을 결정하는 용선계약
하역비 및 항비부담 방식	Gross term Charter	• 선주가 하역비 및 항비를 부담하나 부선료, 체선료, 휴일 및 야간할증료 등 특수비용은 용선인이 부담하는 용선계약
	Net term Charter	• 용선인이 선적·양화비 외에 하역준비완료시부터 양화종료시까지 일체의 비용을 부담하는 용선계약
	F.I.O. Charter	• 용선인이 선적과 양륙시 하역비를 부담하고 선주는 항비를 부담하는 용선계약
	Lumpsum Charter	• 용선인은 선박사용에 대한 총운임을 지급하고, 선주는 일정선복을 사용에 제공하거나 선박이 운송할 수 있는 화물의 최대중량을 보증하는 용선계약

② 기간용선계약(Time Charter): 기간(정기)용선계약은 항해를 특정할 뿐만 아니라 일정의 항해구역에서 일정기간 용선자가 선복을 이용하기 위해서 체결하는 계약이다. 즉, 정기용선의 경우는 선주가 본선을 점유·지배하고 일정기간, 일정조건으로 용선자에게 본선의 선복을 이용하게 하며 선장으로 하여금 용선자가 지정하는 항해 또는 운송에 종사하도록 하는 형태이다.

기간용선의 경우는 보통 6개월이나 1년 기간을 용선하여 반복 운항하는 방식으로 운송되거나, 자신이 원하는 항로에 배선하여 자신의 매매화물을 운송하는 경우도 있다. 선박회사는 선박운항에 필요한 일체의 용구와 선원까지 승선시킨 선박을 제공하고 선박의 감가상각비, 보험료, 금리 등의 간접비와 선원의 임금, 선박에 대한 일체의 세금, 수리비, 식료품비 등의 직접비를 부담한다. 용선자는 용선료를 선박회사에 지불하고 직접 운항에 따른 연료비, 입항비 등을 부담하여야 하며, 용선자가 선주에게 지불하는 보수를 용선료라고 한다.

③ 나용선 계약(Bareboat Charter, Demise Charter): 나용선은 항해용선이나 기간용선과 같이 선박의 공간의 이용을 목적으로 하는 것이 아니고 선박자체만을 빌리는 것이라 선체용선이라고도 한다. 즉, 나용선은 용선지가 선박만을 빌려서 선

원, 항세, 수선비, 보험료 등 일체비용을 부담하는 단순한 선박의 임대차계약이다.

나용선은 일정기간을 정하여 용선하는 기간용선계약의 일종으로 용선자가 임명한 선장을 승선시켜 선박을 직접 점유하고 용선자의 지시에 따라 항해 또는 운송에 종사하도록 하는 형태이다. 따라서 선박의 점유와 통제권이 용선자에게 부여되므로 용선자는 일시적으로 선주 역할을 하며 선장은 법적으로 용선자의 대리인이 된다.

이상과 같이 각 용선계약의 형태를 비교하면 다음과 같다.

표 16-5 항해용선, 기간용선, 나용선 비교

구분 용선형태	항해용선	기간용선	나용선
선장고용책임	선주가 선장을 임명하고, 지휘 감독함	좌동	임차인이 선장을 임명하고 지휘 감독
책임한계	용선자는 선복을 이용하고, 선주는 운송행위를 함	좌동	임차인이 선박을 일정기간 사용하여 운송행위를 함
운임결정	운임은 화물의 수량 또는 중량으로 결정	용선료는 선박 사용기간에 따라 결정	좌동
내항담보	용선자는 재용선자에 대해 내항담보의 책임이 없음	좌와 동일	임차인은 화주 또는 용선자에 대해 내항담보의 책임을 짐
선주 비용부담	선원급료, 식음료, 윤활유, 유지 및 수선비, 보험료, 상각비, 연료, 항비, 하역비, 제수수료, 도선료 등	선원급료, 식음료, 윤활유, 유지 및 수선비, 보험료, 상각비	상각비(보험료)
용선자 비용부담	용선자 비용부담 항목 없음	연료, 항비, 하역비, 예선료, 제수수료	항해용선 중 상각비 이외의 비용

(4) 해상운송계약

화물을 해상운송하기 위해서 화주는 선박회사와 운송계약을 맺어야 한다. 해상법에 의하면 해상운송계약은 선박의 전부 또는 일부를 물품의 운송에 제공함을 목적으로 하는 용선계약과 개품운송계약으로 구분된다.

수출화물의 수송형식은 화물의 수량과 성질에 따라 결정되는데 잡화제품 등 소량 화물인 컨테이너 화물운송일 경우에는 정기선을 이용하는 개품운송계약(contract of affreightment)을 체결하게 된다. 그리고 원재료, 곡물, 광석, 공업용소금, 석탄 등과 같은 대량화물인 경우에는 부정기선을 이용하기 때문에 용선운송(voyage charter)계약을 체결하게 된다.

① 개품운송계약: 개품운송계약(contract of affreightment)은 일정한 항로를 정기적으로 운항하는 정기선(Liner)에 다수 화주의 화물과 혼재하여 운송하게 되는데, 이때 화주와 선주와의 운송계약은 개개의 화물을 대상으로 체결하게 되는 계약이다. 즉, 선박에 만재할 수 없는 소량화물의 운송방식이다.

개품운송계약은 불요식 계약이므로 계약체결에 어떠한 방식도 요구하지 않으나, 대개 송화인(shipper) 또는 그 대리인이 선박회사 또는 그 대리점에 화물운송을 신청하고 운송인이 이를 수락함으로써 운송계약이 성립된다. 이때 화주는 운송계약이 체결되었다는 증거로 운송인으로부터 선화증권(B/L)을 교부받는다. 개품운송계약은 화주와 선주가 별도의 운송계약서를 작성하는 것이 아니라 선박회사가 일방적으로 결정한 정형적 약관을 화주가 포괄적으로 승인하는 부합계약의 성격을 가지고 있으며, 선화증권에 운송계약의 내용이 게재되어 있어 별도의 운송계약서를 작성하지 않는다. 이때 발행된 선화증권은 엄밀한 의미에서 개품운송계약의 계약서는 아니며 단지 운송계약이 있었다는 증거서류이다.

표 16-6   개품운송계약(정기선)과 관련된 서류

운송서류	내 용
선적요청서 (Shipping Request: S/R)	• 화주가 선사에 제출하는 화물운송 요청서임. • 첨부 서류는 상업송장 사본, 포장명세서 사본, L/C 사본, 수출승인서 사본 등인데, 실제 업무에서는 S/R양식에 선적에 필요한 모든 정보를 상세히 기입하므로 이런 서류는 생략하기도 함.
선적지시서 (Shipping Order: S/O)	• 선사가 선장에게 화물을 선박에 적재하여 목적지까지 운송할 것을 지시하는 서류로서 화주의 요청에 의해 발급됨. • 화주는 S/O를 본선에 제출하여 일등항해사로부터 서명받은 후 선적을 실행함.
화물선적예약확인서 (Booking Note: B/N)	• 선사가 화주로부터 구두 또는 문서로 선적예약을 받은 때에 화물의 명세, 필요한 컨테이너의 수, 운송조건 등을 기재한 서류 • 선사가 화물인수예약목록을 작성 및 컨테이너 수배시 필요한 서류

화물인수예약목록 (Booking List: B/L)	• 선사가 B/N의 기재사항에 따라 선적지, 양륙지별로 작성한 일람표 • 선사는 이 서류를 각 지점이나 CFS, CY 운영업자에 보내어 각종 업무자료 및 화물인수 지시에 활용
기기인수(수도)증 (Equipment Interchange Receipt: EIR)	• 컨테이너, 샤시(컨테이너용 트레일러) 등 필요한 기기는 주로 선사가 소유임. • 육상운송회사가 선사로부터 이들 기기를 인수하였다는 것을 증명하는 서류
부두수취(령)증 (Dock Receipt: D/R)	• 선사가 화주로부터 화물을 수령하였다는 증명서류(재래선의 Mate's Receipt에 해당) • D/R을 화주에게 발급해 주는 것이 원칙이나 통상 CY, CFS운영업자가 여타 서류와 함께 서명 날인 후 선사에 송부함
컨테이너 내 적부도 (CTNR Load Plan: CLP)	• 컨테이너 내에 들어 있는 화물의 명세, 정보 등을 기재한 서류 • FCL화물인 경우 화주나 그 대리인(포워더)이 작성하며, LCL화물은 CFS에서 작업 과정을 거치므로 CFS운영업자가 작성함
본선 내 적부도 (Stowage Plan: S/P)	• 본선 내의 컨테이너 적재 위치를 나타내는 도표로 하역작업을 위한 자료 • 컨테이너선의 전후(bay), 좌우(row), 상하(tier)별로 번호를 매겨 표시
적화목록 (Manifest: M/F)	• 선적 완료 후 선사나 대리점이 작성하는 선적물품의 명세서 • 선사나 대리점은 M/F를 목적항의 선사대리점에 송부 • 목적항에 선박이 입항할 때 선장의 서명을 받아 세관에 제출하는 입항용 서류 • 운송사, 선화증권 번호, 선적항, 목적항, 송화인, 수화인, 물품명, 수량 등이 기재
선화증권 (Bill of lading: B/L)	• 해상운송인이 운송물을 수령·선적한 후 용선자 또는 송화인의 청구에 의하여 발행되며 해상운송인에 대한 운송물의 인도청구권을 표창하는 유가증권임. • 선화증권은 권리증권으로서의 기능과 운송계약증빙으로서의 기능 및 화물영수증으로서의 기능을 가짐.

이와 같이 정기선에 대한 개품운송계약은 다수의 화주로부터 S/R(shipping request: 선적요청서)를 받아 S/O(shipping order: 선적지시서) → D/R(dock receipt: 본선수취증) → B/L(bill of loading: 선화증권)의 순서로 발행하면서 화주를 규제함과 동시에 개개화물운송을 인수하는 선주일방의 계약인 것이다. 개품운송계약에서 선박회사의 책임은 본선에 선적할 때부터 시작되며 화물을 본선 선측까지 운반하는 것은 송화인의 책임과 의무이다.

Bill of Lading

Multimodal Transport or Port to Port Shipment

Shipper:
N. M. SIAM TRADING
19-55 ORYU-DONG, KURO-GU,
SEOUL, KOREA.
TEL: 82-2-2684-2378

Hapag-Lloyd

Carrier's Reference: 90671297 / ALCUSEL071204497 Page / 3

Export References:

Consignee (not negotiable unless consigned to order):
HOINTRA CORPORATION PAKISTAN.
SUIT #CS-19 PAK POST OFFICE
SOCIETY SCHEME, 33 SOHRAB GOTH
SUPER MARKET KARACHI, PAKISTAN.
TEL: 91-21-544-8008
FAX: 92-21-636-6816

Forwarding Agent:

Notify Address (Carrier not responsible for failure to notify; see clause 20 (1) hereof):
SAME AS CONSIGNEE

Consignee's Reference:

Place of Receipt:
BUSAN CARRIERS CY

Vessel(s):
OOCL HONGKONG

Voyage No.:
08W48

Place of Delivery:
KARACHI CARRIERS CY

Port of Loading:
BUSAN

Port of Discharge:
KARACHI

Container Nos., Seal Nos.; Marks and Nos.	Number and Kind of Packages, Description of Goods	Gross Weight:	Measurement:
	AS PER ATTACHED LIST		

SHIPPED ON BOARD, DATE : DEC-10-2007
PORT OF LOADING: BUSAN
VESSEL NAME   OOCL HONGKONG

FREIGHT PREPAID

ALL LOCAL DESTINATION CHARGES / THC ETC.
ARE FOR A/C MERCHANT AND PAYABLE BEFORE
DELIVERY.

COPY

Shipper's declared Value [see clause 7(2) and 7(3)]

Total No. of Containers received by the Carrier:	Packages received by the Carrier:
1	

Movement: FCL/FCL Currency:

Charge	Rate	Basis	Wt/Vol/Val	P/C	Amount

Above Particulars as declared by Shipper. Without responsibility or warranty as to correctness by Carrier [see clause 11]

RECEIVED by the Carrier from the Shipper in apparent good order and condition (unless otherwise noted herein) the total number or quantity of Containers or other packages or units indicated in the box opposite entitled "Total No. of Containers/Packages received by the Carrier" for Carriage subject to all the terms and conditions hereof (INCLUDING THE TERMS AND CONDITIONS ON THE REVERSE HEREOF AND THE TERMS AND CONDITIONS OF THE CARRIER'S APPLICABLE TARIFF) from the Place of Receipt or the Port of Loading, whichever is applicable, to the Port of Discharge or the Place of Delivery, whichever is applicable. One original Bill of Lading, duly endorsed, must be surrendered by the Merchant to the Carrier in exchange for the Goods or a delivery order. In accepting this Bill of Lading the Merchant expressly accepts and agrees to all its terms and conditions whether printed, stamped or written, or otherwise incorporated, notwithstanding the non-signing of this Bill of Lading by the Merchant.
IN WITNESS WHEREOF the number of original Bills of Lading stated below all of this tenor and date has been signed, one of which being accomplished the others to stand void.

Place and date of issue:
SEOUL   DEC-28-2007

Freight payable at:
ORIGIN

Number of original Bs/L:
3

FOR ABOVE NAMED CARRIER
HAPAG-LLOYD (KOREA) LIMITED
(AS AGENT)

Total Freight Prepaid	Total Freight Collect	Total Freight

90140745 L.V. 06/06

그림 16-2   선화증권의 양식

② 용선(운송)계약: 용선계약은 선주(ship owner)가 화주인 용선자에게 선복을 제공하고 그 대가로 용선자는 용선료를 지불하기로 한 계약을 말한다. 용선계약에는 선복의 일부만을 임대하는 일부용선(partial charter)과 선복전부를 임대하는 전부용선(whole charter)으로 구분된다. 용선계약 시에는 개품운송계약과는 달리 표준화된 용선계약서(charter party)가 정식으로 작성되어 선주와 용선자간의 권리와 의무를 규율하게 된다.

용선계약서는 선화증권과 같은 유가증권이 아니다. 그리고 그 기재사항도 상이하며, 법률상으로 규정되어 있지 않고 계약당사자간에 자율적으로 정하는 것이 보통이다. 용선계약의 표준서식(standard form)은 화물과 항로에 따라 다르지만 영국해운회의소가 공인한 표준서식이 49종에 이르며, 가장 보편적인 GENCON (Uniform General Charter) 또는 War-shipvoy(Voyage Charter Party)서식이다. 그 외에 석탄 수송을 위한 용선에는 Balcon 또는 Americanized Welsh Coal Charter 서식이, 목재수송을 위한 용선에는 Benacon (Chamber of shipping British North America-Atlantic Wood C/P)과 Gamber(Inter-Coastal Lumber C/P) 또는 Noram(North American Berth Grain C/P)서식이, 광물 수송을 위한 용선에는 Meditore Necore 또는 Sovietore(The Soviet Black Sea Ore Charter)서식이 많이 사용되고 있다.

항해용선계약서는 화물에 따라 그리고 동일화물이라도 계약내용에 따라 각종 서식이 사용되고 있다.

다음은 GENCON을 중심으로 한 용선계약서에 규정된 주요조항은 다음과 같다.

㉮ 계약의 당사자: 계약의 당사자는 owners와 charters로서 표시되고 운항자(operator)가 타 선주로부터 용선한 선박을 운항하는 경우에는 용선선주(charted/disponent owners)로 명시되는 경우도 있다.

㉯ 선박의 표시: 선박의 선명 및 국적, 톤수 및 선박의 감항능력을 나타나내는 선급을 기재한다.

㉰ 선박의 동정(position)과 선박준비완료 예정일

㉱ 해약기일(cancelling date): 본선의 선적지 회항이 너무 늦어질 때는 화주는 부선료(lighterage), 창고료 등의 손해를 입게 되고, 시장의 변동으로 인한 희망이익을 상실할 우려가 있다. 따라서 미리 해약기일을 정하여 본선이 당일까지 선적항에 도착하여 선적준비를 하지 않는 경우 화주는 계약을 해제할 수 있도록 하여 이 기일을 계약서상에 기입한다.

ⓜ 화물의 표시: 화물의 종류 및 수량을 명시한다.

ⓑ 선적항 및 양륙항

ⓢ 운임 및 지불방법: 항해용선에 있어서 운임률은 '1톤당 몇 $'로 정해진다. 선적지 또는 양륙지가 2항 이상인 경우에는 할증운임이 부과되거나 또는 양륙지마다 다른 운임률이 정해지기도 한다.

ⓞ 하역비의 부담조건: 하역비 부담조건은 선박으로의 적재비용(loading charge), 선박으로부터의 양륙비용(discharge)과 관련된 하역인부임(stevedorage)을 선주와 화주(용선자) 중에 누가 부담하는가에 따라 berth terms(liner terms)와 FIO(free in and out)으로 구분된다.

  ㉠ Berth Terms: 본선 적재비, 양륙비 및 선내하역비 모두를 선주(선박회사)가 부담하는 조건이다. 오늘날 정기선의 경우에는 이러한 비용이 모두 운임에 포함되어 있는 것이 보통이어서 "liner term"이라고 한다.

  ㉡ FIO: berth terms과 정반대 조건으로 선적 및 양륙시의 하역비를 모두 화주(용선자) 부담으로 하는 조건을 말하며, 여기서 "free"의 의미는 선주가 비용을 부담하지 않는다는 것이다. 통상 선장은 화주(용선자)가 지명하는 선내인부를 고용하게 된다. FIO는 사정에 따라 FI(free in), FO(free out), FIOST (free in and out, stowed, trimmed)로 구분되기도 한다. FI는 선주가 선적시 하역비를 부담하지 않는 조건이므로 화주가 적재비를 부담하고 선주는 양륙비를 부담한다. FO는 선주가 적재비를 부담하고 화주는 양륙비를 부담하는 조건이다. FIOST는 FIO조건에 적부비(stowage), 선창내 화물정리비(trimming charge)가 화주에게 추가된 조건이다.

표 16-7   하역비 부담에 따른 운임부담

	Berth(liner) Terms	FIO	FI	FO
선적비	선주	화주	화주	선주
양화비	선주	화주	선주	화주

ⓩ 정박기간(laydays, laytime)의 표시: 용선자가 계약화물의 전량을 선적 또는 양화하는 데 필요한 일수를 선주에게 보증하는 기간을 정박기간이라 한다. 정박기간을 약정하는 이유는 만일 화주가 약정한 기간 내에 하역을 끝내지 못하면 선주는 그만큼 운항일수에 손해를 보게 되므로 초과된 정박기간에 대하여 약정한 체선료를 지급받기 위해 약정하게 된다. 반대로 약정기일 이

전에 하역이 완료되어 일찍 출항하게 되면 선주가 화주에게 조출료를 지급하게 된다.

　㉠ 관습적 조속하역(customary quick despach: C.Q.D.): 이는 항구의 관습적인 하역방법이나 하역능력에 따라 가능한 한 빨리 하역을 마친다는 약정이다. 관습적 하역능력은 그 항구의 관습적인 하역량, 즉 객관적인 수량이라고 해석되며 불가항력에 의한 하역불능일은 정박일수에서 제외되나 일요일·공휴일을 정박기간에 포함하는지 여부는 특약이 없는 한 그 항구의 관습에 따른다.

　㉡ 연속정박기간(running laydays): 하역개시부터 완료되기까지 전 일수를 정박기간으로 산정하는 조건이다. 특약이 없는 한 일요일·공휴일, 우천, 동맹파업 및 기타 불가항력 등에 의한 하역불능의 경우에도 그 원인 여하를 불문하고 정박일수에 산입된다.

　㉢ 호천하역일(weather working days: W.W.D.): 현재 가장 많이 사용되는 방법으로 날씨가 양호하여 하역작업이 가능한 기간 동안만을 정박기간으로 산정하는 방법이다. 작업가능한 날씨인지의 여부는 화물의 종류에 따라 차이가 있으므로 선주와 화주가 협의하여 결정하게 되며, 일요일·공휴일을 작업기간에서 제외시킬 경우 SHEX(sundays and holidays excepted)라고 표기한다.

　㉔ 정박기간의 시기와 종기: 정박기간의 산정상 그의 개시시간을 명확하게 규정할 필요가 있다. 일반적으로 정박기간의 기산점과 가장 밀접한 관계를 가지는 것이 하역준비완료통지서(notice of readiness, N/R)이다. 정박기간은 적·양화 모두 하역준비완료의 통지가 있을 때로부터 일정한 기간이 경과하여 개시된다. 즉, 오전에 통지되면 오후 1시부터, 오후에 통지되면 그 다음 날 오전 8시부터 개시된다.

　　정박기간의 종기는 일반적으로 하역이 완료된 시점이다. 하역이 종료되면 정박일수를 기재한 정박일계산서(laydays statement)를 작성하여 선장 및 화주가 서명한다. 정박일계산서는 본선의 입항, N/R의 발급일시, 하역개시일시 및 종료일시, 해일의 작업상태, 일요일·공휴일, 양화의 수량을 기재하며, 본선의 체선일수 혹은 조출일수 등을 산출하여 명시한 것이다.

　㉕ 체선료(demurrage) 및 조출료(despatch money): 정박기간의 계산은 하역준비완료통지서(notice of readiness)가 선장으로부터 화주에게 인도된 후 일정시간이 경과하면 정박기간이 시작된다. 이때 하역작업이 계약된 시간보다

빨리 끝나게 되어 선주가 화주에게 지급하는 것을 조출료라고 하고 계약된 시간보다 늦게 끝날 경우 지급하는 것을 체선료라고 한다.

㉮ 선화증권의 발행: 용선계약서가 작성되고 그 조건에 따라 선적이 완료되면, 화물의 수령증으로서 또는 상환증으로서 통상 B/L이 발행된다. 이 경우의 B/L을 정기선 화물에 대하여 발행하는 B/L과 구별하여 용선계약 선화증권(charter party bill of loading)이라고 한다.

㉯ 대리점(agency)과 중개료(brokerage commission): 선적지에 있어서 출·입항수속 또는 하역수배 등을 선주대리점 또는 용선대리점 중 누가 할 것인가를 규정할 필요가 있다. 선주가 중개인에게 지불하여야 할 중개수수료를 운임의 몇 %로 정하여 용선계약서(C/P)에 규정하고 있다. 중개료의 지불 시기는 실제로 운임을 징수한 때로 하는 것이 원칙이며 때로 특약에 의해 '용선계약 서명시' 혹은 '선적완료시'로 하는 경우도 있다.

4. 정기선 운임

1) 정기선 운임의 구성

정기선 운임은 기본적으로 기본운임(basic rate)과 화물의 형태, 항만사정, 화물의 특성, 항해의 사정 등으로 부과되는 할증료(surcharge) 및 기타 부가요금(additional charge) 등으로 구성된다.

2) 정기선 운임의 부과방법

정기선 운송에서 운임은 기본적으로는 공표된 운임률을 적용한다. 운임의 산정기준으로 운송인에게 유리한 쪽으로 적용되는 것이 특징이다. 가령, 부정기선 운임은 중량기준으로 부과하는 것이 운송인에게 유리하기 때문에 대부분 중량기준이 적용되고, 정기선 운임은 운송인에게 중량기준이 유리하면 중량을 적용하고, 용적이 유리하면 용적을 적용한다.

(1) 화물의 중량기준

용적은 작지만 중량이 높은 화물에 적용하여 중량톤(Mertic Ton)을 기준으로 운임이 책정된다.

(2) 화물의 부피기준

부피가 큰 화물은 부피를 기준으로 운임을 산정한다. 부피(용적)를 재는 단위는 피트(feet)가 있는데 이 중에서 Cubic Meter(CBM)[1]가 보편화되어 있다. 화물의 포장명세서(packing list), 선적요청서(S/R) 등에 W/M이라고 표기되어 있는데, 이것은 중량/용적(weight/measurement)을 뜻하며, 실제 중량과 실제용적의 두 가지 중 높은 쪽이 운임산정의 기준이 된다. 이때 운임산정의 기준이 되는 톤 수를 운임톤(freight ton or revenue ton: R/T)이라고 한다.

(3) 종가운임

귀금속 등 고가품의 운송에 있어서 화물의 가격을 기초로 일정비율을 운임으로 부과하는 것을 말한다. 보통 상품가격의 2~5% 정도의 일정비율을 할증·추가하여 결정하므로 종가운임이라고 하며, 정기선 운임에서만 통용된다.

(4) Box Rate

컨테이너 내부에 넣는 화물의 양에 상관없이 컨테이너 하나 당 운임을 책정하여 부과하는 방식이다. 여기에는 ① 상품종류에 상관없이 적용하는 품목별 무차별운임(FAK: Freight All Kinds Rate), ② 상품을 크게 몇 등급으로 분류하여 적용하는 등급운임(Class Box Rate), ③ 상품을 몇 품목으로 분류하여 적용하는 품목별 운임(CBR: Commodity Box Rate)이 있다.

(5) 물량에 따른 운임분류

① 우대운송계약운임(service contract rates: S/C rates): 특정 화주 또는 화주단체가 일정기간 동안 일정량의 화물의 선적을 보증하고 이에 대해 선사나 해운동맹이 일정한 운임을 할인 적용하는 것이다. 이 운임은 당해 화주와 선사에만 유효하며, 미국 신해운법에서 허용하는 제도로써 대략 S/C운임률은 동맹운임률보다 2~3% 낮게 적용한다.

② 기간물량운임(time volume rates: TVR): 미국 해운법에서 적용하고 있는 운임률로써 일정기간 동안 화주가 제공하는 화물에 대해 그 화물량에 따라 차등적으

---

1) 해상운송에서는 1CBM을 1톤(용적톤)으로 적용하고, 항공운송에서는 1CBM을 167kg로 환산한다.

로 선사 및 NVOCC를 포함한 모든 운송인에게 적용되는 운임이다. 화주가 TVR을 이용하고자 할 경우 선사에 통보해야 하고, 선사는 일정기간 운임을 변경할 수 없다.

③ 독자운임(independent action rate: I/A rate): 1984년에 제정된 미국 신해운법에 따라 미국항로에 서비스 하는 동맹선사들의 운임과 서비스 자율권이 법적으로 보장을 받게 됨에 따라 운임표에 수록된 운임률이나 기타 조건에 관계없이 독자적인 운임률을 설정하여 실시할 수 있는 운임이다.[2]

④ 이중운임(dual rates): 동맹선사들이 비동맹선사와 경쟁하기 위해 운임동맹과 계약을 체결한 화주에게는 비계약 화주에게 적용하는 일반운임보다 상대적으로 낮게 적용하는 운임제도이다.

⑤ 최저운임(minimum charges): 1톤 미만의 소량화물에 적용하는 운임으로 1톤 이하일 경우 1톤의 운임을 적용한다.

3) 할증운임

할증운임은 기본운임 이외에 할증의 형태로 부가되는 운임을 말한다.

(1) 유류할증료(Bunker Adjustment Factor: BAF)

유류가격의 인상으로 발생하는 손실을 보전하기 위한 할증운임이다.

(2) 통화할증료(Currency Adjustment Factor: CAF)

운임표시 통화의 가치하락으로 선사의 손실을 보전하기 위해 부과되는 할증운임이다.

(3) 체선할증료(Port Congestion Surcharge)

특정 항만에서 체선으로 정박기간을 초과할 경우 부과되는 할증운임이다.

(4) 선택항 추가운임(Optional Charge or Surcharge)

선적시 양화항을 복수로 선정하여 최초항 도착 전 양화항을 지정할 경우 적부상의 문제 등을 감안하여 추가로 부과되는 운임을 말한다.

---

[2] S/C는 당해 화주와 선사에 유효한 반면, TVR은 NVOCC를 포함한 모든 공중운송인과의 계약에 적용된다. S/C는 미연방해사위원회(FMC)에 신고하지 않아도 되지만, I/A는 신고를 하여야 한다.

이 외에도 비상사태에 대비하여 할증을 부과하는 특별운항 할증료(special operating service surcharge), 전쟁위험할증료(war risk surcharge), 항구변경료(diversion charges) 등이 있다.

4) 부대비용

(1) 터미널 화물처리비(Terminal Handling Charge)

수출화물이 CY에 입고시점부터 선측까지, 그리고 수입화물의 본선 선측에서 CY gate 통과시까지 화물의 이동에 따르는 화물처리비용을 말한다. 예전에는 선사가 해상운임에 포함하여 징수하였으나 1990년대에 유럽운임동맹(FEFC)이 분리하여 징수하면서 다른 항로에도 확산되어 대부분 확산되었다. 한국, 대만, 홍콩 등 극동지역, 아세안국가, 유럽지역에서는 THC라는 명칭으로, 일본은 아시아 항로에서 컨테이너처리비용(Container Handling Charge)이 부과되고 있고, 미국에서는 목적지 인도비용(Destination Delivery Charge)으로 부과되고 있다.

(2) CFS작업료(Charge)

컨테이너 한 개의 분량이 되지 않는 소량화물(LCL)을 운송하는 경우, 선적지 및 도착지의 CFS에서 화물의 혼재 또는 분류작업을 하게 될 때 발생하는 비용을 CFS charge라고 하며, 선사는 화주로부터 이를 징수하여 CFS운영업자에게 지급하게 된다.

표 16-8　정기선 운송의 운임구조

운임구조		내 용
기본운임		운임요율표에 명기된 품목별 운임을 말하며 중량 또는 용적 단위로 표시
할증료	유류할증료 (bunker adjustment factor: BAF)	유류가격의 인상분에 대한 손실을 보전하기 위해 부과하는 유가할증료
	통화할증료 (currency adjustment factor : CAF)	운임의 지급통화가 환율변동이 있을 때 화폐가치 변화에 의한 손실보전을 위해 부과
	체선할증료 (congestion surcharge)	항구에서 선박폭주로 대기시간이 장기화될 경우 부과, 양륙항의 체선으로 인해 선주가 부담해야 하는 체선료를 화주에게 전가하기 위해 부가하는 할증료

추가운임	수에즈운하 할증료 (suez surcharge)	수에즈운하 봉쇄시 희망봉 회항에 따른 추가비용보전을 위해 부과
	특별운항할증료 (special operating service surcharge)	항만내의 비상사태 발생으로 인근항에서 양화할 경우 추 가로 소요되는 운임 보전을 위해 부가되는 운임
	외항추가운임 (out port arbitrary)	선박이 기항하는 항구 이외의 지역행 화물에 적용하는 운임
	양륙항 선택 추가운임 (optional surcharge)	본선 출항시까지 양륙지를 지정하지 못하거나 양륙항이 수 개일 때 항구의 수에 비례하여 부과되는 양륙항 할증료
	항구변경료 (Diversion surcharge)	선적시 지정했던 양륙항구를 운송 도중에 변경할 때 추 가로 부과하는 운임
	초과중량할증료 (heavy lift charge)	화물의 단위당 중량이 일정한도 이상을 초과하여 특별한 장비사용시 발생하는 추가비용을 보전하기 위해 부과됨.
	용적/장척할증료 (bulk/long length charge)	화물이 일정한 용적이나 길이를 초과하는 화물에 부과됨.
	전쟁위험할증료 (war risk premium)	전쟁위험지역이나 전쟁지역에서 적·양화되는 화물에 부 과되는 운임
기타	CFS Charge	LCL화물의 CFS 작업에 소요되는 요금
	Demurrage	화주가 무료장치 기간(Free Time)이내에 화물을 CY에서 반출하지 않을 경우 부과되는 요금
	Detention charge	무료기간 내에 반출해 간 컨테이너를 지정된 선박회사의 컨테이너 야드에 반송하지 않을 경우 부과하는 요금

(3) 컨테이너 지체료(Detention Charge)

화주가 컨테이너 또는 트레일러를 대여받은 약정된 무료기간(free time) 내에 지정된 선박회사의 CY에 반송하지 못할 경우에 송화인이나 수화인이 선박회사에 지급해야 하는 벌과금 형태의 비용을 말한다.

그 외에도 서류발급비용(documentation fee), 체선료, 조출료, 화물입출항료, 컨테이너세 등이 있다.

5. 부정기선의 운임

1) 부정기선 운임의 단위

신박의 적재능력은 용적과 중량에서 제한을 받으므로 화물의 득성에 따라 운임의 적용기준(freight basis)이 달라진다. 가령, 철강, 시멘트, 철광석 등의 중량화물(weight cargo)은 중량을 기준으로 적용하게 되고, 원면, 양모, 구조물, 목재, 자동차 등의 용적화물(measurement cargo)은 용적을 기준으로 운임이 부과된다. 그리고 기타 고가의 화물인 경우에는 용적이나 중량을 기준으로 하지 않고 상품가격을 근거로 한 종가운임(ad valorem freight)을 적용한다.

> ✓ 부정기선의 운임단위
> ① 중량화물의 운임단위: 1 Kilo(Metric) Ton = 2,205lbs = 1,000kg
> ② 용적화물의 운임단위: 1CBM(= 35.3147ft³)

2) 부정기선 운임의 종류

부정기선의 운임은 주로 석탄, 곡물, 철광석 등의 대량화물을 수송하게 되므로 여러 종류의 화물을 싣고 다니는 정기선과는 다른 독특한 운임제도가 있다.

(1) 총괄운임(lump sum freight)

이 운임은 화물의 개수, 중량, 용적 기준과 관계없이 항해(trip or voyage) 단위 또는 선복(ship's space) 의 양을 단위로 하여 운임을 계산하는 방식이다.

(2) 부적운임(dead freight)

선적하기로 계약했던 화물량보다 실제 선적량이 적은 경우 용선인이 그 부족분에 대해 지급하는 일종의 위약금 형태의 운임이다.

(3) 장기계약 운임(long term contract freight)

통상 운임은 1항차(one voyage)를 기준으로 결정하게 된다. 일부 화물은 지속적, 반복적으로 운송되기 때문에 장기에 걸쳐서 운송계약을 체결하고 운임을 결정하고 있다. 장기계약운임은 해운시장이 불안정하므로 장기계약을 통하여 시황변화와 무관하게 선주와 화주가 경영의 안정을 꾀할 수 있는 장점이 있다. 장기계약운임은 ① 확정된 운임을 미리 약정하는 방법, ② 시황에 따라 그때그때 조정하는 방법, ③ 시황을 참작하여 최고와 최저액을 정하여 일정 이상의 변동을 인정하지 않는 방법이 있다.

(4) 일부용선운임(daily charter rate)

이 운임은 하루당 얼마로 정하는 용선계약 운임이다. 선적항의 본선에 화물을 적재한 날로부터 기산하여 양륙지항까지 운송하여 화물을 인도 완료할 때까지 1일(24시간)당 얼마로 용선료율을 정하여 부과하는 운임이다.

6. 선박의 톤수

1) 용적톤수

선박의 용적톤수에는 총톤수와 순톤수로 나누어진다.

총톤수(gross tonnage: G/T)는 선박의 크기를 표시하는 단위로서 선박 내부의 총용적으로 상갑판 이하의 전용적과 상갑판상의 밀폐된 정도의 용적량을 합한 것으로 100cft를 1톤으로 계산한다. 단, 선박의 안전과 위생 항해 등에 이용되는 장소는 제외된다. 이것은 각국의 선박통계에 관한 비교 자료가 되며 관세, 등록세, 도선료, 계선료 등의 과세 또는 수수료의 산출근거가 된다.

순톤수(net tonnage: N/T)는 총톤수에서 기관실, 선원실, 선용품 창고 및 해도실 등의 선박의 운항과 관련된 장소의 용적을 제외한 것으로 순수하게 여객이나 화물의 수송에 사용되는 용적을 말한다. 이것은 직접 상행위를 하는 용적의 크기를 표시하므로 항만세, 톤세, 운하통과료, 등대사용료, 항만시설사용료 등의 수수료 산출근거가 된다.

2) 중량톤수

선박의 중량톤수는 배수톤수와 재화중량톤수로 나누어진다.

배수톤수(displacement tonnage: D/T)는 선박의 전 중량을 말하는 것으로 선박의 무게는 선체의 수면하의 부분인 배수용적에 상당하는 물의 중량과 같으며, 이 물의 중량을 배수량(displacement capacity) 또는 배수톤수라고 한다. 배수량은 화물의 적재상태에 따라 각각 다르므로 어떤 선박의 배수톤수를 말할 때에는 만재상태에 있어서의 선체의 중량을 말하는 것이 보통이다. 따라서 상선의 크기는 일괄적으로 배수톤수로 나타낼 수 없다.

재화중량톤수(dead weight tonnage: DWT)는 선박에 적재할 수 있는 순중량을 표시하는 톤수로 만재배수톤수와 경화배수톤수의 차이로 계산한다. 국제관습상 long ton이 사용되며, 선박의 매매 및 용선료의 신출기준이 된다.

| SECTION 02 | 컨테이너운송 |

1. 컨테이너운송의 의의

1) 의의

컨테이너(container)가 처음 도입된 것은 1920년 미국의 철도운송에서부터 시작되었으며 국제해상운송에 사용된 것은 Sea-Land사나 Fairland호가 북대서양 항로에 취항한 것이 최초였다.

컨테이너라는 용기의 발명은 가히 수송혁명이라고까지 불리우게 되었다. 경제성·신속성·안전성을 최대한 충족시키고 운송서비스의 궁극적 목표인 "문전에서 문전으로(door to door)"를 실현시키는 운송서비스를 가능케 하였다.

컨테이너운송은 운송화물의 단위화와 규격화를 통해 경제성·신속성·안정성의 3대 원칙을 실현시킴으로써 국제간의 화물운송에서 일관수송체제를 확립시켜 국제복합운송의 근간이 되고 있다. 컨테이너운송은 이종수송수단에 의한 해륙일관수송을 하는 국제복합수송을 편성하여 오늘날 정기선운송의 주류가 되고 있다.

2) 컨테이너의 종류

컨테이너는 다양한 화물들을 가장 효율적으로 수송하기 위하여 여러 가지 종류가 개발·이용되고 있으며 특수한 상품소송을 위해 새로운 컨테이너가 계속 개발되고 있다. 컨테이너의 규격은 20피트(20´×8´×8.6´), 40피트(40´×8´×8.6´), 40피트 high cubic (40´×8´×9.6´) 등이 있다. 이중에서 20피트 컨테이너를 1TEU(Twenty-foot Equivalent Unit: TEU)라고 하여 물동량의 산출을 위한 표준 단위이며, 컨테이너선의 적재능력을 표시하는 기준이 된다.

  * 40 피트 컨테이너(Forty-foot Equivalent Unit) = 1FTU = 2TEU

표 16-9   컨테이너 규격(ISO규격)   * 1feet=30.48cm

규격(ft)	길이(ft)	폭(ft)	높이(ft)	적재용적량(CBM)
20피트	20 (6.096m)	8 (2.438m)	8.6 (2.62m)	33
40피트	40 (12.192m)	8 (2.438m)	8.6 (2.62m)	67.6
40피트(high cubic)	40 (12.192m)	8 (2.438m)	9.6 (2.92m)	76.2

그리고 컨테이너 화물의 종류에 따라 Dry Cargo Container(일반잡화류), Refrigerate Con－tainer(과일, 채소, 생선류), Bulk Container(양곡류), Open Top Container(기계류), Tank Cotainer (액체류), Live Stock Container(생동물), Flat Rack Container(기계류, 목재, 승용차) 등으로 구분된다.

3) 컨테이너운송의 장단점

컨테이너운송을 통해 선사는 하역시간 단축, 선박가동률 향상, 보험료 절감 등의 효과를 얻을 수 있다. 반면, 컨테이너 운송으로 인해 컨테이너 운송에 필요한 관련 기기의 투자에 대한 부담과 정박기간이 1일 정도로 단축됨에 따라 선사의 신속한 사무처리가 요구되고 있다.

화주의 경우 포장비 절감, 내륙운송비 절감, 수송기간의 단축에 따른 재고관리의 합리화로 금융 비용의 감소, 운송서류 및 운송관련절차의 간소화, 물류비용의 대폭적인 절감, 항만생산성의 증대, 운송화물의 안정성 제고, 국제복합운송의 실시로 인한 편리성과 총운임의 경감을 이룰 수 있다. 그러나 대량수송의 효율성을 위해 기항항의 수를 줄이는 경향이 있기 때문에 재래항으로 소량의 컨테이너를 적출하는 데는 불편함이 따르며 컨테이너에 적입할 수 있는 화물이 제한적이고 만선 시 갑판적 화물에 대한 할증 보험료를 부가하기에 화주는 안전성이나 비용에서 큰 부담을 갖게 된다.

표 16-10   컨테이너 운송의 장단점

장 점	단 점
• door to door 서비스 가능 • 화물파손이나 도난 위험이 낮음 • 부두 노무비의 절감이 가능함 • 포장비 절감 • 환적이 용이함 • 적양화(하역) 능률의 향상 및 비용절감	• 고가의 선박, 전용부두나 시설확보 등으로 대규모 자본이 필요함 • 취급화물에 한계가 있어 각종 화물의 운송수요에 적절히 대응하기는 불가능함 • 전용선박이나 시설의 효율적 이용에 한계 • 컨테이너 적재화물에 대한 제한

2. 컨테이너화물의 흐름

컨테이너 화물은 컨테이너 1개에 가득 채워 발송되는 대량화물(Full Container Load Cargo: FCL화물)과 컨테이너 1개를 가득 채우지 못하여 다른 화물들과 혼합되어 운송되는 소량화물(Less than Container Load Cargo: LCL화물)을 운송하게 된다.

이러한 컨테이너화물의 유통경로는 ① 내륙데포(Inland Container Depot: ICD)를 경유하는 FCL(Full Container Load)화물, 또는 LCL(Less than Container Load)화물 ② 내륙데포(Inland Depot)를 거치지 않는 FCL화물 ③ LCL화물의 형태로 구분된다.

1) 내륙데포를 경유하는 경우(FCL, LCL)

내륙데포(ICD)를 경유하는 화물의 경우 FCL화물이든 LCL화물이든 간에 모두 내륙데포로 모인 다음 컨테이너터미널로 운송된다. 이 유통경로에서 FCL화물은 화주의 공장이나 창고에서 빈 컨테이너에 적입하여 내륙데포로 운송한 다음, 그곳에서 다시 철도나 도로로 컨테이너터미널의 CY(Container Yard: 컨테이너 야적장)로 운반되고, 그 후 컨테이너선에 적재되어 목적항까지 해상운송하게 된다. 그 후 수입국 도착항에서 최종 수화인에게 인도되는 경로는 수출경로의 반대가 된다. 그리고 LCL화물의 경우는 트럭으로 내륙데포에 모인 다음 목적지나 화물의 성질을 고려하여 다른 화물과 혼재(consolidation)하여 FCL화물로 만든 다음 FCL화물이 가는 경로로 가게 된다.

자료: 윤상송, 『국제컨테이너수송실무』, 한국해사문제연구소, 1978. p.22.

그림 16-2 컨테이너 화물의 유통과정

2) 내륙데포를 경유하지 않는 FCL화물

내륙데포를 경유하지 않는 화물 중 FCL화물은 공장이나 창고에서 바로 CY로 운송된다. 이때 주로 트레일러(trailer)에 의해 컨테이너 전용부두로 도로운송되는 것이 일반적이다. 철도운송을 하려면 공장이나 창고에서 트럭으로 철도역 화물터미널까지 가서 철도화차에 이적을 해야 하는데 그럴 필요가 없기 때문에 바로 도로로 운송하는 것이 통상의 경우이다.

LCL화물은 트럭에 의해 컨테이너 터미널에 있는 CFS(Container Freight Station)로 가서 혼재된 후 컨테이너선에 적재된다.

컨테이너터미널은 내륙데포의 기능도 가지고 있어 FCL화물은 이곳의 CY로 직접 반입되고 컨테이너터미널에 부설되어 있는 CFS에서는 LCL화물의 혼재업무도 맡고 있다. 이와 같이 컨테이너터미널에 집결된 화물은 컨테이너선에 적재되어 목적지까지 운송되는데, 우리나라의 경우 컨테이너터미널(컨테이너전용부두)이 좁아 부두 근처에 있는 off-dock CY(ODCY, 운송기업의 사설 CY)나 off-dock CFS에서 터미널의 기능을 대신하는 경우가 있다. 마찬가지로 내륙데포도 터미널의 기능을 대신하고 있다.

3. 수출입화물의 내륙운송절차

1) 수출화물의 내륙운송절차

수출물품이 확보되면 선적하기까지 국내구간에서 내륙운송절차를 거치게 되며, 주요 운송경로는 도로운송, 철도운송, 연안해송 등으로 이용하게 된다. 수출화물은 통관여부에 따라 생산공장이나 창고에서 통관된 후 선적지로 바로 운송되는 경우와 통관되지 않는 상태에서 내륙운송하여 선적지 보세장치장에서 통관한 후 선적이 되는 경우로 나눌 수 있다

그리고 수출화물의 운송은 FCL화물과 LCL화물로 나누어 설명될 수 있다. FCL 화물은 화주의 공장이나 창고에서 문전(door) 통관 후 선적지로 운송하게 되며, LCL화물은 CFS로 이동하여 통관하든지 선적지로 운송 후 세관이 지정한 CFS에서 통관을 하게 된다.

(1) FCL(full container load)화물의 수출운송

FCL화물 운송은 컨테이너 1개에 화물을 가득 채워서 하나의 단일화주로 구성된 것이다. 보통 FCL은 화주의 공장에서 수출 통관 후 보세운송형태로 고속도로 또는 국도를 이용하여 공로(육상)운송되는 경우가 대부분이며 때로는 의왕 ICD를 통한 철도운송 또는 인천 → 부산항간의 연안해송도 이용된다.

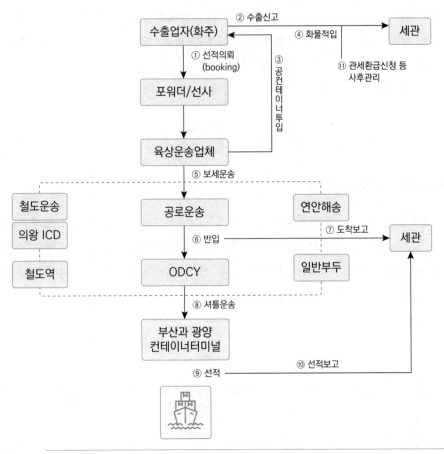

그림 16-3   FCL화물의 수출운송 절차

① 수출자는 운송업자에게 선적의뢰시 선적요청서(shipping request: S/R)를 비롯한
포장명세서(P/L), 상업송장 등의 서류를 운송회사에 제출한다. 특히 화물의 컨
테이너에 적입작업을 위해서 공 컨테이너를 수출자의 공장 또는 창고로 투입요
청 시에는 투입요청시간, 장소 등을 정확히 알려주어야 한다.

② 통관(수출신고)은 원칙적으로 장치장소에 장치한 후 수속을 밟지만 수출자가 상
품 제조 전에 수출신고를 하고자 할 경우 제조·가공완료 예정일 기준으로 수출
신고가 가능하다.

③ 선박회사는 육상운송회사에 연락하여 수출화주가 원하는 장소에 공 컨테이너
(empty container)의 투입을 요청한다. CY operator가 공 컨테이너를 화주에게
임대할 경우 기기인수증(equipment interchange receipt: EIR)을 작성하여 이 중 1
부를 화주에게 전달한다.

④ 수출통관이 완료된 후 수출신고수리가 완료되면 화주는 컨테이너에 화물을 적입(stuffing)하고 공 컨테이너 투입시 함께 전달 된 선사 봉인(seal)을 직접 컨테이너에 장착한다. 수출자인 송화인은 컨테이너의 총 중량(VGM)을 검증하여 선사나 포워더에게 정보를 전송한다.

⑤ 보세운송은 외국으로 반출될 물품을 통관이 완료되어 보세상태로 개항, 보세구역, 보세구역 외 장치 허가 장소에 한하여 국내운송이 허용되는 것을 의미한다. 수출의 경우 보세운송 허용기간은 30일 이내이며, 보세운송 신고시 구비서류는 수출신고서이다.

⑥ 컨테이너는 CY에 직접 인도되거나 ODCY(off-dock CY)에 반입된다. 터미널 시설 등에 따라 ODCY 이용이 결정된다.

⑦ ODCY에 반입한 후 CY 운영업자(operator)업자로부터 수출신고서에 장치확인을 받아 관할세관에 보세화물 도착보고를 한다.

⑧ 터미널에 컨테이너의 반입이 결정되면 ODCY에 있는 각 선사의 업무담당자는 컨테이너와 함께 접수된 수출신고필증을 확인한 후 컨테이너 터미널 Gate에 제출한 반입계를 작성하여 해당 트럭 기사편으로 전달한다. 이때 ODCY에서 컨테이너 터미널 마샬링 야드(marshalling yard)까지의 단거리 운송을 셔틀운송(shuttle drayage)이라 하며, 보통 본선 입항 3일전부터 출항 12시간 전까지만 반입이 가능하다.

⑨ 컨테이너 터미널에 반입된 컨테이너는 작업처리를 거쳐서 해당 선박에 선적된다.

⑩ 수출화물의 선적이 완료되면 선박회사는 관할 세관에 수출화물 선적보고를 한다.

(2) LCL 수출운송

LCL화물은 20피트 또는 40피트 컨테이너 1대에 한 화주의 화물이 부족한 경우이다. 따라서 LCL은 미적입 화물(loose cargo)[3]상태로 트럭에 실려 운송인이 지정한 부산지역의 CFS로 운송된다.

화주의 수출화물이 LCL인 경우 일반적으로 화주가 직접 일반차량을 수배하여 포워더가 지정한 CY/CFS까지 운송하고 있으나, 운임상의 혜택과 동일 지역행 화물의 혼재(consolidation)를 용이하게 하기 위해 차량수배도 포워더를 이용하는 것이 유리하다.

---

3) 루즈화물(loose cargo)은 컨테이너에 적입되지 않거나 팔레트화 되지 않은 화물을 말한다.

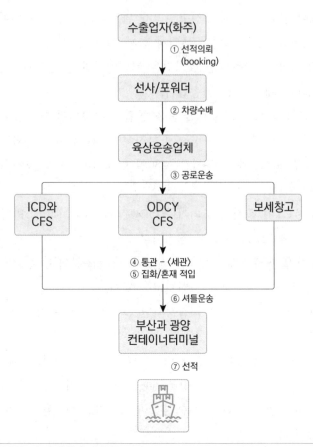

그림 16-4 LCL화물의 수출운송 절차

① 선적요청서를 비롯한 포장명세서, 상업송장 등의 서류를 선박회사에 제출하여
선적의뢰를 한다.

② 선박회사는 육상운송회사(포워더)에 연락하여 화물을 수령하여 선적지 CFS까지
운송할 것을 지시한다. 화주가 자사의 차량을 갖고 있는 경우 직접 CFS까지 운
송할 수 있다.

③ 여러 화주의 소량화물을 실은 트럭은 고속도로 또는 국도를 이용하여 항만이나
인근 지역에 도착하여 각 화물들의 최종 목적지에 따라 해당 CFS에 반입한다.

④ CFS에 도착한 화물은 보세구역 장치확인을 받은 후 관세사 사무소를 통해 관할
세관에 수출신고를 하여 통관을 완료한다.

⑤ 수출통관이 완료되고 수출신고필증이 교부되면 CFS운영업자는 화물을 목적지
별로 선별하여 집화하고, 컨테이너를 배정받아 컨테이너에 화물을 혼재·적입한
다음 봉인을 장착한다.

⑥ CFS에서 혼재된 컨테이너화물은 FCL화물이 되었으므로 CFS에서 반출하여 컨테이너 터미널(CY)에 직접 인도되거나 터미널 공간이 여의치 못할 경우에는 ODCY에 반입되어 선적일자를 기다린다. 그리고 운송회사는 선적지 관할 세관에 보세화물 도착보고를 한다. 그 다음 선적시간에 맞춰 컨테이너 터미널이나 ODCY에서 마샬링 야드(marshalling yard)까지 셔틀운송을 한다.

⑦ 컨테이너 터미널에 반입된 수출화물 컨테이너는 선박이 정박하면 해당선박에 선적된다.

⑧ 수출화물의 선적이 완료되면 선박회사는 관할 세관에 수출화물 선적보고를 한다.

2) 수입화물의 내륙운송절차

수입화물이 목적항에 도착하게 되면 운송인은 수입화주에게 화물도착을 통지하고, 화주는 은행에 수입대금을 지급하고 선적서류를 인수받아 수입통관절차를 밟게 된다.

FCL은 부두에서 양륙되어 수입업자의 문전까지 도착되는 과정으로 보세운송을 통한 ① 도착지에서 통관하는 경우, ② 부두의 보세장치장에서 통관하여 일반 운송되는 양륙지에서 통관하는 경우, ③ 선박도착 전에 통관수속을 완료하는 선상통관방식 등 세 가지로 나누어진다.

LCL은 반드시 양륙지 통관을 거쳐 일반화물 상태로 화주의 문전에 도달하게 된다. 우리나라도 선상통관이 제도적으로 가능하나 현재 널리 활용되고 있는 방식을 중심으로 절차를 설명하고자 한다.

① **선적정보의 입수**: 수출지에 있는 운송인은 수입국에 있는 운송인에게 선적서류를 발송한다. 수입국의 선사는 수출국의 선사로부터 컨테이너 적재목록(container loading list), 선박출항보고서(vessel departure report), 적화목록(manifest), B/L상의 컨테이너 정보 등을 온라인이나 팩스 등으로 선적정보를 입수한다.

② 화물도착일정(estimated time arrival: ETA) 통지: 선사는 수입화주의 신속한 화물인수 준비를 위해 해당선박 도착 전에 도착통지서(arrival notice)를 발송한다.

③ **선적서류 입수**: 도착지 운송인으로부터 화물의 도착통지를 받은 수입화주는 신용장 발행은행에 수입대금을 지불하고 은행으로부터 선화증권의 원본을 포함한 선적서류의 일체를 받는다.

④ **인도지시서 교부**: 선화증권 원본을 회수한 수입화주는 운송인에게 운임 및 부대

비용을 지불하고 선화증권 원본과 상환으로 화물인도지시서(delivery order: D/O)를 받는다.

⑤ 적화목록 작성 및 입항신고: 화물도착통지를 받은 화주는 화물이 어느 창고에 입고될 것인가를 지정하게 되며, 선사는 적화목록에 배정처를 기록하여 배정 적화목록을 작성하여 세관에 입항신고를 하게 된다.

⑥ 선박입항 및 하선: 선사는 수입화물이 수출지의 선박에 적재되기 24시간 전(근거리 지역은 출항전)까지 입항보고서 및 적화목록을 세관에 제출한다. 선사는 하선 전에 Master B/L단위의 적화목록을 기준으로 하선장소를 기재한 하선신고서를 세관에 제출한 후 화물을 양화한다. 대개 하선 장소는 부두 내에서 이루어 지는데 수입화물 입항 전 수입신고를 하거나 하선 전에 보세운송신고를 하여 부두에서 직반출할 수 있다.

⑦ 화물의 장치 및 보세운송: 수입화주는 적화목록 하선신고서에 따라 하선신고일로부터 7일 이내에 하선 장소에 물품을 반입한다. 하선장소 보세구역 설영인은 반입즉시 보세구역 반출입 요령에 따라 반입신고를 한다. 하선 장소에 반입된 컨테이너 수입화물은 CY, CFS 또는 보세구역에 반입시켜야 한다.

⑧ 수입통관: 수입통관은 적화목록이 제출된 이후에 세관이 수입화주로부터 수입신고를 접수받아 심사 후 수입신고필증을 교부함으로써 종료된다. 수입신고는 화주, 관세사, 통관취급법인, 관세법인의 명의로 하여야 하며 법에 의하여 등록된 관세사를 채용하여 관세사 명의로 수입신고를 할 수 있다. 세관은 수입신고서 및 기타 서류가 접수되면, 이를 검토하여 즉시수리, 심사대상, 물품검사대상여부 등을 결정하게 된다.
출항 전 신고와 입항 전 신고는 적화목록 제출 후에, 즉시수리물품은 수입신고서류의 형식적 요건을 확인 후 즉시 수리하며, 심사대상물품은 심사 후, 검사대상물품은 검사 후에 각각 신고필증을 교부한다. 입항 후 보세구역 도착 전 신고가 된 경우에는 수입화물의 보세구역 도착일이 신고수리일이 되며 보세구역장치 후 신고하는 경우에는 수입신고일이 신고수리일이 된다.

⑨ 화물인도 지시서 교부 및 화물인수: 수입화주가 선화증권 원본을 선박회사에 제출하면 선사는 화물인도지시서(D/O)를 발급한다. 수입신고수리를 마친 후 수입화주는 CY(CFS)에 D/O를 제시하고 화물을 인수한다.

⑩ 공 컨테이너 반납: 수입화주가 화물을 인수하고 난 후 공 컨테이너는 선사가 지정한 ICD나 CY에 반납하여야 한다. 이때 선사가 지정한 무료기간(free time)을 경과하여 반납하는 경우에는 컨테이너 지체료(detention charge)가 부과될 수 있다.

표 16-11 FCL/LCL 화물의 흐름

구 분	FCL선적	LCL선적
내륙운송수단 수배	선박회사	수출상
내륙운송비	컨테이너 단위로 일정요금이 메겨지므로 화물수량이 컨테이너를 가득 채우는 것이 좋다	화물량에 맞는 용량의 트럭을 수배하고 요금 부담
해상운송비 부담		단위화물에 비례하는 요금 부담으로 소량 화물일 때 유리
포장비	컨테이너 자체가 포장 용기의 역할을 하여 포장비가 적게 든다	나무상자와 같은 견고한 외장 포장이 필요하므로 포장비가 비싸진다.
선적항 목적지 및 마감시간	출항이 1~2일 전까지 선박회사 지정 CY에 입고	CY마감시간 1~2일 전까지 선박회사 지정 CFS에 입고

4. 컨테이너화물의 운송형태

컨테이너화물의 운송형태는 수출국의 송화인과 수입국의 최종 수화인의 관계에 따라 CFS/CFS 운송, CFS/CY운송, CY/CFS운송, CY/CY운송 형태로 구분된다.

1) CFS/CFS(LCL/LCL: Pier to Pier)

수출지 CFS에서 수입지 CFS까지 컨테이너 화물이 운송되는 형태이다. 선적항 CFS에서 여러 송화인의 LCL화물을 혼재(consolidation) 작업하여 FCL화물을 만든 다음 목적항까지 운송하고 목적항 CFS에서도 다수의 수화인에게 인도하기 위하여 컨테이너 화물을 꺼내(devanning)어 각각의 수화인에게 인도하는 형태이다. 화물이 선적항에 있는 CFS에서 도착항의 CFS까지 컨테이너로 반출되어 수화인에게 인도되는 "Pier to Pier 운송"이라고도 하며, 포워더가 혼재작업을 한다고 하여 Forwarder's consolidation이라 한다.

이 방식은 송화인과 수화인이 다수의 화주로 구성되며, 운송인은 선적항과 목적항 간의 해당 해상운임만을 징수하고 이에 따른 운송책임도 선적항 CFS에서 목적항 CFS까지이다. 그리고 재래선에 의한 화물의 해상운송구간을 컨테이너를 통해 운송한다는 차이가 있을 뿐 컨테이너운송의 장점을 살리지 못한 운송형태이다.

2) CFS/CY(LCL/FCL: Pier to Door)

운송인 다수의 송화인으로부터 화물을 집화하여 선적항의 CFS에서 컨테이너에 혼재하여 FCL로 만들고, 목적지의 CY까지 가서 그대로 수입상에게 인도되는 형태이다. 이 형태는 CFS/CFS에서 한 단계 발전한 형태로서 일반적으로 수입업자가 여러 사람의 송화인으로부터 각각의 LCL화물들을 수입하여 한번에 자신의 지정 창고까지 운송하고자 하는 경우에 이용되는 방법이다. 화물이 선적지의 CFS에서 최종 목적지에 있는 수화인의 창고까지 동일 컨테이너에 의해 운송되는 "Pier to Door 운송"이며, buyer's consolidation이라고 한다.

3) CY/CFS(FCL/LCL: Door to Pier)

이 방식은 수출지의 CY에서 수입지의 CFS까지 컨테이너에 의해서 운송되는 방법으로 1인의 송화인의 공장이나 창고에서 FCL화물이 선적항 CY를 거쳐 목적항의 CFS에서 여러 수화인에게 인도되는 형태이다.

따라서 1명의 수출업자가 수입국의 여러 수입업자에게 자신의 상품을 한번에 분배하고자 하는 경우에 사용되며 화물이 송화인의 생산공장 또는 창고에서 목적항에 있는 선박회사의 CFS에서 반출되어 수화인에게 인도되므로 "Door to Pier 운송" 또는 shipper's consolidation이라 한다.

4) CY/CY(FCL/FCL: Door to Door)

컨테이너의 장점을 최대한 이용한 운송방법으로 수출업자의 공장 또는 창고에서부터 수입업자의 창고까지 컨테이너에 의한 일관수송형태로 수송되는 방법이며 운송도중 컨테이너의 개폐 없이 수송된다. 이것은 수송의 3대원칙인 신속성·안정성·경제성을 최대한으로 충족시켜 컨테이너의 목적을 완전하게 달성시키는 수송형태로서 수입업자의 창고까지 상품을 수송하고자 하는 경우에 이용된다. 화물이 송화인의 생산공장 또는 창고에서 수화인의 창고까지 동일한 컨테이너에 의해 운송되는 형태로 "door to door 운송"이다.

5. 컨테이너 터미널의 시설 및 기기

컨테이너 터미널은 컨테이너선을 접안시키는 안벽(berth), 에이프론, 마샬링 야드,

컨테이너 장치장(CY), 컨테이너화물 조작장(CFS), 사무소, 지휘소, 출입구, 정비소 등의 고정시설과 갠트리 크레인, 트랜스테이너, 야드 트랙터 등의 기기가 있다.

1) 컨테이너 터미널의 주요 시설

(1) 선석(berth)

선박이 접안하여 하역작업을 수행할 수 있는 접안장소이다. 선석은 선박이 만재시에도 안전하게 부상할 수 있는 적정한 수심의 유지와 안벽의 길이가 충분해야 한다. 예를 들어 11,000TEU급 컨테이너 선박이 접안하려면 최소한 400m 이상의 안벽길이가 필요하다.

(2) 에이프런(apron)

안벽에 접한 야드 부분에 일정한 폭(약 30~50m)으로 뻗어 있는 공간을 말한다. 컨테이너의 적재와 양륙 작업을 위하여 임시로 컨테이너를 두거나 크레인이 주행할 수 있도록 레일을 설치한 곳이다.

(3) 마샬링 야드(marshalling yard)

컨테이너선의 입항 전에 선적예정인 컨테이너를 하역 순서에 따라 정렬시키고, 동시에 컨테이너선으로부터 양륙되는 컨테이너에 필요한 장소를 준비하는 곳이다. 에이프런과 인접한 장소이다.

(4) 컨테이너 장치장(container yard: CY)

컨테이너를 인수·인도하고 보관하는 장치장이다. 항만 내의 CY를 on dock CY라고 하고, 항만터미널 밖에 있는 CY를 off-dock CY(ODCY)라고 한다.

(5) 컨테이너 화물 조작장(container freight station: CFS)

컨테이너 한 개를 채울 수 없는 소량(LCL)화물을 인수·인도하고 보관하거나 컨테이너에 적입(stuffing) 또는 끄집어 내는(devanning, unstuffing) 작업을 하는 장소이다(컨테이너에 화물을 혼재·분류·적입·해체(끄집어냄)하는 장소).

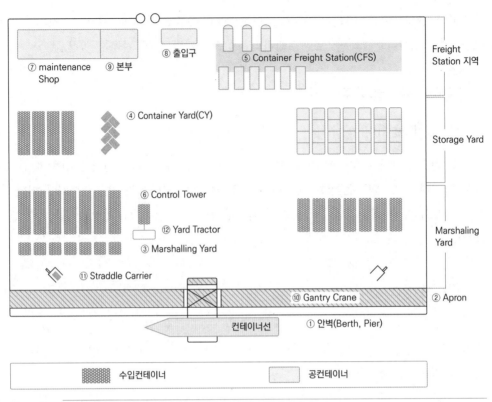

그림 16-5 컨테이너 터미널의 모형

2) 컨테이너 터미널의 주요 기기

컨테이너 터미널의 주요 기기는 갠트리 크레인(gantry crane), 스트래들 캐리어 (straddle carrier), 트랜스테이너(transtainer), 야드트랙터(yard tractor), 지게차(folk lift) 등 이 있다.

(1) 갠트리 크레인

컨테이너 선박이 접안하여 하역작업을 수행하기 위한 전용 크레인으로 에이프런에 부설된 철도 위를 이동하여 사용하는 기기이다.

(2) 스트래들 캐리어

컨테이너를 마샬링 야드로부터 에이프런이나 CY에 운반 및 적재하는 데 사용하는 장비로 컨테이너를 끼워서 바퀴를 굴려 이동한다.

(3) 트랜스테이너

컨테이너를 다단 적재하거나 내리는 데 사용하고, 섀시(chassis)나 트레일러에 싣고 내리는 작업을 수행하는 장비이다.

(4) 야드트랙터

컨테이너 야드에서 트레일러를 이동하는 견인차량으로 섀시를 끄는 트럭을 말한다.

SECTION 03 복합운송

1. 복합운송의 의의

복합운송(combined transport: multimodal transport)이라는 용어는 1929년 항공운송에 관한 바르샤바 조약(warsaw convention) 제4장 '복합운송에 관한 규정'(provisions relating to combined transport)에서 등장하였다. 국제상업회의소(International Chamber of Commerce: ICC)의 「복합운송증권에 관한 통일규칙」에서 규정하고 있는 'Combined Transport'의 정의는 1980년 UN의 「국제복합운송조약(United Nations Convention on International Multimodal Transport of Goods, 1980)」에서 규정하고 있는 'Multimodal Transport'의 정의와 동일하다. UN의 국제복합운송조약에서는 복합운송을 다음과 같이 정의하고 있다.

> ⟫ **기 본 용 어**
>
> ☑ 복합운송
> 국제복합운송이란 복합운송계약에 기초하여 복합운송인이 한 나라의 화물수탁지로부터 다른 나라의 인도지점까지 적어도 두 가지 이상의 운송수단에 의해 화물을 운송하는 것

복합운송은 육·해·공 전반에 걸쳐서 적어도 두 가지 이상의 상이한 운송수단을 이용하여 단일의 복합운송인(multimodal transport operator)이 복합운송증권(multimodal transport bill of lading)을 발행하여 물품을 인수할 때부터 인도할 때까지 화주에 대하여 전 운송구간에 대하여 단일의 일관운송책임을 지면서 단일의 복합운송 운임률(multimodal through rate)에 의해서 운송되는 형태이다.

2. 복합운송의 특징

단일운송과 달리 복합운송이 성립되기 위해서는 다음과 같은 조건이 충족되어야 한다.

1) 단일의 책임체계

복합운송인은 자기의 명의와 계산으로 송화인을 상대로 복합운송계약을 체결하는 계약당사자이다. 그 외에도 복합운송인은 전체 운송을 계획하고 여러 운송구간을 적절히 연결하고 통괄하여 운송이 원활하게 이루어지도록 조정하고 감독할 지위에 있으므로 전 구간에 걸쳐 화주에 대해 단일책임(single liability)체계를 진다.

2) 복합운송증권의 발행

복합운송이 되기 위해서는 복합운송인이 화주에 대하여 전 운송구간에 대한 유가 증권으로서의 복합운송증권을 발행하여야 한다.

3) 일관운임의 설정

복합운송인은 그 서비스의 대가로 각 운송구간마다 부과된 운임이 아닌 전 구간의 단일화된 운임(single rate)을 설정하여 화주에게 제시한다.

3. 복합운송의 형태

1) 해·륙(Sea·Land) 복합운송

해·륙복합운송은 대륙을 하나의 교량의 개념으로 이용하는 랜드브리지(landbridge) 방식이 주로 이용되고 있다. 복합운송에서 흔히 사용되는 용어인 랜드브리지란 해상과 육상운송이 연결되는 복합운송이 실현됨에 따라 해상－육상－해상으로 이어지는 운송 구간 중 중간구간인 육상운송 구간을 의미한다. 랜드브리지 구간에서의 운송은 철도 또는 도로 운송방식이 이용된다.

랜드브리지는 특정화물을 운송인이 운송구간에 대하여 책임을 지고 육·해·공 운 송수단 가운데 두 가지 이상을 이용하는 복합운송(multimodal transport or combined transport) 가운데 육로 구간을 말한다. 즉 해상－육로－해상으로 이어지는 운송구간 중 중간 구간인 육로운송 구간을 랜드브리지라 하며, 대륙횡단을 위한 철도 및 육로운송방식을 이용하여 매개 운송구간화 함으로써 육상과 해상을 잇는 해·륙복합 운송의 교량역할을 하고 있다. 이와 같은 랜드브리지 시스템은 운송시간의 단축으로 재고량을 감소시킬 수 있으며 해상운송과 육상운송을 연결함으로써 시간과 운송비를 절감하고 문전(door to door) 서비스를 현실화할 수 있다.

랜드브리지의 전형적인 경로는 극동에서 유럽까지의 운항시에 수에즈 운하나 파나마 운하를 경유하는 전 구간 해상운송에 의하지 않고 Siberia Land Bridge(MLB), America Land Bridge(ALB) 등을 이용하는 방법이 있다. 또한 극동에서 북미내륙의 운송을 위하여 랜드 브리지의 변형이라 할 수 있는 미니 랜드 브리지(Mini Land Bridge: MLB), 마이크로 랜드 브리지(Micro Land Bridge: MLB), 캐나다 랜드 브리지(Canada Land Bridge), Over Common Point(OCP) 등이 있다.

(1) 북미 랜드브리지

① ALB(America Landbridge): 북미 랜드브리지에서 가장 대표적인 랜드브리지로서 1972년 미국의 Sea Train사가 처음 개설한 것으로 극동과 유럽 간의 화물운송에서 미국 대륙의 횡단철도를 이용하여 컨테이너를 수송하는 복합운송 경로이다. ALB는 한국, 일본 등 극동의 항만에서 출발한 화물을 미국 서안의 주요 항만까지 해상 운송한 뒤, 철도를 이용하여 미국 동안 또는 걸프만 연안의 항만으로 운송하고 다시 해상운송으로 유럽지역 항만까지 운송하는 일관운송서비스이다. 이 경로에서 한국−유럽 간의 운송일수는 지역에 따라 다소 차이가 있지만 27~32일이 소요된다. 해상운송의 경우에는 33~35일이 소요되며 ALB가 해상보다는 신속한 운송이 가능하다. 1972년 영업을 개시하여 처음에는 많은 화물을 수송하였으나 Sea Train사의 영업실패와 시베리안 랜드 브리지 및 수에즈 운하의 개통으로 경쟁력을 상실하게 되었다.

② CLB(Canadian Landbridge): CLB는 극동지역에서 캐나다의 밴쿠버 또는 미국의 시애틀까지 해상운송하고 그 이후는 캐나다 횡단철도를 이용하여 캐나다 동부해안의 몬트리올 까지 내륙운송 후 다시 해상으로 함부르크 등 유럽의 항구에 이르는 일관운송 경로이다. 1979년 일본의 포워더에 의해서 개발된 운송루트로서 ALB가 선사 주도형인데 반해 CLB는 포워더 주도형 서비스 체계를 가지고 있다.

③ MLB(Mini Landbridge): 동아시아에서 미국의 태평양(서부) 연안까지는 해상운송한 후 철도를 통하여 미국 대서양 연안 및 걸프지역 항만까지 운송하는 복합운송경로로서 Sea Train사에 의해 개발되어 ALB와 함께 1972년부터 개시된 운송서비스이다. 국제무역에서 철도나 육로를 해상과 해상을 잇는 교량처럼 활용하는 랜드 브리지의 하나로 보통 랜드 브리지가 육상에서 수 개국을 거치나 MLB는 1개국만 거치므로 미니(Mini)라는 명칭이 붙었다.

랜드브리지가 해상운송 – 육상운송 – 해상운송의 과정인데 비해 MLB는 해상운송 – 육상운송의 과정만을 포함하며 ALB보다 운송거리가 짧다는 장점이 있다.

④ IPI(Interior Point Intermodal, Micro Landbridge): 극동지역 항구에서 북미 서해안까지 해상운송되어 철도에 환적하여 미국 내의 로키산맥 동쪽의 주요 도시까지 철도운송되는 형태로서 미국의 철도 및 도로망을 이용하여 내륙지역의 목적지까지 운송하는 것을 말한다. 즉, MLB가 '항구까지(to port)'로 한정되는 데 반하여 Micro Landbridge는 '문전까지(to door)'로 서비스를 확대한 것이다.

⑤ RIPI(Reversed Interior Point Intermodal, Reversed Micro Landbrige): 극동에서 파나마 운하를 경유하여 미국 동안 항만까지 해상으로 화물을 운송한 다음, 그곳에서 철도, 트럭 등에 환적하여 미국 내륙지방의 목적지로 운송하는 복합운송서비스이다. RIPI는 IPI서비스에 대항하기 위해 1980년부터 미 동안의 가항선사인 U.S Line 과 Maersk가 시작한 서비스이다. IPI서비스보다 운임은 저렴하나 운송기간이 더 많이 소요된다.

⑥ OCP(Overland Common Point): 로키산맥 동쪽의 멀리 떨어진 여러 지역에서 해상/철도 복합운송화물의 해상운임을 대서양 및 걸프지역 경유 화물의 운임과 경쟁할 수 있도록 인하해 주는 특별할인운임이다. 최근에는 선사들에 의해 MLB 및 IPI 일반수송이 발달함에 따라 OCP서비스의 활용이 감소되고 있다.

(2) SLB(Siberia Landbridge, Trans Siberian Container Service)

극동지역항구에서 선박에 의해 해상운송되어 시베리아 철도를 경유하여 구주 또는 중동까지 운송되는 복합운송방식이다. 즉, 시베리아 횡단철도를 이용하여 극동지역의 우리나라와 일본을 비롯하여 동남아, 호주 등과 유럽대륙, 스칸디나비아반도 및 중동 간을 연결하는 복합운송시스템이다. SLB복합운송구간 중 가장 긴 운송구간은 철도(rail)이므로 이것을 Trans Siberian Railway (TRS) Service라고 부르고 컨테이너에 의한 복합운송의 정식명칭은 Trans Siberian Container Service(TSCS)라고 한다.

SLB는 극동과 유럽간 운송거리가 해상운송에 비해 짧기 때문에 운송일수가 상대적으로 짧고 운임도 저렴한 편이다. 또한 유럽 내륙지점까지 접근이 양호하여 효율적인 Door to Door 서비스가 가능한 장점이 있다. 그러나 극동과 유럽과의 교역은 대체로 극동에서 유럽으로의 수출물량이 많아 공 컨테이너의 수급불균형 문제가 발생하기도 하고, 혹은 시베리아를 통과함에 따라 동절기에는 화물의 동파 등의 문제가 발생하기도 하는 단점이 있다.

(3) TSR(Trans Siberian Railway)

러시아 모스크바에서 시작해서 시베리아 대지를 가로질러 극동의 블라디보스토크를 연결하는 총길이 9,288km의 세계 최장 철도이며 1916년에 완공되었다. TSR은 1983년을 피크로 유럽항로 선사들의 운임경쟁으로 인한 해상운송운임의 인하, 소련붕괴 이후의 철도운임의 급등 및 화물운송사고, 세관수속의 복잡 등으로 인해 현재 해상운송과의 경쟁력이 다소 떨어지고 있다

(4) TCR(Trans China Railway)

TCR은 중국대륙을 횡단하여 유럽까지 화물을 운송할 수 있는 중국횡단철도로서 1992년에 개통되었다. TCR은 러시아의 보스토니치를 통하여 북유럽으로 시베리아횡단철도(TSR)보다 2,000km, 해상운송로보다는 9,000km 가량 거리가 짧아지고 운송기간도 1주일정도 줄일 수 있다. 그리고 운송면에서 TCR은 TSR보다 약 20% 이상 절감될 수 있다.

2) 해·공(Sea·Air) 복합운송

Sea·Air복합운송은 해상운송비의 저렴함과 항공운송의 신속성을 결합함으로써 비용과 운송시간의 경제성을 복합운송방식이다. 즉, 전 구간 항공운송을 이용하는 경우 운임이 너무 높고, 전 구간 해상운송을 이용하는 경우 운송 일수가 너무 걸린다는 문제점을 효과적으로 극복하기 위해 활용되는 운송방식이다.

Sea·Air복합운송은 출발지로부터 중계지까지는 해상운송되고, 중계지부터 최종 목적지까지는 항공기로 운송되는 복합운송 형태로서 1960년대 초에 개발되어 80년대 후반까지 본격적으로 발전하게 되었다. 특히 1980년대 후반부터 해·공 운송을 전문으로 하는 운송주선업지(freight forwarder)들이 본격적으로 등장하고 운송경로와 소요 일수가

다종·다양화되었을 뿐만 아니라 운임이 하락하면서 해상운송, 항공운송과 마찬가지로 하나의 정형화된 운송방법으로 정착하게 되었다.

최근에는 Sea & Air Service를 통해서만 운송되는 독자적인 화물이 늘어나고 있다. 특히 중국발 화물이 카페리를 이용해 해상운송과 인천공항의 항공운송을 연계시킨 'Sea&Air 복합운송'이 많이 이용되고 있다.[4]

Sea·Air 복합운송은 합리적인 물류의 개념 즉, JIT(Just In Time)를 무역경영에 도입함으로써 더욱 더 발전되고 있다. 그리고 Sea·Air Service가 가지는 유용성은 다음과 같다.

표 16-12 Sea·Air 복합운송의 유용성

유 용 성	내용
1. 적정 재고의 조절	• 판매가 잘되어 재고량이 빨리 감소할 때에는 Sea & Air복합운송이나 항공운송으로 재고량을 조절하고 판매가 부진하여 재고량이 증가할 때에는 운송기간이 긴 해상운송서비스를 이용함. • 운송형태를 적절하게 조절함으로써 재고비용과 자본비용을 절감시키고 있음.
2. 적기선적	• 특정한 사유로 도착예정일을 지키기 어려운 화물은 항공운송보다 운임이 싸고 해상운송보다 빠른 Sea & Air 복합운송을 이용함. • 물류관리에 있어서 JIT(Just in Time)의 융통성이 증가됨.
3. 운송 기회 및 시설부족 지역의 운송수단	• 해상운송 서비스의 빈도가 적고 해상운송을 통하여 화물을 보내는 것이 불안한 지역 또는 국가(West Indias, Africa, Latin America 등)의 화물 등은 Sea & Air 복합운송서비스를 이용함. • 항만시설이 빈약하거나 Port Congestion(항구정체화물)이 심한 Venezuela, Iceland, African Ports 등과 같은 지역으로 운송하는 경우 Sea & Air 형태가 유리함.
4. 내륙 국가로의 운송수단	• 4면이 육지로 둘러 쌓여 있는 내륙 국가들이 이웃 나라의 항구를 이용하여 화물을 운송할 경우 유리함.
5. 기타 유용성	• 해상운송 과정에서 화물의 파손이나 도난의 위험성이 많은 중남미 제국 및 아프리카 지역으로의 해상운송의 대체 운송으로써 Sea & Air 복합운송서비스가 이용됨. • 수출금융의 융자를 받은 고가의 수출품은 운송 기간을 단축시킴으로써 화주인 수출업자는 은행이자의 부담을 감소시킬 수 있음. • 해외시장에서 소비자의 기호 또는 디자인 등이 자주 바뀌는 유행성 화물은 신속하게 운송하는 Sea & Air 복합운송서비스가 이용됨.

---

4) 중국발 Sea&Air 복합운송 물동량이 증가세를 보이는 가장 큰 요인은 신속한 화물운송 때문이란 분석이다. 중국에서 생산된 북미행 화물이 인천발 Sea&Air를 이용할 경우 중국 내륙운송을 이용하는 경로보다 정시성이 확보됨은 물론 약 20%의 물류비를 절감하게 된다.

해·공 복합운송 서비스는 당초 항공사에 의해 시작되었으며 오늘날 서비스를 개발·제공하는 형태에 따라 Carrier형, Forwarder형 및 Space Broker형으로 분류된다.

(1) Carrier형

항공사가 자사의 항공노선을 기반으로 하여 해상운송과 결합한 운송경로를 설정하여 서비스를 판매하는 방식이다. 즉, 항공사가 자기회사 소속 항공기가 취항하는 노선을 기초로 하여 경로(route)를 설정하고, 해상운송구간은 선박회사들과 일정한 해상운송계약을 체결하고, 중계지로부터 최종목적지인 주요 내륙도시까지는 자기회사소속 항공기를 이용하는 Sea·Air 복합서비스를 Carrier형 서비스라 한다.

일반적으로 항공사가 선사 또는 포워더와 계약을 해서 화물의 취급을 의뢰하고 선사의 선복(space)을 예약하고 스케줄을 세운 다음 그 스케줄에 의해서 항공화물 대리점을 통해 집하하고 운송한다. Carrier형 서비스를 제공하는 항공회사는 자기회사의 항공운임에 해상운임을 가산한 전 구간 일관운송운임을 정한다.

(2) Forwarder형

복합운송인으로서 자기의 운송수단을 보유하고 있지 않은 포워더(forwarder)가 해상운송인(선사) 및 항공운송인(항공사)과의 일정한 운송계약에 따라 일관운송의 책임을 인수하는 서비스를 Forwarder형 서비스라 한다.

포워더는 선사 및 항공회사의 일정 스페이스를 연간계약으로 확보하고 양쪽 운임에 자신의 서비스료를 가산하여 전 구간 일관운송운임을 산출한다. 포워더는 직접 집화를 하고 화주에 대하여 자기회사의 복합운송증권(combined transport document), 또는 통선화 증권(Through B/L)을 발행한다.

자신회사 소속 항공기가 취항하는 지역에만 Sea·Air 복합운송서비스를 제공하는 Carrier형은 노선과 운송능력의 제한으로 서비스를 제공하는데는 제약이 있지만, Forwarder형은 포워더가 여러 선사 및 항공회사의 일정한 스페이스를 확보하고 있기 때문에 화주의 수요에 가장 적합한 중계지점과 운송수단을 설정할 수 있는 장점이 있다.

(3) Space Broker형

Space Broker는 선사와 항공사의 일정한 스페이스를 연간계약으로 확보하고 양쪽의 운임에 자신의 서비스비용을 가산하여 통운임(through freight)을 정한다. Forwarder형과는 그 서비스 내용이 같지만 판매방법 즉, 고객(화물)의 유치방법에 있어서는 크게 다르다. Space Broker형은 Forwarder형처럼 직접 화주에 판매하지 않고 주로 포워더에게 도매를 하는 점이 특징이다. 따라서 Broker가 운송증권(Combined Transport Document, Through B/L)을 발행하지 않고 Broker로부터 Sea·Air복합운송서비스를 매입한 포워더가 발행한다.

4. 복합운송인의 유형

복합운송인의 유형은 선박, 내륙운송수단, 관련 부대사업의 소유형태에 따라 실제운송인(actual carrier), 계약운송인(contracting carrier), 무선박운송인(NVOCC) 등으로 분류할 수 있다.

1) 실제운송인

실제운송인(actual carrier)이란 실제로 운송의 전부 또는 일부를 이행하거나 이행을 약속하는 자를 말한다. 운송인 자신이 직접 선박, 트럭, 항공기 등의 운송수단을 보유하고, 복합운송인의 역할을 수행하게 된다.

2) 계약운송인

계약운송인(contracting carrier)이란 선박, 트럭, 항공기 등의 운송수단을 직접 보유하지 않으면서도 운송주체자로서의 역할과 책임을 다하는 운송인을 말한다. 계약운송인은 실제 운송인에게는 화주의 입장에서, 화주에게는 운송인의 입장에서 책임과 의무를 수행하게 된다. 여기에 해당되는 운송인은 해상운송주선인(ocean freight forwarder) 및 항공운송주선인(air freight forwarder), 통관업자(customs broker) 등이 있다.

3) 무선박운송인

무선박운송인(non-vessel operating common carrier: NVOCC)은 해상운송에서 자기 스스로 선박을 보유하지 않고 직접 운항을 하지 않으면서 해상운송인에 대해서는 화주의 입장이 되는 것이다.[5]

---

5) 1984년 미국 해운법 제3조 제17항에서 정의하고 있으며 여기서는 공중운송인(common carrier)라고 규정하고 있다.

5. 복합운송주선인

1) 복합운송주선인의 의의

　　복합운송주선인(freight forwarder)이란 freight forwarder, forwarding agent, freight promotor, shipping & forwarding agent, shipping agent, air freight agent 등으로 불리는데, 이들 중에서 가장 많이 불리고 있는 것이 프레이트 포워드(freight forwarder)이다. 한국에서는 통상적으로 운송주선인, 국제운송주선인, 복합운송인, 복합운송주선인 등으로 표시된다. 복합운송주선인은 일반적으로는 직접 운송수단을 보유하지 않은 채 그들의 고객을 위하여 화물운송의 주선이나 운송행위를 하는 자로 화주와 운송인 사이에서 화주에게는 운송인의 입장이 되고 운송인에게는 화주의 입장이 되어 기본적인 기능을 수행한다.

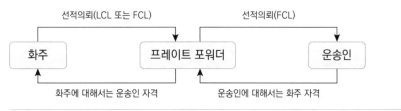

그림 16-6　프레이트 포워더와 화주 및 운송인과의 관계

　　미국에서는 복합운송주선인을 공중운송인으로서 보수를 받고 화물의 운송 또는 주선을 업으로 하는 자로 정의하고 있다. 그리고 통상의 업무는 ① 화물을 집화(canvass), 혼재(consoli-date), 분류(sort), 배송(deliver)하고, ② 화물의 수령에서부터 인도까지 운송에 대한 책임을 지며, ③ 운송의 전부 또는 일부에 대해 타운송인의 서비스를 이용, 자신의 명의로 운송계약을 체결하는 자로 규정하고 있다.

　　한편, 우리나라 상법은 "자기의 명의로 물건운송의 주선을 영업으로 하는 자"라고 정의하고 있다. 여기서 '주선'이란 말은 "일이 잘 되도록 이리저리 힘을 써서 변통해 주는 일"로 풀이하고 있다. 특히 오늘날의 운송주선인은 컨테이너화에 따른 복합운송이 발달하면서 서로 다른 운송구간을 유기적으로 결합, 화주에게 문전에서 문전까지의 일관된 운송을 제공할 주체로서의 역할을 담당하고 있다.

2) 복합운송주선인의 기능

복합운송주선인은 화주의 대리인으로서 적절한 운송수단을 선택하여 운송에 따르는 일체의 부대업무를 처리해 주는 전통적인 운송주선기능과 오늘날의 복합운송체제하에서 독자적인 영업 광고와 함께 스스로 컨테이너 등의 운송설비를 갖추고 집화, 분배, 적재업무를 행하는 운송의 주체자로서 복합운송기능을 지니고 있다. 그 주요 기능은 다음과 같다.[6]

(1) 전문적인 조언자

화주의 요청에 따라 해상, 철도, 도로운송의 소요비용과 시간, 신뢰성, 경제성을 고려하여 가장 적절한 운송로를 채택하게 해 주고, 또한 그 운송수단, 운송에 바탕을 두고 화물의 포장형태 및 목적국의 각종 운송규칙을 알려 주며 운송서류를 용이하게 작성하도록 하는 등 일체의 조언을 해 준다.

(2) 항구로 반출

복합운송주선인의 가장 중요한 기능 중의 하나는 항구에 정박하고 있는 선박에 적재할 수 있도록 물품을 항구까지 운송하는 것이다. 이때 물품을 효율적으로 운송할 수 있도록 지시서(Letter of Instruction)가 사용된다. 이것은 내륙운송에 대한 명세서일 뿐만 아니라 ① 포장의 개수, 형태, ② 선화증권, 영사송장에 기재할 물품의 명세, ③ 해상운임의 지급에 대한 지시, ④ 보험에 관한 지시, ⑤ 포장물의 순수중량과 용적, ⑥ 수화인에게 도착할 때까지의 화물의 경로를 나타낸다. 이 지시서는 해상운송주선업자가 화주에게 제시하여 명세서를 작성하게 한 뒤 돌려받게 되며, 이것에 의해 필요한 운송서류를 작성하게 된다.

(3) 운송계약의 체결 및 선복의 예약

복합운송주선인은 통상적으로 자기의 명의로 운송계약을 체결하지 않으나, 때로는 특정화주의 대리인으로서 운송계약을 체결한다. 운송계약을 체결할 때 특정 선박의 선복을 예약한다. 이때 선박회사는 화주로부터 구두예약을 접수하여 화물의 명세, 필요한 컨테이너 수, 운송조건 등을 기재한 선복예약서(Booking Note)를 사용하게 되며, 화주는 선복예약서의 조건대로 선적할 수 있는 것이다.

---

6) 이충배·김종칠·윤영길, 「국제물류론」, 박영사, 2017, pp.327－329.

(4) 관계 서류의 작성

복합운송주선인에게 관계되는 서류 또는 취급업무는 선화증권, 항공증권 또는 이와 유사한 서류, 통관서류, 원산지증명서, 보험증권, 선적지시서 등으로, 이 서류들을 주선인이 직접 작성하든가 또는 화주가 작성하는 경우 효율적인 조언을 한다.

(5) 통관수속

주요 항만이나 공항에 사무소를 두고 세관원과 긴밀한 접촉을 유지하면서, 화주를 대신하여 통관수속을 한다.

(6) 운임 및 기타 비용의 지불

복합운송주선인과 화주 간에 통상의 거래관계가 확립되어 있는 경우, 복합운송주선인은 고객을 대신하여 모든 비용을 대신하여 지불한다. 수출입업자는 통상 선사, 항공사, 기타 운송인 및 하역업자, 컨테이너, 보관시설 기타의 설비 등을 이용하는데, 이러한 것들이 복합운송주선인을 통해 이루어지게 되면 이 비용에 대한 수출입업자의 지불은 복합운송주선인에게 일괄적으로 지불됨으로써 수속절차가 간소화된다. 이와 관련하여 해외의 거래관계를 통하여 COD의 편의를 제공하는 수도 있으며, 또한 복합운송주선인은 고객을 위하여 L/C나 외화의 매매를 위한 은행에 수배하기도 한다.

(7) 포장 및 창고 보관

복합운송주선인은 운송수단 또는 목적지에 적합한 포장을 할 수 있는 독자적인 포장회사를 가지는 수도 있으며, 화물의 포장방법에 관해서 운송수단이나 목적지에 가장 적절하고 효과적인 것을 화주에게 조언한다. 또한 복합운송주선인은 주체자로서의 운송이나 LCL화물의 통합·분배 또는 혼재업무를 행하는 당연한 결과로서 자기의 환적창고를 소유하여 일시적 또는 단기 보관서비스도 제공한다.

(8) 보험의 수배

복합운송주선인은 화물보험에 관계되는 가장 유리한 보험형태, 보험금액, 보험조건 등에 정통하고 있어 화주를 대신하여 보험수배를 할 수 있으며, 운송화물의 사고발생시 화주를 효율적으로 보좌한다.

(9) 화물의 집화·분배·혼재서비스

전통적인 대행 기관이 아닌 운송주체자로서의 복합운송주선인의 업무는 화물의 집화·분배·혼재서비스 등을 들 수 있는데, 이 운송주체자로서의 업무가 복합운송주선인의 본연의 중요한 기능이라 할 수 있다.

(10) 보관업자·분배업자

복합운송주선인은 수화인을 위한 화물의 관리업자 및 분배업자로서의 기능도 가지고 있다. 전자는 door-to-door의 전 운송 과정에 걸쳐 화물의 안전과 원활한 흐름을 도모하기 위해 화주를 대신해서 이를 감시하는 일이며, 후자는 대량으로 수입되는 화물을 일괄하여 통관한 뒤 각지에 흩어져 있는 수화인에게 배송·인도하는 일이다.

(11) 시장 조사

해외의 거래망을 통하여 외국의 바이어를 소개하기도 하고, 국내시장에 관한 정보를 수집하는 등 여러 가지로 수출입업자를 지원한다.

6. 복합운송인의 책임체계

복합운송은 여러 운송 구간이 연계되어 운송되므로 손해발생시 책임부담이 중요한 쟁점사항이다. 책임체계는 각국의 국내법과 국제조약간에 다소 상이하여 유형별로 설명하고자 한다.

1) tie-up system

"tie-up system of liability"라고 하는 이 책임체계는 화주가 각 운송구간의 운송인과 개별적으로 운송계약을 체결한 경우 각 운송인은 각 운송구간에 적용되는 책임원칙에 따라 운송책임을 부담하는 책임체계이다.

해상운송 중에 사고가 발생한 경우, 그 해상구간에서 헤이그규칙이 적용되는 경우에는 헤이그규칙으로 정해진 책임을 지며, 항공운송에서 Warsaw Convention이 적용되는 경우에는 그 조약에 의한 책임을 부담한다.

또한 이러한 강행법규가 존재하지 않을 경우에는 그 구간의 운송인이 통상 사용하고 있는 계약약관에 의한 책임을 지고 있는 점이 이종책임체계와 다르다. 이와 같이

tie-up system은 각 구간에 특정의 기존 책임원칙을 조화하고 공존시킨 책임제도이다. 이러한 약관을 적용하는 선화증권들은 전통적인 선화증권의 내용을 많이 따르고 있다.

이 방식을 채택한 복합운송서류는 일본의 선사가 북미 및 호주 등지의 항로에서 화주에게 컨테이너화물을 수송할 때 사용하는 복합운송 선화증권, 유럽/아프리카간 컨테이너 서비스를 행하고 있는 프랑스의 Chargeurs Reunis사의 복합운송 선화증권, 북대서양 항로에 취항하는 선사들의 복합운송 선화증권, 스웨덴의 복합운송 선화증권 등이 이에 속한다.

2) 이종책임체계

이종책임체계(Network Liability System)는 화주에 대해서는 운송계약 체결자인 복합운송인이 전 운송구간에 걸쳐서 책임을 지지만, 그 책임은 운송구간의 고유원칙에 따라 적용된다. ① 손해발생의 운송구간이 확인될 때, 그 운송구간에 적용되는 강행법규인 국제운송조약 또는 국내법을 적용한다는 점에서는 tie-up system과 동일하다. 그러나 ② 적용해야 할 강행법규가 존재하지 않는 경우나 손해발생 구간이 불명인 손해의 경우에는 운송구간이 가장 긴 해상운송구간에서 발생한 것으로 간주하여 헤이그규칙을 적용하거나 별도의 정해진 기본 책임을 적용한다.

여기에 적용되는 운송서류는 1970년의 UNIDROIT(international institute for the unification of private law, 국제사법통일협회), 1975년의 ICC 복합운송증권통일규칙 및 FIATA CT B/L의 이면약관에서 채택하고 있다.

3) 단일책임체계

단일책임체계(Uniform Liability System)는 멸실, 손상, 지연손해 등의 손해가 어느 구간에서 발생하였는지 불문하고 전 구간을 통해 단일의 책임원칙에 따라 복합운송인에게 책임을 부담시키는 체제이다.

이종책임체계는 해상운송 구간에는 헤이그규칙, 항공운송 구간에는 Warsaw Convention, 도로운송 구간은 도로화물운송조약(CMR) 또는 각국의 화물자동차 운송약관, 철도운송 구간에는 철도화물운송조약(CIM)이 적용된 경우에는 각각 그들의 국제조약을 적용해야 하는 것이지만, 단일책임체계는 그러한 국제조약 등을 전부 배제하고 단일의 책임원칙을 정한 것으로 이론적으로 편리한 책임체계라고 할 수 있다.

이 형식을 취하는 복합운송증권은 화물 보험부 복합운송증권인 UC&D B/L, OCL/ACT B/L, REA B/L 등이 이에 속한다. 그리고 1973년 9월에 국제해사위원회

(committe maritime international: CMI) 실무팀이 만든 UNIDROIT형 복합운송서류는 이 같은 형식을 취하고 있으나, 아직 보편적으로 사용하지 않고 있다.

4) 변형단일책임체계

변형(절충)단일책임체계(Modified Uniform Liability System)는 이종책임체계와 단일 책임체계의 절충한 방식이다. 운송인이 손해 발생에 대하여 전 구간에 걸쳐서 책임을 부담하지만, 책임한도액은 이종책임체계에 따라서 각 구간에 적용되는 법규에 따라 결정된다. UN국제복합운송조약은 손해 발생 구간의 확인 여부에 관계없이 동일한 책임원칙을 적용하고 있으나, 손해발생의 구간이 확인되어 그 구간에 적용될 법에 규정된 책임한도액이 UN국제복합운송조약의 책임한도액보다 높을 경우에는 높은 한도액을 적용한다. 1992년 UNCTAD/ICC복합운송증권규칙 및 1978년 Hamburg규칙에서 채택하였다.

SECTION 04 항공운송

---

1. 항공운송의 개념

항공운송(air transport)이란 항공기에 승객과 화물을 탑재하고 국내외 공항에서 공로를 통하여 다른 공항까지 운송하는 것이다. 항공운송은 해상운송에 비해 비교적 늦게 도입된 운송수단이지만 타 운송 수단과 상호보완적인 관계를 가지고 있으며, 신속성·정시성을 필요로 하는 화물의 지속적으로 늘어나고 있다.

표 16-13 운송수단별 수출입 실적 　　　　　　　　　　　　　　　　　　단위: 천톤, %

운송수단	2016년	2017년	2018년	2019년
항공 (점유율)	2,671(0.28)	2,910(0.29)	2,934(0.29)	2,705(0.27)
해상 (점유율)	940,887(99.72)	986,144(99.71)	1,014,364(99.71)	1,005,145(99.73)
총 계	943,554	989,054	1,017,298	1,007,820

자료: 관세청, 「수출입화물통계정보」, www.customs.go.kr

1) 항공운송의 특성

(1) 야간 운행에 집중

항공화물은 그날의 발송분을 집화하여 익일 새벽까지 수송하는 것이 관례화되어 있기 때문에 화물의 대부분이 야간에 집중되는 특성을 지니고 있다. 따라서 긴급을 요하는 품목이나 계절상품, 장기운송 시 가치가 하락하는 물품의 운송에 적합한 운송방식이다.

(2) 편도성

고가의 기계를 임대차 또는 수리의 목적으로 발송한 경우 혹은 반제품으로 출하한 것이 완제품이 되어 반송될 경우에 이루어지는 왕복운송을 제외하고는 항공화물 운송은 거의 대부분이 편도운송이다.

(3) 고정 화주

항공화물의 고객은 화물을 반복하여 계속적으로 출하하는 고정화주가 대부분이다. 따라서 항공화물운송은 여객 운송되는 다른 과정을 거쳐서 발달하여 왔으며, Door to Door Service의 제공이나 복잡한 운임체계의 설정 등으로 이루어지고 있다.

(4) 지상 조업의 필요

항공화물은 스스로 움직일 수 없는 물체이기 때문에 공항에서의 지상 조업이 필요하며, 항공화물의 적·양화를 위해서 숙련된 작업이 요구된다.

(5) 비계절성

특정의 화물, 예를 들면 식품, 화훼류, 농산물, 특정의 의류 등은 계절에 따라 변동이 심하지만, 일반화물은 대부분이 여객에 비해 계절적인 변화가 없다.

(6) 서비스의 우수성

항공화물은 집화(pick-up), 인도(delivery), 화물추적(tracing)이 용이하고, 특수취급을 요하는 위험물품과 귀중품 등의 안전성이 타 운송 보다 우수하다. 항공운송은 육상운송 및 해상운송에 비해, 운송환경이 쾌적하고 화물의 파손 및 도난과 같은 화물사고 발생비율이 가장 낮은 운송방식이다. 예컨대, 항공운송의 경우 다른 운송방식에 비해 보험료 수준이 가장 낮은 것으로 나타나고 있는데, 이는 항공운송의 높은 안정성을 반증하고 있는 것이다.

2) 항공운송의 장점 및 단점

항공운송은 해상운송에 비해 수송 기간이 현저하게 짧고 정시 수송에 따른 화물의 적기 인도가 가능하므로 재고비용과 자본비용을 절감할 수 있을 뿐만 아니라, 충격에 의한 화물의 손상 및 장기수송에 의한 변질 가능성이 적어 화물을 안전하게 고객에게 인도할 수 있다는 장점이 있다. 그러나 경제적인 측면에서는 총비용(total cost)으로 비교하였을 때, 대체로 항공운임이 해상운임에 비해 상당히 높다는 단점이 있다. 이것이 수출입업자들이 항공운송을 기피하는 주된 이유 중의 하나이다.

항공운송을 이용하는 주요 수출입화물은 반도체, 무선통신 기기, 전자전기, 기계류, 의약품, 화장품, 위험물품, 섬유류, 화학제품, 플라스틱·고무·가죽제품 등이다. 수출입 항공화물은 국제무역이 다품종 소량생산화, 고급화 추세를 보임에 따라 더욱 심화될 전망이며, 상품의 적기공급이 국제경쟁력의 주요 결정요인이 되는 품목이 늘어감에 따라 항공화물의 급속한 증가와 항공물류의 중요성은 더욱 커질 것으로 예상된다.

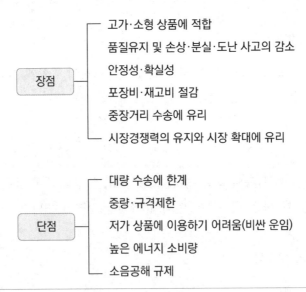

그림 16-7 　항공운송의 장단점

2. 항공운임

1) 항공운임의 결정기준

항공운임은 기본적으로 국제항공운송협회(IATA: International Air Transportation Association)가 국제화물운임을 결정한다. 국제항공운송협회의 가장 중요한 기능 중의 하나가 다수국의 항공사 사이에서 운임을 조정하고 협정을 체결하고 IATA가맹 항공사를 구속하는 것이다. 또한, 항공운임요율은 항공운송사가 독자적으로 결정할 수 있는 것이 아니라 대개 정부의 개입 하에 일정한 방식과 절차를 거쳐 유효한 요율이 결정된다.

항공화물의 운임이 결정되는 일반원칙은 다음과 같다.

① 요율, 요금 및 그와 관련된 규정의 적용은 운송장 발행 당일에 유효한 것을 적용

② 항공화물의 요율은 공항에서 공항까지의 운송만을 위하여 설정된 것이며 부수적으로 발생된 것들은 별도로 계산

③ 항공화물의 요율은 출발지 국가의 현지 통화로 설정되며 출발지부터 목적지까지 한 방향으로 적용

④ 별도의 규정이 없는 한 요율과 요금은 가장 낮은 것으로 적용

⑤ 운임은 출발지에서의 운임계산중량(chargeable weight)에 kg/lb당 적용 요율을 곱해 산출

⑥ 화물의 실제 운송경로는 운임산출시 근거로 한 경로와 반드시 일치할 필요는 없음

⑦ IATA의 운임조정 회의에서 결의한 각 구간별 요율은 해당 정부의 승인을 얻은 후에야 유효한 것으로 이용

2) 항공운임의 종류

항공운임은 종가운임(Ad volorem freight)과 운임률(rate)을 적용하는 요금으로 구분된다.

그림 16-8 항공운임의 형태

① 일반화물 운임률(General Cargo Rate: GCR): 화물의 품목에 따라 실화물에 적용되는 운임이다. IATA 요금설정에서는 kg당 운임률이 적용되며 특정품목 운임률이나 품목분류 운임률이 적용되지 않는 경우에 사용된다. 일반화물운임률은 모든 일반화물에 적용되는 기본적인 운임이다.

② 특정품목 운임률(Specific Commodity Rate: SCR): 특정구간에서 동종품목의 반복적 운송이나 해상운송화물을 항공운송으로 유치하기 위해 일반화물요율보다 낮게 설정한 요율이다. 특정품목운임률은 품목분류요율이나 일반화물요율보다 우선하여 적용된다.

③ 품목분류 운임률(Commodity Classification Rate: CCR): 품목분류운임률은 특정품목운임률이 적용되지 않는, 신문·정기간행물·서적, 유골 및 유해, 귀중화물, 생·동물 등에 적용되는 운임으로 IATA가 특정구간의 특정품목에 대하여 적용되는 요율이다.

④ 단위탑재운임(Bulk Unitization Charge: BUC): 항공사가 송화인 또는 대리점에 컨테이너 또는 팔레트 단위로 판매시 적용되는 요금으로 해당 운송 구간의 각 용기 형태별로 설정된 최저 요금(pivot charge)과 최저 중량을 초과하는 경우 그 초과된 중량에 부과하는 최저 중량 초과요금(over pivot charge)을 더한 금액으로 산출된다.

⑤ 종가운임(Ad valorem freight): 종가운임은 운송화물의 가격에 따라 운임을 책정하는 것을 말한다. 고가품을 운송하고자 할 때는 항공사에 가격을 신고하여야 한다. 송화인이 운송인에게 신고한 화물의 가격이 1kg당 20달러를 초과할 때는 그 초과한 금액에 일정요율을 곱해서 산출하지만, 신고가격이 그 이하일 때는 송화인이 가격을 따로 신고하지 않는 한(no value declared) 종가요금이 적용되지 않는다.

3) 항공운임의 결정방식

일반화물운임률은 특정품목할인요율(SCR)의 적용을 받지 않는 모든 화물에 적용되는 가장 기본적인 운임요율로서, 최저운임, 기본요율, 중량단계별 할인요율 등이 있다. 최저운임은 화물운임 중 가장 낮은 운임으로 중량 및 용적운임이 최저운임보다 낮은 경우에 일률적으로 적용되는 운임을 말하며, 기본요율은 모든 화물의 기준이 되는 것으로,

일반적으로 45kg 미만의 화물에 적용되는 운임요율이다. 중량단계별 할인요율은 중량이 높아짐에 따라, kg당 요율을 낮게 적용하는 운임요율을 의미한다.

(1) 최저운임(minimum charge: M)

한 건의 화물운송에 적용할 수 있는 가장 적은 운임을 최저운임이라고 한다. 즉, 화물의 중량운임이나 부피운임이 최저운임보다 낮을 경우 최저운임이 적용되며 요율표에 'M'으로 표시되어 있다.

(2) 기본요율(normal rate: N)

45kg 미만의 화물에 적용되는 요율로서 모든 화물요율의 기준이 된다. 요율표상에 'N'으로 표시되어 있다.

(3) 중량 단계별 할인요율 (quantity rate: Q)

화물요율은 중량이 높아짐에 따라 kg당 요율은 더 낮게 설정되어 있다. 즉, 일반품목화물이 45kg 이상인 경우 기본요율 보다 대략 25% 낮게 요율이 설정되어 있다. 이외에도 여러 지역(구간)에서는 100kg, 200kg, 300kg, 500kg 이상의 중량단계에 대해 점점 더 낮은 요율이 설정되어 있다.

(4) 운임산출 중량의 결정방식

화물 Tariff에는 kg 또는 lb당 요율이 설정되어 있다. 어떤 한 건의 화물에 대하여 적용요율을 찾기 위해서는 운임산출 중량을 먼저 결정해야 하는데 운임산출중량의 결정 방법에는 다음의 3가지가 있다.

① **실제중량에 의한 방법**: 실제 화물의 중량을 기준으로 운임을 산출하는 방법으로, kg이나 파운드(pound) 모두 소수점 첫째 자리까지 측정한다. 실제 측정한 중량이 0.5kg 미만이면 0.5kg으로, 0.6kg~1kg 미만은 1kg으로 환산하여 적용하고, 파운드의 경우에는 소수점 이하의 값을 절상한 값에 운임률을 곱하여 운임을 산정한다.

② **용적중량에 의한 방법**: 용적중량은 화물의 중량에 비해 용적이 큰 화물의 경우에 그 용적을 중량으로 변환하여 적용하는 방식이다. 먼저, 용적을 구하고자 하는

화물의 각 단위치수를 반올림하여 정수로 만든 후, 가로 × 세로 × 높이를 곱하는 방식으로 산출하고, 직육면체나 정육면체가 아닌 화물의 경우에는 최대가로 × 최대세로 × 최대높이로 계산한다. 이때, 부피를 운임부과 중량으로 환산하는 기준은 1kg = 6,000㎤이며, 1lb(파운드) = 166inch³로 한다.

예를 들어, 화물의 용적이 1CBM(cubic meter)인 경우, 총용적은 100㎝ × 100㎝ × 100㎝ = 1,000,000㎤이며, 이 용적을 중량으로 환산하면, 1,000,000㎤ ÷ 6.000㎤ = 166.666kg이고 반올림하면 167kg이 된다. 즉 1CBM의 용적을 지닌 화물의 운임 적용중량은 167kg이 되는 것이다.

③ **낮은 운임을 적용하는 방법**: 화물의 실제중량을 적용하는 것보다 운송회사에서 정해놓은 기준중량을 적용하는 것이 운임이 더 낮은 경우에는, 실제중량이 아닌 기본중량을 운임의 산정기준으로 적용하는 방법이다. 이와 같은 경우가 발생하는 것은 항공 화물의 중량이 대부분 경량이기 때문에, 항공회사에서 운임구조를 기본중량 이하의 화물에는 높은 요율을 적용하고, 기본중량을 초과하는 화물은 낮은 운임요율을 적용하고 있기 때문이다.

예를 들어, 기본중량(45kg)을 초과하는 경우의 적용운임이 10$/kg이고, 초과하지 않은 경우에는 15$/kg을 적용하는 경우에, 실제 화물의 중량이 35kg이라면, 화물운임은 35kg × 15$ = 525$가 되지만, 기본중량을 적용하면 45kg × 10$ = 450$가 된다. 이 경우 화물의 실제중량(35kg)이 아닌, 기본중량(45kg)을 기준으로 운임을 산정하는 것이다.

(5) 기타 요금

① **입체지불(立替支拂) 수수료(Disbursement Fee)**: 입체지불 수수료란 송화인의 요구에 따라 항공사, 송화인 또는 그 대리인이 선불한 비용을 수화인으로부터 징수하는 금액을 말한다. 항공사는 이러한 서비스에 대한 대가로서 입체지불금에 일정한 요율을 곱하여 산출된 금액을 입체지불수수료로 징수하고 있다. 이는 운임과 종가요금 이외에 기타요금에 대하여도 착지불(후지불)로 운송되는 것을 억제하기 위함이다. 이 수수료의 종류에는 항공사가 선불한 비용인 항공화물 화주보험료, 송화인이 선불한 비용인 Trucking Charge, Pick-up charge, Handling charge, 항공화물운송장 작성 수수료, 기타 송화인이 요청한 금액 등이 있다.

② **착지불 수수료**(Charges Collect Fee): 운송장상에 운임과 종가요금을 수화인이 납부하도록 기재된 화물을 착지불 화물이라 하는데 이러한 화물에 대하여 운임과 종가요금을 합한 금액에 일정률에 해당하는 금액을 착지불 수수료로 징수하고 있다. 항공사가 착지불 수수료를 징수하는 목적은 운송료를 송화인으로부터 화물 인수시 징수하지 않고 목적지에서 수화인에게 징수하는 것에 대한 위험을 방지하고 운송료를 타국 통화로 징수하여 자국으로 송금하는 데 대한 환차손 보전 및 송금업무에 대한 대가, 그리고 착지불 운송의 억제에 있다. 우리나라 도착 착지불 수수료의 수준은 운송료(Weight Charge＋종가요금)의 5% 정도이며 최저요금은 운송장당 USD10 정도이다.

3. 항공운송계약

항공운송은 해상운송과 마찬가지로 개품운송계약 및 항공기 전세계약(charter)이 있다. 개품운송계약의 경우 통상 국제항공운송협회(IATA)의 국제통일운임에 따르며 Charter 운송에서는 협정운임이 아닌 각 항공회사가 정부의 승인을 얻어 운임을 설정하고 있다. 그리고 항공화물운송은 화주가 항공회사와 직거래하는 것이 아니라 항공화물대리점이나 혼재업자 또는 항공운송주선인을 통하여 운송계약을 체결하는 것이 관행이다.

1) 항공화물운송 대리점

항공화물운송 대리점(Air Cargo Agent)은 항공사 또는 총 대리점을 위하여 유상으로 항공기에 의한 화물운송계약의 체결을 대리하는 사업자를 말한다. 즉, 항공사를 대리하여 항공사의 운송약관, 규칙, 운임률(tariff) 및 운행시간에 의거하여 화물을 유치하고 항공화물운송장을 발행하며, 그 대가로서 수수료를 항공사로부터 받는 항공화물 대리점이다.

2) 항공운송주선인

혼재업자 또는 항공운송주선인(Consolidator or Air Freight Forwarder)은 자체운송약관과 운임률표를 가지고 혼재업자용 화물운송장(House Air waybill: H/AWB)을 이용하여 송화인과 운송계약을 체결한다. 혼재업자는 현실적으로 항공기를 갖고 있지 않으므로 집화한 화물을 운송하기 위해서는 혼재업자가 송화인의 입장이 되고 항공사가 운송인이 되어 새로운 운송계약을 체결하여 항공사발행 화물운송장(Master Air waybill)을 발급받는다.

항공화물 대리점이나 혼재업자 또는 항공운송주선인이 취급하는 일반화물 이외에 외국의 DHL, UPS 등과 상업서류송달 서비스계약을 체결하고 우편법의 제한을 받지 않는 무역서류, 견본품, 서적, 잡지 등 긴급한 물품을 자체 운송 약관 및 운임률표(Tariff)에 따라 문전에서 문전까지 신속하게 운송하는 국제상업송달업(international courier)도 항공운송계약의 새로운 형태로 등장하고 있다.

표 16-14 항공화물운송대리점과 항공운송주선인의 비교

	항공화물운송대리점(agent)	항공운송주선인
활동영역	수출입 컨테이너 화물	LCL 및 소화물의 혼재
운 임	항공사 운임률표 사용	자체 운임률을 사용
운송책임	항공사 책임	주선업자 책임
운송약관	항공사 운송약관 사용	자체 운송약관 사용
운임수입	IATA의 5% 취급수수료	• ITAT 5%수수료 • 중량 경감에 따른 차액
수 화 인	매 건당 화물 수취	개별 화주가 화물 수취
운송서류	항공사의 Master AWB	자체 House AWB

4. 항공화물운송장

항공화물운송장(airwaybill: AWB) 또는 항공화물수탁증(air consignment note: ACN)은 송화인과 운송인간에 항공화물 운송계약이 체결되었다는 것을 나타내는 추정적 증거서류이며, 송화인으로부터 화물을 수령하였다는 증거서류이다. 따라서 이 서류는 물품을 대표하는 권리증권(document of title)도 아니며 유통성이 있는 유가증권도 아니다. 항공운송에 의한 무역거래에서는 화환어음의 결제의 담보가 될 수 없으며 환어음이 첨부되어 있어도 무담보 어음이 된다.

》 ☑ 항공화물운송장의 특성
① 비유통성(non-negotiable)증권이다. 항공화물운송장에는 "Non-Negotiable"이라고 표시되어 있으며 반드시 비유통성으로만 발행된다.
② 선화증권과 같은 선적식(shipped)이 아니라 수취식(received) 증권이다. 항공화물운송장은 송화인이 작성하고 화물이 공항 내에 반입되면 교부되는 수취식이다.
③ 선화증권은 지시식으로 발행되어 백지배서(blank endorsement)에 의해 누구에게나 양도될 수 있는 권리증권이나, 항공화물운송장은 주로 기명식으로 되어 있어서 기재된 수화인이 아

니면 당해 화물을 인수받을 수 없는 것이 원칙이다.
④ 통상 원본3부(운송인용, 송화인용, 수화인용)와 부본 6부로 발행하는 것을 원칙(항공사의 필요에 따라 매수 조절가능)으로 하고, 수화인용은 화물과 함께 도착지에서 수화인에게 교부된다. 실무적으로는 신용장발행은행을 수화인으로 명시하고 실 수화인은 발행은행의 허가(bank release)를 얻어서 화물을 인수하는 방식을 사용하고 있다.

표 16-15 항공화물운송장의 구성

번 호	색구분	용 도	기 능
원본 1	녹색	For Issuing Carrier (발행 항공회사용)	운송인(발행항공회사)용으로 운임이나 요금 등의 회계처리를 위하여 사용되고 송화인과 운송인과의 운송계약체결의 증거이다.
원본 2	적색	For Consignee (수화인용)	수화인용으로 출발지에서 목적지에 보내 당해 화물운송장에 기재된 수화인에게 화물과 함께 인도된다.
원본 3	청색	For Shipper (송화인용)	송화인용으로 출발지에서 항공회사(운송인)가 송화인으로부터 화물을 수취하였다는 것을 증명하는 수취증이고 또한 송화인과 운송인과의 운송계약체결의 증거서류이다.
부본 4	황색	Delivery Receipt (인도항공회사 화물인도용)	운송인(인도항공회사 비치용)이 도착지에서 수화인과 화물을 상환할 때 수화인이 이 부분에 서명하고 인도항공회사에 돌려주는 것으로서 화물인도증명서 및 운송계약이행의 증거서류가 된다.
부본 5	백색	For Carrier (도착지 공항용)	화물과 함께 도착지 공항에 보내져 세관통관용 기타 업무에 사용된다.
부본 6	백색	For Carrier (운송참가 공항용)	운송에 참가한 항공회사가 운임청산에 사용한다.
부본 7			
부본 8			
부본 9		For(발행대리점용)	발행대리점의 보관용으로 사용한다.
부본 10~12		Extra Copy(예비용)	필요에 따라 사용한다.

이하 자세한 사항은 22장에서 설명하기로 한다.

표 16-16 Air waybill 과 B/L의 비교

Air waybill	Bill of Lading
양도성이 없는 비유통증권(Non-Negotiable)	양도성이 있는 유통증권(Negotiable)
창고에 수취한 후 AWB발행(수취식)	본선 적재 후 B/L발행(선적식)
상환증권이 아님	상환증권임
운송사실을 증명하는 증거증권	물권적 권리를 표시하는 물권증권
유가증권이 아닌 단순한 화물의 수취증	유가증권
기명식	지시식(무기명식)
송화인이 작성	선박회사(운송인)가 작성

5. 항공화물운송의 이용절차

항공화물운송의 업무는 해상운송의 경우와 마찬가지로, 수출화물과 수입화물로 나누어 볼 수 있으며, 대부분이 항공화물운송주선업자(air freight forwarder)를 통해 화물이 운송되고 있다.

구체적으로 항공운송을 통해 화물을 수출하고자 하는 화주는 세관에 수출신고서를 접수하여 수출승인서를 취득한 후, 운송주선업자, 항공운송대리점 또는 항공회사와 항공운송 계약을 체결한다. 운송계약을 체결한 화주는 항공회사에 운송장 및 화물을 인계하고, 화물을 인계받은 항공회사는 항공기의 특성에 적합한 항공용 단위적재 용기에 화물을 적입한 후, 항공기에 탑재하여 운송업무를 수행한다.

한편, 목적지에 화물을 탑재한 항공기가 도착하면, 항공회사는 항공화물운송장 (airwaybill) 등을 인수하여 세관에 제출하고 입항허가를 취득한 후, 운송장상의 목적지별로 화물을 분류하여 창고에 반입한다. 화물반입을 완료한 항공회사는 수화인 및 대리인에게 운송장을 인도하여, 반출허가를 취득한 후, 화물을 인수하도록 한다. 수출과 수입의 항공운송 절차는 다음과 같다.

1) 수출화물의 운송절차

① 수출업자는 수출을 위한 준비가 완료되면 화물의 출고시간에 맞추어 항공사를 선정하고 해당 항공사에 예약(booking)을 한다. 이러한 절차는 주선인이 중간매체로서 업무를 대행하게 된다.

② 화물운송 예약 시에는 출발지/도착지, 포장개수, 각 포장상자의 중량 및 용적, 상품명 등과 함께 지정 항공편에 예약을 의뢰한다.

③ 수출업자는 수출관련 서류를 준비하고 상품을 포장하여 통관절차를 밟는다.

④ 수출업자는 포장이 완료된 화물을 보세구역에 반입하고 상업송장, 포장명세서 등의 서류와 함께 수출신고서를 관할세관에 제출한다.

⑤ 항공사 또는 그 대리점에서 항공운송장을 발행하고 화물의 내용에 따라 적절한 라벨을 부착한다.

⑥ 탑재가 결정된 화물은 적화목록에 기재하고, 작성된 적화목록의 세관반출용을 세관에 제출하여 화물의 반출허가를 받는다.

⑦ 적화목록의 화물반출 체크용을 가지고 화물장치장에서 탑재할 화물을 픽업하여 행선지별로 컨테이너나 팔레트에 적재한다. 이와 같은 작업은 공항에서 지상용 역회사가 담당하고 있다.

⑧ 탑재책임자는 항공기 운항에 필요한 자료와 수하물, 우편물, 화물량에 따라 탑 재계획을 세운다.

⑨ 항공기 출발 후 도착지 및 중간기항지에 화물탑재의 내용, 특수화물의 명세, 품 목, 화주(수화인), 탑재위치 등을 통보한다. 대부분의 항공사는 화물탑재와 관련 된 모든 내용이 전산화되어 있고, 전 세계 취항지점과 온라인화 되어 있기 때문 에 항공운송장 번호만 알면 언제, 어디서나 즉시 화물의 위치를 파악할 수 있는 시스템을 유지하고 있다.

2) 수입화물의 운송절차

① 수입업자는 항공사로부터 화물도착통지를 받는다.

② 항공기가 도착하면 검역관에 의한 기내검역이 행해지고 출발지에서 보내온 정 보에 의거, 미리 작성된 하기지시서에 따라 항공기에서 화물을 내리는 하기(下 機)작업이 행해진다.

③ 하기된 화물은 분류장에 운반되어 서류와 함께 점검·분류되어 관할세관 화물로 분류한다.

④ 도착화물은 항공사가 보관하지 않고 단지 탑재명세서에 의거 화물의 대조 확인 및 파손유무를 점검 한 후 보세창고에 보관된다. 자가보세장치장을 가진 수화인 은 공항 도착 즉시 현장에서 인수할 수 있도록 되어 있다.

⑤ 수입통관업무는 수화인 또는 수화인으로부터 지정받은 통관업자가 행하며, 항 공사로부터 항공운송장을 인수받은 수화인 또는 통관업자는 수입신고서를 세관 에 제출하고 수입신고수리를 마치고, 화물을 인수하면 모든 절차가 끝난다.

해상위험관리

17 해상보험의 개요

SECTION 01 위험관리와 보험의 이해

1. Risk의 개념

'위험이 없는 곳에 보험도 존재하지 않는다'(No Risk, no insurance)는 말처럼 보험의 대상은 바로 위험(risk)이다. 위험의 정의는 학자들 마다 조금씩 차이는 있지만 다음 몇 가지로 정의할 수 있다.

위험은 일반적으로 '손해발생의 가능성'(chance of loss) 내지 '측정가능한 불확실성'(measurable uncertainty), '객관화된 불확실성' 등으로 정의되고 있다.

그리고 위험이 현실화되는 일련의 과정과 밀접한 관계가 있는 위험의 유사개념으로 손인(peril), 위태(hazard), 손해(loss)등이 있는데 이에 대한 개념을 정리할 필요가 있다.

1) Peril(손인, 損因)

'손해발생의 원인'이 되는 사고(화재, 침몰, 충돌, 좌초, 홍수, 지진 등)를 말하며 이러한 손인이 우연히 발생하여 경제적 손실을 초래하게 된다. 손인은 위태가 구체화되어 손해의 원인이 되는 사고 그 자체를 말한다.

일반적으로 리스크와 혼용하여 사용하지만 사고는 가치 상실의 개념과는 직접 관계가 없을 뿐만 아니라 단순히 고의성이나 필연성이 없는 우연적인 사건(contingency)만을 의미한다.

2) Hazard(위태, 危態)

위태는 '손인(perils)으로부터 발생될 수 있는 손실의 가능성을 만들어 내거나 증가시키는 위험한 상태'를 말한다. 여기에는 손인으로부터 위험을 만들어 내는 상태(빈도수)나 증가시키는 정도(심도)가 있을 수 있다.

> 예 특정사고 → 화재, 손해 → 건물의 소실(燒失), 위태 → 건물의 소실의 가능성을 조장하거나 증가시키는 것
> 위태의 예 컨테이너, 산 동물, 목재 등 이외의 화물은 Under Deck이 일반적이나 갑판적한 경우, 도로의 결빙상태, 자동차 제어장치의 장애, 운전부주의 등

① 물리적 위태(physical hazard): 인간이나 사물에 존재하는 물리적이자 객관적인 위험한 상태

   예 주유소 근처에 인화물질이 흩어진 경우, 주택가의 가스 저장탱크 설치 등

② 도덕적 위태(moral hazard): 인간의 부도덕성으로 인하여 우연한 사고가 발생할 수 있는 심리적이며 주관적인 위태를 의미하며 도덕적 위태의 발견과 예방은 어려우므로 경계의 대상임. 예 방화벽, 사기 성향 등

③ 방관(정신)적 위태(morale hazard): 부주의, 무관심, 사기저하 등으로 유발되는 위험한 환경 예 보험계약은 손실을 보상받을 수 있다는 심리적 해이감 유발로 사고 가능성이 높음

3) Loss(손해)

우연한 사고로 인한 경제적 가치의 하락이나 경제적, 금전적 소멸을 의미한다. 이와 같이 손해의 원인인 peril이 갖가지 형태의 hazard 로 인해 발생 또는 증가되면 이로써 경제적 가치의 하락인 손해(loss)를 가져오게 된다.

선장의 부주의(Hazard) → 좌초(Perils) → 금전적 손실 가능성(Risk) → Loss

2. 보험의 기초개념

1) 개념

보험은 "대수(大數)의 법칙(the law of large numbers)에 따라 동종(同種)의 사고의 위험을 느끼는 다수인이 통계적 과학적 기초로 보험료를 갹출하여 공동의 준비재산을 형성하여 우연한 사고 발생 시에 보험금을 지급하는 사회·경제적 제도"라 할 수 있다.

보험은 보험경영학, 보험경제학, 통계학, 보험계약을 중심으로 하는 법적 측면, 사회정책적 측면, 기업의 위험관리 등 까지 다양하게 연구되어 온 학문이다.

2) 보험의 성립요건

① 대수의 법칙에 따라 다수의 동질적 위험의 결합
② 보험사고의 우연한 발생
③ 합리적 계산에 의한 갹출(醵出)
④ 사회적 경제적 제도

SECTION 02 해상보험의 기초

1. 해상보험의 개념

1) 경제상의 정의

해상보험은 항해에 관한 사고로 기인하여 발생하는 경제불안에 대비하기 위한 단체적, 경제적 준비의 한 형태로서 다수의 경제주체가 결합하여 확률계산에 의한 합리적인 갹출을 부담하는 사회적 경제제도이다.

2) 법률상의 정의

일본 상법 815조에는 "해상보험은 항해에 관한 사고로 인해 발생할 수 있는 손해보상을 목적으로 하는 보험이다"고 정의하고 있다.

한국 상법 제693조에는 "해상보험 계약의 보험자는 항해에 관한 사고로 인하여 생길 손해를 보상할 책임이 있다"고 해상보험의 정의는 아니나 손해보상의 책임을 명시하고 있다.

한편, 영국의 해상보험법(Marine Insurance Act, 1906: 이하 MIA) 제1조에도 다음과 같이 정의하고 있다.

"A contract of marine insurance is a contract whereby the insurer undertakes to indemnify the assured, in manner and to the extent thereby agreed, against marine loss, that is to say, the loss incident to marine adventure."

『해상보험계약이란 보험자가 피보험자에 대해 그 계약에 의해 합의된 방법과 범위 내에서 해상손해, 즉 해상사업에 수반되는 손해를 보상할 것을 약속하는 계약』이라고 정의하고 있다.

❯❯ 기 본 용 어

☑ 해상사업(marine adventure)의 정의와 존재(MIA 3조 2항).
  ① 선박, 화물 등이 해상위험에 직면할 경우
  ② 선박, 화물 등이 해상위험에 직면함으로써 운임, 여객운임, 수수료 등을 받지 못할 경우
  ③ 선박, 화물 등이 해상위험에 직면함으로써 선불금, 대부금, 선비 등에 대한 담보를 상실한 경우
  ④ 선박, 화물 등을 소유함으로써 이의 소유자가 제3자에 대해서 배상책임을 부담하게 될 경우

본래 해상보험은 화물이 선적되는 시점에서 안전하게 양륙되는 시점까지 담보해주는 손해보험이었다. 그러나 MIA 제2조에는 "명시된 특약이나 상관습에 의해 해상보험계약은 담보범위를 확장해서 항해에 수반하는 내륙수로 또는 육상위험까지도 피보험자를 보호할 수 있다"고 규정하여, 해상운송에 부수하는 내수(內水) 또는 육상운송이 있는 경우에는 그 운송중의 위험으로 인한 손해에 대해서도 피보험자를 보호하기 위하여 그 보상범위를 확장하기도 한다.

2. 해상보험의 종류

1) 적화보험(Cargo Insurance)

화물을 보험목적물로 하는 보험으로써 운송 중 화물이 멸실 또는 훼손되거나 화물을 보존하기 위하여 경비를 지출함으로써 화물의 소유자가 입은 손해를 보험 조건에 따라 보상하여 주는 보험이다.

2) 선박보험(Hull Insurance)

선박을 보험목적물로 하는 보험으로써 선박의 관리 및 운항중에 멸실이나 훼손 또는 선박을 보존하기 위하여 지출된 경비 및 선박으로부터 발생한 책임손해가 있는 경우에 이러한 손해를 보험조건에 따라 보상하여 주는 보험이다.

3) 운임보험(Freight Insurance)

운임을 대상으로 하는 보험으로써 선화증권이나 운송계약서에 화물을 목적지에서 화주에게 인도하지 못한 경우, 운송인 등이 운임을 청구할 수 없도록 약정하고 있는 경우에 그로 인하여 운송인 등이 입은 손해를 보상하여 주는 보험이다.

3. 해상보험의 특징

해상보험은 다른 보험과 비교할 때 다음과 같은 특징을 갖는다.

첫째, 주로 운송 중인 화물을 대상으로 하기 때문에 위험성이 높다.

둘째, 해상보험은 오랜 역사와 전통을 지닌 보험이다. 현대의 보험증권양식도 Lloyd's S.G policy(1779)가 모체이며 MIA부칙에 표준양식으로 채택되어 사용되고 있다.

셋째, 해상보험은 다른 보험에 비해 국제성이 강한 보험이다. 해상보험은 해상운송에서 발생하는 위험을 대상으로 하기 때문에 여러 화주를 대상으로 하고 있고, 선박보험의 경우도 국제적으로 재보험에 가입하는 경우가 많다.

넷째, 해상보험은 기업보험성격을 지니고 있다. 해상보험의 이용자는 대개 선사, 화주, 해운업자 등의 해사기업이 주류를 이루고 있다.

다섯째, 해상보험은 보험자와 보험계약자간의 협정에 의해 기평가 보험을 이용하는 관행이 있다.

여섯째, 해상보험은 영국의 법률과 관행 및 관례에 따른다. 보험증권도 영국의 증권양식을 채택하고 있으며, ICC약관 19조에는 "이 보험은 영국의 법률 및 관례에 따른다"고 명시되어 있다.

일곱째, 해상보험은 단일의 위험만 부보하는 손해보험과는 달리 여러 위험을 부보하는 종합보험성격을 지니고 있다.

여덟째, 해상보험은 ICC(A), (B), (C)와 부가위험을 선택하는 보험조건의 선택성이 있다.

아홉째, 해상보험은 사고가 발생할 경우에 여러 복합적 요인에 의해 손해가 발생하는 경우가 많아서 작용하여 손해발생의 원인규명이 어려운 측면이 있다.

4. 해상보험계약의 법적 성질

1) 낙성계약

보험계약은 당사자 간의 의사표시의 합치(청약 – 승낙)만으로 성립하는 낙성계약이다. 보험계약의 성립시점은 보험계약자의 청약을 받은 보험자가 어떠한 형태로든지 승낙의 의사표시를 한 시점이며, 이는 보험증권의 작성 교부와는 별개의 문제이다. 그러나 실무적으로는 보험자의 승낙의 의사표시는 보험증권의 발행이라는 구체적인 행위로 증빙된다고 할 수 있다.

2) 유상계약

보험자가 피보험자의 손해를 보상할 것을 약정하고 그 대가로 보험료를 지급받기로 하는 계약, 즉 당사자 간의 급부내용은 대가관계가 있다는 면에서 유상계약이라 할 수 있다.

3) 쌍무계약

보험자는 피보험목적에 대한 손해보상의무를 지니고 보험계약자는 보험료 납부의무를 부담하는 쌍무계약적 성격을 지니고 있다.

4) 부합계약

보험자가 제시하는 표준계약조항인 표준약관을 포괄적으로 승인하거나 거절할 수 있는 선택권만 가지는 계약이다. 보험자가 일방적으로 제시하는 계약조항을 수용하거나 거절할 수밖에 없다. 그렇기 때문에 문서의 표시를 불명확하게 한 자는 이에 대한 책임을 져야 하며, 날인 증거상의 문언은 작성자에 불리하게 적용하는 Contra Proferentem(문서작성자 불이익의 원칙)이 적용되고 있다.

5) 최대선의계약

해상보험계약은 사행성을 가지고 있기 때문에 계약 당사자간에 최대선의에 기초하여야 한다. 보험계약자는 사전에 보험자(보험약관 검토)에 대하여 파악이 가능하지만 보험자는 수많은 보험가입물품에 대해 상세하게 파악할 수 없는 불리한 위치에 서게 된다. 이러한 점 때문에 보험계약자에 대해 고지의무를 부과하고 있다.

>> **기 본 용 어**

☑ MIA 17조 고지의무(모든 중요한 사실을 고지)

A contract of marine insurance is a contract based upon the utmost good faith, and, if the ustmost good faith be not observed by either party, the contract may be avoided by the other party.

6) 사행계약

해상보험계약은 장래의 우연하고도 불확실한 사고의 발생여부에 따라 손익이 결정(사고발생시 수익/미발생시 보험료를 기회손실로 상실)되고 사고위험에 따라 보험금 지급여부가 결정될 뿐만 아니라 보험계약자가 납부한 보험료보다 대개 보험금이 많기 때문에 사행성을 가지는 계약이다. 이와 같이 보험계약은 사행성이 있기 때문에 보험의 도박화를 엄격히 제한하고 있다.

>> ☑ MIA 4조 1항

Every contract of marine insurance by way of gaming or wagering is void.

7) 불요식계약

보험계약은 그 성립을 위하여 당사자간의 합의 외에는 다른 특별한 방식을 필요하지 않는 불요식 계약이다. 보험자는 보험계약자의 청구가 있을 경우에는 보험증권을 작성하여 교부해야 할 의무가 있지만, 이것은 보험계약의 성립요건이 아니고 이미 성립한 계약의 효과로서 생기는 의무이다.

5. 해상보험의 당사자

1) 보험자(Insurer/Assurer/Underwriter)

보험자는 보험계약을 인수한 자로서 보험사고 발생시 그 손해를 보상할 의무를 지는 자로서 통상 보험회사를 말한다. 보험자는 보험계약을 인수하는 주체이며, 위험(risks)을 담보하고, 담보위험으로 인해 사고가 발생하면 그 손해(loss or damage)를 보상하며, 또한 제3자에 대한 배상책임을 맡는 등 보험계약자를 대신하여 보상책임을 지는 일을 업으로 하는 개인 또는 회사를 통칭한다.

보험자는 손해를 보상해 줄 것을 약속한 대가로 보험료를 받으며, 우리나라는 주식회사 형태의 보험회사(Insurance Company)이지만 영국은 로이즈(Lloyd's)와 같은 개인보험업자들(underwriters)이 있다.

2) 보험계약자(policy holder)

보험계약을 청약한 자로서 보험료 지급 의무, 중요사항의 고지의무 및 위험변경증가의 통지의무 등을 부담하는 자를 의미한다.

3) 피보험자(The Insured/Assured)

보험목적물에 사고가 발생한 경우 그 손해를 입는 당사자, 즉 보험금을 청구하고 보상받는 자를 의미한다. 특히, 피보험자는 피보험이익(insurable interest)을 갖고 이 피보험이익에 손해가 발생하면 보험자로부터 보상을 받게 된다. 피보험자는 보험계약자와 동일인이 될 수도 있고 아닐 수도 있다.

FOB, CFR계약에서는 수입업자가 보험계약자인 동시에 피보험자로 동일인 것이 보통이나, CIF 매매계약에서는 항해 중 화물에 손해가 발생한 경우에는 매도인은 보험계약자가 되고 매수인이 피보험자가 된다.

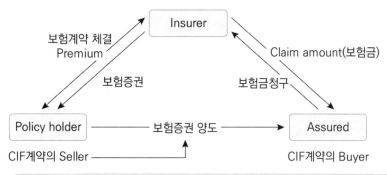

그림 17-1　보험자, 보험계약자와 피보험자의 관계

6. 해상보험의 기본용어

1) 피보험목적

　피보험목적(subject-matter insured)은 위험발생의 객체로써 보험의 대상을 의미하며, 해상보험에서는 화물이나 선박 및 운임 그 자체를 말하며, 이에 따라 해상보험을 적화보험, 선박보험 그리고 운임보험으로 분류한다.

2) 보험가액과 보험금액

　보험가액(Insurable value)은 피보험목적물의 평가액을 말한다. 보험가액은 보험계약을 체결한 이후 시가(市價)에 의해 변동할 수 있으므로, 보험계약을 체결할 당시에 보험가액을 일정금액으로 협정하고, 상호협정된 보험가액을 보험금액 또는 보험가입금액(insured amount)으로 정한다. 따라서 보험금액은 보험계약 체결 시 보험자와 보험계약자가 약정한 보험가입금액을 말한다.

　해상보험에서는 보험 사고가 발생했을 때, 피보험목적물의 실평가액이 어떠하든 보험증권상 협정된 보험금액이 보험자의 최고 보상한도액이 된다.

》 **기 본 용 어**

　☑ 보험가액(insurable value)
　　피보험목적물의 평가액, 보험사고 발생시 피보험자가 입게 되는 최고 손해한도액

　☑ 보험금액(insured amount)
　　보험가입금액. 손해발생시 보험자가 보상해야 할 최고 한도액

3) 보험금

손해보상금의 명목으로 지급되는 금액을 보험금(claim amount)이라고 한다. 화재보험에 있어서 보험 사고가 발생했을 당시의 보험가액을 산정하여 보험금액의 비율만큼을 보상하는 비례보상원칙을 적용하지만, 해상보험에 있어서는 특별한 경우 외에는 전부보험(full insurance)으로 인정하므로 실손보상의 원칙을 적용하여 협정보험금액을 한도로 실손해액 전액이 보험금으로 지급된다.

4) 보험료

보험자의 위험부담에 대한 대가로서 보험계약자가 보험자에게 지급하는 보수를 보험료(premium)라 한다. 우리나라의 수입적화 보험요율은 손해보험 사업자가 산정한 보험요율을 정부 당국으로부터 인가를 받아 적용하고 있으며, 수출적화보험 및 500톤 미만의 선박보험요율은 한국손해보험요율 산정회에서 제시한 보험요율을 사용하고 있다.

5) 보험기간

보험기간(duration of risk)은 피보험목적물이 위험에 노출되기 시작하는 때부터 보험자의 위험 부담에 대한 책임이 존속되는 기간을 말하며, 보험의 혜택을 받을 수 있는 시간적 한계의 개념이다. 보험자가 보상의 책임을 지기 위해서는 이 기간중에 보험사고가 발생하여야 한다.

6) 보험계약기간

보험계약기간(duration of policy)은 담보기간의 개시여부와 관계없이 보험계약자가 담보 받고자 하는 기간으로서 보험계약 시에 당사자의 합의에 의하여 정한다. 즉, 보험계약이 유효하게 존속되는 기간을 말한다. 보험기간은 보험계약기간과 일치하는 것이 가장 바람직하지만 적화보험의 경우 보험약관에 의하여 보험기간이 보험계약기간 보다 짧아지는 경우도 있고 또 길어지는 경우도 있다. 가령 소급보험과 예정보험(open cover)의 경우에는 반드시 일치한다고 볼 수 없다.

7) 보험약관

보험약관(Clauses)은 보험계약의 내용을 이루는 조항들을 말하는데, 일반적이고 표준적인 것을 보통약관이라 하고, 보통약관의 약정사항을 제한하거나 확대하는 약관을 특별약관(special clause)이라고 한다.

7. 보험계약의 성립요건

보험계약이 법적으로 유효하고 구속력을 갖기 위해서는 다음과 같은 요건을 갖추어야 한다.

첫째, 보험계약이 합법적(legality)이어야 한다. 밀수품, 마약 등과 같이 불법적 목적으로 체결된 계약은 무효이다. 보험계약이 합법성을 갖기 위해서는 피보험이익이 있어야 한다.

둘째, 적법한 청약(offer)과 승낙(acceptance)이 있어야 한다. 보험계약의 성립은 보험청약자가 구두나 서면으로 청약을 할 수 있다. 그러나 통상적으로 보험청약서에 필요사항을 기재하여 제출하게 되는데 이것이 일종의 청약이다. 그러면 보험자는 보험청약서의 청약을 승낙하여 계약을 성립시키고 상당한 기간 내에 승낙통지를 발송하게 된다. 보험자는 통상 보험증권을 교부한다.

셋째, 약인(consideration, 約因)이 있어야 한다. 약인은 계약상의 약속의 대가로 금전 또는 채권의 양도 등을 의미한다. 보험계약에서의 약인은 보험자가 사고 발생시에 경제적 손실을 보상하기로 약속하고 보험계약자는 그 대가로 보험료를 지급하게 된다.

넷째, 계약당사자가 유자격자(legal competent parties)이고 행위능력(capacity of the parties)이 있어야 한다. 즉, 보험자는 법인자격이나 보험사업의 승인을 얻은 자이어야 하고, 보험계약자는 법률행위의 무능력자인 미성년자, 금치산자, 한정치산자가 체결한 계약은 무효가 된다.

다섯째, 보험계약이 합법적인 형식을 구비하고 자유로운 의사표시 상태에서 이루어져야 한다. 가령 사기, 강박, 착오에 의한 계약은 민법상 하자있는 의사표시로써 취소사유가 된다.

8. 해상보험의 종료

해상보험의 종료는 일반계약의 종료에 관한 법리가 적용된다. 해상보험이 종료되는 경우는 ① 해상보험계약이 무효인 경우와 ② 해상보험계약이 소멸되는 경우 두 가지가 있다.

1) 해상보험계약의 무효

보험계약의 무효는 보험계약 성립 시부터 법률상의 효력이 발생하지 않음을 의미한다.

(1) 초과보험에서의 초과부분

보험가액이 보험금액을 초과한 부분에 있어서 일반적인 보험계약은 무효이다.[1] 보험가액을 초과한 부분의 보험계약은 보험의 대상이 되지 않는다. 그러나 예외적으로 보험가액의 가변성을 인정하는 초과보험은 무효로 하지 않고 보상책임을 부담하는 경우도 있다(보험가액 > 보험금액).

(2) 보험계약자의 사기, 착오로 인한 보험계약

보험계약자의 사기나 착오에 의해 보험자가 승낙한 경우에 보험자는 계약을 취소할 수 있으며, 취소된 계약은 처음부터 무효로 간주한다.[2]

(3) 계약당시 보험사고의 불확실성(uncertainty)이 없는 경우

보험계약을 체결할 당시에 보험사고가 이미 발생하였거나 또는 사고가 발생될 수 없는 경우에는 보험사고의 요건인 불확실성이 없으므로 무효가 된다.[3] 그러나 계약당사자가 보험계약을 소급(lost or not lost)시킨 경우에는 보험사고가 발생하여도 보험계약은 유효하다.

(4) 해상보험계약이 일반 계약법의 무효원인이 있는 경우

공서양속에 반하거나 적법성을 갖추지 못한 경우가 이에 해당된다.

2) 해상보험계약의 소멸원인

해상보험계약이 소멸되는 원인은 해상보험계약이 실효(失效)되는 경우와 해지(解止)되는 경우로 분류할 수 있다.

---

1) MIA 32조. 상법 669조 4항
2) 민법 110조, 109조
3) 상법 644조

첫째, 해상보험계약이 실효되는 경우는 ① 계약일반의 소멸원인에 의한 경우, ② 보험계약 고유의 성질 또는 법률적 규정에 의한 사실발생으로 당사자의 의사표시와 관계없이 당연히 계약이 종료되는 경우이다.

둘째, 당사자 일방의 의사표시에 의한 종료(해지)되는 경우이다.

(1) 해상보험계약의 실효

① 피보험이익의 소멸: 보험자가 부담하는 보험사고 이외의 사유에 의해서 보험계약의 목적이 소멸한 경우에 보험계약은 그 때부터 효력을 상실하게 된다. 이러한 피보험이익의 소멸은 보험 보호의 목적과 그 존재이유를 상실하기 때문에 계약의 실효원인이 된다.

> 예 운송보험에서 화물의 운송이 취소된 경우와 적화보험에서 매매계약이 취소되어 물품인도가 이루어지지 않은 경우는 피보험이익의 소멸에 해당된다고 할 수 있다.

② 위험의 소멸: 보험사고의 발생가능성이 소멸되어 보험사고가 발생되지 않는 것이 확정된 것이다. 위험의 소멸은 보험자의 책임개시 전후와 위험소멸의 원인이 무엇인가에 관계없이 보험사고 발생가능성이 소멸된 때부터 보험계약은 효력을 상실하게 된다.

③ 보험기간의 만료: 보험사고의 발생 없이 보험기간이 만료된 경우 보험계약은 자연적으로 소멸하게 된다. 그러나 보험기간을 연장하는 약관으로 계약을 연장시킬 수 있다. 가령 신협회적화약관에서 피보험자가 지배할 수 없는 사정에 의하여 운송계약이 증권에 기재된 목적지 이외의 항구 또는 지역에서 종료되거나, 기타의 사정으로 화물의 최종목적지에 인도되기 이전에 운송이 종료될 경우에는 보험계약도 종료된다. 그러나 보험자에게 지체 없이 그 사실을 통지하고 담보를 계속 요청하는 경우에는 보험자의 요구에 따라 추가보험료를 지급하는 조건으로 목적지까지 보험계약의 효력이 계속될 수 있다.

(2) 해상보험계약의 해지

당사자 일방의 의사표시에 의해서 해지되는 경우이다.

① 보험계약자가 해지하는 경우

⊙ 보험자의 책임개시 전의 해지 또는 사고발생전의 해지: 보험자의 책임이 개시되기 전에는 보험계약자는 임의로 특별한 사유없이 보험계약을 해지할 수

있다. 보험자의 책임개시 전의 해지는 보험자에게 아무런 손실을 주지 않으므로 해지가 가능하다.[4]

    ⓒ 보험자가 파산한 때: 보험자가 파산선고를 받은 경우 보험계약자는 책임개시 후에도 계약을 해지할 수 있다. 그리고 보험자가 파산선고된 후 3개월 경과한 때에는 보험계약 그 자체가 효력을 상실하게 된다.[5]

  ② 보험자가 해지하는 경우

    ㉠ 고지의 의무 위반 시: 보험계약자나 피보험자가 보험계약 시에 고의, 중대과실로 인하여 중요한 사실을 고지하지 않았거나 부실고시(misrepresentation)를 한 경우 계약을 해지할 수 있다.[6]

    ⓒ 보험료의 지급이 없는 경우: 보험계약자가 보험료를 지급하지 않을 경우 상당기간 독촉하고, 그 기간내에 지급하지 않을 때 계약을 해지할 수 있다.[7]

    ⓒ 피보험자 등이 위험변경, 증가통지를 하지 아니한 경우: 보험기간 중 사고발생 위험이 현저히 변경 또는 증가된 경우 그 사실을 보험자에게 통지하여야 한다. 그 사실을 통지하지 않는 경우 보험자는 보험계약을 해지할 수 있다.[8]

    ⓔ 보험계약자 등의 고의, 중대과실로 인해 위험이 증가된 경우: 보험기간 중 보험계약자 또는 피보험자의 중대한 과실이나 고의로 인하여 사고 발생의 위험이 현저히 변경 또는 증가된 때, 보험자는 계약을 해지할 수 있다.[9]

---

4) 상법 649조
5) 상법 654조 2항
6) 상법 651조
7) 상법 650조
8) 상법 652조
9) 상법 653조

18 해상보험의 기본원칙

 ☑ 1. 손해보상의 원칙(Principle of Indemnity)
 1) right of contribution
 2) surbrogation
 3) over insurance
 4) insurance interest
 예외) 기평가 보험(해상, 생명보험)
 2. 최대선의의 원칙(The Principle of Utmost Good Faith)
 1) 고지의 의무(Duty of disclosure)
 2) 담보(Warranty)
 3. 근인주의(The doctrine of Proximate Cause)

SECTION 01 손해보상의 원칙

1. 손해보상의 원칙의 개념

 손해보험에서 보험자는 보험계약자가 충분한 보험금액을 부보하고 있는 한 실제로 입은 경제적 손실을 한도로 보상하는 원칙을 손해보상원칙(principle of indemnity)이라고 한다. 보험계약의 궁극적 목적은 보험사고로 인하여 손해를 입는 자(피보험자)를 그 이전의 상태로 회복시켜 주기 위해 보상을 해주는 계약이지, 그 전보다 더 좋은 상태로 회복시켜 주거나 이들에게 이익을 주도록 마련된 제도가 아니다. 이처럼 피보험자가 보험에 의하여 어떤 추가적인 이득을 얻지 못하고 실제 손해가 발생한 만큼 보상한다는 원칙을 손해보상의 원칙(Principle of Indemnity)이라고 한다.

이러한 손해보상원칙이 적용되는 경우는 ① 분담(right of contribution) ② 대위(surbrogation) ③ 초과보험(over insurance) ④ 피보험이익(insurance interest) 등에서 잘 나타나 있다. 그러나 기평가 보험(생명보험, 상해보험, 해상보험)은 손해보상원칙이 적용되지 않는 예외의 경우이다.

2. 분담이론

분담(contribution)은 동일한 피보험목적물이 중복보험(double insurance)이 된 경우 각각의 보험증권의 보험금액에 따라 비례(분담)하여 보상을 해주는 원리를 말한다.

가령, 동일인이 동일한 위험에 대해서 이중으로 보험을 부보하고, 양쪽의 보험자 모두가 보험금 청구를 인정하게 되면 중복보험이 발생하게 되며 부당의 이득이 생기게 된다. 이러한 이중이득을 방지하기 위해 보험에서는 어느 일방의 보험자가 피보험자에게 손해를 전액 보상하고 그 보험자가 다른 보험자에게 보험금을 분담청구하게 된다.

» 기 본 용 어

☑ 중복보험
보험목적물에 피보험이익의 위험 및 시기에 관해 복수의 보험계약이 존재하며 그 보험가입금액의 합계가 보험가액을 초과하는 경우의 보험을 말한다. 그러나 동일한 보험목적물에 복수의 보험계약이 존재할 경우라도 피보험이익이 다른 경우는 중복보험이라고 할 수 없다.

☑ 분담이론의 적용요건
ㄱ 동일한 위험을 담보하고 있을 것
ㄴ 동일한 보험대상을 부보할 것
ㄷ 동일한 보험계약자의 동일한 이해관계를 대상으로 담보
ㄹ 보험발생시 모두 유효할 것

3. 대위(subrogation)

대위(surbrogation)는 '대위하다', '다른 사람의 위치에 놓게 하다'는 의미로 보험의 목적에 대하여 피보험자가 갖는 모든 권리가 보험금을 지급한 보험자에게 이전되는 것을 의미한다. 즉, 보험자로부터 이미 보상을 받은 피보험자는 책임있는 제3자에 대한 손해배상청구

권을 보험자에게 대위하여 이중으로 보상을 받을 수 없게 하는 원리이다. 또한 보험자도 책임 있는 제3자로부터 피보험자에게 지급한 보상금액 이상을 보상받을 권리가 없다.

대위에는 청구권 대위와 잔존물(구상권)대위가 있다. 전손의 경우에는 청구권 대위와 잔존물 대위가 모두 인정되고 분손의 경우에는 청구권 대위만 인정된다.

예 운송인의 충돌과실로 인하여 30,000달러인 적화물이 운송 중에 전손되었다. 이 경우 화주는 운송인에게 손해배상 청구를 할 수 있는 권리와 보험자에게 전손의 보험금을 청구할 수 있는 권리를 갖게 된다. 만약 화주가 이 두 가지 권리를 모두 행사하게 되면 화주는 충돌사고로 인하여 60,000달러를 받을 수 있게 된다. 이는 화주에게 이중의 이득취득이 가능하게 되며 결과적으로 손해보험의 목적인 손해보상원칙에 위배되게 된다. 따라서 화주는 운송인에 대한 손해배상청구권과 보험자에 대한 보험자 청구권 중에서 하나의 권리를 행사하게 된다. 통상적으로 화주는 운송인에게 손해배상을 받으려면 상당한 시간이 소요되므로 보험자에게 보험금을 먼저 청구하고, 운송인에 대한 손해배상청구권은 보험자에게 이전시키게 되는데 이를 청구권 대위라고 한다.

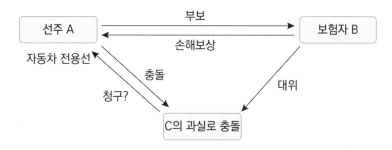

한편, 운송인인 선주는 선박에 대하여 1,000,000달러의 선박보험을 체결하였는데, 선박이 태풍으로 손상을 입어 전손이 된 상태로 피난항에 도착하였다고 가정하자. 이때 선주는 보험자로부터 전손의 보험금 1,000,000달러를 보상받게 되고 선박에 대한 잔존물까지 갖게 된다면 이중의 이득을 보게 된다. 손해보험의 목적은 원상회복이므로 보험자는 보험의 목적인 선박에 대한 잔존물 대위권을 갖게 된다. 잔존물 대위는 전손의 경우에만 성립되고 분손의 경우에는 성립되지 않는다. 분손인 경우에는 보험금은 수리비용을 기준으로 지급하게 된다.

4. 초과보험

1) 개념

보험금액(insured amount)은 보험계약자가 보험에 부보금액을 말하며, 보험가액(insurable value)은 피보험이익을 금전으로 평가한 가액을 의미한다.

보험금액과 보험가액이 일치할 때 전액보험 또는 전부보험(full insurance)이라고 하며, 보험금액이 보험가액보다 작을 때 이를 일부보험(under insurance)이라고 한다. 그리고 초과보험(over insurance)은 보험금액이 보험가액을 초과하는 경우를 의미한다. 가령, 10억원의 선박에 대하여 15억원의 보험계약을 체결하였을 경우 이를 초과보험이라고 한다.

2) 초과보험이 발생하는 경우

초과보험은 보험계약체결 시부터 존재하는 경우도 있으며 계약 성립 후 보험기간 중에도 발생할 수 있다. 계약 시에 전부 보험이었던 보험금액이 물가의 하락 또는 시세의 변동으로 감소한 경우 초과보험이 발생할 수 있다.

3) 초과보험의 효과

초과보험은 보험이 도박화 될 우려가 있고, 피보험자가 고의로 사고를 발생시킬 위험이 있으므로 일반적으로 초과액에 대해서는 무효로 하고 있다.

4) 효력

- 객관주의: 초과부분이 무효
- 주관주의: 보험자의 선의, 악의에 따라 효력을 달리함(상법 제669조는 주관주의를 채택).

- 초과보험이 보험계약자의 사기나 중대과실로 인하여 체결된 경우 초과보험과 계약전체가 무효임
- 초과보험이 선의로 발생된 경우 보험금액 또는 장래의 보험료의 감액 청구

따라서 한국에서는 초과보험이 선의로 발생된 경우 초과부분에 대해서는 무효가 되며, 보험자는 보험금 감액청구권을 갖게 되고, 보험계약자는 보험료 감액청구권을 갖는다. 이때 보험료의 감액은 장래에 대해서만 효력이 발생한다.

5. 피보험이익

1) 피보험이익의 정의

피보험이익(insurable interest)은 보험의 목적과 피보험자 사이의 이해관계, 즉, 보험목적에 보험사고가 발생함으로써 피보험자가 경제상의 손실을 입게되는 특정인과 보험목적물 사이에 존재하는 특정물과의 관계로 정의할 수 있다.

보험의 대상인 보험의 목적에 대하여 특정인이 가지는 이해관계, 이러한 이해관계가 보험계약의 목적이며, 피보험이익이다.

피보험이익(interest)이 없으면 재산상의 손해가 없을 것이며, 재산상의 손해가 없으면 손해보상이 없다(No Interest, No Insurance).

2) 피보험이익의 요건

(1) 적법성(합법성)

피보험이익은 법률상 인정되는 것이어야 한다. 불법 또는 공서양속에 위배되는 보험의 목적은 합목적성이 결여되어 있으므로 피보험이익이 될 수 없다는 것이다. 가령, 밀무역선, 수출입금지화물 등은 보험의 대상이 될 수 없다.

(2) 경제성

피보험이익이 금전으로 산정될 수 있는 경제적 이익이어야 한다는 것이다. 가령, 집안의 가보로서의 가치나 개인적인 가치는 객관적인 금전산정이 어려우므로 보험계약이 될 수 없다.

(3) 확정성

보험계약체결 시에 피보험이익이 확정되지 않았더라도 보험사고 발생 시까지는 피보험이익이 존재 및 귀속이 확정될 수 있어야 한다.

특히, 확실성에 있어서 현재 확정되어 있지 않더라도 장래에 확정될 것이 확실한 경우에는 보험의 대상이 될 수 있다. 예를 들어, 희망이익이나 예정보험(open cover)[1]은

---

1) 예정보험은 계속해서 반복적으로 수출입하는 화물에 대하여 일정기간 포괄적으로 부보하는 보험으로 상품을 생산하기도 전에 보험에 부보하는 경우도 있다. 이 경우 보험계약제결시에는 피보험이익이 존재하지 않지만 나중에 보험사고가 발생하면 사고발생시에 피보험이익(화물)이 존재해야 한

이러한 의미에서 부보가 가능하다. 또한 MIA 제6조에 의하면 「보험계약을 체결할 당시에 반드시 피보험이익이 있을 필요는 없지만 보험사고 발생 시는 반드시 피보험이익이 있어야 한다」고 규정하고 있다.

3) 피보험이익의 종류

(1) 소유이익

보험목적물의 소유권을 갖는 자의 피보험이익을 말한다. 선주는 선박과 속구, 화주는 적화물에 대해서 가지는 이익이다.

(2) 담보이익

보험 목적물에 대해 질권, 저당권 등의 담보권자가 이들 재산에 대해서 갖는 이익을 말한다. 가령, 선주가 선박을 담보로 하여 은행으로부터 금융을 받았을 경우 은행이 목적물에 대해 갖는 피보험 이익을 담보이익이라고 한다.

(3) 수익이익(운임, 희망이익)

보험목적물로부터 기대할 수 있는 수익을 대상으로 하는 이익이다. 수익이익은 보험목적물의 소유자가 스스로 기대할 수 있는 경우와 타인의 소유물로부터 기대할 수 있는 경우로 두 가지가 있다. 예를 들어, 전자에 속하는 수익이익으로는 선박소유자가 항해완료 후에 취득하는 운임이나 선박을 제3자에게 사용하게 함으로써 얻는 임대료, 화주가 화물을 매각함으로써 기대할 수 있는 희망이익 등이다. 후자는 선박임차인, 하역업자, 화물중개인 등 타인의 소유물을 통해서 수익을 기대할 수 있는 것이다. 선박임차인은 재운송계약에 의해 취득하는 운임, 하역업자는 화물의 하역완료 후 기대할 수 있는 하역임, 화물중개인이나 도매상은 화물이 무사히 도착할 것을 전제조건으로 하여 취득할 수 있는 보수수수료 등에 대하여 피보험 이익을 가진다.

(4) 사용이익(임차권)

보험의 목적물을 사용하는 자가 그 목적물을 사용함으로써 생기는 경제적 이익에 관한 피보험이익을 의미한다. 예를 들어 해상보험에서 용선자가 그 사용선박에 대하여 가지는 임차권의 이익이 해당된다고 할 수 있다.

다는 것이 확정성의 개념이다.

(5) 대상이익

대가를 얻지 못하고 낭비된 일정비용에 대한 이익을 말한다. 예를 들어, 선주가 연료, 식료, 소모품 구입비용, 선원의 급료, 선박보험료 등 선비(disbursement)를 지급했음에도 불구하고 해상위험의 발생으로 인해 착지불 운임을 취득할 수 없는 경우, 화주가 선운임을 지급했음에도 불구하고 해상위험의 발생으로 희망이익을 얻을 수 없는 경우에 이에 대해 가지는 피보험이익이 대상이익이다.

4) 해상피보험이익

화주(cargo owner), 선주(shipowner), 화물을 보관하는 창고업자, 재보험계약을 체결한 경우의 원수보험자(原受保險者) 등은 해상보험의 피보험이익을 갖는 이해관계자.

① **선박**: 피보험이익은 선주가 가지고 있으며 선주가 선박보험(hull insurance)에 부보.
② **화물**: 적화보험은 CIF 송장가격(Invoice value)의 110%를 부보하는 것이 관례.
③ **운임**: 실무상 운임과 보험료, 희망이익은 적화보험에 포함하여 부보하므로 따로 보험에 들 필요 없음.
④ **희망이익**: 화물의 안전한 도착으로 수입업자가 얻을 수 있는 이익, 사실상 희망이익의 산출이 어려워 통상 송장가액의 10%를 책정.
⑤ **증액**: 시가가 변동되기 쉬운 화물에 대해 항해도중에 예상되는 가격인상분을 증액보험(increased value insurance)으로 가입 가능. 또한 화물에 대해 하역료, 보관료, 관세 등을 내게 되면 운송의 각 단계를 이동함에 따라 화물가액이 증가하게 될 것이며, 이렇게 증가된 가액만큼 화주는 피보험이익을 가지고 이를 부보할 수 있다. 증액보험은 적화보험과는 별개로 부보하며 "Peak Cover Clause"[2]나 증액약관 등에 의한 특약.

> • 가장 중요한 점: 피보험자가 손해발생 당시 보험목적물에 대한 피보험이익을 가지고 있어야 한다는 점.[3]

---

2) 이것은 매매가격이 항상 변화하는 국제상품(양모, 대두, 원면, 사탕 등)에 대해 항해 중 상품가액이 상승한 경우 자동적으로 그 최고가격(Peak Value)을 보험금액으로 한다고 규정한 약관이다.
3) MIA, 1906, 제5조 및 제6조.

1. 최대선의원칙의 개념

1) 정의

해상보험계약은 오래전부터 최대선의(utmost good faith, uberrima fides)에 기초를 둔 계약이며 당사자의 신의성실의 원칙에 입각하여 성립하는 계약이다. 영국 해상보험법 (MIA) 17조에서도 "해상보험계약은 최대선의에 의한 계약이며, 당사자의 일방이 최대선의를 준수하지 않을 경우에는 타방은 이 계약을 취소할 수 있다"고 규정하고 있다.

해상보험계약은 도덕적인 선의가 강요되는 것으로서 보험가입자측에 고지의무와 손해방지의무 등을 두는 것은 최대선의에 기인하는 것이라고 할 수 있다. 따라서 보험계약 당사자는 상대방이 올바른 판단과 선택을 하도록 도와줄 의무를 부담하고 있다.

최대선의의 원칙은 보험자와 보험계약자 모두가 계약의 내용이 될 사항을 상대방의 요청여부를 불문하고 계약체결의 여부를 규정하는 데 필요한 중요한 사항을 고지 (disclosure)하고 표시(representation)하여 계약을 체결하여야 하는 원칙(MIA 17조)이라고 할 수 있다.

2) 최대선의 원칙이 요구되는 이유

① 보험계약의 사행계약성
② 보험계약의 도덕적 위험
③ 위험의 상태가 보험계약자 또는 피보험자에게 의존하기 때문이다.

보험자는 보험청약서에 개재된 내용에 의하여 보험료가 적정한지를 결정한다. 이 보험청약서의 기재내용이 정확하지 않으면 합의된 보험료도 정정하지 못한다. 이와 같이 보험계약 당사자는 상대방이 보험계약에 대하여 올바른 결정을 할 수 있도록 도와줄 의무를 부담하고 있다.

2. 고지의무

1) 개념

보험자는 보험계약을 체결할 때 사고가 발생될 수 있는 가능성을 측정하고, 이를 기초로 위험의 인수여부, 보험료, 보험계약조건 등을 결정하게 된다. 보험자가 위험의 측정을 올바르게 하기 위해서는 위험상황을 가장 잘 아는 보험계약자 또는 피보험자에게 이러한 사실을 고지하도록 요구하게 된다. 이와 같이 위험의 인수여부, 보험료, 보험계약조건 등에 영향을 미치는 사항을 "모든 중요한 사항(every material facts)"이라 하는데 영국해상보험법에서는 이를 고지의무(duty of disclosure)로 규정하고 있다.

> ☑ MIA 18조 피보험자에 의한 고지
> (1) 본 조항의 제규정에 저촉되지 않는 한, 피보험자는 자기가 알고 있는 모든 중요한 사항을 계약성립 전에 보험자에게 고지하여야 하며, 피보험자는 통상의 업무상 당연히 알아야 할 일체의 사항을 알고 있는 것으로 간주된다. 피보험자가 그러한 고지를 하지 않을 때에는 보험자는 그 계약을 취소할 수 있다.
> (2) 신중한 보험자가 보험료를 정하거나 또는 위험인수여부를 결정하는데 있어서 그의 판단에 영향을 미치는 모든 사항은 중요한 사항이다.

이와 같이 고지의무는 보험계약체결 시 보험계약자나 피보험자가 보험자에게 ① 일체의 모든 중요사항을 고지하여야 하며 ② 중대 과실의 부실고지(misrepresentation)를 하여서도 아니된다는 것이다. 이를 고지의무라 하며 보험계약의 특유한 제도이다.

> ☑ 기 본 용 어
> ☑ 모든 중요한 사항(every material facts)
> 보험자가 보험료 산정에 영향을 미치거나 위험의 인수여부에 영향을 미치는 사항으로써 사실문제이라고 할 수 있다.

예를 들어, 선박의 경우 하천용 선박으로 흘수가 얇게 제조된 선박이라든지, 선급이나 선령, 선박이 과거에 손해를 입은 사실, 선박의 국적 등의 선박의 성질을 고지하여야 할 것이다. 적화보험의 경우에 적화가 갑판적이 관습으로 하는 경우를 제외하고 갑판적 될 가능성이 있는 경우, 적화물의 성질, 상태 등은 '모든 중요한 사항'에 해당된다고 볼 수 있다.

---

2) 고지의무자

우리나라 상법에는 고지의무자를 보험계약자와 피보험자로 규정[4]하고 있으나 영국 해상보험법에서는 피보험자로 명시하고 있다. 제3자를 위한 보험의 경우와 같이 보험계약자와 피보험자가 동일인이 아닐 경우에는 피보험자는 보험자와 직접적인 계약관계가 없으므로 보험계약자가 고지의무를 지닌다.

3) 고지의 시기 및 방법

고지의 시기는 계약 성립 시까지로 명시하고 있다.[5] 따라서 청약 당시에 고지의무를 완전히 행하지 아니하여도 계약성립 시까지 미고지 사항을 보완이나 정정할 수 있다.
고지방법은 법률상 제한이 없으므로 서면으로 하든 구두로 하든 상관없다.

4) 고지의무 면제

다음과 같은 사항은 고지의무를 할 필요가 없다.
① 위험을 감소시키는 일체의 사항
② 보험자가 피보험목적물에 대해 통상적으로 알고 있거나 알고 있을 것으로 추정되는 사실, 보험자는 일반적으로 널리 알려진 사항
③ 보험자가 고지의무를 면제한 경우
④ 명시 또는 묵시담보에 의하여 고지를 요하지 않는 경우

---

4) 상법 651조
5) MIA 18조1

5) 고지의무 위반효과

(1) 해지권의 발생

고지의무를 위반한 경우에는 보험자는 그 계약을 해지할 수 있다. 이는 보험자에게 재량권 부여함으로써 보험자의 증액청구 또는 보험금의 감액청구를 할 수 있게 하고, 만약 보험계약자가 청구를 거절할 경우에 비로소 보험자는 해지권 행사할 수 있다.

고지의무위반으로 인한 해지권의 행사시기의 제한은 없다. 보험자의 책임개시의 전후, 사고발생 전후, 보험금 지급의 전후에 관계없이 해지권을 행사할 수 있다.

해지권의 행사방법은 보험계약자에게 일반적인 의사표시로 하며 도달에 의하여 해지의 효력이 발생한다. 해지내용은 고지의무위반에 해당하는 사실을 알 수 있을 만큼 표시하면 무방하다.

3. 담보

1) 정의

해상보험계약에서 담보(warranty)란 보험계약자(피보험자)가 반드시 지켜야 할 약속을 의미한다. 보험계약자가 보험계약을 체결할 때 보험계약과 관련되는 조건을 약속하기도 하고 어떠한 사실의 존재 유무에 대해서 자신의 입장을 표명하기도 한다. 이러한 경우 약속이나 입장표명을 담보라고 한다.

MIA 제33조 1항에 담보는 ① 피보험자가 어떤 특정한 일을 하거나 또는 하지 않을 것을 약속하거나 ② 특정조건을 구비할 것을 약속하거나 ③ 특정한 사실의 존재를 긍정 또는 부정하는 약속사항을 말한다고 규정하고 있다.

담보는 낮은 보험료율을 적용받기 위해서 사용되는 것이다. 예를 들어, 특정 지역이 특정 계절에 폭풍우가 잦는 지역이라서 위험하다고 할 때 이곳을 운항하는 선박에 대해서는 고율의 보험료가 적용될 수 있을 것이다. 이러한 경우 "warranted not to proceed East of singapore after August 14th"(8월 14일 이후 싱가포르 동쪽지역으로 운항하지 않을 것을 담보함)와 같은 담보를 할 수 있다. 이러한 담보는 위험이 큰 지역으로 운항하지 않는다는 약속이므로 낮은 보험료율의 적용을 받을 수 있다.

이와 같이 담보는 보험료 및 보험인수여부에 영향을 미치는 중요한 사항이므로 최대 선의에 입각해서 반드시 지켜져야 할 것이다. 담보는 그 내용이 중요하건 그렇지 않던간에 반드시 충족되어야 하며 담보의 위반이 있을 경우 보험자는 담보위반일로부터 보험계약을 무효로 할 수 있다. 그러나 담보위반일 전에 보험자에게 발생한 보상책임에는 어떠한 영향도 미치지 아니한다(MIA, 제38조).

2) 담보의 종류

(1) 명시담보(express terms)

명시담보는 담보의 내용이 보험증권상에 명시되었거나 기재된 경우를 말한다.
예 Warranted professionally packed. Warranted surveyed before shipment.

① 안전담보(warranty of good safety): 보험의 목적이 특정한 날짜 또는 기간 동안 안전한 상태(정상적인 상태)에 있을 것을 담보
- 선박- 출항지에서 안전하게 실존해 있으면 충분
- 화물- 안전한 포장 아래 내용물이 정상적인 상태에 있으면 담보가 충족

② 중립담보(warranty of neutralty): 보험증권상에 보험의 목적물이 중립재산일 것을 명시한 조건으로 선박 또는 적화가 교전국(적국)에 의해 나포 또는 포획될 염려가 있어 명시적으로 담보하고 있는 것이다.

③ 항해제한담보(institute warranty): 특정지역의 항해금지를 명시한 담보조건
- 겨울에 동결되는 북쪽 지역(North American Warranty): 북극해, 발틱해, 베링해
  예 Warranted no north of 50° N.
- 여름철 인도양에서 석탄수송금지 (Indian Coal Warranty), 남극 항해금지 담보

④ 선비담보(disbursement warranty): 선박보험에 추가하여 선비(disbursement)를 부보(유류, 비축식량, 운임, 선용품 등)할 때 선비의 보험금액을 선박보험금액의 일정비율(예를 들어 10% 또는 25% 등) 이상을 보험가입금액으로 하지 못한다는 담보

(2) 묵시담보(implied terms)

담보내용이 보험증권상에 명시되지 않았으나 피보험자가 묵시적으로 당연히 준수되어야 할 사항을 말한다.

① 내항성 담보(耐航性, warranty of seaworthiness): 특정의 항해에서 통상적인 위험에 견딜 수 있는 능력을 말한다. 내항성은 시간, 장소, 화물의 적재상태에 따라 달라질 수 있다. 항해보험에서 선박이 항해를 개시할 때에 해당 항해를 완수할 수

있는 능력을 갖추어야 하며(MIA 39조1항), 항해구간이 여러 구간으로 나누어 질 경우 각 구간의 항해개시 시점에 내항성이 요구된다.

② **적법담보**(warranty of legality): 모든 해상사업의 내용이 적법하고, 항해를 적법하게 수행하여야 한다는 것으로 항해금지구역을 항해한다거나 밀수행위나 적국과의 통상행위로 인해 발생하는 손해는 담보위반으로 보험자 면책(MIA, 제41조)

3) 담보의 위반

(1) 효과

피보험자가 담보를 위반하게 되면 위반한 시점부터 보험자는 면책이 된다. 그리고 일단 담보를 위반하게 되면 그 후에 담보를 다시 준수한다고 하더라도 보험자는 면책이 된다. 그러나 피보험자가 담보위반일 전에 발생한 손해에 대해서는 보험자는 어떠한 영향도 미치지 아니하므로 보상하여야 한다.[6]

(2) 담보위반이 허용되는 경우(MIA 34)

① 사정의 변경으로 인하여 담보가 필요 없거나 적합하지 아니한 경우, 예를 들어 전시 중에 "ship is warranted to sail with conboy"의 경우 전쟁이 종료되면 이를 준수하는 것이 부적합하다고 볼 수 있다.

② 후속 법령으로 인하여 피보험자의 담보준수가 위법이 되는 경우

③ 보험자에 의해 담보위반이 묵인되는 경우(보험자가 담보위반에 대해서 권리포기)

표 18-1   고지위반과 담보위반의 비교(MIA근거)

	고 지 위 반	담 보 위 반
위반요건	중요한 사항	어떠한 사항
결 과	보험계약의 취소	보험계약의 해지
효 력	전 보험계약이 처음부터 무효	해지시점 이후의 보험계약 무효
보 험 료	전부반환	일부반환

---

6) MIA 제38조

1. 근인주의의 개념

보험자는 보험증권상의 담보되는 위험으로 인하여 발생한 손해에 대해서만 보상을 한다. 피보험자가 보험사고로 인하여 발생한 손해에 대하여 보상을 받기 위해서는 손해와 담보위험 사이에 인과관계가 성립되어야 한다. 보험사고로 발생한 손해의 원인이 담보위험이냐 면책위험이냐에 따라 손해보상 여부가 결정된다.

그러나 단순하게 원인과 결과를 쉽게 판단할 수 있으면 문제가 간단히 해결되겠지만, 담보위험과 면책위험이 복수의 위험의 협력에 의하여 손해가 발생한 경우나 담보위험과 면책위험이 연속적, 동시적으로 발생하여 손실을 야기시킨 경우 손해의 원인과 결과를 정확히 분석, 규명하여야 보상이 이루어진다. 이러한 손해의 원인과 결과를 분석하는 것이 인과관계(因果關係)이다. 이러한 복잡한 인과관계 속에 진정한 손해의 원인이 어떤 것인가를 가려내는 데 적용되는 원리를 근인주의(the doctrine of proximate cause)라고 한다.

1) 근인설

근인설은 『근인(近因)을 보고 원인(遠因)을 보지 말아라』(the proximate and not the remote cause must be looked to)라는 법언(法彦)처럼 손해가 다수의 원인 중 근인을 적용하고 원인(remote cause)은 적용하지 않고 손해를 보상한다는 취지이다.

그러나 근인(proximate cause)은 영미법계에서 계승된 법리로 자주 모순된 판결을 내리고 근인의 개념이 시대적 변천에 따라 변천되어 왔다.

(1) 최후 조건설

시간적으로 손해발생에 가장 가까운 원인을 근인으로 보는 학설이다. 즉, 손해가 둘 이상의 원인으로 발생한 때에는 시간적 순서에서 손해에 가장 근접한 원인이 손해의 원인이고 그 손해의 원인이 담보위험인가 면책위험인가에 따라 보험자의 책임이 결정된다는 것이 최후조건설이다.

Pink vs. Fleming 사건(1890)

- 오렌지를 적재한 선박이 항해 중에 타 선박과 충돌하여 수선을 목적으로 수선항에 입항하였다. 수리를 위해 적화를 양화하고 선박을 수리한 후 재적재하여 목적항에 도착하였으나 적화물인 오렌지는 부패하였다.
- 본 사건에서의 손해의 원인은 수선항에서의 하역이며 또 하나의 원인은 오렌지에 부패성이 있기 때문에 항해의 지연에 기인하는 자연적인 부패였다.
- 법원은 이 사건의 손해에 대해서 충돌로 인한 손해가 아니므로 보험자는 보상책임 없다고 판결하였다.

이와 같이 최후 조건설은 두 가지 원인에 의해 손해가 발생된 경우 시간적으로 가장 가까운 원인을 손해의 원인으로 판단한다.

최후 조건설은 시간적 순서에 의해 손해의 원인을 결정하면 그 적용이 간단하나, 해석상 너무 기계적이며 단순하므로 불합리한 결론을 도출할 수 있는 한계가 있다.

(2) 최유력 조건설

이 설은 시간적 순서와 관계없이 손해발생에 대하여 가장 유력하게 작용한 조건을 손해의 원인으로 보는 설이다. 즉, 손해를 일으키게 하는 가장 "효과적이고 지배적인 원인"(efficient and predominent cause)을 손해발생의 원인으로 간주하고는 학설이다.

Ikaria호 사건(1918) Layland Shipping Co. v. Norwich Union Fire Ins. Society

① 사건개요
- 1차 대전 중에 전쟁위험 부담보 조건으로 부보된 선박 Ikaria호가 영국 해협에서 독일 잠수함의 어뢰공격으로 후미가 손상되었다. 동 선박은 프랑스 Le Havre항으로 예인되어 계류되었다. 구조선이 동 선박의 배수 작업을 착수하였으나 태풍 등의 영향으로 배수작업이 중단되어 Ikaria호는 침몰 위기에 처하게 되자 항만 당국의 명령에 의하여 동 선박을 외곽 부두로 이동 명령을 내렸다. 결국 외항에서 동 선박은 조수의 영향으로 좌초되었다가 부양되고 암초에 부딪치어 두 개의 후미(bulk head)가 갈라지고 선박이 침몰되어 전손이 발생하였다.
- 전쟁위험(어뢰공격) → 기관고장 → 태풍으로 배수작업 중단 → 좌초 → 침몰
- 피보험자는 좌초와 그 결과인 후미의 파괴가 있었기 때문에 어뢰공격은 손해의 근인으로 볼 수 없고 손해의 원인(遠因)에 지나지 않는다고 주장하여 보험금을 청구하였다.

② 판결내용

본 사건에서 Lord show 판사는 손해의 근인은 어뢰공격이라고 판결하였다. 『근인을 시간적으로 손해에 가까운 원인이라고 하는 설은 일고의 가치도 없다. 진정한 의미에서 근인은 손해를 일으킨 효과면에서 가장 근접한 원인이다』라고 새로운 해석을 내림으로써 최유력 조건설에 근거한 판결을 내렸다.

최유력조건설의 한계점은 무엇을 기준으로 최유력조건을 결정할 것인지가 불분명하기 때문에 합리적인 조건의 판단이 어려우며, 피보험자와 보험자가 대립할 가능성이 있다. 또한, 유력하고 효과적인 원인에 대한 기준이 불분명하여 주관적 판단이 개입될 수 있기 때문에 재판관에 따라 상이한 판결이 내려지는 불합리성이 있다.

(3) 상당인과관계설

상당인과관계설은 특정 사실이 특정 결과를 발생시키는데 불가결한 제 조건 중에서 현실적으로 발생된 특정의 경우 뿐만 아니라 일상 경험을 기초로 판단하여 다른 일반적인 경우에도 동일한 결과를 발생시킬 것으로 인정되는 조건이 상당 또는 적당조건이 있다고 판단하여 손해의 원인으로 인정하는 학설이다.

현재 협회화물약관에서는 최유력조건설과 상당인과관계설을 적용하고 있다.

- 선박이 해적에 쫓겨 피난하다가 악천후를 만나 선박이 좌초되어 화물이 해수에 젖는 손해가 발생하였다고 가정하자. 상당인과관계설에서는 손해를 발생시킨 원인인 해적의 추격, 악천후, 좌초와 화물의 손해간의 인과관계가 상당히 있는가를 보고 손해의 원인을 결정하게 된다. 일상의 경험에 비추어 볼 때 해적의 추격, 악천후, 좌초 중의 위험이 발생하면 동일한 결과의 손해가 발생되는가?에 입각하여 결정하게 된다. 이중 악천후나 좌초의 경우는 화물이 해수에 의해 손해가 발생되는 것이 통상적이라고 볼 수 있으므로 악천후와 좌초가 손해와 상당인과관계가 있는 원인으로 손해의 원인이 된다.
- 상당인과관계설의 한계점은 손해의 원인이 두 가지 이상이 될 수 있다는 것이다. 손해의 원인인 두 가지 모두가 담보위험이나 면책위험일 경우는 문제가 없으나 하나는 담보위험, 나머지 하나는 면책위험인 경우에는 보험자의 보상책임 결정이 어렵다는 것이다.

CHAPTER

19 해상위험

SECTION 01 해상위험의 의의

1. 해상위험의 개념

해상보험계약은 보험자가 항해에 관한 사고로 인하여 발생할 수 있는 손해를 보상할 것을 약정하고 보험계약자가 그 대가로 보험료를 지급할 것을 약정하는 손해보험계약이다.

MIA 제3조[1]에는 『해상위험(maritime perils)이란 항해에 기인 또는 부수하는 위험, 즉 해상고유의 위험, 화재, 전쟁위험, 해적, 표도(漂盜), 포획(捕獲), 나포(拿捕), 군주 및 국민의 억류 또는 억지, 투하(投荷), 선원의 악행(惡行)과 그리고 상기의 여러 위험과 동종(同種)의 위험 또는 보험증권에 기재되는 기타의 모든 위험을 말한다』고 규정하고 있다.

1) 항해에 기인하는 위험

항해에 기인하는 위험(perils consequent on the navigation of the seas)은 항해가 원인이 되어 우연히 발생하는 해상고유의 사고를 말한다. 예를 들어 폭풍우, 태풍 등으로 인하여 선박이 좌초, 침몰되거나 화물이 파손되거나 유실되는 사고를 말한다. 이러한 위험은 항해를 하지 않으면 발생되지 않는 해상고유의 위험이다.

---

1) "Maritime perils" means the perils consequent on, or incidental to, the navigation of the sea, that is to say, perils of the seas, fire, war perils, pirates, rovers, thieves, captures, seizures, restraints, and detainment of princes and peoples, jettisons, barratry, and any other perils, either of the like kind or which may be designated by the policy.

2) 항해에 부수하여 발생하는 위험

항해에 부수하여 발생하는 위험(perils incidental to the navigation of the sea)은 항해를 하지 않더라도 발생할 수 있는 화재, 선원의 악행, 전쟁 등의 위험을 말한다. 그 외에도 항해에 부수되는 위험은 하천 및 항만 등 내수(內水)에서의 항행(航行)과 정박 중의 위험, 화물의 선적·환적·양륙중의 위험도 포함된다.

따라서 해상보험은 해상사업과 관련되는 내륙수로운송, 육상운송에서 발생하는 위험까지도 항해에 부수하는 위험에 포함되어 해상위험에 해당된다. 이러한 정의에 따라 해상위험은 해륙혼합 위험(mixed sea and land risk)이라고 할 수 있다.

해상위험에 대해서는 상기 정의 이외에도 "Lloyd's S.G. Policy" 본문약관에 있는 위험약관(perils clause)에서 보다 구체적으로 열거하고 있으며 신협회적화약관의 ICC(B)조건 제1조 위험약관(risks clause)에서도 구체적으로 담보되는 해상위험들이 규정되어 있다.

2. 담보위험과 면책위험

앞에서 설명한 바와 같이 해상보험계약은 해상위험으로 발생하는 손해를 보상하는 계약이지만 보험자가 모든 해상위험을 담보하는 것은 아니다. 해상위험은 보험자의 담보 여하에 따라서 담보위험과 면책위험으로 구분된다.

1) 담보위험

담보위험(risk insured)은 보험자가 보상해 주는 위험을 말한다. 담보위험은 그 위험의 원인 및 결과가 되는 위험이 면책되지 않는 한, 보험자가 그 위험으로 인하여 생기는 손해를 보상할 것을 약속한 위험이다. 담보위험에는 보통약관으로 담보되는 위험이 있고, 특정계약에 의해서 특별약관으로 담보되는 위험이 있다. 한편 약관에 명시하지 않아도 원래 담보되는 위험이 있지만 이를 명확히 하기 위하여 약관 등에 명시해 두는 경우도 있다.

적화보험에서 사용되고 있는 협회화물약관(ICC) (B)과 (C)약관에서는 담보위험이 명시되어 있다.

2) 면책위험

면책위험(risk excluded)은 손해가 발생하더라도 보험자가 보상하지 않는 위험을 말한다. 면책위험은 법에 의해서 규정될 경우도 있고 보험약관에 의해서 정해질 경우도 있는데 대부분 법적 면책위험은 보험약관에 수용된다.

적화보험에서 사용되고 있는 A약관에서는 보험자의 일반면책, 선박의 불내항성 및 부적합성, 전쟁 및 동맹파업을 면책위험으로 명시하고 있어서 이러한 위험을 제외한 모든 위험을 보험자가 보상하도록 하고 있다.

SECTION 02 | 열거책임주의와 포괄책임주의

해상보험에 있어서 보험자가 위험을 부담하는 방식은 크게 두 가지 방식으로 나눌 수 있다. 하나는 해상위험 중에서 특별히 열거한 위험만을 부담하는 열거책임주의 방식이고 다른 하나는 일체의 해상위험을 포괄적으로 부담하는 포괄책임주의 방식이다.

1. 열거책임주의

보험증권에 담보하는 위험을 구체적으로 명시하고 그로 인한 손해만을 보험자가 보상하기로 약속하는 책임원칙을 열거책임주의 또는 한정책임주의라 한다. 따라서 구체적으로 열거되지 아니한 위험에 대해서는 보험자가 부담하지 않는 방식으로 제한책임주의라고도 한다.

열거책임주의에서는 피보험자가 사고를 야기 시킨 직접적이고 가장 효과적인 원인이 담보위험에 속한다는 사실을 입증하면 보상받게 된다.

구협회화물약관인 W/A, FPA와 협회화물약관(ICC)의 (B), (C)에서는 담보위험이 구체적으로 보험증권상에 열거되어 있는 열거책임주의를 채택하고 있다. MIA 제3조에서는 해상위험의 종류를 구체적으로 열거하고 있으며, MIA 제1부칙에 있는 Lloyd's S.G. Policy에서도 해상위험 중 보험자가 부담하는 위험을 위험약관(perils clause)에서 구체적으로 열거하고 있다.

> ☑ "Lloyd's S. G. Policy"의 위험약관(perils clause)
> Touching the Adventures and Perils which we the assures are contented to bear and do take upon themselves in this voyage, they are, of the Seas, Men-of-War, Fire, Enemies, Pirates, Rovers, Thieves, Jettisons, Letters of Mart and Countermart, Surprisals, Taking at Sea, Arrests, Restraints

and Detainments of all Kings, Princes and People, of What nation, Condition, or Quality soever, Barratry of the Master and Mariners, and of all other perils, Losses, and Misfortunes that have or shall come to the Hurt, Detriment or Damage of the said Goods and Merchandises, or any part thereof.

2. 포괄책임주의

포괄책임주의란 보험증권에 면책위험을 명시해 놓고 이를 제외한 모든 위험에 대해서 담보할 것을 약속하는 방식을 말하며 일반책임주의라고도 한다. 열거책임주의에서는 담보위험이 보험증권상에 명시되지만, 포괄책임주의에서는 면책위험이 명시된다. 따라서 포괄책임주의 하에서는 보험사고가 발생할 경우 사고를 야기시킨 직접적 원인이 면책위험에 속하지 않으면 모두 보상되지만 사고의 원인이 면책위험에 속한다는 사실을 보험자가 입증하면 보험자의 면책이 인정된다.

대체로 열거책임주의에서는 손해가 담보위험에 의해서 생긴 것이라는 입증책임이 피보험자에게 있으나 포괄책임주의 하에서는 보험자에게 있다.

결국 보험자 측의 입장에서 보면 열거책임주의가 유리하고, 피보험자 측에서 보면 포괄책임주의가 유리하다고 할 수 있다.

해상보험에서 포괄책임주의 원칙이 적용되는 경우 적화보험에서 사용되고 있는 약관은 구협회화물약관인 A/R과 ICC(A)뿐이다. ICC(A)약관은 보험자의 일반면책, 선박의 불내항성 및 부적합성, 전쟁 및 동맹파업을 제외한 모든 위험을 보험자가 보상하도록 규정하고 있다.

표 19-1   열거책임주의와 포괄책임주의 비교

구 분	열거책임주의	포괄책임주의
채 택 국	영미법계 국가	대륙법계 국가
개 념	보험증권상에 담보하는 위험을 명시하고, 그 손해만을 보험자가 보상	보험증권상에 면책위험을 명시하고, 이를 제외한 모든 위험에 대해서 보험자가 보상
입증책임	피보험자가 담보위험에 의한 손해발생이라는 점을 입증	보험자가 면책위험이 아닌 손해가 발생하였음을 입증
유 불 리	보험자가 유리	피보험자가 유리
약관적용	ICC(FPA),ICC(W/A), ICC(C), ICC(B)	ICC(A/R), ICC(A)

1. 해상위험 변동의 의의

보험자는 보험 계약 체결 시 보험계약자가 고지한 위험사정을 기초로 하여 위험을 측정하고 그 결과에 따라 보험의 인수여부, 인수할 경우의 보험료율, 담보조건 등을 결정한다. 그리고 계약 성립 후에 보험자의 위험인수의 기초가 된 위험사정이 변동되지 않을 것을 전제로 하고 있다. 만약 보험계약 성립 후 위험측정의 기초 조건이 변하는 것을 위험의 변동(change of risk)이라 하고, 보험자가 위험인수의 전제가 된 위험의 사정이 변동되면 보험자는 변동 이후의 위험부담에 대한 책임이 면제된다.

2. 위험변동의 종류

위험변동에는 위험의 변경(variation of risk)과 위험의 변혁(종)(alternation of risk)이 있다.

1) 위험의 변경

위험의 변경은 보험계약의 기초가 된 위험사정의 일부 변경, 즉 위험율의 변경(양적 변경)을 말한다. 위험의 변경은 위험정도의 증감은 있어도 위험으로써의 동일성을 갖고 있는 위험사정이 된다.

위험의 변경에 해당하는 예로는 이로(deviation), 항해의 지연, 환적, 강제양륙(forced discharge), 발항의 해태, 갑판적 등이 있다.

2) 위험의 변혁(종)

위험의 변혁은 위험이나 위험율의 변동이 아니라 보험자의 위험측정의 기초조건인 위험사정이 소멸하고 전혀 별개의 위험사정으로 대체(질적 변경)되는 것을 말한다. 위험의 변혁에 해당하는 예는 출발항이나 도착항을 변경하는 항해의 변경, 선박의 변경 등이 있다.

3) 위험변동의 효과

위험변동에 대한 MIA상의 효과는 3가지로 구분할 수 있다. 위험변동 이후 보험자가 면책이 되는 경우, 보험자가 계약을 취소할 수 있는 경우, 보험자의 책임이 개시되지 않는 경우이다.

① 보험자가 면책되는 경우: 항해의 변경(MIA 45조), 이로(MIA 46조), 항해지연(MIA 48조)
② 보험자가 보험계약을 취소할 수 있는 경우: 항해개시의 지연(MIA 42조)
③ 보험자의 책임이 개시되지 않는 경우: 출발항의 변경(43조), 다른 목적지로 출항(44조)

적화보험에서 위험의 변동은 대부분 피보험자인 화주의 의사와는 관계없이 발생하므로 ICC는 피보험자를 보호하기 위해서 위험의 변경에 대해서 추가보험료조차 징수하지 않고 담보(제8조 운송약관)를 계속하는 것으로 하고 있다. 그러나 위험의 변혁에 해당하는 항해의 변경에 대해서는 추가로 협정되는 보험료를 징수하는 것을 조건으로 하여 담보(제10조 항해변경약관)를 계속하는 것으로 하고 있다.

SECTION 04 **주요 해상위험**

---

1. 해상위험의 종류

해상위험에 대해서는 MIA 제3조[2)]의 해상위험(maritime perils or marine risks)과 Lloyd's SG Policy 보험증권의 위험약관에서 보험자의 담보위험, 협회적화약관상의 담보위험으로 구분할 수 있다. 여기서는 MIA와 Lloyd's SG Policy 보험증권의 위험약관을 중심으로 설명하고 뒤에서 협회적화약관을 부연설명하기로 한다.

---

2) "Maritime perils" means the perils consequent on, or incidental to, the navigation of the sea, that is to say, perils of the seas, fire, war perils, pirates, rovers, thieves, captures, seizures, restraints, and detainment of princes and peoples, jettisons, barratry, and any other perils, either of the like kind or which may be designated by the policy.

2. 해상고유의 위험

해상고유의 위험(perils of the seas)이란 해상에서 우연히 발생하는 사고나 재해를 의미하며 바람이나 파도의 통상적인 작용은 포함하지 않는다.

1) 침몰(Sinking)

깊은 바다에 가라앉아 인양이 불가능한 경우를 심몰(深沒, Sinking)이라 하고 전손으로 인정되지만 인양이 가능한 잔몰(submersion)은 분손처리되는 것이 통상적이다.

2) 좌초(Stranding)

선박이 바다의 밑바닥이나 물체에 얹혀서 상당기간 자력으로 항해할 수 없는 상태를 좌초라고 한다.

> » **기 본 용 어**
>
> ☑ 좌초(stranding)
> 암초나 산호초와 같이 견고한 물체에 얹히는 경우
>
> ☑ 교사(膠沙,grounding)
> 갯벌, 모래바닥, 강바닥, 운하바닥과 같이 부드러운 물체에 얹히는 것
>
> ☑ 촉초(觸礁,touch and go)
> 선박이 바다 밑의 물체에 얹혀 일시 정지했다가 항진하는 여력에 의해 암초에서 떨어져서 다시 항해하는 경우. 촉초는 해상고유의 위험으로서의 좌초가 아니라 충돌로 인정됨

3) 충돌(Collision)

충돌은 선박이 물 이외의 타 물체와의 충돌을 포함한다. 선박보험증권의 충돌손해배상책임약관(Collision)에서 의미하는 충돌은 선박과 선박간이 충돌을 의미하지만 해상고유의 위험에서 의미하는 충돌에는 제한이 없다.

4) 악천후(Heavy Weather)

악천후는 풍파의 이례적인 작용을 의미한다. 풍파의 통상적인(ordinary) 작용은 해상고유의 위험에 해당되지 않지만, 풍파의 이례적인 작용은 해상고유의 위험에 해당된다.

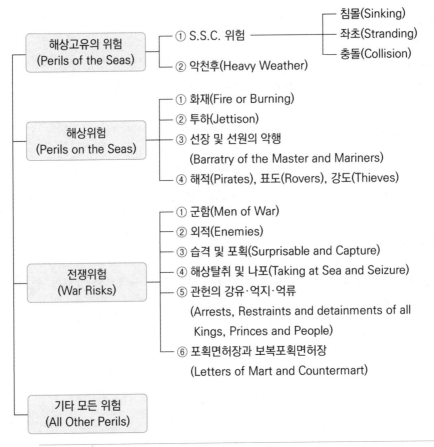

그림 19-1   주요 해상위험

3. 해상위험

해상위험(maritime perils)에는 "항해에 기인 또는 부수하는 위험, 즉 해상고유의 위험, 화재, 투하, 전쟁위험, 해적, 표도, 포획, 나포, 국민의 억지 또는 억류, 선원의 악행, 그리고 상기의 여러 위험과 동종의 위험 또는 보험증권에 기재되는 기타 모든 위험을 말한다."고 규정되어 있다.[3]

1) 화재(Fire or Burning)

화물의 자연발화는 보험목적물의 공유의 하자나 성질로 인한 화재이므로 보험자는 면책된다. 낙뢰나 선원의 과오, 과실로 인한 화재는 손해 보상이 된다.

---

3) MIA 제3조.

2) 투하(Jettison)

화물을 바다에 버리는 것을 투하라고 한다. 주로 해난에 직면한 선박이 침몰위기에 처할 경우 선박을 가볍게 하기 위해 선장이 의도적으로 화물을 투하하게 된다.

3) 선장 및 선원의 악행(Barratry of the Master and Mariners)

선주나 용선자에게 손해를 줄 수 있는 선장 및 선원의 고의에 의한 모든 부정행위를 의미한다. 부정행위는 선원의 사기, 태만, 태만, 부주의를 포함하며 선주의 은밀한 지시(privy)에 의한 악행은 보험자의 면책이 된다.

4) 해적(Pirates)

해적은 폭동을 일으키는 여객 그리고 선박을 공격하는 폭도를 말한다. 주로 공해에서 약탈, 탈취하는 자들이다. 해적행위(piracy)는 해적과 표도를 포함하는 말이므로 서로 동의로 볼 수 있다.

5) 표도(Rovers)

해적의 동의어로 해상을 배회하면서 약탈을 하는 자들이다. 포획면허장을 갖지 않고 적국의 상선을 습격하여 도둑질하는 행위를 하는 자들이다.

6) 강도(thieves)

폭력에 의해 강탈을 하는 행위로 절도(theft)나 발화(pilferage)는 포함되지 않는다. 절도는 포장단위로 훔쳐가는 것이고, 발화는 포장된 물품 중의 일부만 훔쳐가는 좀 도둑을 의미한다.

4. 신협회적화약관상의 담보위험

현재 사용되고 있는 협회적화약관(Institute Cargo Clauses; ICC)은 담보위험의 내용에 따라 A, B, C약관으로 구분되며 제1조에는 보험자가 담보하는 위험이 규정되어 있다.

A 약관은 보험자의 포괄책임주의 방식을 채택하고 있어서 보험자의 일반면책위험, 선박의 불내항 및 부적합 위험, 전쟁위험 및 동맹파업위험의 면책위험이 규정되어 있으며, 나머지는 모두 담보위험이 된다.

20 해상손해

해상손해의 종류

해상손해(maritime loss or damage)란 해상위험이 발생한 결과로 피보험목적물의 일부 또는 전부가 멸실(loss) 또는 손상(damage)되는 것을 의미한다. 해상손해는 물적 손해, 비용손해, 충돌배상책임손해 등으로 구분할 수 있다.

해상위험으로 인하여 발생하는 해상손해(marine loss)는 아래 그림과 같이 물적 손해(physical loss), 비용손해, 배상책임손해 등으로 구분된다. 물적 손해는 보험목적물 자체의 직접적 손해를 말하며, 손해의 정도에 따라 전손과 분손으로 나누어진다. 비용손해(expense loss)는 보험목적물의 멸실이나 손상과 관련하여 부수적으로 발생하는 손해방지비용, 구조비용, 특별비용 등 간접손해를 의미한다. 또한 배상책임손해(liability loss)는 피보험자가 제3자에 대해서 법적으로 배상책임을 부담하게 될 경우를 말하는데, 대표적인 것이 충돌로 인한 충돌손해배상책임이 있다.

1. 물적손해

1) 전 손

전손(total loss)이란 선박이나 화물의 전부가 멸실되거나, 손상의 정도가 심해서 구조나 수리하는 데 드는 비용이 부보된 금액보다 많은 경우를 말한다. 전손은 현실전손(actual total loss; ATL)과 추정전손(constructive total loss; CTL)으로 나누어진다.

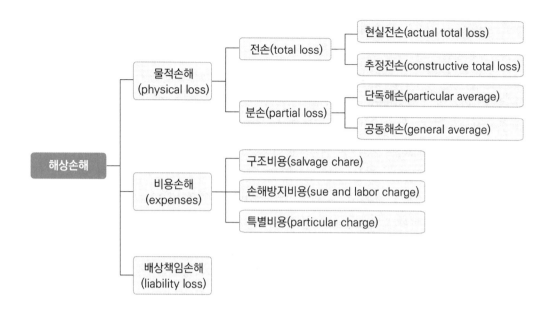

(1) 현실전손

현실전손(actual total loss)은 보험목적물이 현실적으로 전부 멸실되는 경우를 말한다. 화물의 현실전손은 MIA에 의하면 다음과 같은 손해를 의미한다.

① 실질적인 멸실(physical destruction),

② 성질의 상실(alternation of species; 種의 변경)로 인한 완전한 가치의 상실,[1]

③ 적국에 포획되었거나 전리품으로 빼앗긴 경우와 같은 회복할 전망이 없는 박탈(irretrievable deprivation)등이 여기에 속한다.

선박의 현실전손은 ① 선박이 침몰되어 인양이 불가능한 경우, ② 완전 난파되어 선박의 기능이 상실된 경우, ③ 항해 중 선박이 행방불명되어 상당한 기간[2]이 경과된 후에도 그 소식을 모를 경우 등이다.

(2) 추정전손

추정전손(constructive total loss)은 현실적으로 멸실된 것은 아니지만 ① 현실전손이 불가피하다고 인정되거나, ② 손해의 정도가 심하여 그 목적물이 가진 용도에 사용

---

1) 심하게 부패되거나 변질되어 상품으로서의 가치가 없는 경우를 말한다.

2) MIA 제58조에는 행방불명기간을 상당한 기간으로 규정하고 있어 애매하나 국제법이나 보험증권 상에는 통상 선박 출항후 1년이 경과되었을 때, 우리나라 상법 711조에는 "선박의 존부가 2월간 분명하지 아니한 때에는 그 선박의 행방이 불명한 것으로 한다."고 규정하고 있다.

할 수 없거나, ③ 손상을 수리하는 비용이 수리 후 그 목적물이 갖는 시가보다 클 경우 등 전손과 같은 효과가 나는 경우에 성립한다.

예를 들어 선박의 수리비가 수리 후 선박가액(船舶價額)보다 크거나, 화물의 수리비와 목적지까지의 운반비(forwarding charge; 계반비용이라 함)를 합친 금액이 목적지에서의 그 화물가액보다 클 경우, 선박 또는 화물의 점유를 박탈당한 경우에는 그 회복비용이 회복 후 가액을 초과하는 경우에 추정전손이 성립할 수 있다.

추정전손이 성립되려면 반드시 피보험자의 위부(委付; abandonment)가 있어야 한다. 위부란 추정전손으로 인정될 수 있는 사유가 발생하였을 때 피보험자는 피보험목적물에 갖는 일체의 권리를 보험자에게 양도하고 현실전손과 같이 보험금 전액을 청구하는 것을 말한다.

위부는 반드시 위부의 통지(notice of abandonment)가 있어야 하고, 만일 보험자가 위부를 승낙하지 않을 때는 피보험자가 위부의 원인 및 불가피성을 입증할 책임이 있으며 결국 위부가 보험자에게 수락되지 않으면 그 손해는 분손으로 처리된다.

MIA에서는 추정전손에 대한 효과로 「피보험자는 추정전손이 있는 경우 그 손해를 분손으로 처리할 수도 있고 위부에 의해 현실전손으로 취급할 수도 있다」고 규정하고 있다.[3]

표 20-1   위부와 대위의 비교

	위 부	대 위
적 용	해상보험에 적용	모든 손해보험에 적용
손 해	추정전손	전손, 분손
효력발생	위부통지 시	보험금 지급시

2) 분손

분손(partial loss; average)은 보험목적물의 일부가 멸실 또는 손상됨으로써 발생한 손해를 말하며 전손이 아닌 손해는 모두 분손으로 간주한다. 분손은 단독해손과 공동해손으로 나누어진다.

---

3) MIA, 제61조.

(1) 단독해손

단독해손(particular average; PA)은 담보위험으로 인하여 발생한 보험목적물의 일부분의 손해를 입은 이해관계자가 단독으로 부담하는 손해를 말하며 공동해손이 아닌 분손이 모두 단속해손에 해당된다.[4]

(2) 공동해손

공동해손(general average; GA)이란 항해단체(선박, 화물 및 운임 중 둘 이상)가 공동의 위험에 처했을 때 그 위험을 피하거나 경감하기 위하여 선박 또는 적화에 대해 선장이 고의로 합리적이고 이례적인 처분(희생)을 하거나 비용을 지출하여 발생된 손해를 말한다. 공동해손은 공동의 안전을 위하여 희생된 손실이나 비용을 해상사업에 관련되는 이해관계자들이 공동으로 비례하여 분담하는 손해이다.

☑ 성립요건(YAR 제A조)

공동해손에 관한 요크-앤트워프규칙(York-Antwerp Rules for General Average; YAR, 1994) 제A조에서는 공동해손이 성립되기 위해서는 5가지 요건이 있다.
① 공동해손의 이례성(extrordinary): 통상적인 운송과정에서 발생하는 비용이 아닌 이례적 희생손실 또는 비용이어야 함.
② 공동해손행위의 임의성: GA는 어떠한 목적을 가지고 자발적으로 이루어져야 함. 즉, 특정한 결과를 예상하고 고의적으로 취한 행동이어야 함.
③ 공동해손과 공동해손 행위의 합리성: 공동의 위험에 대처하기 위한 선박과 화물의 희생은 합리적이어야 하고 필요한 최소한의 경비가 지출되어야 하며 과도한 비용이 되어서는 안 됨.
④ 위험의 현실성: 위험이 실제로 존재하여야 함. 현재 절박하게 닥쳐오는 위험이나 이미 발생한 위험이 있어야 함.
⑤ 위험의 공동성: 현실적인 위험은 해상사업과 관련되는 모든 단체에 위협적이어야 함. 즉 선박과 화물 중에서 어느 한 당사자에게 발생한 위험은 공동해손으로 인정되지 않고 단독해손으로 처리됨.

☑ 공동해손의 인정범위

① 공동해손희생손해: 공동해손이 선박이나 적화에 직접적으로 발생한 손해를 공동해손희생손해(general average sacrifice)라고 한다. 즉 공동의 안전을 위하여 희생된 보험목적물 자체의 손실을 공동해손희생손해라 한다. 공동해손희생손해의 예를 들면 ㉠ 투하(jettison) ㉡ 화재진압중 소방수에 의한 손해 ㉢ 침몰을 피하기 위한 임의좌초(선박의 희생) ㉣ 선박의 연료로 사용된 선용품 또는 화물 ㉤ 하역 중에 발생하는 손해 등의 손해가 있다.
② 공동해손비용손해: 공동해손행위로 인하여 비용이 지출되어 발생한 손해를 공동해손비용손해

---

4) MIA, 제64조 1항.

CHAPTER 20 해상손해 563

(general average expenditure)라고 한다. 공동해손비용손해에는 ⊙ 구조비 ⓒ 피난항 입항비 및 양륙비, 임시수리비 ⓒ 선박의 좌초시 예인선 비용(tug boat charge) ⓔ 정산비용 등이 있다.

③ 공동해손분담금: 공동해손행위로 이익을 얻은 관계당사자가 그 손해를 분담할 경우 이를 공동해손분담금(general average contribution)이라고 한다. 공동해손 분담금은 공동해손행위로 인하여 혜택을 입은 자들이 그 혜택의 정도에 따라 공평하게 분담하는 금액으로서 공동해손이 발생하면 공동해손정산인(general average adjuster)에 의해 공동해손정산서(statement of general average)가 작성되어 분담액이 정해진다. 공동해손의 정산에는 York-Antwerp Rule(YAR, 1994)에 따르도록 보험증권과 선화증권의 이면약관에 규정되어 있는 것이 보통이다.

York-Antwerp Rule은 국제해사법위원회(IMC)에 의하여 채택된 공동해손정산에 관한 국제 규칙으로 공동해손에 관한 한 이 규칙을 이용하는 것이 일반적이다. 이 규칙은 7개의 문자규정과 22개의 숫자규정으로 되어 있으며 공동해손 정산시 숫자규정이 우선하지만 숫자규정이 적용될 수 없으면 문자규정에 따라 해결한다.

☑ 공동해손의 기본원칙

어디까지를 공동해손의 범위로 할 것인지에 대해서는 다음과 같은 기본원칙이 있다.

① 공동안전주의: 이것은 공동의 안전이 달성된 때까지만 공동해손으로 간주한다. 즉 피난항에서 화물양륙시 공동의 안전이 달성된 것으로 보고 피난항 입항비와 양륙비는 공동해손비용으로 간주하지만 그 밖의 피난항 비용은 특별비(special charge)로 간주하는 원칙이다. 이 주의는 영국법이 채택하고 있다.

② 공동이익주의: 공동의 안전이 달성된 때에 한정하지 않고 다시 항해를 계속하여 최종 목적지까지 안전하게 도착할 때까지의 비용도 공동해손으로 간주하는 주의이다. 따라서 피난항에서의 입항비와 양륙비뿐만 아니라 창고료, 재선적비, 출항비까지 공동해손비용으로 간주한다. 이는 대륙법과 미국법이 채택하고 있다.

③ 절충주의: 공동안전주의와 공동이익주의를 절충하고 있는 것으로 요크-앤트워프 규칙에서 채택하고 있다. 즉 요크-앤트워프 규칙의 숫자규정은 공동이익주의를, 문자규정은 공동안전주의를 택하고 있다.

2. 비용손해

보험의 목적물을 손해로부터 방지·경감하기 위하여 피보험자가 지출하는 비용을 비용손해라고 한다.

(1) 손해방지비용

손해방지비용(sue and labour charge)이란 실질적인 위험에 처했을 때 피보험자 또는 그의 대리인(선장이나 선원 또는 하역업자 등)이 손해를 방지 또는 경감하기 위해서 합리적으로 지출한 비용을 말한다. 이 비용은 보험증권상의 손해방지약관에 따라 보험자가 피보험자에게 별도로 부담하는 비용이다. 손해방지비용은 만일 손해방지행위가 실패로 돌아가 화물의 손해액과 손해방지비용의 합계가 보험금액을 초과한 경우에도 보험자는 이를 보상해야 한다. 손해방지행위를 시도하다 실패한 경우에도 이 비용을 보상하는 이유는 피보험자로 하여금 적극적으로 손해방지행위를 유도하기 위해서이다.

손해방지비용에는 피난항에서의 가축사료비용, 해상 또는 육상으로의 계반비용, 담보위험으로 인한 재포장비, 배상책임이 있는 자에게의 소송비용 등이 있다.

> ☑ 손해방지비용의 성립요건
> 피보험자가 지출한 비용이 손해방지비용으로 성립되기 위해서는 다음과 같은 요건을 갖추어야 한다.
> ① 피보험자의 손해방지행위: 손해방지 행위의 주체는 반드시 피보험자 자신이나 그의 대리인이어야 한다.
> ② 합리적인 비용지출: 적절하고 합리적으로 지출된 손해이어야 한다.
> ③ 실제위험의 직면: 보험목적물이 실질적으로 위험에 처해 있어서 임박할 것
> ④ 담보위험의 발생: 담보위험으로 인하여 발생되는 손해를 방지하기 위해서 지출된 비용일 것

(2) 구조료

구조는 위험에 직면한 선박이나 화물을 구출하는 행위를 말한다. 여기서 구조료(salvage charge)란 구조계약에 의하지 않고 제3자에 의해 자발적으로 구조되었을 때 구조한 자에게 해법에 의해 지불하는 비용을 말한다.[5] 구조료는 현실적으로 위험한 상태에서 자발적으로 실제로 구조된 것이 있을 때만 지불되며, 「No cure, no pay」의 원칙에 따라 구조가 실패로 끝나 구조물이 없는 경우에는 구조료를 지급하지 않는다.

구조료는 원래 구조를 받은 자(피보험자)가 구조자에게 지급하는 것이나 해상보험에 의해 보험자가 대신 지불하는 비용이 되었다. 여기서 말하는 구조는 인명구조를 우선으로 하며 그 후 재산구조가 가능하다.

(3) 특별비용

담보위험으로부터 손해를 방지하기 위해 피보험자 또는 그의 대리인이 지출한 비용을 특별비(special charge or particular charge)라고 하는데 손해방지비용과 별 차이가 없는 이유는 손해방지비용도 일종의 특별비에 속하기 때문이다. 엄격한 의미에서 특

---

5) MIA, 제65조 2항.

별비는 공동해손비용과 구조료 이외의 모든 비용손해를 말한다. 또한 손해방지 행위의 주체가 제3자인 경우에는 구조료이고 피보험자 또는 그의 대리인인 경우에는 특별비라고 구분할 수 있다.

여기서 굳이 특별비와 손해방지비를 구분하는 이유는 양륙항에서 손해사정을 위해 발생하는 검사비용(survey fee), 계약구조비, 피난항에서의 화물 재정비 비용 등 손해방지비용으로는 보기 어려운 순수한 특별비가 있기 때문이다.

표 20-2   비용손해와 공동해손비용손해의 비교

구 분	구 조 비	손해방지비	특 별 비	공동해손비용
행위주체	제3자	피보험자 또는 그의 대리인	피보험자 또는 그의 대리인	선장
지출목적	공동이익 또는 단독이익	단독이익	단독이익	공동이익
종류(예시)	자발적 구조비만 해당	① 목적지 도착 전 비용 • 피난항 가축사료비 • 계반비용 • 재포장비 ② 소송비용	① 피난항 비용 • 창고료 • 재선적비 • 출항비 (공동안전주의) ② 목적지 도착 후 비용 • 화물건조비용 • 재포장비용 • 정상품분리비용 ③ 계약구조비	① 피난항 입항비 ② 피난항 양륙비 ③ (공동이익주의) • 창고료 • 재선적비 • 출항비 ④ 이초시 예인선비 ⑤ 공동해손행위에 의한 구조비
보상한도	실구조비	협정보험가액을 초과하더라도 피보험목적물의 손해액 + 손해방지비 모두를 보상	보험금액 내에서만 보상함	실지출비

3. 배상책임손해

피보험 선박이 자신의 과실이나 쌍방의 과실로 타선박과 충돌함으로써 상대선박의 선주 또는 화주가 손해를 입게 될 때 과실이 있는 선박의 피보험자가 이러한 손해를 배상하게 되는데 이를 충돌배상책임손해라고 한다. 선박의 충돌에는 일방 과실, 쌍방과실(both to blame), 쌍방 모두 과실이 없는 경우가 있다.

Lloyd's S. G. Policy에는 제3자에 대한 충돌손해배상책임에 대해서는 아무런 명시가 없고, 협회적화약관(Institute Cargo Clause: ICC)에는 쌍방과실충돌약관(both to blame collision clause)이 있어 선주와 화주의 제3자에 대한 배상책임을 보험자가 보상하도록 하고 있다.

21 해상보험증권과 협회적화약관

해상보험증권

1. 보험증권의 의의

해상보험에 가입하면 보험계약의 성립 및 보험계약의 내용을 증명하기 위하여 보험자가 작성하여 보험계약자에게 교부하는 증서를 보험증권(insurance policy)이라고 한다. 보험증권은 보험자만의 기명·날인이 있다는 점에서 보험계약서로 보기에는 무리가 있으나[1] 계약체결 사실을 증명하는 보험계약의 증빙서로 볼 수 있다.

해상보험계약은 불요식의 낙성계약이기 때문에 당사자간의 의사합치로 계약이 성립될 수 있으며 계약의 성립에 어떠한 요식행위도 필요하지 않는다. 따라서 보험증권의 발행여부와 관계없이 보험계약은 성립될 수 있다.

보험계약에 관한 모든 사항은 보험증권의 내용에 의해서 결정되기 때문에 보험증권에 기재되어 있지 않는 사항은 보험계약의 내용으로 인정받지 못한다.

MIA 22조에서도 "해상보험계약은 본 법률에 따라 해상보험증권에 구현되지 않는 한 증거로서 인정되지 못한다"고 규정하여 보험증권이 보험계약의 내용을 증명하는 증거서류임을 나타내고 있다.

---

1) 보험증권은 보험자만이 일방적으로 기명·날인하므로 계약서가 아니다.

2. 해상보험증권의 법적 성질

1) 요식증권성

보험증권이 보험계약의 내용을 증명하는 서류가 되기 위해서는 보험증권상에 기본적 계약내용을 기재하여야 한다. 해상보험증권은 법정기재사항이 있어야만 효력을 발휘하는 요식증권의 성질이 있지만 어음, 수표 등과 같이 엄격한 요식을 요구하지는 않는다.

우리나라 상법 제666조와 제695조에서는 해상보험증권에 기재되어야 할 사항을 아래 표와 같이 규정하고 있다.

표 21-1   상법상의 해상보험증권의 주요 기재사항

손해보험증권	적화보험증권	선박보험증권
보험의 목적, 보험사고의 성질, 보험금액, 보험료, 보험기간, 무효와 실권의 사유, 보험계약자의 주소와 성명, 보험계약의 연월일, 보험증권의 작성일, 보험자의 서명날인	선박의 명칭, 선박의 국적과 종류, 선적항, 양륙항, 출발지, 도착지, 협정보험가액	선박의 명칭, 선박의 국적과 종류, 항해의 범위, 협정보험가액

> **기 본 용 어**
>
> ☑ MIA 23조의 법정기재사항
>   피보험자의 서명 또는 피보험자를 위하여 보험계약을 체결하는 자의 성명

2) 증거증권성

보험계약의 내용을 증빙하기 위해서 보험자가 발행하는 증거증권의 기능을 가진다. 즉 보험자가 작성·교부하고 보험계약자가 별다른 이의없이 수령한 경우에는 보험계약의 성립과 그 내용에 대하여 추정적인 효력(증거증권적 효력)을 가진다.

3) 면책증권성

보험자는 보험금을 지급할 경우 보험증권을 제시하는 자의 자격을 조사할 권리가 있지만 의무사항을 아니므로 보험증권은 면책증권 또는 자격증권의 성질을 지닌다.

4) 상환증권성

보험증권은 보험계약의 내용을 증빙하는 서류이므로 피보험자가 보험금을 청구할 때 보험증권을 제시해야 하는 상환증권의 성질을 지닌다. 그러나 보험증권은 선화증권처럼 완전한 상환증권이 아니기 때문에 보험증권을 제출할 수 없을 때에는 보험계약의 체결사실만 입증되면 보험금을 청구하는 데는 문제가 없다.

3. 해상보험증권의 양식

오늘날 영국의 로이즈를 비롯하여 세계의 보험시장에서 사용되고 있는 해상보험증권은 3가지 형태가 있다.

①　1779년 영국의 로이즈 총회에서 공식적으로 채택하고 MIA 제1부칙에 규정된 한 표준 Lloyd's S. G. Form 보험증권양식, 선박 및 적화(Standrad S.G. Policy Form, Hull and Cargo)

②　런던 보험자협회(Institute of London Underwiter: ILU)의 회사용 보험증권, 선박 및 적화(Companies Combined Policy, Hull and Cargo)

③　1982년과 2009년 양식의 해상보험증권이다.

1) Lloyd's S. G. Policy Form

1779년 영국의 로이즈 보험자 총회에서 여러 양식을 통일화하여 영국해상보험법(MIA, 1906) 부록에 표준해상보험증권으로 채택함으로써 공식적으로 사용되기 시작하였다. 그 후 200여 년 동안 사용하여 오면서 동 표준양식은 중세영어로 난해하고 현실적으로 맞지 않는 점이 있어서 여러 차례의 수정과 보완이 있었다. 그 일환으로 1912년 기술 및 약관위원회에서 Lloyd's S. G. Policy Form에 첨부하여 사용하기 위한 특별약관을 제정하였는데 이것이 바로 협회적화약관(Institute Cargo Clause: ICC)이다.

이 약관에는 적화보험의 기본조건으로 ① All Risks(A/R; 전위험담보조건), ② WAIOP(With Average Irrespective of Percentage)조건을 포함한 WA(With Average; 분손담보조건), ③ FPA(Free from Particular Average; 분손부담보조건)가 있다. 이 약관은 1912년에 제정된 이래 수차례의 개정을 거치면서 1963년에 개정된 약관이 현재까지 사용되고 있으나 양식은 그대로이다.

Lloyd's S. G. Policy의 약관은 본문약관(Body), 이택릭서체약관(Italicized Clause), 난외약관(Marginal Clause), 보험증권의 이면에 있는 협회특별약관,[2] 스탬프약관, 수기문언 등으로 구성되어 있다.

2) 런던보험자협회의 회사용 보험증권

1795년 영국의 의회법(Act of Parliament)은 개인보험업자에게는 반드시 Lloyd's S.G. Policy를 사용하도록 하면서도 회사형태의 보험자에게는 이를 강요하지 않았다. 이로 인하여 영국의 보험회사들은 회사용 보험증권을 개발하여 사용하는 경향이 있었는데 이 것이 런던보험자협회(The Institute of London Underwriters; ILU)의 Companies Combined Policy이며, 적화용(Cargo)(청색)과 선박용(Hull)(백색)으로 구분하여 사용하고 있다. 이 중 적화보험증권은 Lloyd's S. G. Policy을 기초로 만든 것이어서 내용상 대동소이하며 우리나라에서도 널리 사용되고 있다.[3]

3) 1982년 및 2009년 해상보험증권 양식

구 해상보험증권은 업계에서 사용되면서 세 가지 기본조건들이 명칭상 문제가 많고, 담보범위에 있어서도 불명확한 점이 많아 이를 개정하기 위해서 몇 차례 수정을 해왔다. 1978년에 개최된 UNCTAD총회에서 이에 대한 개정을 의결하면서 오랜 연구 결과 협회 적화약관의 전면 개정이 이루어져 신 양식으로 1982년부터 사용되고 있다. 우리나라는 1983년 4월 1일부터 신 약관을 사용하면서 현재에는 신·구약관이 병행하여 사용되고 있 다. 새로이 정비된 협회적화약관은 ICC(A), ICC(B), ICC(C)의 세 가지 기본약관과 협회전 쟁약관(Institute War Clause; IWC) 및 협회동맹파업약관(Institute Strikes Clause; ISC) 등으로 구성되어 있다.

신 해상보험증권은 로이즈 보험시장에서 사용하는 New Lloyd's Marine Policy Form과 회사형태의 보험시장(Company Market)에서 사용하는 New ILU Marine Policy Form이 있다. 이들 두 양식은 내용면에서 큰 차이가 없으나 구 보험증권과는 다음 면에 서 차이가 있다.

① 본문약관, 난외약관, 이탤릭서체약관 등의 고문체를 폐지하고 현대문으로 협회 약관에 포함시킴으로써 증권을 단순화하였다.

② 약관의 명칭을 종래의 A/R, W.A, FPA에 대칭하는 ICC(A), ICC(B), ICC(C)로 변 경하여 용어상의 혼란을 방지하였다. ICC(A)와 ICC(B)간의 담보범위를 확대하 고, 손해면책비율 조항을 삭제하였으며, 육상운송시의 담보조항의 명시 등을 포

---

2) 보험증권의 이면에 있는 특별약관은 이면약관이라고도 하며 ① 협회적화약관(ICC FPA, WA, A/R), ② 협 회전쟁위험담보약관(Institute War Clauses) ③ 협회동맹파업·소요·폭동담보약관(Institute SRCC Clauses) 등이 있다.

3) 오원석, 해상보험론, 삼영사, 1995, pp.114-115.

함하고 있다.

③ 해상위험과 관련하여 해상고유의 위험(perils of the seas)의 용어를 삭제하고 위험을 구체적으로 열거하고 있다.

결과적으로 신 해상보험증권은 보험계약의 증거서류에 불과하게 되었고, 증권이(뒷)면의 신협회약관이 계약내용의 핵심이 되었다. 신 해상보험증권은 반드시 ICC(A), (B), (C)조건 가운데 하나를 첨부하여 보험증권으로서의 효력을 가질 수 있다.

1982년 협회적화약관이 제정된 지 4반세기가 경과하였고, 제정 당시와 비교해 볼 때 국제화물의 취급이나 2001년에 발생한 미국의 동시다발적인 테러를 발단으로 테러리스트의 위협 등으로 해상적화보험시장의 환경이 크게 변하였다. 따라서 영국보험시장에서 런던 국제보험인수협회(International Underwriting Association of London; IUA)와 로이즈시장협회(Lloyd's Market Association; LMA)의 대표로 구성되는 합동적화보험위원회(Joint Cargo Committee; JCC)가 2006년 2월부터 1982년 약관의 개정 작업을 시작하였고, 그 결과 2009년 협회적화약관(ICC) (A)(B)(C)가 탄생되었다.

4. 해상보험증권의 해석원칙

해상보험증권의 해석원칙에 대한 중요한 사항 몇 가지가 있다.

1) 수기문언의 우선원칙

해상보험증권의 약관에는 본문약관, 난외약관, 이탤릭서체약관, 협회특별약관, 스탬프약관 및 수기문언(手記文言) 등의 약관이 있다. 이들 약관의 내용이 서로 상충될 경우 어느 약관이 우선하는가 중요하다. ① 수기문언은 보험계약시 보험계약자가 특별히 의사표시를 한 것이므로 기타 약관에 비해 우선하여 적용하고, ② 타자문언 또는 스탬프약관, ③ 협회적화약관 등 특별약관, ④ 난외약관, ⑤ 이탤릭서체약관, ⑥ 본문약관의 순으로 해석되고 있다.

2) 계약 당사자의 의사존중 및 판례적용

보험증권의 해석은 계약당사자의 의사를 존중하는 해석이 기본원칙이다. 계약당사자의 의사는 이를 보험증권에서 찾아내야 하며, 필요한 경우 주위의 사정을 고려하여 보험증권의 어구를 해석할 수 있다.

3) POP원칙

보험증권의 각 약관이나 문언은 학문적, 이론적 의미로 해석되는 것이 아니라 평이한(plain), 통상적인(ordinary), 통속적인(popular) 의미로 해석되어야 한다는 것이다.

4) 동종제한의 원칙

보험증권의 위험약관에 열거된 위험은 앞에 열거된 위험과 유사한 또는 동일한 종류의 위험만을 의미하는 것으로 제한하여 해석하는 것을 동종제한의 원칙(principle of the like and same kind)이라고 한다.

구 보험증권의 위험약관(perils clause)에 열거된 13개 위험 이외에 "기타 모든 해상위험"(all other perils)의 의미는 앞에 열거된 13개 이외에 언급된 "모든 위험"을 의미하는 것이 아니라 앞에서 열거한 13개 위험과 유사한 종류의 위험을 의미한다는 것이다.

5) 문서작성자 불이익의 원칙(contra proferentem)

보험계약은 보험자가 보험증권을 일방적으로 작성하여 서명·교부함으로써 성립되는 계약이기 때문에 약관이나 문언이 애매할 경우는 작성자에게 불리하게 해석해야 하는 원칙을 말한다.

5. 해상보험증권의 기재사항

① 보험증권 번호(Policy No)
② 피보험자의 성명(Assured): 수출입 상사명을 기재. 통상 CIF계약의 경우 수출업자를 피보험자로 하여 백지배서(blank endorsement)에 의해 양도
③ 참조번호(Reference No.): 보험자가 업무상 참조하기 위한 번호임. 통상 수출의 경우는 신용장 또는 수출승인번호, 수입의 경우는 상업송장 또는 수입승인서의 번호를 기재함
④ 보험금액(Amount Insured): 보험계약자가 부보한 금액을 기재
   선박명: 'ship or vessel'이라고 표시됨
   출항예정일: 'sailing on or about'란에 출항예정일을 기재
⑤ 보험조건(Conditions and Warranties): 보험조건 ICC(A), (B), (C)중에 선택하고 그 외 추가담보사항을 기재

⑥ 보험금 지급지(claim, payable at/in): 일반적으로 수출의 경우 최종목적지항이 기재되고 수입의 경우는 당해 보험자명이 기재됨

⑦ 손해사고 통지처: 'Survey should be approved by'란에 기재함. 보험목적물에 사고가 발생할 경우 지체없이 통지해야 할 곳임. 수출의 경우 최종목적지항이 있는 보험자의 대리점의 상호 및 주소가 명시되고 수입의 경우는 보험자명이 기재됨.

⑧ 국내운송 용구(Local vessel): 화물이 국내운송 있을 경우 기재

⑨ 출항항(from): 화물의 출항지와 선적지가 다른 경우에 출항지에서 선적지까지 부보할 경우에 기재. from은 출항항 또는 출항지를 의미

⑩ 선박명(Ship or Vessel): 화물을 적재하는 선박명을 기재

⑪ 선박의 출항예정일(Sailing on or about): 적재 선박이 선적항을 출항하는 예정 연월일을 기재함. 선화증권의 선적일과 일치하도록 할 것.

⑫ 선적항과 도착항: 보험증권상에 'at and from'으로 된 것이 선적항(출발항)이고 'arrived at'이 도착항으로 두 항구간의 운송을 부보

⑬ 환적항(transhipped at): 환적이 있는 경우 환적항을 의미

⑭ 최종목적지와 운송용구(Thence to): 최종목적지가 내륙지방에 있어서 양륙항과 목적지가 상이한 경우에 운송약관에 따라 양륙항에서 최종 목적지까지의 운송화물에 대하여 부보할 때 최종목적지와 운송용구를 기재함.

⑮ 보험목적물의 명세(Goods and Merchandises): 화물의 품명, 수량, 화인 등을 신용장이나 선화증권상의 기재 내용과 동일하게 기재

⑯ 보험증권의 발행지와 발행일(Place and date signed in): 발행일은 선화증권의 발행일보다 이전이 되도록 함.

⑰ 보험증권의 발행부수(No. of Policies issued): 보통 2부가 발행되며, 보험자가 1부에 대해서 보상을 하면 나머지는 무효가 됨

⑱ 보험자의 서명: 보험증권은 보험자 또는 보험자의 대리인에 의하여 서명이 되어야 함.

⑲ 본문약관: 보험증권의 신 양식의 본문약관은 구양식보다 간결하게 되어 있으며, 준거법 약관, 타보험약관, 약인약관, 선서약관으로 되어 있음.

⑳ 난외약관 및 중요사항 약관: 종전 양식에 있던 이탤릭서체 약관과 대치되는 것으로서 Important Clause(중요사항약관)은 클레임 발생시에 피보험자가 취해야 할 각종 조치 및 절차 등을 명시하고 있음.

SAMSUNG FIRE & MARINE INSURANCE

SAMSUNG INSURANCE BUILDING
87, EULJIRO 1GA, CHOONG-KU,
SEOUL, KOREA

C.P.O. BOX 469
TELEX : AFMICO K23160

Policy No.

AEA-940600196

MARINE CARGO INSURANCE POLICY

Assured(s), etc.

HYO CHANG TEXTILE CORP.

Claim, if any, payable at :

TOPLIS AND HARDING (HONG KONG) LTD.,
2703 SHUN TAK CENTER 200 CONNAUGHT
ROAD CENTRAL HONG KONG
TEL:548-7080 FAX:858-2633

Claims are payable in the   U.S.DOLLARS.

Survey should be approved by :

TOPLIS AND HARDING (HONG KONG) LTD.,
2703 SHUN TAK CENTER 200 CONNAUGHT
ROAD CENTRAL HONG KONG
TEL:548-7080 FAX:858-2633

Local Vessel or Conveyance

Ship or Vessel called the

CHOYANG LAND V-422S

Sailing or on about   1994.05.30

at and from   BUSAN SOUTH KOREA

transhipped at

arrived at   HONG KONG   PORT

thence to

Goods and Merchandises

15,000YDS OF NYLON/SPANDEX CORDUROY
TRICOT FABRIC
WIDTH: 94/95" X ABOUT 50 YDS
WEITH: ABOUT 380 GR/YD

Ref. No.

INV   NO: HC-94109
L/C   NO: LC940546

Amount insured

U.S.DOLLARS.
    **************74,250.00
CARGO: US$ **************74,250.00
<US$ 67,500.00 X 110.00%>

Conditions

INSTITUTE CARGO CLAUSES (A)
INSTITUTE WAR CLAUSES (CARGO)
INSTITUTE STRIKES CLAUSES (CARGO)
FROM WAREHOUSE TO WAREHOUSE SUBJECT
TO I.C.C
CLAIMS, IF ANY, ARE TO BE PAID AT
DESTINATION IN THE SAME CURRENCY OF
THE DRAFTS

Institute Radioactive Contamination Exclusion Clause
Subject to the following Clauses as per back hereof
Institute Cargo Clauses specified above

인지세현금납부증
승 인 제90-3호
세 액   100 원정
승인년월일 90. 2. 1
소 공 세 무 서

Special Replacement Clause (applying to machinery)
On-Deck Clause
Institute Classification Clause

Marks and Numbers as per Invoice No. specified above

Place and Date Signed in.

SEOUL,   KOREA ON 2ND   JUN 1994

No. of Policies issued.

TWO

IMPORTANT
PROCEDURE IN THE EVENT OF LOSS OR DAMAGE FOR WHICH
UNDERWRITERS MAY BE LIABLE
LIABILITY OF CARRIERS, BAILEES OR OTHER THIRD PARTIES

It is the duty of the Assured and their Agents, in all cases, to take such measures
as may be reasonable for the purpose of averting or minimising a loss and to ensure
that all rights against Carriers, Bailees or other third parties are properly preserv-
ed and exercised. In particular, the Assured or their Agents are required:
1. To claim immediately on the Carriers, Port Authorities or other Bailees for
   any missing packages.
2. In no circumstances, except under written protest, to give clean receipts where
   goods are in doubtful condition.
3. When delivery is made by Container, to ensure that the Container and its seals
   are examined immediately by their responsible official.
   If the Container is delivered damaged or with seals broken or missing or with
   seals other than as stated in the shipping documents, to clause the delivery
   receipt accordingly and retain all defective or irregular seals for subsequent
   identification.
4. To apply immediately for survey by Carriers' or other Bailees' Representatives
   if any loss or damage be apparent and claim on the Carriers or other Bailees
   for any actual loss or damage found at such survey.
5. To give notice in writing to the Carriers or other Bailees within 3 days of
   delivery if the loss or damage was not apparent at the time of taking delivery.
NOTE: The Consignees or their Agents are recommended to make themselves
familiar with the Regulations of the Port Authorities at the port of dis-
charge.

INSTRUCTIONS FOR SURVEY

In the event of loss or damage which may involve a claim under this
insurance, immediate notice of such loss or damage should be given to and
a Survey Report obtained from this Company's Office or Agents specified in
this Policy or Certificate.

DOCUMENTATION OF CLAIMS

To enable claims to be dealt with promptly, the Assured or their Agents
are advised to submit all available supporting documents without delay, including
when applicable:
1. Original policy or certificate of insurance.
2. Original or certified copy of shipping invoices, together with shipping specifi-
   cation and/or weight notes.
3. Original or certified copy of Bill of Lading and/or other contract of carriage.
4. Survey report or other documentary evidence to show the extent of the loss
   or damage.
5. Landing account and weight notes as port of discharge and final destination.
6. Correspondence exchanged with the Carriers and other Parties regarding
   their liability for the loss or damage.

☞ In the event of loss or damage arising under this Policy, no claims will be
admitted unless a survey has been held with the approval of this Company's
office or Agents specified in this policy.

Notwithstanding anything contained herein or attached hereto to the contrary, this insurance is
understood and agreed to be subject to English law and practice only as to liability for and settlement
of any and all claims.

This insurance does not cover any loss or damage to the property which at the time of the happen-
ing of such loss or damage is insured by or would but for the existence of this Policy be insured by
any fire or other insurance policy or policies except in respect of any excess beyond the amount which
would have been payable under the fire or other insurance policy or policies had this insurance not been
effected.

We, **SAMSUNG FIRE & MARINE INSURANCE CO., LTD** hereby agree, in con-
sideration of the payment to us by or on behalf of the Assured of the premium as arranged, to insure
against loss damage liability or expense to the extent and in the manner herein provided.

In witness whereof, I the *Undersigned* of **SAMSUNG FIRE & MARINE INSURANCE CO.,
LTD** on behalf of the said *Company* have subscribed *My* Name in the place specified as above to the
policies, the issued numbers thereof being specified as above, of the same tenor and date, one of which
being accomplished, the others to be void, as of the date specified as above.

For **SAMSUNG FIRE & MARINE INSURANCE CO.,LTD**

AUTHORIZED SIGNATORY

종래의 보험계약은 영국의 Lloyd's S.G policy과 그 이면에 인쇄되어 있는 런던 해상보험업자협회(ILU)에서 제정한 협회적화약관(ICC)에 의해서 체결되어 왔다. 이 약관에는 적화보험의 기본조건으로 ① All Risks(A/R; 전위험담보조건), ② WAIOP(With Average Irrespective of Percentage)조건을 포함한 WA(With Average; 분손담보조건), ③ FPA(Free from Particular Average; 분손부담보조건)가 있다. 이 중에 WA, FPA는 열거책임주의를 채택하고 있고, A/R은 일체의 위험을 담보하는 포괄책임주의를 채택하고 있다. 그밖에도 협회전쟁약관(Institute War Clause), 협회동맹파업·폭동 및 소요약관(Institute Strikes, Riots and Civil Commotions Clause), 협회도난·발화 및 불착약관 등이 있다.

1. 공통약관

구 약관의 기본조건인 A/R, WA, FPA는 각각 14개 약관과 제15조의 주의규정(Note)으로 구성되어 있다. 14개 약관 가운데 제5조(담보범위)만 서로 다르고 나머지 13개 조항은 모두 동일하다. 따라서 제5조의 내용에 따라 A/R, WA, FPA로 구분된다. 우선 공통약관의 내용을 간단히 살펴보면 다음과 같다.

① 제1조 운송약관(Transit Clause): 일명 창고간약관(Warehouse to Warehouse Clause; W/W)으로 오랫동안 사용해 오다가 운송약관으로 명칭을 바꾸었다. 이 약관은 증권상의 본문약관에 정한 보험기간(선적시 – 양륙시)을 송화인의 창고에서부터 수화인의 창고까지 연장하는 것을 주요 골자로 하고 있다. 또한 이로(deviation)나 통상의 운송과정을 벗어난 보관 등으로 위험변경이 있을 경우에 계속적인 담보를 약정하고 있다.

② 제2조 운송계약종료약관(Termination of Adventure Clause): 피보험자가 처리할 수 없는 사정으로 인하여 화물이 목적지에 도착하기 전에 항해가 종료되는 경우, 할증보험료를 지급함으로써 보험기간이 일정기간 존속한다는 것을 정한 약관이다.

③ 제3조 부선약관(Craft, etc. Clause): 선적항 또는 양륙항에서 부선, 뗏목 또는 이와 비슷한 운송용구로 운송하는 동안의 기간도 보험기간에 포함한다는 것을 정한 약관이다.

④ 제4조 항해변경약관(Change of Voyage Clause): 항해가 변경되었을 경우 추가보험료를 지급하면 보험이 계속된다는 약관이다.

⑤ 제5조 단독해손부담보조건(F.P.A Clause), 분손담보약관(W.A Clause), 전위험 담보약관(A/R Clause): 뒤에서 설명함.

⑥ 제6조 추정전손약관(Constructive Total Loss Clause): 추정전손의 성립요건에 대하여 영국해상보험법(MIA) 제60조의 규정을 확인하는 약관이다.

⑦ 제7조 공동해손약관(General Average Clause): 공동해손의 처리를 위한 준거법 약관으로 통상의 보험증권과 선화증권에는 York-Antwerp Rule에 따라 이를 처리한다고 규정하고 있다.

⑧ 제8조 내항성 승인약관(Seaworthiness Admitted Clause): 영국법의 내항성담보를 완화하는 것을 주된 내용으로 하고 있는 약관이다.

⑨ 제9조 수탁자약관(Bailee Clause): 피보험자가 운송계약에 따라 운송인에게 손해배상을 청구해야 할 필요가 있을 경우 먼저 보험자에게 보상을 받고 운송인에 대한 배상청구권을 보험자에게 위부해야 한다는 내용의 약관이다.

⑩ 제10조 보험이익 불공여약관(Not to Inure Clause): 운송인 및 기타 수탁자에게 보험계약이 체결되어 있다는 이유로 이익을 주어서는 안 된다는 내용의 약관이다.

⑪ 제11조 쌍방과실충돌약관(Both to Blame Collision Clause): 선화증권의 쌍방과실충돌약관에 의거한 피보험자의 부담액중 보험증권에 의하여 보상받을 수 있는 손해를 피보험자에게 보상한다는 약관이다.

⑫ 제12조 포획·나포부담보약관(Free from Capture and Seizure Clause): 이 약관은 단순히 전쟁위험중 대표적인 포획 및 나포위험에 대하여 보험자가 보상하지 않음을 약정하고 있는 것이 아니라 모든 전쟁위험을 담보하지 않음을 규정하고 있다. 그러므로 전쟁위험을 담보받으려면 협회전쟁약관에 특약하여야 한다. 구 보험증권상의 이탤릭서체약관이 여기에 수록된 것이다.

⑬ 제13조 동맹파업·폭동 및 소요부담보약관(Free from Strikes, Riots and Civil Commotions Clause): 이 약관도 이탤릭서체약관에 있던 것으로 동맹파업 등의 위험을 보험자가 담보하지 않음을 규정하고 있다.

⑭ 제14조 신속조치약관(Reasonable Despatch Clause): 이 약관은 피보험자가 가능한 한 신속한 조치를 취해야 될 사유가 발생하였을 시에는 그렇게 해야 할 의무가 있음을 규정한 것으로서 위험변경시 고지의 의무, 손해방지의무, 구상권 확보의무 등을 재강조한 약관이다.

2. 구약관상 담보범위(제5조)

1) 분손부담보 약관(F.P.A)

F.P.A조건은 전손 및 공동해손, 비용손해는 보상되나 특정분손 이외의 분손은 담보되지 않는 보험조건이다. 이 조건에서는 침몰·좌초·대화재(SSB)에 의한 단독해손과 선적·환적·양화중의 매포장당 전손(이른바 sling loss) 및 화재·폭발·충돌 및 피난항에서의 양화와 상당인과관계가 있는 단독해손은 담보되는 것이 특징이다. 이렇게 분손부담보조건이지만 이 조건에서 담보되는 분손을 특정분손이라고 한다.

2) 분손담보조건(WA)

이 약관은 전손 및 공동해손은 물론이거니와 일부의 손해로서 화주의 단독해손을 담보하는 것을 원칙으로 하고 있다. FPA조건에서 담보되는 침몰·좌초·대화재(SSB)에 의한 단독해손은 물론 SSB 위험이 아닌 타 위험으로 인한 단독해손에 대해서도 담보된다. 그러나 담보화물을 적재한 선박이 침몰·좌초·대화재(SSB)를 입지 않는 한, 또한 화재·폭발·충돌에 상당인과관계가 없는 한, 보험증권에 기재된 일정비율 미만의 단독해손은 담보되지 않는다. 따라서 본 약관도 증권본문의 면책율약관보다 우선해서 적용되야 하는 특별약관이며, 실무상으로는 WA 3% 또는 WAIOP(With Average Irrespective of Percentage)조건으로 부보되고 있다.

WA조건은 FPA조건에서 담보되는 특정분손 이외의 모든 분손(불특정분손)도 확장담보하며, 또한 악천후에 의한 해수침손(Sea Water Damage by heavy weather)까지 담보된다.

》 기 본 용 어

☑ 소손해면책비율(franchise)
WA 3% 조건은 3% 미만의 손해는 보상되지 않지만 3% 이상의 손해는 모두 보상되는 면책비율[4]

☑ WAIOP 조건
면책비율이 적용되지 않고 어떠한 소손해도 보상되는 WA 조건.

---

4) 이에 비해 소손해공제비율(deductible franchise; excess)은 약정된 면책비율은 일단 공제하고 나머지 손해만 보상하는 것으로 파손(breakage), 부족손 및 누손(shortage and leakage) 등에 통상 적용되는데 0.5~5%까지의 공제비율이 화물의 특성에 따라 정해져 있다.

3) 전위험담보조건(All Risks)

- 법률이나 특약에 의해 면책되는 위험을 제외한 모든 손해에 대하여 보상해 주는 보험조건이다. FPA조건과 WA조건이 열거책임주의를 채택하고 있는 반면에 A/R 조건은 포괄책임주의를 채택.

- 전위험담보조건이라 할지라도 제12조와 제13조에 의해 전쟁위험과 동맹파업위험은 담보되지 않으므로 이들을 담보받기 위해서는 이들 위험을 담보하는 특별약관에 추가로 부보하여야 함.

- 영국해상보험법(MIA) 제55조 (2)항에 근거하여 다음과 같은 손해 부담보.

  ⓐ 피보험자의 고의적인 불법행위(wilful misconduct of the assured)로 인한 손해

  ⓑ 화물고유의 하자 또는 성질(inherent vice or nature of the goods)에 의한 손해

  ⓒ 자연감소 등과 같은 통상의 손해(ordinary loss or damage)

  ⓓ 항해의 지연(delay in voyage)으로 인한 손해(모든 간접손해)

  ⓔ 화물의 포장불량 등으로 인한 손해

표 21-2   ICC 구약관의 담보범위 비교

담보조건			담보위험범위
A/R	WA	FPA	① 부보화물의 전손(현실전손 및 추정전손)
			② 공동해손(희생손해, 비용, 분담액)
			③ 비용손해(구조비, 손해방지비, 특별비용)
			④ 본선 또는 부선의 좌초, 침몰, 대화재가 발생한 경우의 단독해손
			⑤ 적재, 환적, 하역작업 중의 매 포장 단위당의 전손
			⑥ 화재, 폭발, 충돌, 접촉 및 피난항에서 양화작업에 기인된 손해
			⑦ 상기 ④ ~ ⑥ 이외의 단독해손
			⑧ 악천후에 의한 해수손(단독해손)
			⑨ 아래 면책사항 이외의 모든 외부적 우발적 원인에 의하여 발생한 손해
면책사항			① 보험계약자 또는 피보험자의 고의적인 불법행위로 인한 일체의 손해
			② 화물의 고유의 하자, 성질, 운송지연으로 인한 손해
			③ 통상의 손해
			④ 전쟁, 폭동, 파업 등에 기인한 손해

SECTION 03 협회적화약관(1982)

1. ICC(A)

신협회적화약관에는 1982년 약관과 2009년에 개정된 약관이 있다. 양 약관의 차이점을 보면 다음 표에서 보는 바와 같이 전체 19개 약관 중 전혀 변경이 없는 약관은 3개 뿐이고, 일부 용어변경이나 문구를 수정한 약관이 10개이다. 그리고 실질적으로 내용이 바뀐 약관은 제4조, 제5조, 제7조, 제10조 그리고 제15조 약관이다. 또한 2009년 약관에서는 명칭이 혼란을 초래할 우려가 있다는 이유로 그 이름을 삭제한 조문이 5개 있다.

신협회약관의 ICC(A)은 구약관상의 A/R 조건에 대비되는 것으로 총 19개의 소약관으로 구성되어 있고 이를 다시 8개의 그룹으로 묶어 알기 쉽게 배열하고 있다.

이하에서는 ICC(A)의 중요한 약관 몇 가지만 간추려서 설명하고자 한다.

표 21-3   신협회적화약관 내용의 구성(1982와 2009비교)

구 분	조항	약 관 내 용		실질내용 변경	문구수정	변경사항 없음
		1982	2009			
담보위험 (Risks Covered)	1	• 위험약관	• 위험		○	
	2	• 공동해손약관	• 공동해손		○	
	3	• 쌍방과실충돌약관	• 쌍방과실충돌약관		○	
면책조항 (Exclusions)	4	• 일반면책약관		○		
	5	• 불내항성 및 부적합 면책약관		○		
	6	• 전쟁면책약관				○
	7	• 동맹파업면책약관		○		
보험기간 (Duration)	8	• 운송약관	• 운송	○		
	9	• 운송계약종료약관	• 운송계약종료		○	
	10	• 항해변경약관	• 항해변경	○		
보험금청구 (Claims)	11	• 피보험이익약관	• 피보험이익		○	
	12	• 계반비용약관	• 계반비용		○	
	13	• 추정전손약관	• 추정전손		○	
	14	• 증액약관	• 증액		○	
보험이익 (Benefit of Insurance)	15	• 보험이익불공여약관		○		

손해경감 (Minimising Losses)	16 17	• 피보험자의무약관 • 포기약관	• 피보험자의무 • 포기		○ ○	
지연의 방지	18	• 신속조치약관				○
법률과 관습	19	• 영국의 법률 및 관습 약관				○

1) 담보위험(Risks Covered)

담보위험에 관하여는 제1조의 위험약관(Risks Clause), 제2조 공동해손약관(General Average Clause) 및 제3조 쌍방과실충돌약관(Both to Blame Collision Clause)으로 구성되어 있다.

(1) 제1조 위험약관(Risks Clause)

> 1. This insurance cover all risks of loss or damage to the subject—matter insured except as provided in Clause 4,5,6 and 7 below.
>
> 1. 이 보험은 다음의 제4,5,6 및 7조에서 규정한 면책위험을 제외하고 피보험목적물에 발생한 멸실 또는 손상의 모든 위험을 담보한다.

A조건은 제4조, 5조, 6조 및 7조의 면책위험을 제외한 모든 위험을 담보하는 포괄책임주의를 택하고 있기 때문에 어떤 보험사고로 부터 보험자가 면책되려면 면책위험임을 증명하여야 한다.

일반적으로 A조건에서 담보되는 위험은 다음과 같다.
① B조건에 열거되어 있는 위험들
② 고의적인 선박침몰(scuttling)에 의한 손해
③ 악의손해(malicious damage), 예를 들어 도난·발화·불착손(TPND), 해적(piracy), 강탈(hijacking), 강도(thieves), 선원의 악행(barratry), 방화(arson), 고의적인 기계파괴행위(sabotage) 등 피보험자 이외의 제3자에 의한 불법행위는 담보된다.
④ 악천후(heavy weather)에 의한 손해
⑤ 그 밖에 전통적으로 담보되어 온 위험들

(2) 제2조 공동해손약관(General Average Clause)

* 구약관 A/R의 제7조와 표현방법은 다르지만 담보위험엔 별 차이가 없다.
* 신약관은 공동해손과 해난구조료에 대한 정산을 운송약관 또는 준거법 및 관습에 따르도록 규정하고 있으며 구약관에 표현된 York – Antwerp Rules에 관한 문구가 삭제되었다. 그러나 대부분의 국가나 해상운송약관에서는 York – Antwerp Rules에 따라 정산하도록 규정하고 있는 것이 일반적이다.

(3) 제3조 쌍방과실충돌약관("Both to Blame Collision" Clause)

본 약관은 구약관 제11조의 내용과 동일하다. 이것은 선화증권 등에 "Both to Blame Collision" Clause가 있는 경우에 한하여 본 약관이 적용될 수 있다. 선화증권상의 쌍방과실충돌약관이란 예를 들어 설명하면 다음과 같다.

가령 A선박이 B선박과 충돌한 경우 A선박에 과실이 있다면 보험자는 일단 A선박의 화주에게 손해액을 보상하고 A선박의 과실책임을 물어 A선박의 선주에게 손해배상을 청구 손해액을 회수한다. 이경우 A선박은 자기가 적재한 화물에 대해 보험자에게 물은 손해배상액을 다시 화주로부터 직접 회수할 수 있게 한 약관이 쌍방과실충돌약관("Both to Blame Collision" Clause)이다. 따라서 피보험자인 화주는 보험자로부터 보상받은 금액을 다시 자기 화물의 선주에게 되돌려 주어야 하는 모순이 되풀이된다.[5] 이러한 모순을 피하기 위해 신약관에 쌍방과실충돌약관이 삽입되어 피보험자(화주)가 선주로부터 이러한 청구를 받았을 때 보험자가 이를 보상하도록 한 것이다. 결국 이 약관은 피보험자를 추가로 확장담보해 주는 효과를 가지고 있다.

2) 면책위험(Exclusions)

면책위험은 제4조의 일반면책약관(General Exclusion Clause), 제5조의 불내항 및 부적합면책약관(Unseaworthiness and Unfitness Exclusion Clause), 제6조의 전쟁위험면책약관(War Exclusion Clause), 제7조의 동맹파업면책약관(Strike Exclusion Clause)으로 구성되어 있다.

---

5) 1952년 United States of America v. Atlantic Mutual Inc. Co.사건에서 미국 최고재판소는 선화증권상의 쌍방과실충돌약관은 무효라고 판결하였다. 따라서 미국법상으로는 선박의 쌍방과실충돌로 인하여 손상을 입은 화물의 화주는 자기 화물의 선박이나 상대선박의 선주에게 손해배상을 청구할 수 있다.

(1) 제4조 일반면책위험(General Exclusion Clause)

4. (일반면책약관) 어떠한 경우에도 이 보험은 다음의 손해를 보상하지 않는다.

4.1. 피보험자의 고의적인 악행에 기인하는 멸실, 손상 또는 비용

4.2. 피보험목적의 통상의 누손, 통상의 중량, 용적의 부족 또는 자연소모

4.3. 피보험목적의 포장 또는 준비의 불완전 또는 부적절로부터 생기는 멸실, 손상 또는 비용

(본건 4.3.에서 포장이라 함은 컨테이너 혹은 지게자동차에 적부(stowage)하는 것을 포함하는 것으로 한다. 다만 이러한 적부가 이 보험의 개시 전에 행하여지거나 또는 피보험자 혹은 그 사용인에 의하여 행하여지는 경우에 한한다)

4.4. 피보험목적의 고유의 하자 또는 성질을 근인으로 하는 멸실, 손상 또는 비용

4.5. 지연이 피보험위험에 의하여 생긴 경우라도 당해 지연을 근인하여 생긴 멸실, 손상 또는 비용(위 제2조에 의하여 지불되는 비용은 제외함)

4.6. 본선의 소유자, 관리자, 용선자 또는 운항자의 지급불능 또는 금액상의 채무불이행으로 생기는 멸실, 손상 또는 비용

4.7. 원자력 또는 핵의 분열 및/또는 융합 또는 기타 이와 유사한 반응 또는 방사능이나 방사성물질을 응용한 무기의 사용으로 인하여 발생한 멸실, 손상 또는 비용

(2) 제5조 불내항 및 부적합 면책약관(Unseaworthiness & Unfitness Exclusion Clause)

5.1. 이 보험은 어떠한 경우에도 다음 사항으로 인하여 발생하는 손상 또는 비용을 보상하지 않는다.

본선 또는 부선의 불내항, 본선 또는 부선·컨테이너 또는 지게자동차가 피보험목적물의 안전한 수송에 부적당한 경우

다만, 피보험자, 그 사용인이 해당 운송용구에 선적할 때 이러한 불내항 또는 부적당한 사실을 알고 있을 경우에 한한다.

5.2. 선박의 내항성담보 또는 피보험목적물을 목적지까지 운송하는데 적당하지 않으면 안된다는 묵시담보를 위반할 경우는 피보험자 또는 그 사용인이 이러한 불내항성 또는 부적당한 사실을 알지 못할 경우에 한하여 보험자는 그 권리를 포기한다.

피보험자가 화물을 선적할 당시에 선박의 불내항성을 알고도 선적을 하였다면 보험자가 면책되지만 그렇지 않을 경우에는 선박의 내항성이 없었다는 이유로 보험금 지급에 영향을 주지는 않는다는 약관이다.

(3) 제6조 전쟁위험면책약관(War Exclusion Clause)

> 6. 본 보험은 아래의 위험을 원인으로 해서 발생된 멸실, 손상 혹은 비용을 담보하지 않는다.
> 6.1. 전쟁, 내란, 혁명, 반역, 반란 또는 이로 인하여 생기는 국내투쟁 또는 교전국에 의한 또는 교전국에 대하여 가해진 적대행위
> 6.2. 포획, 나포, 강류, 억지 또는 억류와 이러한 행위의 결과 또는 이러한 행위를 하고자 기도한 결과(해적위험은 제외됨)
> 6.3. 유기된 기뢰, 어뢰, 폭탄, 기타 유기된 전쟁병기

- 전쟁위험은 원래 S.G. Form 증권의 위험약관에서 담보위험으로 열거하고 있었으나 이탤릭서체약관인 포획·나포부담보약관(Free from Capture and Seizure Clause; FC & S clause)에서 제외되고 본 약관에서 다시 제외시켰기 때문에 피보험자가 이를 담보받기 위해서는 추가보험료를 내고 전쟁위험특별약관인 "Institute War Clause"(IWC)를 첨부하여야 한다.
- 가장 큰 특징: ICC(A)에서 해적행위(piracy)에 의한 손해가 담보된다는 것이다. 원래 해적행위는 전쟁위험과 같은 위험으로 간주해 담보되지 않았으나 이 약관에서는 전쟁위험에서 삭제하여 담보되는 것으로 규정하고 있다. 그러나 해적위험은 ICC(B), ICC(C)에서는 담보되지 않는다. ICC(B) 또는 (C)에서 이 위험을 담보받으려면 협회악의손해약관(Institute Malicious Damage Clause)에 가입해야 한다.

(4) 제7조 동맹파업면책약관(Strike Exclusion Clause)

> 7. 어떠한 경우에도 이 보험은 아래의 위험을 원인으로 발생한 멸실, 손상 또는 비용을 담보하지 않는다.
> 7.1. 동맹파업자, 직장폐쇄를 당한 노동자 또는 노동쟁의, 폭동 또는 소요에 가담한 자에 의하여 발생된 것
> 7.2. 동맹파업, 직장폐쇄, 노동쟁의, 폭동 또는 소요의 결과로 발생된 것
> 7.3. 테러리스트 또는 정치적 동기를 가지고 행동하는 자에 의하여 발생되는 것

- 구 증권에서의 FSR & CC Clause가 변경된 것이다.
- 가장 큰 특징: 7 − 3항과 같이 테러리스트 또는 정치적 동기를 가진 자에 의해 발생한 손실이 추가되었다.

- 따라서 동맹파업이 면책위험이므로 피보험자가 동맹파업 위험을 담보하려면 동맹파업약관(Institute Strike Clause: ISC)에 추가 부보해야 한다.

3) 보험기간(Duration)

보험기간은 제8조의 운송약관(Transit Clause), 제9조의 운송계약종료약관(Termination of Contract of Carriage Clause) 및 제10조의 항해변경약관(Change of Voyage Clause)으로 구성되어 있다.

(1) 제8조 운송약관(Transit Clause)

> 8.1. 이 보험은 화물이 운송개시를 위해 이 보험증권에 기재된 지역의 창고 또는 보관 장소를 떠날 때 개시되고 통상의 운송과정에 있는 중 계속되며,
>   8.1.1. 이 보험증권에 기재된 목적지의 수화인 또는 기타의 최종창고 또는 보관 장소에 인도될 때
>   8.1.2. 이 보험증권에 기재된 목적지에 도착하기 이전이나 또는 목적지에서를 불문하고 피보험자가 다음의 목적 중 어느 것에 사용코자 택한 기타의 창고 또는 보관장소에 인도될 때
>   8.1.2.1. 운송의 통상과정이 아닌 보관, 또는
>   8.1.2.2. 할당 또는 분배,
>   8.1.3. 최종 양화항에서 외항선으로부터의 화물의 하역 완료 후 60일이 경과될 때 중의 어느 것이든 먼저 생긴 때에 종료한다.
> 8.2. 최종 양화항에서 외항선으로부터의 양화 후, 그러나 본 보험기간의 종료 이전에 화물이 본 보험에서 부보된 목적지 이외의 장소로 운송되는 경우에는 이 보험은 위의 규정에 따라 계속되나 새로운 목적지로 운송이 개시할 때에 종료한다.
> 8.3. 이 보험은(위의 규정에 따라 종료하며 그리고 다음 제9조의 규정에 따라) 피보험자가 좌우할 수 없는 지연, 이로, 부득이한 양화, 재선적, 환적 및 해상운송계약상 선주 또는 용선주에게 부여된 자유재량권의 행사결과로부터 생기는 위험의 변경기간 중에도 유효하게 계속한다.

본 약관은 구약관의 제1조 운송약관, 일명 창고간약관(W/W Clause)과 내용이 거의 동일하다. 본 약관에 규정되어 있는 보험자의 책임의 시기(始期) 및 종기(終期)는 다음과 같다.

① 담보개시 시기: 본 약관에 규정된 담보의 시기는 화물이 보험증권에 기재된 지역

의 창고 또는 보관장소에서 운송의 개시(commencement of transit)를 위해 떠날 때에 개시된다. 그러므로 별도의 명시가 없는 한 운송용구에 적재하는 동안이나 실제로 운송이 개시되기 전에 발생한 손해는 담보되지 않는다.

② 담보의 종기: 해상적화보험은 본 약관의 규정에 따라 화물의 운송개시가 시작될 때 담보가 시작되고 통상적인 운송과정 중(ordinary course of transit) 계속되어 다음과 같은 사유가 발생하면 종료된다.

㉮ 보험증권에 기재된 목적지의 수화인의 최종창고 또는 기타 최종창고 인도될 때에 보험은 종료.

㉯ 통상의 운송과정이 아닌 보관을 위해 기타 창고에 인도될 때 그리고 할당이나 분배를 위해 다른 창고에 인도될 때 보험은 종료.

㉰ 최종 양륙항에서 외항선(본선)으로부터 화물양륙 후 60일이 경과하면 보험은 종료된다.

여기서 규정된 60일 약관은 국제적인 관습이며, 우리나라는 1993년 4월부터 수입적화보험의 경우 최종 양륙항 화물양륙 후 30일간으로 규정하여 국제관습과는 차이가 있음에 유의해야 한다. 그러나 수출적화보험일 경우에는 통상 60일의 국제관습이 그대로 적용된다.

㉱ 위와 같은 3가지의 일반적인 사유 이외에 화물양륙 후 보험증권에 기재된 최종목적지가 변경될 때 변경된 목적지를 향해 운송이 개시되면 보험은 종료된다. 여기서도 화물 양륙 후 중간창고에서 60일이 경과하면 보험은 종료하지만 60일 경과 이전이라도 변경된 목적지를 향해 운송을 개시할 때 보험은 종료된다.

그 밖에 제3항에 의하면 피보험자가 좌우할 수 없는 지연이나 이로, 강요된 양화, 재선적 또는 환적의 경우에는 계속 담보됨을 규정하고 있다. 그러나 지연과 이로의 경우 영국해상보험법(MIA)에서나 신약관 제4조 면책약관에 의하여 어떠한 경우(in no case)라도 이로 인한 손해는 보험자가 면책된다고 규정하고 있고, 부득이한 양화나 환적 등은 제9조 운송계약종료약관6)에 의하여 보험자에게 지체 없이 통보하고 추가보험료 납부조건으로 계속 담보될 수 있을 뿐이다.

---

6) 이 약관은 피보험자가 좌우할 수 없는 사정(예를 들어, 선주의 파산, 목적항의 동맹파업)에 의해 운송계약이 목적항 이외의 항구에서 종료하면 보험도 종료한다는 약관이다. 따라서 이러한 경우 보험자와 합의하여 추가보험료를 내는 조건으로 계속 담보를 받을 수 있다.

2. ICC(B)

ICC(B) 조건은 ICC(A)와 마찬가지로 19개 조항으로 구성되어 있으며 제1조 위험약 관만 다르고 나머지는 동일하다. 따라서 여기서는 제1조에 규정된 담보위험만을 살펴보 기로 한다.

1) 제1조 위험약관(Risks Clause)

> 1. (위험약관) 이 보험은 다음의 제4조, 5조, 6조 및 제7조에서 규정한 면책위험을 제외 하고 다음의 멸실, 손상을 보상한다.
>   1.1. 아래의 사유에 상당인과관계가 있는 보험목적의 멸실, 손상
>   1.1.1. 화재 또는 폭발
>   1.1.2. 본선 또는 부선의 좌초, 교사, 침몰 또는 전복
>   1.1.3. 육상운송용구의 전복 또는 탈선
>   1.1.4. 본선, 부선 또는 운송용구와 물 이외의 타물과의 충돌 또는 접촉
>   1.1.5. 피난항에서의 화물의 하역
>   1.1.6. 지진, 화산의 분화, 낙뢰
>   1.2. 아래의 사유로 생긴 보험목적의 멸실, 손상
>   1.2.1. 공동해손희생손해
>   1.2.2. 투하 또는 갑판유실
>   1.2.3. 본선, 부선, 선창, 운송용구, 컨테이너, 지게자동차 또는 보관장소에 해수, 호수, 강물의 침입
>   1.3. 본선, 부선으로의 선적 또는 양륙작업 중 바다에 떨어져 멸실되거나 추락하여 발생된 포장당 전손

ICC(B)조건은 제4조, 제5조, 제6조, 제7조의 면책위험을 제외하고 다음 6가지로 열 거된 위험에 상당인과관계가 있는 손해(loss or damage reasonably attributable to)를 보상 한다.

① 화재·폭발: 열에 의한 손해, 소방수(水)에 의한 손해, 화재와 분리키 위해 발생한 손해, 파편에 의한 손해 등도 보상됨

② 본선 또는 부선의 좌초, 교사, 침몰 또는 전복

③ 육상운송용구의 전복 또는 탈선

④ 본선, 부선 또는 운송용구와 물 이외의 타물과의 충돌 또는 접촉: 충돌의 협의적 개념은 선박간의 충돌을 의미하며 광의적 개념은 선박을 포함한 물 이외의 타물(얼음 등)과의 충돌도 포함된다. 악천후 중 선창내 화물간의 충돌 손해는 보상 안 됨.

⑤ 피난항에서의 화물의 하역: 피난항에 들렸다가 도착항에 도착해보니 화물이 손해가 난 경우 피난항에서의 양화, 보관, 재선적중 언제 손상됐는지 알 수 없는 경우 피난항에서의 양화와 상당인과관계가 있다고 증명되면 보상함
  – 양화비·보관비·재선적비는 공동해손비용 또는 특별비로 보상하지만 기타 화물의 손해 보상

⑥ 지진, 화산의 분화, 낙뢰: 낙뢰위험은 악천후 위험 중 해상고유의 위험으로 간주되어 담보되어 왔으며, 육상운송 중 낙뢰는 화재를 수반하여 화재로 보상이 일반적임.

2) 3개의 열거된 위험으로 인한 손해(loss or damage caused by)

근인관계(近因關係)에 있는 손해는 피보험자가 인과관계(최유력조건설)에 기초하여 입증해야 한다.

① 공동해손희생손해: 보험자는 정산이 완료되기 전에 우선 피보험자에게 지급하고 대위를 받아 정산완료 후 회수함

② 투하 또는 갑판유실
  • 투하 – 화물고유의 하자로 인한 투하(부패된 쇠고기의 투하)는 투하가 아님
  • 적의 습격을 받게 된 선장이 고액의 달러가 적의 수중에 넘어가는 것을 막기 위해 투하한 것을 투하로 인정한 사례(Butler v. Wildman 1820)가 있다. 투하와 동종의 손해라 하여 투하 인정
  • 갑판유실(washing over board)
    – 피보험자의 입증책임사항임.
    – A, B조건으로 부보해도 갑판적이 되면 On Deck Clause에 의해 ICC(C) + JWOB로 자동 변함
    – 결국 ICC(B)조건에 갑판유실 위험이 추가되었다고 해도 실제로 갑판유실 되는 것은 갑판적 화물이므로 추가담보의 효력은 거의 없음.

– 갑판적이 상관습인 화물은 사전 통지하지 않아도 되나 컨테이너 갑판적
과 같이 위험한 화물은 고지해야 함

» 기 본 용 어

☑ On Deck Clause(갑판적 약관)
화물의 선창내 적재를 전제로 보험계약을 ICC(B)조건 이상으로 체결한 경우, 화물이 갑판적으로
변경된 때에는 보험증권에서 정한 보험조건과 관계없이 자동으로 "ICC(C) 또는 FPA + JWOB"
조건으로 변경된다고 명시한 약관

③ 본선, 부선, 선창, 운송용구, 컨테이너, 지게자동차 또는 보관 장소에 해수, 호수, 강물
의 침입
• 해수침입 – 대개 악천후, 충돌, 좌초 등에 의해 발생
• 빗물에 의한 손해(rain water damage)는 담보되지 않음.

3) 선적 또는 양륙작업 중 추락한 매포장당 전손

환적 중의 추락손은 해당 안됨
• (B)조건도 (A)조건과 같이 제4조, 5조, 6조 및 7조에 규정된 면책위험은 담보되지
않으며 특히 ICC(A)에서 담보되는 악의손해(malicious damage)는 부담보.

3. ICC(C)

1) 제1조 위험약관(Risks Clause)

1. (위험약관) 이 보험은 다음의 제4조, 5조, 6조 및 제7조에서 규정한 면책위험을 제외
하고 다음의 멸실, 손상을 보상한다.
1.1. 다음의 사유에 상당인과관계가 있는 보험목적의 멸실, 손상
1.1.1. 화재 또는 폭발
1.1.2. 본선 또는 부선의 좌초, 교사, 침몰, 전복
1.1.3. 육상운송용구의 전복 또는 탈선
1.1.4. 본선, 부선 또는 운송용구와 물 이외의 다른 물체와의 충돌 또는 접촉
1.1.5. 피난항에서의 화물의 양륙

> 1.2. 다음의 사유로 생긴 보험의 목적의 멸실, 손상
>> 1.2.1. 공동해손희생손해
>> 1.2.2. 투하

- (C) 조건은 ICC(A)와 같이 19개 조항으로 구성되어 있으며, 단지 제1조 위험약관만 (B)조건과 차이가 난다. 이 조건은 구약관의 FPA 조건을 변경한 것이다. 담보위험은 ICC(B)의 담보위험 중 다음과 같은 4가지 위험이 제외되고 나머지는 모두 같다.

① 지진, 화산의 분화, 낙뢰와 상당인과관계가 있는 손해
② 갑판유실(washing overboard)로 인한 손해
③ 본선, 부선, 선창, 운송용구, 컨테이너, 지게자동차 또는 보관 장소에 해수, 호수, 강물의 침입으로 생긴 손해(해수침손 등)
④ 본선, 부선으로의 선적 또는 양륙작업 중 바다에 떨어져서 멸실하거나 추락하여 발생한 포장당 전손

그리고 면책위험은 ICC(B)조건과 ICC(C)조건이 모두 동일하다.
신협회적화약관의 ICC(A), (B), (C)조건의 담보위험과 면책위험을 비교요약하면 다음과 같다.

표 21-4   신약관상의 담보위험

약관조항	담 보 위 험	A	B	C	비 고
제1조	① 화재·폭발	○	○	○	①~⑥의 사유에 상당인과관계가 있는 멸실·손상
	② 선박·부선의 좌초·교사·침몰·전복	○	○	○	
	③ 육상운송용구의 전복·탈선	○	○	○	
	④ 선박·부선·운송용구의 타물과의 충돌·접촉	○	○	○	
	⑤ 조난항에서의 화물의 양화	○	○	○	
	⑥ 지진·분화·낙뢰	○	○	×	
	⑦ 공동해손의 희생	○	○	○	⑦~⑫의 사유로 인한 멸실·손상
	⑧ 투하	○	○	○	
	⑨ 갑판유실	○	○	×	
	⑩ 해수·조수·하천수의 운송용구·컨테이너·지게자동차·보관장소에의 침수	○	○	×	

약관조항	면책위험			
	⑪ 적재·양화 중의 수몰·낙하에 의한 포장당 전손	○	○	×
	⑫ 상기 이외의 일체의 위험	○	×	×
제2조	공동해손조항	○	○	○
제3조	쌍방과실충돌조항	○	○	○

○: 보험자의 담보,　×: 보험자의 부담보

표 21-5　　신약관상의 면책위험

약관조항	면 책 위 험	A	B	C
제4조 일반면책 조　　항	① 피보험자의 고의적인 불법행위	×	×	×
	② 통상의 누손, 중량 또는 용적의 통상의 감소, 자연소모	×	×	×
	③ 포장 또는 운송용구의 불완전 부적합	×	×	×
	④ 물품고유의 하자성질	×	×	×
	⑤ 지　　연	×	×	×
	⑥ 선박소유자 관리자 용선자 또는 운항자의 지급불능 또는 채무불이행	×	×	×
	⑦ 어떤 자의 불법행위에 의한 의도적인 손상 또는 파괴	○	×	×
	⑧ 원자핵무기에 의한 손해	×	×	×
제5조	⑨ 피보험자 또는 그 사용인이 인지하는 선박의 내항성결여 부적합	×	×	×
제6조	⑩ 전쟁위험(War Exclusion)	×	×	×
제7조	⑪ 동맹파업(SRCC)	×	×	×

○: 보험자의 담보,　×: 보험자의 부담보

SECTION 04　신 협회적화약관(2009)

　　본 절에서는 1982년 협회적화약관과 비교하여 실질적인 내용의 변경이 있는 2009년 협회적화약관의 제4조, 제5조, 제7조, 제8조, 제10조 그리고 제15조의 약관만을 설명하고, 용어나 문구만을 수정한 조항은 1982년 협회적화약관과 다르지 않기 때문에 생략하기로 한다.

1. 제4조(일반 면책)

> 4. 어떠한 경우에도 이 보험은 다음의 손해를 보상하지 않는다.
>
> 4.1. 피보험자의 고의적인 악행에 기인하는 멸실, 손상 또는 비용
>
> 4.2. 보험목적의 통상의 누손, 통상의 중량, 용적의 부족 또는 자연소모
>
> 4.3. 이 보험의 대상이 되는 운송에서 통상 발생하는 사고에 견딜 수 있도록 보험의 목적의 포장 또는 준비를 완전하고 적절하게 하지 않음으로 인하여 발생한 멸실, 손상 또는 비용
>
> 다만, 그러한 포장 또는 준비가 피보험자 또는 사용인에 의해 실행되거나 이 보험의 개시 전에 실행되는 경우에 한한다(본 조항에 있어서 "포장"은 컨테이너에 적부(stowage)하는 것을 포함하고, "사용인"에는 독립계약자를 포함하지 아니한다).
>
> 4.4. 보험목적의 고유의 하자 또는 성질을 근인으로 하는 멸실, 손상 또는 비용
>
> 4.5. 지연이 피보험위험에 의하여 생긴 경우라도 당해 지연을 근인하여 생긴 멸실, 손상 또는 비용(위 제2조에 의하여 지불되는 비용은 제외함)
>
> 4.6. 본선의 소유자, 관리자, 용선자 또는 운항자의 지급불능 또는 재정상의 궁핍으로 인한 멸실, 손상 또는 비용. 다만 보험목적을 본선에 적재할 때 피보험자가 그러한 파산 또는 재정상의 궁핍이 그 항해의 정상적인 수행을 방해할 수 있다는 사실을 알고 있었거나 또는 통상의 업무상 당연히 알고 있었을 경우에 한함.
>
> 이 면책규정은 구속력 있는 계약에 따라 선의로 보험의 목적을 구입한 자 또는 구입하는 것에 동의한 자에, 보험계약이 양도되어 그 자가 이 보험에 의해 보험금을 청구하는 경우에는 적용되지 아니함.
>
> 4.7. 원자력 또는 핵의 분열 및/또는 융합 또는 기타 이와 유사한 반응 또는 방사능이나 방사성 물질을 응용한 무기 또는 장치의 사용으로 인하여 직접 또는 간접적으로 발생한 멸실, 손상 또는 비용.

본 조항은 MIA에 규정된 면책위험에 대한 내용을 피보험자가 대부분 모르기 때문에 2009년 협회적화약관에서 명시하고 있는 것이다.

2. 제5조(불내항 및 부적합 면책)

> 5.1. 이 보험은 어떠한 경우에도 다음 사항으로 인하여 발생하는 손상 또는 비용을 보상하지 않는다.
>
> 5.1.1. 본선 또는 부선의 불내항, 또는 보험의 목적의 안전운송을 위한 본선 또는 부선

의 부적합. 다만, 보험의 목적을 적재할 때에 피보험자가 그와 같은 불내항 또는 부적합한 사실을 알고 있을 경우에 한한다.

5.1.2. 보험목적의 안전운송을 위한 컨테이너 또는 운송용구의 부적합. 다만 그 적재가 이 보험의 개시 전에 실행되는 경우 또는 피보험자 또는 그 사용인에 의해 실행되고 또한 그들이 적재 시에 그러한 부적합한 사실을 알고 있을 경우에 한함.

5.2. 상기 5.1.1 면책규정은 구속력 있는 계약 하에서, 선의로 보험의 목적을 구입한 자 또는 구매하는 것에 동의한 자에, 이 보험계약이 양도되어, 그 자가 이 보험에 의해 보험금을 청구하는 경우에는 적용되지 아니한다.

5.3 보험자는 선박의 내항성 및 피보험목적물을 목적지로 운송하기 위한 선박의 적합에 대한 묵시담보의 위반에 대하여 보험자의 권리를 포기한다.

피보험자가 화물을 선적할 당시에 선박의 불내항성을 알고도 선적을 하였다면 보험자가 면책되지만 그렇지 않을 경우에는 선박의 내항성이 없었다는 이유로 보험금 지급에 영향을 주지는 않는다는 약관이다. 그런데 2009년 약관에 의하면 불내항, 부적합 면책은 다음과 같은 경우에 적용된다.

① 피보험자가 선적 시에 선박 또는 부선의 불내항/부적합을 알고 있는 경우,
② 컨테이너가 또는 운송용구가 물품의 안전운송에 부적합하고 또는
- 적재가 이 보험의 개시 전에 실행되었거나 또는
- 적재가 피보험자 또는 그 사용인에 의해 실행되고 또한 그들이 그러한 부적합을 알고 있는 경우

따라서 2009년 협회적화약관을 이용할 경우 피보험자의 사용인이 불내항 사실을 알고 있다고 해도 보험자는 면책되지 아니한다. 또한 컨테이너 등이 부적합하다고 해도 피보험자나 그 사용인이 적재하지 않은 경우나 보험기간이 개시된 후 적재된 경우에는 이 면책이 적용되지 않는다.

결과적으로 2009년 협회적화약관이 1982년 협회적화약관보다 면책범위가 좁아 피보험자에게 유리하다고 할 수 있다.[7]

---

7) 이시환, 신무역보험론, 대웅사, 2009. p.301.

3. 제7조(동맹파업 면책)

> 7. 어떠한 경우에도 이 보험은 다음의 멸실, 손상 또는 비용을 담보하지 아니한다.
>   7.1. 동맹파업자, 직장폐쇄를 당한 노동자 또는 노동쟁의, 폭동 또는 소요에 가담자에 의하여 발생된 것
>   7.2. 동맹파업, 직장폐쇄, 노동쟁의, 폭동 또는 소요의 결과로 발생된 것
>   7.3. 일체의 테러행위, 즉 합법적 또는 불법적으로 설립된 일체의 정부를 무력 또는 폭력으로, 전복 또는 영향력을 미치기 위하여 행동하는 조직을 대신하여 또는 그 조직과 연대하여 행동하는 자의 행위에 의한 것
>   7.4. 정치적, 사상적 또는 종교적 동기에 의하여 행동하는 자에 의하여 발생된 것

- 1982년 협회적화약관은 테러리스트들의 행위에 의한 손해에 대해서는 보험자가 면책되었다. 이들을 담보받기 위해서는 전쟁위험의 경우와 마찬가지로 동맹파업위험 담보특약인 Institute Strikes Clauses(Cargo)를 별도로 첨부하여야 했다.
- 2009년 협회적화약관에서는 테러리스트에 의한 손해로 한정하지 않고, 테러행위 전반을 가리키는 일체의 "테러행위"(terrorism)로 인한 손해에 대하여 면책되는 것으로 규정하였다.
- "테러행위"의 정의: "조직을 대신하거나 또는 그 조직과 연대하여 행동하는 자"에 의하여 행하여져야 한다고 인과관계를 명확하게 하기 위해서 정의를 내리고 있다. 따라서 단독 테러리스트의 행위는 적용되지 않는다.
- 2009년 협회적화약관 제4항에서는 테러리스트의 관련행동의 범위를 확대하고 있다. 즉 테러행위에는 정치적 동기뿐만 아니라 사상적 또는 종교적 동기도 포함된다고 규정하고 있다.

4. 제8조 운송(Transit)

> 8.1. 아래 약관 제11조를 조건으로 하여, 이 보험은 운송개시를 위해 운송차량 또는 기타 운송용구에 보험의 목적을 곧바로 적재할 목적으로 (이 보험계약에 기재된 장소)창고 또는 보관 장소에서 보험의 목적이 최초로 움직인 때에 개시되고, 통상의 운송과정에 있는 중에 계속되며,
>   8.1.1. 보험계약에 기재된 목적지의 최종창고 또는 보관 장소에서, 운송차량 또는 기

타 운송용구로부터 양화가 완료된 때

8.1.2. 보험계약에 기재된 목적지로 가는 도중이든 목적지든 불문하고, 피보험자 또는 그 사용인이 통상의 운송과정상의 보관 이외의 보관을 위해, 또는 할당 또는 분배를 위해 사용하고자 선택한 기타의 창고 또는 보관 장소에서, 운송차량 또는 기타 운송용구로부터 양화가 완료된 때, 또는

8.1.3. 피보험자 또는 그 사용인이 통상의 운송과정이 아닌 보관을 목적으로, 운송차량 또는 기타 운송용구 또는 컨테이너를 사용하고자 선택한 때, 또는

8.1.4. 최종 양화항에서 외항선으로부터의 보험의 목적의 양륙을 완료한 후 60일이 경과될 때 중의 어느 것이든 먼저 발생한 때에 종료된다.

8.2. 최종 양화항에서 외항선으로부터의 양화 후, 그러나 본 보험이 종료되기 전에 보험의 목적이 부보된 목적지 이외의 장소로 계속 운송되는 경우, 이 보험은 약관 8.1.1.에서 8.1.4.에 규정된 보험종료규정에 따라 계속되나, 보험의 목적이 그러한 목적지로 운송 계시를 위해 최초로 움직인 때에 종료된다.

8.3. 이 보험은 피보험자가 좌우할 수 없는 지연, 일체의 이로, 부득이한 양화, 재선적, 환적 및 해상운송계약상 운송인에게 부여된 자유재량권의 행사로부터 생기는 위험의 변경기간 중(상기약관 8.1.1에서 8.1.4까지 규정된 보험종료규정 및 하기 제9조의 규정에 따라) 유효하게 계속한다.

1982년 협회적화약관에 의하면 보험기간은 화물이 운송개시를 위하여 보험증권에 기재된 지역의 창고를 떠날 때 개시되므로 화물의 적재단계는 보험기간에 포함되지 않는다. 따라서 이 단계를 보험기간에 포함시키기 위하여 담보범위를 확장하는 문구를 삽입해 왔는데, 2009년 협회적화약관은 이러한 관습을 반영하여 개정한 것이다.

1) 담보개시 시기

2009년의 운송약관에 따르면 보험기간은 "운송개시를 위해 운송차량 또는 기타 운송용구에 보험의 목적을 곧바로 적재할 목적으로 (이 보험계약에 기재된 장소)창고 또는 보관 장소에서 보험의 목적이 최초로 움직인 때"에 개시된다. 다만 운송하기 전의 차량에 임시보관 중 또는 창고 내의 대기구역에서의 임시보관 중까지 확장담보하지는 않는다.

2) 보험기간의 종기

2009년의 약관상으로 보험기간의 종기는 다음 4가지 중에서 가장 먼저 도래하는 시기가 된다.

① 최종 창고에서 차량 또는 기타 운송용구로부터 양화가 완료된 때: 1982년의 약관에서는 피보험화물이 "수화인 또는 기타의 최종창고에 인도될 때"에 종료되므로 양륙단계가 포함되지 않았으나 2009년의 약관에는 반영되었다.

② 피보험자 또는 그 사용인이 통상의 운송과정이 아닌 보관이나, 할당 또는 분배하기 위해 선택한 임의의 창고 또는 보관장소에서 차량 또는 기타 운송용구로부터 양화가 완료된 때

③ 피보험자 또는 그 사용인이 통상의 운송과정이 아닌 보관을 목적으로 운송차량 또는 기타 운송용구 또는 컨테이너를 사용하고자 선택한 때: 이것은 1982년의 약관에 없던 것을 새로이 규정한 것으로 물품이 도착 즉시 양화되지 않고 운송차량이나 컨테이너 또는 기타 운송용구에 그대로 보관하면 실제로 양화하기 전에 보험이 종료됨을 명확히 하고 있다.

④ 최종 양화항에서 외항선으로부터 보험의 목적을 양륙 완료한 후 60일이 경과된 때

3) 양화 후 목적지 변경시의 보험의 종기

1982년의 약관에서는 변경된 목적지로 운송이 개시되는 시점에 보험이 종료되는 것으로 규정하고 있었으나, 2009년의 약관은 변경된 목적지로 운송개시를 위해 최초로 움직일 때 종료되는 것으로 개정되었다. 그러나 실질적인 의미상의 차이는 없다.

5. 제10조 항해변경(Change of Voyage)

10.1 이 보험의 개시 후 목적지가 피보험자에 의하여 변경된 경우에는 지체없이 그 취지를 보험자에게 통지하고, 보험요율과 보험조건을 협정하여야 한다. 그러한 협정 전에 손해가 발생한 경우에는 영리보험시장에서 타당하다고 생각되는 보험조건 및 보험요율에 의한 담보를 받을 수 있는 때에 한하여 담보한다.
10.2 보험의 목적이 이 보험(약관 제8.1조에 따라)에서 예상된 운송을 개시하였지만, 피보험자 또는 그들의 사용인이 알지 못하고 선박이 다른 목적지로 향하는 경우에도 이 보험은 그러한 운송의 개시 시에 개시한 것으로 간주된다.

2009년 협회적화약관에서는 보험자로부터 담보를 받을 수 경우를 명확하게 설명하는 문구로 대체하였다. 항해변경의 경우 계속담보를 받기위해서는 보험자에게 지체 없이 통지하고, 보험료율과 보험조건을 협정하여야 한다. 그리고 협정 전에 손해가 발생한 경우 영리보험시장에서 타당하다고 생각되는 보험조건 및 보험요율에 의한 담보를 받을 수 있는 때에 한하여 담보한다고 규정하였다.

6. 제15조

15. 이 보험은
  15.1. 이 보험계약을 체결하거나 또는 자기를 위해 체결된 자로서, 또는 양수인으로서 보험금을 청구하는 자를 포함하는 피보험자를 대상으로 한다.
  15.2. 확장 또는 기타 방법에 의해 운송인 또는 기타 수탁자에게 유리하게 이용되어서는 안 된다.

2009년 협회적화약관에서는 피보험자의 범위에 보험계약의 양수인도 포함하여 정의를 명확히 하였다.

SECTION 05 부가위험조건

포괄적인 보험조건인 A/R조건이나 ICC(A)조건으로 보험에 가입한 경우에는 전쟁이나 동맹파업위험 등을 제외하고는 별다른 부가위험조건을 부보할 필요가 없다. 그러나 WA, FPA, 조건과 ICC(B)조건, ICC(C)조건으로 부보할 경우에는 화물의 성질이나 종류, 그밖에 운송 상황에 따라 여러 부가위험을 추가로 부보할 필요가 있다. 이러한 부가위험조건은 보험자와 합의하여 추가 보험료(additional premium)를 납부하는 조건으로 부보되는데 다음과 같은 것들이 있다.

표 21-6 부가위험 담보조건의 특성

부가위험 담보조건	특 성	주요품목
도난·발화·불착손 (Theft, Pilferage and Non-delivery; TPND)	• "Theft": 포장상자째 도난당한 것. • "Pilferage": 좀도둑이라고도 하는데 포장내용물의 일부만 도난당한 것. • "Non–delivery": 포장단위 전체가 도착하지 않은 것. 선적은 했으나 도난의 증거는 없기 때문에 같은 범주의 손해로 보는 것임. • TPND는 A/R조건이나 (A)조건 이외에서 추가 담보되어야 보험자가 보상가능	모든 화물
우·담수손 (Rain and/or Fresh Water Damage; RFWD)	• 빗물이나 강물 등의 담수에 의한 손해 • FPA, WA 및 ICC(C)에서는 화물의 성질 등을 고려 이 부가위험에 부보해야 함. • ICC(B)조건에서는 해수, 강물이나 호수의 유입손은 담보됨.	모든 화물
한손·열손 (汗損·熱損: Sweat and Heating Damage; S/H)	• "Sweat": 선창내 습기의 응축으로 입는 손해 • "Heating": 곡류나 피혁 등에 있어서 화물 자체에 내포된 습기가 주로 통풍불량으로 자체 발열하여 입는 손해 • A/R이나 (A)조건에서는 기본적으로 담보되는 위험이나 면책위험인 화물고유의 하자와 구별이 어려워 이러한 손해가 발생할 확률이 큰 화물은 보험자가 WA이나 (B)조건 이하로만 인수하고 있음. • 쌀 등의 곡식과 연초 등의 화물은 이 부가위험을 드는 것이 바람직하며 실제로 쌀인 경우 "WA 3% including RFWD and S/H" 등으로 보험에 부보하고 있음	곡물류, 피혁
파손(Breakage)	• 도자기나 유리제품 등 깨지기 쉬운 화물의 파손은 어느 기본조건에서도 담보되지 않음 • 실무상 이러한 제품은 0.5~5%까지 소손해 공제비율(excess)을 적용하여 약정된 공제비율을 제한 나머지 손해만 보상하고 있음	유리, 그릇
누손(漏損)·부족손 (Leakage and/or Shortage)	• "Leakage"는 액체나 기체화물이 용기에서 새나간 손해이고 "Shortage"는 중량의 감소손이다. 이 손해도 어떤 조건으로도 부담보되는 통상의 손해(ordinary loss)이므로 "excess"를 적용하고 있음	유류, 곡물류
투하 및 갑판유실 (Jettison and Washing Over Board; JWOB)	• 해상운송화물은 선창 내의 적재가 원칙이나 일부 화물은 갑판적 운송을 허용 • 갑판적이 될 경우 투하 또는 갑판에서 유실 위험이 있으므로 보험자는 갑판적 약관(on deck clause)을 명시함 • 이럴 경우 ICC(C), FPA + JWOB로 인수	갑판적화물

유류 및 타물과의 접촉손 (Contact with Oil and/or Other Cargo; COOC)	• 선박의 연료유 등에 의해 입는 손해와 다른 화물과의 충돌 또는 접촉에 의해 생기는 파손 또는 오염손을 담보하는 조건	유류
곡손 (曲損: Denting and/or Bending)	• "Denting": 움푹 패이거나 우그러지는 손해 • "Bending": 구부러지는 손해 • 이러한 손해는 정밀기계의 사용을 불가능하게 할 염려가 있으므로 협회기계수선약관(Institute Replacement Clause)을 삽입하여 그 수리비나 교체비를 보상받는 것이 일반적임	기계류, 강관, 금속류
갈고리에 의한 손해 (Hook and Hole)	• 하역작업 중 갈고리에 의해 구멍이 나거나 하는 손해로 A/R 또는 (A)조건에서는 담보됨	직물류
오염손(Contamination)	• 오염손은 혼합위험과 오염위험이 있음. 혼합은 타 화물 및 잡물과의 혼합으로 입는 손해를 말하고, 오염은 타 화물과의 접촉으로 발생하는 외견상의 더러움, 흠 및 악취의 흡착 등을 의미. • 액체화공약품이나 유류 등이 바닷물이나 담수에 의하여 혼합되어 입는 손해도 여기에 해당됨. • 여기에는 부적절한 탱크의 청소로 입는 오염손(contamination caused by improper tank cleaning)은 제외	유류, 화공약품
자연발화 (Spontaneous Combustion)	• 자연발화는 화물고유의 하자 또는 성질로 인한 것으로 부담보임 • 석탄, 화약, 양모 등은 항해중 화물자체의 화학적 변화에 의하여 자연발화하는 경우가 있는데 이 조건으로 특약에 의해 담보	곡물, 석탄, 양모
쥐 및 벌레 손 (Rats & Vermin)	• 쥐나 벌레 인하여 손해는 담보위험이 아니므로 특약에 의해 추가담보	
녹에 의한 손해(Rust)	• 해수, 담수에 의해 녹을 입는 손해	금속류
곰팡이손해 (Mould & Mildew)	• 통상 곡물이나 연초 등에 곰팡이가 나서 입는 손해로 바닷물이 원인이라면 담보되지만 그 밖에는 화물고유의 하자로 간주하여 보험자가 면책됨 • 그러므로 이 특약에 가입하여 보상받을 수 있음.	곡물류

연장담보조건은 보험조건을 추가 또는 변경하는 것이 아니고 담보의 구간을 연장해 주는 역할을 한다.

우리나라 상법(제699조 2항 및 3항, 제700조)에는 "보험자의 책임은 선적을 착수한 때에 개시되며 양륙한 때에 종료한다"고 규정되어 있어 항구~항구간(port to port)의 요율체계를 견지하고 있다. 이는 ICC의 운송조항(transit clause)상의 보험기간이 창고~창고간(warehouse to warehouse)담보를 원칙으로 하고 있는 것과는 대조된다.

이와 같이 우리 나라는 항구~항구간의 요율체계이므로 육상구간의 위험을 담보하려면 연장(확장)담보조건에 추가보험료를 내고 가입해야 한다.

① 내륙운송 연장담보조건(Inland Transit Extention; ITE): 항구의 행정구역(시, 군단위)을 벗어난 국내 육상운송 중의 위험을 추가로 담보하는 조건이다.

② 내륙보관(저장) 연장담보조건(Inland Storage Extention; ISE): 통상적인 운송과정에서 중간창고나 보세창고 보관중의 위험을 적화보험증권에 명시된 기간(수출은 본선으로부터 하역후 60일, 수입은 최종양륙 후 30일) 이상으로 연장할 경우 담보하는 조건이다. 양륙항 외항 본선에서 하역완료 후 60일이 경과하면 보험은 종료하므로 추가보험료를 지불하고 ISE(30 days)를 부보하면 30일이 연장담보되어 본선하역 후 90일까지 담보된다. 현행 적화보험요율서에 의하면 ISE(30 days), ISE(60 days), ISE(90 days)에 따라 내륙보관기간을 연장하여 담보 가능하다.

신용장통일규칙상의 보험서류요건

화환신용장은 서류에 의한 거래로써 신용장상의 여러 조건에 일치하는 서류를 제시된 경우에 인수지급(honor) 또는 매입이 이루어진다. UCP 600에는 제시되어야 할 각종 서류에 관한 규정을 두고 있는데, 이 중 보험서류에 대하여 제28조 보험서류와 담보(Insurance Documents and Coverage)에 명시하고 있다.

1. 보험서류의 발행자격자 및 서명

개정 UCP 600 28조 a항에서는 보험서류의 발행 자격자에 대해서 보험증권 또는 보험증명서 또는 예정보험(open cover)에 의한 확정통지서(declaration)와 같은 보험서류는 보험회사 또는 보험업자의 명칭이 표시되어야 하다고 규정하고 있다. 보험서류상의 서명도 ① 보험회사 또는 보험인수업자, ② 보험회사 또는 보험인수업자를 대리하는 지정대리인 또는 대리행위자(proxy)[8]가 할 수 있도록 세분화하였다. 그리고 보험회사, 보험인수업자, 그 대리인 또는 대리행위자(agent or proxy)의 모든 서명은 보험회사, 보험인수업자, 대리인의 서명으로 확인되어야 한다. 또한 보험인수업자의 서명은 그것이 보험회사를 대리한 것인지 자신을 대리한 것인지 표시되어야 하며, 대리인의 서명도 대리인이 보험회사 또는 보험인수업자를 대표하여 서명한 것인지 표시하도록 하고 있다.

2. 원본 전통제시 및 보험증권의 대체수리

보험서류 중 보험증권, 보험증명서, 예정보험에 의한 확정통지서는 수리가 가능하나 부보각서(cover)는 수리될 수 없다. 보험자가 발행한 보험증명서 또는 확정통지서는 보험증권과 동일한 효력을 갖고 있기 때문에 은행에서 이러한 서류를 수리한다. 또한 신용장에서 보험증명서나 확정통지서를 요구하더라도 은행은 보험증권을 제시한 경우 수리가 가능하다. 그 이유는 보험증권은 보험증명서나 확정통지서보다 더 완전한 보험서류로 간주되기 때문이다. 그러나 신용장에서 보험증권을 요구할 때 보험증권 대신 보험증명서나 확정통지서를 제출하는 경우에는 신용장 조건의 위반이 되므로 은행은 이를 수리하지 아니한다.

그리고 보험서류가 한 통 이상의 원본이 발행된 경우는 원본 모두를 제시하여야 한다.

---

8) proxy는 보험회사나 보험인수업자(underwriters)의 업무를 위임받은 대리행위자를 의미한다.

☑ 확정통지서(declaration)

예정보험에서 선적된 물품에 대하여 보험자가 실제로 위험을 부담한다는 사실을 나타내는 서류임.

☑ 예정보험(open cover)

아직 확정되지 않는 사항이 있는 보험을 의미함. 예정보험에는 개별보험계약(provisional contract)과 포괄보험계약(open contract)이 있음.

☑ 개별보험계약(provisional contract)

보험계약을 체결하였는데 선박이나 보험금액 등이 아직 확정되지 않는 보험계약을 의미하고, 포괄보험계약(open contract)은 일정기간 동안 보험계약이 체결되어 있으나 수량, 선박명, 선적일 등 여러 사항이 아직 확정되지 않는 보험계약을 의미함.

3. 보험서류의 발행일

ICC 제8조 운송약관(transit clause) (1)항에는 창고간 약관이 있어 보험자는 원칙적으로 화물이 운송개시를 위하여 보험증권에 기재된 지역의 창고를 떠날 때부터 보험증권에 기재된 목적지의 최종창고에 인도될 때까지 일괄하여 담보하는 것으로 규정하고 있다.

ICC 제11조 피보험약관에서는 소급담보의 효력을 인정하고 있다. 피보험자가 손해 발생 사실을 알지 못한 상태에서 위험개시 후에 부보하는 경우에도 위험개시 시점까지 소급하여 담보해주고 있는 것이다. 따라서 보험계약자는 보험계약 체결 시에 이미 사고가 발생한 경우에도 그러한 사실을 모르고 계약을 체결한 때에는 보험자로부터 그 손해를 보상받을 수 있다.

그러므로 ICC약관을 이용할 경우에는 보험서류(증권)의 발행일이 선적일자보다 늦어도 별다른 문제는 없다. 그러나 ICC약관을 이용하지 않을 경우에는(이런 경우는 거의 없지만) 소급보험에 대한 특약이 필요하다. UCP 600 제28조 e항은 이러한 분쟁을 사전에 방지한다는 의미에서 "보험서류에서 담보가 선적일보다 늦지 않은 일자로부터 유효하다고 명시하지 않는 한, 보험서류의 일자는 선적일보다 늦어서는 아니 된다"고 명시하고 있다.

4. 보험서류상의 표시통화 및 최소부보금액의 산출

보험서류는 부보금액과 표시통화가 신용장상의 통화와 일치되어야 한다. 신용장상에서 물품의 가격, 송장가격 또는 이와 유사한 것의 비율로 보험부보 요건이 표시되고 있다면 그것은 최소 부보금액으로 간주된다.

보험의 부보금액은 물품의 CIF 또는 CIP가액의 110%가 되는 최소 금액으로 부보되도록 하고 있다. 그러나, CIF 또는 CIP가액을 서류상 결정할 수 없을 경우에는 ① 인수, 지급 또는 매입이 요구되는 금액의 110%, ② 송장의 총 물품금액의 110% 중 보다 큰 것이 최소 부보금액이 되도록 규정하고 있다.

5. 운송구간의 담보규정 신설

UCP 600[9]은 "보험서류는 적어도 신용장에서 기재된 대로 수탁 또는 선적지와 양륙지 또는 최종 목적지간에 위험이 부보되었음을 표시되어야 한다"고 명시하고 있다. 이것은 보험서류가 신용장상의 물품의 수탁지와 최종 목적지간에 운송구간을 커버하는 보험이 부보되어야 함을 명시한 것이다.

6. 담보위험

UCP는 신용장에는 보험의 종류와 그 밖에 필요한 추가위험을 명시할 것을 규정하고 있다. 보험의 종별은 ICC(A), (B), (C)나 A/R, W.A, FPA와 같은 보험계약조건을 의미하고 추가위험은 TPND, RFWD, "ICC(C) including risks of breakage"와 같은 부가위험을 말한다.

"통상의 위험"이나 "관례적 위험"과 같은 애매한 용어는 사용해서는 안 되며, 만약 이러한 용어가 사용되었다면 은행은 제시된 대로 무시하고 보험서류를 수리하도록 규정하고 있다.

7. 전위험 보험부보

UCP 600 제28조 i 항에 "보험서류는 담보위험에 관하여 명시되어 있더라도 보험서류에는 모든 면책약관(exclusion clause)에 관한 참조사항을 기재할 수 있다"는 조항을

---

9) UCP 600 제28조 f(ⅲ)

신설하고 있다. h항에는 신용장이 '전 위험에 대한 보험'(insurance against all risk)을 명시하고 있는 경우에, 보험서류는 그 제목에 '전 위험'(all risks)을 포함하고 있는지 여부와 관계없이 모든 '전 위험'의 부기 또는 약관을 포함하고 있는 보험서류를 제시하는 것으로 충족된다. 또한 all risks라는 표제가 없거나 특정위험이 담보되지 않고 있어도 은행은 아무런 책임을 지지 않는다. 이 내용은 ISBP K18[10])의 "협회적화약관 (A)조건으로 담보하고 있음을 표시한 보험서류는 '전위험'부기 또는 약관을 요구하는 신용장조건을 충족한다고"하는 조항을 반영한 것이다.

8. 면책비율

해상적화물을 운송하다보면 조그만한 손해는 불가피하고 경우에 따라서는 자주 발생하게 된다. 그런데 이러한 소손해까지 보상하게 되면 보험자는 손해사정에 많은 시간과 비용이 소요되고 보험료도 인상해야 하므로 일정 비율미만의 소손해는 담보하지 않는다. UCP에서는 "은행은 소손해 면책비율(franchise) 또는 초과(공제)면책비율(excess(deductible)) 조건을 규정하고 있는 보험서류를 수리한다"고 규정하고 있다.

① Franchise: 담보위험에 의한 손해가 일정비율에 달하지 않는 소손해의 경우에 이를 보상하지 않고 그 비율에 달한 경우에 손해액의 전액을 보상하는 것이다.

　예 3% franchise의 경우 3% 이상의 손해는 전액보상하고, 3%에 미달하는 손해는 보상하지 않음

② Excess: 담보위험에 의한 손해가 일정비율을 초과하는 경우 그 초과부분에 해당하는 손해액만을 보상하는 것. deductible franchise라고도 한다.

　예 3% excess의 경우 3% 이상의 손해를 보상하되 손해액 – 3%의 손해만 보상하고, 3% 이하의 손해는 보상하지 않음.

---

10) International Standard Banking Practice for the Examination of Documents(2013), K18.

SECTION 08 적화 보험금의 청구

1. 적화보험의 청구(claim)절차

부보화물에 손해가 발생하면 피보험자는 이러한 사실을 보험자에게 통지하고 적절한 조치를 통하여 보험금을 청구하기 위한 예비조치를 다하여야 한다.

보험금의 구상(求償)절차는 ① 피보험자 또는 그의 대리인의 보험사고 통지 → ② 손해의 사실관계 조사 → ③ 약관의 해석 및 적용 → ④ 보상결정 → ⑤ 손해액 및 보험금 산정 → ⑥ 보험금 지급의 순으로 진행된다.

여기서 말하는 보험자의 구상은 보험자가 대위(Subrogation)[11]에 의해 책임있는 제3자(예를 들어 해상운송인)에게 손해배상을 청구하는 행위와 피보험자가 보험자에게 보험금을 청구(claim)하는 행위를 의미하는 것이다.

1) 보험사고의 통지

보험증권을 소지한 피보험자는 보험목적물에 사고가 발생한 경우 보험자에게 이러한 사실을 구두나 서면으로 신속히 통지해야 한다.[12]

이러한 통지의무 손해통지약관(Claim Notice Clause)에 규정된 피보험자의 통지의무에 따른 것이다. 이러한 피보험자의 통지의무를 실무에서는 예비적 이재(罹災)통지(Preliminary Loss Advice; PLA)라고 한다. 이러한 통지의무를 부과하는 이유는 피보험자로 하여금 보험사고가 발생한 사실을 신속히 통지하도록 함으로써 보험자가 손해의 원인, 범위 등을 조사하고 이에 대한 적절한 조치를 취하기 위함이다.

> • **사고통지의 방법**
>   구두, 전화, 서면 등 어느 방법이든 무방
>
> • **통지하여야 할 내용**
>   보험계약의 내용, 화물의 손해상태, 화물의 보관장소, 그 후 예정사항 등

---

11) 대위란 보험자가 보험금을 지급한 후 피보험자가 가지고 있는 피보험목적물에 대한 권리와 손해에 대해 책임있는 제3자에 대한 손해배상청구권을 보험자에게 승계하는 것을 말한다. 이는 피보험자가 보험금을 지급받고 또 책임있는 제3자로부터 손해배상을 받아 이중의 혜택을 받지 못하도록 하기 위함이다.

12) 상법, 제657조.

2) 손해의 사정

피보험자의 손해의 통지가 있고 난 후 보험자는 손해의 증명과 손해사정을 위해 손해검정인(surveyor)을 선정하고 손해의 원인 및 정도 등을 조사하게 된다. 대체로 손해가 경미하거나 보편적인 형태이면 보험자가 직접 손해를 사정하기도 하고 손해액이 확인이 될 경우는 손해사정을 생략할 수 있다. 그러나 손해액이 큰 경우나 제3자에 대한 손해배상청구가 가능한 경우는 전문검정기관에 입회조사를 의뢰하는 것이 일반적이다. 전문기관이 발급하는 손해검정보고서(Survey Report)는 화물 도착에서 손해검정 실시까지의 시간적 경과보고, 손해의 원인, 손해의 명세 등이 자세히 기입되어 보험금을 청구하는데 중요한 근거서류이다.

한편, 손해가 발생하였을 때 피보험자는 신 약관 제16조 피보험자의무약관에 의해 최대한의 합리적인 손해경감조치를 취할 의무가 있으며, 만일 운송인, 수탁자 또는 그 밖의 제3자가 손해발생에 책임이 있는 경우 이들에 대한 손해배상을 청구해 놓아야 한다. 이는 보험자가 대위의 원리에 의해 책임있는 제3자에게 구상권을 행사하기 위한 것이다. 이러한 사항은 신 보험증권 앞면의 "중요약관(Important Clause)"에 규정되어 있다.

- **보험금 구상절차에서 피보험자의 조치의무 사항**
  ① 신속하게 보험자에게 손해통지의무
  ② 합리적인 손해경감조치 의무(피보험자 의무약관)
  ③ 구상권 보전의무

---

3) 보험금 청구 구비서류

피보험자는 클레임을 신속하게 처리하고 보험금을 지급받기 위해서 다음의 서류를 구비하여 지체 없이 제출하여야 한다.

중요약관에 따르면 클레임 청구서류(documentation of claims)는 다음과 같다.[13]

---

13) Documentation of Claims

To enable claims to be dealt with promptly, the Assured or their Agents are advised to submit all available supporting documents without delay, including when applicable:

1. Original policy or certificate of insurance.
2. Original or Certified copy of shipping invoices, together with shipping specification and/or weight notes.
3. Original or Certified copy of Bill of Lading and/or other contract of carriage.

> • 보험금 청구 구비서류
> ① 보험증권 또는 보험증명서 원본
> ② 상업송장 원본 또는 원본 대조필 사본, 선적명세서 등이 포함되어야 함.
> ③ 선화증권 원본 또는 원본 대조필 사본, 또는 기타의 운송계약서
> ④ 멸실 또는 손상 정도를 명시한 Survey Report, 또는 기타 서류상의 증거
> ⑤ 양륙항 및 최종목적지에서의 수량 및 중량명세서
> ⑥ 멸실 또는 손상에 책임이 있는 운송인 및 기타 당사자와의 교신서류

4) 보험금의 수령

보험자는 구비서류를 받아 보험금 청구가 타당하다고 판단되면 보험금 영수증(claim receipt) 및 대위권 양도서(letter of subrogation)와 교환하여 보험금을 지급하게 된다.

대위권 양도서는 피보험자가 선박회사 등 제3자에게 자신의 손해배상청권이나 일체의 권리를 보험자에게 양도하겠다는 취지의 서류이다.

---

4. Survey report or other documentary evidence to show the extent of the loss or damage.

5. Landing account and weight notes at port of discharge and final destination.

6. Correspondence exchanged with the Carriers and other Parties regarding their liability for the loss or damage.

In the event of loss or damage arising under this Policy, no claims will be admitted unless a survey has been held with the approval of this Company's office or Agents in this policy.

무역서류관리

22 무역서류의 이해

SECTION 01 환어음

1. 환어음의 개념

환어음(draft, bill of exchange)이란 채권자가 채무자에게 일정 금액을 일정한 시기에 지시인(orderer)이나 소지인(bearer)에게 무조건적(unconditionally)으로 지급할 것을 위탁하는 요식·유가증권을 말한다. 환어음은 발행인(drawer)이 지급인(drawee)인 제3자로 하여금 증권상에 기재된 일정금액(a certain sum)을 수취인(payee)이나 그 지시인 또는 소지인에게 지급일에 일정 장소에서 지급할 것을 무조건적으로 위탁하는 요식·유가증권(formal instrument)이자 유통증권(negotiable instrument)이다. 이러한 의미에서 환어음은 발행인이 제3자인 지급인에 대하여 어음상의 정당한 권리자에게 어음지급을 위탁하는 지급위탁증권이라고 할 수 있다.

환어음의 당사자로서는 발행인과 지급인 그리고 수취인을 들 수 있다.

2. 환어음의 관계당사자

① **어음발행인(drawer)**: 환어음을 발행하고 서명하는 자 즉, 채권자인 수출상을 말한다.
② **지급인(drawee)**: 환어음 금액을 일정한 시기에 지급하여 줄 것을 위탁받은 채무자(신용장거래에서는 보통 신용장발행은행이나 발행은행이 지정한 은행)를 말하는데 은행이나 수입상이 된다.
③ **수취인(payee)**: 환어음상의 금액을 실제로 지급받을 자로서 발행인이 될 수도 있고

발행인이 지정하는 제3자가 될 수도 있다. 보통은 환어음을 매입한 매입은행이나 매입은행의 배서에 따라 권리를 승계받은 지시인이 수취인이 된다. 수취인은 환어음이 정당하게 발행된 것으로 믿고 이를 소지하고 있다고 하여 선의의 소지인 (bona-fide holder)이라 한다.

3. 환어음의 기재사항

환어음은 요식증권이므로 어음이 유효하게 성립하기 위해서는 반드시 일정한 형식을 갖추어야 한다. 또한 무인증권이므로 어음상의 권리도 추상적인 것이어서 다른 유가증권에 비해 엄격한 형식이 요구되고 있다.

환어음은 반드시 기재되어야 하는 필수기재사항과 기재되지 아니하여도 어음의 효력에 영향이 없는 임의기재사항이 있다. 필수기재사항은 그 중에서 하나라도 누락 또는 미기재 되면 환어음으로서의 법적 효력이나 구속력을 가지지 못하게 되므로 유의하여 기재하여야 한다.

한국어음법 제1조에는 아래의 8가지 사항을 명시적으로 규정하여 어음상에 이를 반드시 기재하도록 하고 있으며, 이 가운데 한 가지라도 결여되면 어음의 효력이 없음을 규정하고 있다.

양식　　환어음

```
NO. _____              BILL OF EXCHANGE          Date _____
FOR _____                                        Place _____

AT _____ SIGHT OF THIS FIRST BILL OF EXCHANGE(SECOND OF THE SAME TENOR AND
DATE) BEING UNPAID) PAY TO _____ OR ORDER THE SUM OF

████████████████████████████████████████████
████████████████████████████████████████████

VALUE RECEIVED AND CHARGE THE SAME TO ACCOUNT OF _____
DRAWN UNDER _____

L/C NO. _____          DATED _____
TO : _____
     _____
     _____

                                              AUTHORIZED SIGNATURE
```

1) 필수기재사항

(1) 환어음의 표시

환어음의 본문 중에 환어음이라는 문구가 있어야 한다. 예를 들어, 영문에 의한 환어음의 경우에는 "Bill of Exchange", "Exchange", "this sola bill of exchange" 등과 같이 어음문구를 기재하여야 한다. 이러한 어음문구의 기재는 영미법에 의하면 필요한 요건은 아니지만 어음증권의 본문 중에 기재하는 것이 관례화되어 있다.

환어음의 본문 중에 "this first bill of exchange" 또는 "this second bill of exchange"라고 기재되어 있는 경우를 볼 수 있는데 이것은 이른바 조 어음을 표시하는 것이다. 조 어음이란 외국환어음, 특히 화환어음을 송부하는 경우에 사용되는 것이 보통이다. 이는 하나의 어음상의 권리에 관하여 동일한 내용을 나타내는 수통(통상적으로 정부의 2통)을 발행한 어음을 일조(a set)로 한다는 것을 의미한다. 이처럼 동일한 어음을 수통으로 발행하는 이유는 화환어음이 수송 중의 분실이나 지연의 위험이 있음을 고려하여 선적서류로 정부로 나누어 발송하는 경우에 그것에 맞추어 환어음을 정부로 발행할 필요가 있기 때문이다.

(2) 무조건의 지급위탁문언

환어음은 일정한 금액을 아무 조건 없이 지급한다는 위탁문언이 표시되어 있어야 한다. 보통 어음문언 중의 "pay to … the sum of … "의 문구가 이에 해당한다. 또한 환어음금액은 상업송장의 금액과 일치되어야 하며, 신용장거래에서는 신용장금액을 초과하여 발행될 수 없다. 그리고 금액의 표시는 확정금액이어야 하며 'about U.S. Dollars Two Thousand and Fifty only' 등과 같이 불확정금액의 기재는 어음을 무효로 만든다. 또한 금액은 변조를 방지하기 위해 숫자와 문자를 기재하는 경우가 많다.

(3) 지급인

환어음의 끝부분인 'To'이하에 기재되는 자를 지급인(drawee)이라고 한다. 지급인은 어음지급을 위탁받은 자로서, 신용장방식에서는 신용장발행은행이나 기타의 은행이 지급인이 되고 추심방식에서는 수입상이 지급인이 된다.

(4) 만기일의 표시

환어음의 만기(maturity, tenor)란 환어음 금액이 지급될 날로서 환어음상에 기재된 일자를 말한다. 한국 어음법 제33조에서는 만기를 명확히 할 목적으로 아래의 네 가지의 만기표시 방법을 명시적으로 규정하고 있다.

환어음의 만기는 환어음상에 "at … sight of"라고 표시된 부분의 "at" 이하의 공란에 기재된다.

» 기 본 용 어

☑ 일람출급(at sight)

어음의 지급을 위하여 지급인에게 어음이 제시되는 날이 어음의 만기일이 된다.
예 at XXX sight of ~ 표시

☑ 일람 후 정기출급(at … days or months after sight)

어음 또는 B/L 등이 지급인에게 제시된 날로부터 일정 기간이 지난 후에 어음의 만기일이 된다.
예 at 60 days after sight~

☑ 발행일자 후 정기출급(at … days or months after date)

어음이 발행되고 난 후 일정 기간이 지난 후 어음의 만기일이 된다.
예 at 60 days after date ~
예 at 60 days after B/L date ~

☑ 확정일 출급(on fixed date)

어음상에 특정일을 만기일로 기재하고 있는 어음을 말한다.

---

(5) 수취인(payee)의 표시

환어음 금액의 지급을 받는 자로서 발행인이 될 수도 있고 발행인이 지정한 제3자가 될 수도 있다. 신용장 방식에서는 통상 매입은행이 기재된다. 수취인을 기재하는 방법은 기명식, 지시식, 소지인식 그리고 선택소지인식의 네 가지의 방법을 사용하고 있다. 이중 은행 업무에서는 주로 지시식이 이용되고 있다.

① 기명식: pay to xxx bank: 지급받을 자를 특정하여 그의 이름만 기재함
② 지시식: pay to xxx bank or order, pay to the order of xxx bank: 지급받을 자의 명칭 및 그가 지시하는 자라는 의미의 order of 로 표시함
③ 소지인식(지참식): pay to bearer: 지급받을 자의 명칭이 생략되고 대신 bearer라는 단어를 기입함

④ 선택무기명식: pay to xxx bank or bearer: 지급받을 명칭과 bearer라는 단어가 동시에 표기됨

우리나라의 어음법에서는 ③과 ④는 무효이나 영미법에서는 이를 인정하고 있다.

(6) 지급지의 표시

지급지는 환어음 금액이 지급될 일정한 지역을 말하며, 지급지로서 기재되는 지역은 실존하는 도시명 정도로 표기된다. 환어음은 행위가 발생한 지역의 법률에 의해 처리되므로 지급지는 반드시 기재되어야 한다. 실존하지 않는 지역을 지급지로서 기재한 환어음은 어음상의 권리행사 자체가 실질적으로 불가능하므로 이러한 환어음은 무효가 된다. 지급지의 기재가 없는 경우에는 지급인의 명칭에 부기된 명칭이나 지급인이 거주하는 지역을 지급지로 간주할 수 있다. 영미법에서는 지급지의 표시는 임의기재사항이다.

(7) 발행일 및 발행지

환어음의 발행일은 어음이 발행된 날로 어음상에 기재된 일자가 된다. 실제로 어음이 발행된 일자일 필요는 없으며, 발행일보다 이후의 일자(선일자어음) 또는 이전의 일자(후일자어음)를 발행일로 기재할 수 있다. 발행일은 기한부 환어음의 만기일이나 제시기간을 정하기 위하여 반드시 필요한데, 만약 발행일이 여러 군데 다르게 표시되어 있으면 무효로 간주된다.

발행지 역시 환어음이 발행된 장소로 어음상에 기재된 지역을 말하는 것으로 실제로 발행된 지역을 의미하는 것은 아니며, 발행지의 기재는 어음의 준거법을 정할 수 있을 정도면 충분하다. 즉 환어음의 효력은 행위지 법률에 의해 처리되므로 발행지의 기재가 필요하며, 발행지의 기재가 없는 경우에는 발행인의 명칭에 부기된 지역을 발행지로 간주한다.

(8) 발행인의 기명날인

환어음의 발행인은 어음을 발행하는 자이며, 기명날인이란 어음행위자의 명칭을 표시하고 인장을 찍는 것으로 발행인의 기명날인이 없는 환어음은 무효이다. 한국의 경우는 환어음은 반드시 수출상이 기명날인하여야 하며 수출상이 은행에 제출한 서명과 일치되도록 요구하고 있다. 신용장방식에서 발행인은 수익자가 된다.

2) 임의기재사항

(1) D/P, D/A의 표시

D/P, D/A계약서 방식인 경우 어음에 화환어음의 종류를 표시하여야 하며, 신용장 거래인 경우에 기재할 필요가 없다.

(2) 이자문언

기한부거래에서는 일정 기간의 외상거래에 따른 이자 문제가 발생되는데, 통상 일람불 또는 일람 후 정기출급에만 이자 약정의 기재를 인정하고 있다. 확정일 출급 또는 일부 후 정기출급의 경우는 사전에 이자를 계산해서 어음 금액을 산정할 수 있으므로 이자 문언을 기재할 필요가 없다.

신용장에서 이자문언의 기재를 요구하는 경우 어음의 여백에 표시한다.

(3) 거절증서작성 면제문구

신용장 등에서 면제를 요구하는 경우 '거절증서불요'(protest waived)를 환어음에 기재한다.

(4) 무담보문언

발행인에 대한 소구불능(without recourse to drawer)의 문언을 환어음에 기재하도록 요구하는 경우에 어음여백에 "without recourse to drawer"를 기재한다. 영미법에서는 어음상에 지급 무담보 문언을 기재하면, 발행인은 그 어음이 지급을 거절당해도 상환의무를 지지 않으나 우리나라의 어음법상에서는 아무런 효력이 없다.

(5) 복본번호

환어음은 보통 동일한 내용과 동일한 효력의 환어음을 2통 발행하며, 각 어음에는 제1권(first) 또는 제2권(second)과 같은 번호를 붙인다. 그와 같은 번호를 붙이지 아니한 때에는 그 수통의 복본은 이를 각각 별개의 환어음으로 본다.

복본의 환어음을 발행하는 경우에는, 이중지급을 방지하기 위하여 복본번호를 붙여야 할 뿐만 아니라 제1권(first)에는 "제2권 미지급의 경우에 한함," 그리고 제2권(second)에는 "제1권 미지급의 경우에 한함"이라는 문언(文言)을 기재하는 것이 좋다.

(6) 대가수취문언(valuation clause)

대가수취문언은 "value received and charge the same to account of ∼"로 표시되고 있는 문구이다.

"value received"라는 뜻은 어음발행인이 '어음의 대가를 수령하였음'을 의미하며, "charge the same to account of ∼"는 어음발행인이 자신이 받은 그 금액을 "주로 발행의뢰인∼의 계정으로부터 어음금액을 청구하십시오"라는 의미이다. "account of ∼" 의 공란에는 보통 수입업자(신용장 발행의뢰인)가 기재되며, 그 수입업자를 채무자 (accountee)라고 한다.

(7) 환어음의 발행근거인 신용장에 관한 문언

환어음의 발행근거가 되는 신용장에 관하여 발행은행의 명칭과 발행일자 및 신용장번호를 어음의 문면에 기재하는 경우가 많다. 이러한 경우에는 환어음에 "Drawn under L/C No.(신용장번호) issued by(발행은행의 명칭) dated (발행일자)와 같은 표현이 기재된다.

화환추심방식으로 결제될 경우 D/A, D/P를 명시하여야 한다. 그 이유는 환어음의 효력에 관련된 문제라기 보다는 운송서류의 인도조건이 달라지기 때문에 수출상에게는 중요한 문제가 될 수 있기 때문이다. 만약 D/A, D/P 둘 중에 아무런 표시가 없는 경우에는 D/P로 간주된다.

(8) 파훼문구

복수어음이 동일하게 법적효력을 가지고 있으나 어느 1통에 대하여 지급이 완료되면 다른 것은 자동적으로 무효가 된다.

(9) 문자금액

the sum of ∼ 다음의 표제금액을 문자로 기재한다.

SECTION 02 상업서류

1. 상업송장

1) 상업송장의 의의

상업송장(commercial invoice)이란 수출상이 수입상 앞으로 발행하는 물품에 대한 대금청구서, 매매물품의 명세서 등 선적안내서로 사용되는 상용문서이다.

상업송장은 대금청구서의 기능 외에도 출화안내 및 과세자료, 수출절차상 세관 등에 제공하게 되는 서류가 되며, 수입상의 입장에서도 수입통관수속에 필수적인 서류가 되기 때문에 정확하게 작성되어야 한다.

상업송장은 그 외에도 매매계약상의 매도인이 그의 의무이행 사실을 입증하는 중요한 서류이다.

> • 상업송장의 기능
> ① 물품명세서 및 선적 안내서
> ② 매매계약조건에 일치되었음을 증명하는 서류의 역할
> ③ 대금청구서의 역할
> ④ 수입통관 시 세관신고의 증빙자료 및 과세자료의 역할

2) 송장의 종류

송장은 그 용도에 따라 상거래용으로 작성되는 상업송장(commercial invoice)과 영사관이나 세관용으로 작성되는 공용송장(official invoice)으로 대별할 수 있다.

(1) 상업송장

① 선적송장(shipping invoice): 계약 물품을 선적하고 작성되는 송장
② 견적송장(pro-forma invoice): 가격산출의 기초로 견적에 사용되는 송장
③ 견본송장(sample invoice): 견본을 송부할 때 작성되는 송장
④ 위탁매매송장(consignment / indent invoice): 위탁매매시에 사용되는 송장

(2) 공용송장

공용송장에는 세관송장과 영사송장이 있다.

① 세관송장(customs invoice): 수입지의 세관에서 수입물품에 대한 과세가격의 기준
이나 덤핑유무의 확인, 쿼터품목의 통상기준량의 계산, 수입통계 등을 목적으로
작성

② 영사송장(consular invoice): 수입물품가격을 높게 책정한 외화도피, 낮게 책정하여
관세를 포탈하는 것을 방지하기 위하여 수출국 주재 수입국 영사의 확인을 받
도록 하는 송장. 영사송장은 모든 국가에서 요구하는 것이 아니고, 동남아시아
국가 중의 일부와 중남미 국가 등에 수출할 경우에 요구되고 있으나 그 이용이
점차 감소하고 있다.

신용장에서 "visaed", "legalized", "notarized document"라는 표현은 영사송장과
같은 목적으로 요구되는 것으로 다음과 같이 해석한다.

㉮ visaed: 일반송장에 영사가 서명

㉯ legalized: 송장 및 선화증권에 영사가 서명

㉰ notarized document: 수출상이 작성한 서류에 공증인 또는 상공회의소가 부서
하여 영사가 적당하다고 인정하는 서명이 있어야 함

(3) 상업송장 작성시 유의사항

① 발행의뢰인 앞으로 작성할 것
② 송장금액은 신용장금액을 초과하지 않아야 한다.
③ 송장상의 상품명세는 신용장상의 상품명세와 일치해야 한다. 그러나 상업송장
이외의 서류상의 상품명세는 신용장의 명세와 모순되지 않는 일반적인 용어로
기재할 수 있다.
④ 환어음 금액과 송장금액은 일치하여야 한다.
⑤ 미국으로 수출하는 신용장의 경우 송장상의 Seller란 우측상단에 MID code(제조
업체 신분확인)를 기재하여야 한다. MID란 Manufacturer Identification의 약어로
제조업체의 신분표시를 의미한다. 미국정부가 수입동향을 파악하기 위하여 당
해 수입물품의 제조국가, 업체, 주소 등을 전산입력의 자료로 삼기 위하여 통관
시 상업송장의 Seller란 우측상단에 기재하도록 요구하고 있다.
⑥ 신용장에서 요구하는 서류와 송장상의 기재내용이 서로 모순되는 점이 없어야

한다.

⑦ 신용장에서 여러 통의 상업송장을 요구한 경우에는 원본 1부에 나머지는 사본으로 충당해도 괜찮다.

2. 포장명세서

포장명세서(packing list)는 상업송장의 부속서류로서 주로 화물을 식별하기 위하여 사용되는 서류이다. 포장명세서는 포장된 화물에 대한 화물의 종류, 수량 등을 열거하고 있는 것으로 수출상이 준비하는 서류이다. 이 서류는 화물의 포장단위별로 작성되며 상업송장과 외형상으로 아주 비슷하며, 특히 상단 부분은 거의 같아 구분이 안 될 정도이다.

그러나 중간부분의 물품명세를 기재하는 난을 보면, 상업송장에는 화인과 화번, 물품명세, 수량/단위, 단가, 금액을 기재하게 되어 있으나, 포장명세서에는 이 중에서 단가와 금액은 생략된 반면 순중량, 총중량, 용적을 기재하게 되어 있다.

실제 계약물품 전체에 대하여 상업송장은 한 장으로 작성되는 반면, 포장명세서는 포장단위별로 작성된다. 한 가지 물품을 여러 포장용기로 나누어 포장한 경우에는 포장명세서의 중요성이 상대적으로 적지만, 여러 가지 물품들이 여러 포장용기로 나뉘어 포장된 경우에는 포장명세서가 대단히 중요하다.

예를 들면, 운송 중에 포장된 물품 중의 일부가 파손된 경우, 상업송장만으로는 어떠한 물품이 파손되었는지를 파악하기가 어렵지만, 포장명세서를 이용하면 상세한 파손 내역을 파악하기 용이하다.

• 포장명세서의 기능
① 수출입통관 절차에서의 심사 자료로 활용되며, 수입지에서 화물 분류 및 유통단계에서 이용
② 검수/검량업자가 실제 화물과 대조하는 참고자료로 이용
③ 개별 화물의 사고발생분에 대한 확인 자료로 이용
④ 선사와 운송계약 체결 시 운임산정 등의 기준으로 활용

---

3. 중량 및 용적증명서

중량 및 용적증명서(certificate of weight and measurement)란 수출물품의 선적에 앞서 공인검량인에 의해 화물의 순중량, 총중량, 용적을 계량하여 발급하는 증명서를 말한다. 운송인은 이 증명서상의 총중량과 용적을 기초로 하여 운임 또는 운송비를 산출하고, 운송서류에 그 총중량과 용적을 기재하기 때문에 이 서류는 정확히 작성될 필요가 있다.

4. 원산지증명서

원산지증명서(certificate of origin; C/O)란 거래되는 물품의 원산지를 증명하는 서류로서, 거래 대상국의 판별이나 양허관세율의 적용 등을 위하여 사용되고 있다. 우리나라는 기관발급과 자율발급제도가 있는데, 이는 FTA협정에 따라 원산지증명서의 요구조건이 상이하므로 주의를 요한다. 기관발급은 대한상공회의소와 세관에서 원산지증명서를 발급하고 있다.

원산지증명의 범주에 들지만 UNCTAD의 '일반특혜원산지증명서'(generalized system of preperences certificate of origin; GSPCO)가 있는데 이를 "Form A"라고도 한다. 일반특혜관세 원산지증명서는 개발도상국의 수출확대 및 공업화 촉진을 위해서 선진국이 개발도상국으로부터 수입하는 농수산품 및 공산품에 대하여 무관세의 적용 또는 저율의 관세를 부과하는 관세상의 특혜를 주기 위한 원산지증명서를 말한다.

특혜수혜국이 특혜대상품목을 공여국으로부터 수혜를 받을 수 있느냐의 여부는 원산지 규정에 따른다. 즉 원산지 규정은 일반특혜관세제도(Generalized System of Preference; GSP)에 의거한 특혜관세의 이익을 수혜국에서 생산 또는 제조된 산품에 국한시키고 제3국의 산품을 근본적으로 제외시키고자 하는 데 목적을 두고 있다.

GSP하에서 특혜공여국이 제정하고 있는 원산지규정의 주요골자는 원산지기준, 직접운송요건, 증빙서류 등이다. 따라서 GSP 수혜국이 특혜를 받기 위해서는 공여국이 당해 특혜대상품목에 대해 설정한 원산지규정을 충족시켜야 한다.

5. 검사증명서

검사증명서(inspection certificate)란 수출상과 수입상이 체결한 매매계약서상의 수출품의 품질에 대하여 완전함을 증명하는 검사결과에 대한 증명서이다. 대체로 수출상이 제공하는 수출품의 품질에 회의적이거나 의심을 가지는 경우 수입상은 정부의 검사, 국제검정기관의 검사 또는 수입대리인의 품질검사증에 제시를 요구하는 경우가 있다.

6. 검역증명서 및 위생증명서

검역증명서(certificate of quarantine)는 주로 동식물의 수출에 혹시 전염성 균이 묻어 들어가는 것을 막기 위하여 당해 물품을 고립된 일정한 장소에 일정기간 동안 장치하여 두어 검역을 한 후 발급해 주는 서류이다.

위생증명서(certificate of health or sanitary certificate)란 주로 식료품, 화장품, 약품, 생물, 육류, 수피 등을 특정국가에 수출할 경우, 그것이 생산·제조·출하되었을 때에 수입국에서 정한 위생기준에 합치한 것임을 또는 무해·무균인 것임을 증명하는 서류를 말하며, 수입통관시에 이 증명서가 사용된다. 위에서 언급한 검역증명서는 위생증명서의 일종이라 할 수 있다.

7. 수익자증명서

수익자증명서(beneficiary's certificate)는 수익자가 일정한 사실을 기재하여 해당 사실을 보증하는 서류로서 수익자가 직접 작성한다. 신용장 거래에서는 통상 수출업자가 서류를 송부하였음을 미리 통지하는 서류이며, 수입업자는 이를 통하여 서류를 인수하기 위한 준비절차를 마련하게 된다.

수익자증명서는 표준서식이 없으므로 수익자의 재량으로 작성하되 신용장에서 요구하는 내용을 빠트리지 않도록 주의하여야 한다.

SECTION 03 | 운송서류

운송서류(transport documents)란 특정장소에서 목적지까지 물품을 인도하는 증거로 운송물품의 적재(loading on board), 발송(dispatch) 또는 복합운송의 경우 수탁(taking in charge)을 표시하는 서류를 말한다. 운송서류는 해상선화증권과 같은 해상운송서류, 항공화물운송장과 같은 항공운송서류, 철도화물 또는 도로화물수탁서와 같은 육상운송서류, 내수로 운송서류, 복합운송서류 등으로 구분된다.

1. 선화증권

1) 선화증권의 의의

선화증권(Bill of Lading: B/L)이란 해상운송계약에 따른 운송물의 수령 또는 선적을 증명하고 운송인에 대한 운송물의 인도청구권을 나타내는 유가증권이다. 해상물품운송은 일반적으로 장기간 동안 운송되기 때문에 운송물품의 수령이나 권리의 양도를 위하여 주로 선화증권이 이용되고 있다. 계약물품을 운송하기 위해서는 송화인이 선박회사나 그 대리점과 운송계약을 체결하고, 물품을 운송인에게 인도하고 선화증권을 운송인으로부터 발급받아 수입상에게 전달하도록 수속을 밟는다.

2) 선화증권의 기능

선화증권은 다음의 3가지 기능을 갖고 있다.

> ① 물품이 선박에 인도되었음을 증명하는 수령증(receipt) – 화물의 수취증
> ② 운송계약체결의 추정적 증거(evidence of contract of carriage)
> ③ 증권의 소유자나 피배서인이 물품의 인도를 주장할 수 있는 권리증권(document of title)

특히 선화증권은 권리증권의 기능이 있기 때문에 제3자에게 권리의 양도가 가능하며, 선화증권의 소지인의 권리가 인정되고 있기 때문에 널리 이용되고 있다. 다른 여타 운송서류는 상기 ①②기능을 갖고 있으나 권리증권의 기능이 없다는 점이 선화증권과 다르다고 할 수 있다.

3) 선화증권의 특성

선화증권은 해상운송에 있어 필수 불가결한 것으로 다음과 같은 특성이 있다.
① 요인성: 운송계약에 의해 선박회사가 운송화물을 수취, 선적하였다는 전제하에 선화증권을 발급하기 때문에 요인증권이다.
② 요식성: 선박의 명칭, 국적, 톤수, 운송화물의 종류와 개수, 기호 등을 기재하고 발행자가 기명, 날인하는 법정의 형식을 요하는 요식증권이다.

③ 문언성: 증권이 작성된 후에는 운송인과 송화인의 의무는 증권상에 명기된 문언에 의해 이행되어야 하며 그 이외의 것은 명기된 사항에 반하여 임의로 해석될 수 없다.

④ 유통성: 선화증권은 화물을 대표하는 유가증권으로서, 증권의 발행인이 배서의 금지를 뜻하는 문구를 기재하지 않는 한 배서 또는 인도에 의해 소유권이 이전될 수 있다.

⑤ 대표성: 선화증권은 운송화물을 대표하는 대표증권이며, 소지인이 선박회사에 화물의 인도를 청구할 수 있는 채권증권이다.

4) 선화증권의 종류

선화증권은 사용방법에 따라 또는 운송계약조건에 따라 여러 가지 종류로 구분할 수 있다.

(1) 선적 선화증권(Shipped B/L)

이 선화증권은 화물이 본선에 적재된 후에 발행되는 선화증권이다. 선적선화증권은 증권상에 "Shipped" 또는 "Shipped on Board" "Shipped on apparent good order and condition"이라는 문구가 표시된다. 이 증권은 선적선화증권의 발행일자가 선적일자가 된다. 모든 선화증권은 선적 선화증권으로 발행되어야 하는 것이 원칙이다.

(2) 수취 선화증권(Received B/L)

이 선화증권은 선사나 운송주선인이 송화인의 물품을 단지 수령한 상태에서 발행된 선화증권을 말한다. 이는 물품을 선적할 선박이 항내에 정박 중이거나 아직 입항되지 않았거나, 선박이 지정된 경우에 운송인이 물품을 수령하고 선적 전에 발행한 선화증권이다. 신용장에 본선적재(on board)를 요구하는 명시규정이 있거나 해상운송만을 허용하는 경우에는 단순한 수취선화증권은 수리될 수 없다. 그러나 신용장상에 본선적재에 관련한 언급이 없거나 복합운송이나 항공운송을 허용한 경우에는 수취선화증권도 수리가 가능하다.

(3) 본선적재 선화증권(on board B/L)

이 선화증권은 수취선화증권(received B/L) 양식을 사용한다. 즉 "received the goods, or packages said to contain goods herein mentioned, in apparent good order and condition..."과 같은 문언이 기재된 증권상에 본선적재 또는 선적완료 문구, 즉 "loaded on board dated August 5, 20××"과 같이 기재·서명형식을 갖춘 선화증권이다.

본 증권은 수출상이 선사에 화물을 인도하는 시점에 발급되므로 선적선화증권과 실질적인 효력을 갖기 위해서는 추후 "on board notation"(본선적재일의 표시)을 별도로 받아야 한다.

(4) 무고장(무사고) 선화증권(Clean B/L), 고장(사고부) 선화증권(Foul or Dirty B/L)

무고장 선화증권(clean B/L)이란 화물이 본선에 양호한 상태로 또는 선적예정 수량대로 적재되어 화물의 포장상태 또는 수량, 내용물에 어떠한 손상이나 과부족이 없이 선적되었음을 증권면에 완전하게 표시된 선화증권을 말한다. 선화증권 여백의 비고란(remarks)에 "two boxes broken", "two cases short in dispute" 등과 같이 하자의 문언이 기재되지 않은 것을 말한다. 수출상은 무고장 선화증권을 은행에 제출하여야만 무고장 매입(clean nego)이 가능하다.

고장선화증권(foul B/L; dirty B/L)은 화물 선적 당시에 화물의 포장상태 및 수량에 어떠한 손상 또는 과부족이 있어서 비고란에 사고문언의 표시가 기재되어 있는 선화증권을 말한다. 이러한 선화증권은 은행이 수리를 거절한다. 그러나 이 경우 수출상이 선박회사에 파손화물보상장(letter of indemnity)을 제출하면 Foul B/L을 회수하고, Clean B/L을 발급받을 수 있다. 파손화물보상장의 내용은 "파손된 화물로 인하여 야기되는 모든 책임을 송화인(수출상)이 진다"는 것이며, 이것을 받으면 선박회사는 파손된 화물로 인한 손해배상책임으로부터 면책된다.

(5) 기명식 선화증권(straight B/L)

이 선화증권은 선화증권의 "Consignee"난에 수입자의 성명 또는 상호가 확실히 명기된 것을 말한다. 따라서 화물의 소유권은 특정인에게 한정되어 귀속되기 때문에 운송 중에 배서에 의해서 양도가 불가능하다.

(6) 지시식 선화증권(order B/L)

선화증권의 'Consignee'란에 'To the order of shipper'(화주의 지시에 따라), 'To the Order of ABC Bank'(ABC 은행의 지시에 따라), 'To Order'(지시에 따라)와 같은 문언이 기재된 증권을 말한다. 지시식 선화증권은 백지식 배서로 양도가 가능하다.

선화증권의 배서는 증권을 타인에게 양도할 때 사용하게 된다. 배서방식은 기명식 배서, 지시식 배서, 무기명식 배서가 있다. 배서는 신용장상의 선화증권 조항의 발행방식에 따라 결정되게 된다. 배서는 선화증권 원본 전통의 이면에 다음과 같이 행한다.

≫ 기 본 용 어

☑ 기명식 배서(full endorsement)
피배서인의 성명 또는 상호를 명기하여 배서인이 서명하는 방식이다. 기명된 수화인에게 선화증권을 양도하기 위해서는 배서가 연속되어야 한다.

☑ 지시식 배서(order endorsement)
피배서인으로서 "order of X" 또는 "X or order"와 같이 기재하는 방식이다.

☑ 무기명식 배서(blank endorsement)
피배서인은 기재하지 않고 배서인이 단순히 자기자신만 서명하는 방식으로 이를 백지식 배서라고도 한다.

---

(7) 집단선화증권(Groupage B/L)

선박회사가 운송주선인(forwarder)의 혼재화물에 대해 운송주선인에게 1건으로 발행하는 선화증권을 집단선화증권(groupage B/L) 또는 Master B/L이라 한다. Master B/L은 운송주선업자와 선박회사간에 화물인도 및 운임정산용으로 사용하게 된다. 그리고 운송주선업자가 선사로부터 받은 Master B/L을 근거로 LCL화물의 여러 화주에게 개별적으로 발행하는 선화증권을 혼재화물선화증권(House B/L)이라 한다.

(8) 보험겸용 선화증권(Red B/L)

이 선화증권은 보통의 선화증권과 보험증권을 결합시킨 형태로서, 이 증권에 기재된 화물이 항해 중에 사고가 발생하면 선박회사가 보상해 주는 선화증권이다. 보험관련 필요약관이 적색글씨로 표시한다고 하여 Red B/L이라고 한다.

(9) 제시기간 경과선화증권(Stale B/L)

이 선화증권은 선화증권 발행일로부터 21일이 경과하여 은행에 제시된 선화증권을 말한다. 이와 같은 선화증권은 신용장상에 "Stale B/L acceptable"이란 조건이 있는 경우를 제외하고는 은행이 수리를 거절한다. 그러나 BWT수입이 신용장 방식으로 변형되는 등 수입상이 자금부담을 완화할 목적으로 일부러 제시기간 경과선화증권을 원할 경우가 있는데 이때는 신용장상에 "Stale B/L is acceptable"이라는 문구를 넣어야 한다.

(10) 제3자 선화증권(Third party B/L)

선화증권상에 표시되는 송화인(shipper)은 일반적으로 신용장의 수익자가 된다. 그런데 선화증권의 송화인란에 수출상이 아닌 제3자가 송화인으로 표시되는 경우(중계무역)가 있는데, 이를 제3자 선화증권(third party B/L)이라 한다. 신용장에 별도의 명시가 없는 한 은행은 이를 수리하도록 신용장 통일규칙에서 규정하고 있다.

완제품 내국신용장이 발행된 신용장에서 공급자가 직접 선적하거나, 양도신용장에서는 Master L/C상의 수익자 명의가 선화증권상의 송화인란에 기재되지 않고 직접 선적을 담당한 공급자 또는 양수인의 명의가 기재된다.

(11) 약식선화증권(short form B/L)

선화증권으로서의 필요기재사항을 갖추고 있지만 보통선화증권(long Form B/L)의 이면약관이 생략된 것으로서 미국을 비롯한 여러 나라에서 널리 사용되고 있다. 이 약식선화증권에 관하여 어떤 분쟁이 생기면 일반적으로 Long Form B/L상의 화주와 선주의 권리와 의무에 따르게 된다.

(12) 권리포기선화증권(Surrendered B/L)

Surrendered B/L은 원본의 선화증권(Original B/L)이 없이 수입화물을 인도하여도 좋다는 의미에서 권리포기선화증권이라고 한다. 선화증권의 한 종류라기 보다는 B/L상에 Surrender란 문구를 나타내어 권리증권의 기능을 포기(surrender)하는 선화증권으로서 주로 Surrender B/L이라 한다. 이 선화증권은 화물의 도착지에서 원본의 선화증권을 제시하지 않고 전송(Fax or e−Mail)받은 B/L사본으로 화물을 인수받을 수 있도록 발행된 것으로, 선화증권 사본에 "Surrender" 또는 "Telex Release"란 문구 도장이 찍혀져 있다.

근거리 해상운송인 경우 화물이 B/L 원본보다 목적지에 먼저 도착하는 경우가 있어서 신속한 화물의 인수를 위한 수입상의 편의를 목적으로 발행하게 된 것이다. 그러나 신용장(L/C) 거래에서는 B/L의 수취인이 발행은행으로 되어 있는 경우가 많고, L/G를 사용하면 되므로 Surrender B/L로 매입하는 경우가 거의 없기 때문에 주로 비신용장 거래에 이용되고 있다.

특히 주의할 사항은 ① 비신용장 거래에 있어서 수입상이 화물은 인수하고 대금의 결제를 하지 않을 위험성이 있으므로 수입상의 신용이 확실한 경우에만 사용해야 한다. 본·지점간 거래나 거래당사자간의 대금결제에 대한 신뢰가 두터운 경우에 사용이 가능하게 된다. ② Surrender B/L이 발행되려면 B/L상의 화물수취인이 수입상으로 되어 있어야 하며, 선화증권(Original B/L)원본이 발행된 후 Surrender 요청시에는 선사는 원본을 반드시 회수하여야 한다. ③ Surrender B/L은 B/L의 효력을 정지시킨 것으로 B/L상의 수취인만이 권리를 행사할 수 있는 비유통성 물품인수증이라고 할 수 있다.

(13) 스위치 선화증권(Switch B/L)

Switch B/L은 중계무역(삼각무역, 삼국간무역)에 주로 사용되는 선화증권이다. 중계업자가 원수출자를 노출시키지 않기 위하여 화물을 실제 수출한 지역에 속한 선사, 운송주선인이 발행한 B/L을 근거로 제3의 장소에서 Shipper(원수출자)를 중계업자로 교체하여 발급받는 B/L을 의미한다.

즉, 중계무역시 중계업자가 선정한 원수출자(실공급자)가 B/L상에 공개되면 수입상이 중계업자를 배제하고 B/L상의 실공급자와 거래를 하게 되는 것을 방지하기 위하여 중계업자의 요청에 선적지(수출지)에서 선사 또는 포워더가 발행한 B/L은 회수 또는 Surrender 처리하고 제3의 장소에서 중계업자를 수출자로 변경된 B/L을 만든 것을 Switch B/L이라고 한다.

2. 복합운송서류

복합운송서류(multimodal transport documents: MTD)란 두 가지 이상의 상이한 운송수단(선박, 트럭, 철도, 항공기 등)에 의하여 물품이 수탁된 장소로부터 인도하기로 약정된 장소까지 운송되는 경우에 발행되는 운송서류이다.

복합운송증권의 정의와 관련하여 UN국제물품복합운송조약에서는 "복합운송계약에 따라 복합운송인이 자신의 관리 하에 물품을 인수하였다는 것과 그 계약조건에 따라 운송인이 물품을 인도할 의무를 부담하는 것을 증명하는 증권"이라고 정하고 있다.

또한 UNCTAD/ICC의 '복합운송증권에 관한 UNCTAD/ICC 규칙'에서는 복합운송증권이란 복합운송계약을 증명하는 증권을 의미하며, 관련법규가 허용하는 경우 전자문서 교환 통신문으로써 갈음할 수 있다고 정하고 있다. 대체로 복합운송서류는 양도가능 형식, 즉 "유통증권"과 양도불능 형식인 "비유통증권"으로 발행할 수 있다.

복합운송증권은 운송물품의 수탁에 의하여 발행되는 서류로서, 현재 복합운송증권으로 사용되고 있는 것은 보통 복합운송의 의미를 그 명칭에 포함하여 선화증권의 형식으로 발행되고 있다. 예를 들면 "Multimodal Transport Bill of Lading", "Combined Transport bill of lading" 또는 "Intermodal Transport bill of lading" 등이 그것이다.

또한 복합운송증권 가운데 운송주선인협회 국제연맹복합운송선화증권(FIATA Combined Transport bill of lading: FIATA FBL)은 복합운송증권의 양식을 이용하고 있다. 이는 유통성을 지닌 유가증권으로, 신용장통일규칙의 취지에 의하면 FIATA 표시는 아무런 관계가 없고 오직 신용장통일규칙상 복합운송서류로서의 적격성을 갖추었을 때 은행에서 수리된다.

그러나 FIATA 운송주선인 화물운송증(FIATA Forwarding Agents Certificate of Transport: FIATA FCT)과 FIATA 운송주선인 화물수령증(FIATA Forwarding Certificate of Receipt: FIATA FCR)은 비유통성서류로서, 신용장에 별도의 허용이 있어야만 수리가능하다.

3. 해상화물운송장

해상화물운송장(Sea Waybill)은 해상운송의 경우에 화물탁송증거로서 운송회사가 발급하는 비유통증서를 말한다. 해상화물운송장이 국제상거래에서 실질적으로 사용되기 시작한 것은 1970년대 후반으로 영국을 비롯하여 유럽에서 사용되었다. 최근 선박의 고속화에 따라 선박이 목적지에 도착하였음에도 불구하고 선화증권이 아직 도착하지 않는 경우가 발생하고 있다. 이러한 경우에는 운송인은 수화인에 대해서 화물을 인도할 수 없는 상황이 발생하게 된다. 그 결과 유럽에서는 항구혼잡의 완화책으로서 유통성이 없는 해상화물운송장을 사용하기에 이르렀다.

해상화물운송장은 운송인이 송화인으로부터 물품을 수취하였음을 나타내는 수령증이며, 운송계약이 체결되었다는 것을 나타내는 증거서류로서의 역할만을 수행한다. 선화증권이 대체로 양도성이 인정되는 지시식 선화증권(order B/L)인 데 반하여 해상운송장은 발급 당시부터 수화인(consignee)의 이름을 운송장에 명기한 서류로서 양도성이 없기 때문에 탁송화물의 증거서류 역할만 하게 된다.

해상운송장은 항공화물운송장과 마찬가지로 운송장에 표시된 수화인이 서류없이 도착지의 선사에 가서 자신의 신분만 증명(proof identify)하면 선사로부터 화물을 인도받을 수 있다.

선화증권의 경우에는 본선이 목적지에 도착하였음에도 불구하고 선화증권이 아직 도착되지 않더라도 수화인은 수입화물선취보증장(L/G)이라는 관행을 이용하여 선화증권을 선박회사 또는 그 대리점에 제시하지 않고서도 자신 앞으로 기재된 화물을 인도받을 수 있다. 그러나 이러한 절차는 복잡하고 또 보관료 등의 비용에 소요된다. 이 경우 해상화물운송장을 활용하면 이러한 번거로움을 해소시킬 수 있고 비용도 절약할 수 있다.

선박회사의 입장에서도 선적서류의 원본 없이 EDI메시지만으로도 수화인의 신분확인을 통하여 화물을 찾을 수 있는 편리성 때문에 앞으로 이용이 증가될 것으로 예상된다. 따라서 운송 중 전매가 필요하지 않고 대금결제의 담보물로서 선화증권이 필요하지 않은 본·지사간의 거래, 외상 지급거래 등에는 해상화물운송장을 활용할 수 있다.

4. 항공화물운송장

1) 항공화물운송장의 의의

항공운송서류(air transport documents)에는 항공화물운송장(air waybill; AWB)과 항공화물수탁증(air consignment note)이 있다. 보통 미국에서는 전자로, 유럽에서는 후자로 부르고 있다. 이는 모두 화물을 항공기로 운송하는 경우에 항공회사에서 화물을 인수하는 시점에서 발급하는 운송서류이다. 이것은 단순한 탁송증거로서의 역할을 할 뿐 선화증권과 같이 운송계약상의 권리를 유가증권화한 권리증권으로서 성질을 갖지 못하므로 기명식, 수취식으로만 발행된다. 항공화물운송장은 국제항공운송협회(International Air Transport Association ; IATA)의 표준양식과 발행방식에 따라 전 세계 항공사가 동일한 운송장을 사용하도록 의무화하고 있다.

2) 항공화물운송장의 발행

국제항공운송협회가 정한 항공화물운송장은 다음과 같이 구성되어 있다.

- 원본 ①은 '발행항공사용'으로 송화인이 서명하고 운송인이 증거서류로서 보관한다.
- 원본 ②는 '수화인용'으로 송화인 및 운송인이 서명하고, 화물과 함께 목적지에 송부되어 수화인에게 인도된다.
- 원본 ③은 '송화인용'으로 운송인이 서명하고 송화인에게 교부된다. 항공회사가 직접 또는 대리점을 통하여 송화인으로부터 화물을 수취한 것을 나타내는 수취증으로서, 또 항공회사가 송화인과 운송계약을 체결한 증거로서 송화인에게 인도된다. 원본 ③은 항공화물운송장의 하단에 Original 3(for shipper)라고 표시되어 있고, 통상 송화인이 (수출서류매입시) 은행에 제시한다.

원본 ①에서 원본 ③까지의 이면에는 국제항공운송협회가 정한 공통의 계약조항 (condition of contract)이 인쇄되어 있다.

- 부본 ④는 '인도항공회사 보관용'으로 도착지에서 수화인이 화물수령과 교환으로 서명하여 목적지 항공회사에 반환하는 것으로, 화물의 인도증명 및 운송계약 이행의 증거가 된다.
- 부본 ⑤는 '도착지 공항용'으로 통상 도착지 세관의 업무용으로써 사용된다.
- 부본 ⑥에서 ⑧은 운송에 참가한 항공회사가 운임정산을 위해서 사용한다.
- 부본 ⑨는 '항공화물대리점 보관용'이다.

3) 항공화물운송장의 기능

항공화물운송장의 기능은 다음과 같다.

- **항공화물의 수취증**
  항공화물운송장은 항공운송을 위하여 운송인이 송화인으로부터 항공화물을 수취하였다는 것을 증명한다.

- **항공화물의 운송계약이 체결되었다는 것을 나타내는 증거서류**
  항공화물운송장의 원본은 3통 발행되지만, 각각 송화인과 운송인이 서명하기 때문에 양 자간에서 운송계약이 체결되었음을 증명하게 된다. 또한 항공화물운송장은 선화증권과 같이 배서에 의하여 유통되지는 않는다.

한편 항공화물운송장은 해상선화증권과 비교하여 다음과 같은 차이점이 존재한다.

- 항공화물운송장은 항공운송사실을 증명하는 단순한 증거증권인 데 반하여, 해상선화증권은 물권적 권리를 표시하는 물권증권이다.
- 항공화물운송장은 비유통증권인 데 반하여 해상선화증권은 유통증권이다.
- 항공화물운송장은 화물수령증에 불과하므로 해상선화증권에 있어서 수취선화증권과 같다.
- 항공화물운송장은 신속한 운송의 필요성 때문에 원칙적으로 환적을 전제로 하고 있다.

항공화물운송장의 경우, 송화인은 해상화물운송장의 경우와 마찬가지로 화물의 도착지에서 수화인이 적법하게 화물의 인도를 청구할 때까지 화물의 반환청구 등의 운송품처분권을 가지고 있다. 그러나 운송인은 송화인에게 교부한 항공화물운송장(원본 ③)의 제시가 없다면 송화인의 운송품처분에 관한 지시에 따라야 한다.

신용장거래의 경우, 발행은행은 담보권을 확보하기 위하여 동 은행을 수화인으로 하는 항공화물운송장을 요건으로 하는 신용장을 발행하고, 또 송화인용의 항공화물운송장을 받음으로써 송화인의 운송품처분권을 봉쇄할 수 있다. 수화인을 발행은행으로 한 경우, 실제의 수화인(신용장발행의뢰인)은 동 은행에게 대금을 지급함으로써 운송품 인도지시서(release order)의 교부를 받아 운송인으로부터 화물인도를 받게 된다.

4) 항공화물운송장의 종류

(1) 발행양식에 따른 분류

① Airline air waybill: 운송장의 전면 상단부분에 발행한 항공회사의 상호가 인쇄된 것
② Neutral air waybill: 운송장의 전면 상단부분에 발행한 항공회사의 상호표시가 없는 것

(2) 발행주체에 따른 분류

① House air waybill(H/AWB): 항공운송중개업자인 혼재업자(consolidator)가 여러 명의 송화인으로부터 화물을 수탁받아 이것을 하나의 화물로 재포장하여 운송

하고자 할 때 화물을 수탁받는 시점에 자기명의로 송화인에게 발급하는 운송증권이다. 이 운송장은 신용장에 허용문구가 없는 한 은행이 수리를 거절하게 되지만, 혼재업자가 항공운송인 또는 그의 대리인이라는 표시를 운송장에 하면 수리가 가능하다.

② Master air waybill(M/AWB): House air waybill을 발급한 혼재업자가 소량화물을 행선지별로 분류하고 화물 단위로 재포장하여 항공회사에 탁송의뢰하였을 때 항공회사가 혼재업자에게 발급하는 운송장이다.

5. 보험서류

1) 보험서류의 발행

보험서류(insurance documents)란 무역물품의 운송도중 해난이나 기타의 위험으로 인하여 입게 될 손해에 대하여 보험을 부보하고 이에 대하여 보험자로부터 발급받는 증거 서류를 말한다. 해상보험계약은 계약자의 보험청약에 대해서 보험회사가 인수의 승낙을 하였을 때에 성립하는 낙성계약이다. 그러나 실무상 청약의 내용을 확인하기 위해서 소정의 청약서에 필요사항을 기재하여 보험회사에 제출하여야 한다.

보험청약서에는 피보험자, 보험의 목적(품명, 수량, 화인, 번호), 보험금액, 선박명 및 출항일, 항로, 보험금지급지 등이 기재된다. 보험회사는 이 청약서에 근거해서 보험서류를 발행하게 된다.

2) 보험서류의 종류

해상적화보험의 성립을 증명하는 서류를 총칭하여 보험서류라고 할 수 있는데, 여기에는 보험증권(insurance policy; I/P), 보험증명서(certificate of insurance), 통지서(declaration) 등이 있다.

① **보험증권**: 보험증권(insurance policy)은 보험계약자가 보험목적물을 대상으로 보험계약을 체결할 경우 보험회사가 발급하는 증명서류이다. 보험증권은 보험금 청구 시에 제출되는 중요한 증거서류가 된다.

② **보험증명서**: 보험증명서(certificate of insurance)는 개개의 보험내용이 미확정된 예정보험계약에 의하여 보험회사가 포괄적인 예정보험증권(open policy)을 교부하고 이 예정보험증권을 근거로 보험 사실이 확정될 때마다 그 보험의 확정사실을 증명하여 보험계약자에게 발행하는 증명서이다.

③ 보험승낙서: 보험승낙서(cover note)는 특정화물에 대해 보험부보를 하고 보험료를 영수하였음을 보험중개업자가 증명하는 일종의 각서를 의미한다. 보험증권은 보험계약 성립의 증거로 보험자가 보험계약자의 청구에 의해서 교부하며 이는 유가증권이 아닌 단지 증거증권으로 보통 배서 또는 교부에 의하여 양도된다.

신용장통일규칙에 의하면, 보험서류는 보험회사나 보험인수업자 또는 이들의 대리인에 의해 발행되어야 하며, 보험중개업자가 발행한 보험승낙서는 신용장에 별도 허용하지 않는 한 은행이 수리하지 않는다. 신용장에 별도 정함이 없으면 은행은 포괄예정보험증권에 의하여 발행된 보험증명서나 통지서도 수리한다.

3) 표시통화, 보험금액 및 부보조건

보험서류상의 표시통화는 신용장과 동일의 통화로 표시되어야 한다. 이는 신용장과 다른 통화로 부보된 경우 보험사고가 발생하였을 때 신용장 발행의뢰인 또는 신용장 발행은행에 환시세 변동에 따른 손해발생 가능성이 있으므로 이를 회피하기 위한 것이다.

보험금액은 보험회사가 만일의 사고에 의한 손해에 대해서 책임을 부담하는 금액의 최고한도액을 말한다. 통상 보험가액과 동일한 금액이다. 보험가액은 영국법에서는 보험의 목적 원가에 선적 및 보험에 관련 있는 비용을 가산한 금액으로 한다고 규정하고 있지만, 실무상 CIF가액을 기준으로 희망이익(통상 10%)의 금액을 덧붙인 금액으로써 보험가액으로 하고 있다.

보험부보조건은, 먼저 운송되는 화물의 종류와 성질을 고려하여 협회적화약과의 ICC(A), ICC(B), ICC(C) 중에서 어느 조건으로 부보할 것이며 동 조건으로 위험이 담보될 수 있는지를 확인하여야 한다.

COMMERCIAL INVOICE

Seller A & B Co., LTD. C.P.O. Box 777 Seoul, Korea	Invoice No. and date 601 July 1, 20XX
	L/C No. and date 78910 May 15, 20XX
Consignee To the order of Bank of America New York	Buyer (if other than consignee) X & Y Inc. 350 Fifth Avenue New York, N. Y. 10118 U.S.A.
Departure date June 30, 20XX	Other references Other details as per Sales Note No. E15 dated May 1, 20XX
Vessel/flight From Silver Star 5W Pusan, Korea	
To New York, U.S.A	Terms of delivery and payment CIF New York, L/C at sight

Shipping marks No & kind of pkgs	Goods description	Quantity	Unit Price	Amount
XY NEW YORK C/T No. 1–200 MADE IN KOREA	Men's Split Leather Jackets			
	ST–101	2,000pcs	@U$25	US$50,000
	ST–102	2,000pcs	@U$25	US$50,000
	Total	4,000pcs		US$100,000

P.O Box   :
Cable Address :
Telex Code   :
Telephone No. :
Facsimile No.   :

signed by

A & B Co., LTD.

Kildonghong

Kil-dong Hong
President

UN Layout key by UN/ECE   (210㎜×297㎜)

PACKING LIST

①Seller Gil Dong Trading Co., Ltd.	⑦Invoice No. and date 8905 HC 3108 Aug. 15, 20XX.
②Consignee TO ORDER OF xyz BANK	⑧Buyer(if other than consignee) Monarch Products Co., Ltd. P.O.Box 208 Bulawayo, Zimbabwe
	⑨Other references Country of Origin: Republic of Korea
③Departure date Aug. 20, 20XX.	
④Vessel/flight ⑤From Phoenix BUSAN, KOREA	
⑥To Bulawayo, Zimbabwe	

⑩Shipping Marks	⑪No.&kind of packages	⑫Goods description	⑬Quantity or net weight	⑭Gross Weight	⑮Measurement
MON/T Bulawayo LOT NO C/NO.1-53 MADE IN KOREA	420DDX420D Material, As per Monarch Products Indent No T.85B	Nylon Oxford	60,000M 1208.06Kgs.	1,317kgs	24.5CBM

Signed by
⑯

CHECK B/L

Shipper			
ALLTA AIR & SEA KOREA CO., LTD. O/B OF SEOHO ELECTRIC CO LTD SEOUL, KOREA		HASL0340DBDBJ08 MRN:13CNCLH0817 CALL SIGN : V2QC5	

Consignee

ATLANTIC GLOBE MOVERS, INC.
7/F RAMON MAGSAYSAY CENTER,
1680 DR.QUINTOS ST.ROXAS BLVD,
MANILA, PHILIPPINES **

Notify party

SAME AS CONSIGNEE
**
TEL:527-3131 10C 150
FAX:527-3131 10C 138

ADVISE TO SENDER WHEN
IT IS HAPPENED CORRECT MATTERS
AFTER EXAMIN

TO   :
FROM : 이지현
TEL : 02-3449-3365
FAX : 02-3789-4631
Email:

SURRENDERED

Pre-carriage by	Place of receipt	
Ocean Vessel	Voy. No.	Place of delivery INCHON, CY
CORVETTE	0163S	MANILA (SOUTH), PHILIPPINES, CY
Port of loading	Port of Discharge	Final destination for the Merchant reference
INCHON, KOREA	MANILA (SOUTH), PHILIPPINES	

Container No. Seal No. Marks and Numbers	Number of Containers or pkg Kind of packages ; Description of goods	Gross weight	Measurement
SEOHO ELECTRIC CO., LTD MADE IN KOREA	20' X 1 (3 PACKAGES)	4,161.000 KGS	13.920 CBM
ASIAN TERMINALS INC. HALU3750479/HAS496439	SHIPPER LOAD STOWAGE & COUNT SAID TO BE: POWER CONVERTER SYSTEM TRANSFORMERS		

''FREIGHT PREPAID''

Total No. of containers or packages (in words)   SAY : ONE (1) CONTAINER ONLY.-

Freight and charges	Revenue tons	Rate	Per	Prepaid	Collect

"AS ARRANGED"

Freight prepaid at	Freight payable at	Place and date of issue SEOUL, KOREA 2013/12/03
Total prepaid in	No. of original B(s) /L	Heung-A Shipping Co., Ltd.
Date 2013/11/30	Laden on board the vessel Signature	

HYUNDAI MERCHANT MARINE CO., LTD.   **SEA WAYBILL**

Shipper / Exporter (Complete name and address)	Document No. DJTL INCK318371	B / L No. HDMU ICKN4125187
CHOUDHARY INTERNATIONAL TRADE COMPANY SEOUL, GUROGU, ORYU-DONG, 217-15, PH : 02-780-6180 HP : 016-708-6186 FAX : 02-2614-6186		

Consignee (complete name and address)	Export References
CHOUDHARY INTERNATIONAL TRADE COMPANY MOON MARRET ALLAMA ICBAL TOWN LAHORE PAKISTAN. MOB : 92-300-606-9319 92-300-4727908	Forwarding Agent References

Notify Party (complete name and address)	Point and Country of Origin
CHOUDHARY INTERNATIONAL TRADE COMPANY MOON MARRET ALLAMA ICBAL TOWN LAHORE PAKISTAN. MOB : 92-300-606-9319 92-300-4727908	Domestic Routing / Export Instructions

Place of Receipt INCHEON, KOREA	**NON-NEGOTIABLE**

Ocean Vessel / Voyage / Flag SKY DUKE 752S	Port of Loading INCHEON, KOREA	Onward Inland Routing

Port of Discharge KARACHI, PAKISTAN	For Transshipment to	Place of Delivery* KARACHI, PAKISTAN	Final Destination (For the Merchants Ref.)

PARTICULARS FURNISHED BY SHIPPER

Container No. / Seal No. Marks and Numbers	No. of Containers or Packages and Goods	Description of Packages and Goods	Gross Weight	Measurement
N/M	1CNTR (2PKGS)	<<< COPY / NON-NEGOTIABLE >>> "SHIPPER'S LOAD, COUNT & WEIGHT, S.T.B :" CY / CY 2 UNITS OF USED EXCAVATORS - SOLAR130W-1 (FRAME NO. SL130W-V-0366) - YEAR : 1997 - SOLAR130W-III (FRAME NO. SL130W-III-1818) - YEAR : 1996 FREIGHT PREPAID HS NO: 8430.49-9000 DETENTION FREE TIME : 14 DAYS "COPY NON-NEGOTIABLE B/L RELEASE PROCEDURES" HDMU6267064/788522 DC 4H	KGS 24,800.000	CBM 50.0000
Total Number of Containers or Packages (in words)	ONE (1) CONTAINER ONLY			

Freight & Charges FREIGHT AS ARRANGED	Rate	Unit	Prepaid	Collect

Declared Value (Optional) USD	[PACKAGE LIMITATION CLAUSE] Section 4 (5) of U. S. Carriage of Goods By Sea Act 1936. Neither the	Total			

carrier nor the ship shall in any event be or become liable for any loss or damage to or in connection with the transportation of goods in an amount exceeding $ 500 per package lawful money of the United States, or in case of goods not shipped in packages, per customary freight unit or the equivalent of that sum in other currency, unless the nature and value of such goods have been declared by the shipper before shipment and inserted in the Bill of Lading and additional freight has been paid as required. This declaration, if embodied in the Bill of Lading, shall be prima facie evidence, but shall not be conclusive on the carrier. THIS CLAUSE SHALL APPLY ONLY TO GOODS MOVING TO OR FROM PORTS OF UNITED STATES.

IN ACCEPTING THIS BILL OF LADING, the shipper, owner and consignee of the goods, and the holder of this Bill of lading expressly accept and agree to all its stipulations, exceptions and conditions, whether written, stamped or printed as fully as if signed by such shipper, owner, consignee and/or holder. No agent is authorized to waive any of the provisions of the clauses.

IN WITNESS WHEREOF, the master or agent of the said ship has affirmed to Bill of Lading, all of this senior and date. ONE of which being accomplished, the others to stand void.

* Applicable only when this document is used as an intermodal transport Bill of Lading

Number of Original B (s) / L	On Board Date DEC. 25, 2007 (OBD:DECEMBER TWENTY FIFTH, 2007)
	Dated at SEOUL, KOREA JAN. 22, 2008
	HYUNDAI MERCHANT MARINE CO., LTD. AS CARRIER
	By

BILL OF LADING

Shipper VARA FOOD AND DRINK CO. LTD. 280 SI RINTHORN ROAD BANG PLAD, BANGKOK 10700, THAILAND	B/L No. **HASL6003DBDB504** 93E37라

Consignee
TO THE ORDER OF WOORI BANK SEOUL

HEUNG-A SHIPPING CO., LTD

Received by the Carrier from the Shipper in apparent good order and condition unless otherwise indicated herein, the Goods, or the container(s) or package(s) said to contain the cargo herein mentioned, to be carried subject to all the terms and conditions provided for on the face and back of this Bill of Lading by the vessel named herein or any substitute at the Carrier's option and/ or other means of transport, from the place of receipt or the port of loading to the port of discharge or the place of delivery shown herein and there to be delivered unto order or assigns.
If required by the Carrier, this Bill of Lading duly endorsed must be surrendered in exchange for the Goods or delivery order.

ORIGINAL

In accepting this Bill of Lading, as defined by Article 1 on the back hereof) agrees to be bound by all the stipulations, exceptions, terms and conditions on the face and back hereof, whether written, typed, stamped or printed, as fully as if signed by the Merchant, any local custom or privilege to the contrary notwithstanding, and agrees that all agreements or freight engagements for and in connection with the carriage of the Goods are superseded by this Bill of Lading.
In witness whereof, the undersigned, on behalf of Heung-A Shipping Co., Ltd. the Master and the owners of the Vessel, has signed number of Bill(s) of Lading stated above, all of this tenor and date, one of which being accomplished, the others to stand void.

(Terms of Bill of Lading continued on the back hereof)

Notify Party
EINES TRADING CORPORATION
EINES B/D NO.378-1 SHIMGOK-DONG
SOO JUNG-GU SEONGNAM, KOREA

Pre-carriage by	Place of receipt BANGKOK, THAILAND, CY
Ocean vessel HANJIN SURABAYA	Voy No. 1303N	Place of delivery INCHEON, KOREA, CY
Port of Loading BANGKOK, THAILAND	Port of Discharge INCHEON, KOREA

Final destination for the Merchant reference

Container No. Seal No. Marks and Numbers	Number of Containers or packages	Kind of packages : Description of goods	Gross Weight	Measurement
DISTRIBUTED BY : EINES TRADING CORPORATION (031) 723-8505 BIYAYA KOREA (02) 481-9360 GESU1143295/HAS782313	20' X 1 1,410 CARTONS	SHIPPER LOAD STOWAGE & COUNT SAID TO BE: PROFORMA INVOICE NO.:VEN-1336 TASCO COCONUT JUICE W/PULP 6/5/240 ML 910 C/S ETC. COUNTRY OF ORIGIN THAILAND AS PER INVOICE NO.131497 L/C NO.MD1BY311NS00089 DATED 131105 ISSUED BANK : WOORI BANK SEOUL SHIPPED ON BOARD 2013/11/21 BY HANJIN SURABAYA V.1303N AT BANGKOK, THAILAND	17.975.000 KGS	

WOORI BANK
DOCUMENT
2013. 11. 29
CHECKED

'' FREIGHT COLLECT ''

Total No. of containers or packages (in words)	SAY : ONE(1) CONTAINER ONLY.-					
Freight and charges	Revenue tons	Rate		Per	Prepaid	Collect

Freight prepaid at	Freight payable at INCHEON, KOREA	Place and date of issue BANGKOK, THAILAND 2013/11/21
Total prepaid in	NO. of original B(s)/L THREE / 3	Signature Heung-A Shipping Co., Ltd. HEUNG-A SHIPPING (THAILAND) CO., LTD by as Carrier
Shipped on board (date & others) 2013/11/21 HANJIN SURABAYA 1303N BANGKOK, THAILAND		

Revised 01/05/2011   THAILAND

AS AGENT FOR THE CARRIER : HEUNG-A SHIPPING CO., LTD

Revised 01/05/2011

Exporter DERRCO ENGINEERING LTD 26 BELLOWS ROAD SITTINGBOURNE KENT	**CERTIFICATE OF INSURANCE**	
	Ins. Cert. No: L/A 90006	Exporters Ref: 55034/94
	Code No. 66/AA/ 499	Agents Ref: EXC/19341

This is to certify that

ARTHENO FREIGHT SERVICES STD

     have been issued with a Open Policy and this certificate conveys all rights of the policy(for the purpose of collecting any loss or claim) as fully as if the property were covered by a special policy direct to the holder of this certificate but if the destination of the goods is outside the United Kingdom this certificate many require to the stamped within a given period in order to comply with the laws of the country of destination. Notwithstanding the description of the voyage stated herein, provided toe goods are at the risk of the Assured this insurance shall attach from the time of leaving the warehouse, premises of place of storage in the interior.

MARITIME

INSURANCE COMPANY LIMITED

NORWICH UNION HOUSE,
51/54 FENCHURCH STREET, LONDON EC3M 3LA

Conveyance 'AMCO TRADER'	PORT OF LOADING FELIXSTOWE
Port of Discharge NEW YORK	Final Destination ALBANY

Insured value(State Currency)

US$2,800

so valued

Marks, Nos/Container No.	No. and Kind of Packages	Description of Goods

B. A. LANZARIO
2624 WESTFIELD AVENUE
ALBANY
NEW YORK
U.S.A.

1×20' CONTAINER
STC 160 CARTONS
WEIGHING MACHINES
FULL LOAD DOOR TO DOOR
CONTAINER NO. UFCU. 221249/4

IMPORTANT
PROCEDURE IN THE EVENT OF LOSS OR DAMAGE FOR WHICH
UNDERWRITERS MAY BE LIABLE
LIABILITY OF CARRIERS, BAILEES OR OTHER THIRD PARTIES

It is the duty of the Assured and their Agents, in all cases, to take such measures as may be reasonable for the purpose of averting or minimizing a loss and to ensure that all rights against Carriers, Bailees or other third parties ar property preserved and exercised. In particular, the Assured or their Agents are required:
1. To claim immediately on the Carriers, Port Authorities or other Bailees for any missing packages.
2. In no circumstances except under written protest, to give clean receipts where goods are in doubtful condition.
3. When delivery is made by Container, to ensure that the Container and is seals are examined immediately by their responsible official.
4. To apply immediately for survey be Carriers' or other Bailees' Representatives if any loss or damage by apparent and claim on the Carriers or other Bailees for any actual loss or damage found at such survey.
5. To give notice in writing to the Carriers of other Bailees within thee day of delivery of the loss or damage was not apparent at the time taking delivery.

SURVEY AND CLAIM SETTLEMENT

In the event of loss or damage which may involve a claim under this insurance, immediate notice of such loss or damage should be given to and a Survey Report obtained from this Company's Office or Agent Specified in this Policy or Certificate.
In the event of any claim arising under this insurance, request for settlement should be made to the Office or Agent nominated herein.

DOCUMENTATION OF CLAIM

To enable claims to be dealt with promptly. The Assured or their Agents are advised to submit all available supporting documents without delay. including when applicable:
1. Original policy or certificate of insurance.
2. Original or certified copy shipping invoices, together with shipping specification and/or weight notes.
3. Original Bill of Lading and/or other contract of carriage
4. Survey report or other documentary evidence to show the extent of the loss or damage.
5. Landing account and weight notes as of discharge and final destination.
6. Correspondence exchanged with the Carriers and other Parties regarding their liability for the loss or damage.

CONDITIONS

     Subject to the current Institute Cargo clauses (A) and/or AIR(as applicable). subject to Institute Replacement Clause(as applicable).

     Subject to the Institute Radioactive Contamination Exclusion Clause CL356 110.90.
     Notwithstanding anything to the contrary contained herein this insurance covers War and Strikes Risks in accordance with the current Institute War and SURVEY CLAUSE.
     In the event of loss or damage which may give rise to a claim under this certificate, notice must be given immediately to the undernoted agent/s so that he/they may appoint a Surveyor if he/they so desire.
     Agents at   NEW YORK   are OCEAN—AIR CARGO CLAIMS INC
     111 JOHN STREET, SUITE 1500, NEW YORK, NY 100038
     CLAIMS
     In the event of claim arising under this Certificate it is agreed that is shall be settled in accordance with English Law and Custom and shall be so settled in London or at   NEW YORK
     AS ABOVE
     by

This certificate is not valid Managing Director unless countersigned	For ARTHENO FREIGHT SERVICES LTD
	Dated 10 JANUARY 2014
	Signed

MARD64—159—jan 94   The orignal certificate must be produced when claim is made and must be surrendered on payment

SsangYong Fire & Marine Insurance Co., Ltd.

HEAD OFFICE: 60, DORYUM—DONG,
CHONGRO—KU,
SEOUL, KOREA

K. P. O. Box 295

TELEPHONE: (02)724—9000

FACSIMILE: (02)735—4218

MARINE CARGO INSURANCE POLICY

Assured(s). etc

Policy No.	Ref. No.
Claim, if any, payable at:	
Survey should be approved by:	Amount Insured
Ship or Vessel / Sailing on or about	Conditions: Subject to the following Clauses as per back hereof
at and from / transhipped at	
arrived at / thence to	
Subject—matter Insured	

INSTITUTE CLASSIFICATION CLAUSE
INSTITUTE RADIOACTIVE CONTAMINATION EXCLUSION CLAUSE
ON—DECK CLAUSE (APPLYING TO ON—DECK CARGOES)
SPECIAL REPLACEMENT CLAUSE(APPLYING TO MACHINERY)
SPECIAL REPLACEMENT CLAUSE FOR SECONDHAND MACHINERY
(APPLYING TO USED MACHINERY)
LABEL CLAUSE (APPLYING TO LABELLED GOODS)
Co—insurance Clause (applicable in case of Co—insurance)

TRANSIT TERMINATION CLAUSE(30 DAYS) {(A)/(B)}
applicable only for cargoes imported to Korea
It is specially understood and agreed that the words "60 days" in
[(C)/S] of the paragraph
of the transit Clause of the Institute Cargo Clauses are substituted
by the words "30 kdays"

Place and Date signed in

For the use only with the Marine Policy Form
Notwithstanding anything contained herein or attached hereto to the contrary, this insurance is understood and agreed to be subject to English law and practice only as to be liability for and settlement of any and all claims.

This insurance does not cover any loss or damage to the property which at the time of the happening of such loss or damage is insured by or would but for the existence of this Policy be insured by any fire or other insurance policy or policies except in respect of any excess beyond the amount which would have been payable under the insurance not been effected.

We, SSANGYONG FIRE & MARINE INSURANCE CO.,LTD hereby agree, in consideration of the payment to us, by or on behalf of the Assured of the premium as arranged, to insure against loss damage liability or expense to the extent and in the manner herein provided.

In Witness whereof, I the Undersigned of SSANGYONG FIRE & MARINE INSURANCE CO.,LTD. on behalf of the said Company have subscribed My Name in the place specified as above to the policies, the issued numbers thereof being specified as above, of the same tenor and date, one of which being accomplished, the others to be void, as of the date specified above.

☞In the event of loss or damage arising under this Policy, no claims will be admitted unless a survey has been held with the approval of this Company's Office or Agents specified in this Policy.

In case of loss or damage, please follow the "IMPORTANT" clause printed on the back hereof.

SFI—RJO—002

Fore the use only with the Old Marine Policy Form
1. Warranted free of capture, seizure, arrest restraint or detainment. and the consequence thereof

or of any attempt thereat; also from the consequences of hostilities or warlike operations, whether there be a declaration of war or not; but this warranty shall not exclude collision, contact with any fixed

or floating object (other than a mine or torpedo), stranding, heavy weather, or fire unless caused directly (and independently of the nature of the voyage or service which the vessel concerned or, in the case of a collision, any other vessel involved therein, is performing) by a hostile act by or against a belligerent power, and for the purpose of this warranty, power includes any authority maintaining naval, military or air from in association with a power.

Further, warranted free from the consequences of civil war, revolution, rebellion, insurrection, or civil strife arising therefrom, or piracy.

2. Warranted free of loss or damage
(a) Caused by strikers, locked—out workmen, or persons taking part in labour disturbances, riots or civil commotions;

(b) resulting from strikes, lock—outs, labour disturbances, riots or civil commotions.

3. Should the risks Clause] (F.C. & Clause) be reinstated in this Policy by deletion of the said Clause, or should the risks or any of them mentioned in that clause or the risks of mines, torpedoes, bombs or other engines of war be insured under this Policy, Clause (b) below shall become operative and anything contained in this contract which is inconsistent with Clause(b) or which affords more extensive protection against the aforesaid risks than that afforded by the Institute War Clauses relevant to the particular form of transit covered by this insurance is null and void.

(b) This policy is warranted free of any claim based upon loss of or frustration of the insured voyage or adventure caused by arrests restraints or detainments of Kings Princes Peoples Usurpers or persons attempting to usurp power.

Numbers of Policies issued

The descriptions to be inserted in the following clauses are shown as above BE it known that

as well in his or there own Name, as for and in the Name and Names of all and every other Person or Person to whom the same doth, may, or shall appertain, in part or in all, doth make Assurance, and cause himself or themselves and them and every of them, to be Assured, lost or not lost, at and from upon any kind of Goods and Merchandises, in the good Ship or Vessel called the whereof is Master, for this present voyage, or whosoever else shall go for Master in the said Ship, or by whatever other Name or Names the said Ship, or the Master thereof is or shall be named or called, Beginning the Adventure upon the said Goods and Merchandises from the loading thereof aboard the said Ship as above, and shall so continue and endure during her abode there, upon the said Ship, &c; and further, until the said Ship, with all her Goods and Merchandises whatsoever, shall be arrived at and upon the Goods and Merchandises until the same be there discharged and safely landed, and it shall be lawful for the said Ship, &c, in this Voyage to proceed and said to, and touch and stay at any Ports or Places whatsoever without Prejudice to the Assurance. The said Goods and Merchandises, &c, for so much as concerns the Assured by Agreement between the Assured and Assurers in this Policy, are and shall be valued at TOUCHING the Adventures and Perils which the said Company are contented to bear and do take upon themselves in this Voyage, they are, of the Seas, Men—of—War, Fire, Enemies, Pirates, Rovers, Thieves, Jettisons, Letters of Mart and Countermart, Surprisals, Takings at Sea, Arrests, Restraints and Detainments of all Kings, Princes and People, of what Nation, Condition or Quality soever, Barratry of the Master and Mariners, and of all other Perils, Losses and Misfortunes that have or shall come to the Hurt Detriment, or Damage of the said Goods and Merchandises, or any part thereof, and in case of any Loss or Misfortune, it shall be lawful to the Assured, his or their Factors, Servants and Assigns, to sue, labour and travel for, in and about the Defence, Safeguard and Recovery of the said Goods and Merchandises, or any part thereof, without Prejudice to this Assurance, to the Charges whereof the said Company will contribute. And it is especially declared and agreed that no acts of the Assurer or Assured in recovering saving, or preserving the property assured, shall be considered as a waiver or acceptance of abandonment. And it is agreed that this Writing or Policy of Assurance shall be of as much Force and Effect as the surest Writing or Policy of Assurance made in London. And so the said Company are contented, and do hereby promise and bind themselves to the Assured, his or their Executors, Administrators, and Assigns, for the true Performance of the Premises, confessing themselves paid the Consideration due unto them for this Assurance, at and after the rate of as arranged per cent

N.B.— Corn, Fish, Salt, Fruit, Flour and Seed are warranted free from Average, unless General, or the Ship be stranded, Sugar, Tobacco, Hemp, Flax, Hides and Skins are warranted free from Average, under Five Pounds per cent, and all other Goods, also the Ship and Freight, are warranted free from Average, under Three Pounds per cent, unless general, or the Ship be stranded, sunk, or burnt. All questions of liability arising under this policy are to be governed by the laws and customs of England.

IN WITNESS whereof, I the Undersigned of The SSANGYONG FIRE & MARINE INSILFANCE CO., LTD. on behalf of said company, have subscribed my name in to Policies of the same tenor and date, one of which being accomplished, the others to be void, as of the date specified as above.

For SsangYong Fire & Marine Insurance co., Ltd.

AUTHORIZED SIGNATURE

IATA

988	ICN	74773510		DJTL200712101

Shipper's Name and Address	Shipper's Account Number	Not Negotiable **Air Waybill** Issued by	DAEJIN TOTAL LOGIS CO., LTD.

Shipper's Name and Address
YH CO.,LTD.
282-5, JUK-RI, DAEDUK-MYUN,
ANSEONG-CITY, GYEONGGI-DO. KOREA
MR. SE-KWANG. CHO
TEL:82-31-676-1371 F:82-31-675-1272

Copies 1,2 and 3 of this Air Waybill are originals and have the same validity.

Consignee's Name and Address   Consignee's Account Number
KANEKO SEIMITSU CO., LTD.
687-9, GORYO, TOMISATO-CITY,
CHIBA-KEN, JAPAN MR.KANEKO
E-MAIL:kanekos-mp@mth.biglobe.ne.jp
TEL:81-476-90-3450,F:81-476-93-5678

It is agreed that the goods described herein are accepted in apparent good order and condition (except as noted)for carriage SUBJECT TO THE CONDITIONS OF CONTRACT ON THE REVERSE HEREOF. ALL GOODS MAY BE CARRIED BY ANY OTHER MEANS INCLUDING ROAD OR ANY OTHER CARRIER UNLESS SPECIFIC CONTRARY INSTRUCTIONS ARE GIVEN HEREON BY THE SHIPPER, AND SHIPPER AGREES THAT THE SHIPMENT MAY BE CARRIED VIA INTERMEDIATE STOPPING PLACES WHICH THE CARRIER DEEMS APPROPRIATE. THE SHIPPER'S ATTENTION IS DRAWN TO THE NOTICE CONCERNING CARRIERS' LIMITATION OF LIABILITY. Shipper may increase such limitation of liability by declaring a higher value for carriage and paying a supplemental charge if required.

Issuing Carrier's Agent Name and City   Accounting Information

DAEJIN TOTAL LOGIS CO., LTD.

Agent's IATA Code   Account No.
17-3 0192/001 6

Airport of Departure(Addr. of First Carrier)and Requested Routing	Reference Number	Optional Shipping Information
INCHEON. KOREA		FREIGHT PREPAID

to	By First Carrier	Routing and Destination	to	by	to	by	Currency	CHGS Code	WT/VAL PPD COLL	Other PPD COLL	Declared Value for Carriage	Declared Value for Customs
NRT	OZ						USD	P			N.V.D	

Airport of Destination	Requested Flight/Date	Amount of Insurance	INSURANCE-If Carrier offers insurance, and such insurance is requested in accordance with the conditions thereof indicate amount to be insured in figures in box marked "Amount of Insurance".
NARITA. JAPAN	OZ102 / 11.DEC.2007	NIL	

Handling Information
ENCL : PACKING LIST

SCI

No. of Pieces RCP	Gross Weight	kg lb	Rate Class / Commodity Item No.	Chargeable Weight	Rate / Charge	Total	Nature and Quantity of Goods (incl. Dimensions or Volume)
1	27.0	K N		27.0	AS AGREED		1 P'KG OF SAMPLE
YH KANEKO NARITA. JAPAN MADE IN KOREA							INVOICE NO.: YH-071210

Prepaid	Weight Charge	Collect	Other Charges
	AS AGREED		

Valuation Charge

Tax

Total Other Charges Due Agent

Total Other Charges Due Carrier

Shipper certifies that the particulars on the face hereof are correct and that insofar as any part of the consignment contains dangerous goods, such part is properly described by name and is in proper condition for carriage by air according to the applicable Dangerous Goods Regulations.

DAEJIN TOTAL LOGIS CO., LTD.
AGENT FOR THE CARRIER : ASIANA AIRLINES
Signature of Shipper or his Agent

Total Prepaid	Total Collect		
Currency Conversion Rates	CC Charges in Dest. Currency	11.DEC.2007 SEL	/ YJJUNG
		Executed on(Date) at(Place)	Signature of Issuing Carrier or its Agent
For Carrier's Use only at Destination	Charges at Destination	Total Collect Charges	DJTL200712101

PRINTED BY www.pnp114.co.kr

CASS-Korea

IATA

Exporteur Exportateur Esportatore Exporter **GRED MULLER AG** ⬛ Birsstrasse 26 4132 Muttenz / Switzerland	Nr. 201884 No.
Empfänger Destinataire Destinatario Consignee **NAKAMURA CORPORATION** 27, Nihonbashi, Chiyoda-Ku TOKYO 125 / Japan ⬛	**URSPRUNGSZEUGNIS** **CERTIFICAT D'ORIGINE** **CERTIFICATO D'ORIGINE** ⬛ ⬛ **CERTIFICATE OF ORIGIN** SCHWEIZERISCHE EIDGENOSSENSCHAFT ⊕ CONFÉDÉRATION SUISSE CONFEDERAZIONE SVIZZERA SWISS CONFEDERATION

	Ursprungsstaat Pays d'origine Paese d'origine SWITZERLAND ⬛ Country of origin
Angaben über die Beförderung (Ausfüllung freigestellt) Informations relatives au transport (mention facultative) Informazioni riguardanti il trasporto (indicazione facoltativa) Particulars of transport (optional declaration)	Bemerkungen Observations Osservazioni Observations LETTER OF CREDIT NR. 064204

Zeichen, Nummern, Anzahl und Art der Packstücke; Warenbezeichnung Marques, numéros, nombre et nature des colis; désignation des marchandises Marche, numeri, numero e natura dei colli; designazione delle merci Marks, numbers, number and kind of packages; description of the goods		Nettogewicht Poids net Peso netto Net weight kg, l, m³ etc./ecc.
NAKAMURA CORPORATION 6 cases VIA TOKYO NR. 1-6 ⬛ ⬛ ORDER 0-535/1	CYLINDER- PRESS COMPLETELY ASSEMBLED	12'140,0 kg
		Bruttogewicht Poids brut Peso lordo Gross weight 12'860,0 kg

Die unterzeichnete Handelskammer bescheinigt den Ursprung oben bezeichneter Ware
La Chambre de commerce soussignée certifie l'origine des marchandises désignées ci-dessus
La sottoscritta Camera di commercio certifica l'origine delle merci summenzionate
The undersigned Chamber of commerce certifies the origin of the above mentioned goods

Basel. 2 6. 04. ⬛

Basler Handelskammer ⬛
Chambre de Commerce de Bâle
Camera di Commercio di Basilea
Basle Chamber of Commerce

무역분쟁관리

CHAPTER

23 무역클레임과 상사중재

SECTION 01 **무역클레임**

1. 클레임의 의의

클레임(claim)은 '권리의 요구'라는 의미로 청구자(claimant)가 피청구자(claimee)에게 자신이 입은 손해 배상을 청구하거나 계약의 이행을 요구하는 것을 말한다. 무역거래에서의 클레임은 대부분 계약불이행, 계약위반, 품질불량, 대금미지급, 선적지연이나 도착지연 등의 사유로 발생한다.

한편, 시장 상황이 좋지 않을 경우 수입업자가 사소한 하자를 잡아 고의적으로 Market Claim을 제기하는 경우도 있다. 호황기에는 관습적으로 묵인되었던 조그만 하자 사항도 불경기가 되면 얼마든지 클레임을 제기할 수 있는 사유가 될 수 있다.

2. 클레임의 원인

무역거래에서 자주 발생하게 되는 클레임의 원인을 다음과 같이 분류할 수 있다.

표 23-1 　무역클레임의 발생원인

품질	품질불량, 등급저하, 품질상위, 규격상이, 손상, 변질, 변색 등
수량	수량부족, 착화부족, 중량부족, 감량 등
선적	선적지연, 불착, 선적불이행, 하역불량, 적부불량, 환적, 분실 및 유실, 도난 등
포장	포장불량, 포장불충분, 불완전 포장 등

가격 및 결제	대금미지급, 지급지연, 초과지급, 가격조정, 초과비용지급, 수선비, 재포장비, 벌과금, 어음할인거부 등
서류	부정확한 송장, 기재사항의 상위, 서류불비 등
계약	계약위반, 계약취소, 계약불이행, 신용장발행지연, 계약거절 등

3. 클레임의 처리절차

1) 클레임의 제기

클레임은 합의된 기간 내에 적법한 절차에 따라 제기되어야만 법적 효력을 보장받을 수 있다. 따라서 무역계약을 체결할 때 클레임의 해결에 관한 사항을 명확히 합의해 두는 것이 바람직하다.

① 클레임 상대방 확정: 클레임을 누구에게 제기할 것인가를 확정하는 것이다. 이를 위해서는 클레임의 주요 원인을 분석하여 그 책임이 누구에게 있는지 파악해야 한다. 주로 클레임의 대상자는 수출업자, 수입업자, 신용장 발행은행 또는 결제 관련 은행, 선박회사, 보험회사 등이 대상이 될 수 있다.

② 클레임 제기기간 확인: 클레임은 반드시 제기 기간 내에 이루어져야 한다. 클레임 제기에 대한 명시 사항이 없으면 국제관습이나 각 국의 법률에 따르면 되지만 이에 대한 규정이 다르기 때문에 무역계약서에 제기기간을 명확히 규정해두는 것이 바람직하다.

표 23-2   클레임 제기기간에 관한 주요 법규

각국의 법규	클레임 제기기간
한국 상법(69조) 일본 상법(526조) 미국통일상법(2-606) 영국 물품매매법(SGA) 비엔나 협약(38-39조)	• 클레임 사유를 발견하는 즉시 통지(즉시 발견되지 않는 손해는 6개월) • 즉시 검사, 하자발견 즉시 통지 • 합리적 기간내 물품검사 및 지체없이 통지 • 합리적 기간내 물품검사 및 지체없이 통지 • 단기간내 검사, 합리적 기간 내에 통지

③ 클레임의 통지: 클레임의 사유가 확정되면 클레임 제기의 의사표시, 클레임의 주요 내용 등을 요약한 클레임 통지서(claim notice)를 전신이나 신속한 수단으로 보낸 후 확정된 클레임 제기서장을 송부하여야 한다.

클레임 제기서장에는 클레임 진술서(statement of claim), 손해명세서, 검사보고서, 청구서 및 기타 증거서류를 첨부하여 클레임의 정당성을 상대방에게 납득시켜야 한다. 클레임 진술서에는 클레임의 대상이 되는 거래내용, 클레임의 원인, 클레임의 해결방법 등을 명시한다.

손해배상을 청구할 경우에는 손해명세서를 제시하고, 손해명세서에는 송장가격과 클레임 금액을 표시하고 실제 손실의 근거내역과 부대비용을 구체적으로 명시하여야 한다. 그리고 클레임의 정당성을 입증하기 위해서는 국제적으로 권위있는 검정기관에서 발급한 검사보고서(survey report)를 증빙자료로 제시하는 것이 효과적이다.

2) 클레임의 접수

청구자로부터 클레임이 제기되면 클레임의 제기내용을 검토한 다음 자신의 입장과 해결방안을 통지한다.

(1) 클레임 제기내용 검토

클레임이 제기되면 클레임 진술서에 기재된 내용을 면밀히 분석한 다음 정당성 여부를 검토하여 자신의 입장을 제시할 수 있도록 한다.

① 본인이 클레임의 책임당사자인가?
② 클레임이 적법한 기간 내에 제기되었는가?
③ 클레임이 계약조건의 미비로 인한 것인가?
④ 하자를 입증하는 객관적인 증빙자료가 제시되었는가?
⑤ 공인검정기관이 인정한 물품검사인가?
⑥ 하자의 정도와 범위가 계약상 또는 거래관습상 허용되는가?
⑦ 손해배상청구액이 합리적인 산출근거에 의해서 작성되었는가?
⑧ 해당 계약의 특성을 충분히 감안하였는가?

(2) 해결방안 통지

클레임의 제기내용을 면밀히 검토한 후 이에 대한 자신의 입장을 가능한 신속히 전달하여야 한다. 최초의 답변은 향후 분쟁해결의 방향을 결정하는 것이기 때문에 법률가나 대한상사중재원의 전문가의 자문을 받아 명확한 입장을 전달하는 것이 좋다.

만약 상대방의 의도가 불분명하거나 마켓클레임과 같이 사소한 하자를 이유로 클레임을 제기하는 경우에는 반대 자료를 첨부하여 항변하여야 한다.

4. 무역클레임의 해결방법

클레임의 해결은 "중재는 소송보다 낫고, 조정은 중재보다 나으며 분쟁의 예방이 조정보다 낫다"고 함으로써 분쟁을 예방하는 것이 최선책이다. 클레임의 해결은 당사자 간의 타협에 의해서 우호적으로 해결하는 방법이 좋지만 그렇지 못할 경우에는 제3자의 개입에 의해서 해결할 수 있다. 무역클레임의 해결방법에는 당사자 간의 합의에 의한 해결, 알선이나 조정, 중재, 소송 등의 방법이 있다.

1) 당사자간 해결

무역클레임의 해결방법으로 당사자 간에 합의를 하는 것이 가장 좋은 방법이다. 이 방법은 우호적인 거래관계를 지속시켜 나갈 수 있다는 장점이 있다.

여기에는 청구권의 포기(waiver of claim), 타협(compromise)과 화해(amicable settlement)가 있다.

(1) 청구권의 포기(waiver of claim)

피해자가 상대방에게 클레임 제기를 일방적으로 철회하는 것을 말한다. 이러한 경우는 상대방에게 다른 조건을 제안하였거나 클레임 제기를 통하여 향후 거래에 대한 주의를 환기시켜서 지속적인 거래관계를 유지하는 데 의미를 둘 수 있다.

(2) 타협(compromise)과 화해(amicable settlement)

당사자 간에 타협점을 모색하여 우호적으로 해결하는 방법이다. 당사자들이 타협을 통하여 클레임 청구내용을 합의하면 화해계약서를 작성하여 클레임을 종결한다. 화해는 민법 제731조에 따르면 ① 당사자가 서로 양보할 것, ② 분쟁을 종결할 것, ③ 그 뜻을 약정할 것 등 3가지 요건이 필요로 한다.

2) 제3자에 의한 해결

당사자 간에 원만하게 해결할 수 없을 때, 제3자를 개입하여 분쟁을 해결하는 방법이 있는데 여기에는 알선, 조정, 중재, 소송 등이 있다.

(1) 알선(intercession, recommendation)

당사자의 일방 또는 쌍방의 의뢰에 따라 공정한 제3자가 분쟁에 개입하여 원만한 타협이 이루어지도록 해결방안을 제시하거나 조언함으로써 클레임을 해결하는 방법을 말한다. 여기서 공정한 제3자는 주로 대한상공회의소, 대한상사중재원, 대사관, 영사관 등과 같은 공신력이 있는 기관이 개입하여 원만한 해결을 하도록 조언하게 된다. 그러므로 알선은 강제력이 없고 당사자의 협력을 얻지 못하면 실패하게 된다.

(2) 조정(conciliation)

조정은 양 당사자가 조정합의에 따라 공정한 제3자를 조정인(conciliator, mediator)으로 선임하고 조정인이 제시한 해결방안에 합의함으로써 클레임을 해결하는 방법이다. 조정인은 주로 해당분야의 전문적인 지식과 경험이 풍부한 자가 된다.

알선은 형식적 절차를 거치지 않지만, 조정은 반드시 조정인을 선정하는 절차를 거쳐서 해결한다. 조정은 양 당사자가 조정안에 대하여 합의하여만 효력이 있으며 합의가 있기 전에는 아무런 구속력이 없다. 조정이 성립되면 화해에 의한 판정방식으로 처리하여 중재판정과 동일한 효력이 있으나 이에 실패하면 30일 내에 조정절차는 자동폐기되며, 중재절차에 따라 진행된다.

(3) 중재(arbitration)

중재는 당사자가 제3자를 중재인(arbitrator)으로 선정하여 그의 판정에 복종함으로써 최종적으로 해결하는 방법이다. 중재는 당사자 간의 중재합의가 존재하여야 한다. 중재판정(awards)은 강제성을 지닐 뿐만 아니라 법원의 확정판결과 동일한 효력을 미친다.

조정안은 당사자가 수락할 것인지의 여부를 결정할 수 있으나 중재는 조정과 달리 중재판정에 복종해야 하는 강제성을 가진다. 그리고 중재판정은 「외국중재판정의 승인 및 집행에 관한 UN협약」(일명 뉴욕협약)에 따라 각 체약국은 중재판정의 승인과 집행을 보장받게 된다.

(4) 소송(litigation)

소송은 일방이 법원에 제소하여 법원의 판정에 의하여 분쟁을 해결하는 방법이다. 소송은 국가간 외국판결의 승인 및 집행을 약정하고 있는 경우를 제외하고는 자국의 재판권이 상대국에 영향을 미치지 못하므로 강제집행이 보장되지 않는다.

SECTION 02 | ADR

1. ADR

ADR(Alternative Dispute Resolution)은 재판 외의 대체적 분쟁해결제도를 의미한다. 무역거래에서 발생하는 분쟁을 사법적 재판에 의존하지 않고 알선, 조정, 중재 등의 다른 방법으로 해결하는 제도이다.

국제상거래 분쟁에서 사법적 절차에 의하여 해결하려면 분쟁해결의 지연, 소송비용의 과다 소요, 재판절차의 경직성, 경미한 분쟁의 재판절차의 비능률성, 기업의 비밀 누설 등의 문제가 야기될 수 있다.

따라서 보다 효율적이고 우호적으로 분쟁을 해결하기를 원하는 당사자는 비사법적 절차에 따라 해결하려는 ADR을 선호하게 된다. ADR은 법정 밖에서 분쟁을 해결하기 위하여 중립적인 제3자를 선임하여 절차를 진행시키는 중재 및 조정에 초점이 맞춰져 있으며 최근에 이의 이용이 급증하고 있다.

법원에서도 법원의 경직성과 비효율성을 해소하기 위해서 법원의 소송절차에 편입되어 조정이나 기타 각종 화해절차까지를 포함하는 의미로 ADR이 확대되었다. 이와 같이 법원의 재판절차와 연계되어 이루어지는 분쟁해결절차를 법원연계형 ADR(court connected ADR)이라고 한다.

2. ADR의 특징

ADR은 분쟁해결기관의 중립성과 분쟁해결 기준의 정당성이라는 2가지 측면에서 사법적 해결인 소송과 유사한 점이 있으나 다음과 같은 상당한 차이가 있다.

① 분쟁의 근본적 해결: 재판은 육하원칙에 따라 외부적 증거만으로 이루어지는 반면 분쟁의 근본이유나 원인은 조사될 수 없다. 사법심리는 그 특성상 분쟁당사자나 대리인의 개입을 통하여 진행되므로 직접 대면하여 사실의 존부를 논할 수 있는 기회가 주어지지 않는 경향이 있다. 그리고 재판은 일방의 당사자가 승소, 패소하는 형태의 결과가 주어진다. 이에 비하여 ADR은 당사자의 동기나 상황을 고려하여 분쟁을 근원적이고 총체적으로 해결하는 방법이 된다.

② 접근의 편리성: ADR은 분쟁해결을 위하여 누구나 쉽게 이용할 수 있다. 특히 소송과 같이 변호사 대리나 엄격한 법적과정을 요구하지 않는 접근의 편리성이

있다.

③ 법원의 보완적 기능: ADR은 급증하는 소송건수가 법원의 사건처리능력을 초월하는 경우에 보완하는 기능을 하고 있다.

④ 전문성 보장: ADR분쟁해결은 법관의 판정이 아닌 분쟁 사안에 따라 해당 전문가를 위촉하여 분쟁해결을 도모함으로써 합리적이고 전문성이 보장되는 분쟁해결을 기대할 수 있다.

⑤ 비밀보장: ADR은 절차가 공개되지 않아서 영업, 기술의 비밀에 관련된 분쟁을 비공개절차에 의해서 해결할 수 있다.

SECTION 03 상사중재

1. 중재의 의의

중재(Arbitration)란 당사자 간의 중재계약에 의하여 현존하거나 또는 장래에 발생할 사법상(私法)의 분쟁을 법원의 판결에 의하지 아니하고 사인(私人)인 제3자를 중재인으로 선임하여 판정함으로써 최종적으로 해결하는 제도이다. 상사중재는 분쟁을 최종적으로 심판한다는 점에서는 법원의 재판과 동일하지만 사적 자치의 원칙에 입각하여 분쟁을 해결하고 당사자 간의 합의에 의하여 중재로 해결한다는 점에서 소송과는 차이가 있다.

한국의 중재법 제1조는 "이 법은 중재에 의하여 사법상의 분쟁을 적정하고 공평하며 신속하게 해결함을 목적으로 한다"고 규정하고 있다. 분쟁의 해결방법으로 소송이 널리 이용되어 왔지만, 최근에는 소송이 급증하고 시간이 장기간 소요되고 전문적이고 기술적인 분야의 모든 분쟁을 수용하기에는 한계점이 나타나고 있다. 이러한 대안으로 상사중재를 포함한 ADR을 통한 분쟁해결이 늘어나고 있다.

2. 상사중재제도의 유용성(장점)

상사중재는 소송과 비교할 때 많은 유용성을 갖고 있다.

1) 신속성

소송은 3심제이므로 1심에서 패소한 당사사는 항소하게 되어 보통 4~8년까지 걸리게 된다. 중재는 단심제이고 중재가 개시된 날로부터 3개월 이내에 중재판정을 하도록 명시함으로써 신속성을 요구하고 있다. 그리고 가급적 신속한 해결을 위하여 집중심리 등을 통하여 절차상 지연됨이 없도록 충분한 배려를 하고(중재법 27조3항), 심리횟수를 줄임과 동시에 예비회의 제도를 활성화하여 심리자체의 소요시간도 단축하여 진행될 수 있다.

2) 중재인의 전문가적 판단

중재는 상거래에 관한 법률과 지식을 갖춘 정통한 전문가에게 중재를 부탁함으로써 현실적이고 합리적인 판정을 기대할 수 있다. 또한 보다 정확한 실체적 진실을 밝히기 위해서 법조인, 실업계의 상거래 경험자, 학계의 학문적 지식을 겸비한 교수 등의 전문가들로 구성하여 중재판정을 맡길 경우 현실에 맞는 합리적인 판단을 기대할 수 있다.

3) 저렴한 중재비용

중재는 단심제이고 신속하게 분쟁을 해결함으로써 그 만큼 비용이 절약된다. 소송의 경우에 위탁변호사, 소송기간의 장기화에 따라 비용이 많이 소요되나 중재의 경우 합리적으로 책정된 중재요금표가 공표되어 있다.

4) 심문절차 및 판정내용의 비공개

재판은 일부를 제외하고 공개적으로 진행되고 판결이 공개되는 것이 원칙인 데 반하여, 중재는 기업의 비밀을 유지하기 위하여 분쟁당사자간의 합의가 없으면 그 심문결과 및 판정결과를 공개하지 않는 것이 원칙이다.[1]

5) 법원의 확정판결력

중재인 내린 판정은 법원의 확정판결과 동일한 효력이 있어서 법적으로 더 이상 다툴 수 없다. 여기서 "확정판결과 동일한 효력"이라 함은 불복신청을 할 수 없어 당사자에게 최종적 판단으로 구속력을 갖는다는 뜻이다. 중재판정에 대한 불복은 법원에 제기하는 중재판정취소의 소에 의해서만 할 수 있기 때문에 중재판정 취소의 사유에 해당하지 않는 한 상소의 대상이 되지 않는다. 따라서 중재인 내린 판정에 불만이 있어도 재판처럼 2심 또는 3심 등의 항소절차가 없다.

---

1) 대한상사중재원 중재규칙 제8조

6) 우호적인 해결

중재인은 당사자와 평등한 위치에서 당사자 간의 분쟁을 대화와 양보로 풀어가고 우호적인 분위기 속에서 절차가 진행된다. 특히 상사분쟁의 경우 분쟁당사자는 장래에 있을 수 있는 상기회를 놓칠 수 있으므로 우호적인 분쟁해결이 유용할 수 있다.

7) 변론기회의 보장

중재는 단심제로 운영되기 때문에 일단 내려진 중재판정은 취소의 사유에 해당되지 않는 한 변경될 수 없다. 따라서 분쟁당사자는 중재인에게 충분한 변론기회와 변론시간, 증인 또는 증거물 제출기회를 요구할 수 있다. 중재는 실체적 진실이 파악될 때까지 변론기회가 보장된다고 할 수 있다.

8) 민주적인 절차 진행

중재인과 당사자는 평등한 위치에서 진행하고, 분쟁 양당사자는 중재절차에서 동등한 대우를 받으며 격식없이 심리를 진행한다. 특히 중재에서는 증인선서를 요구하지 아니하며 관계 당사자의 인격을 최대한 존중한다.

9) 중재판정의 국제적 집행보장

재판은 국가공권력의 발동이므로 원칙적으로 국경을 초월하여 효력이 미칠수 없으나, 중재판정은 뉴욕협약에 따라 외국에서도 승인과 강제집행이 보장된다. 「뉴욕협약」에 가입한 체약국간에는 외국중재판정을 상호간 승인하고 집행을 일정의 요건하에서 보증하고 있다.

3. 상사중재의 한계성(단점)

1) 중재합의의 곤란

중재는 당사자 간의 합의를 근간으로 하는 분쟁해결제도이기 때문에 중재를 이용하고자 할 경우 반드시 중재합의가 있어야 한다. 중재는 법원의 관할권을 배제하므로 재판을 받을 권리를 포기하야 한다. 특히 무역거래에서 피해를 본 당사자는 손해배상을 청구하려고 하는데 상대방과 중재합의를 기대하기란 현실적으로 쉽지 않다. 이러한 경우를 대비해서 분쟁이 발생하기 이전에 무역 계약서상 중재합의를 해놓는 것도 좋은 방법이 될 수 있다.

2) 법률문제의 취약성

중재인은 사실문제(question of facts)에 대해서는 그 전문가로서의 지식을 충분히 발휘하여 분쟁내용을 신속, 정확하게 판정할 수 있으나 중요한 법률문제가 게재되어 있을 경우에는 일반적으로 그 판단능력이 미흡할 수 있다.

3) 중재판정의 예측가능성 결여

중재인이 중재판정을 할 때 대체로 그의 판정기준이 명확하지 않을 수 있다. 소송의 경우 판사는 법과 판례에 따라 판정함으로써 법적 안정성을 확보하지만, 중재는 중재인의 양식과 양심에 따라 판정함으로써 간혹 그 판정기준이 애매하고 객관성이 결여될 수 있다. 중재판정은 그의 공정성이 입증되지 못한 중재인의 자의나 주관에 따라 결정될 수 있으므로 법원의 판단보다 예측가능성(predictability)이 떨어질 수 있다.

4) 상소제도의 결여

중재는 단심제이고 중재판정의 취소의 사유에 해당되지 않는 한 판정에 대한 불복신청이 인정되지 않는다. 바로 이러한 점이 중재의 신속처리의 본질적 사항으로 장점이자 단점이다.

5) 중재인의 대리인적 성향

중재는 신청인과 피신청인이 각각 1명씩의 중재인을 선정하는 것이 일반적이다. 이러한 겨우 각 당사자에 의해서 선임된 중재인은 자신을 선정한 당사자에 대하여 의리감 때문에 대리인적 성향을 나타낼 수 있다. 이러한 경우의 중재인은 독립적 지위에서 공정하고 합리적 판정을 내리기 보다는 그 당사자의 이익을 보호하려는 경향이 있다.

6) 절충적 판정

중재는 양당사자의 주장에 따라 적당한 선에서 절충적인 판정을 내리는 경우가 있다. 이러한 절충주의는 서로 대립되는 주장에 대해서 정당한 판정을 회피하는 태도이므로 중재의 이용자에게 불안감을 줄 수 있다.

4. 중재계약(합의)

중재는 분쟁당사자들이 합의한 중재합의(arbitration agreement)에 의하여 성립된다. 중재합의는 법정소송을 배제하고 중재에 의하여 분쟁을 해결하도록 당사자간에 합의하는 중재계약을 말한다. 즉 분쟁을 중재로 해결하려면 반드시 중재합의가 있어야 하며, 이를 근거로 당사자의 일방이 중재신청을 할 수 있는 것이다.

한국 중재법(8조)에서는 "중재계약은 당사자들이 서명한 문서에 중재합의가 포함되어 있거나 교환된 서신 또는 전보 등에 중재합의가 포함되어야 한다"고 규정하여 중재합의는 반드시 서면에 의한 합의가 있어야 한다.

중재합의는 사전중재합의와 사후중재합의가 있다.

> ### 기 본 용 어
>
> ☑ 중재합의
> - 사전중재합의(agreement to refer): 분쟁이 발생하기 전에 계약서의 한 조항으로 장래에 발생되는 분쟁을 중재로 하자는 조항을 삽입하여 합의해 두는 방식이다. 사전중재합의는 일반적으로 일반거래조건 협정서나 매매계약서에 중재조항(arbitration clause)을 설정함으로써 주로 이루어진다.
> - 사후 중재합의(submission agreement): 분쟁이 발생하고 난 후에 그 분쟁을 중재로 해결하기로 합의하는 방식이다. 그런데 분쟁이 발행한 후에는 불리하다고 판단하는 당사자가 중재부탁계약의 체결에 선뜻 동의하지 않으므로 매매계약을 체결할 때 계약서 상에 중재조항을 삽입하는 사전중재합의방식이 바람직하다.

5. 중재계약의 요건

중재계약의 요건은 중재합의의 법적성질을 보는 측면에 따라 다양하게 분류되나 사법상의 계약설에 입각해보면 다음과 같이 설명될 수 있다.

1) 중재계약의 성립요건

중재계약의 성립요건은 사법상의 계약의 성립요건을 의미한다. ① 당사자가 권리능력 또는 행위능력이 있어야 하고, ② 중재의사에 하자가 없으며, ③ 계약내용이 적법하고 사회적 타당성이 있어야 하며, ④ 실현가능성이 있어야 한다(뉴욕협약 제5조).

2) 중재계약의 유효요건

중재계약이 적법하게 효력을 발휘하기 위해서는 중재계약의 3요소가 모두 명시되어야 한다. 일반적으로 중재계약의 3요소는 ① 중재지, ② 중재기관, ③ 준거법 등이 명시되어야 한다.

3) 표준중재조항

중재계약의 형식적 성립요건은 서면을 요건으로 한다. 따라서 매매계약서와 별도의 중재합의서를 작성하거나 계약서에 중재조항을 설정함으로써 중재계약을 약정하여도 좋다. 우리나라 상사중재규칙은 중재신청 시에 중재합의를 반드시 서면으로 제출하도록 의무화하고 있으며, 뉴욕협약에서도 서면주의를 원칙으로 하고 있다.

따라서 분쟁이 발생한 후에는 중재합의가 쉽지 않는 장애요인이 있을 수 있으므로 매매계약서에 표준중재조항(standard arbitration clause)을 삽입하는 것도 효율적인 대비 방법이 될 수 있다.

우리나라 상설중재기관인 대한상사중재원의 표준중재조항의 예는 다음과 같다.

>> ☑ 국제계약서

"All disputes, controversies or differences which may arise between the parties, out of or in relation to or in connection with this contract, or for the breach thereof, shall be finally settled by arbitration in Seoul, Korea in accordance with the Commercial Arbitration Rules of the Korean Commercial Arbitration Board and under the Laws of Korea. The award rendered by the arbitrator(s) shall be final and binding upon both parties concerned."

"이 계약으로부터 또는 이 계약과 관련하여 또는 이 계약의 불이행으로 말미암아 당사자 간에 발생하는 모든 분쟁, 논쟁 또는 의견차이는 대한민국 서울특별시에서 대한상사중재원의 상사중재규칙 및 대한민국법에 따라 중재에 의하여 최종적으로 해결한다. 중재인(들)에 의하여 내려진 판정은 최종적인 것으로 당사자 쌍방에 대하여 구속력을 지닌다."

☑ 국내계약서

"이 계약으로부터 발생되는 모든 분쟁은 대한상사중재원에서 상사중재규칙에 따라 중재로 최종해결한다"

6. 중재계약의 효력

중재계약의 효력은 직소금지, 최종해결, 국제적 효력을 갖는다.

1) 직소금지의 효력

중재계약이 있는 경우의 당해 분쟁사건은 반드시 중재로 해결하여야 하며, 법원에 소송을 제기할 수 없다는 "직소금지(prohibition of direct suit)의 효력"이 인정되고 있다.

2) 최종해결의 효력

중재판정은 종국적인 해결로 그 결과에 대해 불복하여 법원에 항소할 수 없다.

3) 국제적 효력

뉴욕협약(한국포함 161개국 가입)에 따라 우리나라나 외국에서 내려진 중재판정은 그 승인과 집행이 국제적으로 인정된다.

7. 중재절차

① 중재계약: 양 당사자간 중재합의(사전 또는 사후중재합의)

② 중재신청
- 중재계약에서 정하는 중재기관에 중재신청(**예** 대한상사중재원)
  중재신청과 구비서류: 중재신청서, 중재합의서, 대리인이 있는 경우 위임장 등
- 신청의 접수 및 통지: 사무국(대한상사중재원)은 중재의 신청을 접수하면 신청서류가 적합한지 여부를 확인하고 적합한 경우에는 쌍방당사자간에게 접수하였음을 통지
- 피신청인에게는 중재신청서 1부를 첨부, 통지

③ 조정
- 양당사자가 합의할 경우 중재절차 개시 이전에 조정을 시도하며, 조정에 실패하면 30일 이내에 자동적으로 중재절차 진행.
- 조정이 성립하면 그 효력은 중재판정의 효력과 동일

④ 중재인 선정
  • 사무국은 접수, 접수통지와 함께 중재인 명부에서 중재인후보자 5인 또는 10
    인을 선정하여 양당사자에게 송부
  • 양당사자는 의장 중재인과 기타 중재인에 대하여 선호순위를 표시하여, 후보
    자 명단 수령일로부터 국내 중재의 경우 15일, 국제중재의 경우 30일 이내에
    사무국에 반송한다.
⑤ 답변서 제출 및 반대신청
  • 사무국은 양당사자로부터 중재인후보자 선정명단과 피신청인으로부터 답변서
    를 접수 (신고인에게 답변서 송부)
⑥ 심리
  • 사무국은 양 당사자에게 의해 작성된 중재인후보자 선정명단 중에서 희망 순
    위에 따라 선정된 중재인(단독중재인으로 구성도 있으나 통상적으로 3인의 중재인
    을 선임)에게 수락서를 받아 중재판정부(arbitral tribunal)를 구성함.
  • 중재판정부는 심리의 일시 및 장소를 결정하여 국내중재의 경우 10일, 국제중
    재의 경우 심리개시 20일 전까지 1차 심리기일 통지

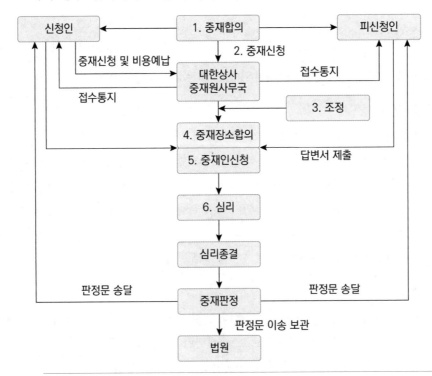

그림 23-1 중재절차

⑥ 심리
- 사무국은 양 당사자에게 의해 작성된 중재인후보자 선정명단 중에서 희망 순위에 따라 선정된 중재인(단독중재인으로 구성도 있으나 통상적으로 3인의 중재인을 선임)에게 수락서를 받아 중재판정부(arbitral tribunal)를 구성함.
- 중재판정부는 심리의 일시 및 장소를 결정하여 국내중재의 경우 10일, 국제중재의 경우 심리개시 20일 전까지 1차 심리기일 통지

⑦ 중재판정
- 중재재판부는 심문 종결 후 30일 이내에 중재판정(arbitral award)을 내려야 함. 중재판정문은 판정주문과 판정이유로 구성.
- 중재 판정 사무국은 중재판정문 정본을 양당사자에게 송부하고, 원본은 송부 사실을 증명서를 첨부하여 관할법원에 송부함으로써 중재절차 종료

8. 신속절차 제도의 도입

신속절차는 중재제도의 강점을 살려 국내·외 상사분쟁을 보다 신속·저렴하게 해결함으로써 중재제도의 이용자들에게 편익을 제공하기 위한 제도이다.

1) 적용범위

당사자 간에 신속절차에 따르기로 하는 별도의 합의가 있는 중재사건 또는 신청금액이 1억원 이하인 국내중재사건(국제중재의 경우 5억원 이하)인 경우에 적용한다.

2) 중재인의 선정

중재인의 선정에 대한 당사자 간의 별도 합의가 없는 경우에는 중재인을 1명으로 한다.

3) 심리절차의 간소화

① 중재 판정부는 심리일시와 장소를 결정하여 심리개시 3일 전까지 구두, 전화, 서면 또는 인편 등 적합한 방법으로 통지한다.
② 구술심리는 1회로 종결함을 원칙으로 한다.

4) 신속한 판정

① 중재판정부는 구성의 통지를 수령한 날로부터 100일 이내(국제중재의 경우 판정부 구성일로부터 6개월 이내)에 판정하여야 한다.
② 당사자가 합의하면 판정이유의 기재를 생략할 수 있다.

이상과 같은 중재를 통한 상사분쟁의 해결이 소송보다 바람직하며, 소액분쟁에 대하여서는 신속하게 처리될 수 있는 제도가 새로 마련되었다.

9. 중재판정의 집행

중재판정이 내려지게 되면 사무국은 판정문을 4부를 작성하여 정본을 양당사자에게 1부씩 송부하고, 원본은 법원에 이송하여 보관하도록 하며, 나머지 1부는 비본으로 대한상사중재원에 보관하게 된다.

그리고 중재판정이 내려졌는데도 상대방이 이행을 하지 않을 때는 판정문 정본을 첨부하여 상대방의 관할법원에 집행청구를 하면 된다. 이때에 법원에서는 일사부재리의 원칙에 따라 판정내용에 대하여는 재심을 할 수가 없고, 단지 중재절차상의 하자가 있는지만 판단하여 집행명령을 내려주며, 이것을 가지고 집달리를 이용하여 집행을 하면 된다. 이것은 국내나 국외나 마찬가지다.

1) 중재판정의 국제적 효력

① 중재판정은 당사자 간에 있어서 법원의 확정 판결과 동일한 효력이 있다.
② 외국중재판정의 승인 및 집행에 관한 국제연합협약(the United Nations Convention on the Recognition and Enforcement of Foreign Arbitral Awards; 일명 뉴욕협약)이 UN경제사회이사회의 주도아래 1958년 6월 10일 미국 New York에서 채택됨으로써 각 체약국 내에서는 외국중재판정의 승인 및 집행을 보장받게 되었다.
③ 우리나라도 1973년 2월 8일 가입, 동년 5월 9일부터 그 효력이 발효됨에 따라 국내 유일의 상설중재기관인 대한상사중재원에서 내려진 중재판정도 본 협약체약국간에서는 그 승인 및 집행을 보장받게 되었다.

참고문헌

강원진, 「국제상무론」, 법문사, 2000.

_____, "국제전자결제를 위한 무역카드시스템에 관한 고찰", 「통상정보연구」, 제2권 2호, 2000, 2002.

_____, 「신용장론」, 박영사, 2002.

_____, "전자적 제시를 위한 UCP 500의 추록(eUCP)에 관한 고찰", 「국제상학」 제17권 1호, 2002, 6.

구종순, 「무역실무」, 박영사, 2000.

_____, 「해상보험론」, 박영사, 2003.

김성훈, 「글로벌 무역실무」, 두남, 2004.

김정수, 「해상보험론」, 박영사, 2004.

김종칠, 「세계화와 통상」, 도서출판 두남, 2003.

_____, 화환신용장통일규칙에 관한 ICC의 유권해석, 1992.

_____, "eUCP에서 서류심사기준 및 국제표준은행관행의 적용에 관한 연구", 「국제상학」 제17권 2호, 2002.

_____, "은행간 대금상환에 관한 통일규칙(URR 725)의 주요개정 내용", 「경영경제연구」 제10권 1호, 2009.

_____, "UCP 600의 주요 쟁점과 실무적용상의 문제점에 관한 연구", 「무역학회지」 제32권 제4호, 2007, pp.148-149.

김종칠·이천수, 「무역결제론」, 도서출판 효민, 2003.

남풍우, 「무역결제론」, 도서출판 두남, 2000.

_____, 「무역상무론」, 도서출판 두남, 2003.

대한상공회의소, 「Incoterms 2020」, 2019.

박대위, 「무역사례Ⅲ」, 법문사, 1997.

_____, 「무역실무」, 법문사, 1999.

방희석, 「국제운송론」, 박영사, 2004.

_____, 「무역실무」, 박영사, 2002.

송선옥, "전자무역대금결제 시스템에 관한 비교 연구", 「통상정보연구」, 제3권 1호, 2001.

신건철·김도훈, 「국제물류」, 무역경영사, 2004.

서현진 외3, 「물류관리」, 율곡출판사, 1999.

안병수, "국제결제상 Trade Card의 수용가능성에 관한 연구", 「통상정보연구」, 제2권 2호, 2000.

_____, "국제전자상거래시대를 대비한 BOLERO Project와 TradeCard System", 한국무역상무학회 「무역싱무연구」 제13권, 2000, 2.

양영환·서정두,「신용장사례연구」, 삼영사, 1995.

여성구,「무역실무」, 동성출판사, 2003.

오원석,「해상보험론」, 삼영사, 2001.

오원석·안병수, "Identrus를 통한 전자식 무역결제의 활성화에 관한 연구",「무역상무연구」제19권, 2003.

요하네스짜안 저, 강갑선 역,「무역결제론」, 법문사, 1977.

이동휘 외,「마케팅산책」, 도서출판 두남, 2005.

이시환,「무역보험론」, 대왕사, 1998.

_____,「신무역보험론」, 대왕사, 2009.

이용근,「무역실무」, 동성출판사, 2003.

이천수 외,「국제상무론」, 효민, 2003.

임석민,「국제운송론」, 삼영사, 2001.

윤광운,「무역실무」, 삼영사, 2004.

임재욱 외2,「무역실무」, 현학사, 2002.

임홍근,「무역신용장」, 삼영사, 1981.

최석범, "eUCP의 문제점과 해결방안에 관한 연구", 한국국제상학회 춘계발표논문집, 2002.

하영석.「국제물류」, 도서출판 두남, 2005.

해양수산개발원,「21세기 글로벌 해운물류」, 도서출판 두남, 2006.

한국무역협회,「무역계약」, 2006.

_____,「무역서식 기재요령」, 2003.

_____,「수출입절차개요」, 2006.

_____,「수출입대금결제」, 2006.

_____,「통관·관세환급」, 2006.

한주섭 외 5인,「국제상학원론」, 동성사, 1995.

한주섭,「최신 신용장론」, 동성사, 1994.

橋本喜一 譯,「荷爲替信用狀の法理槪論」, 九州大學出版會, 1994.

東京銀行 編,「貿易と信用狀」, 實業之日本社, 1987, 1996.

武田一男,「外國爲替の實務と事故」, 1975, 金融財政事情硏究會, 1975.

小峯 登,「1974年信用狀統一規則(上卷)」, 外國爲替貿易硏究會, 1974.

新堀 聰,「貿易取引入門」, 日本經濟新聞社, 1992,

_____,「實踐貿易取引」, 日本經濟新聞社, 1998,

中村弘,「貿易契約の 基礎」, 東洋經濟新報社, 1993.

朝岡良平,「貿易賣買と商慣習」, 東京市井出版, 1981.

伊澤孝平,「商業信用狀論」, 有斐閣, 1986.

田中信幸,「國際賣買契約」, 有斐閣, 1986.

田中英夫,「英美法辭典」, 東京大學出版會, 1991.

納富義光,「手形法·小切手法」, 有斐閣, 1982

Bennett, Howard N., "The Uniform Customs and Practice for Documentary Credits: Its Present and Future", *The Korean International Commerce Review*, Korean Academy of International Commerce, 1995.

Busto, Charles del, *Documentary Credits UCP 500 & 400 Compared*, ICC Publishing S.A., 1993.

_____, Charles del, *ICC Guide to Documentary Credit Operations for the UCP 500*, ICC Publishing S.A., 1994.

_____, Charles del, *The New Standard Documentary Credit Forms for the UCP 500*, ICC Publishing S.A., 1993.

_____, Charles del, *UCP 1974/1983, Revisions Compared and Explained*, ICC Publishing S.A., 1984.

David M Sassooon, CIF and FOB Contracts, Stevens & Sons, 1990.

Dekker, Jan, *More Case Studies on Documentaty Credits*, ICC Publishing S.A., 1991.

Dolan, John F., *The Law of Letters of Credit*, Warren, Gorham & Lamont, 1991.

Ellinger, E.P., "The Uniform Customs and Practice for Documentary Credit—the 1993 Revision", *Lloyd's Maritime and Commercial Law*, August, 1994.

Finkelstein, Herman N., *Legal Aspects of Commercial Letters of Credit*, Columbia University Press, New York, 1930.

Gray Collyer, "UCP 600 Understanding the New Documentary Credit Rules", ICC Korea, 2007.

Gutteridge H.C. and Maurice, Megrah, *The Law of Banker's Commercial Credits*, Europa Publications Ltd., London, 1984.

Guest, A.G., Benjamin's Sale of Goods, Sweet & Maxwell, 1987.

ICC, Guide to Incoterms 2000, ICC Publishing S.A., 2000.

ICC, ICC Guide to Documentary Credit Operations, ICC Publishing S.A., 1994.

Johnson, James C. 외3, Contenporary Logistics, Prentice Hall, 1999.

Kozolchyk, Boris, *Commercial Letter of Credit in the Americas*, New York, 1976.

Picard, Jacques, "Typology of Physical Distribution Systems in Multinational Corporations", JIPD & MM, Vol.12, No.6, 1983.

Schmitthoff, Clive M., "Discrepancy of Documents in Letter of Credit," *Journal of Business Law*, 1987.

Schmitthoff, Clive M., *Export Trade*, 9th ed., Stevens & Sons, 1990.

UCC

UNCCIS

Ventris, F.M., *Banker's Documentary Credits*, 3rd ed., Lloyd's of London Press Ltd., 1990.

White, James J., & Summers, Robert S., *Uniform Commercial Code*, 3rd ed., West Publishing Co., 1988.

색인

저자소개

김종칠

- 중앙대학교 대학원 무역학과 졸업(경영학 석사, 경영학 박사)
- Michigan State University E-trade 교수연수과정 수료
- University of North Carolina at Greensboro 객원교수
- 중앙대학교 경영대학, 중앙대학교 일반대학원 및 국제경영대학원 강사
- 한양대학교, 단국대학교 무역학과 강사
- 한진그룹 경영조정실 종합물류팀 선임연구원
- 한국국제상학회 회장 및 편집위원장 역임
- 한국무역학회 부회장 및 편집위원, 한국통상정보학회 부회장, 한국관세학회 부회장
- 한국항만경제학회 부회장, 한국물류학회 이사
- 대한상사중재원 중재인
- 부산광역시 물류정책위원
- 부산세관 특허보세구역 심사위원
- 대한상공회의소 무역영어 자격시험 출제위원
- 관세청 관세사 국가자격시험 출제 및 선정위원
- 공인물류관리사 국가자격시험 출제위원 및 선정위원
- 국가공인 검량/검수사 출제위원
- 부산여자대학교 무역학과 교수
- 신라대학교 상경대학장, 기획처장 역임
현) 신라대학교 무역물류학과 교수
전자메일 : jckim@silla.ac.kr

주요저서 및 연구논문
- 국제물류론(공저), 박영사, 2017.
- 무역실무, 도서출판 두남, 2014.
- 무역학개론(공저), 동성사, 2002.
- 핵심무역영어(공저), 명경사, 2003
- 기본무역영어(공저), 명경사, 2003
- 인터넷무역실무(공저), 삼영사, 2001
- 무역결제론(공저), 도서출판 효민, 2003
- 화환신용장통일규칙에 관한 ICC의 유권해석(1992) 외 다수

무역실무

초판발행	2020년 3월 10일
중판발행	2022년 2월 10일

지은이	김종칠
펴낸이	안종만·안상준

편 집	전채린
기획/마케팅	박세기
표지디자인	조아라
제 작	고철민·조영환

펴낸곳	(주)**박영사**
	서울특별시 금천구 가산디지털2로 53, 210호(가산동, 한라시그마밸리)
	등록 1959. 3. 11. 제300-1959-1호(倫)

전 화	02)733-6771
f a x	02)736-4818
e-mail	pys@pybook.co.kr
homepage	www.pybook.co.kr
ISBN	979-11-303-0958-3 93320

정 가	36,000원